共和国祭奠

新中国成立前牺牲的中共高层领导人

叶健君　李万青　主编

人民东方出版传媒
東方出版社

图书在版编目（CIP）数据

新中国成立前牺牲的中共高层领导人 / 叶健君、李万青 主编
—北京：东方出版社，2015.8
（共和国祭奠）
ISBN 978-7-5060-8400-0

Ⅰ. ①新… Ⅱ. ①叶… Ⅲ. ①中国共产党—领导人员—生平事迹
Ⅳ. ① K827=6

中国版本图书馆 CIP 数据核字（2015）第 206887 号

共和国祭奠：新中国成立前牺牲的中共高层领导人
（GONGHEGUOJIDIAN：XINZHONGGUOCHENGLIQIAN XISHENG DE ZHONGGONGGAOCENGLINGDAOREN）

作　　者：叶健君　李万青
责任编辑：姚　恋　吕晓芬
出　　版：东方出版社
发　　行：人民东方出版传媒有限公司
地　　址：北京市东城区朝阳门内大街 166 号
邮政编码：100706
印　　刷：北京京都六环印刷厂
版　　次：2015 年 10 月第 1 版
印　　次：2015 年 10 月第 1 次印刷
开　　本：787 毫米 ×1092 毫米　1/16
印　　张：30.5
字　　数：548 千字
书　　号：ISBN 978-7-5060-8400-0
定　　价：59.00 元
发行电话：（010）64258117　64258115　64258112

序　言

一个决定中国未来命运与格局的重要会议在上海召开，这就是后来在中国共产党历史上具有开天辟地意义的中共一大。它宣告了中国共产党的诞生，给一直在黑暗中摸索的中国人民指明了前行的方向，给苦难深重的中国带来了新的曙光。

始于19世纪中叶的近代中国，在外国资本主义和本国封建势力的压迫下，陷入了苦难深重和极度屈辱的深渊中，国家的主权被剥夺，经济命脉被控制在外国列强手中。封建专制主义的清王朝统治中国已有两百多年，在面对西方列强侵略的严重形势下，不能采取有效的自强措施，反而压制一切使中国政治和社会有所进步的趋势，顺从帝国主义的意愿，听任他们宰割中国。清王朝在它的末期已成为一个卖国的、极端腐败的、扼杀中国生机因而令人民痛恨的政权。人民生活在水深火热之中。中国人是带着八国联军侵占北京的民族耻辱进入20世纪的。那时展现在中华民族面前的仿佛只是一片濒临毁灭的悲惨黯淡的前景。

在中国共产党成立以前，已经有过许多献身于民族进步事业的人民英雄。为了改变祖国的命运，中国人民的反抗斗争几乎没有间断过。可是，历次反抗外国侵略的战争也好，太平天国农民革命也好，鼓吹爱国救亡和变法图强的戊戌变法也好，一次又一次都失败了，无数仁人志士为此而抱终天之恨。孙中山领导的辛亥革命，虽然推翻了清王朝的统治，但帝国主义在中国的势力并没有削弱，在农村中也没有出现一次社会大变动。中华民国虽然成立了，革命果实却落到了帝国主义所中意的以袁世凯为首的北洋军阀手里。中国仍是半殖民地半封建社会，依然处于贫困落后的状况。孙中山曾沉痛地说："政治上、社会上种种黑暗腐败比前清更甚，人民困苦日甚一日。"

在一个幅员广大、人口众多、情况复杂、经济文化落后、反动势力根基深厚的国家进行一场广泛而深刻的革命，完成众多革命先行者未竟的事业，其难度是可想而知的。中国共产党人顺应历史的潮流，勇敢地担负起了这个使命。1921 年，中国共产党刚成立时，全国只有 50 多名党员。尽管人数很少，但她一开始即被斥为“过激主义”而遭到中外反动派的联合镇压。中国共产党人没有退缩，而是知难而进、勇往直前。他们以自己的坚定信仰和甘为民族和人民献身的精神始终在困难中前进，在探索中前行。中国共产党刚一成立，党的先进分子就深入工人、农民中做艰苦细致的宣传和组织工作，掀起了声势浩大的工农运动热潮；他们着力推进国共合作，支持北伐战争，迎来全国大好的革命形势。到 1927 年 4 月中共五大召开之际，党员已发展到 5.8 万人。然而，还处于幼年期的中国共产党在 1927 年却遭到了当头一棒，代表大地主大资产阶级利益的蒋介石集团、汪精卫集团先后背叛革命，向共产党人举起屠刀，白色恐怖笼罩全国，大批共产党人和革命群众惨遭杀害。大好的革命形势毁于一旦。

中国革命向何处去？中国共产党并没有被敌人的屠刀所吓倒，他们掩埋了同伴的尸体、擦干身上的血迹又继续前进。更为可贵的是，一些曾在国民党中已居于高位的志士仁人毅然抛弃眼前的富贵荣华，投身到充满凶险和变数的革命事业当中，这是一种信念的力量，这是正义的感召，这是对真理的追求，这是对民族和人民的责任使然。中国共产党人几乎白手起家，在国民党反动派疯狂的镇压、封锁、“围剿”中，住着简陋的房子，过着清苦的生活，相当多的时候更是风餐露宿、忍饥挨饿，然而他们却意志坚定、精神饱满，开始了在广大农村建立革命根据地的征程。一分耕耘一分收获，在付出了艰辛的努力和无数的流血牺牲之后，到第五次反“围剿”前后，全国红军最多时发展到 30 多万人，中央苏区全盛时的面积已达 8.4 万平方公里，人口 450 多万，另外还有包括湘鄂西、湘鄂赣在内的 12 块比较大的根据地。然而，“左”倾冒险主义的错误政策使刚刚有所发展的革命力量在 1934 年遭到惨重的损失，红军被迫放弃根据地，开始了二万五千里长征，经过艰苦的转战，在损失了 90% 的力量后，终于在陕北安家。

1937 年 7 月，日本悍然发动了卢沟桥事变，在平津危急、华北危急、中华民族危急的关键时刻，中国共产党人最早高举起抗日救亡的大旗，当蒋介石实行片面抗战、在正面战场节节败退之际，八路军却奔赴前线，深入敌人后方，开辟了广阔的敌后战场。据统计，在八年抗战中，敌后战场共毙、伤、俘日军 52 万多人，占整个战场 130 多万人的 40%。同时毙、伤、俘、降伪军 118 万多人。中共领导的主力部队也得到极大的发展，由抗战初的四万多人发展到 120 多万人，还有民兵 220 万人。

1945年抗战胜利后，久经战乱的中国人民渴望和平，而蒋介石却在盘算限制甚至消灭在抗战中日渐壮大的中国共产党。为了抢夺胜利果实，此时，身处大后方的蒋介石为争取时间，玩起了新的把戏。为了争取和平民主的前途，毛泽东冒着巨大的危险亲赴重庆谈判。在蒋介石内战准备就绪、发起全面内战之时，毛泽东率领一支仅仅两百余人代号为“昆仑”的队伍坚守在陕北，与胡宗南几十万大军周旋。在敌我形势发生变化的关键时刻，又运筹帷幄，发起了战略大决战，通过辽沈、淮海、平津三大战役，历时114天，歼敌154万人，使蒋介石在长江以北的主力丧失殆尽。1949年4月23日，人民解放军占领国民党的统治中心南京，宣告了延续22年的国民党反动统治的覆灭。

1949年10月1日，当毛泽东在天安门城楼上庄严宣告中华人民共和国成立时，饱受压迫和欺凌的中国人民是何等得高兴和自豪。新中国成立后，中国共产党领导全国人民经过60多年的探索和奋斗，中国已由一个一穷二白的国家独立于世界民族之林，现在，中国的经济总量已跃升为世界前三，综合国力大幅提升，国际地位空前提高，社会保持稳定，人民安居乐业，民族凝聚力显著增强，中华民族将迎来伟大的民族复兴！

如今的我们不能忘记为了民族独立、人民幸福而英勇献身、作出了巨大贡献的人们。正是他们不计名利、无私奉献；正是他们艰难求索、开拓进取；正是他们舍生忘死、流血牺牲，才换来了新中国的诞生，换来了我们今天的幸福时光。他们是民族的脊梁，是人民的骄傲，是共和国永远值得铭记和祭奠的人。本套书收录的是牺牲和病逝在建国前的中共高层领导人和中共高级将领。高层领导人收录了党的主要创始人李大钊和在新中国成立前担任过中共中央政治局候补委员以上职位的英烈；高级将领收录了中央军委后来认定的未授衔的军事家和抗联主要领导人杨靖宇、赵尚志，参与宁都起义的主要领导人赵博生、董振堂。细读这套书，通过聚焦他们的人生历程，透视他们的人生追求和价值取向，品评他们在中国革命中的主要贡献和历史地位，了解他们的优良作风和崇高品德，帮助我们树立正确的世界观、人生观、价值观，坚定共产主义信念，帮助我们珍惜今天来之不易的美好生活，以积极进取的精神状态为中华民族的伟大复兴贡献自己的聪明才智！

目 录

中国革命者的光辉典范

——中国共产党主要创始人李大钊

主题人物： 李大钊

籍　　贯： 河北省乐亭县

出生时间： 1889 年 10 月 29 日

主要职务： 中国共产党主要创始人之一。1920 年在北京发起组织马克思学说研究会和共产主义小组。中国共产党成立后，负责北方区党的工作。1924 年 6 月，代表中共去莫斯科出席第三国际第五次代表大会。是中共第二至四届中央执行委员

牺牲时间： 1927 年 4 月 28 日

牺牲地点： 北京西交民巷京师看守所

当时年龄： 38 岁

毛泽东： 三十年前我为了寻求救国救民的真理而奔波。还不错，吃了不少苦头，在北平遇到了一个大好人，就是李大钊同志。在他的帮助下我才成了一个马列主义者。他是我真正的好老师。

鲁　迅： 守常先生给我的印象是很好的：诚实，谦和，不多说话。《新青年》的同人中，虽然也很有喜欢明争暗斗，扶植自己势力的人，但他一直到后来，绝对的不是。

陈　毅： 就义从容甚，大节凛不辱；人民柴市节，浩气贯长虹。

“北李南陈，两大星辰，茫茫黑夜，吾辈仰承。”陈独秀说：“南陈徒有虚名，北李确如北斗。”

五四时期，中国的政治舞台上，出现了两位叱咤风云的人物，时人作诗赞曰：

其一

北大红楼两巨人，纷传北李与南陈。
孤松独秀如椽笔，日月双悬照古今。

其二

北李南陈，两大星辰。
茫茫黑夜，吾辈仰承。

李大钊（1889—1927）

陈独秀（1879—1942）

“北李”指的是中国共产主义运动的先驱李大钊；“南陈”指的是中国新文化运动的发起人陈独秀。

李大钊，字守常，1889年出生在河北省乐亭县大黑坨村一个比较富裕的家庭。幼读私塾，早年留学日本，毕业于早稻田大学政治本科。1916年回国后先后任北京《晨钟报》主编、北京大学图书馆主任、经济学教授。俄国十月社会主义革命后，受世界革命思潮的影响，是我国第一个举起传播马克思主义旗帜的人。他在当时写的《法俄革命之比较观》《庶民的胜利》《布尔什维主义的胜利》3篇文章，标志着中国人接受马克思主义的开始，表明了中国先进的知识分子在十月革命的影响下的新觉悟，代表了中国的先进分子对世界局势的新认识，以及初步运用马克思主义的观点来重新考虑中国问题的开始。

陈独秀，字仲甫，1879年出生于安徽省怀宁县。1896年考中秀才，早年留学日本。1915 年 9 月，在上海创办并主编《青年》杂志（后改名《新青年》）。后受北京大学校长蔡元培的邀请，任北京大学文科学长。1919 年 5 月 4 日，以北京大学为首的 13 所学校的 3000 多名学生，为了抗议北洋军阀政府的卖国行径，齐集天安门游行示威，愤怒的群众，一把火烧了赵家楼胡同曹汝霖的住宅。陈独秀于当天发表《两个和会都无用》一文，揭露巴黎和会本质，号召人民斗争。6 月 9 日，他又起草《北京市民宣言》，号召劳工、学生和商人对军阀政府采取“直接行动，以图根本之改造”。6 月 11 日，因散发《北京市民宣言》被捕入狱。9 月 16 日，经营救获释。

毛泽东在 1945 年 4 月 21 日延安的七大预备会议上说：“五四运动中，有中国的最觉悟分子参加，当时的觉悟分子有陈独秀、李大钊。”并说“他们两人都是中国最有才华的知识界领袖”。

李大钊和陈独秀是在 1918 年 1 月开始共事的，两人都在北京大学任教。同年 12 月，两人创办《每周评论》，热情讴歌十月革命和社会主义，大造革命舆论，积极领导了五四运动。

陈独秀长李大钊 10 岁。李大钊对陈独秀非常尊重，以师长看待，以学生自居，从不喊陈独秀的名字，总称仲甫先生，赞誉陈独秀是“中国新文化运动的创始者，革命的先锋”。

陈独秀对李大钊同样“非常钦佩，十分敬仰”。他说李大钊“是一位坚贞卓绝的社会主义战士。从外表上看，他是一位好好先生，像个教私塾的人，从实质上看，他平生的言行，诚如日月之经天，江河之行地，光明磊落，肝胆照人……世人称他为马克思主义先驱，革命家的楷模，是一点也不过誉的”。“英风伟烈应与天地长存”。

接近陈独秀的人，曾直言不讳地问过他：“人们说‘南陈北李’，你比他如何？”

陈独秀答曰：“差之远矣！南陈徒有虚名，北李确如北斗。”

问者说：“自谦乎？”

陈独秀说：“真言实话，毫无虚饰。”

的确，李大钊的思想、意志和品格是人所共知的。

他曾写下“铁肩担道义，妙手著文章”联语，悬挂于自己的书房内，激励自己用毕生的力量来挑起弘扬道德和正义这副重担，来宣传远大的理想和进步的政治主张，以唤起民众的觉悟。

当 20 世纪初科举被废，中国大地上出现以新学为主的洋学堂的时候，李大钊恰恰成为第一代学生；

当国人见日本学西方能迅速富强，在日俄战争前后数万青年赴东瀛求学的时候，李大钊走在这支队伍的最前列；

当中国留学生在日本接触先进的文化，并萌发了最早的理性的反帝革命思想的时候，李大钊又是其中最光辉的代表。

党史界对李大钊在中国共产党创立时期所做的工作进行了高度概括，指出他拥有人所不及的九个“最早”：

他是最早在中国接受并宣传马克思主义的人之一；

他最早在中国按照马克思主义观点提出“帝国主义”概念；

他最早提出知识分子必须与劳动人民相结合的重要思想；

他最早提出五一节这个日子，是工人的直接行动日；

他是最早的马克思主义者，也是与反马克思主义者进行公开论战的代表人物之一；

他是最早在中国发起成立马克思主义研究学术团体的人之一；

他是最早酝酿创建中国共产党的人之一；

他是最早与共产国际代表取得联系的马克思主义知识分子；

他是最早正确运用马克思主义策略思想的党的领导人之一。

在全国“双百”评选活动中，李大钊被评为“100位为新中国成立作出突出贡献的英雄模范人物”。

李大钊以其文笔犀利而声誉鹊起，成为留日学生中的新闻人物，因此被学校除名

河北乐亭县大黑坨村旧居，李大钊诞生于此屋左侧一间

河北省的乐亭县，位于唐山市东南部，是座风光明媚、景色宜人的滨海城市。

李大钊就出生在离县城15公里的大黑坨村。

大黑坨村东八里地是一片大海滩，每当植物生长的季节，沿海滩边就长出郁郁葱葱的盐茜草，好像一条绿缎带围着碧蓝的海水。远处大海中，渔帆点点，站在村北的旷野里瞭望，隐隐约约可以看到耸入云际的碣石山。身居一隅而能看到海、山两种胜景，对村民来讲不能不算一种得天独厚的福分。但是，在那个苦难的年代，水灾、土匪、地痞流氓、苛捐杂税……天灾人祸搅得民不聊生。人们为了生存而在苦海中挣扎。

在这美丽但又充满苦难的土地上，李大钊成长起来了。故乡的美使他对祖国、对人民有刻骨铭心的热爱，苦难的现实又赋予了他改造社会的使命感。

李大钊的降生，使母亲悲喜交集：喜的是自己终于为李家留下了一棵独苗，一个可以承继香火的后代，悲的是孩子刚刚出生，和他那早逝的父亲便已生死两界。

此时，婴儿当然不会知道母亲心中的苦痛，更不可能想到，仅仅一年多后，他的这位苦命母亲也不堪精神上的重负而与世长辞。没有亲生父母的那种痛苦感受只有到他童年时期寻求父母之爱时才能强烈地滋生出来。

年已60多岁的祖父李如珍爱不释手地抱着小孙子，用他那饱经风霜的脸庞亲着孩子的小脸蛋，轻轻地叫了一声："憨头！"于是，孩子有了自己第一个名字。

每当想起儿子和儿媳早早去世，李如珍总是心如刀割。他殷切盼望孙子在漫长的人生旅途中免难消灾，长命富贵，于是他跑到镇上，请了一位饱读诗书的私塾先生，为孙子取了一个名字，叫"寿昌"，其含义延年益寿，事业昌明。

李大钊六岁时，祖父把他送进本村谷家的私塾。这一年，是1895年，维新风潮已经兴起。两年后，上海南洋公学刚刚成立的师范专科开始编辑中国人自编的第一部有着近代科学文化内容的《蒙学课本》；六年后，清政府下令全国将旧式书院改为学堂，并要求各地多设小学堂。然而，直到1905年进入永平府中学前，李大钊一直没有进过正式的学堂。他在旧式的私塾整整待了十个春秋。

1899年，10岁的李寿昌和本村已满15岁的姑娘赵纫兰结了婚。尽管当地有男子早婚并娶年龄较大的女子为妻的习惯，但十岁这个年龄毕竟太小了些。这大抵是由于祖父考虑到家中缺少帮手，而自己已年过七旬，还是应该早为孙子完婚的缘故。

赵家和李家是门当户对的世交。赵纫兰的父亲赵文隆曾和李大钊的祖父合伙在东北经商。赵纫兰的祖母是李大钊的姑祖母，两家可谓亲上加亲。由于家境较好，赵纫兰也读过书，能看懂小说。因此，她对李大钊连续多年读书给予了很大支持。她正直朴实，温顺贤惠，针线和其他家务活都拿得起来，过门之后，里外操持，给祖父减轻了不少负担。

1905年，16岁的李大钊到永平府去参加科举考试。正当考试进行期间，府中接到了清政府取消科举入仕制度的谕旨。他和参加考试的部分生员一起转入永平府中学。

永平府位于乐亭县治所北面偏西60公里左右处。这里相传是商代孤竹国所在地。商末周初伯夷、叔齐让国，不食周粟而死的故事据说就发生在这里。城内有夷齐故里和其他一些古迹，城外有首阳山。在铁路未修通前，北京至山海关的大道从这里经过。光绪朝以来，由于附近煤矿、铁路的开发，这里交通更为便利，信息比较灵通。

在永平府中学，李大钊结识了比自己大七岁的蒋卫平。此人少有大志，顾念时艰，慨然以天民先觉为己任，常谈黄梨洲、顾亭林、王船山之诸家学说，并且因为爱读谭嗣同的《仁学》一书，仰慕谭的为人，而改号"慕谭"。李大钊见他如此不凡的气概，两人遂成了要好的朋友。在尔后相处的日子里，蒋卫平爱国爱民的热忱、献身事业的精神、行侠仗义的情操，以及他对具有民族气节、民主思想的大学问家、改革家的推崇极大地感染和影响了李大钊。

同蒋卫平的接触与深交，使李大钊开始了解到甲午战争给中国带来的耻辱以及《辛丑条约》给中国造成的巨大危害。正是从这时起，李大钊真正开始考虑国家的危迫时局。从经书中得到的"治国平天下""救民于水火"的格言，现在有了明确的落着点。他对知识的兴趣和从经书中理解的寻"理"对于处事的重要，使他倾向于选择"深研政理，求得挽救民族、振奋国群之良策"的道路。

1907年夏，"急思深研政理"的李大钊，等不及中学毕业，就与同学一起到了天津，考进了北洋法政专门学校。在那里，他学习了政治、法律、经济以及英语、日语。他学习刻苦努力，能诗善文，是学习成绩最突出的一个，被誉为"北洋二杰"之一。

在日本早稻田大学学习时的李大钊

在那里，李大钊以兴奋的心情，如饥似渴地阅读了大量当时称为"新学"的西方资产阶级的书籍，他深受这种反对封建主义、要求民主自由思潮的影响，从而开始树立民主主义的观点，这些决定了他的一生。

1914年1月，李大钊怀着"去国徒深屈子恨"的心情，从天津乘船，东渡日本。船航行在波涛汹涌的大海上，李大钊的心潮也像大海一样起伏难平……

就在他留学前夕回乡探亲之际，在碣石山旁的昌黎火车站碰上了日军无端惨杀5名中国路警的血腥事件。事后，软弱的卖国政府，居然向日方赔礼道歉。李大钊对此怒不可遏，他愤怒地写道："彼倭奴者，乃洋洋得意，昂首阔步于中华领土……自是昌黎遂为国仇纪念地，山盟海誓，愿中原健儿，勿忘此弥天之耻辱，所与倭奴不共戴天者，有如碣石！"

在日本，他进入了早稻田大学政治科。在那里，他发起组织神州学会，秘密进行革命活动，并在章士钊所办的《甲寅》上发表文章，批驳外国侵略者，主张中国必须实行民主共和。在这期间，李大钊以文会友，结识了陈独秀。

1915年1月，日本向袁世凯政府提出了企图灭亡中国的"二十一条"，激起了中国人民的无比愤怒。李大钊团结留日学生，成立了留日学生总会，并担任文牍干事，负责起草通电。

1915年年底，袁世凯宣布称帝。消息传来，留日学生总会召开会议，推选李大钊为文事委员会编辑主任，负责反袁的宣传活动。1916年，李大钊主编《民彝杂志》，并发表了《民彝与政治》一文，猛烈地抨击封建专制制度。在反袁斗争中，李大钊以其斗争之坚决、文笔之犀利而声誉鹊起，在留学生中成为闻名一时的人物，并因此被学校除名。

章士钊回忆道："自后凡趋向民主之一举一动，从五四说起，几无不唯守常之马首是瞻。"

1918年，是李大钊思想变化发展最重要的一年。

这一年的2月，经章士钊介绍，李大钊担任了北大图书馆主任。至此，新文化运动名人陈独秀、鲁迅、胡适、周作人、刘半农、钱玄同等荟萃于北大，形成了以陈独秀、李大钊为核心的新文化运动的强大阵容，大有登高一呼全国响应之势。章士钊在回忆中写道："守常一入北大，比之临淮治军，旌旗色变，自后凡趋向民主之一举一动，从五四说起，几无不唯守常之马首是瞻。"

北京大学图书馆（马神庙）

"十月革命一声炮响，

给我们送来了马克思列宁主义。”李大钊是中国接受和传播马克思主义者的第一人。

马克思列宁主义传到中国，并不是一帆风顺的。虽然上海《民国日报》于11月10日就最先以《突如其来之俄国大政变》为标题，刊登了十月革命的消息，但是大多数中国人并不清楚这十月革命为何物，所以有家报纸竟以《一塌糊涂之乱状》作为报道十月革命的标题。加之当时的形势使中俄交通断绝，马克思列宁主义不可能一下子从苏俄直接“送”到中国。但一向密切关注着国际政治的李大钊通过各种渠道了解十月革命，并搜集各种资料，研究马克思主义理论。他以敏锐的洞察力迅速了解到十月革命的性质，明白了十月革命的意义，为此他极为兴奋、激动。

在1918年帝国主义对苏俄发动武装干涉，中国反动派鹦鹉学舌地叫喊要防止“过激派”的局势下，李大钊根据尽可能搜集到的关于十月革命的材料，进行了认真的研究，于1918年7月1日发表《法俄革命之比较观》，开始阐明十月革命的实质。

他论述俄国十月革命和法国资产阶级革命的区别，指出十月革命的伟大历史意义在于“俄国今日之革命，诚与昔者法兰西革命同为影响于未来世纪文明之绝大变动”，“二十世纪初叶以后之文明，必将起绝大之变动，其萌芽即茁发于今日俄国革命血潮之中”，指出十月革命的性质“是二十世纪初期之革命，是立于社会主义上之革命，是社会的革命而并着世界的革命之彩色者也”。

李大钊的文章启示中国人民“唯有翘首以迎其世界新文明之曙光……而求所以适应此世界的新潮流”，并驳斥了反动派对十月革命的诬蔑和攻击，也排除了一些人当时对十月革命的疑虑。

1918年11月15日，北京大学在天安门前举办演讲大会。李大钊阔步登上讲台，发表了《庶民的胜利》的著名演说，接着又写下《布尔什维主义的胜利》的光辉论著。

在《庶民的胜利》《布尔什维主义的胜利》中，李大钊热烈地歌颂了十月革命的伟大胜利，揭露了帝国主义战争的实质，向中国人民介绍了列宁的布尔什维主义，为中国人民指出了新的革命斗争方向。

他预言，在十月社会主义革命的影响下，必然出现世界革命运动的高涨。他将十月革命譬喻作“使天下惊秋的一片桐叶”，而由此开展起来的世界革命“滔滔滚滚的潮流实非现在资本家的政府所能防遏得住的”。“在这世界的群众运动的中间，历史上残余的东西，什么皇帝咧，贵族咧，军阀咧，官僚咧，军国主义咧，资本主义咧，——凡可以障阻这新运动的进路的，必挟雷霆万钧的力量摧拉他们。他们遇见这种不可当的潮流，都像枯黄的树叶遇见凛冽的秋风一般，一个一个地飞落在地。由今以后，到处所见的，都是布尔什维主义战胜的旗。到处所闻的，都是布尔什维主义的凯歌的声。人道的警钟响了！自由的曙光现了！试看将来的环球，必是赤旗的世界！”

多么铿锵有力的语音！多么不可置疑的自信！生活在沉沉黑夜之中的中国人民被李大钊伟大的预言震撼了。

不久，李大钊又在《新青年》上发表了《我的马克思主义观》，把马克思主义的基本原理介绍给中国人民。

李大钊解释道：“马氏所说的阶级，就是经济上利害相反的阶级，就是有土地或资本等生产手段的有产阶级，与没有土地或资本等生产手段的无产阶级的区别：一方是压服他人掠夺他人的，一方是受人压服，被人掠夺的。这两种阶级，在种种时代，以种种形式表现出来。”而资本主义生产方式，是最后一种采取阶级对立形式的社会生产方式。他指出：关于实际运动的手段，马克思主义是“主张除了诉于最后的阶级竞争，没有第二个再好的方法”。自从马克思和恩格斯发表《共产党宣言》，“檄告举世的劳工阶级，促他们联合起来，推倒资本主义，大家才知道社会主义的实现，离开人民本身，是万万做不到的，这是马克思主义一个绝大的功绩”。

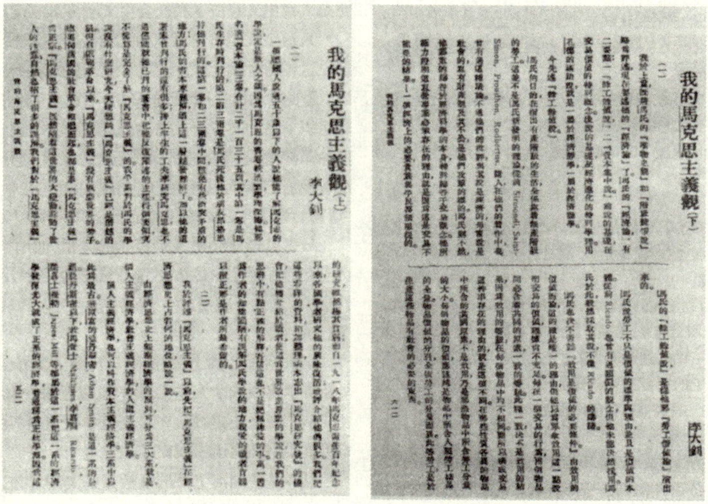
我的馬克思主義觀（上）
李大釗

我的馬克思主義觀（下）
李大釗

李大钊在《新青年》上发表的《我的马克思主义观》（上）（下）

李大钊阐明道：马克思的《资本论》也是“首尾一贯的根据那‘在今日社会组织下的资产阶级与工人阶级，被放在不得不仇视、不得不冲突的关系上’的思想立论”。

最后，李大钊宣告：资本主义的“脚下伏下了很多的敌兵，有加无已，就是那无产阶级。这无产阶级本来是资本主义下的产物，到后来灭资本主义的也就是他”。他的这些论述，对于当时中国人民革命斗争的实践，起了积极的指导作用。

毛泽东回忆李大钊说:“正是在他的帮助下，我才成为了一个马克思主义者，他是我真正的好老师。”

1918年8月19日，毛泽东为组织湖南青年和新民学会会员赴法国勤工俭学等事宜，由长沙第一次到北京。由于一些事情没有办好，毛泽东想在北京多待一段时间。但是，一个来自湖南的“乡里伢”要在北京待下去是很难的，毛泽东就找到了湖南的老师杨昌济教授，请他帮忙。

这天，杨昌济领着毛泽东来到位于北大红楼的图书馆，想找份工作。当时毛泽东操一口浓重的湖南口音，又只是一个师范学生，他后来向斯诺回忆说，“大家都不理我”，“他们都是些大忙人，没有时间听一个南方人谈话”。

然而在学界颇有权威并已名满天下的李大钊却唯独不同，经杨昌济介绍后，李大钊很爽快地安排毛泽东在图书馆里当书记。书记在中国古代是记录员的意思，实际上是图书馆的管理员。主要工作就是读者借阅时登记一下，杂志来了分发、登记上架，有时间自己看看书。这个工作在当时很难得，每个月工资是八块大洋，八块大洋在当时可以买很多东西，毛泽东能够在北京待下去了。

毛泽东做了北京大学图书馆的管理员后，接触面宽了，他开始拼命地学习。北大有各种各样的研究会，还有一些老师和社会名流毛泽东都去拜访，他认识了邵飘萍先生，也和李大钊有了直接面对面交流的机会。当时李大钊写的几篇文章是介绍俄国十月革命的，通过李大钊的演讲和文章毛泽东发现中国的问题很多，毛泽东觉得要留学可以不要到法国，要去就要到俄国去。

1919年3月，毛泽东离开北京，他没有去法国。回到湖南后不久五四运动爆发，毛泽东积极投入到五四运动中。当时，湖南军阀张敬尧祸害人民，引起了湖南人民的反抗，毛泽东发起了驱张运动，带着一些人来到了北京又找到李大钊。此次，李大钊介绍他参加了当时全国性的进步团体叫少年中国学会，同时毛泽东又有了直接向李大钊学习和交流的机会。通过与李大钊第二次接触，毛泽东彻底放弃了去法国留学的打算。后来毛泽东在湖南办了文化书社，李大钊又帮了他很大的忙。

在新文化运动史上，作为青年的良师益友，李大钊始终关注青年问题，关心青年的教育和成长。“以青年之使命为使命。青年不死，即中华不亡。”

因此，李大钊非常注重向青年传播马克思主义。他把北大图书馆作为传播马克思主义的阵地，付出了毕生的心血和精力。同时李大钊也非常注重青年的思想品德教育，注重对他们进行“人格教育”，“青年呵！你们临开始活动以前，应该定定方向……若是方向不定，随风飘转，恐怕永无到达的日子。”这是李大钊在五四时期对青年的告诫，他希望青年树立革命的人生观，把消灭世间的黑暗、人类的苦难作为自己的目标，为世界进步文明、为人类造幸福而奋斗，要不图虚名，踏实工作，“凡事都要脚踏实地地去作，不驰于空想，不骛于虚名，而唯以求真的态度作踏实的工夫。以此态度求学，则真理可明，以此状态做事，则功业可就”。

李大钊积极主张青年教育要走与工农相结合的道路，尊重劳动，走到农村锻炼自己，他认为劳动能使青年解脱苦境，获得快乐，这对广大青年深入工厂农村走与工农相结合的道路，具有重要的指导意义。

许多青年深受他的影响，走上了革命的道路。

1918 年 11 月北大成立的新潮社，是一个基本上由北大学生组成的文化团体。该社早期成员有傅斯年、罗家伦、徐彦之、张崧年、谭平山、高元等。李大钊应聘担任了该社的顾问，协助他们负责杂志印刷、登广告、发行及会计等项事务。新潮社成员谭平山在李大钊宣传俄国革命和新的民主主义思想的影响下，从研究哲学理论转向关注政治思想。

国民杂志社的张国焘等也与李大钊有密切关系。张国焘，这位在中共一大上被选举为中央局领导成员，中共领导下的第一届中国劳动组合书记部主任，1916 年入北京大学理工预科时只有 19 岁。他在后来的回忆中写道：

> 我景仰李大钊先生，彼此交往，最初与马克思主义无关。虽然他是我的指导者，我们的相处却似朋友。在新文化运动和社会改革运动中，我们已是意气相投，“五四”时在“内除国贼，外抗强权”的号召下，我们更一直并肩作战。

这段回忆作于五四之后 40 余年，较为可信地描绘了张国焘当时与李大钊之间密切的关系，以及李大钊给予这位热情的青年思想上的帮助。这种帮助显然是推动张国焘对俄国革命抱以热情，进而走上共产主义道路的重要因素。

罗章龙在回忆他 1918 年 9 月同李大钊初次见面时也写道，当时北京大学规定新生办理入学手续时须有本校教师二人签章具保才能入学，他初到北京，人地生疏，无奈之间，想起在《新青年》杂志上见到的李大钊的名字，于是抱着试试看的想法前去拜访：“我走进红楼他新迁的办公室后，正值宾客满座，工作很忙。我向他说明来意，他并未多加询问，随手在保证书上签名盖章后，嘱我及时前往教务处办理注册手续，以免逾期。临走时他又说：‘你们南方同学来京上学很不容易，如果还有像你这样急需具保的同学，你可介绍他们径来找我。’寥寥数语，道出了李先生对青年学生关切之情。我第一次见他，就留下了李先生待人接物十分谦和的深刻印象，同学们也乐于去和他接触。”

李大钊在支持国民杂志社和新潮社的同时，正和王光祈等人筹备少年中国学会。

王光祈是四川温江县人，比李大钊小三岁。他1914年到北京，入中国大学学习法律，1918年6月毕业后担任成都《群报》和《川报》的驻京记者。这期间，他联络了同乡曾琦、周太玄等人筹备组织少年中国学会。他们同时也邀李大钊商量学会规约，并同为学会的发起人。

经过一年的筹备，1919年7月少年中国学会北京总部正式成立。经李大钊和王光祈等人提议，学会的宗旨改为“本科学的精神，为社会的活动，以创造‘少年中国’”。李大钊担任了编译部编译员和月刊编辑部主任。后来，他又被选入学会评议部。在1924年以前，他一直是该会的骨干领导成员。北京大学一些进步学生黄日葵、许德珩、邓中夏、徐彦之、康白情、张崧年、高尚德、刘仁静先后加入少年中国学会，其中多是由李大钊介绍入会的。毛泽东也是经李大钊介绍，于1920年初加入少年中国学会的。而在此之前，毛泽东与李大钊已经有了几个月朝夕相处的日子。所以，1949年3月毛泽东回忆说：“正是在他的帮助下，我才成为了一个马克思主义者。他是我真正的好老师，没有他的指点，我今天还不知道在哪里呢。”

大家知道陈独秀是五四运动的总司令，而李大钊以其独特的贡献，成为这场运动的实际发起人和指挥者

打开中国近代史的画卷。1919年5月4日的青年运动，已经定格在中华文明史的扉页上，那一片灿烂的青春火焰，一路闪耀而来。在行进的历程中，中国青年用战斗的青春开辟了一条呼唤光明的道路，写下了一首为光明献身的壮美诗篇，从此，数以千万的青年挺立起来，展现自己昂扬的精神和风采。

五四运动，一个被热血和青春镌刻的文化符号，一个刻印在中国灵魂之上的图案，与沧桑历史构成了一块熠熠生辉的历史丰碑。

当年，指挥这场伟大运动的总司令，人们一般认定是陈独秀，而李大钊以其独特的贡献，成为这场运动的实际发起人和指挥者。

五四前后，在我国又出现了一次“百家争鸣”的局面。以《新青年》杂志创刊为标志兴起的新文化运动，犹如波涛汹涌的洪流，冲垮了“孔家店”封建专制主义思想的堤坝，世界上形形色色的思想都作为“新潮”涌入中国。实验主义、无政府主义、基尔特社会主义、新村主义，等等，纷纷登上五四时期的中国舞台，进行了淋漓尽致的表演。

五四时期的李大钊

李大钊开始也和其他启蒙思想家一样，宣传的是民主主义思想。那时他所憧憬的“青春的中国”，就是法国式的资产阶级共和国。

俄国十月革命的火焰，照亮了黑暗的旧中国。在茫茫黑夜中摸索救国救民真理的李大钊，受到极大启示，看到了光明的前途。他从十月革命的伟大实践中认识到马克思主义是无产阶级和被压迫民族争取解放的锐利武器，只有社会主义才能救中国。

李大钊迅速转变成一个马克思主义者，放声讴歌十月革命，热烈欢呼世界上第一个社会主义国家，预言人类历史将揭开新篇章。他说:“一九一七年的俄国革命，是二十世纪中世界革命的先声。”这滔滔滚滚的革命潮流，“实非现在资本家的政府所能防遏得住的”。他又说:“在这黑暗的中国，死寂的北京，也仿佛分得那曙光的一线。”他坚信在马克思主义的光辉照耀下，中国革命一定会出现新局面。十月革命，既“是使天下惊秋的一片桐叶”，就必然引来万山红遍、层林尽染，共产主义的灿烂光辉必将把全世界照得一片通红。

在中国，李大钊是热心传播马克思主义的第一人，也是勇敢捍卫马克思主义的第一人。

1919 年 4 月底，巴黎和会上中国外交失败的消息传来，北京学生痛感亡国灭种之祸迫在眉睫，5 月 4 日，3000 余人齐聚天安门广场，集会游行，高喊“内除国贼，外争国权”口号，痛殴章宗祥，火烧赵家楼，轰轰烈烈的爱国运动爆发了。李大钊密切关注运动进展情况。学生被捕后，他和蔡元培等积极营救；蔡元培被逼辞职出走，反动派阴谋改组北京大学，李大钊便联合其他教职员奋起抗议。沙滩红楼里他那北大图书馆主任办公室，成了革命青年经常聚会的场所。他常与学生领袖们在这里交流运动进展情况，研究深入的办法，给青年们以直接指导。5 月 18 日，李大钊在《每周评论》上发表《秘密外交与强盗世界》

一文，为运动的深入提出了明确目标，指出：“不止夺取山东的是我们的仇敌，这强盗世界中的一切强盗团体、秘密外交这一类的强盗行为，都是我们的仇敌啊！”他说，我们的目的决不“单是打死几个人，开几个公民大会”，而是要以“民族自决、世界改造的精神，把这强盗世界推翻”。

五四运动的直接目标达到了，但中国反帝反封建的任务远没完成，中国革命任重道远。这时，李大钊及时教育青年切莫对反动派产生幻想。引导大家坚持斗争，把反帝反封建的革命进行到底。他说：“真正的解放，不是央求人家网开一面，把我们解放出来，而是要靠自己的力量，抗拒冲决，使他们不得不任我们自己解放自己；不是仰赖那权威的恩典，给我们把头上的铁锁解开，而是要靠自己的努力，把他打破，从那黑暗的牢狱中，打出一道光明来。”

李大钊阅读和研究过的部分书刊

历史唯物主义的原理，辛亥革命和俄国十月革命的历史经验，使李大钊认识了人民群众的伟大力量，他把实现中国回春的希望，寄托在工农群众身上。

李大钊十分关注工人阶级的状况，亲自作调查，撰写《唐山煤厂的工人生活》，揭露资本家对工人的残酷剥削和封建把头对工人的敲诈勒索，派人到长辛店等处办工人夜校，并亲自为工人上课。

更为难能可贵的，在五四时期，李大钊就对我国农民问题有了比较深刻的研究，并号召知识青年们到农村去，走与工农相结合的道路，他说：“要想把现代的新文明，从根底输到社会里面，非把知识阶级与劳工阶级打成一气不可。”

李大钊在五四运动中立下了汗马功劳。

乔装的“新闻记者”带着秘密使命来到北京，和李大钊取得了联系

第一次世界大战爆发后，第二国际破产，十月革命的胜利，促进了各国共产党的建立，客观形势要求建立新的国际组织。1919 年 1 月，经过列宁的努力，揭开了成立共产国际的序幕，发出了《共产国际第一次代表大会邀请书》，号召成立共产国际。

当时，中国国内的马克思主义者同列宁领导的国际中心远离千山万水，而且苏俄处于14国武装包围之中，俄国亚洲地带完全被高尔察克、谢米诺夫、霍尔瓦特等匪帮占领。更重要的是，马克思主义在中国尚未广泛传播，中国马克思主义者队伍的思想觉悟、组织程度还不具备响应《共产国际第一次代表大会邀请书》的要求和派人参加共产国际一大的条件。所以，《共产国际第一次代表大会邀请书》发表后，在中国马克思主义队伍中几乎完全没有反响。

但李大钊则不同，他虽然没有提出（在当时也不可能提出）参加共产国际第一次代表大会，但却明确支持共产国际的成立。在那时，明确支持成立共产国际的也只有李大钊。他说："有了解放的运动，旧组织遂不能不破坏，新组织遂不能不创造。"并说，"中欧的社会革命一经发动，世界的社会组织都有改变的趋势，为应世界的生活的必要，这国际组织、世界组织，是刻不容缓了。"事实说明：1920年春天之前，李大钊已经在寻求同俄国革命者以及共产国际组织建立联系；而俄国革命者和共产国际组织，也在寻求同中国革命者建立联系。

终于，这根联系的纽带有了衔接的可能。

1920年4月初，北京最繁华的王府井大街不远处的一幢外国公寓里，来了五位新客人。客人们一律持"苏维埃俄罗斯共和国"护照。三男两女，其中一位男子一望而知是中国人，却能讲一口流畅的俄语。

两位俄国妇女中的一位来自海参崴，不过，她的外貌跟正宗的俄罗斯女人不同，她是贝加尔湖沿岸的布里亚特蒙古人。她会讲俄语，也会讲蒙古语。她叫萨赫扬诺娃，俄共（布）远东地区委员会的负责人之一。三个月前，向俄共（布）中央委员会致函，表示准备与中国革命者建立联系的便是她。

两男子中有一位身材高大，蓄着大胡子，这位俄国人会讲一口纯正的法语——他本是俄国工人，后来侨居法国。他倒是一位名副其实的记者，从哈尔滨奉命赶来。他叫斯托扬诺维奇，又名米诺尔，俄共（布）党员。

萨赫扬诺娃和斯托扬诺维奇前来北京，都是为了配合那个《生活报》记者代表团执行特殊的使命。

最先开始"采访"的，是那位中国人——杨明斋。他首先"采访"的是号称"中国通"的波列伏依。他来到了离王府井大街不远的北京大学，跟这位在那里任教的俄语教授用俄语交谈着。虽说他们也可以用汉语交谈，但是那时北京城里懂俄语的毕竟不多，保密性更好些。

波列伏依的中文名字叫"鲍立维"，又叫"柏烈伟"。在海参崴长大的他，常跟那儿的中国人打交道，会讲汉语，懂中文。他居然研究起中国的《诗经》来，不但成了一位汉学家，而且成为沟通俄共（布）朋友和中国进步文化人之间的桥梁。

鲍立维对《新青年》杂志非常注意，每期必读。理所当然，他注意起李大钊和陈独秀的大名。去北京的时候，他在北京大学图书馆里跟李大钊谈得非常投机。他送给李大钊一些来自莫斯科的关于马列主义的小册子，让李大钊十分高兴。布哈林著的《共产主义 ABC》英文本，便是其中的一本。于是，李大钊介绍鲍立维到北京大学担任俄语教员，并编纂《俄华辞典》。

杨明斋拜访了鲍立维，说是苏俄《生活报》记者维经斯基希望报道中国共产主义运动的领袖人物，鲍立维伸出左手的大拇指说："李大钊！"又马上伸出右手的大拇指说："陈独秀！"

鲍立维向杨明斋说起了北京大学，说起了《新青年》，说起了去年发生的五四运动，说起了"北李南陈"……这位货真价实的"中国通"，十分准确地勾画出中国共产主义运动的简貌，使杨明斋心中有了底。因为他和维经斯基"初来中国的时候，对于中国情形十分陌生。他们的使命是要联络中国共产主义运动的领袖人物，但不知找谁是好"。

维经斯基决定访问"北李南陈"。陈独秀已经出走上海，他就请鲍立维介绍，前往北京大学图书馆主任室访问李大钊。这是俄共（布）使者与中国共产主义运动领袖人物李大钊的第一次正式接触。

维经斯基访问李大钊事先做了些准备工作。首先维经斯基了解到李大钊是赞成十月革命的。他同李大钊见面谈了一席话之后，便要求见见参加过五四运动的一些同学，李大钊就找了张国焘、李梅羹、刘仁静等几个同学和维经斯基见面。

在这次座谈会上，维经斯基说，你们在座的同学参加了五四运动，又在研究马克思学说，你们都是当前中国革命需要的人才。他勉励在座的人，要好好学习，要了解苏俄十月革命，正因为如此，中国应有一个像俄国共产党那样的组织。

维经斯基对李大钊所讲的最后一句话也是"中国应有一个像俄国共产党那样的组织"。

谈到这里，李大钊说："维经斯基先生，你要了解中国的共产主义运动，不可不去上海访问陈独秀先生。他是《新青年》杂志创始人、主编。"

"李先生，我也早已听说陈独秀先生的大名，不知您能否代为介绍？"维经斯基赶紧说道。

"行，行。我写一封亲笔信给他，你带在身边。他看了信，就会愿意接受你的采访。"李大钊说着拿起毛笔，当即挥就一封信，交给了维经斯基。

带着"考察在上海建立共产国际东亚书记处的可能性"这一重要而秘密的

使命，维经斯基决定前往上海。他的妻子库兹涅佐娃、翻译杨明斋以及那位从海参崴赶来的萨赫扬诺娃，与他同行，共赴上海。

就在维经斯基一行离开北京不久，俄共（布）远东地区委员会的另一领导人维廉斯基·西比利亚可夫抵达北京。他和斯托扬诺维奇一样，也以“远东共和国”的名义在中国活动。

此后，维廉斯基在中国工作多年，出任苏俄驻北京的帕依克斯使团顾问。

俄共（布）及共产国际从不同途径派出各种身份的人物来华活动，表明了他们对于建立中国共产党的无比关切。

陈独秀写信询问党的名称，李大钊一锤定音："就叫共产党。"

提到南陈北李相约建党的事，还得从“老板”带着“管家”离开京城讨账的那天讲起，“老板”就是李大钊，“管家”就是陈独秀。这到底是怎么回事呢？

五四运动爆发后的 1919 年 6 月 9 日，陈独秀起草了《北京市民宣言》。这份宣言对内政外交提出了具体的五条要求，表达了他“平民征服政府”的思想。

6 月 11 日晚，陈独秀在“新世纪游艺场”散发传单时遭逮捕。李大钊得知这一消息后，立即将罗章龙等招来，商量营救的方法，大家一致认为，目前“首先是将陈先生被捕消息告诉全国人民，造成强大的社会舆论，使北洋政府有所顾忌，不敢胡作非为”。在强大的社会舆论压力下，反动当局不得不于 9 月 16 日将陈独秀保释出狱。

陈独秀出狱后，李大钊特地写了一首白话诗《欢迎独秀出狱》发表在《新青年》上。诗中写道：

你今出狱了，我们很欢喜！
他们的强权和威力，
终竟战不胜真理。
什么监狱什么死，
都不能屈服了你；
因为你拥护真理，
所以真理拥护你。

你不必感慨，不必叹惜，
我们现在有了很多的化身，同时奋起；

好像花草的种子，被风吹散在遍地。

这时，陈独秀已辞去北大文科学长的职务，仍住北京北池子寓所。在此期间，他应湖北省教育厅厅长李汉俊的邀请，去武汉作了几次讲演。国内各地报纸都摘要登载他讲演的内容。北洋政府看到这些报纸，才知道陈独秀已出北京。警察厅就在北池子寓所门前派警察站岗，等陈独秀自武汉回京时加以逮捕。

李大钊得到这个消息，就派人先到西车站把他接到王星拱家里暂避一避，再设法送他离开北京。

李大钊为保护陈独秀出京的安全，排除了乘坐火车或汽车出京的方案，经过周密思考，决定由自己护送陈独秀从公路出走。因李大钊是乐亭人，讲的是北方话，衣着又朴素，很像生意人。时当阴历年底，正是北京一带生意人往各地收账的时候。于是他们两个人雇了一辆骡车，携带几本账簿，从朝阳门出走南下。陈独秀也装扮起来，头戴毡帽，身穿王星拱家里厨师的一件背心，油迹满衣。陈独秀坐在骡车里面，李大钊跨在车把上。沿途住店一切交涉，都由李大钊出面办理，不要陈独秀张口，恐怕漏出南方人的口音。因此，一路顺利地出了朝阳门。

进入旷野以后，李大钊和陈独秀松了口气，因为兴奋，两人一点倦意也没有。

“仲甫，你看我们中国是否也走苏俄的道路，成立 Bolshevism 式的政党？”李大钊决定利用送陈独秀的机会，和他交流在中国建立共产党的看法。

“好啊。我以前是反对成立为一个阶级服务的政党的。倘若那个时候你要我成立一个新党，我是不干的。”陈独秀欢快地说。上个月，陈独秀在《〈新青年〉宣言》中说，永远不加入“没有全社会幸福的政党”。

“哦？现在怎么变了呢？”李大钊问。

“没有变。苏俄式政党是谋求全社会幸福的政党，再说……”陈独秀用力吸了一口烟说，“我声明不加入这样的党，并没有声明不发起一个自己信仰的党啊？！”

“说得好。”李大钊话音刚落，两人不约而同地一起纵情大笑起来。赶车人受到情绪感染，随着轻轻的一声吆喝，“叭”地甩出了一个响鞭，骡车欢快地跑了起来，客人的笑声与有节奏的骡铃声车轱辘声响成一片，在白雪映照的空旷原野上久久回荡……

这一夜，两人亲密地交谈分头在南北筹划建党事宜直到拂晓。

李大钊一直护送陈独秀来到天津。他们分别的时候，相约各自在南方和北方活动，组建一个政党。随后，陈独秀乘车南下来到上海。

不久，陈独秀得悉一位叫陈望道的青年正在夜以继日地开始做一件大事——翻译《共产党宣言》，不过他依据的是一种日文版。陈独秀大喜过望，立刻把自己带来的英文版《共产党宣言》，托人带给了陈望道，供他翻译时参考。

1920 年 5 月的一天，陈独秀见时机成熟，便秘密召集沈雁冰、李汉俊、陈望道、邵力子、戴季陶、张东荪等人开会。他开宗明义地说："守常（李大钊）在北京已发起组织马克思学说研究会，我们也不能落后。我提议，上海是不是先组织一个秘密团体——马克思主义研究会，为共产党的建立作好组织准备，你们意见如何？"众人一致赞同，会上，陈独秀被推选为研究会的负责人。

6 月中旬，陈独秀、俞秀松、李汉俊、施存统、陈公培五人开会，筹备成立共产党，推举陈独秀为负责人，并起草党纲十余条，明确指出党要"用劳农专政和生产合作为革命手段"。

北大学生张国焘作为李大钊与陈独秀的联络人，来往于京沪之间。8 月底，陈独秀将上海的建党情况告诉了张国焘，让他转告李大钊，希望"从速在北方发动，先组北京小组，再向山东、山西、河南等省和天津、唐山等城市发展"。李大钊复信说，"上海所拟议的要点都是切实可行的，在北京可以依照着发动起来。"

此时，第一本《共产党宣言》的中文全译本印刷出来了。这本小书的发行，终于使马克思和恩格斯在 70 多年前发出的振聋发聩的声音，通过一个个方块字，在中国的大地上爆响。

党的上海发起组织成立时叫"社会党"。9 月 1 日出版发行的一期《新青年》，发表了陈独秀的《对于时局的成见》一文，文中用的名称是"社会党"。

陈独秀曾致函北京大学张申府，商谈组织政党的事，并征求党的名称的意见。信中说，在开始酝酿建党的时候，除有信仰共产主义者外，还有胡汉民、戴季陶、张东荪等人以及一些无政府主义者，所以叫"社会党"，叫共产党怕他们接受不了。现在他们都退出了，是叫社会党还是共产党，他拿不准，叮嘱"这件事情在北大只有你和守常（李大钊）可以谈"。

李大钊告诉张申府："俄国社会民主工党已称共产党了，其他一些国家原叫社会党的也正改称共产党，你回信给陈独秀，不要叫社会党，就叫共产党。"张申府的信大约是 11 月下旬从北京发出的。后来和陈独秀又谈到党的名称，陈独秀说："你们的信收到了，就按照守常（李大钊）和你研究的名称，叫共产党。"

1921 年 6 月初，共产国际代表马林和尼克尔斯基先后来到上海。他们同李达和上海发起组商量，希望尽快召开全国代表大会，集中各地的代表，讨论、决定党的建设和任务。

1921 年 7 月 23 日，中国共产党第一次全国代表大会在上海举行。

作为共产党成立的发起人和组织者，陈独秀和李大钊都没有参加中共一大，这是什么原因呢？其实，这是历史上的一些偶然因素造成的。当时陈独秀担任广东政府教育委员会委员长，又兼任大学预科校长，正在争取一笔巨款修建校舍，如果他离开广州，这笔款子就会落空，所以未能出席一大。而李大钊当年担任北京八校的教职员联谊会议主席，正在领导索薪斗争和暑期会务，也不能离开北京。他们虽然没有参加中共一大，但不影响他们作为中国共产党的主要创始人的历史地位。

孙中山亲自主盟，介绍李大钊加入国民党。李大钊成为第一个以个人身份加入国民党的共产党人

李大钊较早地注意到统一战线的重要性。

1921 年，他曾介绍共产国际代表马林到桂林会见了孙中山。

1922 年 8 月，中国共产党在杭州召开西湖会议，讨论有关国共合作的形式问题。在会上，马林提出，共产国际要求中国共产党以个人身份加入国民党，会议就此展开了讨论，多数同志持反对态度，李大钊明确表示支持马林的意见，并同马林一起耐心地说服与会同志接受了共产国际的意见。这次会议是实现国共合作的一个转折点，李大钊在此起了关键作用。

会后，李大钊对革命统一战线进行了理论探讨，他发表《普遍全国的国民党》一文，批评以前的国民党不重视民众运动的错误，指出“中国现在很需要一个普遍全国的国民党”，国民党应该适应这种需要，去联合工农学商，“结成一个向军阀与外国帝国主义作战的联合阵线”。

1923 年 6 月，李大钊出席了党在广州召开的第三次全国代表大会。大会的中心议题，就是讨论如何同以孙中山为代表的国民党合作，实现革命的统一战线。

这时，孙中山已经接受了我们党的反帝反军阀的政治主张，并同意我们党在国民党内外进行组织和发动群众的工作。孙中山在 1923 年 2 月依靠广西境内的滇军、桂军赶走陈炯明重返广州后，他所领导的广州政府也不再禁止工农运动，而且取消了治安警察条例和压迫罢工刑律，表现了对于民主主义的真正拥护。

大会正确地估计了孙中山这种民主主义的立场，决定与国民党合作，共产党员以个人身份加入国民党，改组国民党成为工人、农民和小资产阶级、民族资产阶级的民主革命联盟；同时，保持共产党在政治上和组织上的独立性。这样，大会就具体确定了党关于建立革命统一战线的策略。

大会批判了当时党内存在着的两种错误倾向——以陈独秀为代表的放弃无产阶级领导权的右倾机会主义倾向，和以张国焘为代表的反对共产党与国民党合作、反对共产党员和工人农民加入国民党的关门主义倾向。

毛泽东出席了这次大会，在会上坚持了正确的意见，反对了错误的意见。

李大钊对关门主义倾向是坚决反对的，在此以前，通过积极促成国共合作的实际行动，他已经表明了自己的态度。在无产阶级领导权的问题上，在对中国社会各阶级力量的分析和估量上，他认为，“现在中国是在资本帝国主义压迫之下，试看全国的资产阶级、小资产阶级、知识阶级谁能反抗？只有无产阶级。在国民革命中当先锋的亦只有无产阶级。”这就和陈独秀认为中国无产阶级“不是独立的革命势力”，“中国大多数的工人，还没有自己的阶级政治斗争之需要与可能”，革命只能由资产阶级来“统率”，有着原则的区别。在对民主革命的前途的看法上，陈独秀认为民主革命的胜利只能是资产阶级的胜利，建立资产阶级共和国。李大钊却对建立“中产阶级的平民政治”不以为然，他认为，无产阶级的“平民政治”必将取代资产阶级的“平民政治”，“现在的平民政治正在由中产阶级的平民政治向无产阶级的平民政治发展的途中”。李大钊的这些看法虽然还不十分系统和明确，但是显而易见他们之间存在根本不同。

孙中山与李大钊会谈

三大期间，孙中山又特地邀请李大钊与他在广州会面。他们商讨了广东革命政府的外交政策问题。

为了坚决贯彻党的三大所决定的建立革命统一战线的正确方针，李大钊又在党内做了许多工作。

1923 年秋，鲍罗廷由苏联政府派到中国来，应孙中山之聘为政治顾问。他先到北京与李大钊联系。李大钊就此约集北京地委的负责同志和他在一起讨论了国共合作问题。

李大钊1924年1月参加中国国民党第一次全国代表大会时与孙中山先生一起步出会场

在中国共产党人的帮助下，孙中山于1923年底完成了改组国民党的准备工作。1923年11月，发表了《中国国民党改组宣言》。1924年1月20日，在广州召开了国民党第一次全国代表大会。

这次大会通过了中国国民党第一次全国代表大会宣言，提出了民主革命的新纲领，确定了联俄、联共、扶助农工的三大政策，重新解释三民主义为具有反帝反封建内容的革命三民主义，同意共产党员和社会主义青年团员以个人身份加入国民党，并通过了新的国民党党章和改组国民党使之革命化的各项办法。有共产党人出席并参加领导的这次大会，标志着以国共合作为基础的民族民主革命统一战线的形成，事实上成了中国革命新高涨的起点。

李大钊是被孙中山亲自指派出席这次大会的代表。他同毛泽东、林伯渠等出席大会的共产党人一起，对这次大会发挥了重要的领导作用。

李大钊在1923年12月大会开幕前约一个月就在广州积极帮助孙中山、廖仲恺等完成了改组国民党及大会的准备工作。大会期间，他是主席团的五个成员之一，和孙中山一起主持了整个会议的进行；同时，还担任了大会的许多重要职务。会上所设立的全部四个委员会中，他就担任了其中三个委员会的委员——大会宣言审查委员会委员、国民党章程草案审查委员会委员和出版及宣传问题审查委员会委员，是大会上兼职最多的一人。大会的两个主要文件——宣言和党章，他都曾亲自参加审定，花费过不少的精力。

在这次大会上，李大钊被选为国民党中央执行委员。以后，又在孙中山临终前被指定为国民党中央政治委员会的委员，1926年初召开的国民党第二次代表大会上继续当选为中央执行委员。此外，还有不少共产党员在国民党第一次代表大会上被选为中央执行委员或候补执行委员。其中，如于方舟等，都是经过李大钊的推荐介绍而当选的。

关于李大钊在这次大会上所起的巨大作用，当时的大会参加者何香凝曾有过如下回忆：

1924年1月，中国国民党改组，在广州召开全国第一次代表大会。那时候，李大钊先生和我都是代表，他的和蔼与诚恳的态度以及他的透彻而伟大的言论，一见便使人折服。他对孙中山先生的改组国民党与联苏、联共、扶助农工三大政策，发挥了极伟大的作用。现在想起来，那些话是非常正确的。开完会后，他离开广州北上……但他的一切总被我们大家忆念着。

在建立革命统一战线的过程中，李大钊不辞劳苦，频繁奔走于大江南北。他四跨长江，三赴上海，二下广州，不仅参与制定党的统一战线策略，而且为促成国共两党革命统一战线的建立发挥了重要作用。

缉捕“惑民滋事”的共产党首要分子李大钊的密令已经发出，冒着巨大的危险，这位中共北方党组织负责人坚持战斗在敌人的眼皮底下

1924年底，北方地区的斗争形势开始发生变化。党的统一战线政策的正确实施，加快了新的革命高潮的到来，同时促成了反动统治阶级内部的很大分化。冯玉祥“倒戈”，那时李大钊正在苏联，他是5月里接到党中央的命令，作为中共代表团首席代表，赴莫斯科参加共产国际第五次代表大会的。大会结束后，其他代表先期回国，李大钊在苏联又逗留了一个时期，到各地参观、访问、考察和讲演，并抓紧一切时间学习俄文。

1925年担任中共北方地区领导工作的李大钊

在苏联期间，李大钊化名“李琴华”，他非常渴望在十月革命的发源地，在伟大列宁的故乡多走走，多看看。然而，他的这个计划没有能够实现。北京政变的消息使他再也住不下去了。11月，遵照组织的决定，他怀着“回到战场上去”的战斗激情，回到了祖国。

李大钊回国后不久，根据中央指示，成立了中共北方地区执委会，由他全面负责北方区委的领导工作。1924年底到1925年初，他和中共北方区执委在广大北方地区大力开展工作，在工人、农民、士兵、学生等各阶层中间，进行着非常活跃、卓有成效的活动。

面对如火如荼的革命形势，反动军阀惊恐万状，他们发出指令，缉捕“惑民滋事”的共产党首要分子李大钊。在十分险恶的形势下，作为党的北方组织主要负责人的李大钊不为所动，竟然在敌人鼻子底下继续坚持斗争。

1925 年 5 月 30 日帝国主义在上海实行血腥屠杀的消息传到北京后，北京全城立刻沸腾起来了。北京党组织在李大钊领导下，进行了紧张的工作，在反对帝国主义的统一目标下，迅速将北京各阶层人民组织了起来。学生中组织了“沪案雪耻会”，并加强了各校学生联合会的工作；工人中组织了“工人雪耻会”。6 月 5 日，又成立了有 480 多个团体参加的“北京各界对英、日帝国主义惨杀同胞雪耻大会”。

在以李大钊为首的北方区党委领导下，北京人民在 6 月 3 日、10 日、25 日连续举行了规模空前的示威游行。第一次参加的五万余人，第二次 20 万人，第三次 30 万人。广大的劳动人民积极地参加了示威行动，特别是第三次总示威，参加最多的是各行业的工人、郊区的农民。

五卅运动以后，奉系军阀代替了原来直系军阀的位置，秉承日、英等帝国主义的意旨，在沈阳、天津、青岛、上海由北到南的广大地区，到处压迫国民革命运动，屠杀工人群众，封闭民众团体，摧残人民的自由，而成为当时帝国主义屠杀中国人民主要的和最野蛮的刽子手。党根据这种情况，于 1925 年冬反奉战争爆发的时候，领导了全国性的反奉运动。

这时李大钊亲自到天津，以加强党在这个大城市的工作，并在那里的群众大会上发表了演说。

但是，帝国主义是绝不会甘心让它的既得利益从手中失去的。日本帝国主义这时露出了更加穷凶极恶的面目，竟公然出兵我国东北帮助张作霖，消灭了郭松龄的部队；又进一步支持奉军再次入关，准备让这支最反动的武装占领京津一带，从而消灭国民军和进步人民的力量。与此同时，英帝国主义也迅速与日本勾结起来，以大批军械援助吴佩孚从南面攻打国民军。帝国主义这种肆无忌惮的侵略行为，激起了中国人民的极大愤怒。

在全国人民反日、英，反张、吴的怒潮中，北方区党委和李大钊领导着北京人民于 1925 年 12 月 31 日，1926 年 1 月 14 日、31 日，在天安门连续举行了三次大规模的有数万群众参加的反日讨张的国民示威大会。

3 月 12 日，两艘日舰公然掩护奉系军舰进入大沽口，驻守炮台的国民军以旗语制止，不听，于是发空炮警告，而日舰竟立即报以实弹射击。国民军在这种情况下，不得不开炮还击。事后，日本帝国主义非但不接受国民军的抗议，反而以国民军破坏了所谓“辛丑条约”为借口，向中国政府提出抗议，并纠合英、美、法等八国公使向中国发出最后通牒，限四十八小时答复。与此同时，各帝国主义的军舰也云集大沽口，陈兵海上，以武力进行威胁。

3 月 18 日，李大钊亲自领导十余万群众、二百多个社会团体在天安门举行了反对八国最后通牒示威大会。会场上挂起了请愿受伤代表的血衣，写着“段祺瑞铁蹄下之血”8 个大字。李大钊是这次大会的主席之一。他在会上发表了慷慨激昂的演说，号召大家“用‘五四’的精神，‘五卅’的热血”，“不分界限地联合起来反抗帝国主义的联合进攻，反对军阀的卖国行为”。他的演说极大地激励了全体听众。这次大会开得异常激烈，与会之人个个热血沸腾，义愤填膺，准备与帝国主义决一死战，并且一致通过了驳回最后通牒和驱逐八国公使等决议。会后，又组织了两千多人的请愿团。虽然昨天流了血，大家还是毫无惧色地再次奔赴“执政府”请愿。

这时，段祺瑞政府血腥的大屠杀随即开始了。军警用排枪、刺刀、大刀，射击砍杀群众达半个小时之久。广场上流满了鲜血，人群一批一批地倒下。但大多数群众在党和李大钊的英勇指挥下表现了临危不惧、凛然不屈的英雄气概。

这次惨案，死者达 47 人，伤者 200 多人，被鲁迅称作“民国以来最黑暗的一天”。

“三一八”惨案的第二天，即 1926 年 3 月 19 日，段祺瑞的所谓“执政府”对李大钊等人加以“假借共产学说，啸聚群众，屡肇事端”的罪名，“着京内外一体严拿，尽法惩办”。在帝国主义和军阀指挥下，各种反动势力组织了所谓“国民制赤会”“反赤大同盟”等，嚣张地向革命人士进攻。严重的白色恐怖，一时笼罩了北方。

李大钊在异常恶劣的环境下坚持与敌人进行顽强的斗争。当严重的白色恐怖迫临，环境愈来愈困难、愈艰苦的时候，党为了保存革命力量，迎接北伐革命高潮，将许多同志调离了北京。李大钊始终毫不动摇地坚守在自己的岗位上，毫不计及个人的安危，毅然将领导北方革命的全副重担肩负起来。

1926 年 3 月底，李大钊和国共两党的北方领导机关一起，迁入东交民巷苏联大使馆西院的兵营里。在敌人的严密监视下，他的活动受到了很大限制，苏联大使馆门口总是停放着几辆由密探伪装成洋车工人的东洋车，一有人出来就跟踪上了。

但是，李大钊仍然通过种种方法，和北方各地的革命组织、革命同志保持了密切联系。在他的领导下，沉寂多年的兵营一时成了北方革命运动活跃的指挥中心。外面虽然是敌人的黑暗统治，里面各种工作却在热火朝天地进行。在这里活动的革命者最多时曾达二三百人。有的同志化了装，躲过敌人的监视，前来请示汇报工作；一些进步青年，以至大学教授，也常前来求教。李大钊总是尽量亲自接见这些同志或朋友，和他们谈话；并审阅各地送来的报告，派出干部，发出指示信，继续领导北方的革命力量，利用一切可能开展大量的革命工作。

李大钊紧张地、繁忙地策划着，指挥着。当天空一时布满乌云，甚至他本人已在很大程度上丧失了行动自由的时候，他从不松懈。他能够在黑暗中看到未来的曙光，能够在敌人不可一世的威风中看到他们必然覆灭的命运，看到人民的觉醒，在异常艰苦、险恶的环境里，始终充满了革命乐观主义的精神和必胜的信心。

革命者播下了革命的种子，将来一定会获得丰收！一定会夺得胜利！这是李大钊多次引用过的譬喻，也是他坚定不移的信念。他常对孩子们说："你看，农民们辛辛苦苦地种下东西，收获的时候是多么的欢喜呀！他们忘记了辛苦，只有快乐。我们的革命也是一样，现在统治者虽然想尽办法攻击我们……我们是不怕的。我们要挺身和他们斗争到底。我们要用最大的努力把革命的种子撒得到处都是……等到革命成功的那一天，我们会像农民把庄稼收回家来一样的快乐！"

但是，李大钊的处境却愈来愈险恶了。敌人进一步加紧了对北方的革命指挥机关的监视与迫害。机关里的工友阎振三出去送信，没有回来；打杂烧饭的工友张全印一早出去买菜，又没有回来，他们都被捕了。同志们很焦急。李大钊的工作也更加紧张起来。但是，他那钢铁般的革命意志是动摇不了的，他仍然那么安详、乐观、满怀信心地来克服愈益严重的困难。工友被捕，没人做饭，他便与范鸿劼、谭祖尧等同志自己动手，淘米、切菜，做起饭来；工作闲暇的时候，他还向大家"谈些惹人发笑的话"，使得大家也都镇定下来了。

同时，李大钊对敌人保持着高度警惕，决不对敌人抱丝毫幻想。他做了一切必要的准备，对各地的工作做了周密的安排，烧毁了重要的文件；还与同志们一起，练习打手枪，准备应付最坏的、可能的事变。

许多老朋友屡次托人带信给他，或者亲自来看他，劝他离开北京，都被他婉言谢绝了。他说："要走出北京并不难，就是工作离不开，我是不走的。"夫人赵纫兰也很为他担心，多次劝说，但也不能改变他的决心。他总是说："不是常对你说吗？我是不能轻易离开北京的，假如我走了，北京的工作留给谁？"

奉系军阀使用进口的绞刑机，对李大钊“三绞处决”，绞杀整整进行了40分钟

反动军阀终于对李大钊下了毒手。

1927年4月6日清晨，奉军及所谓“京师警察厅”出动数百名宪兵、警察、特务，悍然不顾外交惯例和国际公法，包围、袭击了苏联大使馆以及附近的远东银行、中东铁路办事处、庚子赔款委员会等，实行了疯狂的大逮捕。

帝国主义的公使团积极参与了这次罪恶勾当。事先，他们就与军阀当局秘密勾结，对这个反革命阴谋达成了所谓“完全的谅解”；届时，又下令东交民巷巡捕局配合反动军警、特务的行动。

这一天，正好是清明节，天气晴朗，夫人赵纫兰带着小女儿到附近儿童娱乐场散步去了。李大钊坐在黑色的桌旁写字。忽然，传来了尖厉的枪声，紧接着，是一阵纷乱的喊叫声，许多人从矮小的围墙上跳进院子里来。

李大钊手里紧握着枪，面容更加冷静。看着他那坚定的神情，年幼的星华也不由得胆壮起来了。

“不要放走一个！”窗外，响起了兽性的吼叫声。随着，穿灰制服、脚踏长筒皮靴的宪兵们，穿黑制服的警察，胸系红线为记的便衣特务，蜂拥而入，包围了李大钊。他们拉出前些日子被捕的工友阎振三,一个满脸横肉、身材粗大的特务阴险地问道：

“你认识他吗？”

这个受过李大钊教育的可敬的工人，只是简单地摇了摇头。从他那披散的长发中间露出一张苍白的脸来，不难看出，他已经受过多次酷刑了。

“哼，你不认识吗？我可认识他呢！”那家伙恶毒地狞笑着，又命令他的左右夺去了李大钊的手枪。

特务们的枪口对准着李大钊。但是，他们吓不倒真正的共产党员。在这些野兽面前，李大钊没有丝毫的怯懦或惊慌。他保持着他那惯有的神态，严峻而又肃穆。他没有向他们讲任何道理，因为他清楚地知道，对这些军阀的狗奴才是没有道理可讲的。

李大钊被捕了。先后被捕的，还有范鸿劼、谢伯俞、谭祖尧、杨景山等共产党员，以及邓文辉、张挹兰等国民党左派。

李大钊在监狱中，在阶级敌人面前，表现了共产党员对党的无限忠诚和崇高的革命气节。

李大钊被囚禁的京师看守所

从被捕到就义，李大钊在狱中度过了22天。为了逼迫李大钊招供，敌人对他施用了多种酷刑。李大钊坚贞不屈，没有向敌人泄露党的任何机密。为了保护同时被捕的其他同志，李大钊还用血迹斑斑的双手写下《狱中自述》，表示自己“负其全责”，要敌人“对于此等爱国青年，宽大处理，不事株连。”表现了高度的舍己为人的共产主义精神。

威逼不成，敌人又继之以利诱。张作霖的参谋长杨宇霆亲自前来劝降，拉同乡关系，讲了许多甜言蜜语。但这不过是枉费心机。李大钊一概严词拒绝，并痛斥了他们的鬼蜮伎俩。杨宇霆用高官厚禄进行收买，李大钊从容答道：“大丈夫生于世间，宁可粗布以御寒，糙食以当肉，安步以当车，就是断头流血，也要保持民族的气节；绝不能为了锦衣玉食，就去向卖国军阀讨残羹剩饭，做无耻的帮凶和奴才！”弄得这个张作霖最亲信的狗腿子、大名鼎鼎的“小诸葛”无言以对，狼狈而去。

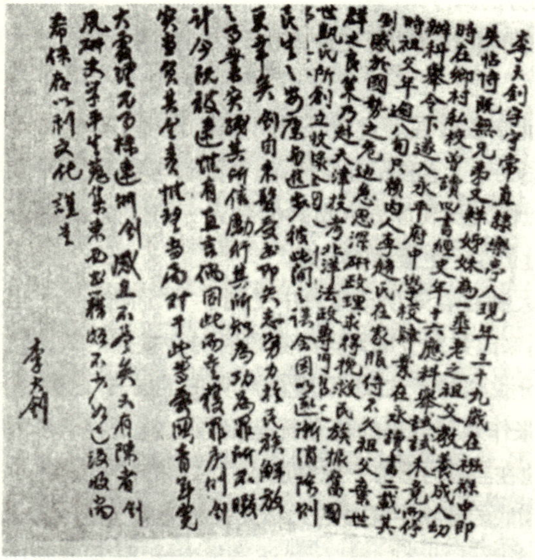

李大钊《狱中自述》手迹

在生死存亡的关头，李大钊所念念不忘的，仍然是亲爱的党，仍是他那为之鞠躬尽瘁的革命事业。他的夫人和两个女儿与他一同被捕，但他“在狱20余日，绝不提家事”。据星华回忆：她和母亲、妹妹曾经在法庭上见过他一次，“父亲瞅了瞅我们，没有说一句话，脸上表情非常平静，既不愉快，也不伤心。似乎他的心并没有放在我们身上”。

李大钊被捕，北方的同志莫不万分悲愤，尤其是北方铁路工人，提出了劫狱的口号，并组织了劫狱队。这个消息经由党组织传到李大钊那里，他极力反对这种冒险行动。他感谢同志们对他的爱戴，但他看出当时完全没有实现这种计划的可能。他说："我个人为革命为党而牺牲，是光荣而应当，但已经是党的损失……我不能再要同志们来做冒险事业，而耗费革命力量，现在你们应当保存我们的力量……不要使革命力量再遭损失。"北方党组织接受了李大钊的意见，遂不复有劫狱的举动。

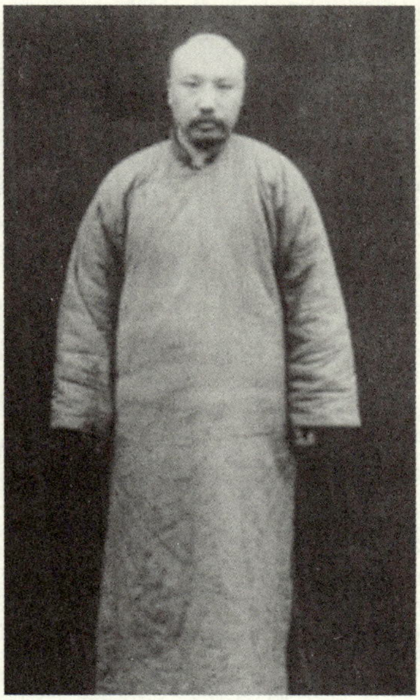

李大钊 1927 年 4 月 28 日在北京就义

李大钊的被捕，也在社会上引起了极大的震动。学生、群众、教育界、学者、名流以至他的同乡，均起而营救。京津"各报社评，皆暗为守常呼吁"，连反动报纸都不得不虚伪地赞扬他的学问、道德和人格。北京国立九校的校长曾集会讨论营救办法，并由北大和师大的校长访问当局，陈述意见。之后，国立、私立二十五所大学的校长又开会讨论，决定发表书面声明，要求"移交法庭办理"。

一方面是人民的积极营救；另一方面，则是那些帝国主义走狗的新旧军阀及其帮凶们勾结起来，进行卑鄙的谋害。蒋介石特"密电张作霖，主张将所捕党人即行处决，以免后患"。张宗昌也打来电报，说什么李为"赤党祸根"，"巨魁不除，北京终究危险"，等等。国家主义派的头子、反动政客曾琦，竟无耻地向张作霖献计，力主"处以极刑"。反动派对李大钊这样仇恨和害怕，更加暴露了他们共同的狰狞面目和凶残的本质。

1927 年 4 月 28 日，万恶的奉系军阀杀害了李大钊，和他一起就义的还有范鸿劼、谢伯俞、谭祖尧、杨景山、邓文辉、姚彦、路友于、张挹兰（女）、李昆、莫同荣、张伯华、李银连、谢承常、英华、阎振三、吴平地、陶永立、郑培明、方伯务 19 位革命者。这是帝国主义及其走狗屠杀中国革命人民、企图扼杀中国革命的又一滔天罪行。

李大钊殉难后，灵柩寄于宣武门外妙光阁浙寺。李大钊一生清廉。他在北京大学担任图书馆主任兼教授时月薪 180 块大洋，再加上其他四所大学的兼课津贴，每月收入 240 块大洋，当时完全可以过富裕的日子。但是他却"茹苦食淡，冬一絮衣，夏一布衫"，生活十分简朴，省下来的钱大部分用来充作党的活动经费和接济贫困同志，以至于在他牺牲后，家中只剩 1 元钱，连后事都由同志们自发捐款才得以操办。

1933年4月，党通过北京大学师生和李大钊的生前友好，发起为他举行公葬。为这一公葬捐款的知名人士，有鲁迅、李四光等100余人。这一次隆重的葬礼，再次表明了中国人民对李大钊的深切怀念和爱戴。

1933年4月23日清晨，送葬的队伍从浙寺出发。虽然处在国民党的白色恐怖下，一路上，三五成群的人们，都手执花圈、挽联，胸前佩着纸花，臂上缠着黑纱，不断地从大街两旁的小胡同内涌出来。每到繁华热闹的地方，还有群众团体拦灵公祭。至西单时，“马路上已有人满之患”，汽车、电车都不能行驶了。在李大钊深红色的棺材后边，一眼望不到头的群众队伍成了浩浩荡荡的洪流。

人民是不会忘记李大钊的，他的名字将永远活在人民的心里。

中共早期卓越的领导人
——中共第五、六届中央政治局常委蔡和森

主题人物： 蔡和森
籍　　贯： 湖南双峰县
出生时间： 1895 年 3 月 30 日
主要职务： 1921 年加入中国共产党。先后担任中央机关刊物《向导》主编、中共驻共产国际代表团团长、代理中央秘书长、中央宣传部部长，是中共第二至四届中央执行委员，第五、六届中央政治局常委
牺牲时间： 1931 年 8 月 4 日
牺牲地点： 广州
当时年龄： 36 岁

毛泽东： 一个共产党员该做的，和森同志都做到了。
周恩来： 和森同志是永远值得我们怀念的。
邓小平： 蔡和森同志是我党早期的卓越领导人之一，他对中国革命作出了重大的贡献，中国人民永远记着他。
陈　云： 向为革命而牺牲的蔡和森同志致敬！

湖南学界名流杨昌济说："我最好的学生是毛泽东、蔡和森"，"二子海内人才，救国必先重二子"。

蔡和森（1895—1931）

20世纪20年代，是风云变幻的年代，各种思潮涌起，各类人物展现。当时，湖南的土地上就升起了两颗耀眼的政治明星，这就是毛泽东和蔡和森。

毛泽东在他著名的词作《沁园春》中写道："恰同学少年，风华正茂；书生意气，挥斥方遒。指点江山，激扬文字，粪土当年万户侯。曾记否，到中流击水，浪遏飞舟。"表达了毛泽东和同学少年"以天下为己任"的伟大抱负和壮志豪情。

当时，毛泽东在长沙最好的朋友就是蔡和森。

蔡和森，湖南湘乡永丰镇人（今属双峰县管辖），1895年3月30日出生于上海。1913年，蔡和森来到长沙，考入湖南铁路专门学校，不久转到湖南省立第一师范学校学习，与毛泽东结为挚友。在校内他读书到了废寝忘食的程度，以才学出众著称。

1918年6月23日，蔡和森曾赋《少年行》诗一首：

大陆龙蛇起，乾坤一少年。
乡国骚扰尽，风雨送征船。
世乱吾自治，为学志转坚。
从师万里外，访友人文渊。
匡复有吾在，与人撑巨艰。
忠诚印寸心，浩然充两间。
虽无鲁阳戈，庶几挽狂澜。
凭舟衡国变，意志鼓黎元。
潭州蔚人望，洞庭证源泉。

这首诗，充分表达了他的志在天下的胸怀和崇高的精神境界，与毛泽东志趣高远和才情横溢的《沁园春》有异曲同工之妙。

毛泽东和蔡和森：论理想抱负，两人如出一辙；论学识才智，二子各有千秋。毛泽东在湖南一师的同学萧子升回忆说，蔡和森“欠缺演说才能，但是他能很好地表达于文章上，甚至比毛泽东还表达得好”。同学们还有评价：“林彬（蔡和森）是思想家，润之是实践家。”李立三在1935年撰写的《纪念蔡和森》的文章中也曾指出，当时的湖南青年“盛称‘毛蔡’之名，而奉之为表率”。

当时，著名伦理学家和教育家杨昌济则对毛泽东和蔡和森有更妙的评价。

杨昌济，名怀中，1871年4月21日出生于湖南省长沙县。1898年就读于岳麓书院，不顾山长阻挠，毅然加入进步团体南学会，努力宣传新学、新政，赞同谭嗣同的“以民为主”的政治思想。1903年东渡日本留学，主攻教育学。1909年留学英国，专攻哲学、伦理学。1918年6月，应蔡元培先生之聘，任北京大学伦理学教授。他为赴法勤工俭学学生筹措经费，推荐毛泽东到北大图书馆工作，促成了爱女杨开慧与毛泽东的婚恋关系。五四运动时，发表《告学生》一文，表达对青年的热切期望，并参与发起北大哲学研究会，著文号召青年敢说敢做。在他的学生中，特别器重毛泽东和蔡和森。他曾对名士章士钊说：“二子海内人才，前途远大。君不言救国则已，救国必先重二子。”

“救国必先重二子。”杨昌济可真是一双慧眼，几年以后，毛泽东和蔡和森都成为马克思主义的忠诚信奉者，以中国最早的50多个共产党人中的一分子，参与了中国共产党的创建工作，都成了我党早期的卓越领导者。毛泽东是中共一大代表；蔡和森是中共二大、三大、四大、五大、六大中央委员。他们都以无比的热情和巨大的智慧参与领导了轰轰烈烈的中国工农运动和全国人民反对帝国主义、封建主义和官僚资本主义的斗争，为国家的独立和民族的解放建立了不可磨灭的功勋。他们的名字都作为伟大的无产阶级革命家、思想家、理论家和社会活动家而载入中华民族的辉煌史册。

在全国“双百”评选活动中，蔡和森被评为“100位为新中国成立作出突出贡献的英雄模范人物”。

蔡和森和母亲葛健豪、妹妹蔡畅、女友向警予一家两代四人，同时留法勤工俭学，一时传为佳话

茫茫人生之旅，风暴、闪电、泥泞、坎坷，会一起袭来。唯有执著追求，顶得住风暴的劈打，顶得住闪电的狂吓，顶得住泥泞的捉弄，顶得住坎坷的折磨。

蔡和森是个有执著追求的青年。

1917年秋，风华正茂的蔡和森和湖南一师的同学毛泽东、罗学瓒、张昆弟等，经常在岳麓山下或湘水之滨畅谈人生，畅谈理想。他们的远大志向和追求就是改造中国，改造社会。

经过一段时间的讨论，他们共同得出一个结论：要改造中国，改造社会，光靠几个人的力量不行，必须集合很多志同道合的同志，结成坚强有力的团体。

于是1918年4月14日在蔡和森家里正式成立了新民学会。这是五四运动前成立最早的革命团体之一。蔡和森认为所谓“新民”二字就包含着进步与革命的意义。会上，还通过了《新民学会章程》，会后又出了三集《新民学会会员通信集》，共收集了书信47封，其中蔡和森写给毛泽东等会友的信就有11封。

为求得学会的向外发展，1918年6月23日，蔡和森受学会的委托，赴北京组织赴法勤工俭学事宜。

他先住在河北蠡县（今高阳县）的布里村。这个村庄是清廷军机大臣李鸿藻的家乡。李鸿藻的儿子李石曾，清末曾留学法国，在巴黎加入同盟会。他曾与吴稚晖等创办“世界社”，宣传无政府主义，后来又与蔡元培创办华法教育会。当成立华法教育会北京总会并由该会发起赴法勤工俭学运动时，他在布里村办了两个留法预备班。蔡和森来北京后，曾提出让湖南准备赴法勤工俭学的青年来布里村学习，得到了李石曾的同意。

后来，蔡和森和毛泽东一起住在杨昌济家里。两人整天为联系赴法勤工俭学的事四出奔走，初步解决了学生先进预备班的问题。随后，毛泽东为了驻京主持这一工作，便由杨昌济介绍，在北京大学图书馆谋了个管理员的位置。蔡和森则负责布里村一处的组织管理工作。当这些安排有了头绪以后，蔡和森就写信给在长沙第一师范附小任教的陈绍休、邹彝鼎等人，转告毛泽东来京后组织赴法勤工俭学的工作进展情况，并催促他们从速来京。

1919年3月，萧子升先程赴法，办理勤工俭学的安排联络等工作。蔡和森同毛泽东送别萧子升后，毛泽东即经上海回湖南，蔡和森则来到保定。这时，原在布里村的青年也都转到了保定育德中学。

不久，震撼全国的五四运动爆发了。革命的风暴立即席卷全国。天津、上海、南京、武汉各大城市和华南、西北、东北各地学生，纷纷起来响应北京学生的爱国行动。6月3日，段祺瑞政府再次对上街宣传的学生进行了疯狂的逮捕，这就激起了全国人民更大的愤怒。6月5日，全国主要城市的工商业罢市；上海两万多工人开始罢工，至6月9日，罢工工人达9万人。唐山、长辛店、南京、济南、杭州、九江等地的工人立即起来响应，一致宣布对帝国主义和军阀作绝不妥协的斗争。这一罢工、罢市、罢课的斗争，迫使北京政府不得不批准曹汝霖、陆宗舆、章宗祥3人辞职，北京军阀政府的内阁也提出总辞职，以缓和全国人民的愤怒情绪。

7月，蔡和森从北京回到长沙。他一面向人民讲述五四运动后的北京政治形势，一面积极鼓励和组织青年赴法勤工俭学。为了达到“唤起国民之觉悟”，并“使女界同时进化”的目的，他动员自己的母亲葛健豪和妹妹蔡畅一道到法国去，加入勤工俭学的行列。

蔡和森是深深理解自己的母亲和妹妹的。母亲葛健豪年近五十，还敢于来长沙求学，在女子教育养习所毕业后，又毅然回到永丰镇办学，创立了湘乡县第二女子简易职业学校。她热心教育事业，向往革命，关心女界进步，而且秉性刚直，不怕艰苦，敢于创业，这种精神，在老年妇女中是不可多得的。妹妹蔡畅，敢于打破封建婚姻的枷锁，不怕父命尊严，在长沙求学时期，以自己微薄的收入，弥补家庭的生活，从不叫苦叫累。她刻苦好学，思想进步，性格沉毅，实在是女界青年中不可多得的人才。蔡和森想，如果母亲和妹妹都能去法国勤工俭学，不仅有利于她们扩大眼界，丰富知识，进一步深造，而且能在女界起一定的示范作用，以推动妇女工作的开展，对女界前途是有益的和必要的。

一天，蔡和森把这个想法告诉母亲葛健豪和妹妹蔡畅，动员她们一起去法国勤工俭学。妹妹当然高兴，母亲却有些顾虑：一是手头经济窘迫，担心到法国能否维持；二是自己年过半百，身处异国，一旦卧病，将怎么办？三是自己对法文一无所知，担心能否适应学习的要求。蔡和森说服了葛健豪。他认为母亲有很好的刺绣工艺，这是勤工俭学的一项重要手段，维持生活完全不用担心；法国医疗条件较好，有病可以治疗，即使病故，就葬入华侨公墓，而且这样一个华侨中唯一的女学生、老学生，在清明扫墓时，谁也不会忘记在墓上献上一束鲜花；至于法文的问题，从头学起，也是不难解决的。要做革命者，必须以四海为家。为了祖国，无论年纪大小，都应该毅然投入时代的潮流中去。在儿子的鼓励下，葛健豪决心赴法求学。当时有人笑她去当“老学生”，她却坦然地说：“一个人活在世界上，就要活得有意义。我现在和儿女出去留学，将来回国，还想看到革命的胜利呢！”

葛健豪去法国勤工俭学的事，一时成为美谈。大家说她是一位“惊人的妇人”。后来，长沙报纸也刊载消息，并发表评论说：“葛健豪五十高龄，远涉重洋，到法国去做工，去受中等女子教育，真是难得哩！”

当时，蔡畅写信把赴法勤工俭学的事告诉在溆浦办学的向警予，要她赶来长沙，一起去法国。向警予来到长沙后，与蔡畅一起在周南女校发起成立了“湖南女子留法勤工俭学会”，团结了一批女青年知识分子，并邀了其中一部分一道去法国。由于勤工俭学运动的开展，向警予、蔡畅等在女青年中赢得了信任，大家称赞她们是“女中豪杰”，相率联袂同行，远离祖国去寻求真理，在中国妇女界起了先导作用。

这年冬初，葛健豪、蔡畅、向警予等从长沙去上海，蔡和森则先期去北京，再从北京去上海。他们一家，包括向警予，住在上海法租界一家旅店里。蔡和森和向警予在赴法勤工俭学途中相识并相互吸引，后结为伉俪。

这次从湖南到上海准备赴法勤工俭学的青年，大都来自生活贫困的工农家庭。他们把赴法经费开支的希望，完全寄托在华法教育会的筹措上。他们到上海的旅费虽已勉强解决，但到上海后的生活却无法支持。这时，华法教育会的经费又没有拨来，以致生活发生了困难。因此，有的长吁短叹，心神不安；有的甚至打"退堂鼓"，想回湖南。蔡和森同母亲、妹妹商量，决定向有点亲戚关系的聂云台借款资助。聂云台是湖南衡山人，是曾国藩女婿聂缉椝的儿子，当时任上海恒丰纱厂经理，是个民族资本家。他对葛健豪母子共同赴法的爱国行动很赞许，立即借给他们600块银洋。蔡和森拿出一部分解决同伴的困难，才把大家的情绪稳定下来。

12月25日，蔡和森、向警予一行搭上法国邮轮，启程赴法，经过香港、西贡、穿过马六甲海峡，进入印度洋，再经苏伊士运河，进入地中海，最后在法国的马赛登岸，整个行程用了35天。经过一年多的努力，蔡和森一家两代人赴法勤工俭学的愿望终于实现了。

对于蔡和森建立中国共产党的主张，毛泽东回信说："我没有一个字不赞同。"

1920年元月底，蔡和森、向警予、蔡畅、葛健豪一行乘邮轮驶抵法国，在马赛住了两天后，就来到了法国首都巴黎。

巴黎是一座美丽而富有革命传统的城市，素有"世界名都"之称。这里的巴士底狱广场，曾经震撼过法国大革命中群众的呼声；圣安东尼区，曾经弥漫过1848年6月工人起义的滚滚硝烟；蒙马特尔高地，曾经流淌过巴黎公社英雄的鲜血；无产阶级的革命导师马克思、恩格斯、列宁曾经在这里居住和战斗过。蔡和森来到巴黎，一下就被它吸引住了。他决心继续了解这些革命历史的经过，并从中汲取前进的力量。

蔡和森专心致志地"猛看猛译"马克思主义著作，写了大量的读书笔记，在半年多的时间里，用"霸蛮"精神译出了马克思、恩格斯合著的《共产党宣言》，恩格斯的《社会主义从空想到科学的发展》、列宁的《共产主义"左派"幼稚病》《国家与革命》和《无产阶级革命和叛徒考茨基》等著作的重要章节。

对于来法后的上述工作，他在给毛泽东的信中有详细的叙述："我到法后，鲁莽看法文报，现门路大开，以世界大势律中国，对于改造计划略具规模。现搜集各种重要小册子上百种，拟编译一种传播运动的丛书。"

1920年8月至1921年2月，蔡和森曾给在国内的毛泽东写过几封重要的信，同时也给当时有声望的陈独秀写过信，就中国革命的理论和策略问题进行了探讨。在这些信中，他旗帜鲜明地提出中国要走俄国革命的道路，实行无产阶级专政，建立共产党，并系统地阐明了有关建党的理论、路线、方针和组织原则。这些珍贵的书信，是我们今天研究我党早期建党思想较为完整的文献。

蔡和森在信中认为，中国革命不可避免地要爆发，但要走社会主义道路，不能走资本主义道路。他在1920年8月13日给毛泽东的信中说："我近对各种主义综合审缔，觉社会主义真为改造世界对症之方。中国也不能外此。""我对于中国将来的改造，以为完全适用社会主义的原理和方法。"他认为当时的中国，深受国际资本帝国主义的压迫。帝国主义的商品，开始由大炮送进来，大机器生产日日浩浩荡荡地输进来，于是中国内部的手工业纷纷破产，民族工业也受到压抑和束缚，弄得中国四万万人有三万万五千万不能生活下去了。在蔡和森看来，处于这种内忧外患之下，"中国的社会革命一定不能避免"，"革命之爆发乃是必然的趋势，也如自然力的雷电之爆发一样，行所必然，什么成败利钝都不会顾，什么改造的理想家、大学问家都也把持不下它。"

蔡和森研究了欧美资本主义发展的历史，又把俄国和中国作了比较，认为中国与俄国的情况差不多：古老的农业生产方式根本无法抵御欧美资本主义的机器生产，农业品进入国际市场不能与法美竞争。中国农民及无产阶级受国际帝国主义的经济压迫非常大。帝国主义不仅不会支持中国民族工业的发展，而且会勾结本国的反动统治者进行限制和扼杀，并对人民谋求独立和解放的斗争进行镇压。所以，中国革命不能走资本主义道路，而必须像俄国那样，走社会主义的道路。他还尖锐地揭露和批判了所谓懂得中国国情的"社会主义者"梁启超、张东荪等人贩卖改良主义和修正主义货色的罪恶阴谋，指出他们宣传的"社会主义"不过只是为资产阶级服务的东西罢了，与无产阶级的社会革命毫无共同之处。

蔡和森在信中强调的另一个重要问题是，社会主义必要之方法是"阶级战争——无产阶级专政"。他深刻地指出，阶级战争就是政治斗争，即要把资产阶级的那架机器（国会政府）打破，而建设无产阶级的那架机器——苏维埃。因为现在的国家完全为资产阶级所掌握，资产阶级利用政权、法律、军队，任意压迫工人，所以工人要完全获得解放，非先得政权，实行无产阶级专政不可。

因此，他明确地表示："我认为一定要经俄国现在所用的方法。无产阶级专政乃是一个唯一无二的方法，舍此无方法。"

那么，谁来领导无产阶级革命和无产阶级专政？在蔡和森看来，首先必须建立无产阶级政党。他说，要实现中国将来的改造，必"先要组织党——共产党。因为他是革命运动的发动者、宣传者、先锋队、作战部，以中国现在的情形来看，须先组织他，然后工团、合作社，才能发生有力的组织。革命运动、劳动运动，才会有神经中枢"。

怎样组织好共产党呢？他详细地研究了各国共产党，特别是列宁领导的布尔什维克党的丰富经验，提出了在中国组织共产党的路线、方针、政策和原则。他明确地提出："中国于二年内须成立一主义明确，方法得当，和俄一致的党。"这个党必须采取彻底革命的方法，坚决反对各种改良主义，坚定不移地发动人民大众起来革命，推翻反动统治，把政权夺到自己手里，建设新的社会，这个党必须密切联系群众，党员应该分布于工厂、农村、机关和其他一切有群众的地方，成为群众运动的领导者和先锋队，这个党必须是高度集中的组织，必须有铁的纪律，必须坚持党员的入党条件。只有建立这样的党，才能领导中国革命走向胜利。

这一期间，毛泽东也给蔡和森写了一些回信，及时向他介绍国内思想界的状况，阐述自己对上述问题的看法。毛泽东基本观点与蔡和森是完全一致的。对蔡和森见解精辟的来信，毛泽东更是给予高度的赞扬，说："我没有一个字不赞同。"至于成立中国共产党的事，毛泽东还告诉蔡和森，陈仲甫先生已在组织出版一本《共产党》杂志，颇不愧"旗帜鲜明"四字。同时，毛泽东还经常把国内出版的《新青年》《时事新报》《解放》《建设》等新潮刊物寄给蔡和森。这对远离祖国的蔡和森等人是极大的支持和鼓励。

"向蔡同盟"的结婚照画面优美、寓意更深："一对马克思主义的虔诚信徒并肩坐在草坪上，共同捧着一本打开的《资本论》。"

蔡和森和向警予到达法国后不到五个月，就在蒙达尼正式结婚，时人称为"向蔡同盟"，一时传为佳话。

向警予与蔡和森是同年出生，只小五个月零四天，即 1895 年 9 月 4 日出生在湘西溆浦县城一个商人的家庭里。向警予属土家族，原名俊贤，乳名"九九"。

1912 年春，向警予考入湖南省立第一女子师范学校。两年后，转学至长沙私立周南女校，与蔡畅同学。通过蔡畅结识了蔡和森与毛泽东等进步青年，并结下了深厚的友谊。

1916年向警予在周南女校毕业后回溆浦老家，打破当时“男尊女卑”的传统观念，在新式学堂任校长，试图走教育救国之路。她在校内要求女生放脚，亲自为她们解开裹脚布，并向其父母作动员，开女子放脚的先河。

1918年4月14日，毛泽东、蔡和森等在湖南长沙刘家台子蔡家发起成立新民学会。不久，蔡和森受学会委托，前往北京联系湖南青年赴法勤工俭学事宜。毛泽东等也相继去了北京。向警予得到消息，很想跟他们干一番“真事业”。于是，她也来到北京，先拜访北大校长蔡元培先生，再赴河北布里村留法工艺学校会晤了蔡和森，两人加深了友谊。

在赴法勤工俭学的途中，蔡、向两人和大家一道经历了35天的风波激浪。他们经常一起观看日出，讨论学习和政治问题。在谈到个人婚姻问题时，他们都强烈地反对旧式婚姻，主张大胆追求新式爱情和理想的完美结合。当邮轮停靠在终点站法国马赛港时，他们俩都惊喜地发现自己完全被对方吸引住了。于是，他们的爱情之舟扬帆起航了。

1920年5月，蔡和森和向警予在法国蒙达尼正式结婚。他们的结婚照片上，一对马克思主义的虔诚信徒并肩坐在草坪上，共同捧着一本打开的《资本论》。这种寓情寓意的完美结合的结婚照片，恐怕是世界上独一无二的。婚礼虽然朴素简单，却轰动了蒙达尼全城。看热闹和祝贺的人们不仅有留法勤工俭学的中国同学，还有许多素不相识的蒙达尼人。其结婚照为两人捧着一本打开的马克思主义《资本论》。照片表明他们的结合，不仅仅是男女之间爱情上的同盟，信誓旦旦，更是革命理想事业上的同盟，同舟共济。于是人们把他们的结合称为“向蔡同盟”。

在国内的毛泽东闻知此讯极为高兴，十分赞赏他们自由恋爱的行为，认为这是开了一个很好的先例，应该成为大家的榜样。他于1920年11月26日致留法学友罗学瓒的信中说：“以资本主义做基础的婚姻制度，是一件绝对要不得的事，在理论上是以法律保护最不合理的强奸，而禁止最合理的自由恋爱……我听得‘向蔡同盟’的事，为之一喜，向蔡已经打破了‘怕’，实行不要婚姻，我们正好奉向蔡做首领，组成一个‘拒婚同盟’。”后来，毛泽东与杨开慧、李富春与蔡畅等的结合，就是“向蔡同盟”之后的又一支浪漫曲。

1921年底，旅法的蔡和森等人因参加领导学生运动而被法国当局遣送回国。不久，已怀孕的向警予也回到上海。回国后，他们都加入了中国共产党，成为我党最早的一对夫妻党员。在1922年7月召开的中国共产党第二次代表大会上，

在中共二大上当选为中央妇女部部长的向警予

蔡和森当选为中央委员，向警予则当选为候补中央委员。同时，蔡和森还担任中央宣传部部长，向警予担任中央妇女部第一任部长。夫妻俩都成为中国共产党早期卓越的领导人。

1922年4月1日，向警予在上海生下第一个孩子妮妮。由于革命工作的需要，孩子被母亲送回湖南，住在长沙五舅向仙良家。1924年5月25日，向警予在湘雅医院生下儿子博博。儿子出生不到1个月，就由蔡和森的姐姐蔡庆熙哺养。这两个孩子都被誉为“向蔡同盟”的结晶。

1928年3月20日，留在武汉组织并参加地下斗争的向警予不幸被捕。敌人三番五次对她审讯和毒打，但她坚贞不屈，对党的秘密一字不供，表现了共产党人的崇高气节和优秀品质。在全世界无产者的节日——“五一”国际劳动节，向警予被残酷杀害，年仅33岁。

蔡和森得知向警予被捕后，想方设法去营救。特别是惊闻向警予牺牲噩耗，悲痛不已，撰文《向警予同志传》以悼念。他在传末写道：“伟大的警予，英勇的警予，你没有死，你永远没有死。你不是和森个人的爱人，你是中国无产阶级永远的爱人！”

新中国诞生前夕，国民党元老、著名诗人柳亚子先生缅怀红色革命伴侣蔡和森与向警予，曾写下深情的诗句：

革命夫妻有几人，当时蔡向各成仁。
和森流血警予死，浩气巍然并世尊。

1980年5月，许德珩在纪念向警予烈士殉难52周年时，作词《临江仙》纪念“向蔡同盟”：

向蔡同盟称盛事，妇女解放当先；丹心一片忆从前，豪情惊世界，革命闹翻天。五十年后悼先烈，抛头颅洒热血；为人民斗志弥坚，精诚贯日月，烈士万千年。

有意思的是，时年90高龄的许德珩还在词末作“向蔡同盟”注解：“五四运动后，妇女解放运动极为高涨，向警予、蔡和森二同志亦极为提倡。他们二人互相爱慕，结为夫妻。因提倡妇女解放，不称为结婚而称为‘向蔡同盟’。此亦当时大可纪念之盛事也，故记之于此。”

率领留法勤工俭学学生占领里昂中法大学，囚禁28天后以“过激党”的罪名被强行遣送回国

1920年底，赵世炎、李立三、周恩来、邓小平、陈毅、聂荣臻等都先后来到了法国。

中国留法勤工俭学的学生满怀热情来到这里，以为只要吃几年苦，学得真才实学，回国后就可以为改造中国出力。然而，事实并非如此。他们来到法国后，遇到了许多困难。有的找不到工作，生活无着，更谈不上读书；有的无钱租房子，只好在华法教育会的院子里搭帐篷过夜；有的没有固定住所，过着流浪生活；个别的甚至病死，埋葬在异国的土地上。

对于这些困难，华法教育会不仅不帮助解决，而且还多方进行排斥和刁难。如李石曾就说“这样搞下去有辱团体”，法国政府也以“扰乱治安，有碍卫生”为借口，驱赶勤工俭学学生。在这种情况下，留法勤工俭学学生同华法教育会和北洋军阀政府的斗争已经是不可避免的了。

蔡和森目睹勤工俭学学生的困难处境，心里极为愤慨和不安，为了解决这一问题，他找“工学世界社”的同志商量，决定一面派王若飞同中国北洋政府驻法公使馆交涉，请求帮助解决做工的困难，一面电请国内的北洋军阀政府，要求筹款资助。

但这一行动不仅没有获得好的结果，反而招来了新的迫害。北洋政府驻法公使馆发出通告，扬言要将在法找不到工作的中国穷学生一律遣送回国。

为了反击这一迫害，蔡和森同王若飞召集在巴黎附近的“工学世界社”成员召开紧急会议，商讨对策。蔡和森对他们说，我们每个人不能坐等工做，坐等书读，要先争生存权、求学权，要求政府给每个勤工俭学学生一年至少发四百佛郎的补助费，保证在法求学有四年以上时间。为了达到这一目的，要求大家行动起来，同北洋政府、驻法公使馆、华法教育会进行斗争。

1921年2月27日，“工学世界社”在巴黎召开了留法勤工俭学学生代表大会，一致通过了争生存权、求学权的斗争口号。第二天，在巴黎的500多勤工俭学学生包围了北洋政府驻法公使馆，由20多个女同学打头阵，冲了进去同驻法公使陈箓展开面对面的说理斗争，迫使陈箓不得不答应借款以维持学生的生活问题。这就是被留法勤工俭学学生传颂的“二二八”运动。

“二二八”运动以后，勤工俭学学生又进行了一次震撼华、法当局的斗争，这就是在蔡和森、周恩来、赵世炎等人领导下开展的反对中法借款的斗争。

1921年6月初，北洋政府内务总长以特使名义来到法国，企图向法国政府借一万万金佛郎，购买军火，扩大内战。为了借款，北洋政府不惜以出卖海关、邮政和滇渝铁路建筑权作担保，事先还由驻法公使陈箓同法国有关方面作了初步接洽。

当时在法的中国学生得悉这一消息，无不义愤填膺，激烈反对。由周恩来、蔡和森、赵世炎、陈毅等人发起，联合巴黎华侨各团体，于6月30日组织了拒款委员会，发表了“拒款宣言”，同时公布了周恩来起草的关于借款真相的调查报告。

这时，广大华工也完全站在学生一边，其他各界爱国侨胞也纷纷响应。为了扩大影响，周恩来等同志一面领导在巴黎的中国学生及旅法各界侨胞召开拒款大会，要求陈箓到会作答（陈箓本人不敢前来，派秘书来说明事件缘由，结果竟代替陈箓挨了一顿打）；一面撰写通讯，寄回国内，揭露卖国借款真相，争取舆论支持。

在中国工人、学生和法国正义人士的一片反对声中，法国政府担心事态扩大，不好收场，只好宣布暂缓借款。这次“拒款”斗争就这样取得了胜利。

蔡和森在法国参加的最后一次斗争就是占领里昂中法大学的斗争。当时，有人把这次斗争称为“小小的十月革命”。

“二二八”运动和“拒款”斗争以后，华法教育会原来给学生的一点微薄津贴也完全停发了，这给留法勤工俭学学生造成了更大的困难，与此同时，北洋政府驻法公使馆和法国当局，借勤工俭学名义向欧洲各国募捐了一笔巨款，创办了“里昂中法大学”。可是，把持这所大学的吴稚晖竟然将已在法国勤工俭学的学生拒之门外，却从国内广州、上海等地招来一批官绅子弟入学读书。这就更加激起了留法勤工俭学学生的义愤。

当时，蔡和森立刻找周恩来、赵世炎等商量对策。周恩来尖锐地指出，这是反动政府的一个阴谋，必须彻底揭露。我们应该利用这个机会，组织各方面的力量，争取进入里昂中法大学去就学。蔡和森、赵世炎完全同意周恩来的看法，于是，一场进入里昂大学的斗争在他们的组织下很快开展起来了。

9月17日，100多名学生代表集会于巴黎，通过了蔡和森等人起草的“以开放里大为唯一目标”的宣言，随即组织有蔡和森、赵世炎、陈毅、罗学瓒、张昆弟等人参加的入校队，由巴黎直奔里昂。当时周恩来到车站送行，鼓励他们坚持斗争。入校队于9月21日砸开里昂大学校门，占领校舍。周恩来也率领巴黎其他学生赶来支援。

里昂大学校舍被占领，使得陈箓、吴稚晖等人慌了手脚。他们急忙向法国当局告急，要求派警察拘捕中国学生。9月22日上午，300多名法国武装警察包围了学校，并用装甲车冲进校门，放肆殴打手无寸铁的中国学生。蔡和森、李立三、陈毅、张昆弟等104名学生被拘捕，装进囚车，押到法国兵营被看管起来。

在囚车驶往兵营途中，被捕学生不断用法文高喊"争回里大"的口号。蔡和森还将身上带的传单从铁窗口向马路上甩去。在兵营被看管期间，蔡和森等人隔着铁门向前来访问的新闻记者和社会各界人士说明事实真相，提出中国学生的正义要求，得到了法国进步人士和新闻界的支持。蔡和森、李立三、陈毅等还组织了一场绝食斗争，抗议法国兵营对被捕学生的虐待。在法国各地，李维汉、向警予以及其他同学，广泛组织了声援。周恩来也来到监狱探望蔡和森等人，从事营救活动。由于北洋政府及法国当局坚持其驱逐中国勤工俭学学生的反动政策，致使这次营救没有成功。当蔡和森等知道被驱遣回国已成定局后，便决定将赵世炎留下，并设法使他逃离了兵营，继续领导学生的斗争。

经过28天的囚禁生活，蔡和森、李立三、吴明（陈公培）、陈毅、罗学瓒、张昆弟等104人被法国当局以"从事布尔什维克活动"和"过激党"的罪名强行遣送回国。

中共第一份公开的机关报《向导》创刊，蔡和森出任主编。它一经面世，即被誉为四万万苦难同胞思想上的"向导"

1922年7月16日至23日，中国共产党第二次全国代表大会在上海召开。蔡和森出席了会议，并被选为中央委员。大会决定将原来秘密出版的《共产党》月刊停刊，新出一种公开报纸作为党中央的政治机关报，由蔡和森具体负责筹备。蔡和森愉快地接了这一任务。

亲手办一种宣传马克思主义的报纸是蔡和森多年来的愿望。早在留法勤工俭学期间，他就深感"国内言论沉寂，有主义有系统的出版物几未之见"，表示甚想以自己"读书阅报之所得，做一种有系统有主张极其鲜明强固的文化运动"。党的二大以后，他立即着手筹划这一工作。原先拟办《远东日报》，但共产国际驻中国代表马林认为，根据当时政治斗争的环境和党的实际情况，以办一种周报为宜。党中央接受了马林的意见，于1922年8月决定创办党的机关

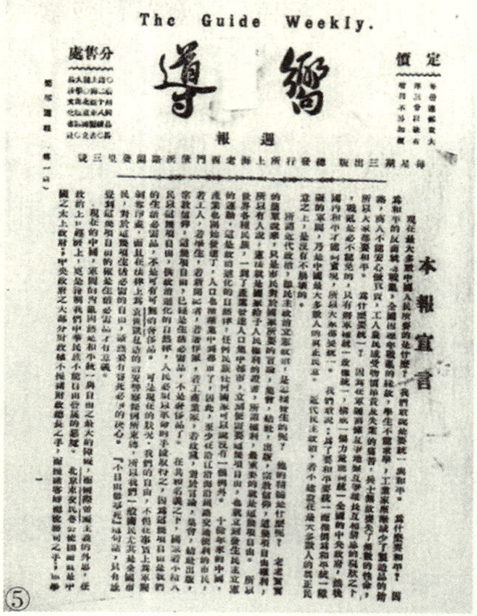
The Guide Weekly.

嚮導

週報

本報宣言

⑤

1922年9月13日，中国共产党机关刊物《向导》周报在上海创刊。图为该刊创刊号

报——《向导》周报，由蔡和森任主编。

《向导》周报是1922年9月13日在上海创刊的。它一和群众见面，就得到了普遍的好评。大家称赞它是黑夜沉沉的中国的“一线曙光”，是民众政治生活的“寒暑表”，是中华民族的“福音”，是四万万苦难同胞思想上的“向导”。蔡和森在担任《向导》主编期间，除了认真做好编辑工作外，还撰写了大量的文章。仅以“和森”署名的就达130篇，还有很多则是用“本报同人”“记者”等名义发表的。蔡和森的文章和他主编的《向导》周报，为传播马克思列宁主义，宣传党的路线、方针和政策起到了革命向导的作用。

《向导》周报在第一期发表的《本刊宣言》上，一开始就尖锐地提出这样的问题：“现在大多数中国人所需要的是什么？”接着，以具体的材料阐明了这个问题，即必须推倒国内和平统一障碍的军阀与反对中国自由与独立的障碍——国际帝国主义，以国民革命解除国内外的一切压迫，建设民主的全国统一的政府，这就是当前绝大多数中国人所迫切需要做的事情。

1922年6月15日，中共中央发表了《中国共产党对于时局的主张》，分析了中国动乱的根源是帝国主义和封建军阀，从而提出反帝反封建军阀是中国民主革命的基本内容。蔡和森将这个重要文件发表在《先驱》第九期上，并在这个版面的上端冠以“打倒国际帝国主义”的口号。在我们党所举办的报刊上，这是第一次公开提出“打倒帝国主义”的口号。

党的二大时，蔡和森曾经被指定同陈独秀、张国焘一起共同起草政治宣言。这个政治宣言着重分析了华盛顿会议后帝国主义在中国所造成的新形势，指出中国是一个半殖民地半封建的社会，革命的性质是反对帝国主义和封建主义的民族民主革命。

《向导》周报创刊后，“打倒帝国主义”的口号很快就响遍全国。蔡和森自己也说过，《向导》所宣传的一切都没有离开这个口号。他在《向导》第一期上发表的《统一、借债，与国民党》一文就曾指出：“为中国人民根本祸患的，就是国际帝国主义与封建的旧势力。30年以来的国民革命运动，就是由这两种东西刺激起来的。”中国革命的政党和人民，必须“大着胆子明白地反抗以上两种恶势力，使革命潮流一天一天高涨，革命行动一天一天丰富”。

党的二大政治宣言的发表和《向导》周报的出版，特别是鲜明地提出“打倒国际帝国主义”的口号，对中国革命有重大的指导意义。后来，由于中外恶势力一齐对《向导》进行“围剿”，迫使《向导》不能在上海出版和发行。

不久，党中央机关迁到北京。《向导》周报也随之搬往北京，总发行通讯处设在北门内景山东街中老胡同一号，后又搬到北京大学第一院收发室，仍由蔡和森担任主编。这一时期，他除了同李大钊等同志从事建立党团组织的活动，自己继续为《向导》周报撰写文章外，还搜集和阅读了大量列宁的著作，进一步了解俄国十月革命的情况，编写了《俄国社会革命史》一书。

革命理论一旦被群众所掌握，就会变成巨大的物质力量。“打倒帝国主义”这一口号提出后，很快就成为全国广大工农群众的实际行动，从而促进了革命运动的蓬勃发展。

蔡和森是党内的“笔杆子”，他撰写的文章，成为引导工农运动的冲锋号

1925 年 1 月，中国共产党在上海举行了第四次全国代表大会，着重讨论了党如何加强对日益高涨的工农革命运动的领导问题。会议通过了中央的工作报告和农民运动、青年运动、妇女运动等决议案，还讨论决定了加强党的宣传、组织工作，规定《向导》的编辑方针直接由中央决定而不由宣传部管辖等。

蔡和森在党的四大以后，仍然负责主编《向导》周报的工作。对于如何领导好工农运动，以促进中国革命运动的迅猛发展，他是有着深刻认识的。他曾这样说过，由于“国民党改组，工农阶级随着他的先锋共产主义者参加国民革命，于是中国革命的社会基础突起变化”。正因为这种基础起了变化，必然使革命力量迅速强大起来，促进革命形势迅猛发展。因此，他把全部精力集中在办好《向导》周报上，通过《向导》深入宣传党的方针政策，以促使工农运动高潮的尽快到来。

这一时期，蔡和森撰写了许多文章，反复阐述了工农运动对于中国革命的重要性。他在详细分析了工农的经济地位和在革命中的作用以后，这样说：“我们工农阶级是中国革命运动的柱石，在沙面罢工、商团事件以及最近广宁农民反抗大地主的争斗中，皆足证明我们工农是南方革命运动之唯一保卫者！”若“工人阶级的势力不存在，幼弱的资产阶级及涣散无力的小资产阶级，只有愈益

匍匐于军阀与外国帝国主义的宰割之下莫可如何。”他还十分精辟地指出：“由资本帝国主义剥夺了生存方法的中国农民群众，本来是国际无产阶级天然的同盟。”“真正的革命运动要建筑在工农群众的现实利益之上，违反或压抑工农群众的利益去革命，不仅于理论不通，而且事实上做不到。”

为了说明工农群众是革命的保卫者，蔡和森还举出广州国民政府东征胜利的事例，在这次战争中，学生军发挥了顽强的战斗精神。“因为他们多属工农子弟、有觉悟的贫苦学生，他们所受外力和军阀的压迫比任何阶级要严重，所以革命战斗的精神格外坚决，加之又受了很正确的革命政治教育。”蔡和森在分析了一系列革命斗争的事实以后，明确肯定了工农是中国革命的主力军，有了广泛的工农运动，才有中国革命的胜利。

蔡和森还提出了“武装工农”的思想。1925 年 2 月，他在《孙中山论帝国主义与军阀之阴谋》一文中曾经这样写道：“广州政府的当道们！你们须知在近年各种巨大事变中试验出来的工农群众是革命的真正保卫者，现在大敌临前，你们应完全信任工农，武装工农，不可专恃那些纵横捭阖的赳赳者。”这种精辟的见解是非常可贵的。

在党领导下的国共合作联合战线的推动下，1925 年上半年，上海、北京、武汉、广州、青岛、杭州、唐山等大城市和重要矿山的罢工斗争风起云涌。在这种大好形势下，党决定 5 月 1 日在广州召开第二次全国劳动大会；同时，广东省的农民协会，中国青年军人联合会也将召开成立大会。蔡和森在主编《向导》周报“五一特刊”时，除组织王若飞、罗亦农同志撰写专稿外，自己又写了《今年五一之中国政治状况与工农阶级的责任》和《今年五一之广东农民运动》两篇文章。

在《今年五一之中国政治状况与工农阶级的责任》一文中，蔡和森强调指出：中国工人阶级必须参加国民革命，这是因为，“中国是国际资本主义的殖民地，殖民地工人阶级天然的负有两重责任：一面应为民族独立的共同利益奋斗，同时应为本阶级的特殊利益奋斗”。为了担负起这两重责任，工人阶级必须“第一要有明白的阶级意识，第二要有独立的经济组织和政治组织”。

蔡和森在《今年五一之广东农民运动》一文中，热情地歌颂了东江和广东各地农民的革命斗争。他将农民领袖彭湃关于广东农民运动的来信全部引述以后，强调指出：信中最后反映的军队与农民的关系问题很重要。因为革命政府若获得了农民群众的拥护，就是在帝国主义、封建主义的压迫下产生出来的。

在如何对待工农运动的态度上，蔡和森在文章的最后指出：区别左派和右派的最好方法，就看他们“或是站在占全国人口百分之九十以上的真正革命阶级（工农阶级）方面，或是站在占全国人口百分之十以下的反革命阶级（买办阶级和地主）方面。除此以外，没有别的出路”。“谁要更忠实于革命，谁便应更求明白帮助工农阶级发展的意义。”这种观点，对当时参加工农运动的革命者来说，也是非常重要的。

同陈独秀的右倾、退让相反，蔡和森、李立三、邓中夏始终站在五卅运动的最前列

1925年5月，上海爆发了轰轰烈烈的五卅运动。这是中国工人阶级和广大群众在中国共产党领导下反对帝国主义的一次伟大的爱国运动。蔡和森是这次运动的主要领导人之一。

1925年2月，上海日本内外棉纱厂的资本家及其监工殴打女工并开除一批男工，逮捕工人积极分子，引起全厂工人的愤慨。蔡和森、李立三、邓中夏等得悉后，便密切注视事态的发展，紧张地研究对策。

邓中夏指出：上海和全国人民正在热烈开展要求召开国民会议和废除不平等条约运动，革命空气日益高涨，而日本纱厂正在竭力打击和兼并中国纱厂，造成中国民族工业的危机。在这种有利形势下开展罢工斗争，就能够得到社会各阶层的支持，有利于推动革命运动的迅速发展。

蔡和森也认为这是发动和领导群众进行大规模罢工斗争的最好时机。他同邓中夏、李立三等商量后，便发动了全市日本纱厂的同盟罢工。这次罢工坚持了一个多月，并取得了胜利。

中国工人运动的蓬勃发展引起了帝国主义的恐慌。他们阴谋策划对工人运动进行镇压。这年4月，当青岛日本纱厂工人为反对厂方取消工会而举行罢工时，日本厂方竟封闭工厂，命令军队开枪射杀工人，制造了骇人听闻的青岛流血事件。接着，5月15日，上海日本内外棉厂又发生了日本厂方枪杀工人顾正红的事件。

顾正红是江苏阜宁人，共产党员、上海内外棉第七厂工人积极分子。二月罢工后，日本资方借口棉花涨价、市场行情清淡，便拒不执行二月罢工时双方商定的复工条件，并以关厂相威胁。当顾正红率领工人冲进厂内要求做工时，竟遭到日本资本家的枪击，身中四弹，英勇牺牲，当场还有十多个工人受伤。

顾正红被枪杀的事件是五卅革命风暴的导火线。顾正红牺牲后，群众情绪愤怒异常。蔡和森、刘少奇、瞿秋白、李立三等同志根据当时斗争的发展和广大群众的要求，一面决定组织和扩大罢工，同日本厂方进行针锋相对的斗争，一面发动各界声援，形成一个群众性的反帝爱国运动。

5月16日，参加罢工的上海内外棉五、七、八、十二等厂的工人达7000多人。在党的领导下，上海印刷工人联合会联络学生、店员等35个团体，于16日下午宣布成立“日人残杀同胞雪耻会”，并发表宣言，强烈谴责日本帝国主义的罪行，一致表示要做罢工工人的坚强后盾。5月18日，党又组织4000多工人在顾正红烈士灵前集会，愤怒控诉日本帝国主义的罪行。随着广大群众的迅速觉醒，一场激烈的反帝斗争革命风暴终于到来了。

面对中国人民的激烈反抗，帝国主义及其走狗封建军阀惊恐万状，阴谋镇压这场罢工斗争。日本帝国主义公开出面要求中国官方“充分取缔工人活动”，否则，将“自行派兵来华镇压”。帝国主义租界的行政机构工部局，竟派出大批骑巡队，逮捕正在宣传、募捐的学生。中国政府的淞沪警察厅竟为虎作伥，派出爪牙到各区禁止工人的反帝斗争活动。

5月24日，工部局逮捕了参加顾正红烈士追悼大会的上海大学4名学生，并决定将在5月30日在“会审公堂”进行审讯。

5月28日，党中央召开了紧急会议。蔡和森在会上详细分析了党的四大以来全国工人运动、农民运动和青年、妇女运动的形势，指出：为追悼孙中山逝世而进行的反帝反封建的政治宣传，使“打倒国际帝国主义”的口号深入了人心，由顾正红被枪杀所引起的全上海和全中国的反帝运动正在发展，这场斗争的得失将决定着党所领导的人民群众是否能够持续地动摇帝国主义在中国的特权与统治。

因此，蔡和森在会上提出了一个新的战略目标：党应该不失时机地把上海一地的工人、学生的反帝斗争推向全国各大城市，形成一个全国性的反帝运动。为了对帝国主义分子决定审讯上海大学学生的挑衅行为进行反击，蔡和森建议5月30日这天在上海租界组织反帝斗争大示威。

五卅惨案发生后现场一角

然而，蔡和森的这些正确意见却遭到陈独秀的激烈反对。陈独秀认为这是“空泛不切实际之谈”，并且十分武断地说：“如果在示威时有三五百人参加，便算是我们的成功，我们能撑出个什么市面……”

蔡和森当即批驳了这种错误论调，认为这“是一种犯着近视病的观点，没有看到目前正在酝酿着的整个革命形势，没有估计到广大群众的情绪，现在进行的反帝斗争，绝不是三五百人，而是三五万人，还要把运动推到全国去”。与会的多数同志赞同蔡和森的主张，因此通过了《扩大反帝运动和组织五卅大示威》的决议，并决定立即开展宣传组织工作，争取社会各界的支持和援助。

会后，蔡和森、刘少奇、李立三、向警予等组织学生、工人宣传队，深入各工厂、街道进行宣传，一面口头讲演，一面散发传单。蔡和森面对凶恶的敌人，毫无畏惧地站在英租界捕房门口讲演，慷慨陈词，痛斥帝国主义的种种罪行，号召大家起来坚决同帝国主义者作斗争。

5 月 30 日，在党的领导下，上海人民积蓄已久的反帝斗争怒火终于爆发了。十万多工人、学生和市民纷纷走上街头。他们挥舞着各色小旗，不断高呼：“收回‘会审公堂’”“收回租界”“上海是中国人民的上海”“打倒帝国主义”等口号，举行声势浩大的游行示威。面对中国人民的反抗，帝国主义进行了疯狂的镇压。工部局出动大批巡捕，将演讲学生 100 余人抓进了老闸捕房。游行群众闻讯后，立刻涌到老闸捕房示威。英国巡捕竟向示威群众开枪射击，当场打死共产党员、上海大学学生何秉彝，青年团员、同济大学学生尹士伊等十余人，还有数十名工人、学生身负重伤。这就是震惊中外的五卅惨案。

五卅惨案的发生，反映了帝国主义的疯狂暴戾，也证实了中国人民的伟大觉醒。

人们称赞蔡和森是“真正的马克思列宁主义的革命家、战略家”

五卅运动的革命风暴，把社会各阶级各阶层都卷了进去。然而，在流血和挫折面前，如何保持群众的旺盛斗志，使反帝运动继续向前发展，这是党必须解决的一个重要问题。

围绕着五卅运动，蔡和森以《向导》周报为阵地，做了大量的宣传工作。他在《向导》周报上先后刊登了《中国共产党为反抗帝国主义野蛮残暴的大屠杀告全国民众》《中国共产主义青年团为反抗帝国主义屠杀中国市民告全国青年》和《共产国际告世界工人农民书》等，号召人民与帝国主义作不调和的斗争，并提醒人民谨防帝国主义的离间破坏政策。

蔡和森特别对帝国主义及其走狗诬蔑中国人民“排外”“赤化”“亲俄”的谬论进行了坚决的驳斥——“外人诬我们排外，我们确是排外，但是我们所要排斥的外国人，是专以政治经济文化侵略压迫欺骗中国人民和他们本国工人阶级的外国人。我们对于这种外国人——帝国主义者——不独只以我们的力量去攻击，并且还要联络他们本国的无产阶级，共同推翻他们的统治地位。”

“外人诬我们为赤化，我们也确是要赤化，因为我们要达到真正的平等自由，就只有赤化的流血革命可以成功。”

“外人说中国工人学生亲善苏俄，我们也承认确有与苏俄联络之必要，因为苏俄既是平等待我，而且同样受帝国主义的压迫，我们自应与之接近以结成防御敌人的统一战线，这是自然无足怪异的事情。”

当反帝斗争运动推向全国的时候，《向导》周报同瞿秋白主编的《热血日报》、团中央主编的《中国青年》、上海大学主编的《五卅运动专刊》一起，发表了大量文章，大造革命舆论，有力地推动了运动向纵深发展。

五卅运动虽然因帝国主义和封建军阀的镇压而暂时遭受挫折，但它在中国革命史上写下了光辉的一页。

蔡和森在五卅运动中始终站在革命斗争风暴的最前列。据当年同他一道工作过的同志回忆说：“只有马克思、列宁主义的革命家，才能正确地估计客观形势与主观力量，而提出战略计划和实现这一战略的策略口号与组织形式。和森同志在五卅运动中的领导，正表现了他是这样的马克思、列宁主义的战略家。”

八七会议上，蔡和森极力推选毛泽东进入政治局。陈独秀风光不再，总书记地位从此动摇

1925 年冬，蔡和森、李立三等人受中国共产党的委托，前去莫斯科参加共产国际执行委员会第六次扩大会议。会后，蔡和森作为中国共产党驻共产国际代表，留在莫斯科工作。

1927 年 3 月底，中国上空乌云翻滚，革命处于成败的关键时刻。就在这个时候，蔡和森满怀革命豪情，奉命从莫斯科回到祖国，4 月初，他来到了波涛汹涌的长江之滨武汉。

4 月 12 日，大地主大资产阶级的政治代表蒋介石完全投入了帝国主义怀抱，在上海发动了反革命政变。随之，各地反动势力也挥动屠刀扑向革命人民。武汉国民政府暗中与蒋介石勾结，准备把革命成果奉送给蒋介石。

面对反动派的猖狂进攻，陈独秀却继续坚持其右倾错误。他认为当时革命的中心问题，不是反击国民党右派的进攻，以暴动对付暴动，而是要搞好同国民党“左派”的关系，强调同国民党无原则的合作，并说农民运动“过火”，造成了国共两党关系紧张，从而加以种种限制和责难。

党内纷争，革命危急，怎么办？

4月27日，党的第五次全国代表大会在武汉召开。蔡和森参加了会议，并当选为中央政治局委员，随后又代理中央秘书长，并兼管中央宣传部的工作。在党的五大会议上，蔡和森和瞿秋白、任弼时等同志一道，激烈反对陈独秀的右倾错误，坚决支持毛泽东的正确主张。当时，毛泽东在会上提议，党应立即开展农村土地革命，大力武装工农，向国民党右派主动进攻。

党的五大以后，陈独秀不仅没有痛下决心，改正错误，而且顽固地坚持并继续发展了他的右倾错误。在这种形势下，党内正确路线和错误路线的斗争就更趋激烈了。

陈独秀一向自负，他曾经说过，敢于批评他的人只有一个，那就是李大钊，因此，其他人他都不放在眼下。

蔡和森也曾信服和崇拜过陈独秀，但在对敌斗争的路线问题上，他绝不盲从。他依旧坚定地站在正确路线一边，主张积极准备武力，以暴动对付暴动，反击国民党右派的进攻。

然而，陈独秀却在错误的路上愈滑愈远，对党内的正确意见不予采纳。5月21日，长沙发生了许克祥反革命政变。陈独秀不顾党内多数同志的反对，擅自与武汉国民政府商量，派遣所谓“查办代表团”赴长沙，准备一面“查办”许克祥的叛变，一面查办农民运动的“过火”。

这个代表团一到岳阳就被扣留，许克祥竟密电岳阳驻军，要求将他们就地枪决。“查办代表”被吓得狼狈逃回武汉。这样，就更加助长了敌人的反动气焰。

毛泽东、蔡和森、叶挺等人用武力挫败夏斗寅，与陈独秀派遣“查办代表团”这两件事形成了鲜明的对照。蔡和森严厉指出，查办农民运动“过火”是原则上的错误，不想用势力去对付反革命，而想用合法的手段“查办”反革命，根本是笑话。

形势的逆转，比人们预料的来得更快。继许克祥在长沙屠杀工农之后，朱培德又在江西叛变，冯玉祥在河南反动，眼看武汉这个革命中心正被反革命势力四面包围，可是，陈独秀竟然不惜进一步把一切领导权、政权、工农组织交给所谓国民党“左派”。他在一次中央政治局的会议上，提出了“东征”的主张，准备联合汪精卫、唐生智，打到南京去；而当时党内一些人，或主张继续北伐，或主张直取广东，就是不谈武装工农同面前的敌人作坚决斗争。

蔡和森对此非常愤慨，他尖锐指出，许克祥敢于在湖南发动反革命叛乱，湖北的夏斗寅继续屠杀工农，都是我们反击不力的结果。当前的北伐、东征，都与我们的关系不大，伐来伐去，我们依然两袖清风，一无所有，我们再也不要为他人作嫁衣了。现在必须坚决地、自觉地来办我们自己的事，来找我们自己的地盘和武力。如果摆在我们面前的两湖反革命大暴动不解决，而高唱东征南伐，那只是一句空话。因此，他主张：坚决号召广大工农群众，以自己的势力来推翻许克祥，肃清各地的敌人，绝不依靠武汉国民政府的合作解决，没收地主的土地，建立乡村政权，实行赤色恐怖，打击敌人的嚣张气焰，在斗争中发展军事力量，组建五万人以上的军队，在最短时间内发展群众 30 万人以上，以推翻现在代表土豪劣绅的国民党中央。

但由于当时中央领导机关被陈独秀右倾错误所支配，一些人对于国民党右派和新军阀已养成一种驯服心理，习惯于退让和妥协，便把蔡和森的主张说成是“左派幼稚病”，是“发狂”，是要“与国民党决裂”。这样一来，蔡和森在党中央领导机关的处境越来越困难了。

6 月下旬，蔡和森严重的哮喘病和胃病复发了。这时，陈独秀等人便借口说蔡和森刚从国外回来，“情况不熟悉”，对他负责的工作吹毛求疵，撤了他的代理秘书长职务，而由张国焘以常委资格取而代之。这样，蔡和森被迫离职养病。

蔡和森被撤职的第二天，便来到武昌都府堤 41 号毛泽东的家里养病，得到毛泽东和杨开慧的热情关怀和照顾。杨开慧还特地买了鸭子和海参炖汤给他吃。

这时，许多从湖南各地来的基层农协干部跑到都府堤来向毛泽东汇报工作，反映情况，对陈独秀的右倾主义路线表示极大的愤慨。毛泽东认真记下他们反映的情况，号召大家靠山的上山，靠湖的下船，拿起枪杆子来保卫革命。

蔡和森也参加了他们的商讨，并向中央写信，提出了挽救革命的办法。他严肃地指出：唐生智回湘后，反动态度如此明白，我们坐此静候人家来处置，直无异鱼游釜底。我们提议中央机关移设武昌，同时中央军部应即检查自己的势力，作一军事计划，以备万一。

这时，共产国际来电，批评陈独秀等人放弃武装斗争，回避土地革命的错误。陈独秀却扣留了共产国际的电报，不让大家知道；他还授意解散武汉工人纠察队，将全部枪支弹药，甚至连儿童团的木棍都拱手交给国民党。最令人愤慨的是，他为了迎合国民党一党一群的私利，竟于 6 月 30 日以中共中央扩大会议的名义，抛出所谓国共合作“十一条”政纲，这样，他的右倾主义路线便发展到了顶点。

为了反击国民党右派的进攻，蔡和森虽因病情恶化住进了汉口一家医院，但仍然坚持写作。

7月8日，蔡和森在《向导》上发表《国家统一与革命势力的联合》，对国民党右派借口“国家统一”破坏革命统一战线的反革命舆论给予严厉的驳斥，旗帜鲜明地指出：“革命形势的联合便是国家统一的动力。凡是不愿意国家统一、人民解放的人们，他们必定首先反对或破坏革命势力的联合。从冯自由、戴季陶以至蒋介石便证明了这个真理。”我们主张打倒蒋介石，正是要为人民求解放，为国家求统一。

7月15日，汪精卫撕破了伪装革命的假面具，在武汉发动了反革命政变，对共产党人和革命群众进行血腥大屠杀。党的领导机关也不得不转入地下。轰轰烈烈的第一次国内革命战争终于失败了。

面对这种严酷的阶级斗争现实，蔡和森怀着愤怒的心情离开了医院。7月中旬以后，他一连向党中央写了七封信，要求立即采取紧急措施，重新号召土地革命，反对“逃跑主义”和“散伙政策”。他对陈独秀等人出于攻击和诬陷散布的流言飞语嗤之以鼻，毫不动摇。他坚持自己的正确主张，反对右倾投降，为挽救革命而继续战斗。

在共产国际的帮助下，8月7日，党中央在汉口召开了紧急会议。毛泽东、蔡和森、瞿秋白、任弼时、苏兆征、张太雷、罗亦农、李维汉、李立三、李富春、陆定一、邓小平、王若飞等人出席了这次会议。

在会上，蔡和森极力推选毛泽东进入政治局，而自己则申请到湖南组织湘赣秋收起义。这次会议撤销了陈独秀在党内的领导职务，由苏兆征、瞿秋白、罗亦农、彭湃等人组成临时中央政治局。毛泽东、周恩来、邓中夏等当选为政治局候补委员。会议还通过了告全党党员书等重要文件，清算了陈独秀的右倾投降主义路线，使党的工作大大前进了一步。

对于这次会议，蔡和森后来在《党的机会主义史》中曾经这样回忆说：“八七会议有非常伟大的历史意义……救出中国共产党于机会主义的破坏之中，挽回了工农群众惶惑恐慌的大危机，树立了工农革命苏维埃的新大旗；后来虽有广东、两湖之失败，然我们绝不要忘记八七以后之伟大的效果。”

在莫斯科召开的党的六大上，蔡和森继续当选为中央政治局委员，受到斯大林的接见

1928年6月18日至7月11日，中国共产党在莫斯科召开了第六次全国代表大会，蔡和森出席了这次大会，继续当选为中央政治局委员，并任中央宣传部部长。在会议期间，他与其他代表一起受到斯大林的亲切接见。

中共六大会址：莫斯科市南部效外五一村公园街18号

党的六大总结了第一次国内革命战争以来的经验教训，分析了当时的革命形势，肯定中国社会仍然是半封建、半殖民地的社会，引起中国革命的基本矛盾一个也没有解决，中国现阶段的革命性质仍然是民主革命，而当前的政治形势则是处在两个革命高潮之间。因此，党在当时的策略不是在城市中实行进攻和组织起义，而是争取群众、积蓄力量，准备新的革命高潮的到来。

党的六大以后，部分代表留在莫斯科参加即将召开的共产国际第六次代表大会，李立三、蔡和森等人则率领大部分代表先行回国开展工作。

7月，在莫斯科召开的共产国际第六次代表大会结束以后，反对布哈林右倾错误的消息很快传到了中国共产党内。当时掌握中央实权的李立三，便依样画葫芦地在党内反起右倾来。他首先把斗争矛头对准蔡和森，把蔡和森坚决维护党的六大决议、反对进攻大城市、积极准备群众条件的正确主张，主观武断地斥责为“右倾”错误，并撤销了蔡和森的中央政治局委员和宣传部长的职务。

蔡和森受到这种严重的打击以后，忧虑的是党和革命的利益前途，毫不计较个人得失。不久他的哮喘病发作，只好暂时离开中央机关。在这段时间里，他一边养病，一边继续从事理论方面的著述，撰写政论文章，同国民党反动派作斗争。

这年10月，国民党反动派借辛亥革命大做文章，欺骗民众。他们宣传什么辛亥革命事业业已完成，中国统一业已成功，现在的任务是搞五权宪法、阶级合作等等。蔡和森撰写了《国民党反革命统治下的辛亥革命纪念》一文，针对国民党所谓辛亥革命业已成功的说法，尖锐地指出：中国资产阶级在辛亥革命的开始，就表现出他的妥协性与不彻底性，孙中山与袁世凯妥协的结果，遂致革命受了挫折，一直到俄国十月革命成功以后，中国无产阶级跃登政治舞台，中国共产党与国民党实行合作，这样才使辛亥革命的事业复兴起来。

蔡和森在文章中还提醒人们注意，反革命的国民党右派现在完全成了反民主主义反政治自由的恶魔。国民党的统治就是豪绅资产阶级专政，与真正的民权主义和政治自由势不两立。只有打倒豪绅资产阶级的专制政治，建立工农民主专政，才能真正获得自由。因为工农民主专政，只剥夺地主资产阶级的自由，而保障工农民众的自由。

蔡和森在文章中还揭露说，反革命的国民党，用种种方法帮助地主进攻农民，帮助资本家进攻工人，他们于政治压迫和白色恐怖的屠杀手段之外，又企图散布资产阶级影响于工人运动，用黄色改良主义邪说和口号，如“阶级和平”“劳资合作”“强迫仲裁”“分红制度”等等来蒙蔽工人阶级。国民党的这些邪说，无非是资本家进攻的利器，无非是向工人血管中注射毒气。蔡和森对国民党反动派的这种严正批判，有力地教育了广大群众，使他们进一步认识了国民党统治的极端反动性。

这一时期，蔡和森还撰写了《中国革命的性质及其前途》一文，就中国革命的性质、革命的转变、农民在革命中的地位和作用以及共产党的伟大历史任务等一系列重大问题，进行了深刻的分析和详尽的阐述。

蔡和森在文章中特别强调:“中国革命的中心问题是农民问题。”这是因为“农民占中国人口的最大多数”。中国共产党要以全力领导农民，以至领导农民暴动，没收地主土地，因为这项运动是中国民主革命的中枢。我们决不能因敌人的诬蔑而停止对运动的领导和帮助，也决不能沉溺于资产阶级的农运计划中而丧失其独立性。决不能让农民意识来动摇或影响自己的领导，相反，必须以自己的正确领导去矫正农民运动中出现的弱点和缺点。

蔡和森特别强调工农运动中无产阶级的领导权，指出：在革命中，无产阶级是领导者，革命的前途是社会主义。蔡和森在文章中明确宣告:“中国共产党，在全国劳苦群众之前，高声地肯定中国革命有社会主义的前途，他的最高任务就是争得此前途之尽可能的迅速的实现，同时他坚决地反对误解或曲解中国革命现在阶段之资产阶级民权革命的性质，他始终一致地认定完成中国资产阶级民权革命为中国无产阶级政党之至低限度的党纲。”对于那些叛徒们诬蔑武装暴动，实行土地革命是共产党“实行超时代的政策”“共产党企图社会革命，破坏国民革命”的无耻谰言，蔡和森愤怒地进行了批驳。他说:“谁反对农民暴动没收地主土地，谁反对工农苏维埃政权，谁隐蔽资产阶级在反革命中的主要作用而单只揭出封建势力的反动来做号召，谁便是真正反民权革命的民族资产阶级的走狗。”

蔡和森这些文章，对于宣传党的路线和政策，教育广大党员和群众都发挥了重要作用。

1928 年底，蔡和森的疾病越来越重。党决定派他作为中国共产党驻共产国际代表团成员，送他去莫斯科治病。1929 年初，他带着不足七岁的女儿妮妮，从上海出发，经满洲里再次来到莫斯科。

蔡和森到莫斯科后，住在离克里米亚医院很近的“联盟”旅馆里。这时，他仍和在上海一样，很少关心自己疾病的治疗，而是努力做好党的工作，先后多次参加共产国际组织的关于陈独秀机会主义和立三路线的讨论。

1931年，根据党中央的指示，蔡和森告别了列宁的故乡，回到上海，又投入了新的战斗。

惨无人道的敌人竟将蔡和森凌迟处死，用刺刀一点一点地割下他的肉

蔡和森从苏联回到上海后，又受到了以王明为首的“左”倾教条主义者的排斥和打击，既没有恢复他的中央政治局委员的职务，也没有批准他到中央苏区瑞金去从事武装斗争的请求。不久，党派他去香港指导中共广东省委的工作。蔡和森不计较个人得失，坚决服从党的分配。于1931年3月，带着家眷，从上海坐船到了香港。

广东省委的前身是广东区委，成立于1924年。大革命失败后，整个组织受到破坏，广东区委因此被撤销，另在香港建立中共中央南方局，管辖广东、广西及福建一部分地区党的工作。1927年11月，中央召开了扩大会议，对党的机构有所更动，单独成立中共广东省委，机关仍设在香港。

蔡和森一到香港，就投入了紧张的工作。当时，这里的环境险恶，革命与反革命的斗争非常激烈。蔡和森一家三口，住在一家罐头公司的楼上，房子很窄，又不安全。但他不顾这些，每天不是到省委办公，就是深入工人群众之中了解情况，积极开展党的工作。

正在这时，与蔡和森比较熟悉的叛徒顾顺章窜来香港，侦察蔡和森的行踪。6月10日中午，蔡和森去海员工会参加一次紧急会议，临走时，他抱着四岁的女儿亲了亲，然后对爱人说：“下午一点前我一定回来，如果到时没有回来，那就是出事了。”就在这次海员工会会议上，蔡和森被叛徒顾顺章认出，遭到敌人的逮捕，与他同时被捕的还有施幌等五位同志。

蔡和森被捕后，党组织立刻派人进行营救，但他很快被引渡到了广州。国民党反动派对蔡和森施用各种酷刑。但他坚贞不屈，严守党的机密，直至壮烈牺牲。

就在蔡和森被捕前，共产国际已通知中共中央撤销对蔡和森的处分，恢复他的政治局委员的职务，可是来不及通知，他就被捕了。直到壮烈牺牲，他自己并不知道这回事。

蔡和森牺牲时，年仅 36 岁。他用自己宝贵的青春和生命，谱写了无产阶级革命史上最壮丽的篇章。他那“世乱吾自治，为学志转坚”的刻苦学习、探求真理的革命精神，他那“匡复有吾在，与人撑巨艰”的胸怀天下、改造世界的坚强意志，他那对党对人民无限忠诚的高贵品德将永远留在人民的心里，为广大人民所崇敬。

毛泽东深切怀念着蔡和森这位老战友。1934 年在江西瑞金召开的全国苏维埃第二次代表大会上，毛泽东提到最近壮烈牺牲的 30 多位烈士中，其中就有蔡和森。后来，他在同蔡和森的亲属的谈话中，对蔡和森革命的一生作了高度的评价。周恩来也很敬重蔡和森。1959 年，周恩来在审阅《中国画册》时说，怎么没有蔡和森和向警予的照片呢？也应该有嘛！他曾说“和森同志是永远值得我们怀念的”。粉碎“四人帮”后，邓小平于 1979 年曾为纪念向警予、蔡和森题词。1980 年 3 月，在蔡和森诞辰 85 周年的前夕，邓小平、陈云、聂荣臻又题词高度评价了蔡和森的一生，表达了党和人民对蔡和森的深切怀念。

从书生到领袖

——中共第五届中央政治局常委瞿秋白

主题人物： 瞿秋白
籍　　贯： 江苏省常州市
出生时间： 1899 年 1 月 29 日
主要职务： 1922 年加入中国共产党。先后担任中央机关刊物《新青年》《前锋》主编、临时中央政治局常委、中共驻共产国际代表团团长、中华苏维埃共和国中央执行委员会委员兼教育人民委员。是中共第四届中央执行委员、第五届中央政治局常委、第六届中央政治局委员
牺牲时间： 1935 年 6 月 18 日
牺牲地点： 福建长汀县罗汉岭
当时年龄： 36 岁

毛泽东： 在他生前，许多人不了解他，或者反对他，但他为人民工作的勇气并没有挫下来。他在革命困难的年月里坚持了英雄的立场，宁愿向刽子手的屠刀走去，不愿屈服。他这种为人民工作的精神，这种临难不屈的意志和他在文字中保存下来的思想，将永远活着，不会死去。

周恩来： 秋白同志毕生服务人民大众，卒以成仁，耿耿丹衷，举世怀仰。

鲁　迅： 人生得一知己足矣，斯世当以同怀视之。

夏　衍： 他从来不谈个人的事，不谈过去的事，在任何困难危险的情况之下，他永远是那样的爽朗、愉快，丝毫没有感情上的阴影。他的这种高度的党性，高贵的品质，是永远值得我们学习的榜样。

毛泽东比瞿秋白大六岁，可是，毛泽东称他为“老师”

那是1934年10月，中央机关和红军主力从红都瑞金陆续起程，开始战略性的大转移。

离开瑞金的那天，天上下着毛毛细雨，北上的同志和留下来坚持斗争的同志，彼此依依不舍地相拥告别。当时，毛泽东非常动情地握着瞿秋白的手，从上到下打量一遍，觉得他的身体更消瘦了：“瞿老师，你身体不好，我们走后，你可要多加保重啊！你是我的老领导，又是我的老师。”

瞿秋白是1899年1月出生，而毛泽东是1893年12月出生，比瞿秋白大六岁，毛泽东为什么称呼比自己小六岁的瞿秋白为“老师”呢？

这是有“出典”的。

毛泽东是我党早期从事农民运动最杰出的代表之一，他撰写的《湖南农民运动考察报告》是大革命时期关于农民问题理论的集大成之作。这篇报告曾经引起共产国际的注意。就在1927年5月27日和6月12日，共产国际执委会机关刊物《共产国际》先后用俄文和英文翻译发表了《湖南农民运动考察报告》。然而，就是这样优秀的文章，当时国内的中共中央机关报《向导》却不予刊载。最后，是瞿秋白慧眼识金，为其撰写序言，要求以单行本的形式将书稿出版，并在序言中大声疾呼：“中国革命家都要代表三万万九千万农民说话做事，到战线去奋斗，毛泽东不过开始罢了。中国的革命者个个都应当读一读毛泽东这本书。”毛泽东由衷地感激瞿秋白，所以尊称他为老师。

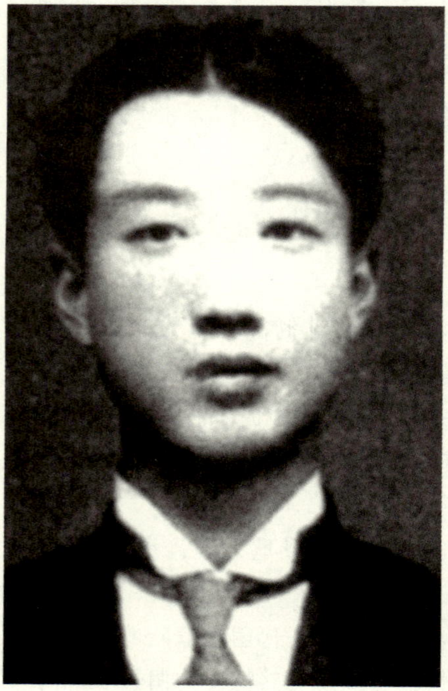
青年瞿秋白

其实，瞿秋白当过许多我党早期领导人的老师。早在1921年，刘少奇、罗亦农、彭述之、任弼时、柯庆施、王一飞、卜士奇、萧劲光等在莫斯科东方大学学习时，时年22岁的瞿秋白就是他们的俄文老师和政治理论课老师。

瞿秋白不仅是一般意义上的老师，更是杰出的马克思主义思想理论家，伟大的无产阶级革命家，还是我党少有的一位才华横溢、知识渊博、酷爱读书、擅长写作的文学家，是20世纪二三十年代革命斗争中的风云人物。

瞿秋白17岁考入外交部俄文专修馆。五四运动时担任北京学联评议部负责人，带领俄文专修馆同学参加了游行示威和火烧赵家楼的行动；

1920年3月他参加了李大钊倡导成立的“马克思学说研究会”；

1921年初以特约记者的身份到达莫斯科，当时，他撰写了《俄乡纪行》《赤都心史》等，歌颂十月革命，轰动一时；

1921年间经张太雷介绍加入俄共（布），翌年转为中共党员，此间曾经两次觐见革命导师列宁；

1922年11月作为陈独秀的翻译出席了共产国际第四次代表大会，后回国并当选为中央候补委员，随后任苏联顾问鲍罗廷的助手和翻译，赴广州参加国民党一大宣言的起草；

1927年秋大革命失败时，他成为中央临时政治局的主持人，在陈独秀离职、党内处于危急之际召开了八七会议，决定在湘、鄂、赣、粤等省发动秋收暴动，为建立红军和根据地奠定了重要基础；

1928年赴苏出席了莫斯科中共六大，会后他留任驻共产国际的中共代表团团长；

1930年夏他回国主持纠正李立三的“左”倾盲动错误；

1931年初，被共产国际代表米夫及王明等人排挤出中央领导层。

瞿秋白还是一位很有才华的文学家，他短暂的生命包括了极其丰富的内容。今天，许多人都熟悉的作为中国共产党党歌的《国际歌》，就是瞿秋白最早将它翻译成中文并附上简谱的。集文字于大成的《瞿秋白文集》，约600万字，分政治理论编8卷和文学编6卷，可谓著作等身、卷帙浩繁。

瞿秋白与鲁迅的杂文堪称“双璧”，瞿文似照妖镜，鲁文像解剖刀。在国民党当局搜捕下，瞿秋白有12篇杂文以鲁迅为笔名发表。《鲁迅杂感选集》也由瞿秋白编选并作序。得知这位好友牺牲，鲁迅伤痛许久，并在谈到《死魂灵》的翻译时又说：“秋白若不死，译这种书是极相宜的，即此一端，即足判杀者为罪大恶极。”鲁迅曾赠瞿秋白一副立轴：“人生得一知己足矣，斯世当以同怀视之。”

瞿秋白以对马克思主义真理的执著追求和对党对人民的无限忠诚，走完了一条从书生到领袖的辉煌之路。

在全国“双百”评选活动中，瞿秋白被评为“100位为新中国成立作出突出贡献的英雄模范人物”。

母亲自杀，家人星散，极大地影响了瞿秋白的一生

瞿秋白诞生于江苏常州东门外青果巷一座名为八桂堂的邸宅里。

父亲瞿世玮，是清末一个落魄书生，依靠在湖北当布政使的叔父瞿赓甫过日子。瞿秋白的母亲金衡玉，是一位很有才华的贤惠妇女。她生了5个子女，最爱长子秋白，尽心抚养他们。

瞿秋白两岁那年，瞿赓甫在湖北逝世了，瞿秋白一家的生活不如原来宽裕了，住处就从八桂堂搬到城西星聚堂，但还能从住在八桂堂的家族和亲戚处得到一些接济，日子勉强过得去。星聚堂也是一座大宅第，住着好几家人，都是同族和亲戚，孩子很多。住在前院的表叔庄怡亭办了一所私塾。瞿秋白五岁的时候，在这里投拜了他的第一个老师。过了将近一年，瞿秋白进了冠英小学堂（后名觅渡桥小学）。这是一所新办的八年制小学。瞿秋白在这里读了六年书，没有毕业，就在辛亥革命前一年考入了常州府中学堂。

这时，家庭经济越来越困难了，弟妹陆续停了学，但母亲想尽办法让瞿秋白继续读书，经常教育他要刻苦学习，将来做个有用的人。瞿秋白成为母亲的唯一希望。瞿秋白也很爱母亲，听她的话，用功学习，课余还爱看古典小说和诗词，看书的时候喜欢联想实际。由于他生活在没落的封建大家族中，看到亲戚之间虚伪势利的关系和社会生活中的黑暗现象，“人与人之间的关系”成为他的一个很大的疑问，对人间的不平产生了正义感。比如在他十岁那年的大年初一，他正在看《三国演义》的时候，忽然听见哗朗朗一声响，接着是他父亲的骂声：“混账东西，办他！拿我的片子，送他到衙门里去！”事后，瞿秋白打听了这件事，知道那个人在衙门里被打了屁股。随便拿一张大红名片就可以打人家的屁股，这使瞿秋白感到非常奇怪和不平。碰到这件事后，瞿秋白看到《三国演义》中张飞大打督邮和张角造反的故事时，就特别感到有滋味，他想：“你们要打人家的屁股，人家自然要造反，为什么又要叫人家是黄巾贼呢？”

瞿秋白在中学里，和外界的接触多起来了，知道了更多的事情。正如他在《饿乡纪程》中说的：“二十世纪的开始，正是我诞生的时候，正是中国史上的新纪元。中国香甜安逸的春梦渐渐惊醒过来……从我七八岁时，中国社会已经大大的震颠动摇之后，那疾然翻覆变更的倾向，已是猛不可挡，非常之明显了。幼年的社会生活受这影响不小……”他开始知道列强的侵略，清朝的腐败，孙中山先生的革命活动。这个中学里有些教员是中国革命同盟会的成员，秋白从他们那里受到了一些进步思想的影响，产生了改变社会现状的要求。因此，瞿秋白在中学

时代，做了一些“不安分”的事。

瞿秋白是拖着辫子进中学的，但在学校里看到有些教员的脑后却没有这条“尾巴”，他感到很新鲜，后来又知道这也是除旧更新的表现。因此，他就和一些同学也把辫子剪掉了。回家时，很兴奋地对母亲说，“娘，我把辫子剪下来了！”还讲了一番道理。母亲经他这么一说，就默许了。

瞿秋白的母亲

在武昌起义前，学校里在一些革命教师的带动下，进行军事操练，瞿秋白也积极地参加了。当时有一个国文教员是死顽固，骂革命分子为“乱贼”。瞿秋白听了很气愤，就在作文中驳斥了这种诬蔑。国文教员看了很生气，在瞿秋白的作文后面写批语反驳，想改变瞿秋白的思想。但是，瞿秋白却又在这个批语后面加上批语，表示反对。那位老夫子恼羞成怒，狠狠地训斥了瞿秋白一顿。瞿秋白不服，又作诗讽刺他。最后，学监给瞿秋白记了“过”，以示“惩戒”。

1911 年的辛亥革命，推翻了清王朝，建立了中华民国。这使瞿秋白欢欣鼓舞，满怀希望。但是辛亥革命没有完成反帝反封建的历史任务。不久，袁世凯篡夺了政权。这使瞿秋白大失所望，满怀悲愤。这时，瞿秋白形容为“万丈波涛中的破船”的家庭一天天下沉，亲戚的资助断绝了，生活窘迫不堪，退赁了星聚堂的住屋，一家人搬到“瞿氏宗祠”里居住。这被认为是最丢人的事，他们一家因此受尽了亲戚邻里的冷嘲热讽。瞿秋白的母亲含着眼泪变卖东西、借债，甚至借物典当来支撑这个家庭的生活。逢年过节，债主纷纷送来催债的条子。母亲还不起债，把这些条子贴在门背后，暗自痛哭。瞿秋白的学业再也没法继续下去了，终于在中学毕业前一年停学了。

家庭破产，走投无路，爱子又失学，使这位母亲忧伤绝望，决心以一死来救子女了。她以为按照那时的宗法伦理，她死后，族人会被迫收养孤苦无依的子女。她为此作了安排，请在无锡的外甥女婿秦耐铭来带秋白去无锡居住，找机会做事。瞿秋白就在 1916 年阴历年关前几天随表姐夫去了无锡。她又趁过旧历新年，把丈夫打发出去拜年，她就在大年初五晚间，把许多红头火柴头粉拌入虎骨酒里，吞服下去，到次日下午就与世长辞了。

初七上午，瞿秋白在无锡接到父亲急电，下午就赶回家里，跪在慈母遗体前痛哭失声。经表姐夫和亲邻凑钱买了棺材，草草入殓，但无钱安葬，灵柩就存放在他们住的祠堂里。瞿秋白在家里守灵，在穷迫悲痛的心情中，写了一首《哭母》诗：

亲到贫时不算亲，蓝衫添得泪痕新。
饥寒此日无人管，落上灵前爱子身。

母亲一死，支撑家庭的台柱倒下了，于是，“一家星散，东飘西零”，弟妹分别送到北京、杭州亲戚处寄居，父亲去济南投奔朋友，后来求得师范学校图画教师的职业，教书糊口。瞿秋白自己守灵一星期后，仍随表姐夫回到无锡，后经他介绍，到无锡乡下“杨氏私立国民小学”教书。报酬虽少，但总算暂时可以过活，瞿秋白还省吃俭用，寄钱补贴弟妹。

母亲自杀，家人星散，对瞿秋白一生影响极大。瞿秋白后来说：“悲惨的环境……没有把我变成冷酷不仁的‘畸零之人’。”“我幼时的环境完全在破产的大家族制度的反映里……人生的意义，昏昧极了。我心灵里虽有和谐的弦，弹不出和谐的调。”“痛、苦、愁、惨，与我生以俱来。”

彷徨苦闷的瞿秋白憎恶黑暗的现实，可是到哪里去寻找人生和社会的真谛

1916年秋，瞿秋白乘船从常州出发，经江苏、安徽、江西到达汉口。此行是去投亲堂兄瞿纯白。

途中，要经过瓜洲，这是瞿秋白的旧游之地，风物依然，但它只能引起几缕思乡的愁绪。船行的前一站码头是浦口，在浦口停留中，可以下船过江到南京一游。这时的南京，是直系军阀、长江巡阅使兼江苏督军冯国璋驻节之地。冯国璋与皖系军阀段祺瑞争夺北洋政府的副总统乃至总统的宝座，这时已见分晓。

10月30日，北京国会参众两院选举冯为副总统，11月8日冯在南京就职。南京城里，六朝的豪侈已经逝去，余下的只是破落和衰败。瞿秋白照例要到象征着“六朝金粉”的秦淮河走走。这时，秦淮河已是一道臭水沟，景况萧条：“跨青溪半里桥，旧红板没一条，秋水长天人过少，冷清清的落照，剩一树柳弯腰。”

夫子庙旁边有一排茶楼，其中一家壁上挂着一副对联，联云：

近夫子之居，食不厌精，脍不厌细；

傍秦淮左岸，与花长好，与月长圆。

尽管世道沧桑，有钱人对于饮食男女的欲望，却从不降低水准。大众生活每况愈下，官僚豪客们的奢靡腐化却是愈演愈烈。秦淮河上，征歌闹酒，正是纸醉金迷、醉生梦死的上层生活的一个缩影。

这一切，给瞿秋白的印象是强烈的。后来，他对于这次旅行，写了如下的话："唯心的厌世梦是做不长的。经济生活的要求使我寻扬子江而西。旧游的瓜洲，恶化的秦淮，长河的落日，皖赣的江树，和着茫无涯涘的波光，沉着浑噩的波声，渗洗我的心性，舒畅我的郁积，到武昌寻着了纯哥，饥渴似的智识欲又有一线可以充足的希望。"

纯哥比瞿秋白大 10 岁，生于光绪十五年（1889 年），名常，字纯伯。京师大学堂法文毕业生，曾做过南洋万言学堂、上海南洋大学、北京民国大学、清河陆军预备大学教员。这时正在北洋政府交通部京汉铁路局任通译。瞿秋白投奔他，希望能得到一个求学深造的机会，以满足"饥渴似的智识欲"，同时也求得解决"饭碗问题"。

不久，在瞿纯白的帮助下，瞿秋白投考武昌外国语专科学校，被录取，学习英语。那时的学校，特别是某些外语学校，师资缺乏，有些教员在国外镀了几年金，本事没有学到家，可以说是滥竽充数。学校的课程设置和教学条件也都很差。在这样的学校里读书，哪里能够满足渴求知识的愿望呢？瞿秋白不满意于武昌外国语学校，同时"饭碗问题"也没有解决。

于是，他到黄陂去找姑父周福孙。结果，上述问题仍然没有解决。在周家，瞿秋白沉默寡言，他的唯一爱好是读书。周家后栋有一座小园，房屋三间，两间藏书，一间是家塾，由周均量教读。瞿秋白经常坐在书橱前，选择爱读的书，朝朝暮暮，孜孜不倦地阅读。他最爱读的是《老子》《庄子》《资治通鉴》和四史。晚间还在灯下一直读到深夜。

瞿秋白身体虚弱，面容消瘦，经常咳嗽。姑母和堂姐请中医诊脉，医生说他是初期肺病，嘱他按方服药，并注意休息调养。姑母劝他不要深夜读书，早些睡下。他总是说没有什么大病，等大家睡熟，还是悄悄地阅读到深夜。后来他请堂姐在窗上挂一厚窗帘，不使灯光外露，以免姑母又发现他深夜读书。除了读书外，他有时画山水画、篆刻印章。

瞿秋白与周均量时常议论社会、人生和政治问题，同时他们对于佛学也津津乐道。人生极苦，涅槃极乐（死后解脱轮回之苦，永远无为和安乐），是佛教的中心思想。瞿秋白青少年深受社会黑暗、家庭离散之苦，周均量的诱导使他对佛学产生了一种探索的兴趣。这时，他读了《成唯识论》《大知度论》两部佛经。

此后相当长一段时间，瞿秋白研讨佛学，试图用它来解决人生问题。这里固然有政治哀伤，但主要的是对整个人生、世上的纷纷扰扰究竟有何目的和意义这个根本问题的怀疑、厌倦和企求解脱和舍弃。然而，人生这个大罗网是无法逃掉的，也许只有在佛学的说教中，勉强寻得一些安慰和解脱吧。

1917 年暮春时节，瞿秋白决计离开黄陂，谋求新的出路。适逢堂兄瞿纯白返回北京，于是瞿秋白便跟着他顺京汉路北上，到了北京。

道路是漫长的、艰辛的。一切有志于救国救民的、希求有所作为的青年，终究要被现实社会推动着走向变革社会现实的道路。然而，这需要时间。

到北京后，瞿秋白住在宣武门外骡马市大街羊肉胡同堂兄瞿纯白家中。这是一座有三进房屋的院落，除瞿家外，还住着吴姓一家，也是常州人。瞿秋白住前院大门右侧客房。

江南塞北，风光迥异，北京的风情，对这一位江南游子来说，一切都是新鲜的。闲暇无事，瞿秋白常常以步代车，漫游古城四方。

瞿秋白看遍了故都的古迹名胜，查考了地方志史典籍，所得的印象是：世道沧桑，人物代谢，里巷变迁，构成了多少历史的脉络。只是这些足以使人流连叹息的陈迹，很少给人以振奋向上的激情。

瞿秋白本来是要报考北京大学的。可是，大学的学膳费用高得惊人，瞿纯白拿不出这笔钱供堂弟入学。他让瞿秋白参加普通文官考试，以期在经济上能够维持最低的生活水准。

1917 年 4 月，瞿秋白应文官考试，结果没有被录取。4 月以后，他又闲置了近半年时间。7 月，张勋复辟。为了避开兵祸，瞿纯白委托瞿秋白护送家眷离京去汉口。复辟事件平息后，又由汉口回到北京。

这期间，他随同张寿昆（常州中学同学）到沙滩北京大学文学院听过陈独秀、胡适等人的课。当时的北京大学，上课不点名，如有和上课的学生友好者，是可以混进去听课的。然而，这不是长久之计。无钱升学，生活无着，在经济上并不充裕的堂兄家中赋闲，这种接近于穷极无聊的日子，实在难过。瞿秋白只得“挑选一个既不要学费又有‘出身’的外交部立俄文专修馆去进”。入学时间是 1917 年 9 月。

俄文专修馆设在东总布胡同 10 号（今改 23 号）一座洋式的平房建筑里，原为东省铁路学堂，民国元年（1912 年）改称外交部立俄文专修馆，免费招生，经常保持甲、乙、丙、丁、戊五个班。瞿秋白是在第一届甲班毕业后考入专修馆的，属第二届甲班。

此时，瞿秋白的同班生有常州人徐昭、宜兴人朱某，出入相偕，关系颇好。三人中以瞿秋白用功最勤，成绩也最好。沈颖回忆说：秋白在校每考必列第一或第二名。彼时俄文专修馆每星期日上午有文课，全体学生一律参加，秋白的中文程度很好，所作文章几乎每次均油印传观，以至名遍校内，无人不知！

瞿秋白强记博闻，涉猎广泛，除按时上课，完成规定的学科作业外，还按照自己制定的自修计划学习英文、法文、社会科学和哲学。每天不论多么忙，一定要照自修课程表把功课做完，不到深夜不止。

瞿秋白入俄文专修馆不久，瞿纯白家迁居东城根东观音寺草厂胡同南口路西第一个门。这是一个十分僻静的小院。瞿纯白特地在后院东屋为秋白兄弟们安排一间居室，放置了书桌、书架，一家人过着清苦的生活。

北京是北洋军阀统治的巢穴，袁世凯死后，各派军阀钩心斗角、争权夺利，在反复的角逐中，日本帝国主义羽翼下的段祺瑞皖系军阀一度获胜，在五四运动发生的前两年间，中国几乎完全成为皖系军阀的天下。段政权对外丧权辱国，对内横征暴敛。北京城里的新贵们欺侮和压榨平民百姓之残酷，比起前清的酷吏们绝不逊色。

在绝顶黑暗的社会，瞿秋白置身于穷困清苦、寄人篱下的生活，饱尝了人情冷暖、世态炎凉的辛酸。

这一切都催促着瞿秋白心灵的早熟。他憎恶这个社会的虚伪和丑恶，这个社会使他变得过早的敏感和清醒。但是，他最初的反抗，却往往表现为冷漠和避世。

1917 年 11 月，俄国发生了社会主义革命，一个地跨欧亚的巨大邻邦的亿万民众获得了新生。但是，同样是地大人多的中国，却仍然饱受苦难贫穷，而无法自立于世界民族之林。

这年年底，北洋军阀倾全力“讨伐”孙中山依靠西南军阀在广州建立的护国军政府，不久，西南军阀也排斥了孙中山，护法运动宣告失败。中国的政治又走到了死胡同。瞿秋白仍在堂兄家里寄宿吃饭。“当时吃的饭是我堂阿哥的。这寄生生涯，已经时时重新触动我社会问题的疑问——‘人与人之关系’的疑问。”可是，人生、社会的种种问题，从何处寻求满意的答案呢？

隆冬季节，连日大雪之后，接下来是霏霏小雪，下个不停，天空阴霾如铅样地沉重，令人倍感怅惘，寒风掠过屋顶，在电线上刮出刺耳的啸声，街头行人稀疏，酒楼饭店的酒帘被风吹打得噼啪作响，徒增无尽的哀愁。瞿秋白走在北京街头，步履沉重，思绪却是翻腾不已。他无时不在追求人生社会问题的答案，然而只有无法排遣的悒郁陪伴着他。

雪意唼其心惘然，江南旧梦已如烟。
天寒沽酒长安市，犹折梅花伴醉眠。

江南，童年，苦与乐，悲与欢，已如过眼云烟一去不返，然而却不曾忘却，以酒为友，寻求麻木，折梅为伴，高洁自许，也只是一种想象中的慰藉，一种在无限漫长的苦闷途程中的短暂的小驻，调子是颓唐的、愁苦的。

究竟到哪里去寻找人生的真谛？

在五四运动中崭露头角。郑振铎回忆说："秋白在我们之中成为主要的'谋主'，在学生会方面也以他出众的辩才，起了很大的作用。"

1919年，北京爆发了伟大的五四运动。在这场运动中涌现出的一大批杰出的爱国志士里，瞿秋白就是其中的一员。

他心头压抑着的火种，即刻同这一场爱国图存的反帝反封建的大火连接在一起熊熊燃烧起来了。他"抱着不可思议的'热烈'参与学生运动"。

他是俄文专修馆同学公推的学生代表，率领同学参加了5月4日在天安门前的示威游行和火烧赵家楼曹汝霖住宅的壮举。5月5日北京各专门以上学校学生实行总罢课。6日，各校代表会议讨论通过了组织大纲，宣布北京中等以上学校学生联合会正式成立。瞿秋白出席了这次会议，并且作为俄文专修馆的学生代表担任了学联评议部的议员。评议部的职责是议决学联的重大事项，议员的产生以学校为单位，不论学校的人数多少，每校出评议员两人。学联成立后，立即积极设法营救被捕学生。接着，又投入挽留北京大学校长蔡元培的斗争。

1920年，瞿秋白（左）与郑振铎、瞿菊农、耿式之、耿济之合影

5月14日，北京政府被迫发表挽蔡指令，同时却下令挽留曾假意表示辞职的卖国贼曹汝霖、陆宗舆，还下令镇压爱国学生。这就更加激起青年学

生的反抗。北京学联决定从19日起，实行总罢课。

瞿秋白所代表的俄文专修馆和他的朋友郑振铎、耿济之、瞿菊农等所代表的汇文大学、铁路管理学校等，组成北京学联的一个单位。他们经常在一起开会，进行爱国活动。青年学生在爱国救亡总方向一致的前提下，也有意见分歧。

郑振铎后来回忆说："在这个大运动中，青年学生们的思想和态度，也不是自始至终完全一致的。我们有辩论，有斗争，有说服，有打击，有协商。其中也显得出有'封建性'的'门户'，像在学生联合会里，北京大学和高师就是两'派'。"

瞿秋白、郑振铎等人所在的学校，单位虽小，工作却很难开展，郑振铎说他自己"领导不起来，特别是我几乎成了'单干'"。瞿秋白以阅历深，学识博，见解新见长，在年轻人中间显得"少年老成"。郑振铎说："秋白在我们之中成为主要的'谋主'，在学生会方面也以他出众的辩才，起了很大的作用，使我们的活动，正确而富有灵活性，显出他的领导天才。"

在北京政府的严密控制下，瞿秋白和朋友们的活动越来越富于斗争性和隐蔽性。他们经常在夜晚开会，会前不引人注意地溜进会场，会散后又悄然离去。瞿秋白学会了机警地对付敌人，设法摆脱便衣警察的跟踪。

总罢课以后，瞿秋白率领俄文专修馆的同学，经常活跃在人烟稠密的商业区、游览区，开展讲演、抵制日货等活动。6月3日上午，北京20多所学校各派数百名学生上街讲演，瞿秋白和俄文专修馆同学也一起参加。反动当局出动大批军警驱散听讲群众，逮捕演讲的学生。当天，学生被捕者178人，瞿秋白也在其内，直到6月8日才被释放。

在反帝爱国运动的压力下，北京政府被迫罢免曹汝霖、章宗祥、陆宗舆，拒绝在巴黎和约上签字。这两件事，无疑是振奋人心的。有些人却因此感到满足，失去了斗争的积极性。瞿秋白深感中国仍然处在危急存亡之秋，他不能不出来说话。

7月17日，他所写的《不签字后之办法》一文在《晨报》第六版发表。他在文末的跋中说："仆素昧于外交大势，兹就愚见所及，有所陈述。不觉所望于政府者太奢，即所望于国民者亦恐太过。然人患不能自立，苟有决心，何事不就，不甘自轻而召侮。"

这一段话是温和的、有节制的，但内中所包含的强劲的决心是显而易见的。

瞿秋白对政府的要求有三条，中心意思是要求政府在外交中"须有手段，有眼光，勿再蹈失败之覆辙"，"更万勿再与日本订立自丧主权之条约"。这当然是"所望太奢"，因为北京政府是卖国政府，不卖国就得不到帝国主义列强的庇护和扶植，就无法对付人民的反抗，它注定是个软骨头的政府。最重要的是人民大众。

瞿秋白对学生的要求有三条，对“国民”的要求有六条。对学生的三条要求是：

一、各地学生联合会多出书报，切实研究外交政治，以为一般社会之指导；

二、游行演讲，定期演讲宜永远进行；

三、学生储金，以为赎路之助，并可为长期储金，兴办学生工厂或公共消费社，以间接提供国货。

这里，瞿秋白是很看重宣传舆论工作的，他后来成为中国共产党杰出的宣传家，绝不是偶然的。

瞿秋白提出“国民所应办者有六”。这六项之中，除“筹款赎路”“抵制日货”“长期储金筹办平民工厂振兴实业”三条外，其余的三条至为重要：

一、亟宜联络各省各界联合会团体，一致宣言，并派代表入京要求政府实行此三项（按指“政府所应办者三”）及随时明白宣布一切外交情形及各项文电，如不得要领，即可表示国民对政府最后之决心；

二、联络各地各界联合会、各团体，即可组织全国各界联合会，派代表赴和会请愿并监视专使；向和会声明全国国民之意，山东问题必得一公允之解决；一切密约及二十一条，中国国民誓不承认，必须废除，不然，是协约国绝中国太甚，中国国民唯有与日本人拼命，而决不能负破坏东亚和平之责；

三、中国在各国的留学生、华侨、华工，亟宜组织通讯社或外交研究会，各就近投稿于外国报刊。最好创设报馆于各国各地，而华侨、华工更可为其他运动，以示中国国民民意真相，并可激起国外之舆论，冀多少取得英法各国之同情。

7月下旬，山东省发生的军阀马良屠杀爱国人民的“马良祸鲁”事件引起全国人民对鲁案的声援，要求取消山东戒严令、惩办马良。北京、天津、山东、唐山、山海关等地代表齐集于北京进行联合请愿。瞿秋白参加了这次斗争。

8月23日上午，他和各地代表在北京山东中学集合。下午3时，他与全体代表30余人一起到新华门，要求面见总统徐世昌，呈递请愿书。徐世昌不见，派警察头目敷衍，被代表们问得理屈词穷。4 时许，京师警察厅竟将全体代表逮捕，拘入警厅。28 日，又捕第二批请愿代表 11 人。北京政府原来打算枪毙被捕代表，但在全国人民声讨下，不得不在 8 月 30 日将两次被捕代表全部释放。

这是瞿秋白第二次被捕。由于劳累过度和狱中的恶劣条件，他出狱后竟至吐血，大病了几个月。表姐夫秦耐铭写信慰问他。他在复信中说："干了这平生痛快事，区区吐血，算什么一回事！"

五四运动以后，瞿秋白自觉地投身社会主义新文化运动。1919 年 11 月，他同郑振铎等创办《新社会》旬刊，宣传新思想，提倡新文化，举凡社会改造、劳动、妇女解放和知识界前途等问题，都在宣传、讨论之列，明确提出"尽力于社会改造"的目标。当时《新社会》的大多数编者们还没有真正建立起历史唯物主义的世界观，对于民主主义和社会主义，空想社会主义和科学社会主义之间的界限还弄不清。郑振铎后来回忆说："秋白那时已有了马克思主义者的倾向，把一切社会问题，作为一个整体来看。我们其余的人则往往孤立地看问题，有浓厚的唯心论的倾向。有的还觉得他的议论'过激'。"

1920 年，瞿秋白参加了李大钊在北京创办的"马克思学说研究会"。他积极地提倡研究俄国，并且早已开始翻译和研究俄罗斯古典文学作品，为中国人民介绍俄国文学，十月革命在俄国的成功，极大地鼓舞和吸引了中国人民，特别是中国的先进知识分子。

"夜夜虚汗，咳嗽吐血"，深受疾病折磨的瞿秋白仍在拼命工作，他说："我要为大家辟一条光明的路。"

1920 年 9 月，瞿秋白应《晨报》之聘，决定任该报特约通讯员，去苏俄考察、采访。亲友们有人以为，瞿秋白以病弱之躯赴俄，无异"自趋绝地"，极力劝阻。瞿秋白决心已定，毅然表示"我入俄的志愿——担一份中国再生时代思想发展的责任"，"为大家辟一条光明的路"。

10 月 16 日，瞿秋白、俞颂华、李宗武一行离京赴津，略事停留，辞别张太雷及亲友，于 18 日登车离津，踏上漫长的旅程。

1921 年 1 月 25 日，瞿秋白一行抵达莫斯科。

在旅居俄国的两年里，瞿秋白进行了大量的考察、采访和写作。他访问了解过工人、农民，知识分子、革命领袖，人民委员、老人、儿童，也接触、了解过革命前的地主、投机商、没落贵族和妓女等各种人物，了解了俄国的政治、经济、文化、外交、民族、宗教等各个领域的社会生活状况。

他孜孜不倦地阅读马克思主义著作和布尔什维克党的文件，深入思考，联系实际，从而建立了马克思主义唯物主义的世界观。

两年里，他写了《俄乡纪程》《赤都心史》二本散文著作，被公认为中国新文学开创时期的优秀作品。它既是作者心弦的乐谱，又是社会的画稿。作者富有诗人的气质，常常用浓郁的诗情语言表现他深刻的思想哲理。他还写了《俄国文学史》和《俄国革命论》，叙述俄国文学发展的历程，论述俄国革命和社会主义制度。

在苏俄期间，瞿秋白还写了几十篇通讯，分别在北京《晨报》和上海《时事新报》上发表。单是在《晨报》上刊登的约有40篇，1.6万字（邮寄中遗失20余篇）。其中《共产主义之人间化》《苏维埃俄罗斯之经济问题》《苏俄经济改造之新气象》《苏俄国内商业之新发展》《劳农政府内政外交之新局面》《劳农政府治下之教育》《知识阶级与劳农国家》《劳农国家之经济前途》等文，对苏俄的情况进行了全面系统的报道。这对于中国人了解苏俄社会主义革命和建设，消除由于帝国主义和军阀政府的恶意诽谤所造成的误解，促使人们的觉醒，都有很大的作用。

莫斯科气候寒冷，生活艰苦。瞿秋白本来身体很弱，到莫斯科不久，1921年3月间就病了。7月，经医生诊断患的是肺结核，病卧了一个月，至8月初仍然吐血。到了9月，“夜夜虚汗，咳嗽吐血”。俄国友人们力劝瞿秋白回国。他自己也觉得“病体支离，要做的，应当做的，也都不能做。于是写信给在柏林的俞颂华，表示“要归国”。后来，他感到重任在身，便打消回国的念头，把全部精力投入到工作中去。

1921年，瞿秋白开始担任莫斯科东方劳动者共产主义大学（简称东方大学）中国班俄文教员，兼做政治理论课的译员。当时在中国班学习的有刘少奇、罗觉（亦农）、彭述之、任弼时、萧劲光、柯庆施等人。1922年2月，经张太雷介绍，他在莫斯科加入中国共产党。

在苏联期间，瞿秋白数次见到列宁。1921年六七月间共产国际召开第三次代表大会，11月莫斯科第三电力工厂举行十月革命四周年庆祝会，列宁都到会并发表演说。瞿秋白后来在《赤都心史》中辟专题生动地记述了这两次盛大的场面，对无产阶级领袖倾注了崇高的敬意。

1922年1月21日至2月2日，共产国际在莫斯科和彼得堡召开远东各国共产党及民族革命团体第一次代表大会。瞿秋白从莫斯科郊区的高山疗养院带病暂时离院，参加了这次远东会议。

当时，医生劝他不要过度劳累，说他的一叶肺已经溃烂，只能维持两三年。

但他依旧扶病担任繁重的翻译工作，终于累倒。2月7日，因血痰又现，于高烧“模糊梦寐中”，被人由彼得堡“运到莫斯科”，复入高山疗养院。直到4月间，才离开疗养院。在病榻上，他仍旧奋笔著述。从2月9日到3月下旬，先后撰写《彼得之城》《俄雪》《美人之声》《阿弥陀佛》《新村》《海》《尧子河》《新的现实》《生活》等文。

1922年11月5日至12月5日，共产国际在彼得堡（后移于莫斯科）举行第四次代表大会，讨论和确定统一战线方针，并专门讨论了东方问题。陈独秀、刘仁静前来出席大会，瞿秋白也参加了大会并担任陈独秀等人的译员。

大会闭幕后，12月21日，由于中国国内斗争的需要，瞿秋白离开莫斯科，沿西伯利亚铁路回国，投身于中国大革命运动的洪流之中。

“时髦”的戴季陶主义被瞿秋白批驳得体无完肤，从此，他们两人成了死对头

回国不久的瞿秋白，受中共中央的委托，开始筹备恢复中共中央机关刊物《新青年》季刊，创办《前锋》，他担任这两个刊物的主编，并兼《向导》的编辑工作。他同时是这三个刊物的主要撰稿人。1923年，瞿秋白发表了大约70篇论著、译文，平均每5天就有一篇文章问世。

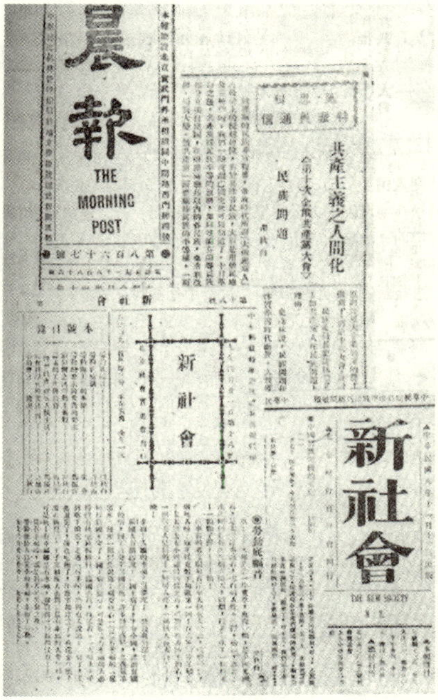

《新社会》《晨报》刊登瞿秋白的作品

1923年6月，瞿秋白出席党的第三次全国代表大会。大会讨论的中心问题是国共合作。瞿秋白和张太雷、毛泽东等一起反对了“左”的和右的错误意见，坚持了正确的主张，使大会通过了国共合作的决议。在这次大会上，瞿秋白当选为中央委员。

在这前后，瞿秋白写了一系列文章，对国民党及其领袖孙中山进行了分析。他高度评价孙中山，指出了“中山能随着革命运动的经验，寻找着中国民族革命的道路”。自辛亥以来，孙中山一直坚持反专制、反军阀，“是中国民主派的先锋”。他所领导的国民党是“中国现有的革命材料”，无产阶级要促进国民革命，就要与之合作。国民党也存在着主义模糊、会党影响、单纯军事冒险等弱点。因此，共产党应当“改造国民党，使从模糊的革命主义进于真正的民主革命及民族革命主义，那时的国民党方才能做国民运动的中心”。

国共合作实现以后，瞿秋白作为国民党的中央候补执行委员，参加了国民党上海执行部的指导工作。他经常奔波于上海、广州之间，负责联系和处理两党之间的合作问题。国民党内右派，一贯反对国共合作，这时竭力地攻击加入国民党的中国共产党人。

尤其是随着人民革命力量的兴起，民族资产阶级右翼势力更为恐惧。为了破坏革命使革命半途而废，他们抢夺革命领导权，竭力企图限制和削弱工人阶级及其政党共产党。于是除了公开从国民党分裂出去的西山会议派以外，在国民党内部还出现了以蒋介石为首的右派集团，风靡一时的“戴季陶主义”适应资产阶级右翼势力的要求应运而生，猖狂攻击中国革命和中国共产党，为蒋介石篡夺革命领导权作思想理论上的准备。

瞿秋白清醒地意识到，中国共产党人在政治思想方面，面临着一场无可回避的尖锐的斗争。而最迫切的任务，是反击戴季陶的进攻。

戴季陶在五四运动时期，从资产阶级立场出发，他曾经涉猎、研究并介绍过社会主义思想和劳工运动，在严密的科学理论和无可辩驳的事实面前，他也承认阶级斗争的不可避免，称赞过马克思主义阶级斗争学说的科学性。但是，资产阶级的本能和立场，使得他在工农大众的革命浪潮中退缩了，转而反对阶级斗争，反对工农革命运动，反对共产党和国民党合作，进行国民革命。孙中山逝世后，他一方面说服一些人脱离革命，参加右派营垒；一方面著书立说，从理论上歪曲孙中山的新三民主义思想，取消三大政策，反对阶级斗争和国共合作。他发表的《孙文主义之哲学的基础》《国民革命与中国国民党》两本小册子，提出一套反动理论，对中国共产党和马克思主义学说，对革命统一战线和国民革命进行全面的攻击。戴季陶提出必须以他所解释的三民主义即戴季陶主义作为统一战线“共信”的基础，对于互相间没有“共信”的共产党人，要用“排拒性”“独占性”加以排斥。或者是共产党员“脱离一切党派，作单纯的国民党员”；或者是把共产党从国民党中排斥出去。戴季陶的谬论以“中正”面目出现，说三民主义是“温和中庸”“和平中正”的主义；它既反对布尔什维克主义，又反对法西斯主义，即所谓“举起你的左手打倒帝国主义，举起你的右手打倒共产党”，而其实是要打倒共产党。戴季陶主义的出笼和广泛传播，是国民党新右派势力抬头的标志，是为蒋介石反共篡权作舆论准备的。

瞿秋白洞察到戴季陶主义的本质及其严重性，在中共中央的一次会议上指出，戴季陶主义是国民党新右派反共反工农的旗帜，是资产阶级同无产阶级争夺革命领导权的思想武器，因此，必须粉碎戴季陶主义。8月，瞿秋白写了《中国的国民革命与戴季陶主义》。随后，又陆续写成《义和团运动之意义与五卅运动之前途》《五卅运动中之国民革命与阶级斗争》《国民革命与阶级斗争》《国民革命运动中之阶级分化——国民党右派与国家主义派之分析》等文章，从政治、思想、组织上揭露和批判了戴季陶主义。

瞿秋白反复研究了戴季陶的谬论，了解右派活动材料，收集各方面的反映，然后构思。写作时，他全神贯注在工作中，周围的任何动静都不闻不问。思考成熟以后，就动起笔来，衬着复写纸一口气写下去，一写就是两份，写得很整齐清楚，就像是重新抄过的一样。他那驳斥戴季陶主义的小册子——《中国国民革命与戴季陶主义》，就在一天夜里写成了。

瞿秋白驳斥了戴季陶要求无产阶级在统一战线中放弃阶级斗争的谬论，捍卫了马克思主义的阶级斗争学说。他指出，共产党不但不否认民族斗争，而且认为当前的民族斗争非常需要；但是承认民族斗争，并不能否认阶级斗争。工人阶级在国民革命中所提出的阶级的和民族的政治经济要求和口号，"能够结合一般被压迫的革命的各阶级，督促着资产阶级和小资产阶级向帝国主义者奋斗；因此，国民革命的联合战线能够建立起来，持续下去。这个联合战线的真正的中心思想是建立在各阶级对内对外的共同利益上"。所谓"纯正的三民主义者"，专以反对阶级斗争为宗旨，抛开大多数工农民众利益而说什么国家民族利益，"实际上便是资产阶级蒙蔽愚弄农工阶级的政策"。"戴季陶虽然理论上反对阶级斗争，主张资本家的仁慈主义，然而他在实践方面——发行那《国民革命与中国国民党》的小册子，自己就实行思想上的阶级斗争，不过是资产阶级压迫无产阶级的一种斗争罢了。"

瞿秋白指出，戴季陶提出的所谓团体的"排拒性"谬论，不过是资产阶级排拒无产阶级，国民党右派排拒共产党人的理论根据。"戴季陶的思想及主张，完全是要把国民党变成纯粹资产阶级的政党。"但无产阶级的政党——共产党，在国民革命中，是绝对不可少的。

瞿秋白批驳了戴季陶所谓共产主义"不能实现，不适于中国"的谬论，他说："中国国民革命的斗争，以无产阶级的斗争领导中国一切被压迫民众的解放运动，是最合于中国社会所需要的，同时也是合于世界社会所需要的革命政纲，就是行向共产主义的第一步。这是最现实的改造中国及世界社会的主义；这是解放中国的唯一的道路，也就是消灭世界的资本主义、消灭阶级及其斗争的唯一的道路。"这是可以实现的理想，而非空想。"戴季陶要以所谓中国的哲学思想为基础，要用所谓仁慈主义诱发资本家的仁爱性能，如此便想消弭阶级斗争，使世界人类进于大同，这才真是空想呢！”

对于戴季陶反动理论的实质，瞿秋白概括地指出：“理论上是所谓建立纯粹三民主义的中心思想，实际上是反对左派，反对阶级斗争，反对我们 C.P. 们的跨党，甚至于反对 C.P. 的存在。”“这种运动不仅是在思想上摧残工人的阶级斗争，实在还是削弱国民革命主力军的工人阶级，因此亦就是削弱中国的国民革命运动。”他告诫中国革命者：“中国国民革命运动能发展，只有两条路：一、注重工农阶级的阶级斗争，以无产阶级引导一切革命阶级前进；二、侧重资产阶级的利益，讲‘中庸’‘调和’‘统一’而反对阶级斗争，其结果是为买办阶级的力量所利用，完全到右派及帝国主义一方面去。”

20 世纪 20 年代的中国社会，处于空前的革命高潮中。它向人们展现了一幅异常雄伟壮观的历史画卷。风驰电掣、迅猛快捷的攻击和退守，波谲云诡、错综复杂的分化和组合，要求年轻的中国共产党，担负起在中国这个无产阶级世界革命的东方战线上指示道路、领导革命的伟大任务。中国共产党集合了一大批意气风发、才华横溢的青年干部，如毛泽东、周恩来、彭湃、蔡和森、张太雷、邓中夏、恽代英、萧楚女、罗亦农、陈延年、李立三、刘少奇、向警予，等等。他们犹如璀璨的群星，光华夺目，放射异彩。瞿秋白正是这绚丽群星中的一颗。他以自己的思想理论和革命实践奠定了他作为中国共产党的伟大的马克思主义者、卓越的无产阶级革命家的历史地位。

瞿秋白将毛泽东写的《湖南农民运动考察报告》送给杨之华，说：“这是我在武汉和你见面的礼物。”

1926 年 10 月 10 日，北伐的国民革命军第四、第七军攻占武汉。武汉大捷使一切革命党人和广大人民群众，感到无比得振奋。同月，国民党在广州召开中央委员和各省各特别区市、海外各总支部代表联席会议。会议通过的宣言和政纲，明确体现了反帝反封建的政治方向，反映了联合战线中各阶级阶层人民的共同愿望。会议对西山会议派分子继续给予打击。会议致电汪精卫，要求他即日由欧洲返回国内，销假视事。11 月，鲍罗廷、宋庆龄、陈友仁、孙科、宋子文、徐谦等到武汉考察，为迁都做准备。12 月 13 日，在武汉成立国民党中央执行委员会及国民政府委员会临时联席会议，代行国民党中央党部和国民政府职权。1927 年 1 月 1 日正式办公。但是，曾经力主迁都武汉的蒋介石，这时却提出迁都南昌。他截留第二批由广州迁往武汉的谭延闿（国民政府代主席）、张静江（国民党中常会代主席），并召开所谓中央政治会议临时会议，擅自决定国民政府和中央党部改迁他所控制的南昌。武汉的共产党人、国民党左派和人民群众同蒋介石的行径进行了坚决斗争，使其改迁阴谋未能得逞。2月21日，中央临时联席会议宣布结束，国民政府在武汉正式办公。3月上旬，国民政府代主席谭延闿和一部分中央委员由南昌到达武汉。

1927年3月间，当瞿秋白踏上江汉码头的时候，距他第一次来武汉已经整整过去十个年头了。旧地重游，时势剧变，已有天翻地覆之感。作为国民政府和中央党部的所在地，武汉俨然成为革命的中心地。正在启程返国的“左派”领袖，文质彬彬而又高唱革命的汪精卫和他的拥护者们，似乎与长江下游的杀机毕露、摧残革命的蒋介石派形成了明显的尖锐的对垒，以致中共中央机关也准备从上海迁到武汉，并将在这里举行党的第五次全国代表大会。瞿秋白先期到达这里，为的是就地参与指导五次大会的筹备工作。不久，约在4月间，他担任了中共中央宣传部长，主持党的宣传鼓动工作。

处于革命高潮中的武汉在轰轰烈烈中也潜伏着危机。暗里明里的反动派，集中而猖狂地攻击席卷两湖地区的农民运动。毛泽东为了证明农民运动的合理性和必要性，打击这股反动的逆流，于1927年初深入湖南农村进行考察，写成了《湖南农民运动考察报告》，但是报告只在《向导》刊出一部分，便被停发。瞿秋白到达武汉，读到毛泽东的报告，表示了钦佩和赞同，并为其被停发表而感到气愤。4月中旬，他把这篇报告交给共产党办的长江书店出版单行本，广为传播。书名改称《湖南农民革命（一）》。这是计划出版的湖南农民运动系列丛书的第一本。由于局势发生了变化，以后各本的出版计划未能实现。4月11日深夜，瞿秋白为毛泽东的这篇报告写了一篇热情洋溢而又旗帜鲜明的序言。他写道：

中国所谓“成则为王败则为寇”，谁是寇呢？都是失业贫困而暴动的农民。谁是王呢？都是利用暴动农民而得胜的“土匪头儿”。……如今的世界可大不相同了。西洋外国的世界革命起来了，是把俄国的“土豪头儿”，“巨腹贾”的代表——所

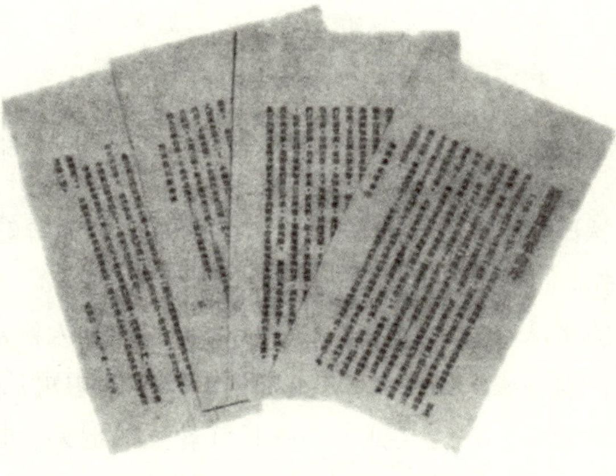
瞿秋白为毛泽东调查报告作的序言

1924年，瞿秋白与杨之华公开活动在上海的最后一次拍照，此后他们转入秘密活动

谓“察尔”（Tsar）也者，和大资本家，一箍脑儿推翻了。这是谁做成功的事？是工人，所谓无产阶级率领的革命呵！中国的无产阶级也就起来，他在城市中的斗争足以率领三万万九千万的中国农民。

中国农民从今以后渐渐的要脱离土匪头儿的利用，他们现在有了新的领袖——工人，这个新的领袖的利益是和他们相同的，是能率领他们革命到底的，不像土匪头儿似的，事成了自己便去当皇帝……

中国农民要的是政权，是土地。因为他们要这些应得的东西，便说他们是“匪徒”。这种话是什么人说的话！

这不但必定是反革命，甚至于不是人！

农民要这些政权和土地，他们是要动手，一动手自然便要侵犯神圣的绅士先生和私有财产。他们实在“无分可过”。他们要不过分，便只有死，只有受剥削！

中国农民都要动手了，湖南不过是开始罢了。

中国革命家都要代表三万万九千万农民说话做事，到战线去奋斗，毛泽东不过开始罢了。中国的革命者个个都应当读一读毛泽东这本书，和读彭湃的《海丰农民运动》一样。

当时，杨之华在上海参加了上海工人第三次武装起义准备工作。她与瞿秋白保持着书信联系，时常写信告诉他上海的情形。瞿秋白写信要她谨慎地工作，并指出，革命前途远大，但革命道路不是一帆风顺的。4月13日，蒋介石的军队在宝山路屠杀举行抗议示威的工人群众时，杨之华也在游行队伍当中。在前一天，即4月12日晚上，她接到中央从武汉拍来的电报，要她立即动身到武汉，并且收到了一张长江轮船的船票。杨之华于13日乘轮船离开上海前往武汉。瞿秋白见到杨之华，愉快地对她说：“我们离别一个月，革命的进展比一年还快！”他当即取出三个文件交给杨之华。其中一个文件就是毛泽东写的《湖南农民运动考察报告》，其余两个文件是《俄国资产阶级革命与农民问题》手稿和《中国革命之争论问题》手稿。瞿秋白对杨之华说：“这是我在武汉和你见面的礼物。”

事实雄辩地证明，在中共中央领导人中，瞿秋白是彭湃、毛泽东从事农民运动的最坚定的支持者。

与党的总书记陈独秀的分歧和争论逐渐激化，带病整理长篇批评陈独秀右倾错误的小册子《中国革命之争论问题》

随着革命的深入，武汉国民政府同蒋介石在南京建立的反革命政权，形成了尖锐的对立。武汉政府管辖的湘鄂赣三省的群众革命运动，还在继续高涨。4月中旬，掀起了声势浩大的讨蒋运动。工人阶级收回汉口、九江英租界后，工会组织猛烈发展；武汉工人建立了一支拥有5000人、3000支枪的工人纠察队。农民运动从减租减息发展到摧毁地主政权和解决土地问题的阶段，两湖地区普遍建立了农民武装。

4月初，国民党中央党部成立由邓演达、谭平山、毛泽东、徐谦、顾孟余5人为委员的土地委员会，研究解决土地问题的方案。武汉政府处于帝国主义和各派军阀包围之中，经济和财政面临严重危机。除了进行内部的斗争外，必须设法打出去，发展革命势力，才能巩固自己的地位。

当时，关于武汉政府的战略方向问题，意见纷纭。瞿秋白早在4月初就与吴玉章等提出，把第四军调到南京以呼应上海的革命势力，监视蒋介石的行动。因鲍罗廷反对，未能实现。

4月16日，周恩来、赵世炎、罗亦农、陈延年、李立三等从上海致电中共中央，建议迅速出师东征讨伐蒋介石；这时，瞿秋白又提议先打南京的蒋介石，然后北伐张作霖。但是，共产国际和斯大林主张直接由武汉出师河南进行北伐。鲍罗廷主张北伐到西北去，打通国际即中国与苏联之间的路线；罗易则着眼于布置巩固武汉政府的防线。中共中央内部，陈独秀、彭述之、张太雷等赞成鲍罗廷直接北伐的主张。蔡和森主张在立即实行土地革命条件下进行北伐。张国焘、谭平山主张南征。最后，北伐主张占上风。

4月18日，经国共两党联席会议决定，以唐生智为总指挥，率军于19日出师北伐。6月初，唐生智军与冯玉祥军会师郑州。

武汉政府的正确的战略，应是周恩来、瞿秋白建议的东征讨蒋，而不是北伐。东征讨蒋之策不被采纳，危害甚大，它使蒋介石得以免除西顾之忧，集中兵力进攻江北，占据徐州，解除北面的威胁，巩固了南京政权。而南京蒋政权的巩固，进一步加紧对武汉的经济封锁，打击和破坏武汉政权，策动军事叛乱，促使汪精卫由动摇走向反动，并影响和拉拢冯玉祥，最终造成蒋汪冯合流，一齐扑灭革命力量。

这时，瞿秋白同陈独秀、彭述之的分歧和争论逐渐表面化。为了有准备地进行这场不可避免的争论，从1927年2月开始，瞿秋白带病整理了他从1923年到1926年间所写的政治理论文章和一部分文艺杂著，共约130篇，编成《瞿秋白论文集》，内分八类：中国国民革命的问题；帝国主义与中国；买办阶级之统治；国民会议与五卅运动；北京屠杀后国民革命之前途；世界社会革命的问题；马克思列宁主义的理论问题；赤化漫谈。这是对四年来理论工作的自我回顾。在回顾和总结了过去理论工作的基础上，瞿秋白开始撰写批评陈独秀、彭述之右倾错误的小册子《中国革命之争论问题》，全文约76000字，然后携往武汉，油印成册，准备提交中共第五次全国代表大会讨论。

1927年3月以后，中共中央委员们陆续集中于武汉三镇，留在上海的中央委员到3月底只有陈独秀和彭述之了。4月2日，共产国际代表罗易自广州经湖南到达武汉。彭述之、蔡和森也先后到达。从4月4日到20日，在武汉连续召开了共产国际代表、中共中央委员和湖北区委的联席会议，先后参加会议的有瞿秋白、谭平山、蔡和森、张国焘、张太雷、罗章龙、毛泽东、陈延年、彭述之、邓中夏以及罗易、维经斯基、鲍罗廷等。会议决定成立一个常务委员会，当即选举瞿秋白、谭平山、张国焘为常务委员。决定电催陈独秀速来武汉，并把中央迁往武汉。会议决定成立三个委员会，为第五次代表大会准备文件，并通过了各委员会的主持人：农民土地问题委员会瞿秋白、毛泽东；职工运动委员会李立三；组织委员会张国焘。

这时，在上海的陈独秀，居然在蒋介石即将大肆屠杀共产党人的严峻时刻于4月5日同从国外返抵上海的汪精卫发表了联合宣言，为蒋介石涂脂抹粉，帮助蒋介石解除了共产党和革命群众的思想武装。

当陈独秀从上海来到武汉之前，蒋介石已经在4月12日向共产党人和革命群众开刀了。上海屠杀发生后，在一次有罗易、维经斯基和张国焘参加的会谈中，瞿秋白以愤怒的语气，指出中共中央存在着严重的危机；武汉的共产党人和革命者积极反蒋，中央却对蒋介石抱有幻想，因而招致“四一二”的严重打击；广东的党组织早已主张土地革命，中央却不赞成，这些都是丧失中央领导威信的严重危机。但是这种危机是被人（指维经斯基）掩盖了，远在莫斯科的共产国际因而无法知道详情，也压抑了党内的自我批评。

这些话主要是针对陈独秀、彭述之而言，也连带指责了维经斯基。在党内，以瞿秋白为代表，一大批同志开始认识到中央领导上的右倾错误，并开始要求改变右倾错误路线的指导。

4月中旬，陈独秀抵达汉口。下旬，中央召开预备会议，就第五次代表大会日程、报告和会务机构等进行讨论。在讨论党的工作总结时，对中山舰事件、上海工人武装起义、“四一二”事变等重大事件中党的指导方针，发生了争论。陈独秀为自己的错误辩护，并盛气凌人，训斥别人。在陈独秀看来，党内和他能够并驾齐驱的人，只有李大钊够资格，其余的在中央领导层的人，不过是他的学生、翻译或顾问，他根本不放在眼里。陈独秀的得力助手彭述之，处处维护陈独秀的家长之尊，同时紧紧抓住陈独秀，挟陈以自重。动辄说：“老先生（指陈独秀）的意见同我一般。”在他看来，中国共产党的领袖除了陈独秀以外，非他莫属。因此，在党中央领导层中，与右倾错误进行斗争，并不是轻而易举的事。预备会议没有结果，瞿秋白心情很沉重。他预感到问题不易解决，但这一场斗争必须坚持到底。他丝毫没有退缩，他说：

> 我将我对于党的意见，亦许是大家不能和我一致的，完完全全地说出来。我肯定地说：我们的党是有病。凡是有病的人，如果讳疾忌医，非死不可。而我们党的第一种病，便是讳疾忌医。
>
> 斩首是中国皇帝的东方文化，是中国的家常便饭。
>
> 但是我要做一个布尔塞维克，我将服从真正列宁主义的纪律，我可不怕皇帝制度的斩首。
>
> 我敢说：中国共产党内有派别，有机会主义。
>
> 如果再不明白公开的揭发出来，群众和革命要抛弃我们了。我们不能看党的面子，比革命还重。一切为革命的胜利！

这是极其宝贵的、大无畏的捍卫真理的献身精神。瞿秋白正是抱着这种精神参加党的第五次全国代表大会的。

瞿秋白在八七会议上接任临时中央政治局总负责人，被历史推上了巅峰

1927年4月27日，中国共产党第五次全国代表大会开幕了，大会在武昌小

学礼堂开幕后，即迁到汉口黄坡会馆继续开会，会场布置得庄严简朴，主席台正中的墙上悬挂着马、恩、列、斯的画像，中国共产党党旗和青天白日满地红旗。两边墙上是群众团体送的锦旗，场内排列着长长的条凳和条桌，参加会议的约 100 多人，其中代表有 80 名。

大会开幕后，陈独秀致简短的开幕词，接着由他作党的工作报告。他穿着长衫，说的是略带安徽口音的普通话，声音不高，讲得比较慢，颇有大学教授讲课的神气。会场里肃静万分，代表们都很注意地倾听着。会议休息的时候，绰号“大口”的罗亦农走到瞿秋白面前，叹息着说了“糟糕”两字，表示对陈独秀的报告的不满。瞿秋白抽着烟，沉思着。

汪精卫在开幕会上致了贺词。陈独秀的报告和汪精卫的贺词，继续体现着汪、陈《联合宣言》的调子。开幕会议是在沉闷的气氛中结束的，虽然对于发展国共合作和国民革命的祝愿和誓言是热烈的，但对于过去的教训和当前的问题所采取的态度却是令人烦恼和担忧的。

第二天开会的时候，在每个代表的座位上放着一本小册子，封面上印着：“《中国革命之争论问题》，瞿秋白著”，扉页上印着：“第三国际还是第零国际？——中国革命中之孟什维克主义”。代表们被这本小册子的醒目的题目吸引住了，很有兴趣地翻看着。会场的气氛活跃起来了，出现了笑声和议论声。恽代英戴着一副白丝边眼镜，一边笑一边说：“这个标题写得好，写得尖锐。目录上的五大问题也提得鲜明，中国革命么？谁革谁的命？谁能领导革命？如何去争领导？领导的人怎样？问得实在好！”

陈独秀自然不会欢迎这本小册子，因为瞿秋白在这本小册子中系统地批判了他的右倾观点。

在统一战线问题上，瞿秋白批评陈独秀把领导权拱手送给民族资产阶级的右倾错误，指出：“和民族资产阶级的共同行动（联合战线），应当以不破坏农民中的工作为限度”。“我们的战术计划既然是夺取其（指民族资产阶级）领导权，则一切策略步骤，当完全以奔赴这一目的为标准”。他说：“民族资产阶级始终是一脚踏在革命里一脚踏在革命外，屡次想以妥协主义引导民众离开革命。他是反对帝国主义的，但是不要推翻帝国主义；他是要资产阶级性的改革的，但是不要用革命的手段，而要用改良的手段。”“中国资产阶级在今后领导革命一事，不是历史的必然。……如果认为这是历史的必然，那么，不但要引起战术策略上的严重错误（如以破坏联合战线的罪名制止无产阶级的一切行动之类），而且与客观情形全不符合。……这是因为中国民族资产阶级经济上的幼稚薄弱而来的。”

对武装斗争，持右倾观点的同志没有引起重视。最初是劝孙中山先生“绝对放弃军事行动”，反对北伐；等到北伐已成事实，还说这是部分的军阀混战，主张等大多数人民群众受了宣传和组织起来之后，再实行武装暴动。所以他们不愿做国民革命军的工作，更无视武装工农，等到在下级党组织的领导下，农民群众已经进行武装斗争时，还规定农民武装“不可超出自己范围”，“不可有常备的组织”。瞿秋白针锋相对地明确指出必须靠武装夺取政权:“无产阶级当然要赞助这一被压迫阶级联合反抗官僚买办阶级的革命战争，自己要去参加这一战争，为着要达到革命民权独裁制的目的，而力求取得革命军队的领导权。”他认为应当百倍于现今地进行革命军队中的政治工作，巩固革命势力于兵士群众之中；同时，更紧要的是组织和发展农民武装和工人武装，而且应该有革命的常备军。

在这次大会上，瞿秋白的这本小册子实际上揭开了批判以陈独秀为代表的右倾错误观点的序幕。在以后的会议上，瞿秋白和蔡和森、任弼时等同志发了言，批判右倾机会主义错误。但是，陈独秀仍然否认错误，而且以家长式的统治不准代表们充分讨论这本小册子和有关的发言，致使这次路线斗争没有能够充分展开。即使如此，瞿秋白的这本小册子和一些领导同志对机会主义的批判还是起了积极的作用，促使大会通过了斥责右倾机会主义的决议和实行土地革命的决议。陈独秀虽然被迫向大会作了自我批评，承认了一些错误，但实际上仍然坚持他的右倾机会主义观点。

在五大以后，反革命的进攻更加猖狂了。5 月 17 日夏斗寅叛变，进攻武汉；5 月 21 日，许克祥叛变，占领长沙，残杀共产党员和革命群众……陈独秀等人对这些反革命的进攻，没有采取正确的对策。在中央的会议上，瞿秋白和一些领导同志强调要依靠工农群众，发展革命力量，反击反革命的进攻。

但是，陈独秀坚持错误，并且在 6 月 30 日中央扩大会议上，竟强行通过了右倾投降的关于国共两党关系的十一条决议案，当晚又下令解散武汉工人纠察队。工人纠察队的同志们缴枪时都痛哭流涕，义愤填膺，纷纷责问为什么要这样做。但是，陈独秀一概置之不理。

瞿秋白抑制着内心的愤怒，继续批驳了陈独秀的右倾错误，指出陈独秀强行通过的国共两党关系十一条政纲是集机会主义之大成，是右倾机会主义的顶点，主张坚决开展工人运动和土地革命，巩固和扩大革命势力，依靠工农群众来努力战胜反革命的进攻。

在瞿秋白讲话的时候，陈独秀一根接着一根吸烟，露出不耐烦的神色，但总算还勉强克制着自己。可是，当任弼时发言时，陈独秀就再也忍耐不住了。

任弼时谈的是他和瞿秋白等一起研究草拟的一个关于土地革命的宣言，要求中央批准以共青团中央的名义发表。任弼时同志刚说了几句，陈独秀便跳起来，竟蛮横地从任弼时手中抢过这个宣言稿，把它甩在地上，用脚使劲践踏，以此来发泄他对反对他的错误路线的同志们的愤怒。一阵恼人的气氛沉重地压在大家心头，会议没有取得积极结果就散了。

7 月 15 日，汪精卫终于公开叛变革命。

在这前后一段时间里，瞿秋白经常分别同蔡和森、邓中夏、恽代英、任弼时、苏兆征、张太雷、周恩来、邓小平、李立三、李维汉等同志研究工作，他们主要是商议三件挽救革命的大事：准备召集中央紧急会议，纠正陈独秀的右倾投降主义路线；策划湘、鄂、赣、粤四省的秋收起义和南昌起义，以团聚遭受很大损伤的革命力量和处于敌人包围中的革命军队。

7 月 13 日，瞿秋白去庐山。周恩来、李立三、张太雷、邓中夏、恽代英、彭湃、林伯渠、叶剑英、刘伯承、吴玉章等同志也先后到了九江、南昌，商议起义的准备工作。7 月 20 日，邓中夏、李立三同志从九江到庐山，向瞿秋白报告了九江会议商定的南昌起义的计划，得到了瞿秋白的赞同。他俩还向瞿秋白报告了在九江的同志听说中央要召开紧急会议而商议的意见，请瞿秋白把起义计划和这些意见一起报告中央，即速作出决定。7 月 21 日，瞿秋白回到武汉。7 月 26 日，瞿秋白在中央政治局常委会议上，报告了南昌起义计划，会议决定于 7 月 30 日晚举行起义，成立了以周恩来为书记的前敌委员会，负责领导起义。由于张国焘的阻挠，起义拖延了。前敌委员会在周恩来主持下，于 30 日、31 日接连开会。经过激烈斗争，决定于 8 月 1 日清晨 4 时起义，后因得悉叛徒告密，起义又提前了两小时。具有伟大历史意义的南昌起义得以爆发，像一声春雷，使千万革命群众在经历了一系列的严重挫折后，又在黑暗中看到了高高举起的火炬。

1927 年 8 月 7 日，在中国革命最危急的关头，瞿秋白主持召开了“八七”中央紧急会议，结束了陈独秀的投降主义路线，确定了土地革命与武装反抗国民党反动派屠杀政策的总方针，号召全党和人民群众继续革命的战斗。会议撤销了陈独秀的总书记职务，选举瞿秋白为临时中央政治局总负责人。

遭受王明无情打击之后，瞿秋白在党内的地位从巅峰跌至低谷

在八七会议之后，瞿秋白经常考虑着一件大事，认为需要召开一次党的代表大会来全面总结大革命以来的经验教训，确定党的总路线和总任务。经过中央的多次研究，决定召开党的第六次全国代表大会。瞿秋白于 1928 年 4 月从上

海去莫斯科，进行这次大会的筹备工作。

1928 年 7 月初，这次大会在莫斯科召开了。它进行了两条战线的斗争，清算了右的陈独秀机会主义，批判了“左”的盲动主义，并指出了当时党内的主要危险倾向是脱离群众的盲动主义、军事冒险主义和命令主义。

瞿秋白在大会上代表中央作了题为《中国革命和共产党》的政治报告，并在大会讨论政治报告后作了总结。他在讲话中批判了陈独秀的右倾机会主义和取消主义，批判了“左”倾盲动主义，也作了自我批评：“对于中国革命的估量，不正确地采用了‘无间断革命’的名词，于是解释革命为不断高涨之可能，就可以发生，由此而得到不正确的估量和策略。同时，对于布尔塞维克的暴动政策的观念也很久是模糊的，于是有不正确的估量和策略，及过于忽视敌人力量的观念，这些都可以成为盲动倾向的根据。因此，没有能严厉地防止当时党内已经发现的盲动主义的倾向。”

瞿秋白在讲话中分析了产生“左”倾思想和右倾机会主义的社会根源，指出了克服机会主义的艰巨性。他说：“广大的小资产阶级国家之中，中国幼稚的无产阶级政党，已经经过好几年的机会主义的侵蚀，共产党要刷除这种机会主义的侵蚀，当然不是一朝一夕的事，是要经过思想上政策上组织上长期的剧烈斗争的”，“反机会主义斗争是异常之艰巨的。小资产阶级的各种倾向，都是党的魔瘴。旧的去了，新的又会产生。从这一极端可以走到那一极端……机会主义本是有两个轮子啊”。

他热切地希望全党同志努力进行党内的思想改造工作，肃清机会主义。他在大会讨论了政治报告以后所作的结论中说：“我们最重要的，是我们注意自己小资产阶级化了，常常可以反映到党的政治生活上来。我们要用全副精神来肃清这种倾向，我们要从我们心理上、习惯上、行动上和一切生活上，尽可能做到这一点，然后可以做到肃清机会主义的工作。”

由于全体代表的努力，党的第六次全国代表大会制定的路线基本上是正确的。它正确地肯定了中国社会是半殖民地半封建社会，指出了引起现代中国革命的基本矛盾一个也没有解决，因此确定了中国现阶段革命的性质依然是资产阶级性的民主革命，并发表了民主革命的十大纲领。它正确地指出了当时的政治形势是在两个革命高潮之间，指出了革命发展的不平衡，指出了党在当时的总任务不是进攻，不是组织起义，而是争取群众。这是这次大会的主要方面。另一方面，这次大会也有缺点和错误。它对于中间阶级的两面性和反动势力的内部矛盾，缺乏正确的估计和政策，对于大革命失败后党所需要的策略上的有秩序的退却，对于农村根据地的重要性和民主革命的长期性，也缺乏足够的认识。

在这次大会上，瞿秋白仍被选为中央委员和政治局委员。

紧接着党的第六次代表大会，瞿秋白作为中国党的代表之一，参加了共产国际第六次代表大会。在这两次大会之后，瞿秋白作为共产国际主席团委员和我党驻共产国际代表团团长留在苏联工作。瞿秋白经过这两次大会的紧张工作，劳累过度，身体坏极了，夜里有时在睡梦中从床上跌到地板上，但他白天仍硬撑着工作，振奋如常。同志们来找他谈话时，他总是热情地接见，不显露一点疲惫的神态。有些同志知道他的病情，很关切地劝他保重身体，去休养一个时期，瞿秋白谦和地感谢同志们的关心，并安慰他们说："我的病不要紧的，现在已经好多了。"

瞿秋白在"六大"以后，虽然因过劳而发病，不得不到巴库疗养，但心情很愉快，对革命前途满怀信心，并且和过去一样，病再重也放不下工作，努力尽自己的责任。他的这种心情集中表现在一封信中。这就是瞿秋白在 1928 年 9 月 14 日从巴库写给当时还在莫斯科的周恩来的一封长信。

他讲了两次大会的收获："两次大会所给我们的确是不少。技术上的原因使我们不能迅速广泛地传播此次所得教训于广大群众，这实在可恨。政治上的认识，我自觉'自信力'增加很多，党的政治上之生长是异常的明显，两次大会之中，至少使一般参加的同志，得到了更深的了解。"

他着重讲了贯彻六大决议的问题。他深切地感到要在全党贯彻六大制定的争取群众的总路线和彻底克服机会主义，特别是"左"倾思想，仍是一项艰巨的任务。所以他在信中特别强调了这一点，并提出了具体意见。为了克服"左"右倾主义，他强调了教育干部的重要性，提出了自己在养病期间的工作计划："理论的重要与教育干部的重要是显然而又显然的。我将在最近两礼拜间，想一想此地的工作计划，马列选集，国际经验，国际时事，苏联时事，中国革命问题的编译。至于国内则此次决议的通俗（宣传）宜速进行……"

瞿秋白在信中具体建议由一些同志负责进行通俗地宣传六大决议的工作。他自己不久也创作并出版了一本《中国革命与中国共产党》的通俗小册子，用群众的语言，深入浅出地阐述了中国人民所以要革命的道理、革命的历史和经验教训以及当前的革命任务和政策、策略。

最后，瞿秋白满怀激情地说："我在俄做国际工作（政治）及理论的工作，本是党的需要，国内工作自然是你们多负责了。但我想不久就要回国的，我又要养病，又要想做许多工作，不知如何是好，要做的事太多了！"

1930 年夏，瞿秋白经西欧回到祖国。同年 9 月，瞿秋白主持召开了党的六届三中全会，并主持中央的工作。

但在1931年1月召开的六届四中全会上，瞿秋白却受到王明的打击，被排挤出中央政治局，并且一直到1934年初，不分配他工作。

可是，瞿秋白是从不计较个人得失的。在那三年里，他从来没有一点委屈情绪，也从来没有在同志、朋友甚至妻子面前诉说过受打击的事。夏衍在《追念瞿秋白同志》一文中有一段话，就是切合实际的说明。他说：

大家也都能回想得起，秋白同志来参加文化工作的领导，正是党的六届四中全会之后，他正受到了"左"的教条主义、宗派主义分子的打击。可是，在我和他断断续续的近两年的工作接触中，丝毫也没有感觉到他受了打击之后的委屈的心情。日常谈话的时候他是那样的乐观、那样的"潇洒"、那样的幽默，可是一接触到工作，他又是那样的生气勃勃，对敌人和旧社会的一切不合理现象具有那样强烈的敌忾和仇恨。小资产阶级出身的知识分子最经不起打击，特别是来自内部的打击，而在秋白同志身上，是一点也找不到牢骚、委屈之类的个人主义情绪的痕迹的。他从来不谈个人的事，不谈过去的事，在任何困难危险的情况之下，他永远是那样的爽朗、愉快，丝毫没有感情上的阴影。他的这种高度的党性，高贵的品质，是永远值得我们学习的榜样。

身陷险境的瞿秋白避难于鲁迅家中，他们的至深友情和艺术成就，被世人称为"文坛双璧"

瞿秋白和鲁迅的深厚友谊是人所共知的。鲁迅曾送给瞿秋白的一副立轴："人生得一知己足矣，斯世当以同怀视之。"他们友谊形成的一个十分重要的基础，就是两人确信"惟新兴的无产者才有将来"，都服膺马克思主义，信任中国共产党，愿与其一起奋斗，寻找中国的出路。

提到鲁迅与瞿秋白的亲密友谊，不能不论及瞿秋白夫妇多次在鲁迅家避难之事。

自蒋介石政权建立之后，蒋介石不仅对苏区进行军事"围剿"，而且在他的统治区内，更是不断强化特务统治，制造了无数惨案。20世纪30年代，其对中国文化的"围剿"，手段之卑劣之毒辣无以形容。逮捕、监禁、暗杀，时刻威胁着左翼文化运动中的每一个人，特别是瞿秋白这样的共产党前领导人、左翼文化运动领导者。

在白色恐怖弥漫的上海，文坛领袖鲁迅也时刻面临各种各样的危险。但是，每当瞿秋白和杨之华被“鹰犬”追猎的最危急时刻，鲁迅和夫人许广平总是置自身生死于不顾，甘当他们安全的、最可信赖的保护者。

1932 年至 1933 年间，瞿秋白曾多次避难于鲁迅家中。

第一次避难是 1932 年 11 月。有一天，瞿秋白夫妇突然接到警报，说有一个叛徒在盯杨之华的梢。瞿秋白来不及考虑，当即决定转移到鲁迅家中。

杨之华考虑到瞿秋白和鲁迅的安全问题，独自一人在马路上转了三天三夜，甩掉了跟踪的叛徒后也来到了鲁迅家。

此时，鲁迅正巧离开上海去北京看望母亲还没有回来，到 11 月 30 日，鲁迅方返回上海和瞿秋白聚首。两人相见激动万分，相互有说不完的话。瞿秋白的博学，对革命的坚定信念和顽强的意志；鲁迅对共产党人的关怀，对马列主义从理论到实际的体会，谈论话题可谓多矣。他们对文化界的复杂斗争形势，对打击国民党反动势力，对帝国主义的横暴和“九一八”东北沦亡的哀愁，也都在朝夕相见中一吐为快，他们之间的交流是心与心的交流。

虽然瞿秋白夫妇和鲁迅一家相处融洽，但总归是避难，稍有不慎可能招来两家的杀身之祸。瞿秋白在鲁迅家住了一个多月，外面风声稍微有些松动，就在 12 月 24 日的雨夜，由化名史平的陈云将他接回紫霞路。

瞿秋白离开时鲁迅关切地对他说，“今晚你平安到达以后，明天叫 ×× 来告诉我一声，免得我担心。”真是患难之交心相印，志同道合情意深。

第二次避难是 1933 年 2 月。瞿秋白离开鲁迅家一个多月后的一天，上海中央局得到情报，说国民党特务要在当天晚间破坏中共在紫霞路的一处机关。经过分析，大家一致认为瞿秋白夫妇的住处可能发生危险。中央局组织部长黄文容急忙赶来，要他们赶紧转移。此时的瞿秋白又一次决定到鲁迅家。于当天傍晚，由黄文容护送，瞿秋白夫妇再次来到鲁迅家中避难。

鲁迅与瞿秋白

瞿秋白是中共六届四中全会后遭受王明一伙迫害的主要对象之一，除在政治上、组织上饱受压制以外，在生活上也受到严重的经济制裁，发给他的生活费只有十六七元钱，仅能维持夫妇二人的最低生活需要。鲁迅了解后极为愤慨，但考虑到瞿秋白本人的性格，不好直接接济，何不趁瞿秋白来自家避难之时，以自己的名义帮助他夫妇二人多赚些稿费，以度艰难之日呢？更何况可以并肩战斗，共同打击国民党反动派的文化进攻！于是，一有机会，鲁迅就和瞿秋白合作。

2月17日的下午，英国著名作家萧伯纳到上海会见宋庆龄、蔡元培、鲁迅、林语堂、杨杏佛等人，在上海停留只半天，但报刊评论就捧与骂、冷与热，样样俱有。鲁迅和瞿秋白对此义愤填膺，商定把这些评论收辑成册，以说明对于同样一个人，同样的观点，不同的派别有不同的评价，从而揭示文化界斗争形势之复杂，警示世人要认清各种人物的本质。随后，许广平负责搜罗当天报纸，鲁迅和瞿秋白负责圈定篇目，再由许广平和杨之华剪贴，然后由鲁迅、瞿秋白连夜编辑成册，鲁迅作序言，瞿秋白写卷头语。就在当月交野草书屋出版，即《萧伯纳在上海》一书。瞿秋白在卷头语中说："在这里，可以看看真的萧伯纳和各种人物自己的原形。"

当月底，风声稍松，还是黄文容来到鲁迅家，把瞿秋白接到了中央局内部交通主任高文华家去住。鲁迅担心这样频繁的流离搬迁，既对瞿秋白夫妇不安全，也不方便自己和瞿秋白见面。于是，3月3日鲁迅在日租界为瞿秋白夫妇选中了东照里12号的一个亭子间。3月4日到5日，瞿秋白夫妇搬进了鲁迅为其寻找的新居。

在这之后的日子里，瞿秋白和鲁迅亲密地交往着，瞿秋白短时间内写了一大批精美的杂文，用鲁迅的各种笔名，由鲁迅当作自己的文章寄出去发表。瞿秋白运用马克思主义的敏锐洞察力进行杂文写作，其思想和艺术上的成就，堪与鲁迅并驾齐驱。这一时期的瞿秋白与鲁迅，被世人称为"文坛双璧"。

第三次避难是1933年6月。当时东照里12号又出现了安全问题，瞿秋白夫妇不得不从中搬出，去跟冯雪峰同住省委机关所在地王家沙鸣玉坊一家花店的楼上。但不到两个月，也就是7月下旬的一天，省委机关又被敌人发觉了，瞿秋白等人的住处受到牵连。形势发展迫使他们必须在半点钟以内搬出。

这一次能往哪里搬？当时冯雪峰和瞿秋白不约而同地说，到"周先生家里去罢！"当天刚好下大雨，所以瞿秋白夫妇二人各带了一点行李坐上黄包车，扯上车篷，路上倒也安全，很快来到了鲁迅家。

当天晚上，冯雪峰安排好自己以后，来到鲁迅家，见瞿秋白和鲁迅两人正谈得起劲。这次瞿秋白在鲁迅家住的时间较短，因为杨之华已由组织上分配了工作，就和瞿秋白搬到机关去住了。

第四次避难是1933年9月。一天深夜，突然传来警报，要瞿秋白夫妇马上离开机关。这时已是凌晨两点钟。瞿秋白和杨之华还是决定到鲁迅家去。他们分乘黄包车，差不多同时到达大陆新村鲁迅寓所的前后门。两个门同时敲响，惊动了鲁迅一家。许广平先披衣而起，惊愕地发现前后门都有人敲门，鲁迅镇静地走近后窗，看出后门黑暗中站的是一位女人，样子挺像杨之华，他又走向前窗发现来人确是瞿秋白，即让许广平赶快开门。

瞿秋白和杨之华对深夜惊扰鲁迅夫妇深感不安，急忙表示歉意。而许广平热诚地端出了热气腾腾的夜宵，鲁迅则关切地问寒问暖，这一切使瞿秋白和杨之华感到异常得温暖。

鲁迅和瞿秋白之间披肝沥胆、生死与共的友谊的建立，与瞿秋白多次到鲁迅家避难是分不开的。在当时的环境下，正是一次次的避难，为两位文坛巨匠情感交流并建立伟大、圣洁、纯真的友谊创造了条件，同时也检验了二人在患难之中的真挚情感。它在中国革命史上和文学史上，留下了最有光彩、最有诗情、最有意义的篇章。

毛泽东曾不胜惋惜地说："假如他活着，现在领导边区的文化运动该有多好啊！"

1934年2月，瞿秋白到达瑞金，任中华苏维埃共和国中央政府人民教育委员，兼任苏维埃大学校长，还担任《红色中华》报的社长兼主编。

当时，中共中央设有中央党报委员会，直接贯彻中共中央的意图，指导中央机关报刊。因此，瞿秋白在担任《红色中华》报的社长和主编以后，并不能使上述改进《红色中华》报的正确意见，完全付诸实践。在"左"倾路线达到顶点的时期，瞿秋白在党内继续受到排挤，没有发言权。

当时，瞿秋白与毛泽东关系极好，他们同受排挤，政见相同。人们常常看到这两位诗人，坐在树荫下、草地上，背靠着背，互相酬唱。富有幽默感的毛泽东，有时还与瞿秋白开个小小的玩笑，问他是不是想念杨之华？但是，他们也只能通过吟咏，抒发一点不平和愤慨之情，曲折地表示他们对"左"倾路线的不满。

这时，第五次反"围剿"战争成为苏区一切工作的重心。《红色中华》的宣传报道，自然是围绕这个重心，动员一切人力财力，支援第五次反"围剿"战争。因此，报纸大力地宣传了扩大红军的运动，大量报道了人民群众踊跃参军的模范事迹，介绍各地在扩大红军中的先进经验，批评了某些地方在扩大红军工作中的缺点和错误，推动了人民群众参加红军的运动。报纸大力地宣传了节约粮食、节省经费支持红军的运动，号召人民群众为保卫苏区贡献自己的力量。

瞿秋白还领导了苏区的文艺工作，他始终把文艺工作放在自己的重要工作日程上。苏区工农剧社，最初是由外来的少数文艺工作的爱好者与红军中高级干部发起组织起来的，很短时间内推广到省县区建立分社。1934 年 4 月，中央教育人民委员部批准的《工农剧社简章》明确规定工农剧社的性质和任务，指出："工农剧社是工人、农民、红军、苏维埃职员等研究革命戏剧的组织，以发展戏剧战线上的文化革命斗争，赞助苏维埃革命战争的艺术运动为宗旨。""工农剧社支社各在所属俱乐部筹备并举行演戏晚会或表演活报，组织音乐队、唱歌队，以及其他更简易的化装表演、双簧、说故事等游艺；平时有系统的有计划的研究戏剧理论及剧本，收集当地材料，练习上述各种游艺，并按时将工作情形及所收集的材料报告分社。"支社由工厂、工会、合作社、学校、部队、各级苏维埃机关及革命团体组成，隶属于各该团体机关的俱乐部。在一县范围内，已经建立了三个以上支社时，可联合组成县工农剧社分社；然后产生省分社和中央总社。由此可知，工农剧社是开展群众性文艺工作的组织。

随着工作范围的扩大，文艺工作干部的需要也越来越多，为此中央苏区创办了第一所戏剧学校。戏校原称"蓝衫团学校"，瞿秋白提议学校名称应以高尔基来命名，他说："高尔基的文艺是为大众的文艺，应该是我们戏剧学校的方向！"他推荐高尔基的小说《母亲》和戏剧《下层》给做文艺工作的同志说："那真正是表现劳动人民的小说和戏剧。"

1934 年秋，主力红军开始长征以后，瞿秋白把苏维埃剧团分成三个团，按部队形式编组。石联星、王普青带领火星剧团；施月娥、刘月华带领红旗剧团；赵品三带领宋发明负责的战号剧团，分成三路独立在划定的战区内，进行演出和创作活动。这时，瞿秋白对剧团的指导更加具体，要求更加严格。他要工农剧社的全体社员在个人创作的同时，进行集体创作，以求多写和写好剧本，提高话剧创作水平。为了引导大家写作，他写了很多故事，同时要大家也先写些故事给他看，然后再编成剧本。他说："先写故事是写剧本的最好方法之一，但故事要有真实性和典型性。"他要求大家经常与老年农民做朋友，听取故事。即使是很短小简单的故事，也应该记录下来。他要大家体验各种生活，他说："没有丰富的社会体验，就不可能产生好的作品。高尔基就有极丰富的社会体验，所以他的作品质量很高。"

根据瞿秋白的意见，剧社的同志写出很多话剧、歌剧、舞剧和山歌。瞿秋白要求制定剧本的审查和预演制度。审查时，他鼓励大家发表意见，当有的同志说“这个行”“那个不行”时，他说：剧本的成功，必须经过“写”和“预演”两步程序。演一次改一次，才能有好的剧本产生。有些很差的剧本，经过预演、修改，都成了很好的剧作。几个月过去，由于采取个人创作和集体创作并重的方针，写成了不少剧本。

经瞿秋白选编、写序，出版了中央苏区唯一的剧本集——《号炮集》，选入《牺牲》《不要脸》《李保莲》《非人生活》《游击》五个剧本。油印出版了300多本，发到全区。瞿秋白对于优秀的儿童演员，亲自制订培养计划，经常检查训练情况，先后培养了四个童星，并为他们举行晚会，给他们戴上红领巾和红花，从而推动了儿童演员艺术水平的提高。

1935年春节过后，在火线和农村演出的3个剧团，根据瞿秋白的指示，返回中央分局驻地进行会演。经过几天的行军，剧团来到会昌县小密村，瞿秋白冒雨在山口茶亭前迎接了大家。他非常高兴地拿出剧团寄给他的山歌，上面有很多经他修改的笔迹。他让大家休息两天，准备会演。彩排时，他时常来看。会演的那天晚上，山上村里的群众差不多都来了，有的走了十几里路赶来看戏。中央分局的负责人项英、陈毅、陈潭秋、何叔衡、毛泽覃、刘伯坚等人和瞿秋白一起，站在那里冒着越下越大的雨观看演出。人们兴致极好，台上台下的情绪交融，晚会高潮迭起。节目演完，天已经快亮了。27年后，1962年赵品三写诗怀念这次晚会：“东边唱罢西边和，前幕收场后幕开。披蓑张盖通宵立，三度闻鸡不肯回。元宵结彩赣江春，壮舞高歌洗战尘。夜雨绵绵弦韵急，红灯冉冉掌声频。”演出后，瞿秋白参加了评议，并向演员们发了奖。

瞿秋白领导下的苏区群众文艺运动和专业文艺工作，成绩是显著的。它对于宣传群众，发动群众，鼓舞苏区军民的革命斗志起了重要的作用，同时，也为延安时代的文艺运动提供了许多有益的经验。毛泽东在1939年5月的一个月夜，与萧三散步时谈起瞿秋白的牺牲时，不胜惋惜地说：“假如他活着，现在领导边区的文化运动该有多好啊！”

瞿秋白对刽子手说：“此地很好。”接着，手持香烟，神色不变，饮弹洒血，从容就义

1934年10月，中央主力红军进行长征，瞿秋白奉命留守苏区坚持游击战争，担任中央分局宣传部长。此时，国民党蒋介石调集几十万兵力向中央苏区进行“全面清剿”，到处都是腥风血雨，一片白色恐怖气氛。

1935年2月初，中央分局为保存干部，决定将瞿秋白等主要干部送往香港或上海坚持地下斗争。11日，中华苏维埃临时中央政府办事处派出数十名武装人员护送瞿秋白、何叔衡、张亮（项英之妻）、周月林（梁柏台之妻）及邓子恢（到永定领导游击战争）等人，从临时中央政府办事处所在地会昌县小密村出发，向福建的永定县转移。

18日，瞿秋白等一行来到中共福建省委所在地长汀县四都乡小金村，在这里做了短暂休息后，改由福建省政治保卫局特务队护送，20日到达福建军区所在地琉璃乡汤屋。21日，福建军区冲锋连和省保卫局特务大队组成约100余人的武装护送队，采取昼伏夜行的办法向永定转移。带病的瞿秋白和年迈的何叔衡和大家一道在盘旋的山间小路上一个挨一个地摸黑行走，谁也不敢落后一步。

1935年2月24日清晨，瞿秋白等人东渡了汀江，来到水口乡的小迳村。由于大家十分疲劳，又逢下雨，就在老百姓家休息片刻，并煮了点稀饭充饥后宿营山上。不幸被钟绍葵押送商船驻水口的一个营发现，激烈战斗后，护送队员被打散，他们遭敌人包围。邓子恢是闽西人，地形方向较熟得以突围逃生。何叔衡滚下山崖，昏倒在荒田里，被民团枪杀。瞿秋白、张亮、周月林躲藏在杂树丛中的山崖下，在敌人搜山时被捕，押回水口乡敌营部。

当晚，营长李玉对他们进行长达两个多小时的审问。瞿秋白供认为林琪祥，现年36岁，江苏人，肄业于北京大学中国文学系，后在上海经营旧书店及古董生意，曾入医学校学医半年。1932年游历福建漳州，适因红军打进漳州，被俘虏送往瑞金，先后在红军总卫生部当过医生、医助、文书及文化教员。主力红军转移后，被留在福建省苏维埃政府、省军区医务所做医助。1935年1月携款逃离，走到水口又被苏区地方武装抓获，当夜由保卫局人员看押，准备天明再走，不料被你们的武装发现俘获。

长汀关押瞿秋白的地方

张亮怀孕在身，供名为周莲玉，系客商的老婆，说是被红军“绑票勒赎者”；周月林初供名陈秀英，继供名黄秀英，系红军护士。

第二天，保安十四团团

长钟绍葵由长汀县城赶到水口，李玉向他汇报了战斗的经过，得知被俘的林琪祥等人携有港钞、黄金、苏币，武装人员多佩带驳壳枪。他判断林琪祥可能是共产党的“要人”。

钟绍葵到水口的第二天，命令李玉率部将瞿秋白等人押解，沿汀江下行，于第三天下午到达上杭县城其团部，被囚禁在上杭县监狱。

瞿秋白在狱中写了一份“笔供”编造了一套假情况，迷惑敌人。李玉看供词后对瞿秋白说：“如果所述情况属实，可以取保释放。”瞿秋白为了早日脱身，即以林琪祥名义给在上海的鲁迅、周建人和杨之华写了信。

4月初，在上海商务印书馆工作的周建人收到秋白的来信。得知秋白在狱中挨饿受冻，如果有切实铺保或有力的团体作保，是可以释放的。在鲁迅、周建人、杨之华忙于找铺保时，国民党报纸刊登了瞿秋白被捕的消息，使他们的营救计划成了泡影。

瞿秋白的身份为什么会暴露？原来是4月10日，国民党第八师在长汀的归龙山，俘虏了中共福建省委书记万永诚的妻子，供出瞿秋白、何叔衡、张亮等在濯田方向被俘。陶崎岳立即将情况电告驻闽绥靖公署主任蒋鼎文。蒋鼎文又即电驻防长汀的三十六师师长宋希濂和第二绥靖区司令李默庵紧急查报。此时，曾在中华苏维埃政府当过炊事员，红军长征后回上杭钟绍葵团部做炊事员的郑大鹏，一天中午因看押人员没有准时来拿饭，就把饭送到监狱里，认出林琪祥就是瞿秋白，即报告了钟绍葵。

1935年5月9日，瞿秋白被押解到汀州。

国民党三十六师师长宋希濂和国民党中统局训练科长王杰夫、行动科干事陈建中，途中拉上福建省党部秘书钱永健、厦门市党部书记朱培璜抵长汀，多次对瞿秋白劝降都被瞿秋白大义凛然的批驳而狼狈不堪地退了回去。

蒋介石见劝降不成，便于1935年6月2日在武昌行营给驻漳州蒋鼎文发了一道密令，“瞿秋白即在闽就地枪决，照相呈验”。由于陈立夫派要员到长汀狱中对瞿秋白再度进行劝降，而拖延了执行时间。

在国民党要员蒋鼎文、李默庵的催促之下，三十六师决定于6月18日上午，对瞿秋白执行枪决。此时宋希濂还抱着劝降立功的一线希望，17日晚，特派参谋长向贤矩提前告诉瞿秋白。

向贤矩特地备了两碟荤菜，一瓶白干酒，来到囚室向瞿秋白宣读最高当局来的电报，并说：“师部遵照委员长命令，决定明天上午执行，你还有什么话要说，要办什么事，可以直说，我们视情况而为之。”瞿秋白听后无所畏惧地说：“我早就等着这一天，这样做才符合蒋介石其人的作为。我提议，为你们提前给我送行干杯！”他们最后的谈话让宋希濂绝望了。

6月18日清晨，瞿秋白起床后，换上了洗净的对襟黑褂、白裤、黑袜、黑布鞋。梳洗毕，坐在方桌前，点支烟、喝杯茶，再翻阅唐诗，吟读着、思索着，则挥笔写下绝命诗：

夕阳明灭乱山中，落叶寒泉听不穷。
已忍伶俜十年事，心持半偈万缘空。

三十六师特务连长廖祥光闯进房内，出示了蒋介石“就地枪决”的电令。瞿秋白很镇定地把诗写完，并附跋语，末署“秋白绝笔”字，随即跟廖祥光来到隔壁的长汀中山公园。瞿秋白信步行至亭前，已见小菜四碟，美酒一瓮。他独坐其上，自斟自饮，谈笑自若，神色无异。酒半言曰：“人之公余，为小快乐；夜间安眠，为大快乐；辞世长逝，为真快乐。”随后，缓步走出中山公园，手持香烟，神色不变，沿途用俄语唱《国际歌》《红军歌》。到达罗汉岭刑场后，选择一处坟墓堆上，盘足而坐，还回头微笑地对刽子手说“此地很好”，高呼“中国共产党万岁！”“共产主义万岁！”等口号，饮弹洒血，从容就义。

瞿秋白就义前摄于福建长汀中山公园

瞿秋白就义前在监狱里写了后来在理论界颇有争论的《多余的话》。有人认为，这篇文章调子低沉，情绪低落，反映了瞿秋白思想上的动摇和革命意志的衰退，是他没有彻底改造的小资产阶级思想的暴露。也有人认为，这篇文章用马克思主义的手术刀，理智、深刻、细致地剖析了自己的灵魂和思想深处的矛盾，把自己的弱点、教训，自觉地、毫不遮掩地放在显微镜下，进行分析、批判。虽然《多余的话》中有些地方调子比较低沉，但毕竟瑕不掩玉，在国民党淫威面前，瞿秋白不屈不挠，视死如归，用自己的大无畏行动，表现出对马克思主义矢志不渝的追求，这才是真正的马克思主义者。1979年中国社会科学院陈铁健同志的长文《重评〈多余的话〉》的观点，我认为是客观公正的。他认为：

《多余的话》是一个活生生，内心充满矛盾的，襟怀坦白而又心情复杂的人，在临终之际所作的一篇自白。它不仅无损于烈士的革命大节，相反，它以罕见的自我批判，深刻地表现了瞿秋白的内心世界的种种矛盾，它既有长处，也有弱点；既有令人夺目的光辉，也有使人不爽的灰暗。光辉是主要的，灰暗是次要的。透过这篇发自肺腑的自白，人们可以清楚地看到作者灵魂深处最本质的东西。

文章认为：

《多余的话》集中反映了瞿秋白思想中过多的灰暗、伤感、颓废、消沉的情调。对于一个共产党人来说，毫无疑义这是应当严肃批评的。但是，我们不能反着看作是“叛变”，或是“晚节不保”。

太空惊雷

——中共第五届中央政治局候补委员张太雷

主题人物：张太雷
籍　　贯：江苏省武进县（今常州市）
出生时间：1898 年 6 月 17 日
主要职务：1920 年参加中共北京早期党组织。先后担任中国共产主义青年团总书记、中共湖北省委书记、中共中央南方局书记兼广东省委书记、广州苏维埃政府代理主席，是中共第四届候补中央委员、第五届临时中央政治局候补委员
牺牲时间：1927 年 12 月 12 日
牺牲地点：广州市大北直街（现解放北路）
当时年龄：29 岁

李大钊：学贯中西、才华出众。

瞿秋白：他在党里历次担任负责的工作，他的坚决与耐苦是一般同志所知道的。

罗章龙：太雷英魂何处寻，红花岗上松柏森。
而今人间尽春色，陵园常祭告捷音。

程子华：张太雷同志是我党的优秀党员，广州起义的卓越领导人，他的牺牲使我们感到十分悲痛。

张太雷是中共历史上第一个牺牲在战斗第一线的中央委员和政治局成员

浩瀚星海，不可能颗颗都称为星座。在时间的长河里，只有推动历史车轮滚滚向前者，才能成为伟大不朽的人物。

20世纪的20年代，是一个群星璀璨、人才辈出的年代。民族的苦难、时代的风云，召唤出一大批改天换地的仁人志士、革命先驱。才华横溢的张太雷就是其中光荣的一员。

张太雷（1898—1927）

张太雷的人生轨迹与中国革命进程同步；他的名字、生平和事业总是同中国的共产主义运动、青年运动紧密地连在一起。

张太雷是中国共产党最早的党员之一，1920年即参加了李大钊创建的中国共产党北京早期党组织，后参加过党的二大、三大、四大、五大和八七会议，是第四届候补中央委员、第五届临时中央政治局候补委员，担任过中共湖北省委书记、中共广东省委书记等职，是中国共产党早期重要领导人之一。

张太雷是中国社会主义青年团的主要创始人，中国青年运动的卓越领导者。1922年5月5日在广州召开了中国社会主义青年团第一次代表大会，张太雷主持会议并致开幕词，大会通过了张太雷等人起草的团纲、团章和其他一些决议案，张太雷在会上当选为团中央执行委员会委员。1925年1月，中国社会主义青年团在上海举行第三次全国代表大会，团的名称改为中国共产主义青年团，张太雷当选为总书记。

张太雷是第一个被派往共产国际工作的中国共产党的使者，也是中国社会主义青年团最早派往青年共产国际的使者之一。在莫斯科举行的共产国际第三次代表大会的讲坛上，他代表中国共产党首次庄严致词，他提交大会的书面报告是研究中共早期历史的珍贵文献，他是少数见过列宁的中国共产党人之一。他担任过维经斯基、马林、达林、鲍罗廷等共产国际代表的翻译和秘书，并以他无穷的精力、渊博的知识赢得了各国共产党人对他的尊重，显示了杰出的政治、外交才能，被誉为“真正的国际主义者”。

张太雷对影响中国革命历史进程的国共合作有着特殊贡献。他参与过中共领袖、共产国际代表、苏俄使者同孙中山等国民党要人的多次重要会谈。他作为孙中山指派的“孙逸仙博士代表团”的主要成员，出色地完成赴苏考察任务。他对民族民主革命统一战线的建立与发展多有建树。

张太雷是党内著名的政治活动家、宣传家。他在《前锋》《向导》《人民周刊》《中国青年》等刊物上留下的百余篇论著至今仍熠熠生辉。李大钊先生称赞他：“学贯中西、才华出众。”

张太雷是著名的广州起义的主要领导人，1927 年 12 月 12 日，他在起义战斗中被万恶的敌人开枪击中，他的牺牲壮烈、英勇、慷慨、豪放。他未届而立之年便为主义、为真理、为阶级和民族的解放而献出宝贵的青春年华，成为中共历史上第一个牺牲在战斗第一线的中央委员和政治局成员。

在全国“双百”评选活动中，张太雷被评为“100 位为新中国成立作出突出贡献的英雄模范人物”。

崇拜常州中学校长屠元博，是他为张太雷的人生之路点亮了一盏明灯

张太雷的故乡是位于京杭大运河之畔的常州。

常州，古称毗陵，在历史上曾被誉为八邑名都、中吴要辅。清朝末年，常州更是成为铁路横穿、水网纵横、车船往来、商贾云集的通商要埠，市区有连东西接南北的四条大街，运河上大小桥梁有几十座。街上店铺林立，买卖吆喝声此起彼伏；河里舟楫穿梭，欢声笑语在河上飘荡。

在西门外有条街，名叫西仓街，街面上茶馆、酒楼、木行、米店鳞次栉比，其中有一家名为薛天兴皮行，它是一家专门销售皮革的小手工作坊。它开在一幢两开间、三进头的砖瓦房里。前进临街，辟为铺面；二进是加工场地兼住伙计；后进为店主薛锦元夫妇及其女儿一家居住。薛锦元夫妇住东厢房，女儿薛氏、女婿张光斗住西厢房。薛锦元雇了两个伙计，生意还算兴隆，一家人衣食无忧，还略有富余。

1898 年 6 月 17 日，薛锦元的女儿怀胎十月，下午 5 点多钟，产下了一个男婴，一个新的生命又在薛家诞生了。只见他天庭饱满，一双圆圆的、又黑又亮的眼睛好奇地望着这个世界。两年前薛锦元的女儿已生了一个女孩，因此这个男孩的诞生使薛家人惊喜不已。他的啼哭声格外得响亮，接生的赵婆婆打趣地说：“小少爷的底子可真好，哭起来像打雷一样。”说笑之间，薛锦元走了进来，眉开眼笑地说道：“我在前面都听到哭声了！”

男主人公就这样来到了人间。

所有为人父母的都希望自己的孩子有一个优美动听、寓意深刻、与众不同的名字，张光斗夫妇也不例外。孩子出生之后，一家人欢闹了一阵，送走了接生的赵婆婆，西厢房只剩下张光斗夫妇，薛氏就急不可待地对丈夫说道："快给孩子起个名字吧！"张光斗略为思考了一下，说道："就叫他泰来。"取《周易》"否极泰来"之意。

然而，这个男孩的出世，并没有给这个家庭带来平安，在他不满八岁的时候，父亲就撒手人寰，让这贫寒之家雪上加霜。

苦难的童年生活砥砺了他的意志品格，下层民间的儿时经历让他领略了人间的不平，因此他青年时立下救国拯民之志，更名"太雷"，他把自己化作长空的惊雷，震醒痴顽，打击强暴，冲破旧社会的黑暗统治。

1911 年 7 月，张太雷参加了常州府中学堂的入学考试。当时考试的科目有国文、算术、历史、地理，一天考完。他各科考试的成绩都是优良，结果如愿以偿地被常州府中学堂录取了，从此开始了他的中学生涯。

常州府中学堂的校长是屠元博，是一位有着炽热爱国心的知识分子。

一个好的校长，不仅能够治理好学校，还能为学生指明人生的航向。张太雷有幸在这所中学遇到了他这样的好校长。

屠元博在日本留学期间就加入了孙中山先生领导的同盟会。他担任常州府中学堂校长时，便将学堂作为常州、武进地区进行民主革命宣传和活动的一个重要场所。在常州府中学堂校内，师生思想活跃，革命气氛非常浓郁。他和当时担任庶务的朱雅竹老师邀请了 16 位思想进步的人士，组成了一个秘密的革命团体，发动群众，组织反对、推翻清朝统治的活动。

屠元博为了锻炼学生的体魄和意志，也为了以后的革命做准备，在学校的课程设置中，不但有日常的体育课，还专门开办了兵式操课，对学生实行军事训练，这在当时中学里是极为罕见的。

屠元博经常向学生们宣传孙中山的爱国民主思想，讲述资产阶级革命家的英雄事迹。有一次，张太雷听了校长介绍邹容烈士的光辉一生时，高度评价他"雷霆之声"的著作《革命军》，一散会，张太雷就急忙跑到学校图书馆，把《革命军》这本书借来，爱不释手地一口气将它读完。

《革命军》一书仅有两万多字，却比较全面、精辟地论述了当时革命的问题。

邹容认为革命是"天演之公理""世界之公例"，是"顺乎天而应乎人"的伟大行动。认定革命是"去腐败而存善良""去野蛮而进文明""除奴隶而为主人的必由之路"，革命是"牺牲个人以利天下，牺牲贵族以利平民"的崇高事业。邹容慷慨激昂地说道，他要“沿万里长城，登昆仑，游扬子江上下，溯黄河，竖独立之旗，撞自由之钟，呼天吁地，破嗓裂喉”，“以宣布革命之旨于天下”，他提出必须“仗义群兴革命军”，进行武装革命，推翻野蛮的政府，反对干预中国革命独立之外国人及本国人。书中最后还充满信心地呼唤：“革命独立万岁！中华共和国万岁！”“中华共和国四万万同胞的自由万岁！”

这是一本充满浩然正气、极富鼓动性和战斗力的书。张太雷读后觉得荡气回肠，兴奋、激动不已。他对邹容这位因为宣传革命思想，被清政府关进监狱，后在狱中因病去世年仅 21 岁的英雄非常钦佩，对他在 19 岁时就能写出《革命军》这样一本激荡人心、震撼全国的巨著更是大为赞叹。

合上书页，他的心情久久难以平静、思绪万千，无法入睡，这是他有生以来的第一次失眠。

《革命军》中所阐述的推翻清政府、创立新社会的理论深深地印刻在张太雷的脑海中，从此他树立了初步的、还有些模糊的革命的思想。

屠元博还向学生们讲述了被人称作“鉴湖女侠”的女革命家秋瑾的事迹。

秋瑾 1877 年出生在福建厦门，祖籍浙江绍兴，自幼读史咏经，骑马习剑，看到清政府腐败无能，民不聊生，萌发了救国救民的志愿，27 岁时冲破封建礼教的枷锁和家庭的束缚，女扮男装，东渡日本留学。在日本留学期间，受到西方政治学说的影响和中国留学生运动的激励，产生革命的思想，积极投身爱国运动，加入了孙中山先生组织的“三合会”，以后又加入了“同盟会”。由日本回国后，创办了“中国公学”和《中国女报》，宣传推翻清朝封建帝制，进行民主革命。后来又在“大通学堂”组织成立了“光复军”，准备在浙江起义，因同党徐锡麟在安庆起义失败，走漏了消息，秋瑾也在 1907 年夏天被捕。面对严刑拷打，金钱、权力的诱惑，她毫不为之所动，坚不吐供，只是执笔在纸上写下了七个大字：“秋风秋雨愁煞人！”成为惊天地、泣鬼魂的绝命书。1907 年 7 月 15 日惨遭杀害，年仅 33 岁。

张太雷听了秋瑾的故事后，十分激动，感慨不已。第二天就从学校图书馆借来《秋瑾传》，连夜阅读，当他读到秋瑾殉国前五天寄给同志徐小淑的《绝命词》：

痛同胞之醉梦犹昏，悲祖国之陆沉谁挽。日暮途穷，徒下新亭之泪；残山剩水，谁招志士之魂？不须三尺孤坟，中国已无干净土；手持一杯鲁酒，他年共唱摆仑歌。虽死犹生，牺牲尽我责任；即此永别，风潮取彼头颅。壮志犹虚，雄心未渝，中原回首肠堪断！

读完，唏嘘不已，心情激荡，赶紧取出笔墨，将这惊世愤俗的《绝命词》一字一句抄录下来。此后经常取出来吟咏，渐渐地都能倒背如流了。

屠元博校长后来还给他们讲述过黄花岗起义72位烈士的事迹。屠校长的启迪和殷切教导，他所讲述的爱国英雄、救国志士的先进思想和光辉业绩，成为张太雷走向革命生涯的一盏盏指路明灯，让他逐渐明白一个人活在这世上应该为什么而活着，应该怎样去生活才是有价值的。

1915年5月9日，窃国大盗袁世凯与日本帝国主义签订了灭亡中国的“二十一条”，激起了全国人民的无比愤怒，纷纷起来声讨袁世凯的卖国罪行。张太雷积极参加了这一活动。他激愤地向同学们指出：“日本帝国主义的野心，是要独占中国，灭亡中国，而袁世凯为了要当皇帝，不惜出卖国家主权。”江苏省立五中学生自治会举行了反日爱国活动，张太雷也积极参加了，与同学们一起，时常到校外做宣传。

张太雷本来应于1915年冬在江苏省立第五中学毕业，但在这年暑假之前，校中发生了一起风潮。毕业班有一名同学叫李子宽，平时曾对个别老师开过玩笑。学校便以此为借口把李开除。该班的同学十分不满学校的做法，迅即举行罢课表示抗议。张太雷平时与李子宽感情融洽，认为学校无理，因此和同学一道，向学校当局提出质问，并举行罢课一星期。在这种情况下，学校当局又宣称：张复（张太雷）等素行不谨，与李子宽相似，如不悔改，下期毋庸来校。张太雷等不堪受辱，遂毅然离校。

1915年秋，张太雷考入了北京大学法科预科，改名张曾让。但当时北大的学制很长，他估计自己的经济条件难以支持，同年冬，乃转往天津北洋大学法政科临时预备班肄业。由于张太雷读书勤奋，才华出众，各科成绩很好，尤其英文课程，从中学开始，一贯成绩突出。因此入校后，很快就在该校一位美国教授创办的《华北明星报》担任英文翻译。其间，他结识了许多志同道合的朋友，也汲取了许多进步思想。

张太雷在五四运动中说：“如果需要，我们可以随时抛头颅、洒热血，决不迟疑！”

世界风云，瞬息万变。

1917年冬，俄国爆发了震撼世界的十月革命，开辟了人类历史的新纪元。

1918年11月，李大钊在《新青年》杂志上发表了《庶民的胜利》和《布尔什维主义的胜利》，热情赞颂十月社会主义革命的文章。

张太雷看后深受教育，对中国革命的前途充满信心和希望，认为要使中国不受帝国主义、封建主义的控制和压榨，只有走十月革命的路。他每天利用自修时间，努力学习马克思主义，并秘密翻译了一些介绍俄国十月革命和革命后苏俄新貌的文章。

当时，正在北京大学读书的李子宽，去北洋大学探望张太雷，两人交谈中，张太雷坚定地说："做人要整个儿改，我以后不到上海当律师了。国家兴亡，匹夫有责。只有走十月革命的路，才能救中国！"

1917年4月，张太雷（后排左一）在天津与苏州中学旅津校友会合影

1919年五四运动爆发，正在天津北洋大学法律专科学习的21岁的张太雷，积极投身于轰轰烈烈的反帝运动。为响应北京学生运动，天津成立了学生联合会。周恩来、刘清扬、邓颖超等发起组织了"觉悟社"。

6月1日，张太雷和三位同学赴塘沽两所小学讲演，接着又乘船过海河到八里外的东大沽去演讲，还不辞劳苦，赶到西大沽演讲。他们痛切的言词，革命的激情，使听众十分感动，不少人主动给他们搬凳子，烧茶倒水，对他们说："先生讲话真对。能一月来一次，使大家永远不忘才好。"在从大沽返回塘沽的路上，他们又在车站附近进行演讲，听众几乎把道路都堵塞了。直到车快开动时，他们才匆忙地跳上火车。听众们依依不舍地目送张太雷等人离去。

五四运动的怒涛，猛烈地冲击着北洋军阀政府。

6月5日，直隶省省长曹锐悍然派兵镇压天津学生运动，监视学生爱国活动。对于反动当局的蛮横镇压，北洋大学爱国学生异常激愤，决定冲出学校，出外演讲。

6月24日，天津各界联合会与学生联合会密切合作，成立了抵制日货委员会，举行抵制日货活动。张太雷作为学生代表参加了该会，积极和同学们到各店铺，对商标、包装、品种逐项检查，有时还拿上煤油灯，深入仓库进行检查。在斗争中，张太雷被选为天津学生的联合决策机构——评议会的评议长，负责主持斗争的部署和策略事宜。

8月23日，天津40多名群众代表组成请愿团，和北京代表一起，在北京新华门前请愿，抗议山东惨案，要求惩办枪杀爱国人民的刽子手马良，以平民愤。结果有 25 名代表遭到北洋军阀政府逮捕。

消息传到天津，天津学生联合会决定立即组织数百人的代表团分批赴京营救。张太雷是北洋大学的学生代表，又是天津学生联合会的评议会评议长，他冲破反动当局的层层阻挠，和同学们到了北京，与北京的 3000 多青年学生汇合一道，浩浩荡荡地到北洋军阀的总统府请愿。张太雷和同学们表示：“如果需要，我们可以随时抛头颅、洒热血，决不迟疑！”

8 月 26 日，张太雷领导京津学生分别到西苑门、新华门、国务院三处请愿，沿途演讲宣传，到达总统府后，要求见总统，当面陈说要求。在总统府门口受阻，学生们就向阻拦他们的军人宣传救国的道理。张太雷和同学们坚决表示：“愿舍身救国”，“即或不幸而亡，亦必令天下后世知大中华民国之亡，亡于政府，非亡于人民也！”

斗争持续到了第三天，反对派为了驱赶请愿学生，用枪托毒打学生，并且逮捕了请愿学生现场指挥者马骏。请愿团中的 300 多人也遭到逮捕。

消息传出，北京大学在校的学生近千人全部出动，包围了警察厅，要求“放出马骏，释放代表”。各地团体抗议函电纷纷飞向北京，天津几千名学生也包围了天津警察厅。

反动政府在全国强大的舆论压力下，不得不在 8 月 30 日将马骏等人全部释放。张太雷这才和赴京请愿的同学一起返回天津。

张太雷在这次赴京请愿中，他不仅得到了锻炼，还结识了周恩来、郭隆真、于方舟等人，这对他后来参加中国共产党的活动有很大的帮助。

同年 12 月，天津男、女学校学生合组的新天津中等以上学校学生联合会成立。张太雷被选为该会演讲委员会筹备委员。

为筹备党的一大做了大量工作，可是，他的名字未能出现在一大代表的名单上

在中国最早的一批接受马克思主义的先进分子筹备建党时期，张太雷就参加了中国共产党的创建工作。从 1920 年 2 月起，张太雷便开始协助李大钊开展建立中国共产党的工作，他不断将秘密翻译的社会主义文献送往北京。3 月，张太雷参加了李大钊在北京大学组织的中国第一个马克思学说研究会。

1920 年 4 月，共产国际东方局派维经斯基和杨明斋来到中国，会见中国的马克思主义者，了解中国政治情况。他们通过北京大学俄文教授鲍立维的介绍，与李大钊等会晤。接着，又到上海访问了陈独秀、李汉俊、沈玄庐等人，和他们进行过几次座谈，介绍了俄国十月革命以后的实际情况和对外政策，讨论了在中国建立共产党的问题。这些活动，张太雷都积极参加，并在会见中担任他们的英语翻译。

嗣后，陈独秀、李达、李汉俊、陈望道、俞秀松、施存统、沈玄庐等人，在上海发起建立上海共产党的早期组织，推选陈独秀为书记。它实际是中国共产党的发起组。

6月，张太雷在北洋大学法科法律学门毕业后，前往上海，8月，与俞秀松等一些向往十月革命的青年，发起组织上海社会主义青年团组织。在上海期间，他还参加了中国共产党上海发起组的活动。回到天津后，和于方舟（于兰渚）分别在天津北洋大学和省立中学成立了马克思主义研究会，进行马克思主义的研究活动。

同年9月中旬，继上海共产党组织成立以后，李大钊发起组织北京共产党小组，其成员以北京大学的师生为主。10月，张太雷和邓中夏、高尚德（高君宇）、何孟雄等先后加入了该组。

张太雷参加北京共产党小组后，在李大钊的帮助下去天津筹建社会主义青年团。首先把他组织的马克思主义研究会改为天津社会主义青年团小组。不久，于兰渚主持的马克思主义研究会也并入该组，成员增加到十余人，张太雷是该小组的书记。

青年团小组成立后，即在天津、唐山、南口、长辛店等地开展工人运动，并出版了小型日刊《劳报》，以研究工人问题及进行宣传。他们还把《共产党宣言》、上海共产党组织出版的《共产党》月刊，以及李大钊在《新青年》杂志发表的《我的马克思主义观》等印成单行本，分送给各地工人。《劳报》创刊不久，即被北洋军阀查封。

为了继续开展工人运动，张太雷把该报改名《来报》继续出版，后来又被军阀发现，连该报的发行人也遭逮捕，最后被迫停刊。

天津社会主义青年团小组还曾派人到唐山和京奉铁路机车厂与工人邓培等联系，研究如何在工人中开展工作以及建立组织等问题。不久，唐山等地的团组织就相继成立，工人运动也逐步开展起来。

1920年冬，北京共产党小组为了进一步在工人中开展宣传、组织活动，决定在长辛店创办一所劳动补习学校，作为开展工人运动的据点。张太雷接受了这一任务，与邓中夏等人多次到长辛店找一些工人积极分子商谈。12月19日，劳动补习学校在长辛店正式召开了筹办会议，张太雷和邓中夏等4人出席，讨论了学校的简章、预算案和募捐启事，并确定1921年元旦开学。

劳动补习学校的教学内容，注意把提高工人文化水平与传播革命思想结合起来。识字课本是由教员自己编写的，他们把日常生活中的一些用字编成课文，讲课时先教识字，再讲道理，使工人既能学到文化知识，又能学到革命思想。劳动补习学校创办后，李大钊、张太雷、邓中夏等经常到这里来讲课。

张太雷讲课生动，感情充沛，又了解工人的思想特点，善于启发工人的觉悟，他联系修路、盖房、织布、造机器等日常现象，讲解工人阶级的历史地位和作用，揭露军阀、资本家如何榨取工人的血汗，过着花天酒地的生活，而生产社会财富的劳动人民却过着牛马不如的生活。最后，又讲到工人团结起来斗争的重要性。这些深入浅出的道理，工人们一听就明白，阶级觉悟因而迅速提高，表示要学俄国工农的榜样，团结起来闹革命，把地主、资本家、洋厂长、总管统统打倒，由咱们工人当国家的主人。

1921年1月，俄共（布）远东局海参崴（今符拉迪沃斯托克）分局外国处派出的全权代表维经斯基，向李大钊提出要一名中国共产党组织的代表去远东书记处参加工作。

派谁去好呢？李大钊考虑再三，最后决定派张太雷去，他认为张太雷是最佳的人选，原因是：

一、加入过五四运动和工人运动，工作积极负责，革命立场坚定；

二、加入了北京的共产主义小组，筹建了天津社会主义青年团和共产党组织，具有一定的马克思主义水平；

三、通英语，而且当过鲍里斯和维经斯基的翻译；

四、从学校毕业后，尚无固定工作，可以立即动身赴任。

李大钊把自己的决定告诉维经斯基时，还补充了八个字：“学贯中西、才华出众。”

维经斯基一听是派张太雷去，非常高兴，不过他担心张太雷不愿意去，于是问道：“张先生会同意吗？”

李大钊对张太雷的思想和为人都了如指掌，他信心十足地说道：“他会去的。”

果然正如李大钊所言，当他把派遣赴苏工作的消息告诉张太雷时，张太雷听了非常高兴，当即表示同意，因为他一直希望有机会到俄国亲眼目睹十月革命后的情况，那样会比从书本中了解更加直观，感受会更深；而且能够参加共产国际的工作，对中国革命的事业无疑是大有好处的，对自己也是一个难得的锻炼机会，他何乐而不为呢？

决定一个人走上成功之路的往往只有关键性的几步，如果说张太雷参加五四学生运动和参加北京共产主义小组是最初的两步，那么他决定去共产国际远东书记处工作，又是他人生中最关键的一步，因为从此他就成了一个职业革命者，开始为中国无产阶级革命奋斗终生。

1921 年春，张太雷受中国共产党发起组的委托，赴俄国伊尔库茨克共产国际东方局任中国科的书记，从事共产国际与中国共产党之间的联系工作，向中国共产党传达共产国际执行委员会的指示，并以共产国际工作人员身份从事共产国际组织局委派的工作。这是第一个被派赴共产国际的中国共产党人。

为了筹建中国共产党，1921 年 6 月，张太雷陪同共产国际代表马林和赤色职工国际代表尼可洛斯基来到中国。他们先到北京同李大钊、张国焘等会谈了几次。马林建议召集一个全国性的建党会议，李大钊同意这个建议，但他因为工作关系，不能离开北京，即由张太雷和张国焘陪同马林等到上海与李达、李汉俊会谈。

经过反复的商议，大家同意召开一个全国性的建党会议，同时致函湖南、武汉、广州、山东和日本等地的共产党组织，征询他们的意见。经过多次函商，最后决定在上海召开中国共产党第一次全国代表大会。会前，张太雷并为大会筹备组翻译了一个《中国共产党宣言》草案的文件，提交马林进行修改。

张太雷为筹备党的一大做了大量的卓有成效的工作，可是，因为 1921 年六七月间他不在国内，正在莫斯科出席共产国际第三次代表大会和青年共产国际会议，所以他的名字未能出现在一大代表的名单上。

张太雷当过共产国际代表马林的助手和翻译，后来又做了李大钊的秘书

青年共产国际，亦称少共国际，是根据列宁的倡议，1919 年 11 月在柏林成立的青年国际组织，是共产国际的一个支部。它的任务是对各国共产主义青年运动实行集中领导，在没有共产主义青年组织的地方建立组织，开展广泛的青年群众运动，特别是反帝斗争。

1921 年初，张太雷奉中国共产党早期组织之命，赴苏俄伊尔库茨克，参加共产国际远东书记处中国科的筹建工作，并任中国科书记。主持远东书记处工作的是舒米亚茨基。该处成员有青年共产国际驻远东全权代表达林，张太雷在此开始与他共事，建立了密切的联系。

张太雷在共产国际远东书记处的活动和工作是多方面的，建立中国青年运动与国际共产主义青年运动的联系，吸取苏俄团的工作经验，争取青年共产国际对中国青年运动的关心与支持，就是其中的一个重要方面。

1921年春，张太雷在向共产国际远东书记处的报告中，阐述了中国共产党十分关注青年团的创建工作，提出党的当前重要任务之一，就是“进一步巩固共产主义者在社会主义青年团中的威信，以便通过他们在工人及青年工人中加强宣传工作，用这些成员和部分学生来加强无产阶级类型的共青团组织”。

同年6月，张太雷作为中国共产党最早的正式代表出席共产国际第三次代表大会，同与会代表讨论通过了《共产国际与共产主义青年运动提纲》。

这个文献明确指出，青年团在政治上必须服从共产党的领导，团组织的任务是“集中领导共产主义青年运动”，“在没有共产主义青年组织的地方建立新的组织”；规定青年共产国际是“共产国际的一部分”，“服从共产国际的代表大会和共产国际执行委员会的所有决议”，受共产国际的监督。这个决议对于创建时期的中国青年团具有重要的指导意义。

张太雷在向大会提交的《中国共产党致共产国际第三次代表大会的报告》和大会发言中，详细阐述了中国自五四运动以来迅速兴起的共产主义青年运动的情况，指出，现今恰好是我们在中国开展共产主义工作的大好时机，呼吁共产国际对远东，尤其是中国革命以更大的关注和支持。

为了贯彻共产国际第三次代表大会决议与国际共产主义青年运动，青年共产国际于7月9日至23日在莫斯科举行第二次代表大会。

作为最早出席青年共产国际代表大会的中国社会主义青年团的代表张太雷、俞秀松出席了大会，并向大会作了报告。

这个报告全面地总结了中国青年运动的情况和中国社会主义青年团产生的经过，以及与工人运动结合开展活动的情况和发展前景。报告还表示，中国社会主义青年团拥护青年共产国际的领导，认为“革命青年运动不能只局限于某一国家之内，它涉及各国青年的利益”，必须团结奋斗；要“在中国贯彻和执行青年共产国际的决议”，同时要考虑“中国现实的特点”；打算派遣团员赴苏俄学习，为中国社会主义青年团和青年共产国际下设的远东青年书记处培养工作干部。

在这次会议上，张太雷被选为青年共产国际执行委员会委员，并受命回国组织青年共产国际中国支部。

为了对抗帝国主义瓜分远东的阴谋，促进远东殖民地半殖民地国家民族解放运动的进一步发展，共产国际决定在帝国主义华盛顿会议期间，针锋相对地召开一次有远东各国被压迫民族参加的代表大会，即远东人民代表大会。张太雷是这个大会方案的制订者之一，并为共产国际远东书记处起草了关于召开这次大会致中国、朝鲜、日本、蒙古等国劳动者的呼吁书。

同时，张太雷又积极参与青年共产国际执行委员会，为贯彻共产国际上述精神，在远东人民代表大会召开的同时，举行远东革命青年代表大会方案的制订的会议。同时举行的这两个大会的主旨，都是联合远东各国的人民和青年，共图民族解放的反帝大业。

张太雷作为共产国际远东书记处负责中国事务的书记和青年共产国际执行委员会委员，以全部热情倾注于这两个大会的筹备工作。

1921 年 8 月，张太雷奉命回国，任共产国际代表马林的助手和翻译，负责联络与组织中国、日本等亚洲国家选派代表赴苏俄参加这两个大会，并作为共产国际的密使前往日本传达关于召开这两个代表大会的要求，与德田球一、近藤荣藏、堺利彦等取得联系，完成了使命。

远东各国代表团于 1921 年底先后顺利到达伊尔库茨克，远东人民代表大会和远东革命青年代表大会分别于 1922 年 1 月 21 日至 2 月 2 日和 1 月 30 日至 2 月 2 日在莫斯科如期举行。参加远东革命青年代表大会的代表共 67 人，中国 13 个组织共派出代表 27 人，是最多的代表团。这两次代表大会的顺利召开和张太雷的积极努力是分不开的。

张太雷回国后，受青年共产国际之命组织中国支部，按照中共中央局的指示负责团组织的整顿恢复和发展工作。

中国共产党对青年运动十分重视，把它作为党的活动的重要组成部分。1920 年 8 月中国共产党首先在上海组织了社会主义青年团。在此前后，全国各地在准备建党的同时组织了社会主义青年团。党在一大后，青年运动很快出现了新的局面。1922 年春，张太雷与青年共产国际代表达林起草中国社会主义青年团的纲领、章程等草案。5 月 5 日至 10 日，张太雷在广州主持召开中国社会主义青年团第一次全国代表大会，通过了团的纲领、章程等一系列决议，选出团的中央委员会，使全国各地团组织在思想上、政治上和组织上实现了完全统一，这标志着中国共产党领导的先进青年群众组织——中国社会主义青年团——的正式建立。大会正式决定加入青年共产国际，承认中国社会主义青年团为青年共产国际的一个支部。

1922 年 12 月，青年共产国际第三次代表大会在莫斯科举行，张太雷虽未出席，但由于他在共产国际和青年共产国际工作中的功绩，特别是在创建中国支部——中国社会主义青年团——工作中的贡献，再次当选为青年共产国际执行委员会委员。

1923 年 8 月，张太雷参加孙逸仙博士代表团赴苏联考察军事政治和党务，并洽谈苏联援助问题。考察结束后，留莫斯科参加青年共产国际执行委员会工作，并任中国团驻青年共产国际的代表。

1924 年 1 月，张太雷与达林共同完成关于亚非各国共产主义青年运动状况和任务的报告（C.A. 达林《中国回忆录》）。1 月 21 日，列宁逝世，张太雷作为中国社会主义青年团的代表在莫斯科工会大厦圆柱大厅瞻仰列宁遗容，参加葬仪。同时还写了几篇纪念列宁的文章。

同年 7 月 15 日至 20 日，青年共产国际第四次代表大会在莫斯科召开，各国青年团的 144 名代表与会，张太雷和卜士畸作为中国社会主义青年团的代表出席大会。

此前，张太雷还参加了共产国际第五次代表大会，任李大钊率领的中共代表团的秘书和翻译。张太雷在大会发言中阐明了共青团必须积极参加民族革命运动，着重强调在殖民地和半殖民地国家保持独立的共青团组织的重要性。他继续当选为青年共产国际执行委员会委员。

张太雷受中共中央和青年共产国际之命，于 1925 年 1 月 26 日至 30 日在上海主持召开团的第三次代表大会，并向大会作了工作报告。

大会通过了宣言和一系列决议。在大会的第一天一开始就决定把团的名称改为“中国共产主义青年团”，这是因为“社会主义青年团”这时已是第二国际机会主义领导下的青年组织的名称，中国团开始使用这个名称，是为了避免许多人对共产主义还有误解的缘故，但到这时情况已经改变了。为表明中国团组织是真正代表无产阶级利益的革命青年组织，大会决定和青年共产国际直接领导的各国青年团一样，把团名改为“中国共产主义青年团”，同时也表示和第二国际领导的“社会主义青年团”的根本区别。

这次会议上，张太雷当选为中国共青团中央执行委员会委员和总书记。

张太雷 1921 年至 1924 年在共产国际和青年共产国际的工作和活动，表明他是中国共产党和青年团在国际共产主义运动舞台上一位开拓性的杰出使者和活动家。

国共两党合作期间，张太雷、鲍罗廷、陈延年、毛泽东是“广东四个特别忙的人”

辛亥革命失败以后，孙中山始终坚持资产阶级革命民主派的立场，不断寻求救国救民的真理。就在这时，孙中山得到了共产党人的帮助，从此开始了他的伟大转变。

1920年秋天，共产国际派来的维经斯基在上海会见了孙中山，这是共产国际同孙中山的第一次接触。1921年冬，共产国际派来的马林，又同孙中山交谈了中国革命的有关问题。

当时，张太雷已从俄国回到上海，受党的委托，担任马林的助手和翻译。12月10日，张太雷随同马林和国民党的张继，由上海到广州会见孙中山，但孙中山此时已经转往桂林。

马林和张太雷在广州会见了广东省省长陈炯明。接着，张继又邀集陈公博同马林、张太雷就国共建立统一战线问题，进行了几次会谈。张继提出：国民党和共产党两个党既然都是革命党，可以进行合并。但马林强调两党合并后，共产党作为一个独立政党依然存在，而不是解散。陈公博则说："国民党的主义和共产党的主义究竟不同，今日即合，终久必分，与其将来分裂，倒不如各行其是，只在党外合作。"他还认为国共合作"只是一种旁门左道，而非正当革命的方法"。张太雷积极支持马林的意见。

马林和张太雷在广州没有久停，便在张继等人的陪同下于12月23日抵达桂林。

那时候，孙中山在桂林独秀峰下旧桂王府设立了大本营，正在进行整军和练兵，准备由桂入湘进行北伐。马林和张太雷抵桂林后，在大本营住了9天，朝夕和孙中山、廖仲恺等人进行会谈，讨论国民党与俄国建立联盟以及国共合作的可能性。在整个会谈过程中，都由张太雷担任翻译。他帮助马林和孙中山交谈，帮助孙中山了解十月革命后俄国的情况，沟通他们的感情，从中起了积极的作用，成为他们两人的得力助手。

会谈时，马林向孙中山讨论了群众运动和在工人中进行宣传的问题。关于中国革命问题，马林提出了下列意见：

一、改组国民党，与社会各阶层，尤其与农民，劳工大众联合；

二、创立军官学校，以建立革命的基础；

三、促进中国国民党和中国共产党的合作。

孙中山告诉马林，他愿意派一个代表团作为使者去莫斯科进行考察，对于马林所提出的其他建议，如改组国民党，建立军官学校等，也答应在完成反对北洋军阀吴佩孚的战争后，立即实行。

孙中山还专门同张太雷长时间地讨论了如何动员我国广大青年，积极投入民族主义运动的问题。张太雷主张把广大青年发动起来，动员他们投入反帝反封建的斗争。孙中山很欣赏张太雷的主张，表示完全支持，愿意和共产党合作，并希望先把南方各省的青年动员起来，投入反对北洋军阀的斗争。张太雷和孙中山之间的谈话非常融洽。

会谈后，马林和张太雷回到广州。他们在广州见到了香港海员罢工斗争取得伟大胜利的情景，以及广州各界群众举行的一系列政治活动，留下了深刻的印象。他们还参加了广州青年的一些集会，然后从陆路经汕头，坐船回到上海。

1922 年 6 月，广东军阀陈炯明背叛孙中山，炮轰设在广州越秀山下的总统府，迫使孙中山离开广东。孙中山到达上海后，李大钊、陈独秀、张太雷和马林等多次同他会见，提出国共合作的主张。正处于困难境况之中的孙中山，对共产党的真诚帮助深表快慰，立即赞成国共合作。

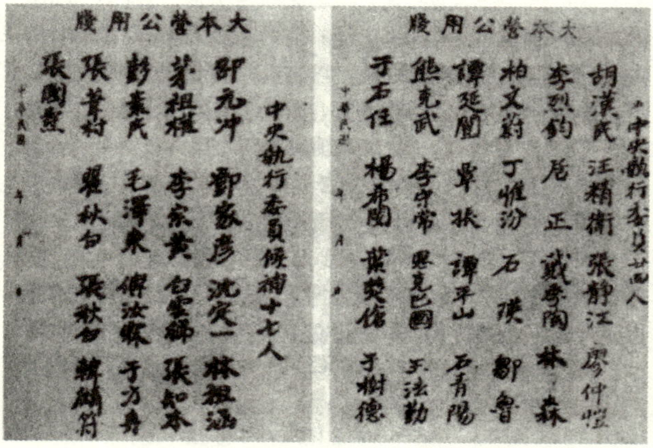
大本營公用箋
中央執行委員廿四人
胡漢民 汪精衛 張靜江 廖仲愷
李烈鈞 居正 戴季陶 林森
柏文蔚 丁惟汾 石瑛 鄒魯
譚延闓 覃振 譚平山 石青陽
熊克武 李守常 恩克巴圖 王法勤
于右任 楊希閔 葉楚傖 于樹德

大本營公用箋
中央執行委員候補十七人
邵元冲 鄧家彥 沈定一 林祖涵
茅祖權 李宗黄 白雲梯 張知本
彭素民 毛澤東 傅汝霖 于方舟
張葦村 瞿秋白 張秋白 韓麟符
張國燾

孙中山手书的国民党第一届中央执行委员会委员和候补委员名单

中共中央为了加速与孙中山建立联合战线，一面声明中国共产党将不因孙中山所受到的暂时挫折而改变与其合作的原有立场，一面指派张太雷赴广州，代表中央调查处理陈公博等人支持军阀陈炯明、反对孙中山的错误，要他们迅速转变立场，断绝与陈炯明的一切关系，积极支持孙中山的革命活动。但陈公博等人坚持其顽固立场，张太雷的任务没能完成。

为了建立革命统一战线，党在第二次全国代表大会上，作出了《关于“民主的联合战线”的决议案》，指出：“我们共产党应该出来联合全国革命党派，组织民主的联合战线。”会后，8 月 17 日，中共中央在杭州举行中央全会，商讨与孙中山领导的国民党建立联合战线的问题。张太雷参加了这次会议。会上，他以陪同马林参加桂林会谈的亲身体会，肯定孙中山的积极表现，主张共产党与国民党合作，以建立反帝反封建统一战线。会议经过两天的争论，原则上确定了国共两党合作的方针，通过了共产党员以个人身份参加国民党的决议。

会后，张太雷由张继介绍，孙中山“亲自主盟”，在上海以个人身份加入了国民党。

同年9月4日，孙中山约集各省在沪的党员座谈改组国民党党务问题，张太雷和陈独秀均应邀参加。座谈中，张太雷积极主张国共合作。

1923年夏，张太雷在上海大学教书。同年6月12日至20日，我党在广州举行了第三次全国代表大会，讨论同国民党建立革命统一战线问题。张太雷参加了大会的筹备工作，并出席了大会。

会上，张太雷积极赞成关于帮助国民党进行改组，共产党员以个人名义加入国民党，但保持共产党在政治上，组织上的独立性，与国民党实行党内合作的方针。他认为“中国目前的革命是资产阶级性质的革命，故应与资产阶级联合”，共产党人“目前应加入国民党，作为国民党的骨干力量”。他分析了孙中山反对帝国主义和封建军阀的民主主义立场，以及把他领导的国民党改造成工人、农民、小资产阶级、民族资产阶级联盟的可能性，坚持共产党同国民党结成革命统一战线的正确主张。

经过充分讨论，大会最后决定和国民党合作，共产党员以个人身份参加国民党，帮助国民党改组。会上，张太雷被选为候补中央委员，并受大会委托，草拟了《青年运动决议案》，提出青年运动为本党重要工作之一。

中共三大以后，孙中山在上海筹备孙逸仙博士代表团到苏联考察政治、军事及党务，同时就苏联援助问题进行谈判。代表团成员分别由国共两党人员共四人组成。张太雷是共产党代表之一。

8月16日，他们从上海乘日轮“神丸号”出发，于9月2日抵达莫斯科，先后会晤了苏联党、政、军各方的领导人，在莫斯科和彼得格勒进行了考察，并和共产国际代表马林举行了会谈；签署了共产国际对中国国民党的援助协议，聘请苏联的政治和军事顾问来广州帮助中国革命。当时，张太雷曾专门向孙中山写了一份报告，介绍了代表团在苏联的活动情况。

1924年春，张太雷从苏联回国接任社会主义青年团的总书记后，同年下半年，他还在国共合作创办的上海《民国日报》工作，担任主笔兼社论委员会的委员。他办事非常认真，每晚工作至深夜，直到看完大样才回家。张太雷除了为该报起草社论外，又经常以“泰雷”“大雷”等笔名，为《向导》周报和《中国青年》撰写文章，还在《民国日报》副刊《觉悟》上，以《马克思政治学》为题，连续发表了列宁所著《国家与革命》一书的第一章中译文，传播马克思主义。

1925年1月，党在上海举行第四次全国代表大会，张太雷出席了大会，继续被选为候补中央委员。会后，他被派到广州，在国民党中央宣传部工作，任苏联顾问鲍罗廷的翻译。张太雷和鲍罗廷工作、生活在一起，成为他的得力助手。

鲍罗廷的办公室设在广州东较场附近的一所二层楼的小洋房里。鲍罗廷和军事顾问团住在楼上，张太雷住在楼下。楼下还设有一个翻译室，也归张太雷负责。日间，国民党以及各方面人士川流不息地来到办公处找鲍罗廷商量问题。这些活动事前都由张太雷负责安排，谈话时也在场担任翻译。当时在广州地区工作的毛泽东、周恩来、邓中夏、陈延年等共产党人，也经常在张太雷的陪同下，与鲍罗廷就中国革命问题交换意见。人们都说，当时，张太雷、鲍罗廷、陈延年、毛泽东是“广东四个特别忙的人”。

“这里面有鬼！”张太雷力主以武力回击“中山舰事件”，与毛泽东的想法不谋而合

1926年2月10日，中共广东区委机关刊物《人民周刊》创刊，该刊先后出版350期，张太雷从创刊号到29期负责主编。他从创刊号到1926年10月止，共发表了70多篇文章，都是紧密结合当前国际国内形势，根据斗争需要而写的政论文章。他以精辟深刻的道理，通俗易懂的语言，揭露了帝国主义和反动军阀的罪恶行径，宣传了革命的理论，教育和鼓励广大群众投入反帝反军阀的斗争中去。他真正做到了运用笔杆和舌头这两个锐利的武器进行斗争。

他是一个不知疲倦的宣传鼓动家，也是冲锋不止的革命实践家。

他的政治智慧和领导才能，在处理中山舰事件中又一次得到证实。

1925年3月孙中山逝世后，国民党右派分子更加活跃起来，公开反对国共合作和三大政策。邹鲁、张继、谢持、居正等十多名国民党人，于1925年11月23日至1926年1月4日，在北京西山碧云寺召开非法的国民党一届四中全会，即西山会议，讨论解决共产派的问题，通过了《取消共产党员的国民党党籍宣言》《开除国民党中央执行委员共产党人李大钊等通电》《顾问鲍罗廷解雇案》，公开宣布反共反苏，与广州国民党中央对抗。

除原有的老右派之外，又出现了新右派，戴季陶就是其中的一个突出代表人物。他是国民党一大的中央执行委员、中央党部宣传部长，原来对孙中山实行三大政策就表示“根本怀疑”，孙中山逝世后，他以继承孙中山思想的理论家自诩，1925年六七月间，先后发表了《孙文主义之哲学的基础》《国民革命与中国国民党》两本小册子，竭力阉割孙中山新三民主义的革命内容，发挥旧三民主义的消极方面，形成他系统的理论，即戴季陶主义，其中一个最主要的论点就是号召“孙文主义的信徒团结起来”，“把共产党人赶出统一战线”。

自从建立国共两党统一战线的第一天起，共产党人就团结国民党左派与右派作斗争，张太雷是其中斗争最有力的一员，对各个阶级和各种右派人物，他从理论到行动上都作过有理有力的斗争。

戴季陶主义出现后，国民党内以蒋介石为首的新右派势力抬头了，因为他们考虑到公开反共的条件还不成熟，自身羽翼还不丰满，还不能立即实行国共分裂，他们采取了两面派的手法，一面表示联共，一面限共、溶共，进行反共。

蒋介石表面上装得很革命，思想实质却很右。早在1924年1月，他在向孙中山提出的《游俄报告书》和3月分别给孙中山、廖仲恺的信中便把苏联的国际主义政策称为"恺撒之帝国主义"，骂中国共产党为"俄奴"。只是出于政治利益的需要，不能不在一定程度上表示拥护和执行孙中山的三大政策。他当上黄埔军校校长后，就把黄埔军校和国民革命当做他的私人势力和政治资本。中共在黄埔军校成立了青年军人联合会，蒋介石也指使他的党徒成立孙文主义学会，唱对台戏，搞摩擦。

1925年8月，蒋介石当上了广州卫戍司令和第一军军长，力量加强了一些，反共的面目就暴露得更多。12月，他公然提出在黄埔军校内，共产党的活动应该公开。国民党员要加入共产党的要求得到校内国民党的批准。1926年1月，在国民党第二次代表大会上，蒋介石当上了中央执委委员，他的地位又提高了，力量增强了，就制造中山舰事件，来反对共产党。

张太雷早就对蒋介石有所了解，后来参加孙逸仙代表团去苏联，和他在一起共事三个多月，对他有了进一步的认识。以后发现他跟右派往来密切，支持戴季陶，对他增加了防范之心，但为了国共合作，还是以团结为重，注重教育。

中山舰事件发生的前一天，张太雷还在《人民周刊》上发表了《广东革命危机仍在呵！》一文，在这篇笔锋犀利的短文中明确指出：

> 广东已经统一了，反革命的军阀大半已经铲除了，但是广东的危机仍然存在着呵……去年打倒刘杨后，大家以为广东大害已去，可以安然了，不知道那暗幕一揭开，里面不知道一重一重有多少种阴谋和诡计！我们现在又看见这种情形了，同志们，提防着。

就在这篇文章发表后的第二天，3月20日蒋介石就制造了中山舰事件。

张太雷那天在鲍罗廷公馆工作，传来消息，蒋介石在广州实行紧急戒严，逮捕了海军局代局长、共产党员李之龙，监视和软禁了大批共产党员。

张太雷立即派人进一步了解到蒋介石又派军队解除了省罢工委员会下属工人纠察队的武装，包围了苏联领事馆，监视苏联顾问等等情况。起事原因说是李之龙派中山舰开到黄埔，要劫持蒋介石，要攻打广州。

当时鲍罗廷外出不在广州，另一苏联顾问季山嘉（1892—1938，俄国人，亦译名为左比雪夫）在鲍公馆。

季山嘉问张太雷："李之龙这个人怎么样？他为什么要闹事？"

"李之龙是一个很好的共产党员，在第一次东征中表现不错，他决不会叛变，这里面有鬼。"

当毛泽东、陈延年、张太雷以及苏联军事参谋团就"中山舰事件"交换意见，商讨对策时，张太雷对毛泽东提出的以武力进行回击的主张十分同意。他还提议把工农武装起来，组织十万工农群众，以革命武装反对蒋介石的反革命进攻。

为了阐明共产党人对"中山舰事件"的态度，张太雷受广东区委的委托，草拟了一封揭露国民党右派通过制造"中山舰事件"，阴谋陷害共产党的《公开信》。郑重声明：共产党决心"与帝国主义、军阀、买办阶级、地主劣绅、贪官污吏奋斗"，"共产党决计不因为敌人的造谣而放弃他革命的工作"。《公开信》还深刻揭露："帝国主义、反革命派对于共产党这一种的造谣是分裂国民革命的势力，破坏国民党，推翻国民政府，危害广东和平的一种阴谋。"它的发表，给予蒋介石以有力的回击。

但是，毛泽东、张太雷等人的正确主张，却为陈独秀所拒绝。他坚持其右的错误的退让政策，胡说"中山舰事件"的发生，"是由于广州同志们的'左'倾错误所引起的"，从而更加助长了蒋介石的反革命活动。

5月15日，蒋介石在国民党二届二中全会上，又提出了"整理党务案"，进一步限制和打击共产党在国民党中的领导地位。

为了揭露蒋介石制造的一系列反革命阴谋，5月26日，张太雷发表了《反动派在广东之活动》一文，一针见血地指出"中山舰事件"和"整理党务案"的发生，"很显而易见的就是那班已开除与未开除的反动派所造成的，他们趁了全国现时反动势力高涨的时候，想把革命基础断送"。

6月上旬，他又发表《到底要不要国民党》的文章，指出："是否5月15日的'整理党务案'能解决党内反共产党的纠纷，而因此维持这革命的结合呢？或者将由此而更进一步驱逐共产分子，以破坏这革命的结合呢？这是现在个个革命党人所最忧虑的，而希望得到一个确定的回答。""我们可以说，攻击共产分子不是共产分子的问题，而是国民党生死的问题、是整个儿国民革命的问题。如果那个革命同志不相信这话，历史事实自能强迫你相信这话。"

张太雷在文章中还提醒大家："如果国民党党员，一切革命分子及人民，不起来防止这种阴谋的实现，我们只能看见革命的结合破坏，国民党的势力衰落。"

张太雷的文章，打中了蒋介石的要害，蒋介石对此怀恨在心。6 月 28 日，他在黄埔军校的一次纪念周上对学生讲话时，乘机对张太雷的文章进行攻击，说什么“引起两党恶感是不行的”。

张太雷对蒋介石的挑衅，立即发表了一个声明，批驳了他的攻击，阐述了自己的观点，指出：“共产分子问题是政策问题，不是组织问题，不是一个党员人数的问题，而是左派或右派在党内掌权的问题。”进一步揭穿了蒋介石篡夺革命领导权的阴谋。

“中山舰事件”成为国共关系发展中的一个重要转折，也成了第一次国共合作破裂的前奏曲。

在党的紧急会议上，张太雷当选为临时中央政治局五人常委之一，在革命的生死关头勇撑危局

沧海横流，方显英雄本色。

1927 年 4 月 12 日，蒋介石公开叛变后，汪精卫集团也加紧反共活动，并和蒋介石勾结，阴谋叛变。

在这关键的时刻，担任湖北区委书记职务的张太雷，不畏困难，坚定地面迎逆流，有条不紊地进行工作。当时，党组织已经不能公开活动，张太雷夜以继日地处理纷繁的事务，和周恩来等加紧部署应变的各种准备工作，安排党员的撤离，将一些政治面貌已经暴露的同志分别实行隐蔽、转移，或把一些干部派往贺龙、叶挺部队，去掌握武装工农力量，准备对抗国民党的反动压迫，同时，又安排一些政治面貌没有暴露的干部坚持下来工作。

张太雷还在百忙中挤出时间撰写文章，对形形色色的敌人进行战斗。6 月 5 日，他发表了《武汉革命基础之紧迫的问题》一文，尖锐地批驳那些官僚政客、地主豪绅散布的所谓工农运动造成蒋介石叛变与武汉政府困难的谬论，指出：“困迫武汉革命政府是帝国主义与中国大资产阶级的阴谋”，“假使我们现时看见反革命势力浩大及革命势力无组织，我们就忘记了抵抗反革命，或竟转而拆散自己队伍，长反动派之气焰，在客观上便是满足敌人的愿望，这便是革命的危机”。文章强调要支持农民“继续进行打倒劣绅土豪的运动”，“给农民政权以法律上的保障”，“帮助农民武装起来，以保卫自己”。张太雷还提醒大家：“暴风雨来了，我们要随时准备应变。”

6 月 28 日，党中央政治局在汉口召开紧急会议，研究时局问题，张太雷参加了这次会议，他在会上提出，敌人可能会要出“马日事变”同一把戏，对我们党发动进攻，因此我们一定要及早预防。与会同志认真考虑了张太雷的意见，为了安全起见，决定将中央机关由汉口迁至武昌湖上园，湖北区委也同时迁至武昌胭脂山啸楼巷二号办公。

7月1日，党中央在汉口继续开会，陈独秀被反革命势力表面上的强大所吓倒，对革命前途悲观失望。他在会上顽固地拒绝检查他的机会主义错误，继续坚持其右倾投降论调。周恩来、张太雷、瞿秋白等相继在会上斥责了陈独秀右倾错误及其对于中国革命所带来的损失。在大家的坚持下，会议最后作出了与汪精卫把持的武汉政府实行决裂的决议。

为了挽救革命，挽救党，7月10日前后，中央政治局断然进行改组，撤除了陈独秀总书记的职务，由周恩来、张太雷、李维汉、李立三、张国焘等人组成中央常务委员会，代行中央政治局职权，负责“召集全党紧急的正式会议，以审查旧政策及旧指导机关，以决定新的政策”。

7月13日，中央常务委员会于汉口召开秘密的紧急会议，分析政治、军事形势。鉴于武汉政府已完全反动，汪精卫和蒋介石已联合起来，疯狂屠杀共产党人和革命群众，因此我们决不能束手待毙。另一方面，敌人的血腥屠杀，并没有把革命镇压下去，湘、鄂、赣、粤等省的工人和农民，仍不断地和反动派作殊死的斗争，并且局部地区如广东的海陆丰等地已发生了武装斗争。

据此，会议作出决定：

一、在湘、鄂、赣、粤四省发动秋收暴动；

二、在张发奎的第二方面军中，发动军事暴动，地点在九江、南昌一带；

三、迅速召开党的扩大紧急会议。

会议还发表了《中国共产党中央委员会对政局宣言》，宣布从即日起退出国民政府，痛斥汪精卫反动集团继蒋介石反动集团之后叛变革命的罪行。宣言并郑重声明：“中国共产党决心要推翻反动政权，永久站在国民革命的最前线。”

7月15日，汪精卫集团继蒋介石叛变革命后，正式和共产党决裂，公开叛变革命，并与蒋介石合流，大肆逮捕与通缉共产党人，张太雷被列入通缉名单之列。在“宁可错杀一千，不可使一人漏网”的反革命屠杀政策下，到处弥漫着白色恐怖气氛。

面对着国民党反动派的屠刀，张太雷毫无惧色，对革命前途始终充满着信心。他面迎逆流，排除恶浪，以钢铁一般的意志表示：“无论怎样，最后的胜利总是属于我们的。我们的失败只是暂时的。”

这时，党中央与湖北区委已全部转入了地下斗争。张太雷也从武昌湖上园迁往附近的老百姓家里去住。他夜以继日地战斗着，并积极组织共产党员及革命群众迅速向九江、南昌转移，准备参加起义。他还秘密赶往庐山，在那里邀集几位中央委员听取了汇报，了解了武装起义的准备情况。

7月19日，临时中央常委会举行会议，初步决定，以云集在九江、南昌一带的贺龙率领的国民革命军第二十军、叶挺率领的第十一军第二十师和朱德原领导的第三军军官教导团等部作为基础，在南昌举行武装起义。

7月24日，中共临时中央常委会召开会议，会上张国焘认为起义条件不成熟，不能贸然举行起义，因为国民党左派张发奎不支持起义，不能丢开他搞起义。

张太雷、李维汉等以大量事实，驳斥了他反对南昌起义的谬论，揭穿了张发奎假左派的真面目。会议最后决定积极做好一切准备，以国民党革命委员会的名义，在南昌举行武装起义。还决定由周恩来、恽代英、李立三、彭湃组成前敌委员会，具体领导南昌起义。

8月1日，周恩来、贺龙、叶挺、朱德、刘伯承等率领在共产党直接掌握和影响下的军队两万余人，毅然举行了南昌起义。经过四个多小时的激烈战斗，全歼守敌3000余人，占领了南昌城。它打响了武装反抗国民党的第一枪，表现了中国共产党人不畏强暴，继续坚持革命斗争的决心，标志着中国共产党创建人民军队和武装夺取政权的开始，是具有重大历史意义的。

南昌起义之后，为了审查和纠正党在大革命后期的严重错误，决定新的路线和政策，中共中央于1927年8月7日在湖北汉口召开紧急会议，这就是党史上有名的八七会议。会议在汉口原俄租界三教街41号（现为鄱阳街139号）召开，由瞿秋白、李维汉主持，有20多人参加，张太雷也出席了此次会议，因当时环境险恶，会议只开了一天。

在八七会议上批判了大革命后期以陈独秀为主要代表的右倾错误。张太雷在会上和其他代表一起，诚挚激烈地批判了陈独秀反对工农革命，对国民党右派的退让妥协。会议确定了土地革命和武装反抗国民党反动派的总方针。通过了《中共八七会议告全党党员书》《最近农民斗争议决案》《最近职工运动议决案》等文件。

会议选举出了瞿秋白、苏兆征、彭湃等八人为临时中央政治局委员，毛泽东、周恩来、张太雷等七人为临时中央政治局候补委员。8月9日，临时中央政治局第一次会议上，选举瞿秋白、李维汉、苏兆征为政治局常务委员会委员。

革命斗争实践和蒋、汪的反革命叛变，使张太雷日益认识到建立革命武装，进行军事斗争的重要性。毛泽东在八七会议上提出了“枪杆子里面出政权”的论述，张太雷表示完全赞同。因为张太雷在广东工作过，深知广东对于革命形势转变的重要作用，拟将广东再次建成革命根据地，促进全国革命形势的发展，于是他在临时中央政治局第一次会议上，主动提出去广东工作的要求，会议经讨论研究，同意他的请求，决定派他去广东，担任中共广东区委书记。从此他的革命斗争生涯，又揭开了新的一页。

再度临危受命，兼任中共广东省委书记，两广的政治军事由他一肩挑

八七会议后，临时中央政治局为了加强对广东、广西以及闽南等地（包括南洋一带）的武装斗争和政治军事工作的领导，8 月 11 日，决定任命张国焘、周恩来、张太雷、彭湃、恽代英、黄平和陈权等组成中共中央南方局，由张国焘任书记。南方局设军事委员会，由周恩来兼主任，并调张太雷任中共广东省委书记。在周恩来等到职以前，由张太雷、杨殷、黄平组织临时的南方局，负责准备并指导上述区域内之暴动及一切政治军事事宜。

当时，周恩来、彭湃、恽代英等已领导八一南昌起义，并率领大军向广东进发。张太雷参加八七会议后，即兼程南下，于 8 月 19 日到达香港，与原中共广东区委有关同志杨殷、阮啸仙等取得了联系。

8 月 20 日，张太雷根据中央临时政治局的指示，召开关于成立广东省委的筹备会议，并在会上传达了八七会议精神以及中央对广东工作的指示。会议一致通过完全接受八七会议的决议案，积极准备组织武装起义，配合南昌起义大军夺取广东，建立工农民主政权，武装反抗国民党反动派的血腥屠杀。会议还详细讨论和制订了暴动计划，决定分别组织广州北江、西江暴动委员会，通过了暴动口号、暴动时的军事编制、工作大纲等，并决定正式成立省委，选举了省委委员。

8 月 22 日，中央指示南方局及广东省委，在起义部队入粤时，东江须立即开始广大的暴动，发表政治的口号，为叶、贺（指南昌起义军叶挺、贺龙部队）内应。省委当即制订了“起义军打到哪里，就在哪里组织暴动响应”的部署，决定在南昌起义部队进入广东后，首先发动潮汕地区人民武装起义。

9 月 19 日，张太雷为了向领导南昌起义的前委传达八七会议精神以及领导潮汕地区人民武装起义，秘密从香港来到潮州。

此时，南昌起义部队在周恩来、朱德、贺龙、叶挺、刘伯承的领导下，从闽西上杭插入广东大埔，直奔潮汕地区。9 月下旬，张太雷发动潮汕铁路工人起

来罢工，挖断路基，使汕头的敌人无法运兵到潮州增援，还发动潮汕地区的商民、店员举行罢市，领导浮洋区的农民自卫军举行武装起义，围攻徐陇、洪港等地的封建地主堡垒达三昼夜，一直坚持到起义大军到来时，配合起义军消灭了敌人。潮汕地区的工农赤卫队，还占领了敌人的警察署及国民党的重要机关，打开监狱，释放了被囚禁的共产党员和革命群众。

9月23日，南昌起义部队打退了敌人的截击，以破竹之势一举攻下了潮州，接着，潮州县工农兵学商联合政府成立。

为了迅速解放汕头，张太雷又把潮汕铁路的工人组织起来，连夜抢修铁路，以供起义部队使用。当地农军也配合起义部队击垮了铁路沿线浮洋、斗文、金石、彩塘等地的反动民团武装。第二日，在当地工农群众的热烈支援下，起义部队即从潮州乘火车南下，迅速攻克了汕头。当日，成立了汕头市人民政府。汕头人民为庆祝人民政权的建立，在牛屠地举行规模盛大的群众大会。周恩来、贺龙、叶挺等出席大会，和群众见面。

起义军攻克汕头后，张太雷赶往汕头，向周恩来、李立三等传达了中央八七会议精神，并转达了中央临时政治局的决定：将南昌起义后建立的中国国民党革命委员会改为苏维埃，弃中国国民党的旗帜，改树斧头镰刀的红旗，由我们党单独领导革命，放弃潮汕，部队转移到海陆丰与当地农民武装会合，建立革命根据地等等。

在国民党反动派疯狂反扑的情况下，起义部队于9月30日撤出了汕头。留守在潮州的另一部分起义部队，也于30日晚上主动向普宁撤退。10月1日，周恩来以及革命委员会的成员，经揭阳炮台、贵屿来到普宁流沙，指挥部设在天后庙（即流沙教堂）。张太雷也随指挥部来到这里。10月2日，在周恩来主持下，革命委员会以及指挥部的成员，联合在天后庙举行了紧急会议，主要由张太雷代表中央临时政治局传达中央八七会议精神以及研究起义部队的最后决策。

当时周恩来正患病，发高烧。为了研究护送周恩来和指挥部的成员迅速撤离战区,10月3日，张太雷等人在流沙平湖读书楼举行会议。正当会议进行时刻，敌人向起义军进行反扑，张太雷等迅速转移，于10月13日回到了香港。周恩来和叶挺、聂荣臻等一道，在汕头市委书记杨石魂陪同下，冒着敌人的炮火转移到陆丰南塘区委书记黄秀文处，半个月后，再转往香港。

10月15日，张太雷在香港主持召开南方局和广东省委联席会议，总结南昌起义部队主力在广东失败的教训。会上，他作了《“八一事变”的经过、失败原因和前途》的报告，着重提出：“军队必须在实际上由中国共产党南方局领导下的参谋团的指导下全部转变为工农革命军，军旗改为红旗”，“各地仍应积极准备，一有机会就发动起义”。会议通过了《最近工作纲领》，表示“广东的工农斗争决不会因东江军事失败而消沉，反将完全抛弃等待军队帮助的观念，而有更自动努力奋斗之决心”。

为了迎接新的战斗，会议重新改组了南方局和广东省委。南方局由国际代表指定张太雷、周恩来、恽代英、黄平、杨殷、彭湃6人为委员，下设军事委员会，指定周恩来、张太雷、黄平、赵自选、黄锦辉和杨殷负责，改选后的广东省委仍由张太雷任书记，阮啸仙、恽代英、杨殷等36人为委员或候补委员。张太雷主持了南方局、省委联席会议后，就离开香港前往汕头，处理南昌起义军的善后工作，10月22日从汕头抵达上海，向中央直接请示有关组织广州起义的问题，并出席了中央临时政治局召开的扩大会议。

会后，张太雷与苏兆征以及国际代表罗乃曼等一道继续研究关于制订广州起义的计划。11月17日，中央临时政治局常委讨论了广东形势，通过了由苏兆征、张太雷等草拟的《中央对广东工作计划决议案》。张太雷在上海逗留了20余天，于11月20日晨离开了上海，担负领导广州起义的重担，返回广东。

出任广州起义总指挥，不到两个小时的战斗，白色恐怖的广州变成了红色的革命城市

张太雷于11月26日亲赴广州，在那里主持召开了一次有吴毅、黄平、陈郁、黄谦、沈青、王强亚以及国际代表罗乃曼等人参加的省委常委会议。他在会上指出，张发奎同桂系军阀是一丘之貉，决不能对他抱任何幻想，或与他妥协，我们党只有独立领导革命战争，发动工农兵群众武装夺取政权，才有出路。

会上，成立了起义总指挥部——革命军事委员会，由张太雷担任总指挥。11月28日，广东省委发表了《中国共产党广东省委员会号召暴动宣言》，向工农兵群众提出:“决战的时间快到了！”在张太雷的领导下，广东省委还及时出版了《红旗》，并印发大量传单，积极鼓动广大人民群众参加起义。

当时，白色恐怖正笼罩着整个广州城。张太雷把个人安危置之度外，为准备起义而紧张地工作着。他亲自跑到停泊在白鹅潭的一艘邮政船上，召开了秘密的广州工人代表大会的负责人会议，传达和部署了起义有关决定。他兴奋地说:“同志们，报告大家一个重要消息，党决定在广州举行武装暴动！”他还告诉大家:“暴动是个大事情，一点也急不得，省委决定从现在起，积极进行准备工作，什么时候准备好，就什么时候动手干！”大家听了张太雷的讲话，十分兴奋，恨不得立刻揭竿而起。最后，张太雷对起义的各项准备工作做了具体布置。

张太雷十分重视对张发奎军队的争取工作，认为这是夺取起义胜利的一项重要保证。他亲自来到设在财政厅附近的一所党的地下联络站，召集了教导团骨干李云鹏、王侃玉、唐维等人举行秘密会议，传达了国内的革命形势和党的政策，并对上述工作进行具体安排。

12 月 4 日傍晚，张太雷又于黄花岗召集教导团、警卫团和黄埔军校特务营等单位的党团员和积极分子 200 多名举行秘密会议，向大家作了关于当前国内形势以及目前广州敌我情况等问题的报告，要求大家分工联系周围群众，加紧做好全体革命官兵的思想发动工作，并仔细调查和严密监视团内反动分子的活动等等。会后，张太雷还亲自主持了教导团各级干部的分组训练，做好教导团的各项起义准备工作。

与此同时，省委通知全省各地党组织，准备发动农民起义，与广州起义配合。并相继派出了张善鸣、阮啸仙、赵自选、周其鉴、黄谦、潘兆銮、吴勤等人分赴省内各地组织农民武装，准备配合广州起义，又加强彭湃率领的海陆丰农民起义军的联系，要他们尽快向惠州方向移动，以便与广州起义呼应，争取与广州迅速连成一片，此外，省委还通知正在湘粤边活动的朱德、陈毅率领的部分南昌起义部队赶紧南下，准备参加广州起义。

12 月 5 日，中央给广东省委来信，同意广州暴动的计划。在这之前，中央已指示省委，“暴动后成立的广州市工农兵士贫民代表会议，可选苏兆征、周恩来等为主要干部”。

起义的准备工作在积极进行着。为了进一步研究与起义有关的重大问题，12 月 6 日上午，张太雷在沙面西桥附近一所党的地下联络站，召开了一次省委常委紧急会议，讨论了起义政纲、宣言、告民众书和起义时的力量部署、起义后成立广州苏维埃政府时各部门的人选。会议最后决定：12 月 12 日举行起义。

为了做好起义后成立苏维埃政府工作，12 月 7 日，张太雷又在司后街附近一间戏院秘密召开了广州工农兵代表会议。他在会上详细分析了当时形势以及广东、广州市的敌我情况后指出，“这正是我们举行暴动，夺取政权的大好时机”。大家听了张的讲话，都十分激动和兴奋。接着，张太雷在会上宣读了起义政纲、口号，并逐条解释通过。这次会议还选举通过了广州工农兵代表会议的执行委员名单。

广州起义，像箭在弦上，大有一触即发之势。正在这个时刻，我小北直街秘密掩藏武器的大安米店被敌人破坏，教导团内部的反动分子也闻讯告密。汪精卫在上海接到了共产党准备在广州举行起义的密报，连夜派了他的老婆陈璧君赶赴广州。令张发奎迅速解除教导团的武装，镇压工人赤卫队，搜查各工会。

12月9日，汪精卫又电令张发奎马上采取行动。张发奎接电后，立即着手准备镇压，密令他的“护党军”前敌总指挥、第四军军长黄琪翔赶紧由西江前线返回广州执行汪精卫的计划，公安局也加紧全市户口的检查工作。

在这紧急时刻，张太雷于12月10日召开革命军事委员会紧急会议，向大家报告了上述情况，建议当机立断，先行动手，把起义日期提前在12月12日凌晨举行，大家充分研究了变化了的形势，一致同意张太雷的意见。会后，省委即向中央作了紧急报告，指出：“广州暴动之时机已到，此时如不动作，教导团力量将被其解散，同时敌人更加紧的向我们进攻”，“省委决定明日即行暴发广州之暴动”，并要求“中央对此事给我们以迅速而详细的指导”。报告还再次希望派周恩来同志来指导最近工作。

为了保证起义行动的顺利进行，起义前夕，张太雷在财政厅前附近一处党的秘密机关，又召开了教导团、警卫团的骨干会议，决定11日凌晨3时半起义，当日的行动口令为“暴动”。

会上，张太雷任命了李云鹏为起义时的团长，叶镛、赵希杰、饶寿柏为第一、二、三营营长，各连连长皆由共产党员担任，各排排长和班长也多是积极分子。会议还确定了起义部队的标志，各连队进攻的目标和起义时对团内敌人采取的措施等问题。会后，张太雷派了一个青年携着包袱，装着预先准备好的铁锤镰刀旗子以及红领带等物，随新团长先到教导团。

接着，张太雷和周文雍等赶到西关潭新街6号党的秘密机关，主持工人赤卫队各级领导人会议。张太雷庄严地宣布：今晚下半夜（11日）3点半举行全线暴动，要求各联队必须在半夜两点半以前赶到指定地点集中。张太雷讲话后，周文雍作了战斗部署，分配各联队进攻目标，明确起义标志以及当日口令等。

11日凌晨2时许，张太雷和工农红军总指挥叶挺、秘书长恽代英以及工人赤卫队的代表等，在教导团派出的一位连长陪同下，乘小汽车来到教导团驻地四标营，命令新团长立即紧急集合，把队伍带到操场集中，又命令一些人去解决反动参谋长朱勉芳，拘禁其他反动分子。

部署既定，随即举行全团官兵1000多人的誓师大会。张太雷在会上作起义动员说：“今天夜间，我们要在广州举行暴动，要打倒国民党反动派，完全解除敌人在广州的武装，成立广州苏维埃政府。教导团是暴动的主力，你们要勇敢战斗，完成我们党交给的任务！”

最后，他慷慨激昂地号召说：“革命士兵兄弟们！在国民党反动残暴统治下，革命士兵除了和工人、农民一道，高举革命红旗，拿起武器，和国民党反动派拼个死活外，第二条出路是没有的。起来吧，广州苏维埃万岁！无产阶级革命成功万岁！”

张太雷的语音刚落，台下就响起了“打倒国民党反动派！”“打倒帝国主义！”“中国共产党万岁！”“广州苏维埃万岁！”等雷鸣般的口号声。

工农红军总司令叶挺也在会上宣布了起义的战斗部署和教导团各营的战斗任务，还宣布了各营、连、排的指挥员名单。

11 日凌晨 3 时 30 分，“轰！轰！轰！”三声炮响和“砰！砰！砰！”的一阵信号排枪，宣告了震撼中外的广州起义爆发了。

晨報
廣州城紅旗蔽天——
蘇維埃政府正式成立
工農留守兵士聯合大革命
張發奎與黃琪翔隻身逃亡
市中惟有手執鍬斧之農工

当时《晨报》有关广州起义的报道

霎时，全团官兵高举铁锤镰刀红旗，分三路出发，投入战斗：东路攻击沙河步兵团、燕塘炮兵团；南路联合工人赤卫队攻击东山、广九铁路车站及伪公安局；北路攻击伪省府公署、军事厅、观音山敌军，占领城北制高点。

与此同时，警卫团第三营革命士兵，在枪毙该团反动参谋长唐继元等反动军官后，也分两路出发，一路攻击南堤驻肇庆会馆的第四军军部，一路攻击仰忠街第四军军械库和驻文德路之第十二师后方留守处。

在广州各处集中待命的工人赤卫队，听到教导团响起的排枪信号后，也纷纷举起红旗，系上红领带或带着红臂章，手持梭镖、大刀、铁尺、手榴弹等武器，按预定目标，向反动派进攻。黄埔特务营的官兵也迅速参加起义，占领了黄埔军校校部以及鱼珠炮台等险要地点。

由于起义的工农兵群众英勇奋战，不到两个小时的战斗，就占领了珠江北岸大部分地区。红旗到处飘扬，标语贴满大街小巷。转瞬之间，白色恐怖的广州变成了红色的革命城市！

一颗罪恶的子弹穿进张太雷的胸部，这位广州苏维埃政府代主席再也没有站立起来

张太雷决定：12 日中午在西瓜园召开群众大会。

当年的西瓜园广场在现今广州人民中路太平戏院和电话局一带，是个能容

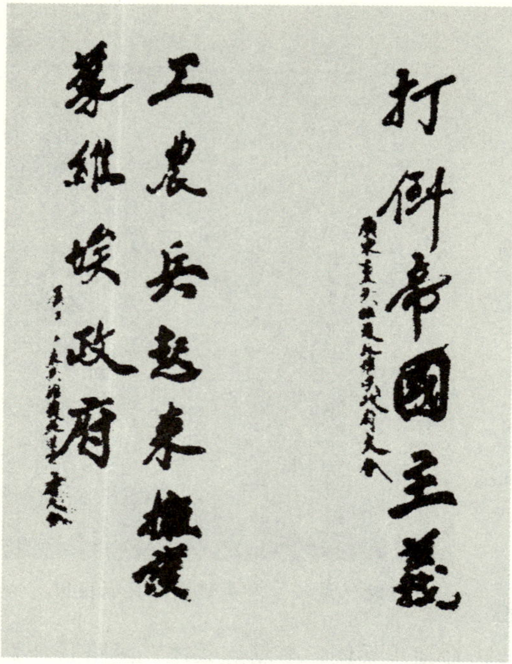

广州起义时的街上张贴的标语口号

纳上万人的大广场。周文雍让洋务工人赤卫队的梁同志找了一些人布置会场。他们搬来几张大餐桌，拼搭成一座比人还高的主席台。台上放了一排藤椅，台口两边扎着两根粗大的长竹竿，顶端横系着一条红布长幅，上面贴着“广东工农兵拥护苏维埃政府大会”14个大字，端正粗壮，十分醒目。广场四周的竹棚上贴着红绿彩色纸书写的标语：“打倒帝国主义！”“工农兵起来拥护苏维埃！”“赤色恐怖消灭白色恐怖！”

11时左右，工人、士兵、学生、少先队员、市民各界人士代表陆续来到会场，有好几千人。会场上红旗招展，锣鼓喧天，人人喜气洋洋，个个笑容满面。

教导团的女兵开会前在教群众唱《工农兵联合起来》：“工农兵联合起来向前进，万众一心！”

到了12点，一辆小汽车驰进广场。张太雷陪同诺尹曼来到会场。恽代英、周文雍、杨殷、陈郁等人也接踵而至，他们都登上主席台，坐在讲台前的那排藤椅上。

周文雍起立宣布：“工农兵同志们！今天我们在这里召开群众大会，庆祝和拥护广州苏维埃政府……”台下广场中爆发出雷鸣般掌声，山崩样的欢呼声！鞭炮在四周点响，把人们的欢乐情绪推向高潮。鞭炮响过，人声稍息，周文雍又大声宣布：“现在请广州苏维埃政府代主席张太雷同志演讲。”

在热烈的掌声中，身穿黄色军装的张太雷英姿焕发，面带笑容地站到发言桌旁，首先宣布：“广州苏维埃政府正式成立了！”

会场又爆发了震耳欲聋的掌声和欢呼声。张太雷站在主席台上，用炯炯有神的眼光注视着广场上的群众，待到会场稍为平静时，他用浑厚有力的声音继续说着：

“工农兵同志们！从12月11日凌晨发动起义后到今天上午，教导团和工人赤卫队联合作战，夺取了公安局及一切政府机关，除了还有几处地方没有攻下外，市里差不多全被我们占领了！”

代表资本家、地主、土豪劣绅利益的国民党政府推翻了！

资本家的政权打倒了，工人可以不受压迫了！

地主的政权打倒了，土地可以归农民了！

军阀打倒了，兵士可以不受虐待了！

“工农兵代表会议形式的政权建立了，可以用民主政府的权力来保障并且发展我们工人、农民、兵士自己的利益了！”

这时台下又响起鼓掌声、口号声，会场平静后，张太雷用手指扶正了镜框后继续大声说：“革命的同志们！我们在广州虽然取得了很大的胜利，但是我们的革命工作还没有完成，而且还存在着很大的危险，我们应该继续努力，英勇作战！保障广州苏维埃政权，我们要夺取革命斗争的最后胜利！”

会上通过了广州苏维埃政府致共产国际电。会议开得红红火火，热热烈烈。

群众大会在下午两点多圆满结束后，张太雷满怀胜利喜悦，返回起义总指挥部。

就在这时，一股敌人在帝国主义军舰掩护下，从珠江河南岸渡过珠江到猎德，绕道小北门外，占领了观音山，乘起义军后方空虚之际，集合反动分子数百人，分两路沿第一公园两旁马路向起义总指挥部扑来，大北直街亦为敌军冲入。在赤卫队总部内的武装工人赤卫队数百人分两路迎战，就近的教导团工兵连亦闻讯赶来。敌人不支，狼狈逃窜，我军重新收复了观音山。

当时，起义军的领导人都分别在前方指挥战斗。张太雷从西瓜园大会返回总部不久，听说敌人扑来，就急忙与第三国际代表乘车赶到大北门去指挥战斗。当他们驶至大北直街（现解放北路）附近时，遭到敌人伏击，张太雷身受重伤，医治无效，壮烈牺牲，时年 29 岁。

张太雷是这次起义的主要组织者和领导者。他的死，使起义队伍失却领导中心，使起义受到了极其严重的损失。当日晚上，因敌人援军纷纷赶到，敌我力量悬殊，起义总指挥部下达了撤出广州的紧急命令。

广州起义失去了它的组织者和领导者后不久，就在敌人绝对优势兵力的围攻下失败了。

广州起义虽然失败，却为后来的革命胜利奠定了一块重要基石。张太雷和广州起义死难烈士的战斗决心和必胜信念，是中国共产党人最宝贵的精神财富，烈士们的血没有白流，它将在一代又一代革命青年的心中奔涌。

中共党内的“辩才”

——中共第二届中央执行委员高君宇

主题人物： 高君宇
籍　　贯： 山西静乐县
出生时间： 1896 年 10 月 22 日
主要职务： 1920 年加入中国共产党。1922 年初去莫斯科出席远东各国共产党及民族革命团体第一次代表大会。后任党中央教育委员会委员，是中共第二届中央执行委员
逝世时间： 1925 年 3 月 5 日
逝世地点： 北京协和医院
当时年龄： 29 岁

周恩来： 革命与恋爱没有矛盾，留着它（指高君宇和石评梅的合雕像）对青年人也有教育意义。

罗章龙： 论交八载忆红楼，笔阵纵横荡九州。
京汉工人流血记，千秋碧血赋同仇。

薄一波： 高君宇是我党早期的无产阶级革命家，山西党组织的创始人之一。在短暂的一生中，为中国革命事业鞠躬尽瘁，作出了自己的贡献。

一位年轻的中共领导人的生命定格在29岁的星空。以后的岁月里，他静静地躺在北京的陶然亭

我愿生如闪电之耀亮，
我愿死如彗星之迅忽。

这是一位中共早期著名的政治活动家、理论家，中共北方党团组织的主要负责人和山西党团组织的创始人的一首言志诗。

这首诗写在他自己的一张照片上，后来被成千上万的人铭记、朗诵、景仰与深思。

他的生命定格在29岁的星空。以后的岁月里，他静静地躺在北京的陶然亭，看过一个世纪的风云激荡，看着他所憧憬和向往的新世界到来。

历史无法忽略这位青年，他的生与死、爱与憎，他的才华和智慧、理想和激情，一起深深地铭刻在洁白的墓碑上。历史记住了他的名字：高君宇。

他1912年“负笈抵省”，考入山西省第一中学，因才华出众，以“十八学士登瀛洲”而享誉省城。在学校墙报上予以表彰，学校对他的评语是“崇德敦行”。

高君宇（1896—1925）

1915年，他参加了反对袁世凯与日本签订丧权辱国的“二十一条”的斗争，捐款翻印“二十一条”全文广为散发，组织游行和街头演讲，声援蔡锷等人护国反袁斗争。翌年考入北京大学英语系学习。

在当时进步思想的发源地北京，他受到激进的新文化和新思想的影响，很快成为学生运动的领袖。1918年5月，他参加了反对北洋政府签订《中日共同防敌军事协定》活动，成为近代中国学生运动史上第一次公开的游行请愿活动。

1919年5月4日学生爱国游行时，他是组织和参加的骨干之一，和许德珩等十几个学生冲进赵家楼，痛打签订卖国条约的官员章宗祥，演出了五四运动壮丽的一幕。随后，他代表北大学生参加了学联的领导工作。

1919年10月，他担任邓中夏主持的平民教育讲演团的骨干和领导，同邓中夏一起在城市、农村讲演，宣传进步思想。1920年3月，他参加了由李大钊指导、19名学生秘密组成的北大马克思学说研究会，并与其他会员一起筹办了附属研究会的图书馆，命名为“亢慕尼斋”（共产主义的译音）。

共产国际远东局代表维经斯基来华帮助中国先进分子建党，他也是重要对象之一。1920年10月，李大钊在北京建立共产主义小组，他是首批成员之一，成为山西省的第一个共产党人。

1921年7月，中国共产党第一次全国代表大会在上海召开，他是全国50余名党员之一。

他于1922年7月党的二大当选为中央执行委员，担任党报《向导》的编辑。翌年在党的三大担任了中央教育委员会委员。同年5月，在中国社会主义青年团第一次全国代表大会上当选为团中央执行委员。后回山西筹建共产党组织。

1924年初，他又同李大钊等一起以共产党员的身份参加了国民党第一次代表大会，曾担任孙中山的秘书。

毛泽东和周恩来作为高君宇同时代的人，当他们还是早期共产党的著名活动家时，就对高君宇留下了深刻的印象。

我们不能确切地考证毛泽东五四时期在沙滩红楼北京大学图书馆作图书管理员时是否认识高君宇并与之作过交谈，不过，在中共一大之后，高君宇和号称“小马克思”的刘仁静，在杭州的西湖与28岁的毛泽东有过一次难得的相遇，相互交换了对国内外形势的分析和中国革命前途的看法。后来在延安，毛泽东用他浓重的湖南湘潭口音对斯诺谈及中共建党初期的一些情况，说到山西一个党员“高崇武”的名字，从发音判断，他指的就是高君宇，因为中共最早50余名党员中，山西只有高君宇一人。

周恩来是极重情义的一个人，直到他身染重病的晚年，仍未能忘记50年前在上海黄浦江畔和他互通恋爱情报的青年高君宇。

那是1925年的1月，两个年轻人在中共四大期间相识了，俩人欢谈甚深。比高君宇小两岁的周恩来刚从法国回来不久，他和邓颖超有五年没见过面；高君宇钟情石评梅也近五年，爱情的谜底都尚未揭晓。他们之间产生了自然的吸引和信任，临别，周恩来交给高君宇一封信，请他在返回北京的途中，顺便在天津下车，交给在立达学校任教的邓颖超。这是一封有着特殊意义的信，高君宇就如同肩负着特殊使命的月下老人，做了周恩来和邓颖超之间热忱的“红娘”。

新中国成立后，周恩来和邓颖超曾几度到陶然亭凭吊“高石之墓”。1956年，周恩来在审批北京城市规划总图时，特别强调要保存“高石之墓”。他说：“革命与恋爱没有矛盾，留着它对青年人也有教育意义。”“文革”期间，“高石之墓”遭到破坏，当时已身染重病的周恩来闻讯后十分痛心，立即委托邓颖超妥善照管。在邓颖超的关照下，两块汉白玉石的高石墓碑被移至“首都博物馆”保存，高君宇的遗骨火化后安放在北京市郊的八宝山革命公墓。

高君宇是一把刺向黑暗社会制度的宝剑，是一簇照耀革命者前进之路的火花。

他的生命是短暂的，但是，他以不屈的斗争和无私的奉献诠释了自己的愿望：“我愿生如闪电之耀亮，我愿死如彗星之迅忽。”

康有为、梁启超、章太炎这些如雷贯耳的名字，让高君宇迷住了

高君宇是从一座小小的山城，产生奔赴他乡献身的理想，去翻开人生的另一本大书的。

1896年10月22日（前清光绪二十二年九月十六日），在一个普通而略显凄凉的秋天里，高君宇出生在这个小村落一座青砖灰瓦、黄土窑洞的宅院中。这是一个没有特别值得纪念意义的日子，虽然他出生后的第二天，在伦敦被清驻英使馆绑架12天之久的孙中山，经他的老师康德黎等人的大力营救被迫释放。时年30岁的孙中山伦敦蒙难是历史上著名的事件，从此他的大名传遍世界。小村庄一个孩子的出生会与它之间发生什么关系呢？这远远不是他的亲人们考虑的问题。他的父亲和族人们仍表现出一如既往的热忱，道喜并庆贺，放着鞭炮喝着酒。

高君宇的父亲名配天，字子明，先世本陕西米脂原籍，是17世纪明末农民大起义领袖高迎祥的后人。经过世代的累积，他开着油坊、粉坊和豆腐坊，他开着煤窑和瓷窑，他在县城里还经营着商铺，担任县商会会长长达十年之久。他勤苦地维持着一家的生计，过着滋润而体面的日子，也维持着他在乡里的好名声。他现在是乡里的开明绅士，急公好义，公正廉明，得到县上赠匾“咸与维新”和“热忱国事”的褒扬。高配天作为独子，对于高家第二个儿子的出世，显得尤为激动，这不仅拂去了他心中忧虑高家一脉单传的阴影，而且兆示着家族往后人丁兴旺和荣华富贵的美好前景，适时地提升了他打理人生的心气。

如同天下所有父母的心思，高配天对这个小生命的未来寄予莫大的希望。那还是一个以“名以正体，字以表德”相尚的时代，至今我们可以想象，在昏黄的油灯下，高配天和他的亲人们翻开古老的《论语》和《周易》，从“君子哉若人，尚德哉若人”中汲取智慧，为这个孩子起名尚德，等到这个孩子长大以后，从“招怀万邦，王三锡命”的宏大愿景里为他赐字锡三。

高配天抱着读书明理的淳朴信念，为这个孩子延请塾师，要让他受到良好的教育。在高君宇的同窗李四祥和刘四脸老人的回忆里，儿时的高君宇贪玩好动，但记性好、脑子快，而且机灵胆大，有出色的攀登本领，爬墙上树、掏麻雀、拆鹊巢，都是他的拿手好戏。

他的父亲给他换了三任塾师，从段化行到冯乐善，11 岁时送到娄烦镇冯善达先生门下，住在自家开的"天合成"货铺里。这时的高君宇读书肯下功夫，年少才高，很得先生的赏识。他爱钻在"长工屋"听故事，在这浓缩的社会大课堂里，他学到一些书本上没有的知识。

1909 年秋，清廷被迫"废科举、办新学"的清风吹到闭塞的县城虽然迟了些，高配天仍极为敏感地捕捉到时代咸湿的浓重气息，望子成龙的他没有丝毫犹豫，把他的长子高俊德和次子高君宇送进县立高等学堂读书。

辛亥革命在这时爆发了，沉睡的土地宛然苏醒，高配天成为首批同盟会员，还被推为温泉都团总。少年的高君宇隐隐地感受到一种不一样的风在吹着，他第一次听到革命党人的首领叫孙中山，对他而言，这是一个遥远而陌生的名字，也是一个厉害的大人物，不过，他并没想过这个大人物要和他的人生发生一些重要的关系。

那年春节来临之际，高配天父子三人做了一件惊人之举，一道剪掉头上的辫子，留着新发型回到家里。不仅如此，高君宇还对母亲给妹妹缠脚一事始终不解，他竭力用学到的还不成熟的新知识、新思想说服生性温和的母亲，给他的妹妹放开了被紧紧裹缠的脚。妹妹的脚放开了，高君宇的心也在放飞。

在以后三年零六个月的日子里，在古城太原以"巽水烟波"著称的文瀛湖畔，在秉承着"勤俭自立，诚毅有为"校训的模范中学山西省立一中，高君宇放飞的心获得了翱翔的机会和空间。

自负笈抵省的那一天起，高君宇就怀着立意深造的决心，望着庄严的校门门楣上苍劲有力的校名，他的心并不平静。虽然皇帝倒了，但社会依然专制腐败，仍然需要改革。高君宇关心时事，广泛选读京沪各大报纸及时人名著，康有为、梁启超、章太炎，这些如雷贯耳的大名让他长久向往，那些笔锋常带感情的学说和酣畅淋漓的文章，具有极大的魔力，在它们面前，差不多所有的旧思想、旧风习都好像狂风中的败叶，完全失掉了它的精彩。他不甘落后，潜心研究新学，成绩由平常而转到优等，获得"崇德敦行"的好评。

"老当家"的高配天为儿子感到骄傲，只是觉得儿子花钱太多。高君宇把钱大量地用于购买新出的书刊杂志，他用各种新思想滋养着年轻滚烫的心。在长达万言的国文考试答卷《各述个志》中，高君宇意气飞扬、洋洋洒洒地陈述了一个青年的远大理想。目击时艰，痛国沉沦，高君宇往往愤懑填胸，他把《袁氏窃国记》寄回家乡让父兄看，并在信中说“洪宪过不了百日”。

“这才是高家之后啊！”高配天从儿子身上得到莫大的安慰。

高配天不再操心儿子的花钱，但爱子心切的他却操心着儿子的另一桩大事——婚姻，他要为儿子娶一个漂亮妻子，为高家纳一个贤惠媳妇，为高家完成传宗接代、延续香火的使命。

对于这桩父母之命、媒妁之言的典型包办婚姻，18岁的高君宇思想上毫无准备，他竭力反对但无济于事。在喜庆的锣鼓声中，高君宇和邻村比他大两岁的姑娘李寒心入了洞房。

因为这是一场极不情愿的意外婚姻，高君宇大病一场，咯血两次，几乎丧命。这在高君宇的一生中奏响了悲剧的前奏。

婚后没几天，高君宇跑到省城静养，并给父亲写了一封长长的信，请求释放这个可怜的女子。当时，他并没有决心要与家庭破裂，但是他决不认李寒心为妻，年轻的他发誓此生此心再不交给他人。

那么，他那颗不安的跃动的心要往何处去呢？

山西有座娘子关，高君宇跨过这道古代关隘，去寻找新的人生目标

山西有座娘子关。近代以前，这是晋省与外部隔绝的天然屏障。新文化运动在北京如火如荼地展开，那时期正是思想上的新青年时代，虽然娘子关的厚墙把这个时代截断了，但是那古老而密接的缝里，还是透进些微光去，也还有少数人喜欢这个光。许多有为的山西青年跨过这道古代关隘，摆脱封闭和愚昧，勇敢地投入新的生活。

1916年的盛夏，高君宇在他的父亲陪同下，坐了一个晚上的火车，穿越娘子关的厚墙来到京城，考入向往已久的北京大学。

高君宇和他的父亲对于这次北上京城各有所思：高君宇希望借得它来完成自己的志愿和事业，他的父亲呢，则希望借此猎得一些禄位金钱来光宗耀祖。

两代人两种理念。在高君宇看来，就是头戴金冠，腰缠万贯，也算不了什么稀奇的光荣，他绝对再不能为古旧的家庭或社会作涂饰油彩的机械傀儡。

就在这年年底，蔡元培先生出任北京大学校长，这是关乎北京大学百年荣光的关键人物，“兼容并包，思想自由”，成为那个时代最为响亮的声音，陈独秀、李大钊、胡适、鲁迅、周作人、钱玄同、刘半农等新文化运动的名人，集合在这面大旗之下，引领着一个群星闪耀的时代到来。高君宇和像他

一样的大批有志青年汇聚在一起，相互砥砺，结成战友，站立在一个崭新的历史起点上。

高君宇长大了。他是一个体格健壮的青年，略微显得有点胖，容貌白皙，面色温和，有着一颗优越的心，忧乐不加于心，在别人的眼中还以为是一个文弱的书生。高君宇一头沉醉在新思想的摇篮里，像一只小兽贪婪地吮吸着新鲜的空气，显露出他的弘毅果敢和勇猛有加，寻求着一切可以使生命铮亮的人和事。

高君宇先后加入北京大学进德会、少年中国学会、北京大学画法研究会、北京大学地质研究会、北京大学新闻学研究会。他从著名报人邵飘萍和新闻学前辈徐宝璜那里练习撰写新闻稿件和编办报刊的训练，使他有了广阔的用武之地。他参与编辑和经常撰稿的刊物，除《新潮》《晨报》副刊、《北京大学学生周刊》外，《国民》杂志、《工人周刊》《向导》周报、《平民》半月刊、《政治生活》《新青年》《先驱》《民国日报》都时常闪现他的名字。

当时，世界顶尖级的文化名人都曾出现在高君宇宽阔的视野里。他到北京手帕胡同听过杜威先生讲演的《教育哲学》，是胡适担任的翻译，高君宇每次都做了详细的笔记，《北京大学日刊》分12次将高君宇笔录的讲演稿予以刊登。他还特意访见了杜威，借阅杜威在北大纪念日大会上的讲演稿和笔记，稍作增修，题为《大学与舆论》发表在《新潮》月刊上。来自英国的大哲学家罗素的讲演他也听过，对于罗素关于社会主义和中国人到自由之路的见解，高君宇并没有人云亦云，他及时地表达了自己敏锐的不同意见。著名诗人泰戈尔访华时，他相偕石评梅到北京的杏坛作过专门的拜访。

高君宇不仅仅满足于听讲，以唤起民众为己任，他和邓中夏等发起组织成立以“增进平民知识，唤起平民之自觉心”为宗旨的平民教育讲演团，到处宣讲革命道理。在北京城乡，尤其是长辛店一带经常能看到这个青年风尘仆仆的身影，工人兄弟们亲切地称这个温文尔雅的青年为“老夫子”。

他是讲演团的核心人物，讲演过的题目有《“人”的生活》《什么叫“自治”？他的意义、形式和功能》和《私产制度和婚姻》，这些题目是那个时代的普遍诉求。

是种子就要发芽开花，长辛店劳动补习学校成立了，成为中国第一所向工人系统地传播马克思主义的学校。当著名的京汉铁路大罢工举行的时候，高君宇和何孟雄、罗章龙等隐蔽在前门火车站的调度室里，指导罢工。在关键时刻，他亲赴长辛店领导工人同军阀进行英勇的斗争。

高君宇是青年的领袖，他和世界青年的心是相通的。日本亚细亚学生旅行团到来后，高君宇代表北京学联发言，他说：“联合全世界之青年而为全世界之改造，是吾人很希望的；各国青年和军阀官僚奋斗，以破除世界之黑暗，是吾人所欢迎的”，这铿锵有力的声音极具穿透黑暗的力量。他造访来过北京的美国议员团，参加了同共产国际代表维经斯基的座谈，还关注着邻国印度的“圣雄”甘地领导的非暴力不合作运动。

高君宇的心和脚下苦难祖国的土地也是相通的。他和缪伯英、蔡和森等人在北京发起民权运动大同盟，以便同国民党及其他社会团体和各界人士结成反帝反封建的联合阵线。陈独秀是他心中仰慕的人物，他们曾为山西劳工的状况有过一些接触，当陈独秀被捕释放后，他毫不犹豫地参加到募集讼费的行列之中，吁请同情社会教育思想和与陈独秀有交情者解囊相助。

俄国发生灾荒的时候，他是173人组成的灾荒赈济会的骨干，这个名单包括熊希龄、黎元洪、颜惠庆、蔡元培、李大钊、胡适在内。为“尊重科学、破除迷信、提高自给力、保护国民人格、反对帝国主义侵略、力图自治自强起见”，高君宇和李大钊、邓中夏、陶孟和、谭熙鸿、高一涵等北京各界人士200多人发起非宗教运动。青春在刻苦的砥砺中像燧石迸发出的火花在夜幕下闪烁，画出一条耀亮的人生轨迹。

火烧赵家楼，痛打章宗祥。高君宇领导学生唱响了五四爱国运动的雄伟序曲

1918年，第一次世界大战结束。

作为战胜国的“协约国”一方的中国，在大战结束时曾大大宣传公理战胜强权，国人兴奋一时。但是，兴奋不久便是国人的悲愤。

1919年1月，由20多个战胜国参加，以解决第一次世界大战问题为议题的巴黎和会开幕。这次会议，是在“和平”的幌子下，由英、美、法等帝国主义国家操纵的分赃会议。为了掩人耳目，会前美国总统威尔逊高唱和平，又赞成中国收回山东半岛权益。中国以战胜国的资格派代表参加会议，对会议充满希望。在会议上，中国代表向会议提出废弃列强在我国划分的势力范围；撤退外国军队、巡警，裁撤外国邮局及有线无线电报机关；取消领事裁判权；归还租借地；归还租界；关税自主；废除“二十一条”，归还大战期间被日本夺去的德国在山东的权利等要求。

这些要求是非常合理的，正义的。但会议开始不久，和会即以中国提出的七项要求不在议决范围之内而加以否决，取消“二十一条”也未列入大会议程。巴黎外交消息一天坏似一天，青年学生和国人原来对会议所抱的幻想迅速破灭。

于是，北京大专院校学生联合会随即组织起来，准备开展斗争。

北京大学同学2月5日在第三院礼堂召开了全体大会，致电中国赴巴黎代表，要求拒绝日本向和会提出的无理要求，高君宇当选为北京大学学生会的负责人，他们分头到各校联络，准备统一行动。特别不能容忍的是，4月，和会在议决中国关于收回山东权益的要求时，英、美、法三国拟定山东问题条文，竟规定“所有在青岛至济南铁路之德国权利”，包括“支路”“矿产”等特权，“均为日本获得，并继续为其所有”。这表明，“和会”无视中国人民的合法权益，拒绝中国人民收回山东权益的合理要求，准备牺牲中国来满足日本帝国主义的需要。

5月1日，中国外交失败的消息传到北京。这消息如同晴天霹雳，引起国人的极大震惊和愤怒。公理何在？中国人民只有起来抗争了。

当天下午，国民杂志社在北大西斋饭厅召开各校学生代表会议，决定5月3日晚召开北大全体同学大会，邀请高师、高工、农专、法专等校同学参加，计议统一行动。

这时，心中愤恨难平的高君宇，积极同各方联系，决心为国家民族利益斗争到底。

5月3日，学生们又获悉，徐世昌政府密电中国出席巴黎和会的代表，同意巴黎和约条款，指使代表在和约上签字。国人的情绪更加激愤。在这种情况下，一场酝酿已久的革命浪潮终于像火山一样爆发了。

5月3日晚，爱国学生按原定计划召开学生大会。高君宇不但参加了这次大会而且是大会的基本骨干，和参加会议的许德珩等同学起了核心领导作用。会议是在北河沿三院礼堂召开的，除北大全体同学外，还有各校代表参加会议。各社团代表的发言充分表达了他们对帝国主义强权政治的强烈不满，对北洋政府卖国媚敌的无比愤怒，对国家民族前途的极度忧虑和救国的坚定决心。个个发言慷慨激昂，声泪俱下，感人肺腑。法科有个同学当场咬破中指，撕下衣襟，写成血书“还我青岛”四字，还有一位同学当场拿起菜刀自杀，以自己的生命唤起民众参加救国斗争。在这种情况下，会议立即作出四项决定：

一、联合各界一致力争；

二、通电巴黎专使，坚持和约上不签字；

三、通电全国各省市于5月7日国耻纪念日举行群众游行示威运动；

四、定于5月4日（星期日）齐集天安门举行学界大示威。

5月4日，这天虽然天气晴朗，但政治的黑暗却犹如在人们头上压着一层

游行队伍因在使馆区受警察拦阻，愤而转向赵家楼胡同曹汝霖住宅。图为冲向赵家楼的学生

阴云。下午，高君宇和北大的爱国同学怀着沉重、急切的心情，排着队到天安门前集会。大会在通过由北大学生起草的《北京学生界全体宣言》后，便开始了游行。游行时，学生们手执各种旗帜、标语，上面写着：“取消二十一条”“还我青岛”“勿作五分钟爱国心”“头可断，青岛不可失”“诛卖国贼曹汝霖、章宗祥、陆宗舆”等，并高呼口号“外争国权，内惩国贼”“拒绝和约签字”“抵制日货”等。学生们还向民众散发《北京学生界全体宣言》等传单。

游行队伍按预定的路线，首先向东交民巷进发，当学生队伍到达东交民巷西口时，却受到军警的阻拦，不让通行。国家未亡，中国的土地上却已没有中国人行动的自由，这怎能不使热血沸腾的爱国青年怒发冲冠呢？于是大家即刻决定，游行队伍转赴赵家楼，到曹汝霖家找卖国贼算账去，游行队伍即从东交民巷西口进发。学生们一路喊着涌向赵家楼。

赵家楼胡同街面不宽，下午4时许，曹汝霖宅院附近已挤满了学生。但是，曹宅大门紧闭，又有不少警察把守，显然曹贼预先已有防范。学生们来到后，看看进不了院子，就在门外喊口号，大骂曹、章、陆卖国贼。有的学生用旗杆把曹宅门楼上面的砖瓦挑下来，扔到院子里去，门前院内一片瓦砾。

高君宇来到曹宅门前，看见正门进不去，就绕院墙查看，发现正门旁边一间房屋临街有一个小窗户，于是他就找了几个同学，用儿时攀墙惯用的“踏肩”办法，趴上墙头，破窗进入曹宅院内。他和同时进入院内的几个同学，先和警察周旋，院内警察同情爱国学生，没有去干预学生行动。学生们这才打开大门，大队一拥而进。

原来，曹宅分东西两院。西院是老式四合院，东院为西式洋房。曹汝霖住在东院。学生们喊着骂着闯入曹宅，因为不了解详情，先到西院寻找曹汝霖。听说曹汝霖、章宗祥、陆宗舆正在屋内密谈，但找遍各屋，不见踪影。学生们一腔怒火无处发泄，开始毁坏曹宅什物。忽然，高君宇和已经涌到东院的学生，看见一个穿晨礼服的中年人，以为这个人一定是曹汝霖，拥上去就是一顿拳脚，当即把那人打倒在地。后边马上跑来一个日本人拼命掩护，高君宇等同学不明穿晨礼服人的真正身份，看他躺在地上一动不动，也就不理他了。不过，这一顿打，也打得他半死。第二天见报载章宗祥被殴伤住了医院的消息，才知道被打者就是卖国贼章宗祥，很后悔当时没把他打死。

原来，那天曹、章等卖国贼从总统府回到曹宅，听到学生冲进院内，情急之中曹汝霖进了两间卧室夹层的箱子间，章宗祥避入锅炉房，后来章宗祥看见曹院起火，因怕被烧死，故从锅炉房跑了出来，向后门逃走，不料被高君宇等学生发现，遭受殴击。其他进入曹宅的学生寻不见曹贼，愤怒之中就把汽油倒在房内放起火来。演出这次火烧赵家楼、殴击章宗祥的爱国行动的一幕，谱写了五四爱国运动最壮丽的一章。

高君宇在这一壮烈行动中是位冲锋陷阵的英雄。当天，当大部分学生散去以后，警察总监吴炳湘派遣的大批军警赶到，当场捕去未及撤走的 32 人，其中北大学生 19 人。

当晚，听说32名同学被捕，高君宇即和一些同学成立北京大学学生干事会，具体联系营救等事宜。5 月 5 日，北京各大专院校学生全部罢课。16 日，北京中等以上学校学生联合会成立，高君宇和邓中夏、许德珩、张国焘等担任北京大学出席北京学联代表，领导学生与卖国政府斗争。

学生们和北洋政府之间的斗争不断扩大，而且学生们的斗争越来越得到社会各界广泛的同情和支持。北洋军阀虽然企图镇压学生，扼杀国人日益增长的反抗情绪，但终究惧怕引起严重后果，在蔡元培及各界人士的营救下，不得不在“五七”国耻纪念日这天释放了被捕学生。高君宇代表北大学生会到监狱接回被捕同学。

6 月 3 日上午，北大等校学生 2000 余人，扛着演讲团大旗，按照指定的地址分头展开爱国宣传活动。

6 月 5 日，上海日本纱厂的工人首先罢工。接着，其他纱厂、印刷、码头、铁路、电车、机器、海员、电灯厂、电话局等工人以及自来水厂工人、清洁工人相继举行罢工，总人数达到六七万人。同时学生罢课，商人罢市，抗议北京政府镇压学生，支援爱国学生的正义斗争。

五四运动中，在思想界的明星李大钊、陈独秀及自由主义教育家蔡元培先生的影响下，高君宇始终站在运动的前列，为运动的胜利做了大量工作，作出了不朽的贡献。他勇于冲锋陷阵、英勇顽强的斗争精神和高昂的爱国热情，体现了中华民族不可侮和自立于世界民族之林的精神风貌，是 20 世纪 20 年代先进青年的杰出代表。

高君宇一纸《启事》，300 多名有志学子便聚在“北京大学马克思学说研究会”的麾下

1919 年巴黎和会的召开和中国外交的失败，使国人对西方的政治文明渐渐地失望了。正在这时，苏俄政府发表对华宣言，宣布废除帝俄时代在华的一切特权。这个消息对渴望民族独立、国家强盛的人们是多么大的鼓舞啊！十月革命、劳农政府竟成为人们一时的热门话题。人们产生了一种迫切希望了解十月革命、了解马克思主义的心情。

高君宇的心情也是这样。“五四”以前，他和李大钊已有过很多交往，对十月革命和马克思主义已有初步的了解，但又很模糊不清。为了寻求改造中国现实社会的真理，他也急于学习和研究马克思主义。但由于马克思主义书籍比较难找，即便有书可读，学习起来也有难于理解等方面的困难不好克服，他早有集合有志者共同学习的想法。

1920 年 3 月，在李大钊倡导下，高君宇和邓中夏、罗章龙、何孟雄等人经过几次商量，终于组织一个“北京大学马克思学说研究会”。考虑到可能有人不理解，横加干涉等情况，开始还是秘密学习研究，没有公开。正如研究会发起成立的《启事》上说的：

> 马克思学说在近代学术思想界底价值用不着这里多说了，但是我们愿意研究它的同志现在大家都觉得有两层缺憾：一，关于这类的著作博大精深，便是他们德意志人对此尚且有“皓首穷经”的感想，何况我们研究的时候，更加上一重或二重文字上的障碍，不消说，单独研究是件比较不甚容易完成的事业了。二，搜集此项书籍也是我们研究上重要的先务。但是现在图书馆底简单的设备，实不能应我们的要求；个人藏书因经济底限制，也是一样的贫乏，那么，关于书籍一项，也是个人没有解决的问题。

《启事》最后说：“我们根据这两个要求，所以各人都觉得应有一个分工互助的共学组织，祛除事实上的困难。”

最初参加研究会的有 19 人，除李大钊外，对马克思主义都了解不多。同仁们经过商量，决定首先是搞好学习，掌握思想是行动的基础，在“先学习，后实行”上取得了共识。

研究会成立以后，高君宇等人除积极学习研究外，还有组织地“搜集马氏学说底德、英、法、日、中文各种图书”，建立马克思学说研究会图书室。开始时，他们只搜集到中外马克思主义书籍几十种，后经会员们捐款集中向国外购买，到1922年已增加到几百种，仅英文书籍就有100多种，德文书籍近百种，还有许多中文和俄文书籍，并已有中译本《共产党宣言》《阶级斗争》《马克思资本论入门》《马克思经济学说》等书籍和介绍马克思主义的书刊多种。在当时来说，拥有这些书籍资料已是相当丰富了。研究会推选图书经理专事管理，供会员借阅。因这个图书室收藏的都是共产主义书刊，大家便叫它“亢慕义斋”，英文意思就是共产主义室。在该室的图书上都盖有“亢慕义斋图书”的印章。现在北大图书馆所藏盖有“亢慕义斋图书”印章的书籍，就是当时研究会搜集的图书。

研究会经过一段时间的实践，经会员集思广益，规定采取下列方法开展研究活动：

一、组织讨论会。每星期六晚开一次。讨论会在个人研究的基础上进行。开会时，“先由会员一人述释该题之内容及其要点，然后付之讨论。一次讨论不完，下次续之”。因为研究会是学习性质的团体，参加的会员思想不尽一致，有拥护马克思主义的，也有倾向无政府主义或其他主义的。在讨论会上，倾向马克思主义的会员和倾向无政府主义的会员自由展开争论，会员往往在讨论中提高对马克思主义的认识，很有效果。

二、举办讲演会。每月终开一次，主要“敦请名人学者担任讲演员”。研究会多请李大钊讲演。还邀请高一涵、陈启修等人做过专题讲演。这种讲演会有时还结合一些著名纪念日进行。

三、开展特别研究。为了使会员中对某一个问题有特别的兴趣，愿意进一步作深入探讨，研究会按专题分若干小组。完全由会员自动地自由组合，开展研究。这种小组又分为临时特别小组和长期固定小组。开始一段，研究会由会员自动组成了“劳动运动研究”“《共产党宣言》研究”“远东问题研究”三个特别小组，每星期集中活动一至三次不等。后来又组成十个固定小组：“唯物史观”“阶级斗争”“剩余价值”“无产阶级专政及马克思预定共产主义完成的三个时期”“社会主义史”“各种社会主义比较及其批评”“经济史及经济学史”“俄国革命及其建设”“布尔什维克党与第三国际共产党之研究”“世界资本主义国家在世界各弱小民族掠夺之实况——特别注意于中国”。由会员自由选认，参加一个小组，选一个专题或全部参加均可。这种自愿结合、分工合作的研究方法，对提高会员的马克思主义水平帮助极大。

此外，马克思学说研究会还根据时局发展和形势需要，组织公开辩论会，达到认识错误、辨明真理、宣传马克思主义的目的。1919 年下半年和 1920 年前后，胡适等人对宣传马克思主义深表不满，梁启超、张东荪又借英国资产阶级学者罗素在中国讲学的机会，叫嚷中国实业不发达，不能谈社会主义。为了辨明真理，马克思学说研究会在北大红楼组织了一次为期两天的辩论会，论题就是“社会主义是否适宜于中国？”辩论分正方与反方两派。李大钊应邀担任评判员。两方辩论终结时，由李大钊作出结论。

为了解决不懂外文的会员学习研究问题的困难，研究会还成立了翻译室。由会员中外文较好的人参加翻译室的工作，翻译室下设三个组，即英文组、德文组、法文组。高君宇负责英文组，成员有北大英文系学生李骏、范鸿劼、刘伯青；罗章龙参加德文组，成员有李梅羹、王有德、商章孙、宋天放；法文组成员是王复生、王茂廷。各翻译组克服困难，矢志编译，先后翻译和编辑出版了“康慕尼斯特丛书”“列宁丛书”“马列主义丛书”，为宣传和研究马克思主义作出了宝贵的贡献。

根据形势的发展，北京大学马克思学说研究会在 1921 年 11 月 7 日正式公开活动，公开征求会员。高君宇为征求会员做了大量的工作。由于研究会的研究课题切合进步青年的心愿，活动内容丰富多彩，吸引了大批青年。从发出《启事》到召开成立大会时已发展到 60 多人。至 1923 年初已增加到 300 多人。1924 年，列宁逝世以后，马克思学说研究会联合其他团体在北京大学组织遥祭列宁大会，高君宇在会上报告了列宁的生平事迹。

研究会通过各种方式，广泛研究和传播了马克思主义，也为党培养造就了一批干部。不少进步青年在研究会接受马克思主义教育后，即参加了工人运动和学生运动，走上革命道路。高君宇曾经为输送研究会成员参加工人运动和劳动组合书记部做了不少工作。研究会的很多成员后来成为我国早期的共产主义者，党的重要领导骨干。

北洋政府一个谍报员打入“北京社会主义青年团”，李大钊、高君宇都被特务盯上了

苏俄卫国战争结束，中俄联系恢复以后，共产国际远东局即派维经斯基来华了解情况。维氏由俄籍华人杨明斋陪同来到北京，首先通过北京大学俄籍教员找到李大钊，并和北京部分先进青年座谈，详细了解“五四运动”的情况，介绍苏俄十月革命及革命后实行的各项政策、法令，新的经济发展规划等，他们还带来一些书刊，宣传十月革命和马克思主义。维氏还和李大钊谈及在中国建党的问题。然后由李大钊介绍维氏到上海会见陈独秀，进一步了解情况和讨论建党。

据张国焘回忆，高君宇是1921年1月会见维经斯基的，这次是北京共产主义小组全体成员和维氏座谈，他们彼此交流了各自对中国革命、俄国革命等一系列问题的看法，以及共产党人的信仰、党的组织原则等问题。维氏是共产国际及苏俄派赴中国的第一位使者，他具有广博的知识，丰富的斗争经验，为人谦虚，待人得体，具有学者气质，给高君宇留下较深印象。和维氏的接触，使高君宇第一次获得书本上了解不到的苏俄十月革命、无产阶级专政、共产党、劳农政府等方面的活的知识，进一步坚定了他走俄国道路的决心。

1920年初，陈独秀离京南下时，南陈北李曾相约建党。维经斯基与李、陈交谈，又广泛讨论了在中国建党的问题，建立中国共产党已被提上议事日程。经过几个月筹备，1920年7月中下旬，陈独秀在上海建立上海共产主义小组。10月，李大钊在北京建立北京共产主义小组。共产主义运动在中国已由制造舆论进入开展实际工作，进行组织发展的阶段。

北京共产主义小组建立以后，为了进一步发扬“五四”精神，重振“五四”雄风，教育和引导广大知识分子和青年学生投身到政治斗争中去，从事无产阶级解放运动，需要建立适于开展青年工作，政治方向明确的青年团体。在李大钊的指导下，北京共产主义小组和当时担任北京大学学生会主要负责职务的高君宇等一起商谈建立社会主义青年团组织。他们经过一段时间的筹备，1920年11月，在北大学生会办公室召开北京社会主义青年团成立大会。高君宇和邓中夏、何孟雄、缪伯英、黄日葵、罗章龙、张国焘等40余人出席会议。由于高君宇“五四”期间在学生中的威信和影响，由于他在马克思学说研究会学习研究马克思学说时的积极表现，由于他已初步确立了马克思主义信仰，由于他在北京学联和北大学生会中表现出一种艰苦忘我的工作精神和卓越的组织才能，在这次成立大会上当选为北京社会主义青年团的书记，成为北京社会主义青年团的创建人之一。

不久，在北京共产主义小组内，无政府主义者和共产主义者发生严重分歧。分歧主要集中在组织和思想两个方面。无政府主义者不赞成组织和领导，反对纪律约束，这与马克思主义政党具有严密的组织和铁的纪律是不相容的。再则无政府主义者反对无产阶级专政，认为政府是罪恶，这同共产主义者把无产阶级专政视为马克思主义精髓的根本认识相对立。由于二者无法达成一致，所以无政府主义者退出了北京共产主义小组。

无政府主义者退出北京共产主义小组以后，高君宇和邓中夏等青年团的骨干很快加入这个小组，为小组增加了新的力量。高君宇加入北京共产主义小组，表明他在思想上已坚定地确立了马克思主义的信仰，成为中国早期的马克思主义者，高君宇也因此成了北京共产主义小组的早期党员。

高君宇入党以后，在党的领导下，全部身心都投入到工作中去，并主持了青年团的工作。

当时，北京社会主义青年团主要开展了以下工作：联络和组织进步青年学习马克思主义，宣传社会主义，建立工读互助团，创办劳动补习学校，并组织一部分青年赴苏俄参观。1921 年 2 月 20 日，北京社会主义青年团召开会议，讨论解决了为赴苏俄学习的同志筹集经费。

北京社会主义青年团注意比较积极而又慎重地发展团员。在高君宇主持下，北京团组织着重发展热心从事社会主义、共产主义运动，愿意牺牲奋斗建设新社会的同志，有团员两人介绍，经全体团员大会通过，即可成为北京社会主义青年团的团员。经过四个月的工作，到 3 月 30 日已发展团员 50 多人。

不久，国际少年共产党执行委员会东方书记格林来信，要求中国团组织派代表出席国际少年共产党大会。3 月初，格林夫妇又亲自从天津来到北京接洽。这是北京团成立后来京联系的第一个国际青年组织的使者，高君宇接待了格林。

3 月 16 日，根据格林来信和面谈的意见，高君宇主持召开了北京社会主义青年团的特别会议，向会议参加者李大钊、何孟雄、罗章龙等人报告了格林来京联络的情况，确定选举代表出席 1921 年 4 月 25 日在柏林召开的国际少年共产党大会。最终选举何孟雄出席大会。这是北京社会主义青年团与国际间的第一次交往，团内同志都很重视，决定由专人收集赴会意见、审查赴会提案，形成《北京社会主义青年团致国际少年共产党大会书》，交何孟雄随同格林带给国际大会。

由于北京社会主义青年团在北京各大学积极开展活动，引导青年学习和宣传马克思主义，组织政治方向明确的社会主义运动，引起了北京当局的注意。北洋政府步军统领衙门一个谍报员关谦冒充进步青年打入北京社会主义青年团内，监视和侦察团组织的活动。每次参加会议即从会议签到簿上把与会者的名单抄走，连同会议情况一同上报。李大钊、高君宇因此都上了特务的黑名单。

特务密报后，北洋政府步军统领衙门通知北京大学交出李大钊、高君宇等共产主义分子。幸运的是，蔡元培先生领导的北京大学很同情这些进步师生。马克思学说研究会又借机给学校写信，说北大是中国的最高学府，不能受暴力的干涉，学校也应维护自己的尊严等等。所以，学校采取了措施，让指名到案的师生暂出躲避，对步军统领衙门则采取抵赖的态度，此案最终不了了之。这是高君宇入党后所经历的第一次危险，也是他经受的第一次考验。

这一时期，高君宇经常到长辛店等地从事职工运动。北京共产主义小组成立以后，就把距离北京不远的长辛店作为小组成员和工人联系、开展职工运动的主要地点。长辛店有个很大的铁路工厂，工人相对集中。高君宇只要一有时间，就到长辛店工人中调查访问，和工人交朋友。和高君宇经常一块找工人访谈的还有邓中夏、张国焘、罗章龙等人。

走出这一步，接近工人，进而成为朋友，对于高君宇等人来说，也不是轻而易举的事。据罗章龙回忆，因为他们开始到工人区访问，都是以学生身份前往的。学生多属社会上层人物子弟，工人怀疑这些学生不在学校读书，来工人区动机何在？为何而来？对学生敬而远之，不好接近，这就是工学界限问题。为了解决这一问题，他们曾多次讨论，最后一致认为要解决工学界限，学生就要在生活方面吃苦耐劳，与工人打成一片，使工人感到学生不是外人，尤其重要的是对工人心中的疑难问题耐心解释，使双方观点渐渐一致。因为存在工学界限，高君宇他们开始到工人中访问的时候，双方都很客气，学生称工人为师傅，工人称学生为先生，后来渐渐熟悉起来，称呼就相应有了变化，双方都互称老某，如工人称高君宇为老高，高君宇称工人为老史等，时间一长，工人看高君宇他们生活简约，不近妇女，不嗜烟酒，就称他们是清教徒，再后来工人就根据各人的特征给每人都起了一个绰号，如高君宇因举止斯文，就称他是“老夫子”，邓中夏耿直豪爽，工人就叫他“邓大炮”，张国焘足智多谋，工人就称之为“张孔明”等等，不一而足。各人称号都很贴切，称之者表示亲昵，受之者不以为忤。这时工人们对高君宇等人的一切嫌猜都化为乌有。

当时，陇海铁路当时是由法国、比利时和直系军阀三大势力共同控制的铁路。这三大势力层层剥削工人，工人的工资比其他铁路线都低，生活很苦。工人痛恨铁路当局，迫切要求改善待遇，因此于 11 月 7 日发动了全路工人大罢工。

罢工消息传到北京以后，中共北京区委在李大钊主持下召开紧急会议，研究援助办法。高君宇参加了区委会议，并在会上发表了支持工人罢工的意见。最后，大会决定由罗章龙代表书记部到陇海路工作，通知各工会公开捐款全力援助，通知公众团体给陇海路罢工工人以必要支援。这样，陇海路当局被迫接受工人的条件，延续 10 天的罢工斗争取得了胜利。

高君宇联络熊希龄、蔡元培成立“俄国灾荒赈济会”，把救济工作搞到了异国他乡

第一次世界大战以后，美国在战争中大发横财，经济实力急剧增长，要求向外输出资本和掠夺原料，拓宽市场，增长了向外扩张的野心。远东地区，特别是中国就成为美帝国主义掠夺的重要目标。日本在中国的特殊地位和美国的利益发生尖锐矛盾，各帝国主义国家之间在远东也都有利害冲突。

为了调整帝国主义各国之间的矛盾，按实力对比重新分配美、日等国在太平洋和中国的利益，1921 年 11 月 12 日，由美国发起，在华盛顿召开了美、英、法、日等九国会议。

在这种情况下，共产国际执委会认为有必要听取中国、日本、朝鲜、蒙古等远东各国工人、农民和知识分子的意见，统一思想认识，加强远东被压迫民族之间的联系和团结，揭露和抵制华盛顿会议帝国主义瓜分远东的图谋，推进远东各民族解放事业。为此，决定在华盛顿会议召开的同一天，在苏俄的伊尔库茨克召开远东各国共产党和民族革命团体第一次代表会议。

中国方面对这次会议很重视。1921 年秋，当中央收到共产国际远东局发来的通知后，立即指示南北各地区选派代表，准备参加会议。这次中国共向远东会议选派代表 39 人，具有广泛的代表性，中国共产党的代表是张国焘，国民党代表张秋白，工人代表邓培。高君宇作为团体代表出席。

1921 年底，中国代表在伊尔库茨克逗留一个月后，得到会议将在莫斯科举行的消息，非常高兴。1922 年初，代表们乘坐一列专车前往莫斯科。满载代表的列车缓缓西去，沿途所见与荒凉的西伯利亚渐渐有所不同。车窗外闪过清新的山色，皑皑的积雪，典型的俄罗斯风格的城镇乡村。可以见到有的工厂煤矿已经修复开工，新经济政策启动的建设之船已经开航。但是，过了乌拉尔山后，一幅凄惨的景象忽然跳入代表们的眼底。这里是当时苏俄饥荒最严重的地区。乌拉尔河两岸，有 1500 平方英里的地区，因久旱成灾，土地干裂，庄稼颗粒无收，几千万居民“拔野草，割树皮，制成草面包以充饥肠”，尽管政府全力救灾，饿死病死者仍不计其数。出于对苏俄灾区劳动人民的同情，为了支持和帮助新生的苏维埃政权尽快克服困难，战胜灾害，高君宇和国内赈灾慈善机构取得联系，和蔡元培、李大钊及熊希龄等上层人物、社会知名人士共同发起“俄国灾荒赈济会”，“捧着满腔的同情”，向各位慈善家恭敬求告，“救灾恤患”。

1922 年 1 月上旬的一天，载着代表的列车驶进巍峨雄伟的莫斯科车站，在帝国主义狂风恶浪冲击下依旧岿然不动的赤都、共产主义者瞩目的圣地终于到了。在莫斯科车站，代表们受到隆重热烈的欢迎。代表们首先听到的是《国际歌》雄浑有力的声音，这种发自无产阶级内心反抗压迫求解放，为实现崇高理想而奋斗的声音，使高君宇真正有一种到了无产阶级故乡的感觉。

1922 年 1 月 21 日，远东各国共产党和民族革命团体第一次代表大会在莫斯科克里姆林宫斯维尔德洛夫大厅隆重开幕。会场悬挂“全世界无产阶级联合起来”“解放东方劳动者”两幅标语，表明了大会的主题。列宁、斯大林、托洛茨基、季诺维也夫被推选为名誉主席。中国代表团受到大会重视，高君宇和张国焘、王尽美、邓恩铭等八人被推举为大会的执行委员。

会议在听取远东各国代表报告本国形势后，共产国际东方部长萨发洛夫作了《第三国际与远东民族问题的报告》。报告认为，中国“当前的第一件事便是把中国从外国的羁轭下解放出来，把督军推倒，土地收归国有，创立一个简单联邦式的民主主义共和国”。

高君宇非常认真地倾听报告，注意随时吸收革命营养。当时，以《晨报》记者身份在莫斯科采访的中国代表团翻译瞿秋白，把共产国际第二次大会关于民族与殖民地问题的决议由俄文翻译成中文，油印后分发中国代表学习。看了这个文件，代表们对远东和中国的问题有了更进一层的理解。

当时，列宁正在病中，没有参加会议。但他仍一直关心各国的革命运动和会议的进展。一天晚上，列宁抱病接见了中国代表，就中国革命问题作了重要指示。据张国焘回忆，他是和国民党代表张秋白、工人代表邓培三人及朝鲜代表金奎植一同应邀到克里姆林宫见到列宁的。多数党史著作都以张国焘的回忆为依据。但张国焘的回忆显然有遗漏的地方。有的党史资料认为，高君宇也在同一天见过列宁，根据他当时在会议上的地位，这也是可能的。列宁明确指出，中国现阶段是资产阶级民主革命，它的任务是反对帝国主义和封建势力。最后，列宁还紧紧握住工人领袖邓培的手，勉励中国工人阶级团结其他革命阶级，推进革命事业。

在远东会议举行期间，青年共产国际也召开了远东革命青年代表大会。高君宇和中国 27 名青年代表参加了会议。青年共产国际代表达林作了报告。他认为，青年运动不单纯是青年人的运动，而是共同的政治运动。指出中国的青年运动至今仍不具备群众性，而且认为青年组织应该具体制定政治纲领。这些意见给参加会议的高君宇等中国青年代表不少启发。

会议期间，代表们利用空隙时间，参观了莫斯科的各个博物馆和革命年代的地下工作所。通过观看展出的各种实物，听取工作人员的介绍，实地了解了苏俄取得革命胜利的艰难历程，获得了有关苏俄政治、经济、军事和文化等各方面的知识。他们还参观了克里姆林宫，观看历代俄皇的陈迹。参观了列宁办公室，听工作人员介绍了列宁忘我工作的精神。特别令他们感动的是，列宁为了和大家一样克服困难，共渡难关，也和大家一样经常饿肚子，有时就在办公室吃一点黑面包充饥，办公桌抽屉里就放着一块黑面包。代表们深受感动，以后主动把供给自己吃的精粉面包送给幼儿园的小朋友，自己也和苏俄人民一样吃黑面包。

远东会议开了十天。闭幕仪式改在列宁格勒举行。代表们 2 月 2 日到达十月革命的发源地列宁格勒。会议宣读并通过了《远东各国共产党及民族革命团体第一次大会宣言》。宣言揭露了帝国主义华盛顿会议侵略远东各民族的罪恶阴谋，号召远东人民“要对英美日法和其他的世界强盗们宣布一个‘死生以之’的战争”，“要对剥削中国的中国军阀宣战”，“要向诡诈式的美国帝国主义和贪婪的英国投机家宣战”，高君宇和张国焘、王尽美、邓恩铭等代表中国代表团在宣言上签了名。大会胜利结束。

几天后，张国焘等先行回国。高君宇和王尽美等代表继续留在莫斯科。他们进一步考察了苏俄党和政府的情况，工厂、农村的发展，还同共产国际、青年共产国际及俄共的各级人员广泛接触，深入了解俄国革命中的各种问题及新经济政策的实施情况。根据考察中提出的问题，细致钻研马克思主义理论。不久，他们绕道巴黎，经大西洋、地中海、印度洋、太平洋回到北京。

以独到的见解，高君宇赢得了党内同志的信任，在中共二大上当选为中央执行委员

高君宇回到北京以后，没有再去学校上课。从此，他已经完全成为一个职业革命家。

这次回到北京，正值当时北京为了宣传科学、破除迷信、揭露帝国主义利用宗教侵略中国的罪行，酝酿开展非宗教运动大同盟，高君宇立刻参加了进去，并由他和李大钊、邓中夏、刘复、陶孟和、谭熙鸿等党内及社会知名人士具名发起的这个运动，得到北京各界人士的响应，很快波及上海、汉口、天津、长沙、成都等帝国主义和教会势力猖獗的地方，打击了帝国主义的嚣张气焰。

不久，高君宇便离开北京，匆匆赶赴广州，出席在那里将要举行的中国社会主义青年团第一次全国代表大会。

中国社会主义青年团是 1920 年前后在各地普遍建立的。1920 年 8 月，上海社会主义青年团首先成立，接着北京、广州、长沙、武昌等地相继建团。但那时的社会主义青年团，为了团结教育痛恨旧制度、赞同革命的青年参加社会改造，成员并不限于青年马克思主义者，部分团员只带有社会主义倾向。因而对一些社会问题的认识和解决方法，常常不能统一意见，团的组织涣散无力，曾一度停止活动。

1921 年 11 月间，张太雷根据青年共产国际的指示，和部分中国社会主义青年团老团员商议，决定恢复中国社会主义青年团，确定社会主义青年团是信奉马克思主义的团体。

当时苦难深重的中国，帝国主义的侵略和军阀的压迫，给广大青年带来无穷的痛苦。他们纷纷要求打破旧制度，创造新社会，参加改造社会的事业。加入团组织很是踊跃，团的组织发展很快。全国各地已建立团的机构 17 处，团员达到 2000 多人。形势要求尽快成立全国统一的领导机构。上海临时中央局因此决定召开第一次全国代表大会。1922 年在莫斯科远东革命青年代表大会期间，高君宇等中国青年代表也讨论了中国团的问题，邀请青年共产国际执委会成员达林参加中国社会主义青年团第一次全国代表大会。

中国社会主义青年团第一次全国代表大会就是在这种情况下召开的。

1922 年 5 月 5 日，大会在广州开幕。高君宇和张太雷、邓中夏、蔡和森、施存统等 25 名代表出席大会。达林代表青年共产国际到会。这次代表大会是在共产国际召开的远东各国共产党和各革命团体第一次代表大会与远东革命青年代表大会刚刚结束不久召开的，所以两个会议的精神得到反映。会议接受反帝反封建的口号，确认民主革命的战争，无产阶级和农民应该援助这种革命的争斗，不应取旁观和反对的态度。大会规定中国社会主义青年团是青年无产阶级的组织，是为建设初期共产主义社会而奋斗的组织。

高君宇当选为第一届团中央委员会执行委员，是中国社会主义青年团组织和工作的开拓创建者之一。会后，高君宇担任北京社会主义青年团地方委员会书记，还参与团中央刊物《先驱》的编辑工作及中央分配的其他工作，到达团中央所在地上海。

7 月初，高君宇又从上海到了西子湖畔，出席少年中国学会杭州年会。

自 1921 年少年中国学会南京年会召开后一年以来，少年中国学会一直在继续讨论南京会议争论的主义和政治问题。根据一年来的讨论趋势和国内政治局势的发展，学会感到只认为学会是学术团体而不与闻政治社会问题是不现实的。因此，这次杭州年会着重讨论了学会对政治的永久态度和对目前时局应抱的态度等问题。

高君宇在少年中国学会杭州年会上谈他对目前时局应抱的态度时，首先提出了看问题的立脚点："就现状言之，中国所有者——外国的帝国主义及国内军阀、外国资本家——除经济的侵略，并利用政治以达他们的目的。结果中国的政治陷于半独立状态中。"接着，高君宇旗帜鲜明地发表了政见："除反对军阀以外，我们应于任何可能的范围内揭示帝国主义的恶魔。美国亦在反对之列。"

这里，高君宇提出反帝反军阀的任务，对于在政治上看不清帝国主义和军阀的本质，心存幻想，企图走政治改良道路的资产阶级知识分子来说，是非常有意义的。高君宇特别指出"美国亦在反对之列"，这是因为美国曾在巴黎和会上提出无赔偿、无割地的和平，强调民族自决，出于和日本争夺在中国特权的阴暗心理，伪装同情中国人民，获得一些人的好感。在华盛顿会议上，中国资产阶级民族主义者对美国亦寄予希望，期望美国主持"正义人道"。所以，在提出反帝的同时，还必须戳穿美帝国主义的本质，使人认清它的真面目。

"至于打倒军阀的方法"，高君宇说，"第一步就是用舆论唤醒国人对军阀意识的反抗。凡是赞成民治主义者，我们都当表同情并监督他们不许与军阀联合。我们更不赞成小资本主义的妥协主义。"

这是高君宇向少年中国学会提出建立反帝反军阀联合战线的主张。

关于学会对政治的永久态度，高君宇明确提出"反对资本主义""表同情于第四阶级"。对政治的永久态度，实际就是学会的长远目标。

高君宇发表了他对学会应采取的永久态度和对目前时局的态度后，经过一番激烈的争论，年会接受他对时局的意见，通过了反帝反封建的政治决议，使少年中国学会也成为反帝反封建民主联合阵线中的一员。这是杭州年会取得成功的一面。但年会再一次拒绝接受马克思主义，拒绝从根本上反对资本主义，同情第四阶级，仍旧没有改变学会的方向。

中共二大旧址之一——上海南成都路辅德里625号

然而，高君宇在少年中国学会杭州年会所提出的意见，即对政治的永久态度和对目前时局应取的态度，具有极其重大的理论意义和实践意义。这个意见实际上已具有一个政党（或政治团体）最高纲领和最低纲领的意义。类似这样的纲领，当时中国共产党也正在酝酿之中。高君宇在少年中国学会杭州年会上表达的是党在前进道路上有益的理论探索，它为党的二大纲领的制定提供了重要的启迪。

高君宇在少年中国学会杭州年会的发言，表明他对中国革命的认识已有了一个新的飞跃。而这些认识的完成，为他在二大后进入中央领导机构准备了条件。

7月，高君宇到上海出席党的二大。一大以来，党在领导中国革命的过程中，面临中国革命如何进行的问题。党逐渐发现，需要结合中国的实际，面对现实。正在党探索中国革命如何着手之际，共产国际召开了远东各国共产党和民族革命团体第一次代表大会。大会根据列宁关于民族和殖民地问题的提纲，提出远东各国革命者的任务。这给中共二大从中国革命实际出发，确定中国现阶段的革命任务，即进行反帝反封建的民主革命有极大的帮助。

会议在高君宇、王尽美等同志的努力参与下，根据列宁对中国革命的指示，根据民族和殖民地理论，结合中国的实际，认真地讨论中国革命的形势和任务，制定并通过了著名的《中国共产党第二次全国代表大会宣言》(以下简称《宣言》)及一系列决议。规定了“组织无产阶级，用阶级斗争的手段，建立劳农专政的政治，铲除私有财产制度，渐次达到一个共产主义的社会”的最高纲领和“消除内乱，打倒军阀，建设国内和平”，“推翻国际帝国主义的压迫，达到中华民族的完全独立”，“统一中国本部（东三省在内）为真正民主共和国”的最低纲领。

《宣言》科学地分析了国际国内形势，对帝国主义本质和国内军阀政治有了进一步的认识，对中国革命的认识也有了新的飞跃，这是二大能够制定出彻底的反帝反封建的民主革命纲领，第一次制定出适合中国国情的革命纲领和革命策略的根本原因。二大在中国革命史上具有重大意义和深远影响。但是，在二大会议上，党的主要领导人还没有认识到无产阶级在民主革命中的领导权问题，他们认为民主革命，资产阶级是“主体”，无产阶级和农民只应“帮助”和“援助”资产阶级从事民主革命，把无产阶级和农民摆在了民主革命的参加者的地位，起助手作用。因此，会议没有能够解决后来被实践证明极端重要的无产阶级领导权问题。

在大会上，高君宇当选为中国共产党第二届中央执行委员。

高君宇使出他的辩才，将中国社会党江亢虎的反苏反共谰言，批驳得体无完肤

俄国十月革命的成功，令国际帝国主义惊恐不安，恨之入骨。特别是1921年，苏俄打败了国内白匪的进攻以后，进入和平建设时期，在政策上，停止实施战时共产主义，制定了新的经济政策，世界上的反苏反共势力，好像又获得了新的反苏反共本钱，再次掀起一股反苏反共恶浪。中国有些人也参加了进去，为这股狂潮推波助澜，典型的代表人物就是江亢虎。

江亢虎是中国社会党的党魁，自称“素喜研究社会主义”，以社会主义大家自居。据说他过去研究社会主义，多偏重书本，很久以来就想找个机会实地考察一番，因为当时世界上只有俄国、德国实行社会主义，所以他于1921年6月，在苏俄白匪败退，中俄交通打开以后，到苏俄考察了半年。在俄考察期间，曾参加共产国际第三次代表大会和远东各国共产党和各革命团体第一次代表大会。

然而，他回国后便大肆攻击苏俄革命。1922年6月20日在上海演讲俄国现状，指责苏俄“编制军队铲除一切异己者，发挥自己主义”，说苏俄“有以红军兵力统一全世界之野心”，“称之为帝国主义之拿破仑亦无不可”，“不是无产阶级专政，是五十万共产党人对一万万人的专政”，指责苏俄“欲用其主义宣传于全世界，使全世界信任共产党，以遂其统一全世界之野心”。然而“现列宁亦认主义失败”。彻底暴露了他反苏反共、反马克思主义的真面目。江亢虎挂着社会主义大家的招牌反社会主义和马克思主义，给革命事业造成很大危害。

1922年，高君宇在上海期间用“江越”的笔名，在《民国日报·觉悟副刊》发表《听了江亢虎君讲演之后》一文，予以反击，捍卫全世界无产阶级和共产党人的共同事业，捍卫科学社会主义、马克思主义。

高君宇指出江亢虎演讲中一个最大的错误，就是他认为俄国至1917年十月革命之后就将共产主义实现了。其实，俄国的革命诚然是共产主义革命，革命之后，政权已转到无产阶级手中，但这还是革命的初期，说不到革命的工作已经结束，更不能说共产主义已经实现了。他认为，苏俄从十月革命成功以后，才开始了从资本主义社会到共产主义社会的过渡工作，在这个过渡时期内，要将旧的政治、经济和伦理观念清除，建设起新的经济、新的文化，“新社会的条件备了，那时共产主义才实现了”，这是“社会主义革命必要的历史过程”。

高君宇讽刺这位社会主义大家说：“江君对于社会主义革命必要的历史过程没有了解，竟将第一步过渡工作认为共产主义的实现”，那么共产主义者所要的社会究竟是什么样子，他更不了解了。

高君宇接着指出，俄国的目前是一个困苦时期，但是，那是俄国经过了四年屠残世界的帝国主义战争而又经过了四年资本主义的围攻和内乱，“俄国现状困苦完全是世界资本主义加给他的祸害，实说不到革命是他的原因，更说不到这样就证明共产主义已失败了”。

高君宇更进一步指出，英法意等国是没有共产党人革过命的国家，他们的现状扰攘又是怎样？——他们社会的困苦不过较俄国的程度稍差些，“若以俄国革命为现状之困，那么，英法等国困苦又该归罪哪种革命呢？”“我们对现社会所能下的判决，只是归罪资本主义。”

高君宇以无可辩驳的论断先把江亢虎“共产主义失败论”驳得体无完肤。接着，高君宇又指出，看俄国现在是不是无产阶级专政，主要看共产党代表的利益是什么、工人在政治上的势力怎样。

他说，共产党是无产阶级的政党，除了无产阶级的利益之外，他不代表何等别的利益，更于党的本身没有异于无产阶级利益的利益。“简单一句话，共产党就是替工人阶级执政的政党”。很显然，在高君宇看来，共产党做事和无产阶级专政是一回事。但是也许有人又会说，共产党人中有的并不是工人出身，这怎么能解释共产党掌权就等于无产阶级专政呢？所以，高君宇又进一步指出：“就俄国的情形说，共产党人物虽有些出身不自工人行伍，但共产党所努力的确完全是为了工人阶级的利益。”高君宇对这些诘难的回答，已第一次涉及党建理论中一个极为重要的问题，即出身和立场问题，尽管一些共产党人不是无产阶级出身，但经过学习马克思主义理论，参加实际革命斗争，他的世界观和立场已完全转到无产阶级方面，那么这些人理所当然是无产阶级的一员了。因而，他所办的事才能“完全是为了工人阶级的利益”。

他说，在俄国，工人都有被选入苏维埃之权，江亢虎认为苏维埃全为主席团包办，主席团提议事件有时竟一字不易地通过，以此为工人不能参政的证据，并以此证明不是无产阶级专政是滑稽的逻辑。苏维埃主席团出于工人选举，主席团所提案件一字不易地通过，这是苏维埃全体信任主席团，又可证明主席团所提案件合于全体公意，这怎么可以证明工人无实权参政，俄国不是无产阶级专政呢？

在江亢虎看来，苏俄制度“有分配无交易”，“因此发生流弊”，造成交易，产生市场，出现资本商业，“现在资本家也起来了”，这也是共产主义制度造成的，又由此得出共产主义失败的结论。

高君宇说，江亢虎在俄停留半年，竟不知道俄国实行新经济政策，真是怪事。江亢虎到俄国考察时，俄国已制定并实行新经济政策，该政策允许自由交易和私人设立企业。这是“造成今日现象”的原因，并非制度的“流弊”。

高君宇在和江亢虎等人的反苏反共谬论斗争中，充分发挥了马克思主义的战斗性，把论敌驳斥得体无完肤。同时，通过斗争，又进一步宣传了马克思主义。

5月21日凌晨，军警突然包围高君宇在北京的住地——区委的秘密工作点腊库胡同16号，化装成厨师的高君宇机智脱险

几年来，共产党的组织和领导作用在全国各地充分显示出来，可是山西的一切活动还仅仅是社会主义青年团在组织领导。1924年以后，国民革命高潮即将到来，革命形势的发展，迫切要求山西建立党的组织，山西建党的条件和时机已经成熟。

1924年5月下旬，高君宇接受了回山西建立党组织的任务。可是，正当他准备回晋之时，在他北京的住地，北京区委的秘密工作点——地安门内腊库胡同16号发生意外事件，他险遭军警逮捕。

原来，军阀政府在汉口逮捕了原京汉铁路总工会委员长杨德甫以后，得知北京全国铁路总工会机关及张国焘的住址。5月21日凌晨，一伙军警突然闯到腊库16号杏坛公寓搜捕张国焘。

16号杏坛公寓内，高君宇住在南房，张国焘夫妇住在北房。军警冲到院内时，高君宇正在房中洗脸，忽听院内一阵杂乱的脚步声，声音有些异常，他从窗口向外一看，只见军警多人冲入院内，个个荷枪实弹，气势汹汹，有些已向北屋张国焘房中奔去。高君宇一看出了事，迅速拉开抽屉，把所有重要文件赶快浸入脸盆，揉烂后倒入痰盂。张国焘夫妇当时正在北屋家中，军警冲进去后，两人束手就擒。这伙歹徒又像疯子一样在室内乱翻，一个歹徒忽然不小心把装满现洋的盒子打翻，哗啦一声，袁大头撒了一地。院里的军警听到响声，一齐拥进北屋，想发“洋”财。

高君宇所居住的南屋紧挨厨房又靠近街门。他看到军警全部到了张国焘房内，当机立断，迅速侧身闪进隔壁厨房，穿上厨师的衣服，从灶膛里取了些烟灰抹在脸上，摘掉眼镜，戴上帽子，扮成厨师模样，手提菜篮，大摇大摆向街门外走去。守门军警吆喝道：“不准出去！”高君宇上前赔着笑脸说：“老总，我要给先生们买菜做饭呢！”军警一看是个厨子，便放他出去了。

高君宇以过人的机警和胆识脱离了危险后，迅速离开了腊库16号杏坛公寓。

北京政府军警当局逮捕了张国焘，又在公寓附近派警探日夜守候，企图等高君宇等北方党的领导人自投罗网。

高君宇离开腊库胡同16号，当天晚上顶着狂风暴雨离开北京，到山西执行新的战斗任务去了。

张国焘被抓到京畿卫戍司令部后，受不了牢狱之苦，惧怕敌人严刑拷打，很快出卖了北京党组织，供出李大钊、高君宇、范鸿劼、黄日葵等党员。根据张国焘的招供，北洋政府通令京师警察厅和各省缉拿李大钊、高君宇等人。所以，高君宇前脚刚迈进娘子关，通缉追捕他的文书已送到阎锡山手中。

但是，高君宇全然不顾危险。他回到太原以后，来到母校省立一中青年学会住了下来。

太原的初夏，气候宜人。美丽的海子边，幽静的文瀛湖，劝工陈列所，旧贡院，不远处的城墙，这里的每处风物都能引起高君宇很多亲切的回忆。但此时重任在身，又有敌人追捕，实在顾不得欣赏这些旧时风物和去缅怀往事。他几年来一直关心山西，了解山西各方情况，经过充分考虑后，决定先找社会主义青年团中的几个活跃分子侯士敏、潘恩溥谈话，考察一下他们的思想和工作情况，然后介绍他们加入中国共产党，又通知当时在太原的党员李毓棠、傅懋恭等，宣布了北京区委在山西建党的决定，并当即把他们编为一个小组。由李毓棠担任组长，隶属北京区委领导。山西党组织就正式诞生了。

高君宇当时要求山西这些党员很严格，所以这些党员无产阶级立场坚定，思想意识好，都很能吃苦，不少人都搞过工人运动，有实际工作能力，因此有较强的战斗力。

建立山西党组织以后，高君宇又找苗培成商谈山西国共合作的问题。国民党当时在山西还没有正式的组织。现有的党员大都是在外地发展的。苗培成是高君宇在省立二中读书时的同班同学，后来同时考入北京大学，苗培成就是在北京加入的国民党，他北大毕业回山西以后，办了私立平民中学，秘密发展党员。1924年1月，苗培成参加国民党一大，国民党中央指派苗培成担任了国民党山西省党部筹备员。高君宇这次回山西，就是要和苗培成商谈成立国民党山西省党部，然后共产党员、共青团员加入国民党，共同开展山西的国民革命。可是，苗培成对这件事只是消极应付，他表面不能公开反对，只是借口阎锡山不承认国民党，国民党再吸收共产党员入党更不好办。高君宇和他几次商谈。都没有谈成。后来，只因为苗培成碍于同学面子，才勉强达成国共双方共同派人组成国民党山西省党部临时筹委会，共同办公，并且租定地点，正式挂出了临时筹委会的牌子。但是，高君宇离开以后，苗培成并没有认真照协议执行。

这件事办完，一天，高君宇托人找到在太原农专读书的三弟高全德，要弟弟雇一个骑乘，他说他准备回家看看。高全德在《生如闪电，死如彗星》中写道："听了他的话，我十分诧异。以往每次回来都是秘密行动，为什么这次回家反而不作回避呢？我当时一面为他回家看望父母感到高兴，一面又为他单枪匹马公开行动惴惴不安，生怕惹出事来。然而，当我提出要伴他一块回去时，他却竭力阻止，不让我耽误学习。他蛮有把握地说：'不要忧虑，我自有计较。你快去准备骑乘，越快越好！'"第二天，高君宇便乘着三弟雇来的骑乘，大摇大摆回家了。

高君宇回家的消息像风一样迅速传到阎锡山的耳朵里，阎锡山自是喜不自禁。

这里有个原因，高君宇在山西刨阎锡山的墙根，阎锡山早就怀恨在心，想拔掉这个祸根。但阎锡山老奸巨猾，首先想对高君宇加以笼络，看是否能为自己所用。于是授意驻京参议员梁善济找高君宇商量，许以高官厚禄，希望高君宇回山西做事，高君宇没有买账。后又派高君宇的同学杨永泰、王怀奇找高君宇，劝说高君宇事阎，高君宇仍不为所动。阎锡山还不死心，后来又让静乐籍的山西议员武泽霖以"同乡""老前辈"的身份去作高君宇的工作。武泽霖与高君宇的父亲高配天于1906年一起参加同盟会，两人私交甚厚，两家可称世交。武泽霖以长辈教训晚辈的口吻劝高君宇回山西做事，一同事阎，高君宇仍婉言拒绝。当阎锡山因此而恼羞成怒，忽然接到缉捕文书，正在到处追寻不得，得知高君宇回到家中的消息时，真是喜出望外。这一回阎锡山决心倾力追捕高君宇，一来解心头之恨，二来也可在上峰面前邀功请赏。于是，他一面指使静乐县衙暗中监视，一面在太原布置了天罗地网。

高君宇在家一住半月之久。

他在家的日子里，因为大哥俊德在村担任村长，静乐县经常有人来家送公事，还时不时有人来问长问短。名为联系公事，实为侦察监视高君宇的行动。高君宇深知他们的用意，便来了个将计就计，他告诉父母，他准备在家多住些时候，又把在家办离婚的事，故意大肆张扬出去，借以稳住敌人。同时，暗暗准备脱身之计。为了防备阎锡山突然袭击，他每天天不亮就起床，到家背后的东山梁转一圈，察看和熟悉后山梁的地形，以为出走之用。

旧历五月二十日，高君宇接到石评梅化名波微的来信，得知党组织已派人在沪等候，当晚，他便向家里提出，准备明天动身去太原。"怎么个走法？"父亲关心地问。"只要宝同一人陪我，从后梁走。"高君宇胸有成竹地答道。宝同是高家长工，年龄和高君宇差不多，为人机灵大胆，诚实可靠。第二天，天刚蒙蒙亮，高君宇就和宝同赶着一头骡子，佯扮赶集的人启程了。宝同对后梁到太原这条小路很熟悉，不到两天就出其不意到了太原。到太原后，高君宇安排宝同到天平巷荣庆栈等候，几天后高君宇忽然通知宝同第二天买好车票，到站台等他。这天，宝同买好车票，一早就到了站台，开车的铃响后，仍不见高君宇，急得宝同一个劲在站台上转圈，生怕高君宇出事，就在火车已经开动的刹那间，忽然从搬道闸的小房内闪出一个人，身穿铁路工人服装，一步跳上火车，高喊："宝同！快拿车票来。"宝同认出是高君宇，立即快步向前，递上车票，目送火车远去。

高君宇胜利完成回晋的任务以后，又踏上了新的征程。

出席广州"双十"纪念大会遭商团袭击，枪弹击穿汽车玻璃窗，弹丸从他胸侧穿过

1924年9月中旬，高君宇到达广州后，根据党的安排，到孙中山身边工作，协助孙中山办理党务，巩固和发展广东根据地，完成反帝反封建，实现南北统一的大业。这段时间，孙中山先生会见苏联朋友，都是经高君宇引见的。

国民党一大以后，经孙中山先生改组过的国民党，根据一大通过的政治纲领和三大政策积极开展工作，广东等地不断掀起反帝反封建的革命运动。7月的沙面工人罢工，给英帝国主义沉重的打击，农民运动也风起云涌，广东一片革命景象。国民党的既定政策，直接触犯了帝国主义的利益，特别是英帝国主义及其代理人惧怕革命势力发展，妄图颠覆广东革命政府，驱逐孙中山和国民党。1924年10月的商团叛乱就是这样发生的。

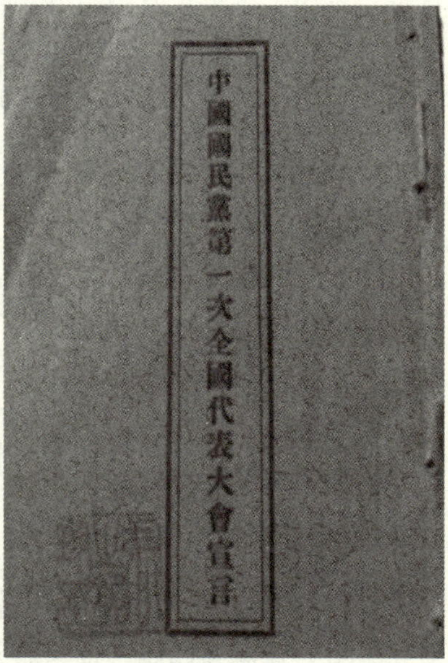

国民党一大通过的有共产党人和苏联顾问参加起草的、旨在以反帝反封建为主要内容的宣言

商团是1912年建立的。清末民初，广东地方混乱，官兵盗匪劫掠民财，地方殷商巨贾出于保护个人财产的目的，出资购枪召勇，是一个自卫性的组织。后来，商团的实权被野心家、洋人买办陈伯廉攫取，

逐步演变成一个反革命的武装叛乱集团。陈伯廉在英帝国主义的唆使下，早就私购枪支，广招痞匪，意欲推翻孙中山领导的广东政权，成立商人政府。1924年前后，公开喊出了“驱逐孙文”“反对国民党”等口号，向广东革命政府发动了猖狂的进攻。

1924年10月10日，广州群众集会，纪念武昌起义13周年，声讨商团和帝国主义的反革命行径。会后举行示威游行，当游行队伍走到太平南路时，突然遭到商团的袭击，当场开枪打死群众十人，拘捕十人，伤者不计其数。

这天，高君宇出席双十纪念大会。会后，他乘坐汽车经太平南路时，遭到商团袭击，枪弹击穿汽车玻璃窗，弹丸从胸侧穿过，击伤手部。事后他在给石评梅的一封信里提到这件事：“双十节商团袭击，我手受微伤。不知是幸呢还是不幸，流弹洞穿了汽车的玻璃，而我能坐在车里不死！”这天，商团雇佣的土匪还惨无人道地将被打死的群众切肝剖肺，割头断脚，拿到街头暴尸示众。

商团的暴行引起广州市民的公愤。广州地区的工农兵学各界一致强烈谴责商团的反革命暴行，要求严惩叛乱者。中共两广区委及党的报刊都发出文电，号召人民群众反击商团，维持革命根据地。当时，高君宇在孙中山身边工作，积极投身平定商团叛乱的斗争，不到半天时间，叛乱平息。

这个时候，在北方由于奉系军阀张作霖积极向关内扩张势力，和直系军阀曹锟、吴佩孚发生矛盾，结果爆发了第二次直奉战争。战争进行到一半，直系将领冯玉祥突然倒戈，从直奉战争前线返回北京，发动“北京政变”，囚禁了贿选总统曹锟。冯玉祥政变成功以后，发出电报邀请孙中山北上共商国是。孙中山接受了冯玉祥的邀请，在11月10日发表了《北上宣言》，提出废除不平等条约和召开国民会议两项主张，作为解决冯玉祥政变后南北统一，把中国建设成为真正中华民国的根本大计。接着，孙中山先生正式出发北上，高君宇随孙中山先生也一起离开广州，途经香港，到达上海。

“北京政变”以后，中国共产党和孙中山都主张召开国民会议。可是段祺瑞捷足先登，就任中华民国临时执政，准备召开“善后会议”，反对中共和孙中山召开国民会议。局势日趋复杂，中共和孙中山决定召开国民会议促成会全国代表会议。这时北京党的工作，除了整顿和恢复张国焘叛变后遭受破坏的党组织，统一党内思想外，就是筹备国民会议促成会全国代表会议的召开。

高君宇回京后，不顾疲劳，立即投入工作之中。终因劳累过度，积劳成疾，旧病复发，病倒在医院。据当时在医院陪侍的高全德回忆说：“我搬进病房时，君宇正昏迷未醒，医院为降温防炎，让他仰卧在床，额头和胸部皆压冰囊……他面色苍白，双眸紧闭，俨然像一匹疲惫了的战马……见君宇如此景况，我不由得眼泪扑簌簌地掉了下来。”

高君宇在北京德国医院治疗一段时间以后，身体渐有好转，可以下床活动了，同志们都很高兴，不断去看望。他见到同志们时，总是问长问短，关心外面革命形势的发展，惦记党的工作。同志们怕他劳累，劝他少说话，安心治疗，他总是抱歉地告诉大家：“我实在是难以静默啊！等身体稍好，我就想出院。”医院因为他的身体这时仍很虚弱，要求他至少再住院静养 6 个月。为了这件事，高君宇和负责治疗的德国医生克里发生争执。

高全德回忆说：“一天，克里来到病房，和君宇交谈中，不知为着何事，发生了争执。我见君宇似乎在坚持己见，克里大夫不断摇头表示反对，双方表情都异常严肃。争了一会，克里大夫很不愉快地走开了。我的英语学得不好，当时不明其意，事后才知道是君宇要求出院，克里竭力劝阻，要他至少再住院疗养 6 个月，但他终于在 1925 年 1 月间，提前出了德国医院，移住到东交民巷苏联大使馆，准备一面服药治病，一面抓紧时间为党工作。”

高君宇出院的时候，中国共产党正准备在上海召开第四次全国代表大会，高君宇已被选为北京区委出席四大的代表。所以，出院几天后，他就急忙赶到上海，出席党的四大。

党的第四次全国代表大会认真分析了当时的革命形势，分析了民主革命中各阶级和各势力的现状，明确了这些阶级和势力在民主革命中的态度和地位，一致认为：“中国的民族革命运动，必须最革命的无产阶级有力的参加，并且取得领导地位，才能够得到胜利。”并且做出相应的政治决议，解决了党在民主革命中至关重要的无产阶级领导权问题。高君宇在确定无产阶级领导权问题中起了积极作用。在这次会议上，高君宇和以留法组代表身份参加会议的周恩来第一次见面，二人亲切交谈，一见如故。会议结束返回北京时，高君宇带了周恩来给邓颖超的信，中途在天津下车，专门看望了在天津教书的邓颖超，带去了周恩来的关心和问候。

回京以后，高君宇拖着病弱之躯，又投入到贯彻四大决议、恢复和领导北方铁路工人运动、筹备召开国民会议促成会全国代表会议的工作之中。

高君宇和石评梅拥肩而立的雕塑，矗立在北京城南陶然亭，它是青年一代纯洁爱情的象征

在北京城南陶然亭内，有一座高大的青石雕像掩映在白杨绿柳之间，那是一对青年男女拥肩而立的雕塑造形，人物的衣装、发式都标志着鲜明的五四时

代特色；绕过石雕和石雕后那个林木葱茏的土丘，两块并排而立的汉白玉石墓碑赫然在目——这里便是陶然亭内有名的“高石之墓”，20 世纪 20 年代北京著名女诗人石评梅和她的情人高君宇死后并葬的坟冢。

石评梅（1902—1928）是高君宇的同乡，山西平定人。1920 年抱着“以健康之精神，作伟大之事业”的志向，考入北京女子高等师范学校体育科，在北京“红楼”度过了 3 年诗意浪漫的学生生活。

受五四新文化运动的影响，石评梅在学生时代就开始发表新诗和新剧剧本。1923 年毕业后，她一面在北京师大附中执教，一面和好友陆晶清主编《妇女周刊》《蔷薇周刊》，从事文学创作活动兼倡导妇女解放运动。在不到十年的时间内创作了相当数量的诗歌、小说、散文、游记和话剧等作品。

这期间，石评梅曾认识一个叫吴天放的，这个家伙隐瞒自己已经结婚的情况，骗取了她的感情，长期纠缠，她很烦、很失望，从此变得顾虑重重。

石评梅和高君宇是在 1921 年的一次同乡会上相识的。高君宇碰巧还是石评梅的父亲石鼎丞的学生，石评梅多次听父亲夸奖过这个学生；对高君宇而言，石评梅那时已是北京诗坛上颇有声名的女诗人了。所以两个人初见之后都以“识荆”为喜，从此书信往来频繁，友情日深。

可是，感情上受过伤害的石评梅，却抱定“独身主义”的信念，一直不敢大胆接受高君宇火一般的恋情。

有天，高君宇寄给石评梅一封信，信中一张白纸夹着一片红叶，红叶上写着：“满山红叶关不住，一片红叶寄相思。”

石评梅想了很久，拿起笔，竟在红叶的反面写了几个字：“枯萎的花篮不敢承受这鲜红的叶儿。”

写完，仍用原来包着的那张白纸包好，写了个信封寄还他。

高君宇因之十分痛苦，然而他在给石评梅的信中这样写道：“你的所愿，我愿赴汤蹈火以求之，你的所不愿，我愿赴汤蹈火以阻之，不能这样，我怎能说是爱你！请相信，我是可移一切心与力专注于我所企望的事业的……”全然是一副侠骨柔肠！

为了表明自己对石评梅的尊重和理解，也为了表明自己对爱情忠贞不贰的态度，1924 年 10 月远在广州的高君宇特意买了两枚象牙戒指，一枚寄给北京的石评梅，另一枚戴在自己手上——他是以象牙戒指的洁白坚固象征他俩之间的冰雪友谊的。

1924 年冬，北京政变后，高君宇立即从广州回到北京。石评梅初次尝到他从南方带来的椰子干。这之前，她收到了高君宇从广州寄来的象牙戒指，她看到高君宇也戴了一只。今天，他又从手提箱里取出一个小纸包，打开纸包，里面是一块玻璃碎片，她不解其意。君宇就讲述了“双十节”在广州经过一场激烈战斗，如何协助孙中山先生平定了“商团叛变”。这是他指挥战斗中，敌弹击破车窗，弹由胸侧而过，险遭不测。当时，他特意将车窗破碎后的玻璃片留下，这次带回北京来了。说完来历后，他将玻璃碎片递给评梅收存，作为纪念礼物。

在那样的年月里，他从事革命工作，要担惊受怕，本不足为奇，但高君宇的身体却在奔波劳累中被折磨坏了。回京不久，他就因肺病加剧而咯血，被送入北京德国医院治疗。据德医克里大夫的诊断，他的病复杂，主要的是肺结核。他虽然已是卧病在床了，但他仍在抓紧工作。他的枕旁堆着成沓的文稿，他床头的小几上放着红笔、剪刀和糨糊瓶。他斜倚在枕上，一边吐血，一边忙于选编《向导》。

高君宇急于投入工作，不听克里大夫劝阻，提前离开德国医院，迁入苏联使馆所在地，为中国共产党和李大钊倡议的国民会议的召开而日夜操劳。

当时，经过一场政变之后的北京，政局复杂，国民党右翼很嚣张。高君宇和李大钊同志一起，为扭转这种局势做了大量工作，但相当费力。1925 年 3 月 1 日，国民会议促成会全国代表大会在京开幕，高君宇以北方代表身份出席了大会，并和李大钊一起参加了大会主席团。

这次会后，高君宇病上加病，突患了急性盲肠炎，4 日下午送医院医治，3 月 5 日 2 时 40 分，一代英豪，一个如闪电之光亮的生命，就这样画上了句号。

在极度的震惊哀痛中，石评梅昏厥了，惊醒后，守恋着遗体，泣不成声……

因高君宇的入殓时间安排到下午 5 时，利用等待的时间，石评梅由好友陆晶清陪着到了东交民巷，君宇的住房在当时的“俄国大使馆”内。在君宇的书桌抽屉里，收有经过整理用红色缎带捆扎的一束石评梅写给高君宇的信。

石评梅整理他箱子内的信件时，发现了她自己退回给高君宇的信，红叶依然，墨泽依然，只是中间裂了……

离开东交民巷，她叫陆晶清到她住的地方选一张她的照片带到协和医院。在高君宇出殓时将照片放到他的遗体旁殉葬。

傍晚，拍完遗像，看着自己的照片与高君宇的遗体和他象征爱情纯洁的象牙戒指一起入殓，烛光灯影里，石评梅的灵魂仿佛已随之而去……

高君宇生前经常与石评梅一起到陶然亭散步，高君宇曾说过：“北京城的地方，全被权贵们的车马践踏得肮脏不堪，只剩陶然亭这块荒僻土地还算干净，死后愿葬于此。”

石评梅把年仅29岁的高君宇的骸骨送到陶然亭，埋葬在他生前选定的锦秋墩下，用白石砌成长方形墓，正中竖了一座尖锥形的四角石碑。石碑上是石评梅手书的题词：

> 我是宝剑，我是火花。
> 我愿生如闪电之耀亮，
> 我愿死如彗星之迅忽。
>
> 这是君宇生前自题相片的几句话，死后我替他刊在碑上。君宇！我无力挽住你迅忽如彗星之生命，我只有把剩下的泪流到你坟头，直到我不能来看你的时候。
>
> ——评梅

远眺西山，唏嘘叹息，悔恨吞噬着石评梅的心。痛苦中，她决定把余生献给高君宇未竟的事业。可是，长时间的悔恨、悲伤，身体孱弱的石评梅于1928年7月30日遽然而逝。

“生前未能相依共处，愿死后得并葬荒丘。”这是评梅在高君宇死后常常说的，并曾写在她的日记上。1929年10月2日，她的灵柩移到了陶然亭，安放在高君宇墓的右侧。

罗章龙曾作诗沉痛悼念早年的战友高君宇：

> 论交八载忆红楼，笔阵纵横荡九州。
> 京汉工人流血记，千秋碧血赋同仇。

新中国成立之初，北京市有关部门决定将陶然亭辟建为公园，同葬于此的高君宇、石评梅墓也在搬迁之列。

周恩来总理得知后，当即提出在陶然亭公园修好后，“高石”之墓仍要保留于这一公园内。

不久，在北京市市长彭真的督促下，“高石”之墓迁回陶然亭公园。坟墓增设了水泥棺套和盖板，碑、墓周围还加植了百余株松柏。

在青年一代的心目中，“高石”之墓是纯洁爱情的象征。

共产党的“铁汉子”

——中共临时中央政治局候补委员邓中夏

主题人物： 邓中夏
籍　　贯： 湖南宜章县
出生时间： 1894年10月5日
主要职务： 1920年参加北京共产主义小组。先后担任中国劳动组合书记部主任、中共江苏省委书记、广东省委书记、湘鄂西特委书记兼红二军团政委、中国革命互济会党团书记，是中共第二、五届中央执行委员，第三、第六届候补中央委员，八七会议上当选为临时中央政治局候补委员
牺牲时间： 1933年9月21日
牺牲地点： 南京雨花台
当时年龄： 39岁

贺　龙： 中夏很有学问，为人正派，不打击别人，能照顾团结。
熊瑾玎： 我看见他那两手烤电之处，已经枯焦而不忍睹，他却不在乎地说：“也还好。”他真是一位铁汉子！
宋侃夫： 邓中夏同志是党中央秘书长，不少被派往外地的人都经过他的谈话，他是最忙的一个人。

34 岁的邓中夏，在莫斯科一连参加了三个历史性会议

在俄罗斯古老的土地上，在静静流淌的莫斯科河及其支流亚乌扎河两岸，有一座美丽的城市——莫斯科。

莫斯科是一座有 800 多年历史的文化古城，名胜古迹众多。公元 9 世纪就已有人居住了。1156 年，尤里 · 多尔哥鲁基大公在此建筑城堡。1917 年，这座闪耀着文化艺术璀璨光辉的城市，成为伟大十月革命的发源地，成为世界社会主义的大本营。

不平凡的城市，总有许许多多不平常的故事。

20 世纪 20 年代末，来自中国的马列主义信徒、34 岁的邓中夏，在 4 个月的时间里，于莫斯科连续参加了 3 个具有重大意义的历史性会议，在他有限的人生旅途中演绎了一段令人刮目相看的辉煌。

邓中夏参加的第一个会议是赤色职工国际第四次代表大会。

邓中夏（1894—1933）

这次大会于 1928 年 3 月 18 日在莫斯科开幕。出席会议的有来自 50 多个国家的工会代表团和代表，共 500 多人。这是国际工人运动史上的一次重要会议。

中国工会代表团由 15 人组成，邓中夏是代表团领导人之一，并代表中国工会在会上作了重要讲话。他在会上论述了中国共产党领导下的革命工会组织在第一次大革命和北伐战争中所起的重要作用，介绍了中国工人阶级在党的领导下反抗人民公敌蒋介石反革命政变的英勇斗争事迹，阐述了处于革命低潮时期的中国革命工会运动的战略和策略。

大会对中国工人运动问题特别重视，曾组织专门委员会进行详细讨论。参加讨论的除中国工会代表团外，还有 30 多个国家的工会代表。各国代表对中国工会在大革命运动中所取得的巨大成绩表示敬佩，对大革命失败后反动派大批屠杀中国工人的罪行表示极大的愤慨，并指出这样大规模的残杀“为任何国度所没有”。他们对中国工人阶级在白色恐怖下所进行的英勇反抗表示由衷的敬意。

各国代表还和中国代表一道热烈讨论了中国革命工会今后的任务，并一致

通过了关于中国职工运动的决议案。决议案指出，工会是工人的群众组织，不是政党组织，因此，中国革命工会（即赤色工会）应根据多数工人群众的意愿，领导他们进行日常的经济斗争，要求增加工资，改善生活待遇。同时在斗争中吸收工人入会，壮大工会组织。

赤色职工国际还训令各国工会要与中国工会建立密切联系，援助中国的工人运动。在接到赤色职工国际的训令后，西欧许多国家的工会组织，曾在一段时期中，每星期都讨论中国的职运及充分援助中国革命工人的革命运动等问题，表现了高度的无产阶级国际主义精神。

这次代表大会的最后一项重要议程是选举新的中央局执行委员。由于邓中夏和苏兆征都是中国工人运动杰出的领导者和国际工人运动著名的活动家，他们俩在这次大会上又表现了对工人运动的忠诚和卓越的领导才能，因而都被选为赤色职工国际中央执行局委员。会后，邓中夏留在莫斯科和各国工会的领导人一道，共同领导中央执行局的工作，为贯彻四次大会的决议进行了不懈的努力。

邓中夏参加的第二个会议是中国共产党第六次全国代表大会。

偌大的中国难道还没有召开六大的一席之地，为什么要舍近求远，非得在莫斯科举行？这是由当时国内的政治形势和社会环境决定的。

1927 年春夏，是中国现代历史上最黑暗的日子。先是 4 月 12 日，蒋介石在上海发动反革命政变，大肆搜捕和屠杀共产党员与革命群众。紧接着,4 月 15 日，广州的国民党右派作出策应，捕杀了包括著名共产党员萧楚女、熊雄在内的共产党员和工人积极分子 2000 多人。然后，5 月 13 日，夏斗寅在湖北宜昌叛变。后来，5 月 21 日许克祥在长沙发动“马日事变”，屠杀工农群众。再后来，7 月 15 日，汪精卫在武汉召开分共会议，正式宣布与共产党决裂，并提出“宁可枉杀千人，不可使一人漏网”的口号，血腥屠杀共产党员。全国其他一些地方，在国民党右派的把持和操纵下，相继以残忍的手段进行“清党”。一时间，黑云压城，血流成河。据统计，在此期间，遭杀害的共产党员和革命群众达 31 万多人。全国笼罩在白色恐怖之中。处于这样一种险恶的环境，面对如此凶残的刽子手，在中国国内举行党的全国代表大会显然是不适宜的。于是，我党领导人只好把注意力转向世界革命的中心——红色圣地莫斯科。

当时，邓中夏和周恩来、瞿秋白等同志一道，参加了中共六大的筹备工作。

在这期间，斯大林接见了负责筹备工作的中央领导人瞿秋白、周恩来、邓中夏、苏兆征等同志，和他们作了重要的谈话。斯大林同志主要谈了两个问题：一是中国革命的性质，一是革命的高潮与低潮。斯大林指出：“中国革命是资产阶级民主革命，不是‘不断革命’，也不是社会主义革命”，他并以俄国的二月革命为例作了说明。

1928年6月18日，中国共产党第六次全国代表大会在莫斯科近郊隆重开幕。会址兹维尼罗德镇，是一栋三层小楼的银色别墅，通向会场，首先映入眼帘的是两座一人高近似白色的门垛立在道路两旁。里面一片幽静，高大的乔木、低矮的灌木、各种植物交织在一起。不远处有一座残破的木桥，一条小路通过木桥伸向密林深处，构成一幅美丽的画卷。这里充满了古老的俄罗斯风韵。一座三层沙俄贵族的别墅若隐若现地矗立在林中。走进这片地带，如同进入仙境一般，令人心旷神怡。这幢小楼在十月革命前是一个达官贵人的别墅。十月革命后收归国家所有，改为一个农场，再后来还做过克格勃的办公地点。

出席这次会议的正式代表84人，候补代表及列席代表58人。邓中夏以正式代表的身份参加了会议。

这次大会是在斯大林的亲自关怀和共产国际的直接帮助下召开的。共产国际主席布哈宁在大会上作了政治报告。苏联共产党、法国共产党、意大利共产党、日本共产党、英国共产党、美国共产党也派代表参加了会议并致祝词。

会议的主要任务，是总结我党大革命以来的经验教训，正确估计大革命失败后的形势，确定党在新形势下的路线、方针和任务。

大会由瞿秋白、周恩来、邓中夏等21人组成的大会主席团负责主持。为了便于研究会议要解决的各项专门问题，并负责向大会提出报告和起草决议，在大会主席团下分别设立了13个专门委员会，邓中夏是其中六个重要委员会的成员——政治委员会、军事委员会、组织委员会、职工运动委员会、苏维埃运动委员会和南昌暴动委员会。

邓中夏对这次会议非常重视。早在大革命失败初期，他就希望党中央能召开一次“全国性大会”，来总结大革命失败的经验教训，研究制定党的路线、纲领和政策。六大召开前夕，邓中夏更明确表示：“右倾机会主义已经把大革命断送了，这是千百万人流血牺牲的教训；但我们也应该反对非无产阶级的‘左’倾机会主义，特别是宗派主义的统治，因为这种机会主义也会对革命事业带来重大的损害。”

六大期间，在讨论瞿秋白代表五届中央所作的政治报告和职工运动报告时，邓中夏两次作了大会发言。他在发言中“坚持党的正确路线，同时与右倾和‘左’倾机会主义作不妥协的斗争”，对于一些同志的错误“当面提出批评，不稍宽容”。

邓中夏同时积极参加了各委员会的活动，在各委员会讨论问题时，他对许多问题都提供了有益的意见，并参加了各种重要决议案的起草工作。他还代表苏维埃运动委员会，向大会报告了“苏维埃组织问题决议大纲”。在邓中夏报告后，大会顺利地通过了《苏维埃政权组织问题决议案》。

为了开好这次大会，邓中夏还向大会提出了不少积极性的建议，在会议代表中做了许多促进同志间团结的工作。7月9日，大会一致通过了《政治决议案》《土地问题决议案》《农民问题决议案》《职工问题决议案》等决议，并通过了经过修改的《中国共产党党章》。

7月7日，大会进行选举，瞿秋白、周恩来等23人当选为中央委员会委员，邓中夏等13人当选为中央候补委员。7月11日，大会胜利闭幕。接着中央委员会又选举了由瞿秋白、周恩来等同志组成的中央政治局。

邓中夏参加的第三个会议是共产国际第六次代表大会。

1928年6月之后，共产国际不再派遣驻华代表，改由中共组成驻共产国际代表团，通过代表团指导中国革命。

党的六大闭幕以后，邓中夏便和瞿秋白、周恩来、苏兆征、张国焘等一道，代表中国共产党出席了1928年7月17日到9月1日在莫斯科工会大厦召开的共产国际第六次代表大会。

这次会议的主要议程是讨论世界状况与共产国际的任务、殖民地问题以及共产国际的党纲等问题。

8月18日，为了促进中国革命运动的发展，加强共产国际对中国革命的影响和帮助，邓中夏向大会主席团提出了加强对中国革命的宣传和研究工作的建议，并要求主席团讨论，受到与会国家的高度重视。

邓中夏高超的政治智慧和杰出的组织领导才能，奠定了他在党内的地位和影响。在全国“双百”评选活动中，邓中夏被评为“100位为新中国成立作出突出贡献的英雄模范人物”。

邓中夏把北洋军政府的“委任状”退了回去。他说：“我不做官。做官的人，都是对老百姓敲骨吸髓的。”

邓中夏，1894年10月5日出生于湖南省宜章县一个官僚地主家庭，从小入私塾读古书，后入县办小学、衡阳中学。邓中夏的父亲邓典谟是清朝举人，辛亥革命后，当过省参议员、县长。望子成龙心切的他几经周折，在北洋军政府农商部给邓中夏找到一个待遇优厚的美差。

“委任状”送来时，父亲非常高兴，但却被邓中夏退了回去。当他质问儿子为何要把“委任状”退回时，邓中夏说：“我不做官。做官的人，都是对老百姓敲骨吸髓的。当这个官有什么意思！”

邓中夏还和乡亲们说：“我要做公仆，我要联合同志，做到人人有饭吃，个个过富裕生活。我的目的要为广大群众谋福利，绝不自私自利为个人单独谋财。”

乡亲们夸他小小年纪，就有如此的见地和志向，真是了不得！

邓中夏考入湖南高等师范文史专修科后，他是到校内兼职的杨昌济老师（杨开慧之父）欣赏的学生。在去杨家请教时，结识了第一师范的毛泽东，两人遂成知己，经常在一起指点江山，激扬文字。

1917年邓中夏考入北京大学国文系。他进入北大后不久，伟大的十月社会主义革命爆发了。

列宁领导的俄国十月革命的成功，震动了全世界和全中国，使北大的进步师生看到了光明，受到了鼓舞。李大钊是接受十月革命影响最早的代表人物，在1918年初，他就开始宣传和介绍十月革命的情况。他欢呼十月革命的成功是“庶民的胜利”，是“布尔什维克的胜利”，指出十月革命“是二十世纪中世界革命的先声”，是“人类全体的新曙光”。曙光也照耀了黑暗的中国，“我们应该趁着这一线的光明，努力前去为人类活动，作出一点有益人类的工作。”李大钊为我国广大革命青年指出了前进的方向。

在李大钊先生的帮助下，邓中夏立即多方搜集资料，研究俄国十月革命的经验，并很快得出了中国革命必须“走俄国人的路”的结论。他的同班同学、亲密朋友许宝驹回忆说：

> 中夏同志在初入北大时……常焦愁慨叹中国国家民族之将陷于沦亡，他这种焦急、愤怒的心情，在日常谈话中随时都表现出来的。约在1917年底到1918年初，约有三个月的时间，中夏忽然非常沉默寡言（他一向是爱讲话，议论风生的），除拼命搜集，阅读各种进步书籍杂志外，经常陷入于深思熟虑的状态。经过这个短短时期，他又活跃起来了。他向我不止一次地说：“只有接受列宁、马克思主义，走苏俄的道路，中国人民才能得救。”从此，他总是兴致勃勃地、终日辛勤地进行革命工作，我此后再也没有看见他有过愁苦的脸。

既已找到中国革命的道路，邓中夏便迅速地把自己的救国思想化为救国的行动。1918年5月，他就参加了发动和领导北京各大学学生的救国运动。

1914年第一次世界大战在欧洲爆发。日本依仗东方强国的地位，趁欧战爆发后列强无力东顾之机，加紧侵略中国，妄图独霸东亚。因此当年就出兵山东，攻占青岛，控制胶济铁路，从德国手中抢去山东半岛。1915 年又趁袁世凯积极复辟帝制的时机，强迫袁世凯接受卖国的“二十一条”。1916 年袁世凯的独裁统治被推翻，北京政府的大权落到皖系军阀段祺瑞手中。段祺瑞为了从日本得到大量借款和军火武器，以日本帝国主义为靠山，巩固和加强其在全国的反动统治，不仅同意日本军队占领山东半岛，而且在 1918 年春派驻日公使章宗祥与日本政府进行共同反对苏俄的秘密谈判，并于 5 月间与日本政府签订了所谓《中日共同防敌军事协定》。这样，日本军队便以“共同防敌”为借口，大举侵入我国北方，控制我国东北和蒙古的广大地区。

段祺瑞的卖国行径首先遭到我国留日学生的坚决反对。1918 年 5 月上旬，留学生在日本议决组织救国团：反对卖国《协定》，开展救国斗争。但是他们的爱国活动遭到日本警察当局的干涉和侮辱，留学生决定一起罢学回国。5 月中旬，留日学生李达、李汉俊、黄日葵等 1400 多人回到上海，并在上海设立救亡团本部。随后李达等人又从上海到了北京，与北大学生中的活动分子邓中夏、许德珩等人取得联系，共同商讨救国的行动计划。

5 月 20 日晚，在邓中夏等人的组织下，北京大学召开学生大会，北京其他高校学生代表也应邀出席。留日学生代表在会上发表演说，控诉日本的侵略罪行，坚决主张废除卖国《协定》。北大学生代表也慷慨陈词，响应留日学生的主张。会议开得激动人心，许多同学痛哭流涕。最后，全体学生决定与留日学生一致行动，第二天就去总统府请愿。

5 月 21 日上午，北京大学、高等师范（北师大前身）、高等工业专门学校、法政专门学校等学校的学生 2000 多人，前往新华门总统府请愿，强烈要求废除《中日共同防敌军事协定》，收回山东半岛，情绪十分激昂。当时北京政府的大总统是直系军阀冯国璋，冯被迫接见了学生代表，用花言巧语欺骗了学生。同学们因缺乏政治斗争经验，听信了冯的谎言，回校后第二天便宣告复课。实际上段政府根本没有接受学生的要求，不但没有废除《协定》，而且不久又与日方签订了实施这个协定的详细《办法》，因此，这次斗争没有取得胜利。

但是，北京政府无耻的卖国行为和顽固态度，却使邓中夏等爱国学生得到一次有益的教训。他们认识到，仅仅组织一两次游行示威是救不了国的，必须把爱国学生真正地组织起来，进行深入持久的斗争。因此，这次游行示威后不久，在邓中夏等人的活动下，北京一部分爱国学生便组织了学生救国团，天津学生也建立了救国组织。

7 月间，北京救国团的代表又会同天津救国组织的代表到济南、南京、上海等地进行联络，经过一个多月的工作，学生们成立了一个全国性的秘密团体——学生救国会。救国会总部设在北京，邓中夏、许德珩等北大学生被推选为负责人。

1918 年 8 月，为组织新民学会会员赴法国勤工俭学，毛泽东来到了北京。在这之前，蔡和森等人也到了北京。毛泽东和蔡和森等八个新民学会会员，都住在景山东三眼井吉安所左巷 7 号的一座小平房里。

毛、蔡是邓中夏在湖南高师读书时的老朋友、老同学，这次来到北京后，邓中夏极为高兴，与他们来往很密切。原在湖南任教的杨昌济先生这时已离开湖南，在北京大学哲学系任教授，家住北京鼓楼后豆腐池胡同内。杨先生是毛、蔡、邓三人非常尊敬和喜爱的老师，他们常在杨先生家中见面和畅谈。

不久，毛泽东经杨先生介绍，到北大图书馆任助理员。北大图书馆主任是李大钊，毛泽东的工作室紧靠李大钊的办公室（北京大学沙滩旧址红楼一楼的东南角，现已辟为纪念堂）。邓中夏常去红楼李大钊先生处，因此与毛泽东见面的机会更多。邓中夏是北大蔡元培先生组织的哲学会的会员，毛泽东也喜欢参加北大哲学会的活动。这一切，都使得毛泽东和邓中夏两人的关系极为密切，他们不但在一起交流读书心得，研究新思潮、新理论，讨论国家大事，而且还一道进行社会调查等活动。1919 年春，北京大学平民教育讲演团成立后，邓中夏曾和毛泽东一起去长辛店考察铁路工人的生活状况。

邓中夏的“五四”演说慷慨激昂，有的学生咬破手指，血书明志；有的学生拿起菜刀，以死抗议

1918 年第一次世界大战结束后，20 多个战胜国于 1919 年 1 月 18 日在法国巴黎召开“和平会议”。

这个所谓的“巴黎和会”，实质上是帝国主义强盗操纵的一次分赃会议。会议关于山东问题的条款，竟规定“所有在青岛至济南铁路之德国权利”，包括“支路”“矿产”等特权，“均为日本获得，并继续为其所有”。这就是说，帝国主义列强不仅完全拒绝战胜国中国人民的合理要求，且以牺牲中国利益来满足日本帝国主义的贪欲，使日本在山东的强盗行径合法化，把新的枷锁强加在中国人民身上。

巴黎和会召开期间，中国人民特别是广大知识分子，非常关心和会上的斗争。邓中夏在《国民》杂志上以时事述评的方式把帝国主义在巴黎和会上的罪恶勾当，以及中国代表在和会上的言行及时地报告给广大的民众，引导民众密

切注意巴黎和会的动向。

5月1日，中国外交失败的消息，传到了北京。这一消息如同晴天霹雳，引起人们极大的震惊和愤怒。邓中夏等当天下午就召集《国民》杂志社的各校学生代表，在北京大学西斋饭厅，召开紧急会议，讨论对付办法。决定以《国民》杂志社的名义，通告北大全体同学，于5月3日（星期六）晚，在北河沿北大法科大礼堂举行全体学生大会，并邀请高师、工专、农专、法专等校同学的代表参加。

5月3日早晨，北京所有报纸都报道了中国外交失败的消息，人们的情绪更加激愤。

晚7时，北大学生在北河沿法科大礼堂按时召开会议，北京其他各校也派代表参加了大会。《国民》杂志社、新潮社、平民教育讲演团的领导人邓中夏等主持了这次会议。大会首先请北京新闻界人士报告巴黎和会中国外交失败的原委，接着由北大各社团代表和学生代表演说。他们的演说慷慨激昂、感人肺腑。有一位法科学生当场将中指咬破，撕下衣襟，血书“还我青岛”四字。还有一位学生为激发大家的救国热忱，拿起菜刀要当场自杀。

5月4日下午1时许，北京13所高等学校的学生3000多人，从四面八方陆续汇集天安门。北京大学的队伍出发后，被北京政府教育部的代表（次长）和警察阻拦。邓中夏、黄日葵等学生代表与教育部的代表展开辩论，终于突破阻拦，急速向天安门进发。

北大学生队伍到达天安门后，随即举行会议。大会通过了由北大学生起草的《北京学生界宣言》，接着就开始游行。游行队伍中，学生们手执各种旗帜，上面写着“取消二十一条”“还我青岛”“誓死力争”“头可断，青岛不可失”“诛卖国贼曹汝霖，章宗祥，陆宗舆”等标语，并高呼“外争国权，内惩国贼”“拒绝和约签字”“抵制日货”等口号。

示威游行队伍到达东交民巷西口时，遭到中外军警的拦阻。大家议决先找卖国贼曹汝霖问罪。愤怒的人流向曹宅所在地赵家楼涌去。游行队伍至赵家楼后，包围并冲进了曹宅。曹贼闻讯逃跑，学生们痛打了正在曹宅中的章宗祥，并放火焚烧这个卖国贼的巢穴。曹宅起火后，学生开始陆续散去。这时，警察总监吴炳湘，步兵统领李长太率领大批军警赶到，将尚未离开的学生31人逮去。

30多位同学被军警逮捕后，邓中夏立即和李大钊先生及各学生社团负责人做了研究，一面将情况报告蔡校长，请其设法营救被捕学生。当晚，北大学生便成立了干事。《国民》杂志社、新潮社、平民教育讲演团的成员积极参加了干事会的工作。邓中夏直接负责领导文书股。

5月5日，北京各大专院校学生全部罢课。从这天起，邓中夏领导的北大平

1919 年 5 月 4 日，北京大学等学校 3000 多名学生，齐集天安门举行反帝爱国示威游行

民教育讲演团开始奔赴各处发表演讲，演讲的题目有“青岛交涉失败之原因”“争回青岛”“中国现在的形势是怎么样？”“国民快醒”“国民的责任”“经济侵略之抵御”“抵抗强权”“为什么要爱国”等等。

5 月 6 日，北京中等以上学校学生联合会成立，邓中夏被选为该会总务干事，是主要负责人之一。运动在发展着，扩大着。5 月中旬，邓中夏代表北京学生联合会前往长沙，向湖南学生介绍北京学生的斗争情况，要求声援。他还和毛泽东商讨了如何组织湖南学生联合会等问题。下旬，邓中夏又匆匆赶回北京。

为了适应新的斗争形势的需要，6 月 1 日，邓中夏等又扩大了北京大学平民教育讲演团。6 月 3 日上午，北大等校学生 2000 余人，高举讲演团大旗，分赴各处展开爱国宣传活动。学生们的爱国举动遭到北京军警当局的镇压，当天就被捕去 170 多人。

可是反动派的倒行逆施并没有吓到爱国学生。6 月 3 日晚，学联召开紧急会议，决定各校继续派学生上街演说，每校每批 50 人，“如这 50 人被军警捉去，再派 50 人出去，如官厅拘留一人，就一起前去，听他发落”。结果，4 日 1 天内，又有 700 多名学生被反动军警拘捕。“到 5 日上午，捉去的学生有 1000 多人。”北京政府镇压爱国学生的残暴行径，不但引起北京各界群众的极大不满，而且激起全国人民的愤怒。

为了抗议北京政府迫害学生的罪行，支援爱国学生的正义斗争，6 月 5 日，上海日本纱厂的工人首先举行罢工。接着，其他纱厂工人、印刷工人、码头工人、铁路工人、电车工人、机器工人、海员工人、电灯厂、电话局和自来水厂的工人乃至清洁工人，也纷纷举行罢工，总人数达到六七万人。与此同时，学生举行罢课，商人也举行了罢市。

在上海的影响下，天津工人和北京长辛店工人也准备举行大罢工。北京政府惊恐万状，害怕事态发展下去会危及自身的统治，不得不在 6 月 10 日下令释放全国被捕学生，同时免除卖国贼曹汝霖、章宗祥、陆宗舆的职务。在全国人民的压力下，出席巴黎和会的中国代表也拒绝在和约上签字，从而使这场空前的五四爱国运动取得了胜利。

邓中夏作为李大钊的忠实学生和战友，通过《国民》杂志社、平民教育讲演团和北京市学生联合会，为五四爱国运动的爆发，做了大量工作。他英勇顽强，坚持不懈，始终站在斗争第一线，为这场运动的胜利作出了重要的贡献。

奉命到香港组织罢工，100 多个黄色工会如何摆平？他一上任就碰到了难题

1925 年 6 月，为了支援上海人民五卅反帝爱国运动，广州和香港爆发了规模宏大的省港大罢工。

五卅惨案后，中共中央广州临时委员会和中共广东区委根据中央关于声援上海人民斗争的指示，决定指派邓中夏、黄平、杨殷、杨匏安、苏兆征组成党团，到香港组织罢工。经过短短几天的发动，工人们纷纷表示赞成举行罢工，声援上海反帝爱国运动，并成立全港工团联合会，作为香港组织罢工的公开指挥机关。由苏兆征任干事局长，黄平任外交委员，邓中夏任参谋长。他们为我国工人运动的历史写下了光辉灿烂的一页。

当时香港的情况极其复杂，工会组织有 100 多个，除少数工会由共产党员领导外，大多数都是黄色工会和行会工会，他们又分成几派。香港的地下党和共青团组织的力量也很弱。因此，要发动全港的大罢工，显然是很困难的。

邓中夏到达香港后，一方面充分依靠香港党团组织和进步工会，立即将中国共产党和“全总”发表的《为五卅惨案告同胞书》和《为五卅帝国主义大屠杀告工友书》印成传单，到各工厂去散发，大张旗鼓地为大罢工大造舆论；另一方面，他日夜奔走于各报馆、学校和团体，出席各种会议发表演说，宣传五卅运动后反帝斗争的大好形势，号召香港的学生、知识分子和各阶层人民立即投入反帝爱国运动，举行罢课示威，开展反帝宣传，支援工人罢工。经过这些发动，香港许多报刊不断发表全国各地抗议五卅惨案的消息，撰写社论、评论，进行反帝爱国的宣传鼓动。香港各学校的爱国师生也迅速行动起来，举行罢课游行，建立学生团体，张贴标语，散发传单，表示支持工人罢工。

在这同时，邓中夏和苏兆征等同志一起，亲自走访香港各工会领导人，通过会谈，对他们进行爱国主义教育，发动他们举行罢工。

当时很多黄色工会的头头，从自己的私利出发，对罢工顾虑重重，犹豫不决，有的甚至公开反对。邓中夏运用统一战线思想，既对他们进行爱国主义教育，又根据实际情况解除他们的顾虑，并适当照顾他们的利益，结果绝大多数都改变了态度，表示赞成罢工。

接着，邓中夏以中华全国总工会的名义正式召集香港各工会代表开会讨论大罢工问题，与会代表一致拥护罢工，并通过了罢工宣言。

香港各工会联合向港英政府提出严正的要求条件：

一、拥护并坚持上海工商学联合会的17项条件，包括撤退外国驻华的武装等；

二、港英当局要保证华人享有集会、结社、言论等自由和权利。

当时，港英当局对以上要求不予答复。6月19日，香港的海员、电车、印务等工会首先宣布罢工，其他工会随即响应。罢工工人不顾英帝国主义者的阻挠和威胁，回到广东各地。21日，广州沙面洋务工人开始罢工，市内其他洋务工人也加入罢工行列。23日，罢工工人和各界群众10万余人在广州东较场集会，追悼上海死难同胞，抗议帝国主义暴行，会后举行示威游行。

当游行示威队伍途经沙基路时，突然遭到沙面租界英法军警的机关枪扫射，停泊在白鹅潭的英、法军舰也开炮轰击，当场打死50多人，重伤170多人，轻伤不计其数。

沙基惨案的发生，更进一步激起中国人民的民族义愤，各界群众纷纷声讨帝国主义罪行，更多的工人加入罢工行列。到6月底，省港罢工人数达25万。广州革命政府立即照会英、法等国提出抗议，并宣布同英国经济断交，同时封锁出海口。

省港大罢工游行大示威的情形

为了适应这种情况的需要，邓中夏等人在罢工委员会下设立了干事局，干事局下又设立了几个部——文书部、审计部、庶务部、调查部、交际部、招待部、法制部（负责起草各部门工作规则）和会审处（惩处工贼和工人中的坏分子，并附设拘留所）等机构。在罢工委员会下，还设立了筑路委员会、拍卖局、工人医院、宣传学校、工人子弟学校等机构。罢工委员会本身“有绝对权力，可以处置一切与罢工相关之事，广东政府不得过问，所以后来香港帝国主义宣传广东有‘第二政府’”。这些完备的机构，保证了罢工的各项工作能够在罢工委员会的统一领导下有条不紊地进行。

为了打击帝国主义，封锁香港和维护罢工秩序，又及时地组建了一支有2000人组成的工人纠察队。

党的领导是胜利的保证。经上级党组织批准，罢工委员会内成立了“中共省港罢工委员会党团”，邓中夏亲自担任党团书记，李启汉任副书记，苏兆征、黄平、罗珠等人为党团成员，这是罢工委员会的最高领导核心。

此外，罢委会又公开聘请廖仲恺、邓中夏等人为总顾问，以取得广东革命政府对罢工工人的支持，便于罢工委员会的工作。

为了加强党对罢工工人的宣传教育，及时传达罢工委员会的决定，邓中夏又创办了《工人之路》，作为罢工委员会和全国总工会的机关报。《工人之路》创办初期，由邓中夏亲自担任主编。

特别值得提出的是，为了真正集中罢工工人的意志，及时研究和解决罢工过程中的各种重大问题，依靠群众的力量来克服和战胜各种困难，邓中夏又创造性地发动全体罢工工人，按照50人选出一个代表的办法，进行一次民主选举，选出800多名工人代表，组成有高度权威的“罢工工人代表大会”，作为罢工工人的最高权力机关。从此，罢工工人便有了一个符合民主集中制原则的严密的组织系统。

邓中夏在总结省港大罢工的经验时，曾明确指出：“这次罢工，这个800余人的代表大会的确起了不可思议的伟大作用。罢工策略经过集体的讨论，因而取得一致的团结。罢工内部许多纠纷，都依靠代表大会的权威予以解决。黄色领袖以及一切反动分子的阴谋企图，都受到代表大会的严厉制裁。工人群众的一切意志都经过代表带到代表大会，罢工消息又经过代表带给工人群众。”

省港大罢工坚持长达16个月之久，在中国工人运动史上是空前的，在世界工人运动史上也属罕见。罢工委员会运用罢工、排斥英货、封锁香港三项有力武器与英帝国主义作斗争，使香港一度成为“死港”。在领导省港大罢工这场斗争中，邓中夏的组织形式、策略思想和工作作风，都是令人赞叹的。

湘、赣、鄂反革命势力剑指共产党人。值此危急存亡之际，邓中夏出任中央秘书长，成了中央领导层“最忙的一个人”

邓中夏把革命工作看得比自己的生命更重要。

在中国共产党第五次全国代表大会召开期间和结束后，他又以大量的时间投入第二次太平洋劳动会议的筹备工作。

第二次太平洋劳动会议，是由赤色职工国际发起，由太平洋地区沿岸各国进步工会组织参加的一次国际性会议。这次会议原定 1927 年 5 月 1 日在广州召开，但因中华全国总工会已于 1927 年春迁到武汉办公，故改为同年 5 月 20 日在汉口举行。

5 月 15 日，在汉口召开了太平洋劳动会议筹备会，邓中夏、苏兆征、李立三等同志出席了会议。出席会议的还有赤色职工国际委员长罗佐夫斯基。太平洋劳动会议原定由中国和澳洲工会共同筹备，澳洲工会因故未到，故决定由中华全国总工会负责一切筹备工作。

5 月 20 日，第二次太平洋劳动会议在武汉正式开幕，出席这次会议的有来自日本、朝鲜、爪哇（印度尼西亚）、中国、苏联、美国、英国、法国等国的代表团和代表。他们代表太平洋地区 1450 万工会会员。邓中夏和苏兆征、李立三等以中华全国总工会代表的身份出席了会议。

这次会议共开了七天，通过了《促进全世界工农结成有力团体》《反对英日美等帝国主义者酝酿第二次世界大战》《组织超越国境、种族之职工国际，以期统一全世界之劳动运动》《联合世界各国工会，反对惨杀中国工会领袖的上海及广东各地之反动派》《援助中国人民将帝国主义之势力逐出中国》《援助朝鲜、印度等被压迫民族之独立》等十多项决议，并决定在上海设立太平洋劳动会议秘书厅。秘书厅由中国、苏联、日本和英、美、法各国工会代表组成，由中华全国总工会代表苏兆征任秘书厅主席。会议还决定出版《太平洋工人》和《太平洋劳动大会公报》两种杂志，作为秘书厅的机关刊物。这次会议是太平洋地区工人运动史上一次空前重要的会议。邓中夏为筹备和开好这次会议作出了重要贡献。

太平洋劳动会议结束后，邓中夏又和苏兆征、李立三、刘少奇等同志一道，在武汉主持召开了第四次全国劳动大会。

第四次全国劳动大会于 6 月 19 日下午在武汉正式开幕，出席这次会议的各地工会代表共 400 多人。赤色职工国际委员长罗佐夫斯基以及苏联、朝鲜等国工会代表也应邀出席了会议。会议由全体代表推选的大会主席团负责主持，会议分设政治、组织、教育宣传、决议审查等四个委员会。邓中夏被选为主席团成员，并担任组织委员会和教育宣传委员会主任委员，同时还担任其他两个委员会的委员。

6月20日，李立三代表中华全国总工会向大会作了关于过去工作、当前形势和今后任务的报告。在这个报告中，李立三充分肯定了省港大罢工所取得的巨大成绩。

6月21日，邓中夏主持大会，赤色职工国际委员长罗佐夫斯基在会上作了关于世界职工运动状况的报告。

6月24日，刘少奇主持会议，由邓中夏代表大会主席团作了会务报告决议案的说明，决议案被一致通过。

6月29日，李立三主持大会，由邓中夏作了修改全国总工会章程的报告，报告后，新章程获得一致通过。在同一天，邓中夏还代表主席团向大会宣读了中共中央致大会的贺信。这封贺信引起全场暴风雨般的掌声。

6月30日是大会的最后一天。会议除通过各项重要决议案外，还选举了中华全国总工会的领导机构、邓中夏继续当选“全总”执行委员，后又被选为常委兼宣传部长。

就在太平洋劳动会议和第四次全国劳动大会开会期间，武汉的政治形势日益恶化。

“四一二”反革命政变后，武汉国民政府还辖有湖南、湖北、江西等省。五月，夏斗寅在鄂西，许克祥在长沙发动反革命军事政变，摧残工农革命团体，大批屠杀共产党员，使湖南处于一片白色恐怖之中。

6月，第三军军长兼江西省省长朱培德，在江西省公开反共，同时，驻武汉的三十五军军长何健也磨刀霍霍，准备向共产党人和工农群众开刀。这时，以汪精卫为首的武汉国民党中央也正在准备公开反共。在这种情况下，为了应付极端复杂的政治局面，党中央急需加强中央秘书厅的工作。因此，在第四次全国劳动大会尚未结束之际，在6月24日，经政治局正式决定，调邓中夏任中共中央秘书长。

不知疲倦的邓中夏立即全力以赴地投入了党中央的繁重工作。

当时，中共中央为了防止敌人的突然袭击，避免不必要的损失，决定把集中在武汉的大批领导干部派往各地工作。邓中夏作为党中央的秘书长，既要负责处理党中央的各种事务，又要和即将派往各地的同志进行谈话，坚定他们战胜困难的信心，帮助他们充分认清党所面临的局势和新工作的重要性，勇敢地接受党的新任务。因此，他的工作特别忙碌，特别紧张。

宋侃夫当时在武汉中共中央宣传部工作，他的办公室和邓中夏的办公室靠得很近。他回忆说："中央当时已看出气候要变，国民党要坏"，因而中央派出不少干部到外地活动。"邓中夏同志是党中央秘书长，不少被派往外地的人都经过他谈话"，"他是最忙的一个人"。"中夏同志精力充沛，我们饭后出去转转回来，他还在那里干。他和秋白常在一起谈，他很随便，和小干部也谈。""有一次，罗同志问我：'干部要转移，你到哪里去工作呢？'我说可回家乡……邓中夏同志立即在一边开玩笑说：'你回家，可能当少爷，还是回浙江去锻炼锻炼好。'""他讲得虽然很随便，但谈话很有分量，他的话给我印象很深。""后来我就决定去浙江，并动员一个向我借路费想回家去的同志也不要回家。"

邓中夏担任中央秘书长后，在参与中央各种机要活动和处理日常工作中，了解到"四一二"政变后无数同志被反革命杀害的情况，同时，对汪精卫为首的武汉国民政府的反动本质也有了进一步的认识，这就为他最早提出南昌暴动的主张，做了充分的思想准备。

在上海组织秘密武装——"打狗队"，只有 20 多支长短枪，却令敌人闻风丧胆

1927 年 8 月 7 日，党中央在武汉召开紧急会议，即八七会议。

这次会议总结了北伐失败的教训，彻底清算了大革命后期陈独秀的右倾机会主义错误，选举了新的中央临时政治局，瞿秋白、李维汉、苏兆征等九人当选为政治局委员，邓中夏和毛泽东、周恩来等 7 人当选为政治局候补委员。

八七会议后不久，邓中夏奉调担任江苏地下省委书记，为党做了大量的工作。

当时，上海也在江苏省委的管辖范围之内。上海是中国共产党的诞生地，又是中国工人阶级最集中的地区。大革命时期，上海和江苏党组织发展很快。据统计，1927 年 1 月，仅上海一地就有共产党员 3075 人。但是，在蒋介石发动"四一二"反革命政变后，上海和江苏各地有大批党员被捕被杀，党的组织受到严重的摧残。全省（包括上海）被杀害的革命志士达 1836 人。其中许多是各级党组织的骨干。由于大批同志被捕被杀，少数不坚定分子叛变投敌，还有一些同志逃离家乡到外地隐藏起来，江苏各地的党组织完全处于瓦解和瘫痪状态。

邓中夏就是在这样的情况下被派到上海担任江苏省委书记的。他任书记时，省委组织部长是陈乔年，宣传部长是李富春，农委书记是王若飞。

以邓中夏为首的新省委建立后，首先抓了恢复党组织的工作。除着手恢复上海党的基层组织外，还派一些同志到江苏各县活动，把各地失去联系的党员组织起来，对遭到破坏的党组织进行整顿。

经过两三个月的紧张工作，江苏全省就有 8 个县恢复了县委，11 个县建立了独立支部，七个县找到了当地的党员和积极分子，着手恢复党的组织，九个县派驻了党的特派员，到 1927 年底，全省大部分县都重新建立了党的县委或独立支部，有些原来没有党组织的县，这时也有了党的组织。

八七会议会址：汉口三教街 41 号（今鄱阳街 139 号）

随着各地党组织的恢复，邓中夏把贯彻八七会议精神、发动农民举行秋收暴动提上了日程。

1927 年 10 月初，省委在上海召开宜兴、无锡等地县委书记会议，部署秋收暴动。邓中夏在会上作了传达八七会议精神的报告。他号召到会同志充分发动群众，组织农民武装“起来举行暴动”，没收地主土地，建立革命政权，武装反抗国民党。这个报告大大扫除了当时党内普遍存在的悲观失望情绪，大大鼓舞和调动了党内外广大革命群众的积极性。

会议结束后，在会议精神的鼓舞下和省委农委的具体帮助下，宜兴县委书记史曜宾和省团委干部匡亚明来到宜兴，着手准备举行秋收暴动。

1927 年 11 月 1 日，宜兴贫苦农民 1000 多人和部分陶瓷业工人，在党的领导下，首先打响江苏省秋收暴动的第一枪。暴动队伍曾一度占领宜兴县城，在城内打开监狱，砸毁当铺，搜缴反动武装，宣布成立宜兴工农兵苏维埃政府，并组成工农法庭，惩办罪恶昭著的土豪劣绅。宜兴暴动后，无锡、海门、江阴、崇明等地的农民，在党组织的领导下，也先后举行了暴动。

1927 年 11 月间，在邓中夏等同志的领导下，杨树浦五家纱厂爆发了有六万工人参加的同盟大罢工。这次罢工斗争从 11 月上旬起，一直坚持到 11 月 24 日。这是“四一二”后第一次大规模的同盟罢工。

这次罢工斗争虽然由于资本家的顽抗、反动派的镇压和“工统会”分子的破坏，未能取得胜利，但它却显示了工人阶级和中国共产党不屈不挠的斗争精神，教育和鼓舞了工人群众。

“四一二”反革命政变后，党组织到处遭到敌人的严重破坏，大批优秀共产党员和领导干部被捕被杀，因此，邓中夏深深感到党组织没有一支革命武装来保卫自己是不行的。为了保卫党的组织，打掉特务、叛徒、工贼的反革命气焰，1927 年秋，新省委成立后不久，邓中夏就利用当时上海的条件，建立了一支城市工人秘密武装——武工队（即“打狗队”）。

当时的武工队队长黄逸峰回忆说，1927 年 10 月，“邓中夏搞了一个武工队，以三次起义中存下的 20 多支枪为武器，组织了队伍，我带队。”“我们这支队伍，都是三次起义中工人纠察队小队长以上的干部，又都是五卅时期的党员，共 50 多人，组织性强，纪律性好，武器有长短枪，盒子枪。”

邓中夏组织的“打狗队”，对打击敌人、保卫党的组织和配合工农运动的开展起了重要作用，因而很快引起党中央的重视。1928 年党中央建立了“特科”“打狗队”转归“特科”领导，成为“特科”开展对敌斗争和打击叛徒的重要工具。

邓中夏担任中共江苏省委书记期间，正值南昌起义和广州起义失败，他为接待这两次起义失败后的来沪人员，也做了大量的工作。黄逸峰同志回忆说：“广暴（指广州起义）失败后，邓中夏的一个大任务，就是接待安排从那里撤退到上海的人员。从香港来的人穿着还好，从汕头撤来的人就很狼狈，都睡的通舱，化装为各种各样的身份。省委在北四川路、河南北路租了房子来安排住处……济难会负责了一部分。“打狗队”就想办法搞钱给他们洗澡、理发、看病，有的则找掩护机关住下，注意其安全。”在邓中夏与江苏省委的精心安排下，这批革命同志得到了保护，后来陆续被分配工作，走上了新的战斗岗位。

在党最困难的时刻，邓中夏化装成商人来到香港，接任广东省省委书记

正当邓中夏担任江苏省委书记，精心策划，团结同志，打击敌人，取得辉煌战果的时候，1928 年 2 月，中央一纸调令，调邓中夏去香港任广东省委书记。

为什么党中央要在这个时候把邓中夏调往广东呢？这要从广州起义的失败谈起。

八七会议结束后，张太雷被派往广东任省委书记。1927 年 12 月 11 日，广东省委趁粤桂军阀在广东混战之机，发动了震惊全国的广州起义。参加起义的有叶剑英领导的教导团，周文雍、徐向前等人领导的工人赤卫队及大批工人、

农民，共有四五万人。起义者曾先后攻占了广州市公安局、电报局、财政厅、弹药厂和其他许多军事据点，控制了广州市的大部分地区，成立了由苏兆征、张太雷、叶挺、彭湃、恽代英等人组成的广州工农民主政府，还公布了代表劳动人民利益的《政纲》。但起义爆发不久，国民党军阀便停止混战，集中5万多军队，在帝国主义军舰炮火的掩护下，向广州疯狂反扑。起义军民与敌人激战三天三夜，终因敌我力量过于悬殊而遭到失败。起义总指挥张太雷在战斗中壮烈牺牲，大批起义群众惨遭敌人疯狂屠杀。

张太雷牺牲后，党中央随即派李立三接任广东省委书记，负责处理起义失败后的善后事宜。起义失败后广东党内对省委领导普遍存在埋怨情绪。有的说，这次起义没有发动广大群众，是单纯的“军事投机”，有的说，这次起义本应推迟进行，把起义日期提前是犯了严重错误，还有的甚至认为“没有没收银行存款”是造成这次起义失败的一个重要原因。这些意见实际上都是不正确的。但李立三未经调查研究，就附和这些意见，他也“认为广州暴动是完全可以胜利的”，之所以失败，主要是错误领导所造成。因此，他不但对广东省委参加领导起义的许多同志进行片面的指责，而且“实行惩办主义”，处分了不少人，从而使这些同志产生很大的委屈情绪，纷纷向中央告状，造成广东党内的思想混乱和严重的对立情绪。

党中央了解这一情况后，立即调邓中夏去广东接替李立三的职务，解决广东党内存在的问题。

当时，广东省委机关设在香港（因广州已不能立足）。1928年春，邓中夏化装成商人到达香港，接任省委书记。为了在分清是非的基础上解决党内的团结问题，邓中夏首先对广州起义的全过程作了认真细致的调查研究，然后，根据掌握的丰富材料，通过个别谈话和各种会议，对那些认为“起义失败是因省委领导无能”的同志进行有力的说服教育工作。

邓中夏指出，认为广州起义没有发动群众，是“军事投机”的看法与事实完全不符。因为在起义之前，省委曾多次召开党支部书记联席会议、工代会代表会议、赤卫队队长会议等各种会议，对革命群众做了大量的思想发动和组织工作，因而“积极参加这次暴动”的工人才能达到“两万人以上”，工人赤卫队不但有统一的编制，而且还以省港罢工工人纠察队为基础，建立了两连“最可靠、最忠实、最有训练的敢死队”。虽然由于时间仓促，群众发动不够充分，但决不能说没有发动广大群众。至于起义中重视发动军队，这是任何武装起义都应该这样做的，决不能说成是“军事投机”。

关于暴动日期应不应提前的问题，邓中夏明确指出：省委决定“提早于10

月 11 日，先下手暴动”是完全正确的。因为“12 月 9 日，汪精卫在上海已经电致张发奎，并派其妻兼程赴粤，要张发奎先下手，决心解散在共产党影响之下的教导团，决心捕杀共产党员和工人积极分子，决心封闭工会及禁止工人活动……这是千真万确的事实，而且张发奎亦决定日内就干”。如果不提前起义就是“让反动派先下手”，来消灭我们的革命力量。

邓中夏还指出，认为“当时没有没收银行存款”因而造成起义失败，这种看法更不符合实际。因为事实上起义的领导者非常重视占领银行，并“因攻打银行费时太久，以至延搁对于河南及其他白军的进攻”。

在澄清这些是非的同时，邓中夏承认，由于这次起义比较仓促，领导者又缺乏武装起义的经验，工作中也确实存在一些错误，如对郊区农民发动得不够，起义后没有立即捕杀反动派的军事领袖，没有占领兵工厂，等等。但是，即使没有这些主观上的错误，“因为帝国主义与国民党军阀、豪绅、资产阶级的力量比我们优越几倍”，起义的失败也是难免的。

广州起义虽然没有成功，邓中夏仍给予充分肯定。他称赞广州起义是中国工人阶级夺取政权的一次英勇尝试，尽管失败了，但却“给了我们丰富无比的经验与教训”。为了今后的胜利，应该认真总结这些经验教训，“在错误中去学习，去锻炼”，绝不能互相埋怨，互相指责，影响党的团结，而只有加强党的团结，才能“调动一切革命力量，百倍的加强组织力”，去战胜各种“反革命的势力”。

邓中夏的说服教育工作产生了良好的效果，逐渐消除党内同志之间的埋怨和对立情绪。为了让更多的同志接受教育，邓中夏还把他调查研究的结果写成《广州暴动与中国共产党的策略》一文，在党内刊物上发表。这篇文章史料翔实，分析透彻，至今仍是我们研究广州起义不可缺少的一篇重要的马克思主义文献。

周恩来秘密赴港，通过关系，聘请两位著名的英国大律师为邓中夏等人辩护

为了把同志们的注意力转移到敌人方面去，邓中夏又积极领导广东党组织开展对敌斗争。但是，就在这个重要时刻，邓中夏和广东省委全体常委突然在香港被捕。

那是 1928 年 2 月的一天上午，邓中夏在香港广东省委的地下机关召开省委常委会议，研究省委给琼崖特委的指示信及其他工作。

会议由邓中夏主持，张穆担任记录。

会议首先讨论了由邓中夏起草的省委给琼崖特委的指示信。讨论结束后，

因琼崖特委交通员当天下午要返回琼崖，邓中夏就叫张穆将已经讨论定稿的省委给琼崖特委的信，立即送到设在另一地点的秘书处去缮写，以便及时给交通员带回琼崖。张穆刚离开会场几分钟，香港警察局（当时叫“差馆”）的大批警察突然冲进会场进行搜查。他们查到会议记录后，便将全体人员逮捕，送往警察局关押。

香港警察局之所以突然搜查会场，是因为有人向香港警察局控告了参加会议的黄谦。黄谦，大革命时期在广州郊区工作，曾处死过一个罪恶累累的恶霸地主。地主的儿子怀恨在心，决意替父报仇。大革命失败后，黄谦到了香港，这个地主的儿子闻讯后就来香港到处打听黄谦下落。

有一天，他终于在街上发现了黄谦，此后便紧紧地盯梢跟踪。黄谦是广东省委常委，那天他来省委地下机关开会时，始终在跟踪他的地主儿子，见他进入房子后，便立刻去香港警察局报告，警察局听说黄谦是共产党，随即派大批警察包围了省委地下机关。香港警察局的突然搜捕，使在场的同志感到十分紧张。但邓中夏却非常沉着，在警察盘问时，他根据早就和大家约好的一套假供，诳说自己姓葛，是从上海来香港做生意的商人，在场的也都是商人，正在商谈一笔交易。至于警察搜查到的那本会议记录，邓中夏推说一无所知。其他人也用事先编好的口供欺骗敌人。

敌人以会议记录为根据，说他们正在召开共产党的会议。邓中夏知道会议记录人张穆同志已离开会场，记录本上没有在场人员的笔迹，便坚决要求警察核对笔迹，以证明记录本与在场的各位“商人”毫无关系。其他人也异口同声要求核对笔迹。但警察仍坚持把邓中夏等人带回警察局关押。

在警察局提审时，邓中夏等人再次要求查验笔迹。

警察当局迫于缺乏证据，只得一个一个地核对笔迹。核对结果，所有被捕人员的笔迹果然与会议记录本上的笔迹都不相同。但是，警察局根据地主儿子的检举，知道黄谦是共产党，怀疑被捕者可能都是共产党，因而仍然不肯将他们释放，想通过审讯和继续侦查弄清他们的身份。

在关押期间，邓中夏等人虽受到多次审讯，甚至被严刑逼供，但都始终坚持说自己是商人。邓中夏为了迷惑敌人，当时留着很长的头发，蓄着胡子，身上穿着一件青布大褂，也很像一个商人，香港警察局根本想不到他就是发动和领导省港大罢工的赫赫有名的邓中夏。

邓中夏等人被捕后，香港地下党组织和一些参加过省港罢工的工人立即展开营救工作。他们除派人去监狱探望和送食物外，还聘请一位香港律师为邓中夏等人辩护。律师向警方指出，除黄谦外，被拘留者既无人检举揭发，又无任何犯罪证据，应立即释放。但该律师不是香港著名律师，警察当局竟置之不理。

香港地下党组织及时向党中央汇报了邓中夏等人被捕的情况。

党中央得悉广东省委出事后，非常重视，立刻派周恩来到香港组织营救工作。周恩来秘密到达香港后，会同香港地下党组织，通过关系，聘请两位著名的英国大律师，为邓中夏等人辩护。香港警察局不得不将这一案件移交香港法院。

香港法院开庭审理时，英国大律师出庭为邓中夏等人作了长篇的辩护发言，要求法院立即将在押人员无罪释放。香港警方则坚持继续侦查，律师和警方代表在法庭上进行了激烈的辩论。邓中夏等人也据理力争，抗议警察当局侵犯人权。

由于香港当局始终未能查明邓中夏等人的身份，又没有掌握他们任何“罪证”，法庭只得作出下列裁决：除黄谦外，被拘留的其他人全部释放，立即离开香港。第二天，邓中夏等出狱。邓中夏旋即乘船前往上海，其他人也离开香港，返回大陆，脱离了险境。不幸的是，黄谦同志因身份已被敌人查明，后被国民党反动政府引渡到广州，终于遭到杀害。

在王明的无情打击下，邓中夏被扣上“立三路线”“富农路线”的帽子，悄然离开了二军团

1930年7月，邓中夏离开莫斯科，回到祖国，于1930年8月到达党中央所在地上海。9月初，党中央又派邓中夏去湘鄂西革命根据地工作，担任湘鄂西特委书记和红二军团政治委员兼前敌委员会书记。

1931年4月初，邓中夏和贺龙率领红三军，告别了湘鄂边根据地的人民，向洪湖苏区前进，开始了“斩关夺隘、撞县冲州”的“一千余里的长途行军”。

4月上旬，红三军攻克巴东，渡过长江，进入了巴兴归苏区。巴兴归苏区地处长江两岸，扼川鄂两省之咽喉，形势险要，向来为敌军所注意。前委在听取巴兴归县委的汇报后，为了帮助打开这一地区的斗争局面，在巴兴归红四十九师的配合下，率领红三军连克秭归、兴山等地，击溃了盘踞在巴兴归的川军戴天明部，沉重地打击了敌人。为了加强红四十九师的战斗力，前委又根据巴兴归县委的要求，从红三军中抽调一批干部和许多枪支弹药充实红四十九师，并将红四十九师改名为红三军教导第二师，委黄大鹏为师长，涂美中为政委。教导二师仍留在巴兴归地区活动。同时，红三军将100多名伤员留给教导二师护理。然后红三军继续前进，离开了巴兴归苏区。

离开巴兴归苏区后，邓中夏仍继续留在这块根据地工作。

因巴兴归地区的斗争后来又发生了一些曲折，同年8月，邓中夏曾以三军

前委名义写信给巴兴归县委，指出县委工作中存在的问题，批评他们过去没有实行土地革命，甚至连土地革命的宣传也没有进行，“这样当然不能使群众从本身阶级利益上拥护革命”，苏维埃政府亦多属上级委派，而不是群众选举产生；红军缺乏训练，纪律亦不够严格，等等。

邓中夏在信中还向他们提出了今后的工作方针，要求县委迅速解决农民的土地问题，加强对群众斗争的领导，健全党的组织，注意党的政策和策略，同时应加强红军的纪律和训练。

邓中夏的指示信引起县委的重视，对后来改进巴兴归苏区的工作起了良好的作用。从 1931 年冬天起，巴兴归地区就开展土地革命，使斗争进入了一个新的时期。

红三军离开巴兴归地区后，挺进荆、当、远地区，于 4 月中旬占领远安县城。这时洪湖苏区包大部被敌人占领，正处于敌军的重重包围之中。红三军如冒险返回洪湖，极易被占优势的敌军包围消灭。

为了既能援救洪湖苏区，又能保存和发展自己，邓中夏提出，就在荆门、当阳、远安地区开辟一个新的根据地，从外线牵制和打击敌人，采用“击赵救魏”战术，配合洪湖苏区军民的反“围剿”斗争。

这一主张得到红三军前委的同意，前委曾作出开辟荆门、当阳、远安新苏区的决议。《决议》中说：“本军北渡的主要目的，当然是解江陵、石首、监利、沔阳赤区之围，惟江、石、监、沔赤区现尚在白军重重包围之中，本军不宜陷入重围，而应采取‘击赵救魏’之计，占领荆、当、远为根据地……这样去解江、石、监、沔之围才是正确的。”《决议》还分析了荆、当、远地区的情况，认为这里地势和群众条件较好，给养可以解决，在此建立新苏区是完全有条件的。

邓中夏认为，武当山区地处鄂、豫、川、陕四省交界之处，山势险要，地区偏僻，反动统治较为薄弱，基本群众拥护革命，又有我党的地方组织和游击武装，是我军建立革命根据地的一个极理想的地区。邓中夏便决定在鄂豫边特委的配合下，将这里建成一个巩固的根据地。

为此，邓中夏从红三军中抽调了大批干部开展地方工作，并建立了以柳克明、朱勉之、汤慕禹等人组成的鄂西临时分特委。在鄂西临时分特委的领导下，房县、均县、谷城等地陆续建立了县苏维埃政府，县以下建立了区乡政权。各县除组织了工会、农会、妇女会、儿童团外，还建立了地方群众武装赤卫队。

为了使根据地的贫雇农在政治上，经济上得到翻身，在红三军的支持和帮助下，苏维埃政府在纵横 500 多里的广大地区内，开展了轰轰烈烈的土地改革运动。土改运动不仅促进了生产的发展，而且培养了大批贫雇农积极分子，各级苏维埃政权和地方党组织均得到不断加强和发展。

1931年8月，红三军先后击退了范石生、张连三等反动武装的进犯，这样，部从得到了休整和补充的机会，苏区也出现了一个相当稳定的局面。

这时，邓中夏对根据地的巩固和发展充满了信心，他决心依靠红三军，以鄂西北根据地为基础，稳固地向荆当远地区发展，并使之与洪湖苏区连成一片，创造一个包括几十个县的大苏区。

1931年7月4日，邓中夏曾代表红三军前委向党中央汇报了鄂北地区的形势和他自己的战略计划。他在报告中讲了鄂北有利的军事形势后，说："我的意思是以房、均、保、南、荆、当、远为中心区域，北与鄂豫边联系起来，南与江、石、监、沔赤区联系起来"，"完成鄂北鄂西统一的大事业"，创造出一个包括"湘鄂西、鄂北、豫南"在内的统一的大根据地。

邓中夏的这个宏伟的战略计划，如果能够得到党中央的支持，是有可能实现的。当时红三军千里转战，屡挫敌军，鄂北的新局面已经形成；再加上根据地政治、经济巩固，正处在轰轰烈烈的发展时期，但是王明"左"倾教条主义者，对邓中夏怀恨在心，蓄意报复。他们考虑的不是革命大局，不是根据地的事业，而是千方百计把邓中夏从领导岗位上撤下来，因而也就不可能支持邓中夏提出的建立一个包括"湘鄂西、鄂北、豫南"在内的统一的大根据地的计划。

其实，早在1930年6月底，王明"左"倾教条主义者就以党中央的名义，写了一封《关于军事路线问题给二军团全体同志的信》。信中公开指责邓中夏犯了"立三路线""富农路线"和率领"二军团不断逃跑"的错误。为了给全军将士造成邓中夏早就是个反党分子的印象，信中还说，"中央必须告诉二军团全体同志"，邓中夏"在国际的时候，曾经犯过严重的反国际的错误，曾经被国际撤销他的工作，派回中国在实际工作中改正他的错误"。前中央不但不让他做"下层的群众工作"，反而派他到湘鄂西担负重任；这是前中央领导人犯了把派别利益高于一切的"罪过"。

信中以"坚决执行国际及四中全会路线"为由，一再强调要"立刻撤销"邓中夏的"机会主义的领导"，邓中夏"必须立刻离开二军团"，"二军团必须立刻回到湘鄂西原有苏区根据地"。

邓中夏是个党性很强的共产党员。他尽管遭到王明"左"倾教条主义者如此残酷的打击，但仍然遵守党的纪律，服从湘鄂西中央分局的决定，表示愿意检查，并立即给党中央写了一封信，表明他光明磊落的态度。

互济总会成了敌人重点监视的对象。邓中夏却勇闯“雷区”，出任全国赤色互济总会主任兼党团书记

1931年12月，邓中夏离开了他英勇战斗过的洪湖地区，去了上海。

1932年夏天，根据形势发展的需要，党中央决定恢复设在上海的赤色互济总会。恢复互济总会是一项十分艰巨而又危险的工作，因为敌人知道互济总会是共产党领导的机关，对这个组织的监视、打击一向非常厉害。1932年秋，党中央把这个任务交给了邓中夏，要他担任全国赤色互济总会主任兼党团书记。邓中夏知道这个任务充满危险，但也知道互济会工作开展得好坏直接关系到很多同志的生命，因此，立即愉快地接受了中央交给的任务。

1933年春天，日军又对我华北地区发动进攻，全国人民的抗日情绪重新高涨，上海人民也在我党的领导下，建立了“国民御侮自救会”等抗日群众团体。

这时，邓中夏恢复上海各级互济会组织的工作已基本完成。除各区建立了互济会分会外，很多工厂、学校、医院、街道等单位，也建立了互济会的基层组织。互济会会员包括工人、学生、教师、医生、家庭妇女和知名人士等各阶层人民。为了动员上海各界人民开展抗日活动，邓中夏号召各级互济会组织召开各种会议，揭发和控诉日本侵略者的罪行，印发抗日传单，进行抗日宣传；此外，还要求广大互济会会员团结人民群众，建立各种抗日团体，“使互济会的细胞成为许多反日爱国团体的核心”。同时，他又通过互济会和抗日团体，发动各界人民开展抵制日货运动，因为“一·二八”抗战被反动派出卖后，日货又在上海倾销，使我国的民族工业受到打击。邓中夏还通过互济会的基层组织，在各界人民中开展捐献运动，支援日本纱厂工人的罢工斗争，救济被国民党政府逮捕的爱国志士的家属。邓中夏领导的这些抗日活动很有成效，但不久又遭到王明“左”倾路线的干扰和破坏。

当时我们党仍然处在王明“左”倾教条主义错误的统治之下，虽然临时中央政治局因在上海不能立足，已于1933年1月迁往中央苏区，但同时在上海建立起来的以李竹声为书记的白区中央局，却仍然坚持过去“左”倾冒险主义的一套错误做法。他们只追求革命形式上的轰轰烈烈，而不考虑革命群众和党组织的安全。几个月前，“左”倾分子曾不顾危险，坚持在“共舞台”（即共和大戏院）召开全市各反日团体代表大会，结果造成88位同志被国民党逮捕的“共舞台事件”。但是他们并没有接受这种血的教训，1933年三四月间，白区中央局和江苏省委又决定于五一节在上海市中心举行“飞行集会”和大示威，并命令邓中夏发动革命群众参加。

邓中夏鉴于这种错误做法已经使党受到严重损失，为了保护革命群众的生命安全，避免不必要的牺牲，曾一再要求上级改变这种做法。邓中夏指出，革命群众刚刚组织起来，力量还很薄弱，有的厂里党员不过几个人或十几个人，参加赤色群众团体的也不到全厂工人的百分之二三，在这种情况下，决不能再拿群众的生命去冒险。“我们刚刚反对了立三路线，这样做与立三的行为有什么两样呢？”可是“左”倾机会主义者以势压人，竟责备邓中夏说，“这是党的决定，是不允许怀疑的”，“你怀疑党今天百分之百的布尔什维克的领导是立三路线吗？”完全拒绝考虑邓中夏的正确意见。

由于“左”倾教条主义者顽固地坚持冒险主义的错误做法，而敌人又早已了解我们的活动规律，事先做了布置，结果在五一节的活动中，我们又有60多位同志被捕，“国民御侮自救会”被反动政府封闭。中共江苏省委组织部长黄励，在五一节前因奉命主持一次大规模的抗日集会也被国民党逮捕。

邓中夏听到这些不幸的消息后万分悲痛，对“左”倾教条主义者的做法极为愤慨。他对周围的同志们说：“这简直是拿同志们的生命当儿戏！”因为看透了王明等人是一些“不接触工人，不接触农民，也不接触青年”，严重脱离实际，只会坐在房子里发号施令的教条主义者，他感叹地说：“不知什么时候，我们的这些所谓‘理论家’们才懂得，只有长期积蓄力量，才能与敌人进行决战这条真理！”

黄励等60多位同志被捕后，邓中夏不顾个人安危，投入了紧张的营救斗争。黄励担任过赤色互济总会主任等职务，是上海劳动界妇女界的知名人物。为了发动各界人民营救黄励等60多位同志，邓中夏以“上海工人、学生、劳动群众”的名义，写了《要求立即释放黄励，释放在五一劳动节被捕的60余战士及启封国民御侮自救会的抗议书》。

《抗议书》写道：“我们认为黄励及六十余战士没有罪，相反的，她们是我们中国广大的工人、学生、劳苦兄弟姐妹们最好的朋友，是站在反帝抗日最前线，领导我们广大群众，反对国民党出卖华北，出卖中国，反对日本及各帝国主义瓜分中国，坚决为中国民族争独立、为工农劳苦群众谋解放的战士！”“国民党协同帝国主义逮捕他们，正是因为他们参加和领导我们中国的反帝运动、工人运动，同时，也更完全地暴露了国民党投降帝国主义屠杀劳苦群众的狰狞面目！”

“我们全上海的工人、学生、劳苦群众团结起来，签名抗议，要求立即启封国民御侮自救会及释放一切政治犯！我们要粉碎帝国主义国民党的白色恐怖！

扑灭一切叛徒走狗！”

这份传单写得通俗易懂，简明扼要，充分地表达了当时上海各界人民对国民党政府的强烈抗议和要求释放黄励等60余位同志的呼声。这份传单在上海各单位秘密散发后，产生了很大的影响。

邓中夏的被捕，惊动了孙夫人宋庆龄。她火速商请史良律师，为其作“无罪”辩护

面对严重的白色恐怖，如何营救被捕同志？斗争经验丰富的邓中夏成竹在胸：发动上海各界人民开展一个声势浩大的签名运动，以迫使国民党政府释放被捕人员，启去在国民御侮自救会大门上的封条。可是，就在这场营救斗争逐渐深入的关键时刻，由于叛徒的告密，邓中夏不幸在法租界被法国巡捕房逮捕了。

1933年5月15日晚，邓中夏离开自己的住处——上海法租界麦琪路光华理发店三楼，到法租界环龙路底骏德里37号三楼亭子间，去找互济总会援救部长林素琴研究和布置工作。这时，林素琴在互济会的地下活动已被叛徒刘宏密告法租界巡捕房，敌人在林的住处布置了暗探，正在监视与林素琴来往的人员。因此，邓中夏到达林素琴处后不久，法租界巡捕房就突然派来大批巡捕、暗探，将邓中夏和林素琴逮捕，并在屋内搜出许多革命书刊，党的文件和油印传单。

敌人逮捕邓中夏后，虽然怀疑他是林素琴的上级，是共产党的一个重要干部，但还不知道他就是大名鼎鼎的邓中夏。因此，为了弄清他的身份，一到巡捕房，就将他打得遍体鳞伤，妄想迫使他交代身份，出卖革命。可是，任凭敌人严刑拷打，中夏同志始终不暴露自己的身份，一口咬定他叫施义，在湖南当教员，是来上海访友的。

邓中夏被捕后不久，就派人送信给史良律师，请她设法营救。史良回忆说：

> 1933年的一个早晨，我还没有起身，就有一个人送了一封急信到辣斐德路辣斐坊一号我的住宅中来，要求见我。这人自称来自法租界巡捕房，他交给我用草纸折好的一封信，信内说：“我因冤枉被捕，请史良律师速来巡捕房和我见面。具名施义……”我当即去嵩山路巡捕房和他见面。我交给看守他的华籍巡捕大洋三元，叫他给弄点水喝，巡捕会意就走开了。施义对我说：“我担任重要工作，请设法营救。”他虽然没有暴露他的身份，但却以十分信任的态度相托，使我十分感动。

我当即问他，有什么证据落在他们手里没有？施义说没有，只是因为走错了房屋；才被错捕的。我当即告诉他，我已决定接受这个案子。并叮嘱他，在法庭传讯时务必什么都不要承认。

邓中夏被捕后，互济总会也立即展开多方面的营救活动，除派人请唐豪等律师为邓中夏辩护外，还将这一消息报告了中国共产党人的忠实朋友、中国民权保障同盟主席宋庆龄，请她设法营救邓中夏。宋庆龄对邓中夏被捕非常重视，她立即派人去请史良律师商量营救办法。

史良回忆说："1933 年的一天晚上，有个陌生人来到我家里，要会见我，见到以后，那人拿出一张名片，上面写的是我敬慕的宋庆龄女士的名字。""这个陌生人转达了宋大姐的意思之后，我就在第二天到她家里，原来是她要我承办中共党员施义的案件。施义同志是在上海法租界被捕的，国民党政府要把他'引渡'到南京去。"史良考虑到自己虽然办过几件大案，已为社会所知，但毕竟还很年轻，现在受孙夫人和施义同志的嘱托，深感责任重大。因此又请了自己的老师、上海著名的律师董康先生一同承办此案。史良说："我们分析案情以后认为，当前最重要的是不能让国民党把人弄走。"

5 月 16 日，设在法租界的国民党高三分院（江苏省高等法院第三分院）开庭审讯，史良和董康律师都出了庭。邓中夏见有律师在场，除声明自己名叫施义，是从湖南来上海访友、无故被捕外，还理直气壮地揭露法国巡捕房殴打他的暴行，强烈要求当场验伤，并发出一连串质问：为什么在光天化日之下无故捕人？为什么用酷刑对待毫无证据的被捕者？一连串的为什么，问得法官狼狈不堪。

在这次开庭时，国民党上海市公安局派人来要求把施义"引渡"到上海市公安局，由该局处理。史良律师发言表示坚决反对。她"根据被告人住在租界和在租界内被捕等理由，请求裁定不准移提"；要求直接由高三分院进行审理。法院推事在双方争执的情况下，未作裁决，仍将被捕者押回捕房。

5 月 23 日，高三分院第二次开庭，史良律师和唐豪律师出庭。史良律师并事先做了捕房律师顾守熙的工作，要求顾律师也反对引渡。开庭时，上海市公安局提出了正式公文，要求把施义和林素琴都引渡到上海市公安局审理；史良律师和唐豪律师再次发言表示反对，并驳斥了公安局的无理要求。捕房律师顾守熙也表示反对引渡施义。结果，法庭当场作出对施义"不准移提"的裁定，但同时又作出将被告林素琴移交上海市公安局的裁定。

这一裁定，给"施义案"留下严重的祸根。之所以出现这种结果，是因为叛徒刘宏的告密，林素琴任互济总会援救部长的身份已经暴露，加上当时互济总会的营救人员在营救工作中只注意反对“引渡”施义，却没有同时坚决反对“引渡”林素琴。

党组织为营救邓中夏出狱，做了不少工作，花费了大量金钱。当时党的经费十分困难，孙夫人宋庆龄和革命老人何香凝都曾亲自帮助募捐。由于狱外的积极营救和邓中夏在狱内的斗争，加上敌人没有掌握邓中夏的“罪证”，法院已在考虑释放邓中夏外出治病了。然而就在这时，情况发生了变化。

林素琴被“引渡”后，由上海市公安局交给了国民党特务机关（中央党部调查科）。她经不起敌人的威逼利诱，很快成了可耻的叛徒，不但供出了自己的身份，而且出卖了邓中夏，说施义就是中共中央委员邓中夏，曾在湘鄂西苏区任红二军团政委等职，现任中共互济总会主任兼党团书记。

这使中央党部调查科如获至宝，随即报告了蒋介石。当时蒋介石对我中央苏区发动的第四次反革命“围剿”正遭到惨败，他在南昌得到这一消息后，欣喜若狂，随即下了密令，责成国民党有关部门一定要把邓中夏“引渡”到国民党军法机关处理。

根据蒋介石的密令，国民党中央党部和首都宪兵司令部，立即派大员去上海，会同上海市公安局和上海警备司令部等机关，为“引渡”邓中夏进行紧张的活动。他们不惜花费巨款，收买了法租界巡捕房的上上下下，同时又以国民党中央的名义，强令法租界高三分院作出准许邓中夏“移提”的裁决。

9月5日，高三分院的法官们慑于国民党中央的密令，认定施义就是邓中夏，并以邓中夏曾在湘鄂西苏区领导过红军为借口，依据所谓《危害民国紧急治罪法》，作出了将该案移交国民党军事机关审理的“裁定”。

宣读“裁定”后，法官即匆忙宣告退庭。警备司令部的军警随之一拥而上，把邓中夏带上早就在门口等候的黑色警备车，开往上海市警备司令部拘留所关押。从此，邓中夏失去了被营救的希望。

“人生总有一生一死，要生得有意义，死得有价值。”邓中夏英勇不屈，在雨花台从容就义

邓中夏被送到国民党首都宪兵司令部看守所后，立即引起看守所难友们的注意。郑绍文是邓中夏的老战友，当时正被关押在这个看守所里。郑绍文回忆当时的情况说：

有一天上午，看守兵的吆喝声和被带进来的人的脚步声打破了看守所监前阴森而又沉寂的空气。有人在说："又是上海来的。"那个高大个子的看守班长大声喊道："施义，11号。"随着开门声，进来了一个难友。他左手抱着衣物，右手拿着点名牌；以轻蔑的口吻嚷着说："就写邓中夏不好吗？为什么要写施义即邓中夏呢？这真是反革命的官样文章！"我吃惊地向下一看，在屋子里站着的，果然是邓中夏同志，他满脸笑容，态度安详，胡子又蓄起来了。

邓中夏被从法租界"引渡"到国民党机关后，国民党中央党部调查科非常得意，认为，"捕获了这样的中共领袖人物，是他们无上的'功劳'"，并随即报告蒋介石，向蒋邀功请赏。

蒋介石早在国共合作的大革命时期，就在广东和邓中夏有过多次接触，深知邓是一个坚决的共产党人，立场不会改变。因此，他很快就给国民党首都宪兵司令谷正伦发了一份密电："南京谷司令：共匪邓中夏解到即行枪决。"

但这一命令并没有立即执行，原因是国民党中央党部调查科还想利用各种办法促使邓中夏叛党，以便取得重要机密消灭和瓦解共产党。他们认为邓中夏既已落入他们的手掌中，就不愁不能使他就范，并迅速施展了各种阴谋。

邓中夏起初被关在11号牢房，但几天后，敌人为了软化他，便把他转到"优待室"。这里住的房子条件好一些，"每天可以散步，吃的也好些"。但邓中夏并没有被敌人软化，为了表示他坚定的斗争意志，他"亲手在墙上刻了四个字'浩气长存'"。

住进"优待室"后不久，敌人就派曾和邓中夏在一起工作过的叛徒来做说客，想让他们来动摇邓中夏的革命意志。而邓中夏却乘此机会向他们宣传革命者的人生观，谴责他们叛变的无耻行为，使这些出卖灵魂的叛徒自惭形秽，无地自容，只得灰溜溜地滚走。

一计不成，又生一计。国民党的"大人物"亲自出马了。他们妄想用高官厚禄来诱惑邓中夏，并想利用邓中夏在党内遭受王明路线打击的事实，进行挑拨离间。国民党的一个中央委员对邓中夏说："你是共产党的老前辈，现在受莫斯科回来的那些小辈的欺压，我们都为你不平。中共现在已日暮途穷。你这样了不起的政治家，何必为他们作牺牲呢？"

邓中夏当即予以痛斥："我要问你们，一个害杨梅大疮到第三期已无可救药的人，是否有权利讥笑那些偶感伤风咳嗽的人？我们共产党人从不掩盖自己的缺点与错误，也完全能够克服一切缺点与错误。而且我们懂得，错误较之于我们的正确主张，总是局部的，有限的。你们背叛革命，屠杀人民，犯了人民不能饶恕的罪恶，你们还有脸来说别人的缺点与错误？真是不知人间有羞耻事！”说得这位“大人物”面红耳赤，怏怏而去。

敌人的劝降阴谋失败后，觉得软的不行，于是又来硬的，妄想用各种法西斯刑具摧毁邓中夏的革命意志。但是，法西斯的酷刑，只能更加激起邓中夏对敌人的仇恨，丝毫也动摇不了他对革命事业的忠诚。难友熊瑾玎的牢房和邓中夏的牢房隔了一层厚壁，但上面有个小窗，因此只要脚下稍为垫一点东西，他们就可以在窗口见面谈话。熊瑾玎回忆说：

> 有一次中夏被用刑回来，我在小窗口看见他，第一句话就问他受了什么刑？他说：“电刑。”我问他电什么地方，他就伸出两手给我看。我看见他那两手烤电之处，已经枯焦而不忍睹，他却不在乎地说：“也还好。”他真是一位铁汉子！

邓中夏被敌人的酷刑搞得遍体鳞伤，头上有许多红色疤痕，有些头发还被斑斑血迹沾成了血块。但是这些他都不愿对同志们讲，当同志们关切地问到他时，他也只是轻描淡写地回答一声“没什么”。他对狱中地下党支部负责人说：“请告诉大家，就是把邓中夏的骨头烧成灰，邓中夏还是共产党员。”

邓中夏坐在看守所的号子里，从来未闲着，他并未放弃任何一个可以工作的机会。那时敌人利用特务或叛徒，伪装成犯人在号子里侦察难友们的言行。当新的遇难者进入号子时，他便利用各种方法，很巧妙而且很快就了解那个人的情况。如果他知道遇难者是党团员或是“赤色”群众后，便对他进行教育说：“敌人只能伤害我们的肉体不能摧毁我们的革命意志。”“共产主义者不怕死，活要活得坚强，死要死得光明磊落，我们要在斗争中考验我们自己。”“人只有一生一死，要生得有意义，死得有价值。”

国民党特务机关中央党部调查科的所有阴谋诡计都遭到失败后，他们不得不将邓中夏的案件交给国民党首都宪兵司令部军法处处理。

宪兵司令部军法处是一个由最凶残的反革命刽子手组成的专门杀害革命者的法西斯机关，被这个机关秘密判处死刑送到雨花台杀害的革命者成千上万，许多人一听到这个机关的名字就会毛骨悚然。因此，军法处曾想以它的所谓“审判”和反革命的“法律”来威胁邓中夏。

一天，大批全副武装的宪兵，突然把邓中夏从看守所带到宪兵司令部军法处的审判厅。这里气氛如同一个阎王殿，上面坐着军法处的几个“法官”和“书记官”，两旁站立着许多持枪宪兵，还有一些如狼似虎、凶神恶煞的刑警，胆小鬼带到这里就会吓得魂不附体。邓中夏自从身份暴露后，早就料到敌人会来这一手，随时准备为革命献身。因而他天不怕，地不怕，根本不把反动派的所谓“法庭”和“法律”放在眼里。

这次“审问”，敌人一无所获。“法官”们不得不将这次审判丑剧草草收场。军法官李植随即向谷正伦写了签呈，说邓案“已经讯毕，没有什么可追问，拟遵‘委座’电令执行枪决”。

临刑前，邓中夏对同监难友说：“同志们，我快要到雨花台去了，你们继续奋斗吧！最后的胜利终究是属于我们的。”

1933 年 9 月 21 日的黎明，敌人打开牢门，提邓中夏出去。邓中夏知道就义的时刻到了，他从容地穿好衣服，大声高呼“打倒国民党！”“中国共产党万岁！”“全世界无产阶级联合起来！”……全狱的人都被这壮烈的口号声惊醒，难友们纷纷扑向铁窗，用滚滚的泪水送别了这位无产阶级的英雄战士。

邓中夏走出牢房，敌人问他：“这是你最后的悔过机会了，你还有话说吗？”

邓中夏斩钉截铁地回答：“我一生未做过需要后悔的事。我也没有什么话要对你们说。”

当敌人第二次问邓中夏还有没有话说时，他对抓着他的一个宪兵说：“对你们当兵的人，我有一句话说：请你们睡到半夜三更时好好想一想，杀死了为工农兵谋福利的人，为人民谋翻身的共产党人，对你们自己有什么好处？！”

“死到临头，还要宣传赤化！”敌人气恼地大声吆喝，“拉出去！”

邓中夏大笑起来说：“你们在发抖了！总有一天你们的士兵都要觉悟起来的。到那时候，你们的死亡便到来了。”

邓中夏高呼口号，上了囚车。在开往雨花台的路上，他唱起了《国际歌》。

中国工人运动最早的领导人之一，中国共产党卓越的战士邓中夏，为了共产主义的崇高事业，在雨花台流尽了他最后一滴血，时年 39 岁。

劳工的“保护神”

——中共第六届中央政治局常委苏兆征

主题人物： 苏兆征
籍　　贯： 广东省香山县
出生时间： 1885 年 11 月 11 日
主要职务： 1925 年加入中国共产党。先后担任中华海员工会联合总会代会长、全国总工会委员长、广州苏维埃政府主席，是中共第五届中央政治局候补委员和临时中央政治局常委、第六届中央政治局常委
逝世时间： 1929 年 2 月 25 日
逝世地点： 上海
当时年龄： 44 岁

孙中山： 兆征兄，你领导的大罢工确实了不起！

刘少奇： 苏兆征同志是一个海员工人，他有了很长久的革命历史和丰富的经验。他指导了伟大的省港罢工，坚持了十余月之久，与帝国主义直接奋斗，并且指导全国工人运动与帝国主义、军阀及一切反革命斗争。

陈延年： 党性很强，工作很踏实，能任劳任怨，不辞劳苦的极优秀的好工人领袖。

韦尔斯宁莫（英国学者）： 苏兆征在当时被选为罢工委员会主席，一夜之间就变成了全国第一个有名的工人领袖。

邓颖超透露：中共中央曾经准备让苏兆征同志担任党中央总书记职务

在珠海烟波浩渺的伶仃洋上，有一颗晶莹璀璨的明珠镶嵌在碧波万顷的大海中，它就是淇澳岛。淇澳村里有一条长达一千多米、由花岗岩条石铺成的白石街。1885 年 11 月 11 日，我国早期工人运动的卓越领导人之一——苏兆征，就出生在这里。

沿着白石街，穿过牌坊，使人感受阵阵扑面而来的阴凉，轻轻袅袅的炉香携着两个世纪的沧桑“倏”地钻进鼻孔，这就是天后宫。天后宫的斜对面，有三棵遮天蔽日的古榕树，苍翠的浓荫下掩映着若隐若现的两个土炮台。古树炮台记录着那段往事：1836 年 7 月，淇澳岛村民在蔡义等人的带领下击退了美、英鸦片商人的十五六艘战船，美、英被迫赔偿白银 3000 两，并被驱赶出境。村民们为纪念这次胜利，修筑了白石街。三棵古榕树成了这段历史的见证者。半个世纪后，苏兆征续写了这段历史，他继承了先人英勇果敢的民族魂，在烽烟四起的年代，扛起了拯救中华民族伟大、正义的旗帜！从此，他的漫漫征途上留下了一串闪光的脚印——

1908 年在孙中山帮助鼓励下，苏兆征加入了同盟会。

1922 年 1 月，在苏兆征、林伟民等领导下，饱受压迫剥削的香港海员工人举行了震惊中外的香港海员大罢工，成为中国共产党成立后第一次罢工高潮的新起点。

苏兆征（1885—1929）

1925 年 3 月 1 日，国民会议促成全国代表大会在北京开幕，苏兆征代表广东香港的工人团体出席大会。在北京他正式加入共产党。

5 月 1 日，第二次劳动大会在广州召开，成立“中华全国总工会”，苏兆征被选为执行委员，正式脱离海员生活，完全投入工人运动。

5 月 30 日，上海英国巡捕屠杀中国学生，引致全上海举行罢工、罢市、罢课的五卅运动。苏兆征在香港发动工人支持上海工人，成立“香港工团联合会”，由苏兆征任主席，作出爱国罢工准备。

6 月 19 日，香港海员带动全港工人罢工，返回广州。在广州，罢工工人成立中华全国总工会省港罢工委员会，选苏兆征为委员长兼财政委员长，领导罢工。

1926 年 1 月 5 日，海员工会召开第一次全国海员代表大会，苏兆征被选为委员长，成为海员最高领袖。3 月 19 日，苏兆征根据海员代表大会决议，成立“香港运输工会联合会”，又被选为委员长。

5 月 1 日，第三次全国劳动大会在广州开幕，苏兆征又被选为中华全国总工会委员长，成为全国工人的领袖。

1927 年 8 月 7 日，中共在武汉召开代表会议，决定改组党中央，苏兆征被选为中共中央临时政治局委员，成为中共核心领导之一。

12 月 11 日，中共在广州发动暴动，成立广州公社的苏维埃政权，苏兆征任主席。

苏兆征除领导本国工运外，还参与了世界工运。1924 年已参加“太平洋沿岸运输工人会议”，从此他便与太平洋沿岸职工领袖经常接触。1927 年，“泛太平洋第一次职工会议”在汉口开幕，苏兆征是大会主席团成员之一，会后更担任太平洋职工运动秘书处主席。

1928 年春，苏兆征远赴莫斯科参加“第四次赤色职工国际大会”，被推举为执行委员。

苏兆征是由群众运动中锻炼出来的领袖，他是中国工人运动的著名领袖。由工人出身而成为这样伟大的领袖，在东方还只有苏兆征一个人。

1985 年 11 月 16 日，邓颖超同志在与我党早期重要领导人苏兆征同志的女儿苏丽娃、儿子苏河清的谈话时透露：为了改善和加强党中央的领导，中共中央曾经准备让苏兆征同志担任党中央总书记职务，只可惜他积劳成疾，44 岁就过早逝世了，来不及实现。

在全国“双百”评选活动中，苏兆征被评为“100 位为新中国成立作出突出贡献的英雄模范人物”。

青年苏兆征立下誓言：“我要继承先烈遗志，为革命鞠躬尽瘁，死而后已。”

19 世纪 80 年代的广东省香山县淇澳岛，风光是美丽的，但是，居住在淇澳岛上的农民，却生活在凄风苦雨之中。

1885 年 11 月的一天，苏兆征就出生在这个岛上一个贫苦农民家庭。

苏兆征的父亲苏赋，是一位刻苦勤劳、为人老实忠厚的贫苦农民，当过地主的雇工，后来租佃了本乡官僚地主苏雨田的几亩薄田瘦地耕种。这些田地分散偏僻，有的远在淇澳岛南端地名金星的地方，来回一趟，有好几里路。

虽然父亲起早摸黑，终年辛勤劳动，但是高额的地租、繁重的苛捐杂税，又加上逢年过节要给地主豪绅送礼等等，几乎夺去了他的全部劳动果实，因此家境十分困难。母亲钟偶，为了帮补家用，除辛勤操持家务外，还要靠打草鞋换钱，到海边拾蚌壳回来卖给本村地主经营的蚌壳窑，有时还要替人家打短工，但是仍然无法维持一家生计。

父母亲只好被迫借债度日。几年来，受高利贷的盘剥，全家人被压得喘不过气来，一家大小只好长年过着衣不蔽体、食不果腹的悲惨生活。

苏兆征在七个兄弟姐妹中排行第二，因此当他稍懂事时，就要为家庭生计而操心，并且还要替父母分担家庭的困难，参加做农活，上山砍柴，下海捕捉鱼虾以及替人放牛等劳动，养成了刻苦耐劳和俭朴的品性。

苏兆征的童年时代，帝国主义与我国封建官僚、地主阶级相勾结，对劳动人民进行敲骨吸髓的压榨，人民大众陷于水深火热之中。淇澳岛是一个具有反帝斗争光荣传统的地方。鸦片战争前，英美鸦片贩子把淇澳、金星门一带当做鸦片市场，麇集了一批贩售鸦片的趸船，进行贩烟勾当，遭到了淇澳人民的强烈反对。1836 年，美国侵略者派出 10 多艘武装帆船，企图武装侵占淇澳岛。淇澳人民同仇敌忾，英勇抗击美国侵略者，把他们打得落花流水。最后美国侵略者以可耻的失败收场。苏兆征从小便反复听到这一反帝斗争经过的讲述，受到了要继承和发扬先辈们的英勇反帝革命精神的教育，在幼小的心灵上，播下了仇视和反抗帝国主义的种子。

贫困的家庭境遇，使苏兆征迟迟得不到读书的机会，后来在亲友的资助下，才勉强读了三年私塾。但他勤奋好学，在进步老师王步干的热心教导下，学习成绩优异，特别是珠算一门，很快就能娴熟地运用，成了苏兆征日后干好革命工作的一件有力武器。

1903 年，苏兆征 18 岁了。因为在家乡无以为生，年轻的苏兆征只好离乡背井，跟随一些同乡跑到香港找工做。经人介绍，他到了一艘外国轮船上当“侍仔”（即杂役）。“侍仔”是船上最劳累下贱的工作，要侍候乘客和船上的高级职员，为他们倒水、端茶、送饭以及擦地板等等，从清晨直至深夜，一连干十六七小时的活，还不时受到责骂和侮辱。而“侍仔”每月所得工银仅有几元，还要受到包工头从中克扣勒索。当他稍为怠慢了船上的包工头时，便立即被开除上岸。

后来，苏兆征又相继到渣甸公司的“乐生”号当“车抬”，到“塔夫”总统号当扫地仔等工作。

海员不仅在经济上遭受非人的待遇和残酷的剥削，在政治上也受到种种难以忍受的歧视迫害。在同一艘轮船上，外籍海员的工资往往比中国海员高出数倍，各种待遇享受也有天壤之别。轮船经过一些外国港口时，当局竟然不准中国海员上岸，甚至还要施行侮辱人格的所谓验肛门、通喉咙的卫生检验。有时准许上岸了，却又规定不准随意进入高级酒店、戏院、理发馆等，甚至连公园等公共场所也不准随便进入。这种辛酸悲惨的海员生涯，使苏兆征深深感到穷人到处都一样受煎熬，因而更加激起他对帝国主义和大资本家的憎恨，并且逐渐产生了反抗的要求。

当时，资产阶级民主革命家孙中山为推翻清朝统治者而经常奔走海外，进行革命活动。他在旅途中，常有机会和苏兆征等香港海员直接接触。因同是广东香山人，语言相通，互相之间的思想交往就显得融洽一些。

苏兆征十分敬重孙中山，常向孙中山介绍海员的工作条件和生活各方面的情况，使孙中山从中看到了海员中间所蕴藏的革命力量。

于是，孙中山热情地向海员们宣传革命主张，鼓励他们组织起来，支持他所从事的反清革命活动。

在孙中山的影响下，苏兆征于1908年加入了孙中山所创建的革命政党同盟会，积极参加了推翻清朝统治者的各种活动。

他和其他海员一起，冒着生命危险，为革命党人传递消息，秘密运送武器及其他物资，为革命党人筹集活动经费，在孙中山等革命党人遇到密探追捕时，便机智地掩护和帮助他们脱险。与此同时，苏兆征还积极地在海员中进行组织活动，先后参加了在孙中山影响下建立起来的海员联谊社、海员公益社等组织，成为其中的积极分子。

苏兆征在当海员期间，有时因失业回到家乡居住一段时间，这是他和乡亲们聚会的好机会。

“兆征哥，给我们讲讲外面的新闻吧！”乡亲们把他团团围住。

“好，我向你们讲讲一个大好人，他的名字叫孙中山。”

于是，苏兆征便向他们介绍孙中山如何组织同盟会，如何开展反清活动的。大家听得津津有味。

与此同时，苏兆征根据孙中山讲的一些革命道理，与村里青年农民钟梅吕、蔡安宝、姚传杰、郭光荣以及他小时的老师王步干等人，经常在村外的文昌宫聚谈，并组织了一个阅报社，后来又经常在青年农民钟广祥的家里活动（因他家在村边，地点较偏僻，不易引起地主豪绅注意），进一步组织了自治会。他通过这些组织，把村里的贫苦农民进一步团结起来，议论国内外大事，诉说反动政府和地主豪绅压榨劳苦人民的罪行。

大家听了苏兆征的宣传解释，很受启发，十分欢喜亲近他。

苏兆征还在家乡积极从事宣传破除封建迷信和改革旧的风俗习惯，主张剪辫，反对奉神拜鬼，反对封建婚姻，提倡文明结婚，不摆酒席，举行简单的仪式，等等，同时动员自己家人带头移风易俗。苏兆征不仅在本坊宣传，还常常跑到外坊去宣传演讲。他不辞劳苦，往往一去就是一整天，连饭也顾不得吃。

苏兆征特别体恤贫苦会员，想方设法接济帮助他们。

他与村里一些青年组织开展造林活动，在土名“灯塔”的地方，种下了一批松树。为了筹备开山造林的基金，他们还成立了一个种植公司。苏兆征带头认了十股，父亲苏厚荣在他带动下，也加入了三股。日后树木长大了，将收入所得分给贫苦会员以帮补家庭开支。

由于苏兆征为人忠厚正直，待人诚恳，见义勇为，村里群众也就更加信任和尊敬他，有事都喜欢找他商量解决，把他当做知心人。而群众的信赖，又不断激励着他进一步树立为劳苦群众谋福利而斗争的信念，于是进一步把贫苦农民组织起来，鼓励他们展开各种改革活动。

苏兆征在家乡的活动，却使地主豪绅感到坐卧不安。他们对苏兆征十分仇恨，串通反动官府对他进行迫害。有一次，一批反动民团奉命前往苏家捉拿苏兆征。敌人来得突然，苏兆征来不及走避，被捕入狱，坐了一年多的牢，才释放出来。

他的老师王步干后来也因此牵连被捕，最后病死狱中，遗下女儿王彩一人，由苏兆征抚养起来。

但是，反动统治者的迫害，并不能令苏兆征畏缩，相反却进一步促使他走上反抗和革命的道路。在他离开家乡前，曾经怀着激动的心情，跑到坐落在村外江树山脚的“义士墓”前，掷碎了一个青碗，郑重发誓说，我要继承先烈遗志，为革命鞠躬尽瘁，死而后已！

苏兆征等人筹备的“海员工会”，是中国海员工人第一个真正的工会组织

1917年，列宁领导的俄国革命取得胜利后，世界革命形势日益高涨，香港海员来往于世界各国港口，首先受到这个革命潮流的影响。到过苏联港口的海员，看到翻身后的工人阶级当家做主扬眉吐气的情景，又激动又羡慕。

苏兆征也同样为十月革命胜利这一汹涌澎湃的革命潮流所激励着。

后来，他随船到过海参崴等地，进一步详细了解到十月革命胜利的经过情况，并且有机会博览当时新文化运动的书籍和报纸，学习马克思主义的革命理论，因此眼界更加开拓了。他努力从中了解革命的真理，寻求战斗的武器，并且不断增强反抗斗争的意志。

这个时候，苏兆征渐渐认识到革命的意义，深信只有社会主义的革命，才能完成人类的彻底解放。

1920 年，苏兆征正在一艘英国轮船上工作。有一天，轮船上的工头无理踢伤了一名中国海员。苏兆征义愤填膺，发动船上的中国海员起来斗争。他激动地对大家说："工头经常随意殴打凌辱我们的海员兄弟，我们若不团结起来反抗，以后总有一天会轮到我们自己头上，难道我们就这样不管吗？"

海员们听了，也都异常愤激，就在苏兆征的带领下，一拥而上，找船长交涉。船长见海员如此齐心一致行动，心里害怕，只好答应赔偿医药费，以求了结此事。

但苏兆征认为这不仅是海员个人受辱的事情，而是涉及全船海员人身安全的大事，于是带领海员继续进行斗争：

一方面，他与船上海员工人一起，联名写信给轮船公司，要求开除行凶打人的工头，并要他们答应今后不再有虐待中国海员的行为再次发生，否则中国海员一致罢工；另一方面，苏兆征还积极争取香港其他海员工人的支持，因而声势大振。

轮船公司老板初时并不理会，后来发觉风潮越来越大，生怕发展下去，会严重损害自己的利益，终于被迫表示接受海员提出的各项正义要求。

这是苏兆征第一次领导海员进行的反抗斗争，并且取得了胜利。

这次斗争的胜利，使海员工人受到很大鼓舞，在海员工人中产生了巨大影响。他们看到：要反对资本家的压榨欺凌，争得自身的正当权益，就必须敢于团结起来进行斗争，因而相继奋起，进行了一系列反对虐待，反对克扣工资以至痛惩骄横跋扈的工头等斗争活动。

同时，在斗争的实践中，海员们也越来越感到原先成立的海员慈善社、公益社等组织，虽然为海员办了不少福利事业，在加强海员的团结方面也起到了一定作用，但由于它的组织较涣散，战斗力较差，远不能适应斗争形势的需要，因而迫切要求成立海员工人自己的真正的工会组织。苏兆征和林伟民等海员中积极分子于是加紧进行筹建海员工会的活动。

1920 年 11 月，孙中山在广州建立了国民政府，海员陈炳生、林伟民、苏兆征等利用广东的有利形势，积极筹建海员工会，并得到了孙中山的热情支持。孙中山还为工会起名为“中华海员工业联合总会”。获香港当局批准后，1921年3月6日，在香港召开成立大会，选出第一届领导人，陈炳生为会长，蔡文修为副会长。

这是中国海员工人第一个真正的工会组织，也是中国最早的现代化产业工会组织之一。

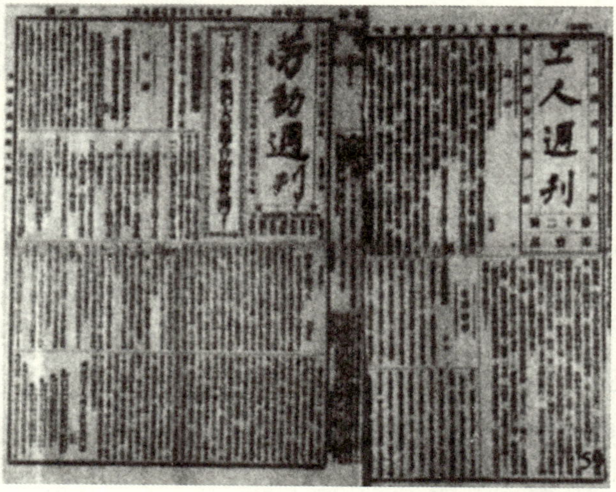
劳动週刊
工人週刊

中国劳动组合书记部出版的指导工人运动的机关刊物《劳动周刊》及北京分部的机关刊物《工人周刊》

1921年7月中国共产党诞生以后，就全力开展工人运动，专门成立了领导工人运动的机构——中国劳动组合书记部，全国工人运动因而有了新的发展。

在汹涌的世界革命潮流和国内工人运动新发展的大好形势鼓舞下，中华海员工业联合总会根据香港海员工人的切身利益和迫切要求，于1921年9月间向各轮船公司提出了三条要求：

一、增加工资，要求工资10元以下的加5成；10～20元加4成；20～30元加3成；30～40元加2成；40元以上者加1成。

二、工会有权介绍海员就业。

三、雇工合同签订时，工会有派代表权。

轮船老板自以为有帝国主义做靠山，对海员工会的要求拒不答复，同年11月，中华海员工业联合总会再次提出，仍然置之不理。

1922年1月12日，海员工会第三次提出要求，并限令24小时内予以圆满答复。资本家对海员的最后通牒，仍未加理睬。

资本家这种骄横跋扈的态度，海员们实在忍无可忍，于是，轰轰烈烈的香港海员大罢工爆发了。

苏兆征当时虽然不是海员工会的会长，但他和林伟民等人却是这次罢工的实际领导人。罢工开始，苏兆征被选为罢工总办事处（设在广州）总务部主任。罢工总办事处的重要事务、财务，罢工海员的生活安置等，都由他负责处理。

苏兆征面对罢工斗争过程中的大量工作，总是任劳任怨废寝忘食地完成。后来海员工会会长陈炳生因杀妻案被捕，全体海员大会于是推举苏兆征担任代理会长职务，负责全面的领导工作。他还被大家推举为谈判代表，与香港当局和轮船资本家进行面对面的谈判斗争。

在这次罢工斗争中，苏兆征坚持原则，处处维护海员的根本利益，不为英国殖民主义者的高压政策所动摇，不为资本家的甜言蜜语所迷惑，也不为困难所吓倒，紧密地依靠全体海员和团结全港工人，争取国内外的广泛同情和支持。这次海员罢工成为中国共产党成立以后第一次罢工高潮的新起点。

香港当局压制海员罢工，苏兆征义正词严与“洋人”辩理，慌了手脚的夏理德只得使出“谈判”新招

海员罢工一开始，香港英国当局就采取高压手段，妄图把刚燃烧起来的罢工火焰扑灭。

罢工爆发的当天晚上，香港当局派出华民政务司夏理德到海员工会企图压制罢工。夏理德带着威胁和欺骗的口吻对海员工人说：“本港政府是不允许此种罢工行动的，你们有条件可交本大人，替你们斟酌办理。你们罢工，不怕饿肚子吗？”

苏兆征当即理直气壮地质问夏理德：“我们提条件已经三次了，而且通知了政府，政府何以早不出来说话？现在我们已经罢工了。要复工，除非完全承认我们的条件。我们饿肚子是我们自己的事情，你们不必担心。”

这番话充分表达了工人阶级的志气，说出了海员们的心声，因而博得了在场海员雷鸣般的掌声，弄得夏理德一时不知所措，只好灰溜溜地离开海员工会。

罢工的怒火越烧越旺，香港的航运几乎陷于停顿，加上罢工海员对香港实行了经济封锁，使香港的粮食和物资供应日益困难。一月底香港运输工人举行同情罢工以后，罢工规模进一步扩大，参加罢工人数从初时的数千人增至三万余人，香港的局面也就更为严重。

这时，香港当局悍然封闭了海员总工会，将会址搜劫一空，并抢去海员总工会的招牌。

但是，香港当局的高压政策并不顶用，工人的怒火越来越大，罢工斗争的浪潮越来越高。香港当局终于招架不住了，只得变换手法，企图通过“调停”“谈

1922年1月的香港海员大罢工，掀起了中国工人运动的第一个高潮。罢工坚持了八个星期，取得了完全的胜利。图为3月8日香港10余万人为庆祝罢工胜利而举行游行的情形

判”的手段来诱骗罢工海员就范，从而达到破坏罢工的目的。

在香港当局的授意下，中国轮船公司的资本家代表首先出面“调停”，被罢工工人推选为谈判代表的苏兆征等人，十分机智沉着地与他们周旋。

中国轮船公司的资方代表装着通情达理的样子说：“我们同是中国人，你们罢工我们是同情的。是否中国轮船先行复工，将来外国轮船答应你们什么条件，我们一样照办。这种照顾到双方利益的办法，你们看好不好？”

谈判代表中的个别人，竟一时被这种甜言蜜语所迷惑，准备答应。

在此紧要时刻，苏兆征说服了自己的伙伴，同时一针见血地向对方指出说：“我们同是中国人，这话是不错的，所以我们在罢工一开始时，就请你们帮忙，谁知你们先前不理，对香港政府默然无所表示，今日竟向我们要求先行复工。为罢工全部利益计，这是不可能的。我看你们应该发扬中国人的国光，一致逼迫香港政府接受海员条件，早早解决罢工才是。”当场戳穿了香港当局妄图利用中国轮船公司老板分化瓦解罢工的诡计。

接着，香港当局又指使中国绅商代表出面“调停”。苏兆征等四名代表到香港与他们进行谈判；根据全体海员大会的决定，必须以恢复海员总工会原状为先决条件，因此谈判就从这问题开始。

绅商代表按照香港当局的旨意发言说：“恢复工会是可以的，但工会名称要改，会址要迁移，办事人员要重新推举，工会招牌也不能送还给你们，因为这与政府威信有关。”绅商代表还威胁地说：“你们罢工我们不反对，但是你们要顾到现在香港快要粮尽食绝了，难道要把香港几十万同胞活活饿死吗？”

苏兆征义正词严地反驳道：“是的，香港居民将粮尽食绝，这点我们早已预计到，而且早就挂念着。但是，我们挂念香港居民，而你们却一点不挂念我们，我们海员工人早就要饿死了，这次罢工更是受冷挨饿，你们为什么不曾说一句

同情的话呢？”接着，苏兆征明确地表示，“我们全体海员早就下了决心，若不恢复工会原状，宁愿一齐死在广州城，也不愿回港复工。‘中华海员工业联合总会’一字也不能增，一字也不能减，而且要送还原有招牌。你们若有本事就叫政府还给我们工会招牌，不然就不用再谈了。”香港当局策划的“调停”花招再次失败了。

接下来，华民政务司夏理德和外国大老板又先后直接同海员代表谈判。他们对海员代表时而用花言巧语诱骗，时而又威迫恐吓，千方百计地想使海员代表陷入他们设置的“先行复工，条件后议”的圈套，甚至企图以金钱收买海员代表等手段，以达到破坏罢工的目的。但苏兆征始终不为所惑，表现立场坚定，态度鲜明，团结和带领海员们及时识破香港当局和资本家的种种阴谋诡计，使罢工得以胜利地坚持下去。

2月底，香港各行业工人为了声援香港海员的正义斗争，毅然举行了总同盟罢工，参加罢工人数再增至十万人以上。

在全港工人酝酿总同盟罢工的关键时刻，苏兆征还领导罢工工人挫败了香港当局诱骗部分工人组织所谓“全港工人调停海员罢工会”，以破坏总同盟罢工的阴谋。

全港总同盟罢工的实现，更进一步致香港于死命。

至此，香港英帝国主义竟然使用血腥的镇压手段，在沙田地方枪杀从港回省途中的罢工群众，制造了骇人听闻的“沙田惨案”。

但是，英勇的香港工人万众一心，始终顽强地坚持战斗，终于迫使香港当局接受海员提出的条件。一向耀武扬威、肆意侵略压迫中国人民的英帝国主义者，第一次被迫在中国工人面前低头认输了，为时56天的香港海员大罢工宣告胜利结束。

在这次影响深远的罢工斗争中，由于苏兆征表现立场坚定，勇敢机智，密切联系群众，能够发挥集体智慧和力量，群策群力，因此博得了广大海员的信赖与拥戴，在海员中的威信不断提高。而苏兆征自己通过斗争的实践和锻炼，也进一步成长起来，“成为全国海员的中心领导者”。

尤其重要的是：香港海员在罢工斗争过程中，始终得到了中国共产党的热情关注和支持。

中国共产党及其领导工人运动的总机关中国劳动组合书记部发动国内各地工人阶级从政治、经济各方面支援香港罢工海员。各地工人纷纷成立了香港海员后援会等组织，募捐了大量款项援助罢工工人。上海海员工人拒绝应招到香港做工。劳动组合书记部负责人之一李启汉受中国共产党的委托，到香港慰问罢工海员，勉励海员要团结一致，坚持斗争，夺取胜利。中国共产党广东支部也发表了《敬告罢工海员》的文告，对于海员罢工斗争给予及时支持与指导，明确表示“本党以海员同志们为开始阶级斗争的急先锋，定当竭其能力，为之后援”。

中国共产党的热情支持指导，有力地帮助了罢工工人在斗争中掌握正确的斗争方向，鼓舞了罢工海员的斗志和争取胜利的信心。

通过斗争的实践，苏兆征开始认识了中国共产党，感到中国共产党是为工人谋利益的党，劳苦人民的解放只有在中国共产党的领导下才能实现，因而对党产生了敬仰。后来他曾对别人说：“我当时（指香港海员罢工时）到处找共产党，总找不到。”表达了他对党的向往的心情。

1924 年，国共两党革命统一战线建立后，周恩来、陈延年等同志相继来到广东工作，大大加强了党对广东地区的革命斗争的领导。中共广东区委派遣了一些党员到香港开展活动。苏兆征主动接近他们，积极支持配合他们的活动和争取他们对自己的教育帮助，思想觉悟因而不断提高，更加迫切地要求参加中国共产党。

1925 年春，在中国共产党和国民党左派的发动下，于北京召开国民会议促成会。苏兆征代表广东香港的工人团体出席了这次会议。他在北京期间，有机会同李大钊等共产党人接触，党组织也派人对他进行谈话教育。不久，他就在北京加入了中国共产党。

从此，苏兆征在中国共产党的直接领导和培育下，成为一个自觉的英勇的无产阶级革命战士。

省港大罢工使香港这个以繁华著称的港口，一夜之间变成了“死港”“臭港”和“饿港”

1925 年 5 月，第二次全国劳动大会于广州举行。苏兆征对召开这次大会作出了重要贡献。

会前，苏兆征积极参加了大会的筹备，做了大量工作，动员教育广东方面的工会组织摒弃派系界限，同心同德地参加劳动大会。大会期间，他参加了邓中夏、李启汉、王荷波、孙云鹏、冯菊坡、刘尔嵩等人组成的中共党团委员会的工作，团结了全体代表，保证了会议按预期的目的胜利地进行。

这次大会正式成立了全国统一的工会组织——中华全国总工会，正式宣布加入赤色职工国际，制定和通过了中华全国总工会的章程，选举出执行委员会。

苏兆征的亲密战友林伟民被选为委员长，刘少奇为副委员长，苏兆征亦被选为执行委员。

第二次劳大闭幕后不久，上海发生了“五卅”惨案。为了抗议帝国主义屠杀我国同胞的罪行，在中国共产党的发动和领导下。香港和广州沙面工人于6月19日举行了举世闻名的省港大罢工。

这次罢工斗争一直坚持到翌年10月止，共经历了一年零四个月之久。就其领导之坚强、组织之缜密、规模之巨大、持续时间之长久及其影响之深远等方面来说，不仅在中国民族解放运动史上添上光辉的一页，而且在国际职工运动史上也是少见的壮举。

在罢工酝酿和发动过程中，苏兆征起了重要的领导作用和表现出杰出的组织才能。

当时香港有工会100多个，但组织十分复杂，除少数产业工会外，大部分是行会和手工业工会，操纵在资本家、封建把头和黄色工会工头的手中。而党在香港工人中的力量还较薄弱，仅有十余名党员和团员。香港广大工人虽有反对帝国主义压迫的迫切要求，但要举行罢工困难却不少，阻力重重，党专门派遣了邓中夏、杨殷、杨匏安等人到香港，与苏兆征一道组织发动罢工。

他们一方面深入工人群众中进行宣传发动，另一方面又耐心地争取说服一些工会的上层人物。由于苏兆征在工人群众中具有很高的威信和深厚的群众基础，所以大家都对他的罢工号召表示拥护。同时，苏兆征平常对于各工会领袖有一种吸引力，故终能使黄色工会与行会工会一致赞成这次最大的罢工。

罢工首先从香港海员、电车等工会开始。但当罢工临头时，海员总工会的会长谭华泽却又犹豫起来，不肯下罢工令。在苏兆征的带动下，广大海员工人于是逼着工会会长说：“下不下罢工命令？不下我们就自己干！”会长无奈，只得下了罢工令。这样。在海员工人的影响带动下，罢工便像烈火燎原一般，顿时燃遍了香港。

罢工爆发后，罢工工人纷纷返回广州，在广州组织了罢工工人代表大会，作为这次罢工的最高议事机关，又设立了省港罢工委员会，作为带领广大工人进行斗争的最高指挥机关。

黄色工会的上层人物先是反对建立这些团结广大工人进行战斗的统一领导机构，后又千方百计地窃取这些机构的领导职位。广大罢工工人在中国共产党的领导下，挫败了他们的阴谋，一致推举苏兆征为罢工委员会委员长，同时推选他兼任财政委员会委员长。当时苏兆征仍然留在香港，继续组织发动工人罢工，没有在场，数天后回到广州，方才知悉。可见工人群众对苏兆征的信任和爱戴，以及他在工人群众中威望之高。

以苏兆征为首的罢工委员会，下面设立了干事局、审计局、法制局、财政委员会、会审处、保管拍卖处等等，还有一支组织严密、战斗力强的数千人的罢工工人武装纠察队。由于广东政府尚不健全，为了及时惩治内奸工贼，罢工委员会又设有带政治性质的法庭、监狱，还办了报纸、公共饭堂、宿舍、医院、学校等等。各项工作都有专人管理，有条不紊地进行。

正如邓中夏所说那样："这个罢工委员会，按其实际，实不啻一个政府，它有绝对权力，可以处置一切与罢工相关的事，广东政府不得过问。"

罢工委员会设在广州东园地方，故当时人们称它为"东园政府"。

在这次规模大、时间长的复杂罢工斗争中，苏兆征不断提高领导水平，增长才智，进一步成熟起来。如罢工初期，由于形势复杂，曾经实行过普遍抵制和反对一切帝国主义的政策。苏兆征也曾著文主张这次罢工斗争应"持续的向一切帝国主义进攻"。后来随着斗争形势的不断变化，苏兆征与其他罢工领导人及时分析了当前所遇到的实际问题，及时改变了这一做法，采取了"凡不是英国货，英国船及经过香港者，可准其直来广州"这一"单独对英"的中心斗争策略，从而拆散了帝国主义之间的联合阵线。争取了各阶层人物的同情与支持，进而解除了广东经济的困难，促进广东经济的发展，沉重地打击了香港英帝国主义，保证罢工斗争能长期地胜利坚持下去。

省港罢工不仅在经济上使英帝国主义遭受到空前的损失，使香港从一个以繁华著称的港口一下子变成了"死港""臭港"和"饿港"，同时在政治上也给英帝国主义以沉重的打击。香港总督史塔士突然被撤去职务，便是一个有力的说明。

对此，苏兆征特意著文进行深刻的分析说："此次香港之大罢工，予英帝国主义以莫大的致命伤，英帝国主义者于此次大罢工之时，忽然撤换其总督，此为一种极不得已事情。帝国主义者于此风潮，捉襟见肘之态，已可见一斑。"他豪情满怀地鼓励"省港全体工友与广州各界同胞，仍当为密切之联合，坚持罢工，使帝国主义者无隙可乘，而取得斗争之完全胜利"。

罢工期间，在中国共产党的支持下，并依靠广大省港罢工工人的力量，国民政府实行了改组，宣布继续奉行孙中山的三大政策。但是帝国主义、国民党右派和封建军阀却对此万分仇视，并千方百计地图谋颠覆破坏。在此关键时刻，苏兆征、邓中夏等领导人积极执行党的反帝革命统一战线政策，带领罢工工人，与广州人民一道举行各种活动，要求肃清内奸；表示愿为政府后盾。苏兆征还发表题为《肃清内奸》的文章指出："我们要下决心，先行肃清内奸，然后罢工可保，帝国主义可打倒。”

斗争总是复杂多变。

8月间，国民党左派、省港罢工委员会顾问廖仲恺，遭受帝国主义收买的反动分子所暗杀。

这时，苏兆征以中流砥柱的姿态，代表省港罢工委员会发表宣言，一方面对廖仲恺的不幸逝世表示悼念，另一方面敦促国民政府痛下决心，肃清奸细。苏兆征还亲自带领罢工工人举行示威游行等活动，对帝国主义和国内反动派炮制的卑鄙罪行表示声讨，坚决要求给予敌人以痛击。

在我党的一再催促和罢工工人的强烈要求与支持下，国民党左派才采取逮捕凶手、处置右派分子、解散反对国民政府的反动军队等措施，使国民政府得以转危为安。

广州群众为廖仲恺送葬

由于罢工斗争形势错综复杂，千头万绪，苏兆征身为罢工委员会委员长，担子十分重，他总是始终保持着旺盛的斗志，夜以继日地坚持工作。虽然经常工作忙到废寝忘食的地步，但他仍然依期出席隔日召开的罢工工人代表大会，深入群众，虚心听取工人代表的意见，集中群众的智慧，与大家同心同德，并肩作战。他还兼任财政委员会委员长的职务，这一工作十分重要，等于掌握住罢工的经济命脉。为了搞好这项工作，他付出了巨大的精力，每天都亲自检查布置财务工作，千方百计筹措罢工经费，认真处理开支。对此，邓中夏给予高度评价说：“在这样的庞大的组织中，百务丛错，真是日理万机。然而，兆征同志却处之裕如，以至于将近两年而不少懈，这可见兆征领导群众的艺术和解决问题的才能了。”

苏兆征还十分重视加强党的组织建设工作，将大批有觉悟的优秀的罢工工人吸收进党。罢工期间，共有数千名罢工工人积极分子入党，其中如邓发、刘达潮等人，便是苏兆征亲自介绍入党的。

1926年5月1日，第三次全国劳动大会于广州召开。苏兆征与刘少奇、邓中夏等人一道领导着大会的进行。苏兆征还在会上作了关于省港罢工问题的报告。到会代表对于苏兆征在我国职工运动中所作出的卓越贡献，给予高度的赞扬。因而一致选举他为全国总工会执行委员会委员长，苏兆征成了全国人民所拥戴的领袖。

苏兆征北上武汉，受到沿途群众热烈欢迎。刘少奇主持的一次欢迎大会，人数竟达50万

1927年3月中旬，国民党举行二届三中全会，通过了关于《统一革命势力决议案》，规定国共两党共同指导工农运动，由共产党派出一些负责人参加国民政府及省政府工作。会后，国民政府增设了农政、劳工两个部，由共产党人担任部长。中国共产党决定完全赞助武汉的国民党中央，决定自己的党员应加入国民政府，并委派苏兆征和谭平山分别担任劳工部和农政部部长。苏兆征还参加武汉市政府，为武汉市政委员会委员。

3月底，苏兆征告别了在广东的战友，与参加中共五大的代表彭湃、陈延年等人一道（苏亦是五大代表），北上武汉工作。苏兆征一行沿路受到了热烈的欢迎。3月28日，当他们路经湖南长沙时，湖南省总工会、长沙市总工会以及其他群众团体代表数百人为他们举行了欢迎大会。他们抵达武汉时，又受到了武汉人民群众的热烈欢迎。

刘少奇在一次50万人的欢迎大会上代表大家致欢迎词说："苏兆征同志是一个海员工人，他有了很长久的革命历史和丰富的经验。他指导了伟大的省港罢工，坚持了十余月之久，与帝国主义直接奋斗，并且指导全国工人运动与帝国主义、军阀及一切反革命斗争。"

汉口《民国日报》也特为此发表题为《革命的象征》的社论，说，"苏兆征同志代表全国280万革命的产业工人站在我们的面前，告诉我们全国的工人阶级已经领导着，而且正在领导着，并且继续领导着中国的国民革命"，"革命的工农兵及一切被压迫的人们欢迎他，不革命、反革命的见了他，只有恐惧，只有发抖"。

其时，在北伐战争胜利的推动下，武汉地区的革命形势发展很快，工农运动蓬勃地开展起来。但另一方面，帝国主义也因此加紧与国内反革命势力勾结，千方百计地力图颠覆破坏武汉地区的革命运动。特别是1927年"四一二"反革命叛变后，帝国主义与蒋介石集团相勾结，进一步对武汉实行军事包围与经济封锁。他们不仅把他们在武汉的银行关闭，不接受中央银行钞票，不与武汉做买卖，并且勾结了中国大资产阶级实行停止沪汉的汇兑，断绝长江的交通，串通武汉奸商破坏金融，停闭工厂商店。蒋介石组织土匪，勾结军队，造谣恐吓——闹得武汉社会鸡犬不宁，风声鹤唳，市面萧条，财政困难。在帝国主义和蒋介石集团的拉拢下，国民党及国民政府内部一些人物也蠢蠢欲动，进行反共活动，发出许多训令宣言，专以限制工农运动，并放任反动派使能自由地准备进攻革命。党内也有一部分人攻击工农运动“过火”“糟得很”。

在革命处于紧急关头，抵达武汉的苏兆征，立即投入了紧张的战斗之中。在他抵武汉第三天，即4月3日，汉口发生了日本水兵行凶枪杀我国民众的严重事件。事后，一些日商乘机闭厂歇业，造成大批工人失业以为威胁。苏兆征与刘少奇等当即带领武汉人民举行了一系列抗议日本帝国主义者暴行的活动。苏兆征还参加了武汉政府成立的“四三”惨案失业工人救济委员会（由苏兆征、谭平山、陈公博三人组成），进行了各项具体工作。

为了对付帝国主义和蒋介石反动派的经济封锁，在中国共产党的敦促下，武汉政府成立了战时经济委员会，苏兆征、汪精卫、谭延恺等五人参加该会工作。苏兆征担任了委员职务，与刘少奇、李立三等一道，坚定地领导武汉地区的工人群众勇敢地进行斗争。为了巩固革命，维护生产，武汉工人进行了一系列反经济封锁的斗争，对捣乱的资本家实行制裁，接管故意歇业的工厂企业，不准店东携款潜逃，坚决打击投机倒把活动，惩处破坏分子等等。

为了更好地加强工人阶级的战斗力量，湖北省总工会于4月20日举办了工人纠察队训练班。苏兆征赶往参加训练班的开学典礼，并在会上发表演说，号召大家要严守纪律，服从命令，保卫总工会。他还强调指出：“打倒一切帝国主义和军阀，扫除一切封建势力及宗法思想，革命才能成功，真正自由解放才能实现。”

但另一方面，在武汉地区的职工运动中，也同时出现了一些过火的现象。对此，苏兆征提出“此后各劳工团体或个人，如有违反中央这次训令之幼稚行为”，“当依法彻究，决不偏袒。”

为应付当前危急的局势，总结过去的斗争经验，提出党的任务方针，1927年4月27日，中国共产党第五次代表大会于武汉举行。毛泽东、任弼时、瞿秋白、张太雷、彭湃与苏兆征等人都出席了会议。

会上，苏兆征与其他代表一道，对陈独秀的右倾机会主义进行了批判，提出了实行土地革命，开展工农武装斗争等正确意见。但由于大会处于陈独秀控制之下，因此不可能认真解决上述问题。大会继续选举了陈独秀为党的总书记，苏兆征在会上被选为中央委员及中央政治局候补委员。

1927年6月19日，在形势日益严重的情况下，第四次全国劳动大会于武汉举行。苏兆征和刘少奇、李立三等人主持和领导了大会的进行。为了筹备这次会议，苏兆征等人在会前做了大量工作。

大会开幕前夕，苏兆征代表全国总工会特意举行了一次记者招待会，详细介绍了当前所面临的形势及这次大会所要解决的战斗任务。他着重强调“中国工人阶级的努力和发展，足以造成中国革命之长足发展”。

广大工人群众十分关心这次大会，开幕那天，除正式代表外，凭证列席旁听的工人达两三千人，还有更多的人要求前往旁听，但会场已无法容纳。

“在反动派向我们进攻很厉害的时候，我们却在此开会，这是何等欣喜的一件事啊！”会场响起了苏兆征激情豪迈的开幕词。

在这次会议上，苏兆征代表全国海员总工会向大会做了关于海员过去奋斗的历史及在当前革命中的责任的报告，又以国民政府劳工部长的身份作了关于劳工部工作情况的报告。他说：“劳工部要为工人谋利益，也即是为大多数民众谋利益，如果我们不为大多数民众谋利益，革命便得不到保障。”

大会根据苏兆征的指导思想，鲜明地指出：工人阶级面临的首要任务是“反对一切反动势力，粉碎反革命大资产阶级一切扑灭革命、镇压工农运动的反动阴谋”。“中国工人阶级必须把反对帝国主义的斗争坚持到底，同时亦必须坚决地反对背叛革命的大资产阶级及其代理人蒋介石。”

大会对在国民政府统辖的地区发生屠杀工农，摧残工农组织的反动罪行提出了强烈的抗议，要求国民政府严惩反革命分子。大会最后明确宣布：“无论付出多大的牺牲，中国无产阶级将坚持斗争到底！”

在这次大会上，苏兆征继续当选新的执委会委员长。

此时，汪精卫集团反革命叛变活动越来越显著，局势日益危急。

6月底，在汪精卫集团的怂恿下，发生了军队非法强占中华全国总工会和湖北省总工会的办公地点并进行骚扰劫掠的事件。苏兆征当即挺身而出，严正要求当局立即将军队撤走。他还在国民党中央执委会政治委员会第33次会议上当场揭露军队非法强占全国总工会办公地方的事实。尽管后来军队撤走了，但苏兆征对此仍保持着高度的警惕，并且积极着手对付武汉汪精卫集团的反革命叛变活动。

当时正在武汉访问的美国记者斯特朗，就军队非法强占全国总工会办公地点之事征求苏兆征的看法。苏兆征冷静地回答说：“我们今天就在里面办公了。谁晓得明天又会发生什么事情？”

鉴于武汉汪精卫集团的反革命叛变活动日益表面化，中国共产党决定撤回在国民政府中任职的共产党员以示抗议。7月中旬，苏兆征便与谭平山联合正式发表了辞掉劳工部、农政部部长职务的《辞职书》，严斥国民党的所作所为已完全背叛了孙中山关于联俄、联共、扶助农工的三大革命政策，揭露“国民政府领域之内屠杀之事迭见不鲜，党部则被捣毁，工农团体及其自卫之武装，则被解散”，“广州三二〇之故技。复发现于长江流域”。他们的所作所为，“使革命转入反革命的途径”。与此同时，苏兆征还当机立断地将劳工部的10余万元存款全部取出，尽数发给武汉失业工人救济所，用以救济失业工人，免为国民党反动派所攫取。7月15日，汪精卫集团终于公开叛变了革命，轰轰烈烈的大革命遭到了失败。

苏兆征和一切真正的共产党人一道，勇往直前，在白色恐怖中继续带领人民群众进行新的战斗。

苏兆征传奇般的斗争经历，使他成为国际职工运动中极有威望的领导人

人民在牺牲！革命在流血！

国民党反动派公开背叛革命，对中国共产党人和革命群众实行了惨无人道的野蛮大屠杀政策。

但是，中国共产党和中国人民并没有被吓倒，被征服，被杀绝，他们继续高举革命的旗帜，为挽救革命和反抗国民党反动派的野蛮大屠杀而继续战斗。

7月中旬，中国共产党中央临时政治局举行会议，就如何举行武装起义以挽救革命和反抗国民党等问题进行了讨论。会议决定立即着手准备于南昌举行武装起义。会后，苏兆征立即动身到九江等地，深入工人群众之中，细致地进行组织发动群众的工作，积极配合南昌起义的举行。

8月1日，在以周恩来为首的前敌委员会领导下，发动了南昌起义。它打响了武装反抗国民党反动派的第一枪，成为我党领导武装斗争的开始，因而具有重大的历史意义。起义前夕，由于苏兆征要参加筹备八七会议的召开，临时赶回武汉，没有直接参加起义。但在起义成功后成立中国国民党革命委员会时，苏兆征仍然被选为革命委员会的委员。

8月7日，党中央政治局在汉口召开紧急会议。这就是我党历史上著名的八七会议。苏兆征同瞿秋白、李维汉、蔡和森、张太雷、邓中夏、任弼时、毛泽东、罗亦农、邓小平等22人以及共产国际代表罗明纳兹等出席了会议。

会议严正批判和结束了陈独秀的右倾投降主义错误在党内的统治地位，确定了土地革命和武装反抗国民党反动派的屠杀政策的总方针。会议通过了《中国共产党中央执行委员会告全党党员书》《中国共产党的政治任务与策略决议案》《最近农民斗争决议案》《最近职工运动决议案》等文件。

苏兆征参加了《最近职工运动决议案》的起草工作，并与瞿秋白、李维汉三人组织委员会负责对《告全党党员书》作文字上的最后修改工作。会议彻底清算了陈独秀的右倾机会主义错误，选出了新的中央临时政治局。苏兆征、向忠发（后来叛变）、瞿秋白、罗亦农、顾顺章（后来叛变）、王荷波、李维汉、彭湃、任弼时 9 人为正式委员，毛泽东、邓中夏、周恩来、彭公达、张太雷、张国焘（后来叛变）、李立三 7 人为候补委员。瞿秋白、李维汉、苏兆征 3 人为中央政治局常委。苏兆征还兼管工委工作。

根据八七会议所确定的武装反抗国民党反动派的方针，会后各地党组织纷纷领导人民举行武装起义，开展武装斗争。

1927 年 12 月，在中国共产党领导下，广州的工人群众和革命士兵举行了武装起义，建立了广州工农民主政府。

起义前，苏兆征在上海参加了广州起义计划的制订工作，后因工作需要，他留在上海，未能直接赶回广州参加起义。但由于苏兆征在广东人民群众中享有崇高的声誉，因而仍被推选为工农民主政府的主席（未到职前由张太雷代理）。

一位当时参加过广州起义的朝鲜同志回忆当时的情景说：“大会选举了 11 人为苏维埃政府成员，新的苏维埃政府主席是苏兆征。他是广州工人，曾领导 1925 年的香港罢工。苏兆征是一位好的工人领袖，全部广州工人都是他的忠实追随者。”

八七会议之后，在全国陷于一片白色恐怖的情况下，苏兆征以党的使命来往沪汉之间，一无所畏，中国党的组织便在这样艰苦的工作中维持起来。

11 月间，苏兆征正式调上海参加党中央的领导工作，他还负责中央财务小组和中华全国总工会的领导工作。

当时，苏兆征化名黄先生，装扮成一个大茶叶商人的身份进行革命活动，并把家属从广东接来上海，以作掩护。有时，他又化装成海员工人模样，亲自到码头与来自各地的海员联系，对他们进行宣传教育和组织工作。

他把个人安危置于脑后，出生入死，为组织领导人民群众进行革命斗争而日夜奔忙，充分表现了共产党人的坚定性和大无畏的革命精神。他还抓紧时间认真刻苦地学习马克思列宁主义著作，以提高自己的理论和工作水平。

1928 年 2 月，在苏兆征的主持下，中华全国总工会于上海秘密地召开了第一次扩大会议，研究工会在当前形势下的任务和工作部署。由于国民党反动派的残酷镇压，当时各地工会几乎全部陷于瓦解，加上反动派组织黄色工会来欺骗和控制工人群众，以及我党在工运工作中所出现的“左”倾盲动情绪，徒然暴露了更多的同志，致使我赤色工会已不可能公开领导工人进行斗争。根据这种情况，苏兆征在会上主张采用工厂委员会的形式来团结不同工会派别和不同政治见解的广大工人，为自身的经济利益而进行斗争。这一主张，由于切合当时斗争的需要，为大家所采纳，在会议上通过的关于目前总任务的决议案上，肯定“目前在群众运动中工厂委员会的组织是十分必要的”。

这期间，苏兆征还在上海主持召开了泛太平洋劳动会议秘书处第二次会议。他代表中华全国总工会在会上作报告，揭露国民党反动派在帝国主义支持下背叛革命、进行反革命大屠杀的罪行，介绍当前中国工人阶级在十分困难的情况下坚持反抗斗争的情况与经验。

会后，苏兆征离开上海赴苏联，出席赤色职工国际召集的第四次大会。还在大革命时期，苏兆征就积极参加了赤色职工国际的活动。1924 年 5 月，赤色职工国际派代表到广州召开太平洋沿岸运输工人大会，苏兆征代表中华海员工业联合总会出席了这次大会，对促进东方运输工人的团结和反帝斗争作出了贡献。

1927 年 5 月，赤色职工国际又在汉口召开太平洋第一次劳动会议，苏兆征是这次会议主席团的成员。会上决定成立太平洋劳动会议秘书处，作为联络宣传及行动的机关，苏兆征被推选为秘书处成员。从此，他逐渐闻名于国际职工运动之中。

在 1928 年 3 月举行的第四次赤色职工国际大会上，各国代表都十分重视中国职工运动的斗争经验，专门组织了一个有 35 个国家代表参加的委员会来详细讨论。经过热烈的讨论和认真研究，大会对中国的职工运动问题，作出了有关决定。苏兆征在这次大会上被选为执行委员会委员。

同年 8 月，苏兆征在莫斯科还出席了共产国际第六次大会。他代表中国共产党代表团向大会致贺词，并在大会上先后作了两次报告，介绍了当前中国人民在中国共产党领导下进行艰苦卓绝的革命斗争的情况。苏兆征被选为大会主席团的成员、纲领起草委员会委员，并与瞿秋白等 3 人被选为新的执行委员会的委员。后来，他又应邀出席了苏联全国总工会第八次大会，在大会上作了关于中国职工运动情况的报告。他还当选为农村工会国际的副委员长。这样，苏兆征便成为国际职工运动中享有威望的领导人之一了。

在莫斯科期间，苏兆征出席了于 1928 年 7 月间举行的中国共产党第六次全国代表大会。苏兆征坚决拥护大会的正确路线，并对陈独秀放弃革命领导权、断送工农革命利益的右倾错误进行了严正的揭露和批判。在这次大会上，苏兆征继续当选为中央委员和政治局委员。

在苏联期间，苏联共产党的领袖斯大林曾特意接见了苏兆征、周恩来和瞿秋白等中国同志，请他们介绍了中国国内革命斗争的形势和经验，并对中国革命问题发表了见解。

弥留之际，苏兆征指着胸口对前来探望的周恩来、邓小平、李立三、邓颖超反复说："大家同心合力，使革命最后成功！"

苏兆征由于在艰苦严酷的斗争环境中，长期忘我紧张地工作，积劳成疾。苏兆征在苏联参加了赤色职工国际第四次代表大会和中国共产党第六次代表大会后，身体极度虚弱，医生建议他在苏联休养一段时间，待康复后再施手术。但他一心惦念着祖国的革命事业，特别是想到正在受苦受难的劳动群众，更无法安心休养。不顾医生和同志们的劝阻，于1929年1月下旬，抱病回到祖国。经过半个月的旅程，2月上旬，回到了阔别整整一年的上海，不顾长途跋涉和舟车劳顿，立即投入了紧张的战斗。

回沪以后的几天时间，苏兆征虽然好几次路过自己的家门，但由于工作紧张而繁忙，一直没有进去与家人团聚，只是在门口略为停留一下，就匆匆走过去了。其实，苏兆征是多么想推门进去看看已离别一年多的妻子和一双可爱的儿女，可是全国总工会第二次扩大会议的紧张而纷繁的准备工作使他打住了这个念头，把对妻子的思念之情和对儿女的爱深深地埋在心里。因此，他的家人一直不知道他已返回上海。后来，春节快到了，同志们一再催促他回家与亲人团聚，他才于2月8日，即春节前两天，返回家里。

在他去苏联的一年里，他的家人在生活上虽然经常得到党组织的照料，但他的爱人钟荣胜仍然为他出门一年来音讯全无而担忧、牵挂。如今，苏兆征突然出现在家门口，真使她高兴得不知怎样才好。

钟荣胜半忧半喜地对苏兆征说："你整整一年都没有捎过一个口讯回来，我真担心你是不是安全！"

苏兆征带着歉意安慰她说："我不是很好的嘛！"

女儿丽娃和儿子河清对父亲的归来，更是欢喜不已，缠着父亲，要他讲苏联的有关故事。

第二天上午，苏兆征装扮商人模样，带着孩子们上街，给他们买了几套衣服和日用品，还买了一些年货回来，一家人团聚在一起，高高兴兴过春节。

春节过后，苏兆征依然化名黄先生，白天外出工作，夜里很晚才回到家里。他在家里处理完工作，还腾出一些时间亲自辅导孩子们学习，给他们讲故事，教育他们日后长大了，要做一个对祖国、对人民有贡献的人。

2月中旬，苏兆征在上海主持召开了中华全国总工会第二次扩大会议。在会上，他作了出席赤色职工国际第四次大会的报告，并根据中国共产党第六次代表大会的精神和赤色职工国际对中国职工运动决议的要求，总结了我国工会过去的工作，明确了今后的任务，针对过去工作中的错误，提出了改正的办法，对我国工人运动的继续发展，起到了一定的促进作用。

会议期间，苏兆征就感到腹部有时隐隐作痛，但是紧张的工作使他无暇顾及。

中华全国总工会第二次扩大会议结束不久，苏兆征因劳累过度，旧病发作，而且病情日趋严重，但他仍以党的利益为重，严守党的秘密，既不愿将病情告诉别的同志，以免增加党的负担，也不肯将党组织的秘密联络地址轻易告诉家人，以免给党造成不利和危险。直到他病情进一步恶化时，他的爱人钟荣胜经过一番周折，才把他送进了一家私人医院抢救。但是，因为病情一拖再拖，错过了治疗的时间，苏兆征的生命已处于垂危状态了

2月25日，在党中央机关做具体工作的龚饮冰去苏兆征家中探望时，房东告诉他说："黄先生病重，住医院去了。"龚饮冰闻讯，立即赶到医院去，看到苏兆征躺在病床上，面色苍白，气息奄奄。

龚饮冰站在他的床边，关心地问他哪里不舒服？苏兆征用微弱的声音，挣扎着说："不要紧，希望快点好，早日出院，我还有许多工作要做。"

龚饮冰找到了医生，详细询问苏兆征的病情。医生皱着眉头说："开刀迟了，难望好转。"

龚饮冰恳求医生要尽力抢救，不管多贵重的针药，只要对治病有利，都要用，以挽救苏兆征的生命。接着，他赶紧回去向党中央负责同志报告苏兆征病危的情况。

当天下午，周恩来、邓小平、李立三、邓颖超等闻讯后立即赶到医院，这时苏兆征已处于弥留状态。

苏兆征看见同志们前来探望自己，就极力振作起来，用十分微弱的声音，断断续续地说："广大人民已无法生活下去了，要革命，等待着我们去组织起来。希望大家共同努力奋斗。"他又用手指着胸口反复地说："大家同心合力，使革命最后成功。"

最后，他又断断续续地重复说："大家同心合力，达到革命的胜利……"

苏兆征在生命的最后一息，仍念念不忘组织群众进行斗争，念念不忘加强党的团结，对革命事业依然充满必胜的信心。

站在旁边的邓颖超，从怀中拿出一支笔，迅速在一张纸片上把苏兆征的遗言一一记录了下来，然后转交党中央。

1929 年 2 月 25 日下午 6 时 20 分，因抢救无效，苏兆征溘然长逝。

苏兆征逝世的第二天，即 2 月 26 日，中央政治局向全党发出了关于悼念苏兆征不幸逝世的 32 号通告。通告说："苏兆征同志在这几年的工作过程中，充分表现了无产阶级的艰苦卓绝的精神和坚决的政治意识，的确是党的最好的指导者"，"兆征同志的革命精神，真是全党同志的模范"。通告要求各级党组织追悼苏兆征同志，并开展宣传，同时号召全党同志要牢牢记住苏兆征同志"大家同心合力，达到革命的胜利"的遗言，"要一致地继承着苏兆征同志的精神，向前奋斗！"

3 月 15 日，中国共产主义青年团中央也向各级团组织和团员发出了悼念苏兆征同志的第 45 号通告。通告说：苏兆征同志是共青团的名誉团员，他非常关心和了解工农青年的疾苦，并非常注意指导青年运动，因此他的逝世，"不但是共产党的重大创伤，同时也使共产主义青年团丧失了一位得力的指导者"。通告要求共青团员"继承他的精神，努力奋斗，以完成他未竟的事业"。

中华全国总工会也发出了关于悼念苏兆征不幸病逝告各级工会的第 9 号通告。当时白色恐怖正弥漫着全国，不可能公开举行大规模的悼念活动，但是各地党团组织和革命群众仍然通过各种方式举行悼念活动，以纪念这位党和职工运动的杰出的领导人。

1930 年 2 月，苏兆征逝世一周年，中华全国总工会为此发出了第 10 号通告，并且专门出版了纪念册，《劳动》周刊社也专门出版了纪念特刊，一再对中国工人阶级的优秀领袖苏兆征表示深切的纪念。1929 年 12 月间举行的赤色职工国际第四届执行委员会全体会议，也特意为苏兆征同志的逝世默念致哀。

“党内不可多得的政治家”

——中共第五届中央政治局候补委员陈延年

主题人物： 陈延年
籍　　贯： 安徽怀宁县
出生时间： 1898 年 10 月 29 日
主要职务： 1922 年加入中国共产党。先后担任中共广东区委组织部长和区委书记、中共江浙区委书记、中共江苏省委书记，是中共第五届中央政治局候补委员
牺牲时间： 1927 年 7 月 4 日
牺牲地点： 上海龙华枫林桥畔
当时年龄： 29 岁

毛泽东： 在中国，本来各种人才都很缺乏，特别是 C.P. 党内，因为 C.P. 的历史根本没有几年，所以人才就更缺乏。像延年，的确是不可多得的人才，在许多地方，我看出了他的天才。

鲁　迅： 延年，我在北京时曾见过他，认识他，他是一个有出息的青年。

董必武： 陈延年是党内不可多得的政治家。

赵世炎： 延年同志是一个只知道工作，不知道生活的人，工作起来常常废寝忘食。

陈独秀、陈延年、陈乔年父子三人，同时被选为同一届中共中央委员，这在中国共产党的历史上绝无仅有

离武昌江滩不远的都府堤小巷20号，静静掩映在一片清末民初风格的建筑群中；平面与立体相结合的原武昌第一小学教工宿舍楼融视觉、听觉、触觉于一体，让人耳目一新；而那栋学生下雨天上体育课的“风雨操场”（为一栋两层楼房）整旧如旧，给人以厚重的历史感。

中共五大开幕地点——武昌高等师范第一附属小学

这就是中国共产党第五次全国代表大会旧址。

走进中共五大历史陈列展厅，首先映入眼帘的是大型电子显示屏上巨幅飘动的早期中共党旗。这面党旗绚丽多彩，光芒四射，旗上金色的“C.C.P”（“中国共产党”的英文缩写）三个大字叠印出“中国共产党第五次全国代表大会历史陈列”，让人为之一震，仿佛走进了80多年前大革命时期那个热血沸腾的年代。

中共五大历史陈列展主要由“高潮与危机”“贡献与局限”“应变与转折”三大展区组成。

进入“高潮与危机”展区，昏暗的灯光下，一扇阴森的牢门前，铁锁上方的小窗口播放着1927年4月12日蒋介石发动反革命政变、共产党遭遇白色恐怖的电视纪录片。通过这些画面，一幕幕令人扼腕的历史情景仿佛将观众带入不容忘却的过去：昔日外国侵略者的军舰在我国国土上耀武扬威；广州“四一五”惨案中，李启汉、萧楚女、刘尔崧等共产党人壮烈牺牲；中国共产党的先驱李大钊4月28日英勇就义。

在“贡献与局限”展厅，九本铜雕书象征五大九天的会议议程，是一个浓缩的五大全记录：4月27日为五大开幕式；4月28日休会；4月29日会议迁到汉口黄陂会馆进行，陈独秀作长达六个多小时的《政治与组织的报告》；5月1

日参加国际劳动节大会纪念活动，没有开会；5 月 2 日、3 日为大会发言；5 月 6 日休会一天；5 月 9 日大会选举新的中央委员会和中央监察委员会。

出席五大的人员，除中共代表外，还有以罗易为首的共产国际代表团和中国国民党代表团，英、法、美、德等国的共产党代表，中华全国总工会、中华全国农民协会、中国共产主义青年团、中国少年先锋队的代表和其他来宾等。

被蒋介石通缉的共产党“首要分子”陈独秀、蔡和森、瞿秋白、毛泽东、任弼时、李维汉、刘少奇、邓中夏、张国焘、彭湃、方志敏、恽代英、罗亦农、董必武、项英、陈潭秋、苏兆征、向警予、蔡畅、向忠发、罗章龙、陈乔年、贺昌、阮啸仙、杨匏安、王荷波、彭公达、李立三等，几乎都在这里，共 100 余人，这是中国共产党成立后人数最多的一届中央委员会。

当时，汪精卫尚未暴露反革命的嘴脸，五大又是国共合作的情况下举行的一次会议，所以，汪精卫曾代表国民党在大会上致贺词。他的发言“非常革命”，迷惑了不少党内同志，包括党的总书记陈独秀。

这天，由陈独秀主持中国共产党第五次全国代表大会。坐在陈独秀身旁的有罗易、维经斯基、鲍罗廷及米夫、罗卓夫斯基等人。

天气不冷不热，会场内主席台上悬挂着马克思、恩格斯、列宁、斯大林和孙中山的画像。大会开始时，大家起立唱《国际歌》，气氛庄严肃穆。

穿着长衫的陈独秀作工作报告，足足讲了五个小时。

第二天，在瞿秋白、任弼时、毛泽东、恽代英等大多数代表坚持下，会议批评了陈独秀等人的错误，如中山舰事件，使资产阶级占上风；上海工人武装起义，重视拉资产阶级进市民政府，没有提出土地问题及与农民团结问题；蒋介石叛党时，不能使他孤立等。

尽管陈独秀在五大受到了严厉的批评，但国际代表罗易却说：“中国的劳动群众是英勇斗争的，因此，中国不会有孟什维克主义。”结果选举时，已丧失权威的陈独秀仍当选为中共中央总书记。

既然不改组中央主要负责人，罗易等共产国际代表考虑增加新的力量，在选举中央委员会时，陈独秀、张国焘、蔡和森、周恩来、李维汉、李立三、瞿秋白、刘少奇、苏兆征、张太雷、阮啸仙、任弼时、陈延年、罗亦农、陈乔年、贺昌、向忠发、彭湃、项英、彭公达、赵世炎、恽代英、谭平山、彭述之、罗章龙等 31 人当选。

选举候补中央委员时，毛泽东、陈潭秋、陆沉、黄平、李振瀛、袁达时、林育南、吴雨铭等 11 人当选。

政治局委员是陈独秀、蔡和森、周恩来、李立三、李维汉、瞿秋白、谭平山、张国焘、苏兆征九人。

政治局常委为陈独秀、李维汉、张国焘，周恩来为秘书长。

在当选的中央委员中，有三个名字特别吸引人们的眼球：从事业的角度看，他们是同志关系；从血亲关系看，他们却是父子关系和兄弟关系。这三人便是陈独秀、陈延年、陈乔年。

陈独秀是党的总书记，这是人所共知的。陈延年是陈独秀的大儿子，时任中共江浙区委书记；陈乔年是陈独秀的二儿子，曾任中共北方区委组织部长。

陈独秀和陈延年、陈乔年父子三人同时当选中央委员，进入中共同一届最高决策层，这在我们党的历史上绝无仅有。

令人刮目相看的是，陈延年是在缺席会议的情况下被选举为中共中央委员的。这说明他在党内有着非常大的影响。

1927 年 5 月，中共江浙区委撤销后，分别组建中共江苏省委和中共浙江省委，中央决定由陈延年主持江苏省委的筹建工作。1927 年 6 月上旬，中共江苏省委在上海北四川路恒丰里 104 号（今山阴路恒丰里 90 号）成立，中央任命陈延年为中共江苏省委的首任书记。

就在这个月的下旬，陈延年遭国民党军警逮捕，八天后英勇就义。

陈延年是中国共产党早期杰出的无产阶级革命家、卓越的马克思主义理论传播者、著名的工人运动领袖。

在全国“双百”评选活动中，陈延年被评为“100 位为新中国成立作出突出贡献的英雄模范人物”。

陈延年信奉过无政府主义，在寻求真理的漫漫征途中走过一段弯路

万里长江，滚滚东流，就如一条奔腾的巨龙。千百年来，它永不停歇，奔流不息，哺育了大江两岸的灿烂文明，也造就了一代又一代的风流人物。

长江东流，流入安徽，经过的第一个重要港口就是安庆。

安庆位于长江北岸的一片丘陵高地，依山傍水，是一座具有悠久历史和灿烂文化的古城。

在安庆建城 700 余年的历史上，曾经有过灿烂辉煌和英勇悲壮的篇章。这座英雄的古城威名远扬。元朝末年，著名的红巾起义军在这里大破元军，夺取安庆。太平天国革命时期，安庆作为太平军的重要基地发挥着举足轻重的作用，英雄的太平军将士们在这里进行了四次英勇的保卫战。他们不怕牺牲、浴血奋战的革命精神，一直在人们中间广为传颂。从1662年到1937年抗日战争爆发的将近300年间，安庆一直是安徽省的省会。

这片物华天宝、钟灵毓秀的神奇土地，19世纪末年，又造就了一位闻名海内外的无产阶级英雄人物——陈延年。

陈延年，又名遐延，化名林木、陈东等，1898年诞生于安庆市南水关旧居，祖籍安徽怀宁县。

陈延年（1898—1927）

陈延年的童年和少年时代主要是在故乡安庆度过的。在五六岁时，母亲送他入私塾读书。几年内，他读了许多经史典籍，在国学方面打下坚实的基础。他还能写一手好文章，私塾老先生看过他的文章后，慨叹说："可惜现在科举废了，不然，延年将来定能进翰林院。"

十二三岁时，延年离开私塾，先后就读于安庆尚志小学和全皖中学，开始接触近代时自然科学知识，眼界为之大开。

陈延年从小跟他的父亲一样，性格倔强，富于正义感。他看到，为了挽救民族的危亡，爱国的志士仁人不断流血牺牲，为反抗帝国主义和清王朝的反动统治进行了英勇的斗争。他痛恨黑暗的旧社会，同时也为革命志士的英雄行为所激励。在他幼小的心灵里，开始萌发革命的反叛性。他常以"天下兴亡，匹夫有责"自勉，以救国救民为己任。祖母和母亲曾盼望他继承祖业，但他却决心挣脱封建家庭的樊笼，寻找改造社会的道路。

陈独秀早年因被袁世凯派到皖省的都督倪嗣冲所迫害，逃亡日本。倪欲斩草除根，要抓陈延年兄弟二人。幸兄弟俩得到消息，逃亡到了怀宁乡下，才免遭毒手。

这件事对两兄弟的思想产生了很大影响，种下了反抗旧世界的种子。

1915年前后，陈延年告别了故乡，和弟弟乔年一起随父亲到上海继续求学。

1917年，父亲应聘任北京大学文科学长，他和弟弟留在上海，初入法国巡捕房附设的法语补习班学习法文，后入上海震旦大学。由于学习勤奋，他的法语水平提高很快，不久已能熟练地阅读法文原著。

陈延年弟兄在上海，生活极为艰苦。特别是父亲赴京以后，他俩开始独立生活，困难也更多。平时，他们常以大饼充饥，以自来水解渴，穿单薄的夹衣过冬。当时，他们的家庭并不穷困，叔祖父陈昔凡死后，在北京、安庆都留有产业，但他们坚决不要封建家庭接济。他们胸怀大志，决心白手创业，自觉地在艰苦环境中磨炼自己的意志。

陈延年生活在上海这个被称为“冒险家的乐园”里，虽然只有短短的几年，但是他的见识却有了飞速的增长。十里洋场的种种丑恶现象使他对社会的黑暗有了更加深刻的认识。帝国主义分子的飞扬跋扈，黄浦江畔“华人与狗不得入内”的屈辱招牌使他不能忍受，买办洋奴对其主子的奴颜媚骨和荒淫无耻的生活使他万分厌恶，而劳动人民的贫困和痛苦则使他愤愤不平。

这一切，进一步激起他对现实的强烈不满，促使他更努力地探求改造黑暗社会的真理。

当时，以他父亲陈独秀为代表的中国先进的知识分子所发动的新文化运动正在全国蓬勃展开，各色各样的新思潮先后被介绍到中国来，各种类型的新书刊也应运而生。为了找到革命的真理，陈延年如饥似渴地阅读各种新书刊，研究各种新思潮。

大江东去，未免鱼龙混杂。传入中国的新思潮中，固不乏革命的真理，但也有很多谬说。陈延年虽然主观上热烈地追求着真理，但此时尚缺乏正确分辨真理与谬误的能力，因而受到了无政府主义的影响，一度成为无政府主义学说的信仰者。

陈延年在接受无政府主义思想的过程中，曾阅读过很多宣传无政府主义观点的书刊，如中国早期的无政府主义者翻译的小册子，出版的刊物《天义报》《新世纪》等。

由于陈延年的法文程度较高，这使他有条件直接阅读法文版的无政府主义著作，如巴枯宁、蒲鲁东和克鲁泡特金等人的著作。陈延年特别崇信克鲁泡特金在《互助论》中所阐述的所谓无政府共产主义的学说，也进行过宣传无政府主义的活动。

1919 年 1 月，他和无政府主义者黄凌霜、郑佩刚等人在上海组织了无政府主义的《进化社》，创办了《进化》杂志。该杂志由陈延年任主编，由郑佩刚负责印刷和发行，黄凌霜则是主要撰稿人之一。

《进化》杂志曾以很大的篇幅介绍《互助论》。陈延年也曾以“人”的笔名，在《进化》第一、二期上发表过两篇《编辑余话》，对无政府主义的理论加以推崇，对反对无政府主义的各种议论加以驳斥，也对俄国十月革命后建立的无产阶级专政表示不满。

这表明，陈延年同当时的大部分无政府主义者的思想是基本一致的。但另一方面，陈延年在文章中又着重对协约国的帝国主义强盗和封建军阀的反动统治进行了激烈的抨击，并号召人们起来“拿一副极坚强的奋斗精神”反抗“恶社会”，强调革命必须“排患御困，勇往前进”，即使“进了黑屋子，上了断头台”也在所不惜。他还严厉地斥责了某些所谓的无政府党人以“主义”为幌子，实则钻狗洞，谋官发财的无耻行为。

陈延年虽因分不清真理与谬误而误信了无政府主义，在寻求真理的漫漫征途中走了一段弯路，但是在本质上他却是坚持革命的。正因为如此，当他一旦认识到自己走错了路时，他就会毅然决然地抛弃谬误，转而信奉科学的真理。

有人问：“闹学潮怕不怕？”陈延年回答：“既做就不怕，怕就不做。仁人志士有这么一个机会光荣牺牲，是求之不得的呢！”

拿破仑说：“可敬与可笑，仅一步之遥。”这“差之毫厘，失之千里”的一念之差，归根结底是选择的报应。

陈延年最终的选择，吻合了历史前进的轨迹。

1919年9月10日，上海的《时事新报》刊登了《留法勤工俭学预备科之组织》，引起了陈延年和陈乔年的兴趣。文章说：“本会在法国接洽布置已有端绪，此时国内正全力提倡制造国货，于应用工艺人才相需更亟，而法币价值低落，预计此时赴法川资及赴法后未入工厂以前一二个月之旅费，共有国币三百元已勉可应用，诚为苦学生留学之绝好时机。”

留法勤工俭学预备科附属中华职业学校，地点在法租界霞飞路尚贤堂对面。学生白天学习法语，夜间学习工艺。每人每月纳费十元，包括膳宿费。最吸引人的是，学习之后，该会照料勤工俭学者去法国，介绍入工厂。

在法国勤工俭学，起源于李石曾（煜瀛）在法国设立豆腐公司。李石曾也是无政府主义者，此时和陈独秀同在北大任教授。他在法国时，回家乡招收华工，既满足了本公司的需要，又满足了第一次世界大战时法国的需要，一举两得。这以后，李石曾等人广泛宣传出国打工的好处，如增长知识、放大眼光、学习科学技能、学习法国工人的团体生活组织能力、接济家庭、接受教育等。

为了鼓动中国青年到法国打工、学习，蔡元培等于1916年3月29日在巴黎成立华法教育会，蔡孑民任会长，汪精卫任副会长，李石曾等任书记，吴玉章任中方会计。开始，青年人没有兴趣，怕世界大战危及生命，家里人也不同意。欧战结束后，在“工读”“劳工神圣”等新思潮的鼓动下，勤工俭学成了潮流，青年人争先恐后，纷纷出国。此时出国，一无生命危险，二可挣钱，三能学得一些外国语，四可旅游世界……前途一片光明。

这股勤工俭学的热潮，也将陈延年兄弟卷入其中。仅在他们去法国这一年，华法教育会名册上勤工俭学的人数就由 400 人增加到 2000 人。

决定赴法后，陈乔年对前景很乐观，对哥哥说："就算我们拿低工资，每日得 15 法郎，扣掉星期日，每月也有 390 法郎至 400 法郎。倘若法国工场提供住处，还节省了住宿费。"

陈延年说："不要想得这么好，要做好不安排住处的准备，但我们可以自己烧饭。"

两人吃苦吃惯了，估计每月每人伙食费约 150 法郎足够了。扣掉零花钱，差不多每月可以省下 150 法郎，一年可储蓄 1800 法郎。上法国中等实习学校大概不成问题，这些学校每年学费约 1200 法郎。

陈乔年说："暑假期间，我们还可做工挣钱。"

"可我们的保证金还没有落实呢！"陈延年担心地说。

按要求，勤工俭学出国时有许多条件，如是否学过法文、身体是否强壮、技能是否熟习，尤其是经济上要有三五千法郎保证金。前几条，延年和乔年不担心，但每人三五千法郎的保证金，到哪里去筹措？

"找吴稚晖试试，请他帮忙？"陈乔年说。当时，也有人没有保证金，找熟人担保，混过此关。找不到熟人担保的人，也有将朋友的支票借来糊弄检查人员的。

在此之前，吴稚晖已向沈仲俊推荐了其他人。在他眼里，陈延年和陈乔年是"安庆两小英雄"，无论如何要帮他们一把。于是，他在 1919 年 11 月 23 日给上海华法教育会的沈仲俊写信说："今又有陈先生延年、乔年昆仲，李先生卓，叶先生奇峰四位，拟乘十二月初八出发之船赴法，陈先生昆仲为陈独秀先生之令嗣，志行为弟等所敬佩。李先生、叶先生则其挚友。惟四位俭学之费，皆从逐渐筹措不能聚集四百元，以合新例。但四位到法倘有旅费周折等事，皆能自理，不与华法教育会有关。况此四位在石曾先生亦素佩其人。弟故敢恳先生大力设法为之招待，俾得早日成行，则感祷无量！"

保证金问题落实后，吴稚晖于 12 月 27 日再次给沈仲俊写信，帮助陈延年兄弟解决船票。

赴法有望，陈延年兄弟极为高兴，立即投入赴法前的准备工作。

1919 年 12 月的一个夜晚，已经到了 11 点钟，上完法文班的潘赞化顶着初冬的寒风离校回家。街上人影孤单，远处昏暗的灯光下，一个人影手抚肩背，瑟瑟缩缩向他迎面走来，像是沙漠上一只离群的小羔羊，走近才知是延年。

潘赞化大吃一惊：仲甫自己在北京遭罪，也苦了自己的两个儿子。前年父亲和姨妈高君曼去北京后，延年、乔年兄弟俩继续留在上海，白天在震旦大学读书或者打工，晚上补习法文，夜里睡在四马路亚东图书馆店堂的地板上。因为没有大人照料，冬穿秋衣，十分艰苦。

但他们的学习抓得很紧，在法国巡捕房附设的法语补习班学习法文时，兄弟俩获得“法文极佳”的赞誉。

潘赞化因为逃避军阀逮捕，此时也住在法租界内。晚上，与陈延年、陈乔年兄弟同在法巡捕房内学法文。

见陈延年仍然穿着秋天的夹呢袍，潘赞化停下问：“你不冷吗？”

听到声音，陈延年认出是父亲的好友潘赞化，忙在路旁站住，向潘赞化拱了拱手说：“还好。”

“到我家去，我给你找件棉衣。”潘赞化见陈延年穿得太少，想到延年父母不在身边，陈独秀还刚刚被救了出来，心里不是滋味，生了怜悯之心。

“不需要，谢谢。”延年摇了摇头。

潘赞化知道陈延年和弟弟陈乔年打算赴法勤工俭学，正在刻意吃苦锻炼自己，不再勉强他，换了一个话题问他：“上次，你父亲在北京被京警局长吴炳湘逮捕，不少朋友以同乡关系营救他，你知道吗？”当时上海的报纸上沸沸扬扬，潘赞化本人也参与了营救，估计延年兄弟知道此事了。

“已听说了一些。”陈延年和无政府主义者吴稚晖、黄凌霜、郑佩刚等人来往密切，主编了几个月《进化》杂志。国内的大事，他们都密切关注。何况，又是父亲被捕，即使不办杂志，也日日关注啊！

“你对此事有什么想法？怕不怕？”潘赞化曾听说，乔年曾把一些书籍拿到亚东图书馆寄卖，巡捕房发觉后，将亚东老板汪孟邹叫去罚了款。

“既做就不怕，怕就不做。况且这次学潮的意义千古未有。情况这么复杂，肯定有危险；仁人志士有这么一个机会光荣牺牲，是求之不得的呢，有什么可怕的。”一提到与军阀政府斗争，延年一下子打开了话匣子。刚才瑟瑟发冷的延年消失了，仿佛换了一个人，声音也不知不觉地提高了。

这一夜和陈延年的谈话，给潘赞化留下了很深的印象。后来，他在 1959 年 10 月 1 日中华人民共和国成立十周年这天，写了一篇《我所知道的安庆两小英雄故事略述》文章，回忆了自己 40 年前冬天的夜晚见陈延年的情景。在文章末尾，他写道：“兹当中国共产党领导人民共和国创造无产阶级专政成功十周年纪念日，谨以我所知道的两小英雄故事，作为献礼。”

“南陈北李”名闻天下。令人惊诧的是，陈延年却以超然的态度否定对父亲的崇拜

1920年1月的一天，来到上海的陈独秀住汪孟邹家。邻居潘赞化听说陈独秀到了上海，连忙来见。几句话一讲，潘赞化就提到了延年、乔年：“一天晚上，我上法文下课，在街上遇到延年，穿的衣服很少，我叫他到我家拿件衣服，他不干。”

陈独秀问：“他们知道我在北京的事了吗？”

潘赞化说：“知道了。延年想得很开，他倒认为这种斗争牺牲了是很光荣的事。真看不出，这么小的年龄。”

潘赞化的话触动了陈独秀的心事，他沉默了一会儿说：“我的事太多，顾不上他们。”

潘赞化笑着说：“这次延年、乔年去法国勤工俭学，自闯前途，你该满意了？”陈独秀听得出，潘赞化的话里，多少带有一点埋怨的口气。

“我在他们那么大时，不也闯关东了吗？”陈独秀看了一眼潘赞化说。

“这次延年、乔年出国，吴稚晖、沈仲俊从中帮了不小的忙。”潘赞化本来想说：“你可是随做官的父亲一道去关东的。”见陈独秀认真，忙将话题引开。

陈独秀点点头，说：“我担心和吴稚晖在一起，他们都成了无政府主义者。”

似乎是逃避与父亲的见面，陈独秀到上海时，陈延年、陈乔年已在海轮上漂流了一个月，快要抵达终点站法国马赛了。

和陈延年同船的有50多位学生，少数人住在三等舱，如湖南人蔡和森、向警予以及蔡和森年过半百的母亲葛健豪等。蔡和森的老朋友李维汉、张昆弟、贺果等是第五批勤工俭学留法生，这时已在法国。他们是前一年10月31日乘法国邮轮“保罗”号在上海起程，12月5日抵达到法国马赛的。

陈延年、陈乔年等30余人住在四等舱。上船时，沈仲俊代表勤工俭学会，刘清扬代表全国各界联合会，到码头送行。船上的50人中，湖南人仅蔡和森等六人，男生44人中，安徽人占了大半，其次是河南人。

1920年1月28日，一个残冬寒春的日子里，轮船完成了三万海里的漂流，到达了航行终点城市——法国南部的马赛。2月3日，他们在马赛换乘火车，到达了“世界花都”巴黎。

这些勤工俭学者，50%以上是希望学习，到学校安身，尤其希望入巴黎学习。陈延年和陈乔年在华法教育会资助下，进入巴黎大学附设的阿里雍斯学校学习。该校按学生文化程度编班，学期长短不定，每天上课四小时，学习课程有文学、历史、地理、法国文明史等。学费每季收250法郎，教员均系巴黎大学教授兼任。

后来，陈延年兄弟住凯旋门附近哥伯凡街32号。这个旅社房租每月120法郎，比一般旅馆便宜，相当于六七个打工日工资。

到巴黎当月，陈延年给在北京大学读书的朋友丁肇青（即雄东）写了一封信。

在轮船上，勤工俭学的学生带了不少《新青年》杂志，张口闭口总谈到陈独秀和胡适。见这些青年盲目崇拜父亲陈独秀和胡适，陈延年在给丁肇青的信中流露了否定态度："留学生大都无头脑，华法教育会中人即号称'同志'者，也是如此。谈科学尽说些工业农业的门面语，至于科学自身的真价值及其特殊的方法，似乎一无所知，一无研究。做文章给华工看，竟有抄'新生活'的老文章，此等人知识，大概都不出李石曾知识范围以外，取法乎上仅得乎中，彼辈头脑实在还不及李石曾明白。学生中尚有如此妄人，不说'是胡某思想好，我与他通过信'，就说是'陈某真不错，我的朋友与他相好，我也曾见过他'，你相信有如此妄人吗？我也不相信，但是我的眼和耳令我不能不信，且传载华字报，播为笑谈。我劝兄等在国内勿过于失望，到海外来，耳所闻目所见，更有令人失望者。"

那意思，在国外留学的人中，也是良莠不齐的。

丁肇青接到陈延年的信后，认为此信可帮助准备赴法国的学生了解赴法勤工俭学的状况，在1920年4月14日出版的《北京大学月刊》上发表，并写"附识"说，陈延年"是个诚实的人，只知道真理，不知道什么叫'崇拜'、什么叫'偶像'，他说'我崇仰真理，我没有偶像，要做个老实人'。他的话都是很直率的，都是由他精密的观察由良心上发出来的，望大家不要误会他久已存有反对某人或某派的心思。他信中所说的胡某就是胡适之先生，陈某就是他父亲陈独秀先生。"丁肇青本人对陈独秀和胡适也是热心的崇拜者，他觉得陈延年的信很有意思，为一般青年人思想所不及。

陈延年的信在北大发表时，父亲陈独秀已经离开了北京去了南方。但胡适仍然在北京大学，看了《北京大学月刊》上陈延年的信，胡适情不自禁地笑了。对于陈独秀的大公子，他很赞成丁肇青的话，的确很直爽。内心里，胡适当然有一丝不愉快，因为是陈独秀的儿子，而且陈独秀自己也一起被菲薄了，无话可说。

陈延年否定对父亲的崇拜，体现了他对父亲的独到看法。但法国勤工俭学的学生给陈独秀和胡适写信的仍不少，也未必都是“妄人”，如蔡和森就给陈独秀写了信。但蔡和森给陈独秀写信，是请教马克思主义等问题。蔡和森和陈延年同船到法国后，住蒙达尼公学。当时，蔡和森不上课，每天抱着辞典读法文报纸。1920 年 5 月 28 日，他给毛泽东写信说：“日唯手字典一册，报纸连两页。”

陈延年在法国的日子里，由于接触了大量的马克思主义的书籍，投入了广泛的社会实践，他的无政府主义思想在他的头脑中慢慢地销声匿迹了。

加入法国共产党，入党介绍人是后来的越共总书记胡志明

1922 年 3 月 21 日，发生了陈延年和陈乔年的朋友李鹤龄枪击陈箓未遂、自请入狱的事件。这也是里昂大学风波后，发生在勤工俭学学生中最激烈的事件。

这天是四川人郑毓秀女士的生日，因郑女士在勤工俭学学生中有影响，中国驻法总领事陈箓及其夫人、张瑚和副总领事李骏到其家赴晚宴祝贺。散席出门后，陈箓夫妇、张瑚刚上车，突然一人从黑暗中跑出，向车内射击，射手以为陈箓坐车中间，误向中间坐的张瑚开了枪，但未击中要害。

原来，这年轻杀手，就是郑毓秀女士的秘书、20 岁的四川人李鹤龄。晚上 11 时，李鹤龄到巴黎总稽查处自首。稽查问他：“你为什么要杀本国公使呢？”

李鹤龄说：“因为公使对于本国人失了他应有的态度和责任——赶逐里昂百余学生归国，所以我决意杀他。”

稽查问：“你还有政治上的报复吧？”

李鹤龄答：“否！否！我也没干扰你的秩序。我既自首，你也不必再追问了，就是判我几年监禁，我还要安心读书呢。”

李鹤龄和陈延年、陈乔年同在工会社，因痛感无政府主义不能挽救国家民族于危亡，毅然抛弃无政府主义的主张，采取激烈的武力行动。

此事反映了无政府主义者开始分化，对陈延年、陈乔年震动很大。

陈延年和陈乔年从小像两只山羊，被家庭和社会驱使，过着没有拘束的散漫生活。在上海的漂泊，与社会上下层人的广泛接触，使他们深恶现存的社会制度，立志推翻现存的制度。但这种散漫的生活方式，也促使他们走上了不要国家、不要法律、不受约束的无政府主义道路。到了法国以后，陈延年兄弟接触到了马克思主义，逐渐意识到，无政府主义虽然破坏了一个旧世界，却没有建立一个新世界，不是一个完整无缺的思想体系。

就在他们困惑无政府主义的弊端、寻找新的道路的时候，赵世炎、陈公培等人向他们伸出了热情的双手。赵世炎在争夺里昂中法大学中侥幸脱险，没有

被押送回国。由于护照被里昂当局没收，他于 1921 年 11 月到华工最多的法国北方做清理战场的苦工。

这时，他又想起了陈独秀两公子的情况。

从陈延年主编的《工余》上，赵世炎发现陈延年的思想发生了变化，十分兴奋。他很希望陈延年和陈乔年转向马克思主义立场，这一定也是陈仲甫先生所希望的。

第二天，即 4 月 26 日，赵世炎给无名写了一封信。信中特别提到了设法争取陈延年、陈乔年兄弟的事："李合林（鹤龄）事后，安那其（指无政府主义者。——引者注）朋友愤然而起。但以我观察，有一部分之安那其倾向颇变。其最著者为大陈——延年——趋向极为可爱，近日他们所出的《工余》杂志，竟高呼暗杀……革命……气魄可钦，惜我与二陈均无接洽，你可否还来一信，与之问讯，且探其动静。"

赵世炎（1901—1927）

1922 年 4 月 30 日，赵世炎收拾行李，准备次日到巴黎，冒着丢掉工作的危险，参与发起组织共青团。其实，早在上一年 2 月，赵世炎就接到陈独秀的信，内容是请他们派人出席国内成立中国共产党大会事，因为联络不周，巴黎小组没有来得及推荐代表出席中国共产党第一次代表大会。1922 年 3 月，留学柏林的周恩来、萧子谙、张嵩年、刘清杨、张伯简、谢寿康、熊雄 7 人联名来信，提出 5 月 1 日建立青年共产主义团体。虽时间紧急，但赵世炎立即投入到筹办共青团的工作中。

4 月 26 日，赵世炎给陈公培写信说："欧洲方面决定成立一个'青年团'（大约一个月以内可以完成）。"他再次谈到争取陈延年和陈乔年问题："法国旧时安那其如二陈等近时倾向大变，望你们有私人关系者，速来接洽（即以青年团为题）。"

在赵世炎、陈公培等人的热心帮助下，初夏，陈延年和陈乔年阅读了法国共产党印刷的《共产党宣言》《空想社会主义和科学社会主义》等小册子，完成了由无政府主义向马克思主义的转变。

周恩来等人也参与了争取陈延年、陈乔年的工作。聂荣臻回忆说：

> 因为无政府主义在青年中影响比较大，所以我们第一个论战的目标，就对准了无政府主义派。恩来在《共产主义与中国》等文章中，都着重批判了无政府主义。他说，离开了阶级斗争，高唱真善美，要求绝对自由，反对一切组织和纪律等，是一种反马克思主义的反动思潮，根本行不通，对青年毒害很大，要革命必须走无产阶级革命的道路。除了写文章而外，他还经常作为团组织的代表，与无政府主义派进行面对面的辩论。恩来立场坚定，才思过人，口才雄辩，说理透彻。我多次见到他把对方批驳得哑口无言，甚至有的还为他的演说鼓掌。由于恩来的领导和大家的努力，到1923年底，我们终于瓦解了无政府主义派，其中一部分人还转到了马克思主义方面，像陈延年、陈乔年同志的转变，就是典型的例子。

6月18日早晨，郑超麟按预定时间，到了巴黎的西郊布罗尼森林公园。事前，李慰农暗中通知郑超麟说："明日，星期天下午，有人约你去森林公园谈话。"郑超麟如约去了，见面的有薛世纶、李慰农、韩奇三人。这次谈话，决定了郑超麟、韩奇等人后来的方向。

郑超麟首先见到一个青年，他自我介绍说："我叫任卓宣。"任卓宣即叶青。

郑超麟说："我叫郑超麟。"

两人并排往森林中走，见前面一位穿黄色大衣者，任卓宣说："这是周恩来。"天气已经暖和了，见周恩来穿得整整齐齐，郑超麟说："大约，他不是做工的。"

在一个转弯的地方，任卓宣指着站在路旁说话的人说："那是陈延年。"

郑超麟听说过陈延年，是陈独秀的儿子，主编的《工余》杂志，自己还在上面发表了文章呢！他发现，陈延年很朴素，像个工人。但这天，陈延年好像换了一件好衣服穿了。

过了一会儿，来自法国、德国和比利时三国的中国勤工俭学学生代表赵世炎、周恩来、陈延年、陈乔年、郑超麟、尹宽、刘伯坚、王若飞、李维汉、李富春、袁庆云、王凌汉、任卓宣、余立亚、萧子璋、熊锐、萧朴生、薛世纶，共18人，集中到了空地上。每人租借了一把铁折椅，围坐在一起，举行了"中国少年共产党"第一次代表大会。会议选举赵世炎任书记，周恩来为宣传部长，张伯简为组织部长。

1922年秋天，经法共党员、越南马克思主义者阮爱国（即后任越共总书记的胡志明）介绍，陈延年和陈乔年加入了法国共产党。

胡志明（1890—1969），原名阮生恭。少年时期，他就期望能到西方国家观察学习，以寻求救国救民的革命真理。1919 年初，凡尔赛和平会议召开时，胡志明取名阮爱国，代表在法国的越南爱国者，向各国代表团递交了一份备忘录，提出了著名的各民族权利的八项要求。他自费把八项要求印成传单，广泛分发。从此，阮爱国的名字在越南成为爱国的旗帜。

法共在法国是公开的，“少年共产党”因此在法国也可以公开活动。萧三同法国的社会主义青年团建立联系后，认识了法国共产党理论家拉波波等人。和赵世炎、陈延年等商量后，萧三请拉波波等法国党团的同志给旅欧中国少年共产党作报告，陈延年和陈乔年都参加了报告会，并参加了法共领导的游行示威运动和一些会议。在这些运动中，陈延年、陈乔年认识了阮爱国。

一天，阮爱国如约来到赵世炎、陈延年住的戈德弗鲁瓦街 17 号小旅馆，和中国同志见面。因言语的隔阂，大家用笔交谈。大家开始奇怪，越南人怎么参加了法国共产党。赵世炎问阮爱国：“你是法共吗？外国人是否可以参加法共？”

阮爱国说：“我是法共党员，外国人可以参加法共组织活动。”

陈延年笑着说：“我们组织‘工余’时，也有南洋人参加。”

这次交谈后，大家逐渐地熟悉了。在阮爱国的介绍下，不久，王若飞、赵世炎、陈延年、陈乔年和萧三五个人参加了法国共产党，在巴黎十三区过组织生活。

这年年底，中共中央派人赴法国，正式承认旅欧共产主义小组成员和参加法共的同志为中国共产党党员，并成立中共旅欧支部，陈延年、周恩来、赵世炎等被选为中共旅欧支部的领导人。

在巴黎戈德弗鲁瓦街 17 号小旅馆，陈延年兄弟、赵世炎、周恩来等人共用一只煤油炉做饭，吃的大都是白水煮土豆，有时用咸鱼就面包，偶尔吃点火腿、香肠，算是改善。一次，赵世炎背回大面包，买了一些方糖、一点酱带回来，与陈延年、陈乔年、周恩来一起改善伙食。周恩来被选为少年共产党宣传部长后，经常往来于柏林和巴黎等地。

就在这样艰苦的环境下，大家矢志不移，始终不忘探索救国的道路。

一天傍晚，赵世炎正在微弱的光线下看书，陈乔年说：“该歇了，小心眼睛啊！”

赵世炎说：“就这个时候，可以看一点书。”

事后，赵世炎在一张自己的小照上，题了“黄昏之贼”四个字。

陈延年看了，笑着夸奖说：“好，古人是凿壁偷光，你是黄昏之贼。算得上今古佳对。”

聂荣臻、邓小平（邓希贤）也常光顾这里。聂荣臻回忆说："真可谓身居斗室，唯一的一间住房不到十平方米。这里既是他们的住所，又是我们办刊物和进行党团活动的中心。人多了，实在装不下，就只好到附近的一家咖啡馆活动。"

从此，聂荣臻、陈延年、陈乔年、赵世炎、王若飞、周恩来、邓小平等人树立了为共产主义理想、为中华之崛起而奋斗的人生目标。

1922 年 8 月 1 日，旅欧中国少年共产党的机关刊物《少年》创刊。在法国出版刊物，需要法国政府的同意，才能获准登记公开出版。在拉波波等法共同志的帮助下，《少年》顺利出版。杂志封面上公开印"少年共产党机关"七字，规定不给外人看，每本杂志上编了号码，看完收回。

为了保密，作者采取笔名制度，陈延年化名林木、陈乔年化名罗丝、周恩来化名伍豪、王若飞化名雷音、赵世炎化名乐生、李维汉化名罗迈、刘清扬化名念吾等。

《少年》创办后，由陈延年负责编辑和刻写蜡纸。因没有出版经费，通常是陈延年自己刻印。陈延年曾主编《进化》《工余》等无政府主义杂志，有办杂志的经验。蜡纸刻好后，陈乔年晚上经常帮助哥哥油印。陈乔年白天要在工厂里做九小时的工，经常油印到深夜一两点钟才能睡觉。

这期间，陈延年带头在《少年》上发表反对无政府主义、国家主义的文章，如《一个无政府党人和一个共产党人的谈话》《甚么是无政府党人的道德？》等。这一系列的活动引起了无政府主义者愤怒和谩骂。国内无政府主义者声言，"君能兴楚、吾能复之"，表示与陈延年、陈乔年对着干，与共产党对着干。

陈延年参加少年共产党后，国内一位无政府主义者在 1923 年第 2 期《互助月刊》发表《同志消息》："法国之《工余》杂志，为吾党旅法之机关报，前为陈延年编辑，近陈君改变为共产党，编辑事务改由李卓君担任矣。"李卓原来是陈延年、陈乔年的朋友，和他们一起乘船到法国。中国无政府主义党南洋支部曾发通告，也大骂陈延年是"叛徒"，"投降"了共产党。

来到莫斯科东方大学，刻苦学习马列主义和俄共（布）历史教程，被同学们称为"小列宁"

1923 年 1 月下旬，赵世炎、周恩来和陈延年收到陈独秀的亲笔信，知道中共中央决定派一批共产党员去苏联莫斯科东方大学学习，十分高兴。

东方大学是 20 年代初俄共（布）创办的一所专门培养革命干部的政治学校。

1921年10月21日正式开学。该校的主要任务是为苏联东部地区培养民族干部和为东方各国培养革命工作干部。学生来源多数是农民和工人，也有一些学生、职员和知识分子。该校学制初为七个月，后改为三年。设有党的工作和政治教育、工会运动、经济、行政法律等系。

收到陈独秀的亲笔信后，赵世炎和周恩来、陈延年等商量，一边酝酿赴苏留学名单；一边决定：不等李维汉的消息了，近期即根据陈独秀信的意见，举行“少共”第二次代表大会。

与此同时，李维汉在北京通过社会主义青年团书记施存统找到了中央，向陈独秀、李大钊、张国焘、蔡和森、邓中夏等汇报了旅欧少年共产党的要求。

2月14日，赵世炎给在莫斯科的罗觉、彭述之写信，说：“兹开来西欧同志愿来俄者15人的名单……此15位同志已经此间执行委员会之认可，合于当初所规定之条件与情形。望同志们于接信后即向东方大学交涉，请求莫斯科速电驻柏林苏俄代表，准予此15人发给入俄护照。”这15人中，有赵世炎、陈延年、陈乔年等。

赵世炎信中所提的“执行委员会”，指10月改选的执行委员会，他的身份还是少年共产党书记。

三天后，“少共”举行了第二次代表大会，42人代表了72人参加，陈延年和陈乔年等出席了大会。地点在上次开会的布洛宜森林西边——巴黎西郊区比扬古镇（Bmancoun）警察分局内一个会议厅，镇的南面是塞纳河。

会议结束后，赵世炎立即着手办理入德手续。

入德手续很麻烦，直到3月18日，陈延年、赵世炎、王若飞、陈乔年、郑超麟、佘立亚、王凌汉、高风、陈九鼎、袁庆云十人在最后一次交纳了当月团费后，由巴黎起程，经比利时入德国，转赴莫斯科。

陈延年等人在留德同学周恩来的陪同下，先到比利时沙鲁亚城访问刘伯坚等人，在他们的学校住了一晚。随后，刘伯坚和周恩来一起，送赵世炎、陈延年、陈乔年、郑超麟等到柏林。清明节前后，陈延年等12人到达莫斯科，入东方大学学习，住普希金广场维斯卡雅街53号东方大学宿舍。

4月28日，中共旅莫支部举行欢迎陈延年、赵世炎等人大会，支部书记罗亦农主持并致欢迎词。他说：“新从法国来俄的同志中有六位党员，除赵世炎同志是老党员外，王若飞、陈延年、陈乔年是法共党员，熊雄、王圭是德共党员，照章程凡属第三国际支部的均可为正式党员。”这么一算，陈延年和陈乔年加入共产党的时间为1922年秋天。

在苏联，生活环境和学习环境比在法国好多了。陈延年兄弟等如饥似渴，一边学习俄文，一边系统地学习马克思主义理论和俄国革命的经验。陈延年学习认真刻苦是有目共睹的。据当时在莫斯科东大一起学习的老人回忆：陈延年虽然平时沉默寡言，但在讨论和研究理论问题时，却总是热烈发言，阐明自己的见解。他常常为了弄清一重要的理论问题，而同别人争得面红耳赤，与平时判若两人。同学们问他为什么如此认真，他回答说，列宁在争论原则问题时如同猛狮，我们也要学列宁，在原则问题上不能马虎。

和蔡和森、李立三一样，陈延年生活不拘小节，经常不穿袜子。一次，肖三问他："你的袜子呢？"陈延年正在看列宁著作，他看看自己的光脚，说："习惯了。"在上海时，陈延年就很少穿袜子。那时更多的是考虑节约，到莫斯科后，学校发了袜子，但陈延年已经养成不穿袜子的习惯了。穿戴方面却喜欢仿照列宁，穿工人服装，戴便帽。

因为陈延年有这些特点，加之他学习马克思主义特别认真，列宁的许多名句都能背诵，同学们称他是"中国的小列宁"。

回国后的陈延年，未叙父子离情，即往广东出任社会主义青年团中央驻粤特派员，成为孙中山的得力助手

1923年3月中旬，周恩来在巴黎给国内团中央书记施存统写了一份长篇报告，详细汇报旅欧社会主义青年团改选会议的情况。报告写到一半，收到1月29日中共中央答复李维汉带回国内的报告，批准少共归属国内中国社会主义青年团。周恩来写道："我们看后，真欣喜无量！"现在，旅欧社会主义青年团全体团员终于站立在国内共产主义统一的旗帜之下了。

赵世炎、陈延年也非常高兴，在他们离开法国的前夕，终于有了国内答复的消息，而且与大家开会的精神完全一致。唯一不同的是，中央来信要求停办《少年》。

离开法国前夕，针对无政府主义者对自己的谩骂，陈延年给黄凌霜写了一封公开信，在4月出版的《工余》第16号发表，陈延年写道："对于无政府主义之信仰"，是"建在浮沙之上"的，"做革命事业……力求理解社会生活的实际关系……马克思很有先见之明，一生精力，全用在这个研究之上"。

陈延年和陈乔年离开巴黎，转道德国，前往苏联莫斯科。之后，邓小平和李富春调入《少年》编辑部，在周恩来等领导下编辑出版少共中央杂志。

1924年4月21日，由莫斯科抵达北京的维经斯基给拉斯科尔尼科夫写信。对于中共中央执委会5月召开的扩大会议，他提出了会前需要研究的有原则性的组织问题，如北方工会组织与国民党中央局工人部的关系；在军阀军队中做工作的方式；在农民中的工作方式等。此外，为了加强领导力量，他提出：“必须尽快从东方劳动者共产主义大学派十至十五名学生来这里工作，现在确实很需要。”

根据维经斯基的要求和国民党一大后中国革命形势的急需，陈延年、赵世炎、郑超麟、傅大庆、薛世纶、汪泽楷、于履中、蔡支华、周兆秋、傅大庆、李仲武、林可彝等在苏联的乡村过了暑假，7月下旬起程回国。

陈乔年从童年起就和哥哥陈延年生活在一起，直到这时才分手。兄弟俩既是童年伙伴，又是革命战友，患难与共，生活的道路几乎完全相同。现在，根据革命的需要，哥哥先一步回国了。陈乔年很想和哥哥一起回去，但在纪律和组织面前，他只有服从啊！从此，兄弟俩人很少见面，除偶尔在一起开会外，分身南北，但都为革命的目标奋斗、忙碌着。

回国的路上，陈延年做队长，郑超麟做会计，凡路上花费买东西都由郑超麟负责。陈延年一路兴高采烈，这里不仅有思念祖国的渴望，更有即将投身火热的斗争中的兴奋。火车沿西伯利亚铁路开了20多天才到海参崴。不料到海参崴后，因等不到船，直到9月下旬，陈延年、赵世炎等乘坐海船才抵达上海。这次旅行，比一般时间延长了一个多月。

几年不见，父子没有特殊的喜悦，反而更“同志化”了。陈独秀觉得这样更好，他一直认为，环境险恶，儿子应该有自己的独立性。他同蔡和森、瞿秋白、罗章龙等人商量，让延年去广州，任社会主义青年团中央驻粤特派员，加强那里的工作。共产党加入国民党后，广州已成了中国革命的中心。赵世炎则去北方，因为他在那里读过书，熟悉那里情况。

一年多以后，周恩来也回到国内。陈延年能和老朋友一起在广州工作，特别高兴。他是多么希望早日看到昔日的老朋友啊！在巴黎戈德弗鲁瓦街17号小旅馆的日日夜夜，在比利时游览的两天时光，在柏林逗留的十天……只要想起过去的日子，陈延年的脑海里就出现了周恩来的身影。

工作确定后，陈延年没有在上海逗留，立即动身赶往广州。

周恩来到广州后，于当年10月担任中共广东区委委员长兼区委宣传部部长。

陈延年到广州后，和周恩来重新成了搭档，一起住进东山恤孤院路的一幢小洋房楼上。晚上，他们谈到半夜。“乔年呢？他怎么样？”周恩来问起陈乔年。

“他还是那个样子，还在莫斯科。”提到陈乔年，延年脸上露出一丝怅惘的神情。毕竟，兄弟俩从小到大，从安庆到上海，从上海到法国，到苏联，从来没有分过手。母亲和祖母谢氏一再关照自己，无论走到哪里，也不要和弟弟分开。在长辈的眼里，这个世界上靠不了别人，只有兄弟靠得住。现在，要靠同志了！

“你们终于分开了，习惯吗？”周恩来笑着说。

“开始不习惯，在船上和同志们在一起，想到乔年也生活在同志们中间，心情很快就好了。再说，他也不小了。”陈延年说。离开莫斯科的时候，兄弟俩大大咧咧，像其他同志一样分了手。弟弟年轻活泼，因为从小吃苦，与同志们处得很好，陈延年对他很放心。分别前，陈延年将自己不能随身带的书籍，留给了弟弟。

不久，陈延年由社会主义青年团中央驻粤特派员兼任中共广东区委秘书、组织部长兼宣传委员会负责人。

1924年10月10日，国庆日，广州太平路上，数千名各界群众愤怒地高喊口号“打倒帝国主义”“推翻反动军阀”向前涌进，走在队伍前列的是广东区委负责人陈延年和周恩来等。突然，枪声大作，游行示威队伍遭到反动商团军的突然袭击，慌乱的人群向四周奔去，几十人流着殷红的鲜血，抛尸街头……

第二天，陈延年奔向韶关，向率军督战的孙中山、廖仲恺告急：“大元帅，望当机立断，与反动商团决一死战……”陈延年虽然只有26岁，却老成持重，脸型很像父亲陈独秀，但有一双比父亲更锐利的眼睛，微微上扬的嘴唇流露出坚忍不拔的神情，只是阔脑门上向后梳去的满头乌发，显出这位威仪不俗的广东共产党领导人年龄并不大。

孙中山皱着眉头，脸变得煞白，他终于忍不住内心压抑的愤怒，开始慢慢地在房间里踱步。廖仲恺招呼陈延年坐下，他对陈独秀的大公子顿生好感。

“以你之见？”孙中山停下脚步，看着陈延年问。

陈延年感到，孙先生射出来的目光祥和，同时掺杂着一种掩饰不住的疲惫，

“立刻以少数可靠的革命兵力，向一切反革命的商团和军阀军队下总攻击令……我们的工团军、农民自卫军做革命政府的坚强后盾。”陈延年代表中共广东区委继续劝说孙中山。

孙中山点点头，继续踱步。他面前的敌人是英国汇丰买办陈廉伯、佛山大地主陈恭受及死对头陈炯明。

“逸仙，商团武装不解除，广东革命政权不能巩固。”摸着胡须的廖仲恺眨了眨大大的眼睛，支持陈延年。

“好！”在共产党的感召下，孙中山下决心粉碎反动商团。他转身告诉廖仲恺：“立即召开会议，研究作战事宜。”

10月14日晚，刘尔崧、施卜领导的工团军，阮啸仙、彭湃、徐成章领导

的农民自卫军，在周恩来、陈延年的领导下，配合孙中山的警卫团等精锐部队，全歼反动的商团军。陈廉伯逃进沙面租界。

在领导省港罢工中，陈延年提出“罢工、排货、封锁”三箭齐发，使灯红酒绿的香港顿成“死港”

1925年5月15日，上海发生了日本纱厂资本家枪杀工人、共产党员顾正红事件。5月30日下午，在陈独秀、李立三、蔡和森、瞿秋白、恽代英等人领导下，上海举行有组织的罢工游行。当两千多名示威群众行进到南京路时，遭到英巡捕开枪射击，打死11人，重伤10余人，造成震惊中外的五卅惨案。

深夜，党中央在闸北横滨桥附近宝兴里的一幢旧式的两开间楼房开紧急会议。瞿秋白住宝山路顺泰里112号，离这里近，他和杨之华来到这个秘密机关时，任弼时已坐在后厢房会议室中等候。原团中央总书记张太雷去广州做鲍罗廷翻译后，任弼时任代理团中央书记。

过了一会儿，陈独秀、蔡和森、李立三、恽代英、罗亦农也来了，张国焘、刘少奇刚从广州回沪，也参加了会议。这次会议决定举行上海的罢市、罢工、罢课的反帝斗争，并出版《热血日报》，由瞿秋白任主编。

五卅惨案消息从上海传到广州，陈延年立即主持召开了广州市党团员大会，他在大会上报告了惨案的经过，布置了发动广大群众，迅速声援五卅运动，掀起反帝热潮的任务。会议决定由广东区委和青年团广东区委联合成立一个“临时委员会”，领导全市人民反帝斗争。在此之前，中央局鉴于自身远处上海，不能直接指导广东地区的工作，与鲍罗廷商议决定：由谭平山、周恩来、罗觉（罗亦农）、陈延年、鲍罗廷五人组成临时委员会，代表中央局就近指导广东一切实际工作。

6月2日，广州各界群众万余人在广东大学广场举行集会，陈延年、邓中夏、罗亦农、阮啸仙等参加了大会。会后，陈延年等人召开了区委会议，决定立即发动香港工人和广州洋务工人举行大罢工。

五卅运动的突然爆发，使陈延年十分兴奋，他相信搞国民革命，必须依靠工农力量。上月，陈延年以“陈东”笔名，在国民党左派创办的《革命周刊》第1期发表《民族革命与工农阶级》一文，明确提出：“只有工农阶级是最能革命的阶级”，“要靠这个力量肃清党内一切反革命分子，统一本党的观念与行动，森严本党反抗资本帝国主义与军阀的壁垒，完成打倒帝国主义与军阀的民族革命”。这个观点和两年前其父陈独秀发表的《资产阶级的革命和革命的资产阶级》以及《中国国民革命与社会各阶级》两文中强调资产阶级的观点，有明显的区别。

为了推动省港罢工，陈延年、周恩来等分配广东区委的同志到各地开展工作：邓中夏、杨殷、杨匏安被派往香港组织工人罢工；冯菊坡、刘尔崧、周文雍、施卜被派到沙面；林伟民、李森等人在广州负责筹备、组织和接待等工作。广东团区委也派出蓝裕业、陈志文等赴香港，协助组织发动青年工人和学生进行罢工、罢课斗争。

东征军出发后，广州空虚，就在这时，滇、桂军阀杨希闵、刘震寰在帝国主义策动下，阴谋率领三万军队叛乱，颠覆广州政权。陈延年代表广东区委对廖仲恺说："应当机立断，调回东征军，消灭杨、刘武装，否则养虎为患。"

廖仲恺是孙中山去世后国民党高层中左派的代表，他犹豫不决地说："我也主张消灭，但敌人有三万人，我担心我们的力量弱小。"

陈延年说："单靠武力解决是不够的，工农群众在我们这一边，只要把连贯广州的几条铁路与近郊工作做好，广州就是一座死城；桂军不在广州，滇军就成了瓮中之鳖。他有什么办法南来南打、北来北打呢？"

廖仲恺说："调部队回来，是否影响北伐的士气？"

陈延年说："滇、桂军是心腹之患，假如不下决心消灭他们的话，就无法肃清内部，无法统一和巩固广东革命根据地，更谈不上要进行北伐。因此，我们坚决主张反击。"在先肃清南方军阀，巩固广东根据地，然后再北伐这一点上，陈延年和父亲陈独秀是一致的。

在陈延年等坚决劝说下，廖仲恺和国民政府接受了消灭杨、刘军阀的主张。6月12日，周恩来等率领东征军和黄埔军校学生组织的突击队向杨、刘叛军发动了总攻击；与此同时，陈延年、阮啸仙、刘尔崧等发动广州工团军、郊区以及番禺等地的农民自卫军配合作战。陈延年还与团区委一起，组织广大团员、青年成立宣传队，奔走街头，四处宣传。经过一天的战斗，终于把盘踞广州市区的滇军全部击溃。

战斗结束后，周恩来身穿戎装，佩戴着红布臂章回到广东区委。见到陈延年时，两人兴奋地握手庆贺。周恩来说："已经胜利完成任务，把叛军全部击溃缴械了。"

陈延年笑着说："这次武装斗争的胜利，可喜！可贺！"

消灭了广州城内的滇军军阀，陈延年又将精力投入到省港罢工上来了。

6月15日，陈延年签署了广东区委《告广东人民书》，其中指出："帝国主义的残酷剥削引起了中国人民的反抗，中国工人受到压迫最重，因此他们的反抗最勇敢、最坚决……为了继续维持对中国的压迫和剥削，帝国主义采用了最野蛮、最残忍的手段来对付中国民族解放，特别是对付中国工人运动。”

四天后，在中华全国总工会秘书长、中共党团书记邓中夏、陈延年、苏兆征等人的领导下，香港25万工人举行大罢工，拥护上海工商学联合会对五卅惨案提出的17项条件，并提出政治自由、法律平等、普遍选举、劳动立法、减少房租、居住自由等六项要求。罢工起来后，十万工人离开香港回到广州。隔日，广州沙面租界工人也宣布罢工，广州市英、日、美洋行及私人住宅雇佣的工人纷纷加入罢工的行列。

6月23日，在陈延年、周恩来等率领下，广州工人、农民、学生十万人集会东较场，举行声讨帝国主义的示威游行，示威者沿途高呼“打倒帝国主义”“取消不平等条约”“援助上海五卅运动”的口号，秩序井然地前进。

下午一时半，当游行队伍经过沙面租界对岸的沙基西桥口时，遭到英帝国主义军警的排枪射击和军舰炮轰，手无寸铁的游行群众猝不及防，造成死亡52人、伤170余人、轻伤无数的沙基惨案。

沙基惨案发生时，陈延年和周恩来在现场指挥群众隐蔽、疏散，并派工作人员现场调查。当晚，陈延年、周恩来等召开了区委紧急会议，研究对策。会议决定扩大罢工，组织罢工工人纠察队，全面封锁香港。

会后，陈延年还与廖仲恺磋商，组织各界请愿团，要求国民政府外交部立即向帝国主义驻广州领事提出最严正的抗议，收回沙面租界，一切外国军舰撤出白鹅潭，惩办凶手和后台，赔偿损失，抚恤被害者的亲属，并宣布对英经济绝交等。

有的同志担心，与国民党商量，会不会被他们夺取了罢工领导权？这是个重要的策略问题，需要有很高的理论水平和政策水平。陈延年在莫斯科钻研了列宁的辩证法思想，善于辩证地思考和处理复杂的问题，他坚决地说：“我们不仅要国民党过问，而且要拉国民党来过问，这样做，才能取得国民党的物质援助，才能得到它政治上的支持；这与领导权问题完全是两码事。何况会不会把领导权失掉，主要问题是党在罢工工人群众中，工作努力不努力来决定，与国民党过问不过问无关。”

陈延年的领导方法，得到了广东区委同志的赞赏。在广东区委的正确领导下，省港罢工顺利地发展。

7月3日，中华全国总工会组成以苏兆征为委员长兼财政委员长、邓中夏为委员会党团书记、顾问和工人纠察队训育长的省港罢工委员会，加强对罢工的领导。罢工委员会组织2000多人的纠察队，运用罢工、排货、封锁三项有力武器，严密封锁香港和沙面租界的对外联系。广东革命政府接受陈延年等人的意见，宣布与英国在经济上绝交，香港成为“死港”“臭港”。

对待国民党的策略问题上，陈独秀和张国焘一边，陈延年和毛泽东一边，两军对垒，阵线分明

1925年12月中旬，张国焘绕道香港去广州参加国民党第二次全国代表大会。张国焘临行前，陈独秀请他多做些说服代表的工作。在大会方针上，陈独秀估计陈延年、周恩来、毛泽东等人和自己的意见不一致。

果然，对于中央和共产国际关于国民党大会方针的联合指示，陈延年、周恩来等广东区委极为不满。12月17日，他们发给中共中央的长篇电报说：“所有这一切并没有造成必须在党中央机关排斥共产党人，相反，应当加强……那种认为共产党占据这种地位不应靠他们在省和中央机关中的数量，而是靠自己在基层的影响的反对意见现在已经过时了。”

陈延年认为，共产党在基层是清一色的，但共产党仅仅在基层，而不在上层机关，这种上下脱节势必给广东50万有组织的农民工作即基层工作造成混乱。因此，他主张在国民党二大上，要争取共产党员在中央委员中的比例。

但这份对中央局和共产国际联合指示信不满的电报，遭到了陈独秀和共产国际的反对。维经斯基认为，陈延年等人或者“广州人”对全国形势的分析是错误的，即没有看到反革命的进攻，以为革命高潮即将到来。而且，电报只谈左派和右派，忽视了中派。结果，只考虑选左派进入中央委员会，将中派推向了右派一边。

共产国际远东局主任维经斯基和拉菲斯、福京在九个月后写的报告中，提到了陈延年等人的这份电报：“正当整个的政策的主要任务是巧妙地应付中派，使他们跟右派发生分裂进而孤立右派的时候，我们的同志和汪精卫的方针却在客观上导致了中派和右派的联合，把中派推向了右边，把他们开除出中央……导致了左派和中派的彻底破裂和蒋介石的武装发动。”“我们的同志”指的就是陈延年等广东区委的同志。“蒋介石的武装发动”指“三二〇”事件，维经斯基等远东局将中山舰事件委过于陈延年等人的革命策略。

给中共中央电报后不久，中共广东区委于1926年1月1日国民党第二次全国代表大会开幕之日，发表了《对中国国民党第二次全国代表大会宣言》，指出中共党员加入国民党是为了发展国民党和进行国民革命。国民党改组以来，中国共产党是孙中山政策“最有力的拥护者”，是历次革命运动中“最勇猛的奋斗者”。而国民党内的反革命分子却代表帝国主义和军阀的利益，“极端的排除共产党员”。宣言指出：“国民党中旧有之反革命势力在淘汰之列，因为他们的利益与革命是相反的。国民党既然成为真正的指导革命的团体，决不能与他们相容。”希望国民党第二次全国代表大会能使国民党在左派领导之下发展成为一个群众的政党，使广东的革命基础扩大到全国。

这个思想令人振奋，将打击的目标指向了国民党右派，强调国民党左派的领导。遗憾的是，它只是一个区域领导人的思想，与共产国际远东局以及陈独秀领导的中央局的观点有明显的距离。

与张国焘一道到广东开会的，还有刚刚成立的上海特别市党部派出、经上海市党员大会选出的五个代表：恽代英、沈雁冰、张廷灏、吴开先和一个国民党左派。恽代英为上海特别市党部主任委员兼组织部长，沈雁冰为宣传部长；张廷灏为青年部长，吴开先是上海法政大学的学生、共产党员。

张国焘到广州后，立即召集出席国民党二大的共产党的代表开会，毛泽东、周恩来、吴玉章、陈延年、聂荣臻、萧楚女、董必武、林伯渠、恽代英、张太雷、沈雁冰等出席会议。此外，朱蕴山、高语罕以特邀代表资格参加会议。

会上，张国焘宣读了陈独秀的信，其中说：现在革命处于低潮，因此统一战线上应采取让步政策，要把国民党的各方面人物都包括进国民党中央委员会中去，这样才能团结国民党。陈独秀、张国焘等人的意见与鲍罗廷及广东区委意见差距很大，后者计划在大会上打击右派，提出开除孙科、戴季陶等人的党籍。

张国焘的发言，引起了毛泽东、陈延年等人的不满，会上一时议论纷纷。

毛泽东说：“出席‘二大’的代表278人，共产党和国民党左派有168人，中派有65人，占了绝大多数，右派仅45人，这是大家努力的结果，如果我们现在不利用这个好形势，孤立右派，而是将各方面人物选进来，将来只会给我们的工作带来损失。”

陈延年也不满意共产国际和父亲以及中央局定下的方针，说：“这样做，只会增加国民党右派势力。信上居然点名要把戴季陶、孙科这样的右派人物选进中央委员会，这不是妥协退让吗？”

周恩来赞同陈延年、毛泽东的意见。对陈独秀领导的上海中央局，周恩来也有看法。在第二次东征中，周恩来发现蒋介石排斥军队中的共产党，即和鲍罗廷、陈延年商定，组织我党独立领导的正规军，但遭到陈独秀等人反对，结果只在李济深的第四军组织了叶挺独立团。

张国焘见陈延年、毛泽东等人发言反对陈独秀的意见，作为陈独秀派来参加这次会议的党团书记，他用不容商量的口气说：“这是中央局根据形势分析作出的必要的策略，现在不能修改，而是要执行。”张国焘是中央局委员，他这样说，大家不好再反对，房间里弥漫着一种沉闷的空气。为了说服会议代表，张国焘不得不亮出底牌，披露了陈独秀等人与孙科、叶楚伧、邵元冲达成的协议。

不久前，一向态度强硬的国民党右派人物孙科、叶楚伧、邵元冲经维经斯基等人撮合，与陈独秀、瞿秋白、张国焘在上海苏联领事馆举行了一次会谈。陈独秀知道，孙科急于和自己会谈，是担心在国民党二大上他可能和戴季陶成为众矢之的，这样必然被排斥在国民党中央委员会之外，因为共产党人数及国民党左派人数在大会上有举足轻重的作用。会谈一开始，陈独秀就给孙科等人吃了一颗定心丸：“我们没有包办国民党的企图，在国民党‘二大’上，共产党员在国民党领导机构中不会超过三分之一。”

孙科、叶楚伧等人见陈独秀完全是让步姿态，表示满意。但一再强调，共产党要和国民党合作，必须以国民革命为中心，不能包办国民党事务，不能排斥国民党忠实党员。

会谈结束后，陈独秀很高兴，他认为自己在反对国民党右派的策略上，取得了进展。

“原来如此！”听了张国焘的介绍，会场上出现了一阵不满的声音，“这是要不得的安抚政策。应该根据广东真实情况修改决定。”

陈延年当即表示：“我可以服从中央局的指示，但我保留个人意见。”

陈延年说：“我和老头子是父子关系，但我是共产党员，坚决站在党的立场上，反对右倾机会主义的妥协退让政策！”

1926年3月20日，开始执行反共政策的蒋介石，设计将中山舰调出广州，随后又以该舰未接命令擅自移动为名诬其阴谋暴动，随即下令逮捕该舰长、中共党员李之龙，并展开一系列的清共行动。史称此为“中山舰事件”。

“三二〇”中山舰事件发生后几天，周恩来向广东区委报告了蒋介石逮捕李之龙的情况经过，陈延年和周恩来商量如此时发动群众举行示威抗议行动，也要和中央取得一致意见。陈延年和周恩来当时走不开，于是派胡公冕去上海，向陈独秀等中央领导汇报。胡公冕1921—1923年留学苏联，1925—1927年任国民革命军总司令部宣传大队队长、第11军25师67团团长。

听胡公冕的口气，毛泽东、陈延年等人主张强硬立场，陈独秀坐不住了，他对张国焘说：“你去一下广州，现在还不清楚国际的态度，广州区委不能冒冒失失与蒋介石搞僵，要设法阻止群众上街抗议示威，那样只会把蒋推到军阀一边去，这对国共合作没有好处。”

张国焘说：“你的意见是不是说，我们要维持汪蒋合作的局面，继续对蒋介石采取友好的态度，并矫正广州同志们的一些拖延未解决的‘左’倾错误？”

陈独秀赞成说：“蒋介石已先发制人，我们舍妥协政策而外，实无他途可循。”在中央会议上，陈独秀说：“作为中央的全权代表，国焘同志是去广州的最适当的人选。”陈独秀派张国焘去广州，同时等待布勃洛夫回国后的国际指示。

张国焘于1926年4月2日赶到广州，立即在文明路的广州区委会议室，向陈延年等区委领导人传达了陈独秀的意见，说：“独秀同志意见很明确，此次事件是我们党该退让而未退让的结果。”广东区委办公地点这年扩大为文明路75至81号。

陈延年说：“我一开始便同意毛润之意见，对蒋介石来一个回击，无奈中央害怕影响团结，怕吓退国民党资产阶级，硬不同意……不错，蒋介石有军队，可是我们有群众，不怕他，任他怎样跳，怎么也跳不出如来佛的掌心……老头子糊涂极了，他不相信工农群众的力量，对蒋介石破坏国共合作、排斥共产党人的阴谋视而不见，不敢同国民党右派斗争，将会把革命断送。”

“蒋介石手上有军队。”张国焘提醒陈延年。

“不怕，我们有群众——”陈延年想顶张国焘，为了避免搞僵，转念说：“事情重大，我建议召集区委会议讨论。”

张国焘毕竟是中央局委员。在后来的会议上，陈延年和共产国际远东局委员维经斯基等谈到“三二〇”事件的起因：“我们对国民党的让步使我们付出了很大的代价。我们在3月20日以前就作过一些让步……‘三二〇’事件是共产党人和左派软弱合作的结果……我们曾经相信，在共产党人和左派密切合作的条件下，我们谁也不怕——既不怕帝国主义者，不怕国民党右派，也不怕反革命。我们能够战胜一切敌

中山舰

人……我们毁掉了自己的权力是因为我们向右派作出了让步。”

在另一次区委会议上，陈延年说：“我和老头子是父子关系，但我是共产党员，坚决站在党的立场上，反对右倾机会主义的妥协退让政策！”

“中山舰事件”后，为了安全起见，陈延年搬到广大路广大一巷的一间房子居住。不久，为了照顾一位同志结婚，他又把这个房子让了出来，和一位同志搬进了另一间只有八平方米的小阁楼居住。

这期间，陈延年抽空主持了广东区委举办的粤区干部训练班。参加学习的除广州各条战线上党的干部外，还有东、西、北江、南路以及海南等地的干部。每期学习时间大约一个月。课程有《共产主义 ABC》《社会发展史》、国内外形势以及工人运动、农民运动、军事运动、学生运动、妇女运动等。陈延年负责讲第一课《党的建设》，周恩来讲军事运动，此外，邓中夏、苏兆征、张太雷、穆青、黄平、蔡畅、邓颖超等都有上课任务。训练班共办了三四期，到了夏天，北伐战争开始后停办。

为配合省港罢工，广东区委还在广州农民运动讲习所附设一个工人训练班，由陈延年负责主持，课程有《俄国共产党史》《第三国际党纲及政策》《唯物史观》《社会发展史》《经济学》《职工运动》《青年运动史》《工人运动史》等。

毛泽东说：“像延年，的确是不可多得的人才，在许多地方，我看出了他的天才。”

1926 年 4 月下旬，彭述之到广州主持广州特委工作，贯彻中央关于参加国民党“二届二中全会”的政策。他顾不得观赏南方残春的景色，下船后急忙叫了一辆人力车，向广东区委机关奔去。

广东区委机关在一栋欧式建筑风格的三层楼的房子里。朝街的八扇窗户十分高大，房间里充满了温暖的阳光。

“早知你来，我找辆车子去拉你。”陈延年和彭述之留苏时就喜欢互相开玩笑。

“我知道你会拉黄包车。”彭述之笑着说。

陈延年无论上级下级，党内党外，凡熟悉的同志，都认为他是个和蔼可亲、老练成熟的领导者。他虽然留学国外，却没有半点洋知识分子的架子。

5 月 15 日，蒋介石在国民党二届二中全会提出“整理党务案”，规定共产党员不能做国民党中委；共产党员在国民党各高级党部中任执行委员的人数不得超过委员的三分之一；不得任国民党中央部长；加入国民党的共产党员名单须全部交出；共产国际给中国共产党指示信以及共产党发给国民党内部的共产党员的指示，须先经两党联席会议讨论始能发出等。

彭述之和张国焘代表中央局参加了这次会议。会议召开前，他们和陈延年等广东区委的同志召开了党团会议，讨论是否接受“整理党务案”。

为避免“三二〇”事件重演，鲍罗廷主张对蒋介石让步，以让步来防止广州彻底右倾。他在会上说：“广州有可能发生右派政变，此时应该支持蒋介石的革命独裁。”为了拉住蒋介石不继续右倾，鲍罗廷私下和蒋介石达成三点协议：鲍罗廷同意蒋介石限制共产党在国民党内活动、支持蒋介石北伐、蒋介石同意对国民党右派采取相应措施。

鲍罗廷为自己和蒋介石达成的私下协议沾沾自喜，以为是锦囊妙计，不告诉中国同志。他认为，早告诉中国同志，不仅不会被中国的同志理解，反而会坏他的大事。

彭述之、张国焘传达了陈独秀意见，他们和鲍罗廷一样，也主张维持巩固联合战线，避免斗争引起破裂。

陈延年、毛泽东、周恩来、张太雷等人纷纷发言反对，毛泽东说：“我们不能怕右派政变而去迁就他们，‘三二〇’事件说明蒋搞的不是革命，是独裁，这样下去，我担心会越走越远。”

会上争论激烈，会议一连开了七天，没有统一思想。

张国焘见统一不了大家的思想，说：“我赞成苏联顾问的意见，我肯定地说，这也是仲甫的意见。”

彭述之点头说：“我赞成特立的意见。这是国民党的会议，C.P. 应尽可能站在从属的地位，不可反客为主。”最后，张国焘提出用签字方式表态，并带头签名同意。

毛泽东对张国焘用签字来统一大家意见的做法不满，和周恩来一样，他认为这不光明磊落。张国焘发现，个性倔犟的毛泽东没有签字。

嗣后，陈延年授意张太雷起草了区委《对于中国国民党第二次中央全体会议宣言》，提出“革命势力团结起来，打倒反革命的分裂阴谋”。

“整理党务案”在国民党二届二中全会上经过激烈争论，被大会强行通过。当时任国民党部长的共产党员仅有组织部长谭平山、代理宣传部长毛泽东、农民部长林伯渠。5 月 28 日，国民党中央执行委会常委员会议照准谭平山、林祖涵、毛泽东三同志辞职。毛泽东的代理宣传部长改为顾孟余；谭平山的组织部长由蒋介石自己兼任，此外，吴玉章的秘书长一职改为叶楚伧担任。

“整理党务案”的通过，对共产党是一个沉重的打击。为了统一同志们的思想，与共产国际和中共中央保持对外一致性，5 月 23 日，陈延年签署了中共广东区委发表的《中国共产党广东区委员会对于中国国民党第二次中央全体会议的宣言》，指出，中国共产党是代表中国工农群众利益的党。为了国民革命的成功，共产党加入国民党，促进国民党改组，使国民党有今日之发展，说明共产党员对国民党二届二中全会的态度，是以“全部革命利益为前提的”。

宣言的言外之意，不是没有意见，而是顾全大局。

按“整理党务案”规定，需要将该黄埔军校参加国民党的共产党员名单交给校方，这实际上是公布黄埔军校内共产党的花名册。黄埔军校共产党团核心组织成员饶竞群问陈延年和周恩来：

“军校的共产党员如何处置？”

陈延年坚定地说：“一个都不要向所在国民党党部表态，尤其是一向没有暴露共产党员身份的人，更应保持常态，不理睬国民党右派的无理要求。”

“我同意延年的意见，不要理睬他们。”周恩来说。

饶来杰等黄埔军校的党组织的同志将陈延年、周恩来的意见转达各支部，结果大家都不理会蒋介石的命令。

在莫斯科，陈延年对列宁的辩证法思想有深入的研究，奠定了他雄厚的理论基础。加上他从小闯天下，又经历了无政府主义的世界观转变，锤炼了他的组织能力，这些使他比一般人更具有独立的思想，善于处理复杂的问题和矛盾。这也是中共中央委任他为广东区委书记的原因之一。毛泽东对陈延年的能力十分赞赏，曾说：“在中国，本来各种人才都很缺乏，特别是 C.P. 党内，因为 C.P. 的历史根本没有几年，所以人才就更缺乏。像延年，的确是不可多得的人才，在许多地方，我看出了他的天才。”

在早期党的领导人中，还没有看到毛泽东这样评价第二人。

在上海的陈独秀于 6 月 4 日发表了《给蒋介石的一封信》。同一天，陈独秀还起草了《中国共产党致中国国民党书》。他写道：“贵党‘整理党务案’原本关系贵党内部问题，无论如何决定，他党均无权赞否，凡为贵党党员者，当然有遵守之义务，而于贵党党外之团体，则殊无所关涉。”针对广大党员对蒋氏的愤怒情绪，陈独秀提出了“办而不包，退而不出”八个字政策。

“退而不出”这四个字，与周恩来、陈延年不理睬蒋介石，不交黄埔军校共产党员的名单给校方的精神，是一致的。但陈独秀的目的，是让步，维持统一战线不破裂；陈延年等人的目的，是与蒋介石作斗争。

这封信，共产党内有意见，蒋介石也不买账，说：“啰啰唆唆，长篇大论，这又不是打笔墨官司。我讲的话，并不是对共产党讲的，故无答复之必要。”

蒋介石习惯文言文，有手令癖，故对陈独秀的长篇白话文不感兴趣，他顿了一顿，对手下人说："陈独秀的电报和信件可以证明，在3月20日事件上我们是一致的。"

对于黄埔军校中的共产党员不交出名单，蒋介石也有觉察。1926年6月7日，星期一，蒋介石在总理纪念周年训词中讲，"近来我有一个主张，是现在中国国民党里面的共产党同志，应该要退出共产党，完全做一个纯粹的国民党员……如其不然，大党中间有一个小党……这个大党一定要动摇的"。

妥协让步不是陈延年的性格，他终于"忍不住了"

1926年9月2日，远东局三位委员和瞿秋白、彭述之两位中央委员回到上海。花了一个多星期，维经斯基等三人写了长篇的《关于对广州政治关系和党派关系调查结果的报告》。因为可能最终涉及在组织上撤换陈延年，以在思想上和行动上都不折不扣地执行共产国际和中共中央关于共产党与国民党正确关系的政策，报告集中地谈到陈延年等人在"三二〇"事件前后犯的错误。

在谈陈延年的错误前，维经斯基也承认，他们的客观条件是极其困难的。一年前，广东省的中共党员只有400名，这也是于当时落后形势的需要。在中央会议批评后，广东区委发展了大批党员，特别在"三二〇"事件以后，党员被驱逐出国民党的机关，转到群众中，所以党员发展更快，现在已经是4000名，几乎增加了十倍。

广东区委（或两广区委）领导的地区，除广东、广西外，1925年冬天扩展到福建南部、云南以及南洋一带。党员人数由陈独秀给共产国际的报告中提到的1922年6月的32人（占当时全国共产党员总数的16.4%），发展到《中央局报告》中提到的1926年9月的5030人（占当时全国共产党员总数的27.1%）。

在维经斯基看来，在这样困难的环境里工作，更需要坚定不移的、马克思主义的、真正布尔什维主义的领导。由于位置偏僻和地方条件限制，维经斯基又认为，在广东没有可能建立起这样的领导，这就涉及广东区委犯错误的客观环境和主观原因问题。此外，在维经斯基等人眼里，陈独秀的中央局在广东的同志犯错误的问题上，也有责任。因为他们虽然曾经警告过广东同志的错误言行，但没有警告广东区委的错误，从而导致了广东国共两党关系的彻底破裂，进而导致"三二〇"事件的发生。该报告写道："广州同志的政治错误：3月20日以前，他们在广东加强了'左'倾空谈的政策，他们打算让国民党左派和共产党人彻底夺取整个政权机关……广州的同志往往指出，除了继续执行'进攻方针'以外，不可能有任何别的办法来防止'三二〇'事件。但这是完全错误的……"远东局认为，陈延年等不能灵活地处理广东的局势，对待国民党太硬。而且，在这一点上，远东局和陈独秀的中央局意见是一致的。

报告引用了陈延年在广东区委会议上的阐述，用作证明材料："我们对国民党的让步让我们付出了很大代价。我们在3月20日以前就作过一些让步……我们曾经相信，在共产党人和左派密切合作的条件下，我们谁也不怕——既不怕帝国主义者，不怕国民党右派，也不怕反革命。我们能够战胜一切敌人。"

但陈延年在广东会议上强调，不是他们削弱了国民党和国民政府的基础，而是中央，因为中央主张采取温和的政策。正是中央和共产国际向他们提出巧妙地应付右派的建议，使他们误入歧途，妨碍了他们实行自己的方针。

广东区委和中央局的分歧，不仅反映在区委书记陈延年一个人的讲话中。在维经斯基等人到广东期间，张太雷、周恩来、澎湃、邓中夏等均表达了对中央局和陈独秀的不满。如邓中夏说："中共中央的策略是帮助左派打击右派。这在广州很难办，因为没有左派，无人可支持。"

维经斯基、拉菲斯、福京三人签名的《关于对广州政治关系和党派关系调查结果的报告》的最后一个部分，即第九部分，还谈到了陈延年等广州同志的新错误："实际上完全不同意上次中央全会通过的关于我们与国民党关系问题的决议。"

这个报告没有直接点出是陈延年在广州会议上发表的长篇谈话，但报告中明确说："广州的一位领导同志在我们在广州召开的一次会议上向我们阐述了相当合乎逻辑的国民党政治发展轨迹，它不仅应是对广州同志在'三二〇'事件以前所实行的整个错误方针的有力证明，而且也应是说明后来所犯的错误的根据。"

《关于对广州政治关系和党派关系调查结果的报告》写好后，9月16日，远东局委员与中共中央执委会委员举行联席会议，交换关于广东之行的意见。维经斯基、拉菲斯、曼达良、福京、陈独秀、瞿秋白、彭述之、任弼时、王若飞出席了会议。曼达良从1923年起在红色国际工作，1926—1927年任红色工会国际驻华代表。

维经斯基代表远东局作报告，其中批评了陈延年等1925年12月27日拍给中央的一份电报，陈延年等在这封电报里，建议"把国民党中央平分给共产党人和左派"。

陈独秀插话说："我们没有收到这样的电报。"对于儿子的问题，陈独秀觉得不必袒护，无论是自己的个性，还是作为中央局的书记，他都不能这样做。在如何处理“三二〇”事件问题上，陈独秀觉得自己是在执行共产国际的指示，因此没有主张反击蒋介石。但陈延年不清楚共产国际不愿意影响统一战线的政策，犯了远东局所指责的错误，看来已成事实。自己在儿子的“错误”问题上，爱莫能助。但如果没有的事，也应该说清楚。古人说，举贤不避亲。既然如此，澄清事实，也可以不避亲。

陈独秀没有再讲话，维经斯基见老头子不再讲话，继续作报告。

从思想体系看，维经斯基和陈独秀的意见是完全一致的。他和维经斯基同样认为，陈延年等人在广东，偏离了共产国际和上海中央的路线。因此，在维经斯基发言结束后，陈独秀表态：“广州人的错误是：一、他们孤立地看待广东；二、他们看不到资产阶级的作用；三、他们只从共产党人对国民党的需要角度来看待国民党。由此得出：从第一点看，他们没有考虑全国的形势；从第二点看，他们否认戴季陶主义思想的社会基础，并认为左派什么都能做到；而从第三点看：他们只建立左派政权，把蒋介石推开……我们说，‘三二〇事件’是实行左的方针的结果。”

接着，陈独秀反驳陈延年等对中央的批评说：“广州人认为，同右派进行谈判导致了‘三二〇事件’。但要知道，在上海这里的谈判没有结束，因为我病了。孙科去广州是右派召他去的……中央采取的让步政策是正确的。”

共产国际远东局对广东区委的调查，一度干扰了陈延年的工作，但他并不因为自己被追究责任而影响工作。北伐军的节节胜利，使他和周恩来等人的革命热情持续高涨。每天，他继续紧张地战斗在第一线，组织工农等群众，支持北伐军的前线战斗。与此同时，陈延年迫切需要研究指导革命的理论问题。所以，在远东局离开后，陈延年等打算立即出版一个刊物。

9月28日，由广东区委主办、陈延年主编的《我们的生活》创刊号出版。陈延年为该刊写发刊词《告同志》，说：“我们的党不是从天上掉下来的，也不是从地中生出来的，更不是从海外飞来的，而是从长期不断的革命斗争中，从困苦艰难的革命斗争生长出来的，强大起来的”，“广东党部过去虽然做了不少的革命斗争，多少也得了一点苦的经验，然而现在我们还是非常之幼稚，客观事实的表现，革命潮流的高涨，往往超过我们党的主观的力量”；“为推进党的教育与训练，所以我们要印行这个小册子”。

在这段话里，包含了陈延年对共产国际和远东局在指导中国革命问题上的忧虑。“更不是从海外飞来的”，明显地针对共产国际对中国革命遥控指挥问题，针对维经斯基等人的发号施令。但这样的担心和异议，只能隐含在字里行间。中央的观点、共产国际远东局的观点，和下面的同志的观点，特别是和广东区委的观点，差距这么大，促使陈延年、毛泽东、周恩来等思考这样一个问题，即如何确定我们的方针。

共产国际和远东局不厌其烦的指责，并没有让陈延年沉默下去，不断地妥协让步，不是陈延年的性格。11月26日，陈延年不顾维经斯基和陈独秀的右倾指导思想，在《人民周刊》第32期上以“林木”笔名发表了《忍不住了！》一文，猛烈批驳国民党右派分子对工农群众运动的攻击。

陈延年写道：“我们在许多的事实里，只看见被压迫的劳苦群众仅仅为要求团结而牺牲；为稍稍改善其惨苦的生活来参加国民党革命而牺牲，并找不到一件事实可以证明他们是只顾自己一部分的利益，不顾整个革命的利益；更找不到一件事实可以证明他们是在一个革命的领导之下进行这种斗争，妨害了整个运动；更找不到一件事实可以证明他们得了自己的利，就不肯努力整个的国民革命运动……适得其反，只能证明他们的奋斗，他们的牺牲，他们在国民革命中为其应得的利益斗争时，同时推进了整个的革命运动，增加了整个革命力量。”

“找不到一件事实”这样的遣词造句，是父亲陈独秀在“三二〇”事件后，用来讲蒋介石没有一件是反革命事实的话，陈延年用在这里，针锋相对，极具战斗力。

敌人将陈延年秘密处死。临刑时，陈延年拒不“下跪”，被刽子手乱刀砍死

“四一二”反革命政变后，中央调整了中共江浙区委组织，由陈延年接任罗亦农任中共江浙区委书记，紧急处置政变后的一切事宜。

1927年5月20日，中共中央决定陈延年继续留在上海，由彭湃、穆青、黄平、赖玉润、阮啸仙等组织广东省委。陈延年接任江浙区委书记后，赵世炎任中共江浙区委常委、组织部长。他们几乎每天都见面，一起研究和决定问题。为了工作的方便和陈延年的安全起居，干脆，赵世炎建议陈延年住到自己的家里。

赵世炎的夫人夏之栩，时任中共中央秘书处秘书，她听说陈延年要住到家里来，十分高兴。她和陈乔年在北方区委一起工作了一年多，在这之前，还没有见过陈乔年的哥哥呢！陈延年是丈夫的好朋友，一起在法国和莫斯科留学，是主持南方工作的重要干部。赵世炎在她面前，谈过许多有关陈延年的事。赵世炎说：“延年同志是一个只知道工作，不知道生活的人，工作起来常常废寝忘食。他来了，可得要多多照顾他的生活啦！”

夏之栩笑着说：“当然，这样一个好同志，怎能不好好照顾呀！”

当天，夏之栩把三楼一间空房子打扫干净，并简单地布置了一下，等着延年同志的到来。

第二天中午，赵世炎陪着延年来了。陈延年身穿一件旧中山装，提着一个小皮箱，大步地走了进来。

“这是延年同志。”赵世炎介绍道。

陈延年亲切地看着夏之栩，夏之栩也好奇地看着他。他就是延年同志吗？怎么一点不像乔年呢？陈乔年文质彬彬，皮肤白白的，不注意，还以为是公子哥呢！可陈延年皮肤黑，身体壮，不像是个读书人，倒像一介武夫，干粗活的。但陈延年憨厚朴素的样子，给夏之栩留下了深刻的印象。这两个儿子与他们的父亲陈独秀，一点也不像啊！

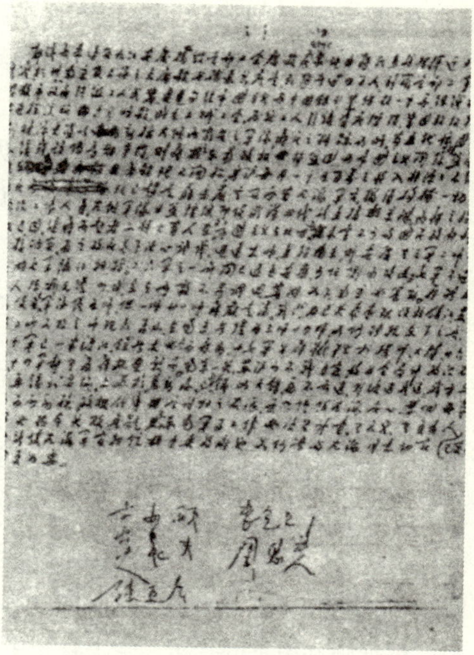

由于国民党反动派叛变革命，轰轰烈烈的大革命失败了。为了挽救革命，1927 年 4 月中旬，周恩来同赵世炎、罗亦农、陈延年、李立三等联合署名写信给中共中央，建议迅速出师讨伐蒋介石，但这个建议未被采纳。图为周恩来亲笔起草的建议书

寒暄了几句，赵世炎和夏之栩把陈延年送到三楼的房间去。

上了楼，陈延年高兴地说：“太好了。”他把提包打开来，取出一块手绢，揩擦脸上的汗。这时，夏之栩看见，陈延年的提包，有几件旧衣服，此外，就是一些书籍。

陈延年一面揩汗，一面从口袋里掏出几张钞票，三四十元，递给夏之栩，笑着说：“我不会管生活，在这里有吃有住就行，这些钱交给你支配好了。”

夏之栩不知所措，不知道该接不该接，只好望着丈夫。

赵世炎笑了，对妻子说：“他的话是真的，你拿着吧。他的吃、穿问题都由你负责好了。”

这时，夏之栩发现，陈延年穿的衣服已经不合季节。天气已到了夏天，在上海这样的大都市，他穿这套旧中山装，也不适应环境。穿不合时令的衣服，一看就不是本地人，很容易引起特务的怀疑啊！

当天，夏之栩上街，为陈延年准备了夏衣以及一些日用品。

接过夏之栩买的衣袜，陈延年笑着说："我夏天从不穿袜子，还是给世炎穿吧！"

陈延年工作夜以继日，赵世炎经常劝他："大陈，你要注意身体啊！"

陈延年笑着说："不要紧，我能挺得住。"

6月26日上午，北施高塔路恒丰里104号（现山阴路69弄90号）上海区委所在地，陈延年、郭伯和、韩步先等人正在开江苏省委成立大会。这是一幢砖木结构的三层楼石库门新式里弄住宅，建造刚一个年头。新房子竣工后，上海区委在这里开办党校，这里也是上海工人举行第二次武装起义的指挥所。

会议上，王若飞传达了中央的任命，陈延年任江苏省委书记、郭伯和任组织部长、韩步先任宣传部长。中央决定赵世炎到中央工作，所以没有安排他在中共江苏省委任职。约在上月中旬，中央常委决定王若飞继续担任中央秘书厅主任。这以后不久，王若飞奉中央常委之命赴上海。王若飞走后，中央常委于5月29日决定任作民暂代其职务，黄文容专任陈独秀的秘书。

根据中共中央的指示，会上宣布中共上海区执行委员会撤销，成立中共江苏省委员会兼上海市委员会，它既是江苏省，又是上海市地方党组织的领导机构，其管辖范围除上海和江苏省外，包括安徽省的凤阳、泗县、宿县、灵璧、萧县和蚌埠等地的党组织。

就在这时，陈延年接到报告，一位交通员被捕了。在这之前，一个流氓混进了党内，并且当了上海某区区委书记，导致这位交通员的被捕。陈延年心头一紧，不好，这位交通员知道这个秘密处所。他和王若飞、赵世炎等商量后，立即宣布提前结束会议。告诫大家小心谨慎，以防万一。

下午3时，恒丰里104号暗处，陈延年等人观察周围动静，见没有什么异样，便冒险进门，焚烧办公室内许多秘密材料，以防止给党带来更大的损失。他想，也许这个交通员没有叛变呢！他决定今后不再来这里了。

这个决定，后来令陈延年懊悔不已。

刚坐下不久，上海警备司令杨虎派大批军警包围了恒丰里104号，陈延年悔之已晚，一面掩护其他的同志从窗上逃走，一面抄起座椅奋力和扑上来的敌人搏斗，直到筋疲力尽。搏斗中，陈延年的白色衬衫被扯破，划破了皮肤，终于被敌人擒获。在陈延年等人与敌人搏斗时，两名同志从屋顶逃走。当时，韩步先想把文件藏起来，混进党内的这个流氓同韩抢文件……郭伯和、韩步先也一起被捕。

交通员叛变了，但他并不认识陈延年。当时陈延年身穿短衣，裤腿上扎着草绳，自称是受雇到这里做工的，名叫陈友生，没有暴露自己的身份。敌二十六军对待陈延年像对待普通的共产党员一样，押往龙华监狱。

1927 年 7 月 4 日，即陈延年被捕后的第 9 天晚上，敌人将他秘密押赴龙华刑场。龙华监狱（龙华路 2887 号）占地面积约 1500 平方米。男女看守所离屠杀烈士的刑场间由一条长 300 余米的地下通道贯联相通。整个地区占地面积 18000 平方米，由国民党淞沪警备司令部门楼，内设军法处、刑讯处、男女看守所及刑场组成。

敌人的软诱、刑逼，都不能让志士屈节。杨虎只得下令将陈延年秘密处死。临刑之际，陈延年昂首挺立。敌人喝令他“跪下”，延年回答：“革命者光明磊落，视死如归，只有站着死，决不下跪！”敌人不得不一拥而上，用力强按。然而，当他们的手稍微一撤，陈延年又一跃而起，惊得负责施刑的刽子手一刀落空，差点儿扑倒在地。在陈延年痛苦地挣扎时，刽子手们一拥而上，一起将陈延年按倒，以乱刀将他砍死。共产党的一位优秀领导人就这样壮烈牺牲了，年仅 29 岁。

“全党党员的楷模”

——中共临时中央政治局委员、常委罗亦农

主题人物： 罗亦农

籍　　贯： 湖南湘潭县

出生时间： 1902 年 5 月 18 日

主要职务： 1921 年加入中国共产党。先后担任中共广东区委宣传部长、中共江浙区委书记、中共江西省委书记、湖北省委书记、中共中央长江局书记，是中共第五届中央委员、临时中央政治局委员、中央政治局常委

牺牲时间： 1928 年 4 月 21 日

牺牲地点： 上海龙华

当时年龄： 26 岁

周恩来： 罗亦农同志是上海暴动的创造者。

胡锦涛： 罗亦农同志坚定的革命信念、高尚的革命品质和大无畏的献身精神，是永远值得我们共产党人学习的。

李维汉： 八七会议罗亦农同志参加了，当时他的态度是积极的。

《布尔什维克》杂志： 罗亦农同志的热烈的革命精神，可为中国共产党全党党员的楷模。

中共临时中央政治局委员、常委罗亦农死于美女叛徒的出卖

在熠熠生辉的中共党史人物的画廊中，中共临时中央政治局委员、常委罗亦农的名字，一直映照在千千万万中国人民的心坎里。

罗亦农，是最早的中共领导人之一。1920年8月，他加入社会主义青年团。1921年经上海中国共产党早期组织的介绍，与刘少奇、任弼时等同志一起赴莫斯科东方劳动者共产主义大学学习，同年冬加入中国共产党。

罗亦农（1902—1928）

1925年3月，罗亦农按党组织要求回国，任中共广东临时委员会成员，后任中共广东区委宣传部长，参与组织和领导省港大罢工。同年10月，调北京任中共北方区委党校校长，12月起调任中共上海区（即江浙区）执委会书记，后兼任上海区执委会军事特别委员会书记和农民运动委员会主任。

1926年11月和1927年2月，罗亦农与赵世炎等人两次领导上海工人举行起义，均未成功。1927年3月21日，他与陈独秀、周恩来、赵世炎等一道，及时指挥发动上海工人总罢工，并随即转为武装起义，第三次武装起义取得成功。3月22日，上海市工商学各界举行代表会议，选举19人组成上海临时市政府（即上海市民政府），罗亦农被选为临时市政府委员。

蒋介石发动“四一二”反革命政变后，罗亦农奉命调离上海，到武汉参加党的五大，并当选中央委员。1927年5月至9月，他先后任中共江西省委书记、中共湖北省委书记。在党的八七会议上，他被选为中共中央临时政治局委员。不久，又被选为中共中央临时政治局常委，先后担任中共中央军事部代部长、中共中央组织部部长、中共中央长江局书记等职，负责领导湖北、湖南、江西、四川、安徽、陕西等省的工农革命与党的工作。1927年底离开武汉前往上海中共中央机关工作。

1928年4月15日，罗亦农因被叛徒出卖，在上海英租界被捕牺牲。他在就义前写下了一首诗，鲜明地体现了一个共产党员临危不惧、大义凛然的英雄

气概：

慷慨登车去，相期一节全。

残躯何足惜，大敌正当前。

出卖罗亦农的是我党的叛徒郝稚华及其丈夫何家兴。在嫁给何家兴之前，郝稚华曾是朱德的妻子。

历史留下来的多种记述中都称郝稚华生得很漂亮，杨子烈（张国焘夫人）在其《往事如烟》一书中说，郝稚华生得的确妖娆，柳眉杏眼，怒中带笑，愁中见喜，见了高级负责者，热得像团火。

郝稚华能流利地说英语德语。她原是四川开江女中教员，19岁时随同朱德赴欧洲，一同到德国哥廷根城奥古斯特大学学习社会科学，后又转到苏联。在这一时期，郝稚华嫁给了朱德，成了朱德的妻子，于1926年生下女儿朱敏。

1926年5月，党中央决定调朱德回国去四川做军阀杨森的统战工作。考虑到国内环境恶劣，朱德只好让妻子郝稚华和女儿朱敏暂居苏联。郝稚华是个注重生活享受的人，婚后和朴实敦厚的朱德彼此间感情日渐疏远，此后，郝稚华爱上了从法国前往莫斯科东方劳动者共产主义大学读书的革命青年何家兴，并再次走进了婚姻的殿堂，与何家兴结了婚。

1928年初，组织上安排何家兴、郝稚华夫妇回国，在上海做地下工作。在上海，郝稚华与邓颖超、蔡畅等结拜成中央妇委“八姐妹”。其时，何家兴、郝稚华夫妇住的是一间大洋房。当年4月15日，在上海开展地下工作的中共中央政治局常委、中央组织局主任罗亦农把和邓小平等人接头的地点安排在郝稚华家的楼上。罗亦农在当时是中国共产党著名领导人之一，国民党悬赏3000美金捉拿之。

爱慕虚荣、贪图享受的贺治华此时早就叛变了中国共产党，暗地里为国民党特务提供情报，以换取利益维持她的高消费生活。听说罗亦农等人要会面的消息，她觉得发财的机会到了，于是她偷偷地去巡捕房告了密。

结果罗亦农当场被抓，前来赴约见面的邓小平由于来晚，躲过一劫。

郝稚华的女儿朱敏在其著作《我的父亲朱德》一书中写道：“我常常怨恨母亲：她为什么不要我？不抚养我？不给我母爱？长大后我才知道，母亲弃我而去，甚至叛离了我的爹爹，是为了追求与爹爹的信仰完全不同的生活方式，她彻底改变了自己的一生。在这一点上，我作为女儿，是不能原谅她的。”

在全国“双百”评选活动中，罗亦农被评为“100位为新中国成立作出突出贡献的英雄模范人物”。

罗亦农等人分别化装成裁缝、理发匠等手工劳动者，从上海远赴莫斯科求学

罗亦农，又名善扬，字慎斋，号振纲，别号觉，湖南湘潭人。1902年5月18日，出生在湘潭县易俗河雷公塘一个富裕家庭。父亲罗子厚，当过团总，管过公堂，后在易俗河镇开“石昌发”碓行，做谷米生意，还曾与他人合股开过一家杂货铺。

罗亦农从小同母亲住在乡间，受到母亲纯朴善良品德的教育。七岁时，他跟着哥哥去私塾念书。由于不喜欢那种死记硬背的读书方式，爱听故事，爱看小说，尤其崇敬那些疾恶如仇、正义凛然的英雄人物，曾在一本魏碑字帖上写下了“铲除恶势力”五个大字。

11岁时，罗亦农到湘潭下摄司向家塘郭月钦门下读书。他仰慕郭先生的渊博知识和开明思想，因而学习很用功。几年时间，他学到了不少有关历史、地理、时局方面的新知识，也懂得了一些为社会鸣不平的新道理。例如，他看到父亲为人刻薄，锱铢必较，便在自家门口贴了一副对联：“存得天良，蒙庆受福，放开眼界，创业成家”，对父亲进行讽谏。

1916年，罗亦农满14岁时，考进了湘潭益智学校。

这是美国人办的一所教会学校，学制分两年和四年两种，课程以讲授英文和神学为主。罗亦农读的是四年制，但他不愿听那些荒诞的神学课，也不做“礼拜”，更厌恶教会对学生活动的限制。他多次不顾校方的禁令，警告和训斥，冲出校门，参加反日游行示威，参加在怡和码头捣毁焚烧日货的斗争，参加迎接讨袁军进入湘潭的宣传活动。

为了摆脱教会学校的思想桎梏，他于1917年底毅然退学，离开了益智学校。

1918年，他曾数次跑到省城长沙，寻求入学机会，但都未能如愿。年底，他向家里提出想到上海那样的通都大邑去求学的要求，父亲不赞成，请来乡邻长老劝阻，并于1919年春节为他完婚。

但所有这些，都没有改变他外出求学的决心，在婚后不到四个月的一个夜晚，他悄悄地离开了家庭，奔向久已向往的上海。

罗亦农到上海后，先在一所中学念书。后来，由于父亲不肯寄钱接济，他不得不停学自寻生路，到法租界马斯南路吴兴里一家小报馆当校对工人。报馆里的自学条件较好，能看到不少书报杂志，他充分利用这个有利条件，学习了不少有关政治、经济、哲学、自然等方面的知识，同时，通过《新青年》《劳动界》等杂志，阅读了一些宣传马克思主义革命道理的文章。罗亦农很佩服陈独秀，认为陈独秀是一个了不起的人物。他通过多方打听，得知陈独秀住在老渔阳里 2 号，就几次登门求教。陈独秀也很喜欢他这位热情好学的青年，介绍他参加了工读互助团的活动。

上海共产主义小组为了培养干部，决定选送一批青年赴苏俄学习，在法租界霞飞路新渔阳里 6 号办了一个“外国语学社”，学习俄语和有关无产阶级革命的基本知识。罗亦农参加了这个学社。

1920 年 8 月，社会主义青年团正式成立，他和刘少奇等人一起，参加了社会主义青年团。在此前后，由各地选送去苏俄学习的青年也先后来到上海，共达 20 余人，其中有任弼时、萧劲光、李启汉、傅大庆、马念一、许之桢等。在这段时间里，罗亦农无论是学俄文，学马克思主义基本知识，参加社会活动，还是刻蜡版，印传单，搞联络等事，都非常勤奋和积极，成了那批青年中的活跃人物。

1921 年春节前，罗亦农从上海回到了家乡，想筹借一笔去莫斯科留学的路费。这时，他父亲因经商不善，濒临破产，但还是希望自己的儿子能到外国去“留洋”，认为这是“光宗耀祖”的好机会，便破例给了他 100 块银元，岳父也给了他 50 块银元。有个叫罗海凡的远房叔叔，还把自己当长工积下的四担谷子钱给了他。到长沙后，又得到好友姜治方的父亲姜济环的资助。由于亲友的帮助，罗亦农一共凑集了 400 块银元，邀了与他同在益智学校读书的好友袁达时一起赶赴上海。

不久，罗亦农等 20 多个青年，分别化装成裁缝、理发匠等手工劳动者，从上海出发，乘日轮经长崎去海参崴。他们冲破了重重阻挠，越过了伊曼河，到达由苏俄红军控制的伯力。然后在伯力军事部门的安排下，分批向莫斯科进发。经过两个多月的辗转奔波，终于到达目的地。

罗亦农等到达莫斯科后，受到了红军官兵的热情接待，这里的一切，都使人感到亲切、舒畅，不用躲躲闪闪、担惊受怕了，一种自由、幸福的情感油然而生。

随即罗亦农被分配到莫斯科东方劳动者共产主义大学学习。

这所专门为东方各国各民族培训革命干部的学校，坐落在莫斯科市区的一条大街上，紧挨着普希金广场。1921 年 5 月，东方大学正式开学。在这里，罗亦农抱着到俄国学习革命的道理，回去改造中国的愿望，积极而又自觉地投身学习。他们的学习生活很艰苦，白天听课，晚上到街上去站岗，周末还要去

莫斯科红场

做工。

当时，苏俄对外国学生都给予红军战士的待遇，这是一种比较优惠的待遇。即使这样，中国学生每天也只有两只手掌那么大的黑面包和几颗土豆，中餐只加一个海草煮土豆的汤，有时放一点咸鱼，每人一小瓢。寒冬来临时，每个中国学生仅发一件军大衣、一条皮带和一顶别着一颗红五星的薄呢帽子。晚上睡觉时，军大衣又成了被子，大家只能挤在一起取暖。

在这种艰难的日子里，一些意志薄弱的青年，渐渐地动摇起来。有的想退学，有的精神萎靡，垂头丧气，有的甚至结成小团体，闹不团结。罗亦农则认为，这种苦在当时苏俄社会条件下是必然的，也是暂时的。物质生活苦一点，精神生活却很充实，这比起在国内来说，不知要好上多少倍。作为一个有志青年，应该加倍努力，十分珍惜这难得的学习机会。他始终充满着坚定的信心，对自己要求很严格。

在一次会上，他神情严肃地批评了小资产阶级的动摇性，严正指出，我们来到东方大学，为的是追求革命的真理，学习革命的理论，而不是来享清福的。并利用各种场合，采取多种方式进行说服工作，努力团结大家一起克服困难，坚持下去。罗亦农这种坚定、严谨的思想作风和初步显露的组织才能很快得到了学校领导和同志们的信任。

罗亦农在出国前就有了一定的俄文基础，到东方大学后，由于学习认真，刻苦钻研，很快便能直接听懂教师的讲课和阅读俄文报刊书籍了。新发表的《俄国共产党（布）第十一次代表会议政治报告》等列宁著作，他拿到手就能阅读并口译成中文，讲解给同学们听。他与任弼时等几个俄语基础较好的同学一起，对《政治经济学》《社会发展史》等课本中一些较难理解的名词术语反复推敲，突破翻译中的难点。罗亦农的寝室，成了中国学生解决学习中疑难问题的第二课堂，课余时总是挤满了人。

为了更深入地了解俄国社会主义革命的情况，1922年罗亦农利用暑期的机会，邀集了十几个同学一同前往乌克兰农村做社会调查。在乌克兰广阔的原野上，他们和普通农民一起割草，到农民家去走访。通过交谈，细心地了解俄国的过去和现在，了解十月革命后农民生活、生产方式的巨变，增长了不少新的知识。

遵照国内党组织的指示，在中共旅莫斯科支部和中共旅欧支部的直接安排下，1923 年 3 月，王若飞、陈延年、赵世炎等一批青年骨干也从法国来到莫斯科东方大学。

根据队伍壮大的情况，东方大学组成了中国语言组。罗亦农因成绩优异，组织能力强，被提拔为中国语言组书记。从此，他便告别了学生生活，担负起一批又一批赴苏俄学习的中国同学的组织工作，并兼任中国班的唯物论教授和翻译。

罗亦农上任后，除了抓紧必修课程的学习之外，还根据理论联系实际的原则和同学们将分批回国工作的实际情况，经常组织学员就中国的局势问题、党的建设问题进行讨论，启发大家认真地思考问题。

1923 年 2 月，京汉铁路工人开展大罢工，罗亦农十分注意从苏联报刊上收集这方面的消息动态，研究国内工人运动发展的趋势，组织大家进行讨论，引导大家密切注视国内阶级斗争形势的变化和发展。同时，还组织学员自编自演反映大罢工的节目，在校内和街头演出，号召大家动手写诗作画，办墙报，以扩大宣传效果，声援国内工人斗争。这些活动，博得了校内各国的学生和苏联有关方面的同情与支持。

罗亦农还注意经常组织同学们去工厂参加劳动，参加工人政治活动，向工人们学习。在这紧张的工作，火热的斗争中，罗亦农更加成熟起来，在中国学生的培训工作方面，他是领导者，组织者；在革命理论素养方面，他是好老师；在学生的日常生活方面，他又是一位忠实的服务者。他曾花了很大的精力来改善大家的生活，常常把自己任教的工资拿出来给大家使用。然而，由于艰苦的生活，繁重的工作，他患上了很严重的胃病。学校领导安排他离职就医，他坚决不同意，带病顽强地工作。同学们经常看见他披着大衣，紧缩着身子在课堂听课、上课，参加各种会议，找人谈话。

当看到一批又一批学生从东方大学圆满结业，返回祖国，投入如火如荼的革命斗争时，他总是感到无比的欣慰和幸福，疲劳、病痛早就抛到九霄云外去了。

莫斯科 4 年的学习和工作留给罗亦农的是永久的回忆，莫斯科的一切又是那样的使人留恋，然而，国内斗争正在向他招手，美好的未来，激励着他去奋斗，去实现他回国报效祖国的真诚心愿。

奉命回国的罗亦农出任中央驻粤临时委员会委员，闻讯的广东军阀豪绅惶惶不可终日

1925 年的中国，大革命运动风起云涌。这年 3 月，罗亦农按党组织要求，从莫斯科回到祖国。

4 月中旬，他被中央派赴广州参加全国第二次劳动大会的筹备工作。在广州，他同邓中夏、林伟民等一道，对当地党、团员和工会负责人做了许多工作，用国内外工人运动的具体事例，提高大家对“作为国际工人运动一部分的中国工人阶级，理所当然地应该加紧团结，共同担负起推翻帝国主义的历史使命”的认识。全国第二次劳动大会期间，罗亦农为了研究中国工人运动，同到会代表进行了广泛的接触，收集了解了工运的各种情况和资料，仅传单一项，就达 32 种之多。

为了及时报道大会情况，扩大和发展大会成果，罗亦农接连写了几篇通讯。在《今年五一广州之两大盛举》一文中，他详细介绍了会议的盛况，高度评价了这次“十万以上工农兵大示威和空前未有的工农代表联席会议”。

他写道：“工农兵三种被压迫的群众，同在一起向帝国主义、军阀、资本家游行示威，不仅在中国革命运动史上有更大深远的历史意义，而且是中国目前革命运动积极爆发的表征和中国被压迫的劳苦群众谋达到自己完全解放，实行大团结的征兆。”他还说，“工农联合是革命成功和维持革命胜利的保障，只要不是丧心病狂的人，当然异常明了。”文章谴责了国民党右派和帝国主义、军阀的走狗对工农运动的攻击，然后强调指出：“那一班神经过敏的人和帝国主义者走狗必定又要说，广州是莫斯科第二，赤化了。其实，这不过是积年被压迫的工农群众觉悟起来，知道要有组织，要团结的第一步表现。被压迫的中国工农群众和青年军人，你们若能真造成广州为莫斯科第二，使他‘赤化’就是被一班丧心病狂的帝国主义者及其走狗咒骂也是应当的，这是你们目前的历史使命。”在另一篇《中国第二次劳动大会之始末》的文章里，他还阐述了一些重要的思想观点，如“工人阶级不根本推翻现存的社会制度，便不能完全解放自己”，工人阶级要想推翻现存的社会制度，就必须找他的同盟者，进行“工农联合”等等。

全国第二次劳动大会结束后，罗亦农留在广州，任中央驻粤临时委员会委员。在此前后，他针对当时的斗争实际，写了许多文章，而这些文章，涉及问题的广泛，分析论断的正确，都是有一定的指导性和战斗性的。他在《今年五一之国际状况》的文章中，深入剖析了帝国主义虚弱的本质，和它们内部饱含着的日益加剧的深刻矛盾，指出了帝国主义走向灭亡的必然性，展望了无产阶级革命潮流日益高涨的光明前途。

在《五一纪念与农民》一文中，他首先阐明了无产阶级于革命运动中应站在领导地位之后，继而写道："农民，尤其是贫苦的农民，所受的压迫比一切人都大。天灾，兵灾之外，还要加上政府的苛税，地主的重租，债主的重利盘剥，劣绅的强迫敲诈等等"，而这些，"无一不是帝国主义者阻碍中国经济顺利发展的结果"。"中国农民要从重重压迫之下解放出来，第一步责任就是打倒制造内战的帝国主义和他们的走狗军阀，以谋民族的独立"。而要达到这一目的，"就只有很亲切地与最革命的无产阶级联合起来，站在无产阶级的指挥之下，以扑灭他们共同的敌人"。

同年5月至6月，滇、桂军阀头目杨希闵、刘震寰暗中勾结帝国主义和军阀，背叛广州国民政府，广州城气氛紧张，局势严重。在这种情况下，陈延年、罗亦农等多次开会，研究斗争策略，作出了"动员民众，督促国民政府肃清杨、刘军阀"的决定。罗亦农还通过深入的调查研究，于5月下旬写出《形势严重下之广州政府》一文，以无可辩驳的事实，揭露了军阀杨、刘的反革命面目和勾结帝国主义及其走狗，危害广州国民政府的罪行，并指出："最使人痛心的就是不肖的国民党右派马素等人，公然公开的与反动军阀、反革命的买办阶级、卖国的安福政府及英、日帝国主义者勾结，图谋推翻广州革命根据地，肃清共产党。""对于马素等右派的言行，国民党的诸领袖们总是犹豫不决，不能采取应有的措施。"文章还揭露国民党领导人胡汉民、汪精卫等与杨、刘等军阀在一起召开会议的情况，文章最后说："战争是不可避免的。至于反动的军阀战胜还是革命政府战胜，虽然还不可预定，但是，反动的军阀得不到民众政治同情，反动军阀的实力没有革命政府的充足。论理，应当革命政府战胜。从此使广东的人民处于和平之境。"

为了组织青年工人、学生参加宣传发动群众的工作，并以武力对付杨、刘的叛乱，共青团（CY）广东区委成立了一个临时政治宣传委员会，于5月30日举行了第一次会议。会上，罗亦农作了题为《当前政局形势及我们应采取的态度》的报告，建议CY立即下一个全体动员令，使每个同志受一次实际的政治训练，可以公开用CY名义组织大规模演讲活动，还可以用公开的群众团体如"新学生社""青工自治会""沙面青工""广大"及"一中"的"青年学生社"等名义，发表宣言通电，造成浓厚的气氛，代表人民提出具体要求。这些建议，都在会上被通过，并切实地付诸了实施。

奋笔著文，揭露廖仲恺被暗杀真相，敌人惊呼："这篇文章点中了我们的死穴！"

1925年5月15日，上海日本资本家借口存纱不够，故意关闭第七纱厂，停发工人工资。工厂工人在共产党员顾正红领导下与厂方进行说理斗争，日本大班（相当于厂长）凶狠地向顾正红连开四枪，当场身亡，激起群愤。

5月30日，上海学生2000余人在租界内激发传单，集会讲演，英国巡捕进行镇压，逮捕学生，激起市民更大义愤，10000余群众集中在公共租界南京路老闸巡捕房门前要求释放被捕学生，高呼"打倒帝国主义"等口号，英巡捕开枪射击，群众死10余人，伤无数，造成震惊中外的五卅惨案。

五卅惨案爆发后，中共广东区委由陈延年、周恩来、罗亦农等组成"临时委员会"，策划和具体领导这场反帝斗争。他们还联合中华全国总工会、市工人代表会议、省农协会、商民协会、省学生联合会、中国青年联合会6个团体，共同发起于6月2日举行数千人的群众集会和示威大游行。罗亦农代表中共广东区委在集会上发表了演说。在紧接着发动起来的省港工人大罢工运动中，他还亲自起草了一些言简意明、通俗易懂的传单，揭露帝国主义者、资本家剥削压迫工人的残酷手段，启发工人群众的阶级觉悟，为罢工斗争大造舆论。

当时，省港各处工会组织十分复杂，为了把广大工人团结在统一的旗帜之下，他和其他同志做了大量的调解、说服工作。例如在大罢工开始时，广东工人代表会议所属的金属业工会与机械工会发生冲突，互相指责，工人与工人之间互不理睬，有的工厂甚至出现了一部分人罢工，一部分人还在上工的现象。为了解决这一问题，他深入到金属业工会做工作，反复对工会干部和工人讲谁是剥削者，谁是被剥削者，以及工人阶级的共同利益和历史使命等道理，使大家认识到了机器工会中广大工人群众是我们的亲兄弟，兄弟之间斗气，只会对资本家有利。从而缓和了两个工会工人间的矛盾，加强了他们间的谅解，使得参加罢工的人数日益增多。

沙基惨案发生后，香港工人成批回到广州，几天之内，激增至20多万人。中共广东区委和省港罢工委员会为了解决他们的衣食住行等问题，采取了一系列措施。罗亦农也带着几个人，赶到西壕口（现人民路南端）一排尚未启用的新楼房里，找到合伙盖这排楼房的几个大商人，晓以大义，陈述利害，征用了那排房屋，解决了许多罢工工人的住宿问题。

他还多次组织团员、学生和青年积极分子到罢工工人中去做工作，办工人子弟学校。省港大罢工正是由于有了共产党的组织和领导，充分发动了各界群众，采取了比较正确的斗争策略，才能坚持16个月之久，给了帝国主义以政治上、经济上的沉重打击，显示了中国工人阶级的伟大力量，促进了工农运动的发展。

这一期间，罗亦农还同国民党右派进行了坚决的斗争。特别是为揭露其和帝国主义、买办资产阶级共同策划暗杀廖仲恺先生的大阴谋，他写下了《廖仲恺遇刺前后的广州政府》一文，从四个方面分析了廖仲恺遇刺的原因，痛斥了国民党右派、国民党中的反动军阀、失意政客和香港的帝国主义政府。根据这一事件，文章特别强调了肃清反革命的重要性，得出了三点结论：

> 一、廖先生不是简单的个人的死。他的死，把中国革命运动推向了紧急时期，革命派若不趁此机会肃清反革命派，必将会有第二次更凶险的事变发生；
>
> 二、广州问题并不是共产与反共的问题，而是革命与不革命的问题。所谓反共的口号，在反动军阀、无聊政客、卖国的买办一方面说，是他们想割据地盘，达到做官的欲望和保障发展买办阶级力量的假面具，在帝国主义者一方面说，是香港政府企图维持和发展他们在南方的势力，消灭中国的国民革命运动的大阴谋；
>
> 三、国民党右派总是反革命的，右派不根本肃清，国民党不能负引导中国国民革命的群众实行国民革命的任务。

这篇文章发表后，引起强烈的反响，连敌人也惊恐不已："这篇文章点中了我们的死穴！"

1925年10月，罗亦农以广东代表名义出席了党中央在北京召开的扩大会议。会后，中央决定派他主持党校工作。这期党校，前后办了近三个月，时间虽短，收效却很大，为全国，特别是为北方区，培养了一批得力的干部。而他高深的理论水平和杰出的组织才能，也给人们留下了深刻的印象。

罗亦农说："我们一定要有工人自己的武装，不然，将来就有吃国民党子弹的危险。"

罗亦农是个大忙人，虽然身体有病，也不肯休息片刻。党校工作结束后，他于1925年12月来到上海，任党的江浙区委书记。

面对当时上海地区群众性的反帝斗争遭到残酷镇压，上海总工会及各产业工会均被封闭，白色恐怖十分严重的情况，罗亦农不为所惧，清醒地指出："这不过是整个革命运动高涨过程中的暂时迂回，是暴风骤雨到来之前的瞬刻沉静。"

他通过一段时间的调查了解之后，提出采取坚决进攻的策略，主张从组织群众开展经济罢工入手，发展群众斗争，进而准备工人武装起义。

这一方针得到区委负责组织工作的赵世炎，负责工运工作的汪寿华等同志的一致赞同。由于指导方针明确，在很短的时期内，各重大产业部门党的支部逐步建立起来了，各种产业工会组织也迅速得到恢复，有的还以工厂为单位建立起工人纠察队，实行武装训练等。

在罗亦农等的精心运筹之下，一场新的群众革命运动正在酝酿之中：如五卅运动周年纪念的大规模群众示威游行，以及后来持续四个月之久的200多次工人罢工斗争，就是这一方针应用于实际斗争的具体成果。

在工作中，罗亦农尤其注重抓紧对党、团员以及工会骨干的政治思想教育。当时的江浙区委机关设在四川北路恒丰里104号。在这里，曾先后办了五、六期各基层党、团组织及工会负责人训练班。每期参加训练的20余人，时间一个月，每星期利用下午或晚间集中两到三次，由罗亦农亲自讲述马克思主义基本知识，以及当前的局势和我们的任务等。当年参加过训练的同志至今还清楚地记得，他讲的课深入浅出，通俗易懂，往往用一些风趣的俗语，一下子就能触及问题的实质，使大家学起来很开心，很起劲，提高很快。

罗亦农还经常到上海总工会及下属工会、上海大学、上海学联等单位讲演，为这些单位的党、团员解决思想问题和工作中遇到的困难。

商务印书馆的工人在第二次罢工胜利后，曾产生自满情绪，有的人甚至提出不参加政治斗争的口号。罗亦农听陈云汇报了这一情况后，几次到那里召集党、团员和工会骨干会议，做细致的思想工作，反复给他们讲述：一个单位罢工的胜利，除了自身的努力之外，还必须有其他行业的工人弟兄的紧密配合和支持。帮助他们弄懂自身的利益是建筑在整个阶级利益的基础之上，以及没有政治上的胜利，没有工人阶级和劳苦大众政治地位上的彻底解放、经济上的胜利也就无法巩固的道理。通过耐心细致的思想教育，商务印书馆党支部的斗争性大大增强。后来，他们还派出人员到闸北烟厂、丝织厂和一些商店去开展工作。

1926年8月，江浙区委根据中央军委的指示，组织了上海军事委员会，直接领导工人武装起义的准备工作。军委会制订了妥善的方案，以基层工会为单位，落实工人纠察队的组织建设，指派一批有政治觉悟又有一定枪械知识的同志，或已经打进保卫团的同志为教官，选择有条件的地方设点，秘密进行武装训练。当时复兴中路华冠里就有这样一个训练点。参加训练的人员，主要是法商电车电灯自来水公司（简称法电）的工人纠察队员，罗亦农和赵世炎等曾经常深入这个点上指导活动。

在加强和扩大工人纠察队，实行武装训练的同时，罗亦农还注意做好各界人士的统战工作。当时，能够左右商界局势的总商会，在帝国主义和军阀的控制下，与上海总工会、学联等组织唱对台戏。有些地方，就曾出现过商人、店员与张贴传单的学生发生冲突的事件。罗亦农认为，总商会的基本群众是好的，它的上层人物中也有不少是爱国的分子，必须把这股力量争取过来，团结在反帝、反军阀的战线上，去反对我们共同的敌人。

他和区委研究，决定成立一个上海各马路商界总联合会，以对抗和分化上海总商会。有的同志认为，只要工人阶级组织起来了，联合不联合商界无关大局；也有的同志认为要联合商界，关键是要把上海几个大老板拉过来。罗亦农针对上述错误看法，尖锐地指出：上海是个工商业城市，店铺林立，能不能把势力雄厚的商界拉过来，不是无关大局，而是极为重要。他认为，联合商界，应当着眼于它的基本群众，关键是店员和小商，这些人人数很多，是受压迫的，是劳动群众的一部分。还有一些天天在受气受压的中、小老板，他们对军阀，对帝国主义怀有强烈的不满。至于那些大老板，资金雄厚，权势大，是难于和我们同心的，能不能争取，要看情况。更要发动店员，中、小商人，从内部给他们施加压力。他的这些分析，使大家统一了认识，因而商界总联合会建立起来以后，搞得非常活跃，达到了团结商界基本群众的目的。

在上海工人连续举行三次武装起义的斗争中，罗亦农几乎倾注了全部的心力。起义前夕，他除了在市内的大量活动外，还挤出时间赴外地检查工作，统一江浙区各地工作的步调。随着北伐军逼近江浙，区委于 10 月 24 日和 1927 年 2 月 23 日，在上海组织了两次工人武装起义，但都由于军阀的残酷镇压、国民党右派的背信弃义和工人力量准备的不充分而遭到失败。

面对两次武装起义失败的现实，如何看待工人掌握武装的重要性这一问题，在党内引起了一场争论。有的同志认为，在目前这种军事技术条件下，要想在帝国主义者和反动军阀统治的军事政治中心取得武装起义的成功，是不可能的。有的则以为北伐军已逼近上海，军阀政府垮台指日可望，举行武装起义似乎没有必要。

这两种意见，无疑都是不赞成再搞工人武装起义的。

罗亦农、赵世炎等则坚决反对上述意见。在区委的一次会议上，赵世炎说："蒋介石根本是反动的，我们要当心。现在我们欢迎他们，他们以后可能会掉过头来打我们。"罗亦农说："所以我们一定要有工人自己的武装，不然，将来就有吃国民党子弹的危险。"

他们对前两次起义进行了认真的总结，并由罗亦农代表区委向党中央报告，请求批准第三次武装起义。

2月23日，中共中央、上海区委联席会议决定，在停止第二次武装起义的同时，准备第三次武装起义，成立以周恩来、罗亦农、赵世炎、汪寿华等八人为委员的特别委员会，作为起义的最高领导机关，并成立了以周恩来为首的特别军委。随后，他们频繁地召开了上海各区区委负责人会议和各级党员代表会议，层层动员，详细研究各区工人纠察队的力量配备，以及敌方军警据点和力量分布情况，制定了起义行动方案。

3月中旬，北伐军先头部队接近上海市区，原驻上海的军阀李宝章部悄悄撤走，由山东调来的毕庶澄师接防。

上海工人第三次武装起义的司令部——上海总工会

周恩来、罗亦农、赵世炎等认为时机已经成熟，决定全力组织总同盟罢工，同时举行武装起义。按原定方案，起义分为7个区进行，区委负责同志分头下去进行动员和组织，罗亦农负责南市区。20日，他在老西门乔家坝召开了南市区党员、积极分子和工会负责人会议，进行了动员和布置。

21日凌晨，江浙区委委员召开了各部委书记的紧急会议。会上，罗亦农代表区发布了命令，"今天正午12点，全市实行总同盟罢工，并同时举行武装起义。"会上宣布：这次起义由周恩来担任总指挥，赵世炎任副总指挥，罗亦农负责联络和处理机关事务。

12时，上海80万工人开始了总同盟罢工，各路工人武装开始对敌警署和兵营进行猛烈袭击。当天下午，除毕庶澄巢穴所在地闸北区的战斗仍在紧张进行外，其他六个区的战斗已胜利结束。罗亦农当即调集了沪东、虹口、沪西3个区的工人武装驰援闸北。

晚上，敌人狗急跳墙，在北站附近的居民区放起大火，企图趁火反扑。工人纠察队在周恩来等的指挥下，一方面救护遭火的群众，一方面加紧对敌人的攻击。罗亦农和秘书夏之栩也赶到闸北一个离前线不远的联络站，配合指挥战斗。当时，夏之栩看到熊熊大火着急起来，罗亦农却沉着地安慰她说："什么都不要怕，那里有群众，大火是可以扑灭的，最后胜利是属于我们的！"

从21日中午到22日黄昏，经过两天一晚的剧烈战斗，上海人民终于击败了敌人的军警武装，打垮了直鲁联军，占领了整个市区，取得了武装起义的伟大胜利。这次起义的胜利，使长期被帝国主义和北洋军阀统治的上海又回到了人民手中。

紧接着，江浙区委在南市体育场召开了声势浩大的庆祝大会。罗亦农在大会上宣布了市民政府成员的名单，并发表了鼓舞人心的演讲。他说道："现在的上海，再不是帝国主义、北洋军阀的上海，也不是无聊政客、右派们的上海，是我们自己的上海，是工人阶级的上海了！"他的演讲，博得了全场热烈的掌声和欢呼声。

在八七会议上，罗亦农当选为政治局委员，他的得票数仅比瞿秋白少了一票，从此进入中央决策层

武装起义胜利后，由于民族资产阶级的观望态度和陈独秀右倾机会主义的严重干扰，上海市国民政府并未发生实际作用。

3月26日，蒋介石到上海后，一面口口声声支持工人武装，敲锣打鼓地给总工会和工人纠察队送锦旗，高喊"共同奋斗"，一面却在帝国主义的支持下，收买一大批流氓打手，与工会对抗，向工人纠察队挑衅。

对于国民党新右派的阴谋，罗亦农等早有察觉，他们曾组织群众游行请愿，反对蒋介石的亲信刘峙部队进入闸北，但未能奏效。

4月11日，上海总工会委员长、江浙区委领导成员之一汪寿华，被蒋介石的帮凶、流氓头子杜月笙骗去，惨遭杀害。

12日凌晨，蒋介石密令大批武装流氓在二十六军的掩护下，向总工会、工人纠察队总部驻地猛扑。纠察队员们勇敢地进行抵抗后，被敌二十六军连骗带唬地缴了械。

在同一时间里，南市、浦东等地的工人纠察队，也被军队包围收缴了武器。

这一连串突然事变的发生，激起了罗亦农极大的愤慨。他与周恩来、赵世炎等商量对策，决定再次发动总同盟罢工，以抗议国民党新军阀的暴行。同时提出共产党的机关转入地下，坚持斗争，准备应付任何困难的局面。

13日早，以总工会名义发布的总同盟罢工令传到了各基层工会，上海80万工人群众立即响应。中午12时，六万多工人群众在闸北青云路集合，并举行游行示威。游行队伍遭到由蒋介石布置的国民党二十六军二师的突然袭击，工人群众当场被打死打伤200余人，上海笼罩在一片白色恐怖之中。

为了保护群众，保存革命力量，4月14日，罗亦农等在北京路泥城桥附近的平桥旅社，召开上海各区委、各支部负责人紧急会议。会上，罗亦农代表区委分析了当时的形势，指出黑暗是暂时的，上海80万工人是杀不完的，总有一天，人民会要向蒋介石等国民党新军阀讨还血债。他鼓励大家要树立信心，坚持战斗。会议并对一些具体工作做了安排，将一部分“目标太大”的同志派赴农村工作。

4月中旬，党中央决定由陈延年接任江浙区委书记的工作。不久，罗亦农以中共江西省委代表的名义，到武汉参加党的第五次全国代表大会。

在党的五大上，罗亦农被选为中央委员。会议期间，他和毛泽东、任弼时等进行过多次交谈，成为亲密战友。一次，罗亦农指着毛泽东向湖北的一位女同志问道：“你认识他吗？”那位女同志笑着摇了摇头。罗亦农带着称颂的口吻说：“他就是我们的农王，不是海里的那个龙王，是专搞农民运动的大王。”

五大之后，罗亦农被任命为中共江西省委书记，赶往南昌赴任。

他预见到反动逆流很快就要冲击到江西，告诫省委其他领导人，任何麻痹松懈、侥幸的心理都是十分有害的。首先，他以全力抓紧对党、团组织的整顿和建设，举办党、团员和积极分子训练班，要求每个共产党员、共青团员、革命同志，在革命运动大变动的关键时刻，务必保持清醒的政治头脑，坚定立场，增强斗志，紧紧地和人民群众站在一起，与反动势力斗争。切不可畏难退缩，怀疑动摇，更不能在严峻的考验面前当逃兵。

5月底，他深入九江地区检查工作，对当地负责同志说：这里地处战略要冲，工作非常重要，要求就应当更高更严。他曾以登庐山要敢于攀登悬崖峭壁作比喻，勉励同志要在最困难的情况下坚持革命斗争。经过他的努力，江西省党、团组织对预防反动派袭击革命力量，做了思想上和组织上的充分准备。

6月6日，驻江西省北伐军第三军军长兼江西省主席朱培德也撕下了革命的假面具，导演了一出将共产党人、革命分子“礼送出境”的丑剧，并以“渗有不良分子”为理由，派兵查抄总工会、农协会、学联等革命组织，砸、封进步报刊，整个江西大有黑云压城之势。

面对这种情况，罗亦农十分冷静、沉着，他一方面将情况及时报告中央，另一方面召集党的各级负责人会议，号召全体党员正确估计形势，坚定信心。在他的组织安排下，许多党员转入地下坚持斗争，有的调换了工作岗位，从而挫败了朱培德这一反共阴谋。

7月15日，汪精卫召开了“分共”会议，叛变了革命。此时，罗亦农被中央调到武汉任湖北省委书记。他化名赵先生，搬到汉口一家民房内，以居民身份为掩护，坚持地下斗争。他以惊人的魄力和机智，很快就落实了各级党组织的转移、整顿，建立起秘密联络点，安排好地下交通员，革命活动继续开展，犹如一股强大的热流，在地下奔突、运行。

8月6日，罗亦农由地下交通员带至汉口三教街41号怡和新房，参加了具有重大历史意义的党的八七会议。会上，罗亦农和大家一起批判了陈独秀等人的右倾机会主义错误，热烈地讨论了土地革命问题，提出了武装反抗国民党反动派屠杀政策的意见。会议决定成立中央临时政治局，罗亦农等九人当选为政治局委员，他的得票数仅比总负责人瞿秋白少了一票。

这次会议，在中国革命的紧急关头，坚决地纠正和结束了陈独秀的右倾机会主义在党内的统治，确定了土地革命和武装反抗国民党反动派屠杀政策的总方针，开始了中国共产党历史上一个关键性的转变。罗亦农坚决贯彻了这一总方针，要求省委全体负责同志，把工作着重点摆在积极准备秋收时期的农民武装起义上。他还建议挑选一批得力的干部，加以训练，派到农村去组织领导农民斗争。

在罗亦农的主持下，省委制订了“湖北省秋收暴动计划”，对于暴动的策略方式、组织措施等都作了周密的考虑和安排；并决定将全省划为武汉、鄂东、鄂南、京汉路、鄂北、鄂中、鄂西七个工作区域，各区组织特别委员会，在省委的统一指挥下，组织和领导农民举行暴动，反抗国民党反动派的血腥统治，打击土豪劣绅复起的气焰。

罗亦农从全局出发，考虑到各地革命运动的实际基础，提出了暴动首先从鄂南打响的方案，得到省委的赞同。鄂南地区包括蒲圻、通城、嘉鱼、崇阳、通山等县，地处要冲。在这里举行暴动，不仅可以直接影响武汉，还可以造成湖南军政方面的恐慌，与湖南的暴动斗争紧相呼应。

罗亦农根据当时的情况，亲自主持制订了详细的“鄂南暴动计划”，并增派吴德峰、黄赤光赴鄂南，组织鄂南特委。8月底，罗亦农赶到鄂南特委机关所在地蒲圻，召集各县党的负责人会议，听取了汇报，分析了敌我双方武装力量的分布情况，决定10日内举行暴动。9月初，他再次赶赴鄂南，亲自指挥暴动。

暴动于9月8日晚在中伙铺车站截击一列由武昌开往长沙的军用火车开始。这次袭击，缴获了敌人快枪16支、子弹五大箱和饷银一批，打胜了鄂南秋收暴动的第一仗。第二天，通城、崇阳、嘉鱼、蒲圻等县同时举行暴动，参加的农民群众总数达五万人以上。他们占领了汀泗桥、官埠桥、马桥等城镇，进攻咸宁城、夺取通山、通城县城并组织起革命政府，截断武、长铁路交通达数十天之久。

这次暴动，像一股红色风暴，席卷着整个鄂南地区。后来，暴动虽然被反动派残酷地镇压下去了，但是，它却以公开的方式，第一次向当地农民展示出党的土地革命的旗帜，锻炼了党的干部和群众。紧接着，农民武装暴动的熊熊烈火，在湖北的鄂中、鄂西、鄂北、鄂东等地蔓延起来，为以后鄂豫皖、湘鄂西等处的红色割据打下了基础。

中共中央机关陆续由武汉迁到上海。图为设在上海辣斐德路辣斐坊的中央军委机关

1927年9月，党中央机关开始迁往上海。为了加强对长江中游各省革命运动的领导，党中央决定成立长江局，派罗亦农任长江局书记，代行中央职权，指挥湖北、湖南、江西、四川、安徽、陕西7省的革命运动与党务工作。长江局机关设在汉口璐珈山路一排两层楼房靠右边的一幢房子里。

同年11月，在上海召开的党中央政治局的扩大会议上，罗亦农被选为中央政治局委员、常务委员。不久，他被任命为中央组织局主任。年底，他离开了武汉前往上海。当时，由于他在上海的名声很高，一直被帝国主义者和国民党反动当局以万元巨款悬赏追捕，所以，特务、暗探、叛徒、巡捕无时无刻不在寻觅着他的踪迹。但他把个人的安危置之度外，勇敢机智地应付各种复杂情况，继续不辞劳碌地奔波着。

在法租界金神父路一幢西式洋房，周恩来紧急召见顾顺章和陈赓，商讨罗亦农被捕后的应对措施

1928年4月15日上午，罗亦农来到地处英租界戈登路望志里的办公地点，准备与山东来的同志接谈工作。以住家掩护办公地点的何家兴、郝稚华夫妇，是一对混进革命营垒中的投机分子。在这革命处于低潮的严峻时刻，他们妄图通过出卖革命的领导干部，捞取一笔巨额赏金，到外国去寻欢作乐。当罗亦农走进屋后，何家兴即悄悄地写了一张便条，叫保姆急速送至英巡捕房。

片刻，一群凶神恶煞的巡捕冲进屋来，为头的英国特务洛克与叛徒交谈了几句之后，用手枪对准了罗亦农，凶狠地叫道："你是罗亦农，我已经注意你两三年了，跟我们走吧！"罗亦农心中明白，敌人是冲着自己来的，早一点离开此地，山东来的同志就少一分危险。于是，他神态自若地向门外走去。

罗亦农被捕的消息，很快传到陈赓领导的反间谍机关——特科。

4月15日晚，周恩来在法租界金神父路一幢西式洋房的三楼，紧急召集顾顺章、陈赓、洪扬生开会。

这幢西式洋房由一位白俄老太看管。洋房的三楼由特科总务科科长洪扬生和一名女同志以夫妻的名义租下，作为特科总部的接头地点。

会议开始时，周恩来神情冷峻地向他们通报了一个十分不幸的情况：

> 中央根据可靠的渠道获悉：罗亦农同志于今天上午十时被英国巡捕房逮捕了。当时，罗亦农同志正在戈登路的一家秘密办事处，接待山东省委书记老吴。这家秘密办事处是由一对从苏联回来的年轻夫妇看守的，男的叫何家兴，女的叫郝稚华。根据可靠情报，罗亦农同志被捕后，老吴去向不明，而何家兴、郝稚华夫妇目前仍安然无事；而且在罗亦农同志被捕以前，何家兴夫妇请的女佣曾急急忙忙出门，跟马路上站岗的巡捕打过招呼。

顾顺章、陈赓尚未听完周恩来的介绍，几乎异口同声，脱口而出："叛徒肯定是何家兴与郝稚华！"

周恩来听罢，未置可否，只是冷静地说："当初，我也曾做过这种判断。但是同志们，请你们负责任地想一想，这件事直接关系到何家兴和郝稚华两位同志的政治生命呀？这可不是一件小事哩。"

陈赓思索了一会儿，说道："虽然现在无法拿出铁的证据出来，但据我分析：第一，他们夫妻兼做罗亦农的秘书工作，有关罗亦农同志的行踪，按理说只有他们夫妇才掌握；第二，老吴同志目前去向不明，敌人为什么不逮捕他，而仅仅是逮捕罗亦农？这的确是矛盾的。但老吴刚刚从山东赶来，什么情况都不熟悉，应该说他出卖罗亦农的可能性不大。理由是他这次与罗亦农同志的见面都是由何家兴夫妇全力安排的，他事先不可能知道地点。因此，我觉得何家兴夫妇的可疑性最大。我怀疑是何家兴夫妇出卖了罗亦农同志，但又故意建议敌人不抓老吴，给我们造成错觉，以便他们得以继续隐藏在我们内部。"

周恩来赞许地点点头："嗯，分析得还有几分道理。"他望了望顾顺章，征询他的意见，"顺章同志，你的意见呢？"

"我没有别的意见，我认为陈赓同志分析的这两点，已足以断定何家兴夫妇就是叛徒。我凭直感，也觉得他们像叛徒。"

"不对！"周恩来猝然严肃起来，"你们讲的仅仅是推论，是假想的推论，而不是拿到确凿的证据后得出的结论。同志们，目前的斗争是复杂的，我们尤其不能靠直觉，更不能凭想象去臆测。这样做是很危险的。"

顾顺章听后，脸上挂不住了，他似抱怨地辩解："我不过是纸上谈兵而已嘛……那么，我们下一步应该怎么办呢？"

周恩来说："第一，陈赓同志，你马上通知内线，请他务必设法查明事情的真相和敌人的态度，为我们全力营救罗亦农同志做准备。第二，在没有铁的、确凿的证据之前，我们绝不可轻率从事。因此，请顺章同志安排行动科的同志，暂时将何家兴转移到安全的地方，严密监视他们的举动，但请注意不要惊扰了他们。"

待顾顺章、陈赓等离去后，周恩来踱步走到窗前，一把掀开窗帘，凭窗远眺。窗外月光皎洁，给夜上海涂抹了一层稀薄的银灰色。此刻，他的心潮尚未平静下来，口里念叨着："亦农，亦农呀！此时此刻，你是否也同我一样，正凝望这圣洁无瑕的月光？"

恍惚间，周恩来的心路回到了一年前的上海！是呵！就在一年以前，他和罗亦农共同领导了上海工人第三次武装起义，在喧嚣的厮杀呐喊声中，他们曾是那样的踌躇满志！那样的壮怀激烈！他的心路又似乎回到了这一年的元旦，罗亦农与战友李文宜举行俭朴而庄严的婚礼的日子，他的耳边似乎回荡起了罗亦农与李文宜的结婚誓言：长相依，死相守，白头偕老，终生不悔！

根据周恩来的指示，顾顺章带领数名"红队"队员赶往何家兴、郝稚华夫妇的住所，以安全为借口，把他们夫妇迁到南京路一家旅馆（亚洲旅馆），并实行24小时的严密监视。陈赓则约见杨登瀛，转告了罗亦农被捕一事，要求他尽快查清罗亦农被捕关押在英租界巡捕房的情况及打听淞沪警备司令部对此事的态度，并尽快查实告密的叛徒。杨登瀛听陈赓说完，不禁大吃一惊：

"听说罗亦农是你们中央政治局的五名常委之一，地位与周恩来相当。英租界巡捕房捕人前，我居然未听到一丁点的口风。真没想到，这些巡捕们的保密工作做得如此之好。放心，我这就到警备司令部，亲自向钱司令打听一下情况。"

岂料，淞沪警备司令钱大钧初闻此事，也大吃一惊。旋即，他兴奋地说："罗亦农可是共匪的领袖级大人物哟！这是件大好事！我得马上报告蒋总司令！"

杨登瀛从警备司令部出来后，本想直接去找英租界巡捕房政治部侦探督察兰普逊，向他当面了解具体情况。因为前不久，他随杨剑虹到租界办案，已与这位英国佬打过一次照面了。但转念一想，又觉得自己这样去未免太唐突了，且师出无名。他遂立即给南京的陈立夫、张道藩、杨剑虹发去电报，告诉他们罗亦农被捕的事，并请示下一步行动。

陈立夫当即回了电，指示杨登瀛尽快与英租界巡捕房妥善办理引渡手续，并称自己不日将赶往上海，处理善后。

这样，奉陈立夫的旨意，杨登瀛马不停蹄地赶到了英租界巡捕房政治部。不想正与出门的兰普逊撞个满怀。

兰普逊一见是杨登瀛，不由喜出望外："哈罗！我正好出门，准备到贵府去拜访您呢。没想到，借你们中国的一句话，你倒捷足先登了。"

"既然如此，恕我直言，我想督察先生找我，恐怕是为了罗亦农的案子吧？"杨登瀛继而揶揄地说，"抓住罗亦农，算是钓了条'大鱼'，督察先生怕是会得到你们女王陛下颁发的骑士勋章了吧！"

兰普逊听罢，不由一愣，随即爽快地大笑起来。他自我解嘲似的说："啊哈！我差点忘了杨先生的身份了。你可是共产党的死对头呀！但我们昨天才抓人，今天，风声就传到了你们耳朵里。依我看，还是你们中国人的一句俗话讲得好……"

"世界上没有不透风的墙，是不是？"杨登瀛接上兰普逊的话，随即又认真地说，"好了，咱们言归正传。我刚接到上峰的指示，要我尽快向贵方办理引渡一事。希望我们能友好合作！"

"这件事好商量。但你们事先得答应我们两个条件！"兰普逊故意卖关子。

"请说，只要不是将整个上海拱手送给你，什么条件我都可以考虑！"

"好！爽快！我们的条件是：第一，你应当清楚，我们实际上是在帮助你们对付共产党。所以嘛，请你们得考虑一下我们个人的利益；第二，告密的人要求得到五万美金和两本到德国的护照，这点，同样希望你们考虑一下，因为我已答应他们了。你们不是有句古话叫做‘君子一言，驷马难追’吗？”

“看来，兰普逊先生您已经是个中国通了。您把中国的俗语古话说得如此圆熟，连我这个地道的中国人都要羡慕了。”杨登瀛打个哈哈，顺便扔给对方一个“高帽子”戴，旋即，他话锋一转，“不过，你刚才提到的两个条件我得请示上峰以后，才能明确答复你。”

当周恩来看到罗亦农遗书上写着“学我之所学，以慰我”时，泪水霎时涌出了眼眶

是夜，周恩来再次召集顾顺章、陈赓等人开会，研究如何营救罗亦农。

顾顺章首先汇报了转移和监视何家兴、郝稚华夫妇的情况，他说：“他们两人好像是惶恐不安。从他们的反常行为观察，他们俩十有八九就是叛徒。”

周恩来挥挥手，打断了顾顺章的话：“对于何家兴、郝稚华，我还是那句话，在没有可靠的证据以前，绝不可妄下结论，也绝不可以对他们采取什么行动。”他望了一下陈赓，问“陈赓，你那边的情况怎么样？”

“我的内线接触了英巡捕房，与兰普逊见了面，双方初步约定了引渡时间，是4月20日。关于罗亦农同志被捕的细节问题，兰普逊还守口如瓶，不肯透露。但他向我的内线提了两个要求，他的第二个要求，实际上也就是这个告密者的要求，告密者要求提供五万元美金和两本到德国的护照。但出于保密的需要，兰普逊对告密者的人数和姓名仍守口如瓶。不过，根据情况分析，至少有一点可以断定，告密者肯定是两个人，而且到过德国。另外，据查，何家兴、郝稚华二人曾留学德国。”

周恩来听完陈赓的汇报，蹙眉陷入了深思。然后他掐指算了算，说：“今天是16日，距离敌人引渡还有三天的时间。”

接着，周恩来果断地说：“这样吧，明天，希望陈赓同志继续通过内线，查实一下引渡路线。下面，我们研究营救计划。”

最后，大家一致议定的意见是：一、准备在引渡的中途武装劫持；二、一旦武装劫持失败，再通过其他的途径营救。

不料，情况却发生了变化。翌日晚，当陈赓约见杨登瀛的时候，杨登瀛告诉陈赓，陈立夫已于当天清晨自南京抵达上海，下午在钱大钧的官邸约见了他。陈立夫说蒋介石很重视罗亦农被捕一案，要不是因为正在山东前线督军北伐，蒋还会亲自赶到上海处理罗亦农一案。另外，陈立夫与钱大钧以“夜长梦多，谨防有变”为由，决定尽快引渡罗亦农，并且钱大钧已命令警备司令部督察长王斌具办交涉事宜了。据杨登瀛估计，引渡时间绝不会超过第二天中午。

这样一来，营救罗亦农的第一种方案显然已无法实现了。因为罗亦农被引渡的时间，已亲自掌握在陈立夫和钱大钧的手里，即使杨登瀛弄到了具体时间，等到通知陈赓和顾顺章等，劫持工作也显然已没有充裕的时间去准备，这样就很难确保中途劫持的成功率，而一旦劫持行动失败，无疑会加快敌人对罗亦农的杀害。

“但如何实施第二种营救计划呢？”陈赓汇报完杨登瀛的情报，直率地提出了自己的疑问。

顾顺章当即冒险地提出：待罗亦农被押解到警备司令部之后，乘敌不备，武装劫狱。

陈赓首先反对这一冒险盲动的做法，他说：“我不同意！首先是我们的力量太弱，淞沪警备司令部是上海国民党军队的老巢，防备极为森严。再则太冒险了，以我们现有的‘红队’力量，无异于以卵击石，成功的把握微乎其微！”

周恩来听罢，先不表态，而是走到办公桌前，从抽屉里拿出两张报纸，递到顾顺章和陈赓的手里，沉吟地说：

“这是最近两天的报纸，头条新闻都是关于亦农同志被捕之事。他们声称：首要已擒，共祸可熄。当然，这是敌人借此制造舆论，给群众造成一种共产党已不成气候的假象。但反过来想，这说明敌人十分惧怕亦农同志，必欲除之而后快。事已至此，依我看，营救亦农同志脱离虎口的可能性已经很小了。”

陈赓闻听此言，内心一阵悲恸。他近乎哀求地问周恩来：“难道我们一点办法都没有了吗？”

周恩来坚定地摇摇头。他想了想，又说道：“当前，我们只有静观事态的变化了。但是，哪怕有一丝希望，我们就绝不能放弃。请陈赓同志尽快设法和亦农同志取得联系，听听他的意见。”

诚如杨登瀛所言，敌人果然在 4 月 18 日中午以前，将罗亦农引渡到了龙华淞沪警备司令部，并关押在司令部内陆军监狱男牢。

鉴于罗亦农在中共内部的重要地位，陈立夫、钱大钧均不敢擅自裁决。两人合计后，决定由钱大钧再次电告蒋介石，请示处理意见。同时，他们布置军法处长裘某对罗亦农进行审问。裘某连续审问了三次，罗亦农除告诉他已然公开的姓名和身份外，其余一句话也未多讲。

4 月 19 日，杨登瀛奉陈立夫的命令调来审讯记录。陈立夫审阅后，也不顾及自己的身份，当着杨登瀛的面，就破口大骂：“这就是共匪的领袖！比茅厕里的砖还要臭，还要硬！”

杨登瀛吓了一大跳，他还是第一次见到陈立夫如此暴跳如雷、如此歇斯底里。他小心翼翼地问道：“先生打算如何处置罗亦农呢？”

“杀无赦！”陈立夫恼羞成怒，咬牙迸出这三个字。过了会儿，他的情绪稍缓和了下来，又悠悠地说，“当然，必须得等到蒋主席的来电，由他亲自裁决。”

就在罗亦农被引渡后的第三天（4月20日），蒋介石从北伐前线山东曲阜发来了回电：“就地枪决！”

翌日，罗亦农身着直贡呢马褂和灰色哔叽长袍，脚穿皮便鞋，在一个排的敌人押解下，从容步入刑场，英勇就义。

罗亦农牺牲后，敌人残暴地把他的遗体暴弃郊外，并严令不许收殓。周恩来知道后，命洪扬生带了两名同志，于半夜三更，找到乱坟场，将烈士的遗体就地掩埋了起来。

当夜，罗亦农的遗物一封写给新婚妻子李文宜的信，由狱中的同志转送了出来。当周恩来看到遗书上的一句话“学我之所学，以慰我”时，泪水霎时就涌出了眼眶。他在心底痛责自己：“我堂堂七尺须眉，眼睁睁地看着亦农你受死，却又无可奈何！”

周恩来旋即吩咐邓颖超，要她代表中央妇委会，连夜赶到罗亦农的秘密住处，看望、安慰烈士的遗孀。

也就在罗亦农就义的当天晚上，杨登瀛受钱大钧之命，在上海外滩著名的一品香饭店设宴款待兰普逊。酒过三巡，杨登瀛取出预先备好的“红包”，交给了兰普逊，希望他从今往后通力与党国合作。

兰普逊也不说谢谢，竟直言不讳地追问：“还有五万美金和两本去德国的护照呢？”

“噢，钱将军说为了感谢告密者，他要另设私宴盛情款待他们，并当面将美金发给他们。至于出国护照，他答应将亲自给他们办理，并派人护送他们安全离境！”

“是吗？”

“我们一家人不说两家话。不知你能否告诉我他们的详细情况？明天，我就可以带他们晋谒钱将军！”

“他们是一对夫妇。但这几天不知何故，一直未见踪影。明天我找到他们后，马上打电话通知你！”

随后，在酒酣脑热之际，杨登瀛终于从“铁嘴”兰普逊的口里，套出了告密者的情况。

原来，告密者正是何家兴、郝稚华夫妇。他们从德国留学归来后，被党组织安排以夫妻名义看守戈登路党的秘密机关，同时，何家兴兼任罗亦农同志的秘书。眼见上海滩上灯红酒绿、纸醉金迷的生活，他们那两颗本不安稳的心被激活了。因为他们早忘不掉布尔乔亚的生活方式了。随着时日的增加，他们再也不能忍受这种枯燥乏味的秘密生活。于是，他们频繁出入茶楼酒肆、舞场剧院，并且不遵守秘密工作纪律，经常玩得很晚才回家。这些引起了罗亦农的警觉。为此，罗亦农多次对他们进行了严肃的批评。但他们非但不改，反而心生怨恨。经过一段时间的思想斗争，他们终于决定豁出去，并很快到英巡捕房秘密自首，供出了罗亦农。他们还与英巡捕房约好，一俟罗亦农赶到机关，即由他们的女佣以上街买菜为由，趁机向街头的站岗巡捕报警；并且故意只抓罗亦农一人，使他们得以隐瞒身份，继续在秘密机关守候，直到安全出境为止。

再说何家兴、郝稚华这几日因害怕暴露自己的身份，虽然如热锅上的蚂蚁，惶惶不可终日，却始终不敢轻举妄动。那天，当他们从“红队”队员口中获悉罗亦农遇害的消息后，就再也沉不住气了。晚上，两个人躺在床上商议，决定第二天由郝稚华到英租界巡捕房找兰普逊，一俟讨到五万美金，领到出国护照，就马上离开这是非之地。

第二天一大早，郝稚华走出旅馆租了一辆黄包车，匆匆忙忙地赶到英租界巡捕房。大约过了半个钟头，她出来了。当看到那辆黄包车还在门口，就顺便要这辆黄包车把她载回旅馆。

但令郝稚华做梦都想不到的是，这辆黄包车及车夫是顾顺章预先给她准备好了的……

原来，昨天晚上，周恩来得到陈赓转告杨登瀛的情报后，已经知道告密者就是何家兴夫妇了。顾顺章当时就叫嚷说恨不得亲手宰了这对叛徒夫妇。但周恩来未允许顾顺章造次，仍坚持一定要取得充分的证据才可采取动作，并设下了这一个“欲擒故纵”的计谋，故意向他们放风，说罗亦农既已遇害，没必要再对他们保护了。谁知，心虚的何家兴夫妇果真上当。

顾顺章深感事不宜迟，必须赶在何家兴夫妇与钱大钧会面之前除掉这对叛徒，遂立即向周恩来请示。

周恩来当即指示：“既然已经彻底查实何家兴夫妇就是叛徒，就要尽快动手解决，不要再造成损失。这次行动，具体由你指挥‘红队’办理。注意：一定要处理得干净利落，不留后患。”

顾顺章会意地点点头，就匆忙赶往同孚路的一条弄堂，与“红队”的同志们商量具体的行动方案。

4月25日清晨，一顶迎亲的小轿沿南京路一条小弄堂缓缓走来，锣鼓、唢呐声打破了清晨的静谧。

当队伍行走到亚洲旅馆门前时，只见一个老板模样的人，将一条长板凳往街中央一摆，往上压了一摞光洋，然后伸展双手，向众人笑容可掬地扯起嗓子喊道："请各位兄弟赏光。今天，我借新郎官儿大喜的日子，向你们讨个吉利！"见到白花花的光洋，轿夫们马上停下轿子。鼓乐手们也马上挤弄腮帮，使劲地吹奏起来。迎亲的伙计们也不闲着，有的燃起了串鞭，有的点起了"冲天炮"，"噼啪"地往空中放。顷刻间，鞭炮声和鼓乐声混响一团，回荡在宁静的街道上。

附近的居民纷纷揉着惺忪睡眼，跑到街头来看稀奇。

就在这当口，几个人悄悄地溜进了亚洲旅馆。他们用脚踢开一扇房门。正在酣睡的一对夫妇被蓦地惊醒，正待发作，只见几只乌黑的枪口已对准了他们……

一会儿，这几个人掩上房门，走出旅馆，悄然加入到迎亲的队伍中……

其实，这对被惊醒的夫妇正是何家兴、郝稚华。而这支迎亲队伍的伙计们正是顾顺章和"红队"队员们装扮的，那位拦在街中借喜事讨吉利的老板也是预先安排好了的，那些一直被蒙在鼓里的轿夫和鼓乐手们则是临时花钱雇请来的。

为了深切悼念罗亦农，党中央在1928年5月30日出版的《布尔什维克》杂志第20期上，以头版头条的位置发表专文，题目是《悼罗亦农同志》。文章写道："亦农同志被害了，中国无产阶级失去了一位最热烈的领袖，中国共产党失去了一位最英勇的战士，他的热烈的革命精神，可为中国共产党全党党员的楷模。"

“农民运动大王”

——中共第六届中央政治局委员、中央农委书记彭湃

主题人物：彭湃

籍　　贯：广东省海丰县

出生时间：1896 年 10 月 22 日

主要职务：1924 年加入中国共产党。先后担任海丰县总农会会长、广州农民运动讲习所主任、中共东江特委书记、中共中央农委书记、中央军委委员兼江苏省委军委书记，是中共第五、六届中央政治局委员

牺牲时间：1929 年 8 月 30 日

牺牲地点：上海龙华淞沪警备司令部

当时年龄：33 岁

毛泽东：彭湃同志是农民运动大王。

周恩来：谁不知广东有彭湃，谁不知彭湃是中国农民运动的领袖？一切反革命派污蔑他是杀人放火的凶犯，但广大工农劳苦群众，尤其是几万万农民群众却深深地知道他是他们最好的领袖，是土地革命的领导者！

瞿秋白：彭湃是中国农民运动第一个战士。当他已经在广东做农民运动的时候，那些领导同志，还在否认中国革命中农民土地问题的存在呢！

毛泽东是搞农民运动起家的，可是他说“彭湃同志是农民运动大王”

海陆丰，是一个诱人的名字。

它一向以“神、海、沙、石”兼备的人文自然风韵，吸引着海内外游客来此观光。特别从沿海的玄武山、观音岭、龟龄岛、得道庵、品清湖、沙舌摊，到腹地的莲花山、准提阁、上护温泉，就像颗颗明珠，串成神奇瑰丽的旅游“黄金海岸”，令人流连忘返。

但是，人们情牵此地，并不完全是因为它历史悠久、山川壮丽、风物迷人，更因为这里曾经孕育出一位优秀的中华儿女——彭湃。

很久以来，海陆丰流传着一句民谚：“天上雷公，地上海陆丰。”旧时海陆丰人，把自己遭到不公的行为寄托于“雷公神”为他主持公道，相信“雷公神”会使恶行者受到“报应”。所以，每当打雷时，遭到不公的人就认为，雷公在对为非作歹者发出警告，希望其停止作恶行为，如作恶者不停止作恶，“雷公神”会根据天条处罚他，或使他得到报应。

彭湃（1896—1929）

在“雷公神”扬善抑恶的精神指导下，海陆丰人正直刚强、于人于国公正，就在这种力量的推动下，海陆丰人民拿起正义之剑，在中国共产党的先锋战士彭湃的领导下，进行打击豪绅、烧毁田契、分配土地、建立政权的轰轰烈烈的农民运动，使海陆丰在中国革命史和中共党史上，留下了重要的一笔，写下了辉煌的篇章。

当时，中共广东省委和中共中央多次发出号召，要求各地学习海陆丰的经验。1927 年 11 月，中共广东省委在第 25 号通告中，就要求各地对“海陆丰土地革命的经验广为宣传，以鼓励农民勇气”。同年 12 月 31 日，中共中央指示湖南省委：“应在湘赣边境或湖南创造一个深入土地革命的割据局面——海陆丰第二。”

1928 年 1 月 3 日，中共中央政治局在决议案中进一步指出：“海陆丰政权之丰富材料，它的胜利，它的经验，应当充分运用到一切农民暴动中去”，“中央及地方都应在自己的报纸、杂志、传单、宣言中运用广州及海陆丰暴动的材料”。

同月，中共中央在致广东省委的信中再次要求：“军委对于工农革命军及工农武装的组织编制和扩大作战计划均宜根据海陆丰及广州暴动的经验有个切实而具体的讨论。这个从事实中得出的结论和方法，不仅对于广东省有莫大的贡献，便对其他各省亦会发生同样的作用。”

毛泽东在《中国的红色政权为什么能够存在？》等著作中，也充分肯定了海陆丰的经验和做法。毛泽东还热情赞扬说：“彭湃是农民运动之王。”

随着中共广东省委编写的《海陆丰苏维埃》小册子在全党的发行，海陆丰革命根据地的影响就更大了。

海陆丰人民曾用深情的诗歌表达对农运领袖彭湃的无比崇敬和热爱：

有奇男儿，起自海丰。
农运伟业，开拓首功。
毁家救千家，舍身为万众。
昔日彭公子，粗衫褴褛容。
曾做歌谣教人诵，俚语村言唤民心。
当年音与貌，如在话语中。

彭湃是我党老一辈无产阶级革命家、中国农民革命运动的先导者和著名的海陆丰苏维埃政权的创始人。

在全国“双百”评选活动中，彭湃被评为“100位为新中国成立作出突出贡献的英雄模范人物”。

彭湃的名字上了日警署的“黑名单”，成为日本警察注意的“特殊人物”

彭湃，1896年10月22日生于海丰县城东镇一个大家族，父亲彭辛娶妻妾各一，彭湃是妾周氏所生，学名天泉，留学日本时改名彭湃，意为如浩瀚的大海那样澎湃，去冲刷黑暗社会的浊水。

提到彭湃的家业，那可了不得！

彭湃祖父承祖业在海丰开设“名合”杂货店，后来与公平区人合办榨油厂，生意做大了，又放高利贷，买田地，每年收租1600担，放“租仔”500多担，加上当铺、鱼档、房产60多间，杂货铺、鱼行等，彭湃家产在海丰是数一数二的。其家族统辖农民男女老幼不下1500多人，家庭里平均每一个成员有50个农民做“奴隶”。

祖父彭蕃感到家虽富有，可惜“家庭里无人在政府里当官”，有钱无势，总盼子孙有朝一日事从仕途，光宗耀祖。

彭蕃从风水先生那里得知，彭湃日后定是可塑之料，他见彭湃在儿孙中最聪慧，关爱有加，叮嘱彭湃生母周氏须善教养。

可是，谁会料到，彭湃后来走上了另外的一条人生之路！

彭湃的少年时代，中国正处在半殖民地半封建社会时代，广大人民处在水深火热之中。耳闻目睹的苦难和不幸，使善良正直的澎湃从小就具有朴素的民本思想，激起对穷苦农民的深深同情。

澎湃的民本思想还主要源于生母周老太太的影响，周老太太原名周凤，享年103岁，她出身贫苦农民，从小卖给海丰公平圩的地主黄可家做婢女，17岁被黄可送给彭辛做妾，周凤在彭家仍参加家务劳动，她勤劳俭朴，富有同情心，具有劳动人民的本色，在她的教育影响下，生长在富贵家庭的彭湃从小受到民本气质的熏陶。在学校，他没有阔少爷的架子，更没有成为纨绔子弟，喜欢和穷人家孩子交朋友。

彭湃随陈其尤经香港到了广州，在广府中学读书一个多月，1917年初，东渡日本求学。他先在为中国留学生进行预备教育的成城学校补习，1918年5月3日毕业。1918年9月30日，进入著名的早稻田大学，就读于专门部政治经济科（三年制）。

彭湃在日本的博物馆里看到从中国掠去的文物，在社会上看到有褊狭爱国狂的日本人竟然随意欺侮凌辱中国人的现象，便“以为生做中国人的唯一责任是救国，当头的急务是排日”，因此，在留学日本期间，他积极投入反日爱国运动。

留学日本时的彭湃（左一）

1918年春夏间，日本与段祺瑞政府秘密谈判签订

《中日陆军共同防敌军事协定》。中国留日学生获知这一消息后，非常愤慨，彭湃和同学黄霖生、陆精治合影，他们在照片上写着："民国七年中国军事亡国协定被迫签订之日，特合摄此'国丧纪念'照片，以示国仇之不忘。"

留日学生救国团的干部，在东京神田区"维新号"中国饭馆，以吃饭为名，举行秘密会议，讨论回国挽救国难的办法。

突然，日本警察"持械明矩闯入室内，不问情由，将在座诸人乱打，刀斫足踢，掀桌倒台……"，接着，又将46名到会人员全部押到警署，进行辱骂、审讯。直到第二天清晨，才将他们释放。

中国留日学生满腔悲愤，痛切地感到，日本准许本国人结社集会自由，准许居住日本的欧美人结社集会自由，唯独不许中国学生结社集会，由干涉而驱赶，而逮捕，而侮辱，3000留日学生忍无可忍，决定全体罢学回国，以示抗议。

彭湃回国后，由上海到广州，再回海丰，为反日救国事业东奔西忙。在广州，他和留日的广东同学发出《留日广东学生同乡会宣言书》，痛斥中日密约是"直举吾国领土奉送之"的亡国条约，说明"大祸临头，大义在目，威力甘言，不值一顾；此吾人所以不旬日而归国者千余，奔走呼号，愿舍学，舍身而谋废约救亡也"。回海丰后，彭湃发动青年学生，开展了"废约救亡"的宣传活动。

留日学生的爱国行动，得到人民群众的广泛支持，卖国媚日的北洋政府的教育部，却强令归国学生"务于6月10日前到达日本，返回各校继续留学，其后仍不回校者，经调查核实，取消留学资格"。

在反动政府的压力下，留日学生不得不忍辱负重，再行东渡。

此后，彭湃更加积极地投身于反日爱国活动，完全是一位热烈的排日人物。东京警署内排日派的中国留学生"黑表"上，遂有了彭湃的姓名。甚至，连彭湃因鼻窦炎住院动手术期间，也有两个日本"刑事"（便衣警察）"陪同"。

1919年，巴黎和会上中国外交失败，帝国主义者强将德国在我山东半岛的权益转让给日本。消息传到东京，我留日学生无比愤慨，他们既仇恨得寸进尺的日本强盗，更痛恨那些奴颜媚日的卖国贼。

4月30日，报载驻日公使章宗祥将于次日回国。章宗祥参与签订中日密约，留日学生早就对他恨之入骨。得此消息后，彭湃等60多个留学生，在章宗祥动身的那天，一清早就守候在东京车站，当章宗祥从地下楼梯上来乘车时，留学生一拥而上，高呼"打倒卖国贼！"并把写着"打倒卖国贼"的小旗子，掷到章宗祥坐的车厢里去。

5月7日，是中国的国耻纪念日，而日本政府却专门挑定"五月七日"来庆祝太子冠礼，以中国的“国耻”作为日本的“国荣”，留日学生非常气愤。

5月6日，日本报纸报道了北京五四运动的消息，中国留日学生的爱国热情，更加高涨。他们决定在“五七”那一天召开纪念大会，但是，由于日警的预先警告，各处都不肯租借会场，想改在中国驻日使馆的俱乐部开会，又遭“事实上不过为日本外交部一附属机关”的中国使馆的无理拒绝。

留日学生只好决定分成若干小队，分别向各国驻日使馆递送宣言书，然后到日比谷公园集中，再行解散。正当各小队向公园集合途中，又横遭镇压，日警“拔刀狂挥，马队亦纵横冲踏”，受伤者甚众，彭湃被打得头部手足破皮流血，被捕去35人。经过留学生的严正斗争，第二天释放了23人，六天后才又释放五人，其余七人竟被判处十天到半年徒刑。

面对日本帝国主义的残酷迫害，我留学生“呼吁政府既无持平之争，乞怜使馆每遭恶声之叱”，彭湃悲愤交加，转而寄希望于唤起民众，激励同胞。他回到住处，在长约一米，宽约半米的白绢上，咬指血书“毋忘国耻”四个大字。

血书寄回海丰学生联合会，张挂在海丰中学的揭示板（即布告栏）上，大大地激发了海丰青年的爱国热情。“掀起了抵制日本劣货的轩然大波。海丰中学学生组织成队伍，在县城，特别到汕尾日货较多的商场搜查劣货，并把搜来的劣货全付之一炬，以示对日本帝国主义侵略中国行为的愤恨。”

这一年的暑假，彭湃又回到海丰。当时，五四运动正波及全国各地，他把新文化运动和政治斗争结合起来，组织了“海丰白话剧团”，演出过《打倒帝国主义》《朝鲜亡国恨》和反对封建迷信一类节目，向帝国主义和封建主义进行抨击。

暑假以后，彭湃回到日本继续求学。这时，正在日本兴起的社会主义运动，深深地吸引了他。在俄国十月革命的影响下，原来已经比较活跃的日本思想界，各种社会主义学说更广泛地传播开了，研究和宣传十月革命和各种社会主义学说的团体也陆续出现。

1919年4月1日以后，日本政府为了对内对外政策的需要，颁布了新的大学法令，对思想舆论的控制有所放松，因此，在大学里研究社会主义的群众组织和宣传社会主义的杂志不断涌现。彭湃所在的早稻田大学，是著名的私立大学，有不少进步教师，素有关心政治的传统，对新思潮非常敏感。早在1917年底就有了工人学生协会的组织，后来又有了“人民联盟”，1919年9月18日，早大对社会主义感兴趣的学生组织了“建设者同盟”。

建设者同盟的成员多来自农村，与农民联系密切，熟悉农民的困苦，重视对农民问题的研究。他们希望通过学习和研究，找出一种反对资本主义的措施，在大学期间就为毕业后的活动做好准备，最终目的是要建立一个合理的新社会。

他们学习和讨论过工联主义、无政府主义、行会社会主义、苏维埃研究等种种问题。他们重视实践，强调从事实际的农民运动。建设者同盟支持过佃农反对地主的斗争，要求减租，保证耕种权利，而且还对佃农纠纷进行过实际考察。

彭湃是个对新生事物敏感的人。及至 1919 年以后，日本社会主义思想渐次普遍发达，彭湃思想又大受影响。在这以前，彭湃曾一度笃信基督教，很欣赏基督教的博爱思想，认为基督教也可以救国。但是，在新思潮影响下，他认为基督教不能解决问题，遂幡然一心研究社会主义诸家学说。因此，在建设者同盟成立不久，他就参加了这个组织。建设者同盟重视农民运动，重视实践的特点，都直接为彭湃所接受。他在后来从事海丰农民运动时，还以极深厚的感情怀念着建设者同盟的战友。

当时的彭湃和建设者同盟的许多成员一样，对社会主义诸家学说都作为“鲜花”予以采纳。

他对克鲁泡特金的无政府共产主义很感兴趣，从《互助，一个进化的要素》这篇著作中，接受了克氏的“互助论”思想。

他对马克思主义的思想也很赞赏，俄国革命的胜利，更使他振奋。他和李春涛、杨嗣震等留日同学在 1920 年组织了“赤心社”。“取名赤心二字，就是表示一心学习俄国”。他还直接到京都帝国大学去听著名的社会主义者河上肇讲课。

在社会主义思想影响下，彭湃批判了褊狭的爱国思想，认为“狭义的爱国运动是不彻底的，因为我爱我的国，你爱你的国，这就造成互相侵略”，主张“要解放全人类”。因此，每逢五一节，他都参加日本劳动人民的纪念活动。他还加入劳动者同情会。

1921 年 5 月，因祖母病重，彭湃在早稻田大学参加毕业考试后，便提前归国，于 5 月 23 日，即他祖母去世的第二天，回到海丰。

丧事以后，彭湃一度到广州，参加了社会主义青年团。为了实践社会革命的理想，他回海丰后，发起组织“社会主义研究社”。参加研究社的有 70 多人，大多是青年学生，其中的郑志云、林苏、陈魁亚、李国珍等，后来都成了彭湃从事农民运动的助手。

地主豪绅说“彭湃得了神经病”。彭湃大笑：“我希望不久的时间内，有许多像我这样‘发疯’的‘神经病’人出现。”

1921 年 10 月，彭湃就任海丰劝学所长；后不久改为海丰县教育局局长。他决心以教育为阵地，培养革命种子，从教育入手实现社会革命，并实现了很多创新和改革，包括：整顿教育机构，刷新人事；发展农村教育，广辟教育经费，改善教师待遇；革新农村教育内容。从《新青年》等进步书刊选出李大钊、鲁迅等人的文章；提倡体育运动，还举办海丰第一次体育运动大会。

彭湃当教育局长之后的又一举措是反对封建神权，当时县第一高等小学前一道墙壁上写着“天官赐福，泰山不敢当”。彭湃发动学生把墙拆了，他还写了一首《反对神权》的歌谣，流传至今：

神明神明，有目不明。
有耳不灵，有足不行。
终日静坐，受人奉迎。
奉迎无益，不如打平。
打平打平，铲个干净。
群众进步，社会文明。

彭湃的大刀阔斧的教育改革与发动学生反对封建势力的斗争，震惊了县里的守旧势力，他们施加压力使彭湃辞去了教育局局长。

辞去教育局局长之后，彭湃主持出版了《赤心周刊》，发表了《告农民的话》。此时他在一年来的革命实践中，认识到进行社会主义革命，必须与工农群众结合。

海丰的地主豪绅依仗新军阀陈炯明的庇护，利用手中的权力，大肆侵占兼并农民的土地，进行敲骨吸髓的剥削。当时海丰流传着这样的民谣：“县长多如狗，司令满街走”，“苛捐杂税多如毛，家在深山也难逃”，以形容当时海丰反动统治之腐败和土地高度集中的状况。

1922 年 6 月，彭湃抱定一种“我即贫民”“我即现社会制度的叛逆者”的态度，单身只影，到农村到苦难深重的农民中去了。

6 月中旬的一天，彭湃满怀革命的热情到海丰县赤山约的农村去做宣传。一路上彭湃兴奋地思考着怎样去接近农民，怎样向农民宣传革命真理。他走到一个村子里，主动热情地和农民打招呼，和他们叙谈。可是那些饱受官僚、军阀、地主剥削欺压的农民并不了解彭湃，见他身穿整齐洁白的学生制服，头戴白通帽，脚着皮鞋，认为他是“官贵子弟”，误以为他是“来收捐的官差”，都对他敬而远之。彭湃上前和他们攀谈，他们则推说：“先生呀！我们不得空闲和你谈，恕罪。”或说：“我们无用人，配不上你官贵子弟，好说了，请茶吧！”彭湃一连奔走了几个村子，碰到的情况大致相同，工作很难开展。

第一天碰了钉子，但他并没有气馁。他回到家里，在日记本上认真总结这一天的经验教训。第二天，东方刚刚发白，彭湃立即一跃而起，吃了早饭又去农村了。这天他对农民的态度比昨天更加热情、敬重。在路上他与挑着粪水的农民相遇，总是恭敬地闪让在道旁，让农民先过去，以表示自己是一个尊敬农民的城里人。

彭湃走进昨天去过的那个村庄，碰见一位40多岁的农民，便走向前去主动招呼，那农民见了彭湃连忙说："先生呀！你是来收账的吗？"彭湃摇摇头，和蔼地对他说："不是！不是！我是来帮你收账的。"接着向农民宣传地主们年年闲逸不做工却衣食不愁，农民辛勤耕耘却缺衣少食。他愤慨地指出这种不劳而获和劳而不获的制度是多么不公平、不合理。但是那位农民听了彭湃的话，却只是满脸堆着苦笑，抱着一种无可奈何的神情对彭湃说："呀！这是命中注定的，食租的久久是食租，耕田的久久是耕田；先生你请，我要出街去。"彭湃还想请教他的姓名，可是那位农民已经头也不回地走了。彭湃并不灰心，又走访了几个村庄，但家家户户关着门，男人都下田去了，留下的只有少数妇女，不便交谈。他独自在农村徘徊了很久，直到红日西沉，夜幕降临，才回到家里。

彭湃不仅是个勇于实践的人，而且是一个善于学习的人。由于他在实践中不断地总结，不断地探讨，终于找到了农民不愿意和他接近，不相信他的宣传，在感情上和他格格不入的原因。他这样写道："一来我对农民所说的话，太过文雅了"，"二来是我的面貌身体服装与农民不同，农民惯受了面貌服装不同者的压迫和欺骗，一见我就怀疑是他的敌人"。

彭湃找到了农民不愿和他接近的原因，非常高兴，他决心对自己来一番改造。他脱下了身上洁白的学生装，换上了农民常穿的粗布衣服；他摘下了白通帽，戴上了农民常用的尖顶竹笠；他脱下了脚上的皮鞋，赤着双脚，踏着乡村中泥泞不平的小路到农民中间去了。

彭湃为了接近农民，还去田间帮助农民拔草、车水，或是到农民家里帮助农民舂米，并利用劳动间的小憩，在田边地角和农民谈心，向他们宣传讲解革命的道理。为了使农民听懂自己的宣传，他头十天就把书上的术语译成通俗易懂的土话，他还把革命道理和自己了解到的农民疾苦，用海丰的方言编成歌谣教儿童们歌唱。

为了向更多的农民宣传，彭湃还特地到农民来往最多的海城龙山天后庙前做讲演。这里是城乡相接的交通要道，来往趁圩赶集的农民，多数要在天后庙前大榕树下歇脚乘凉，或是饮一杯凉水解渴。彭湃利用农民们来此歇脚乘凉的机会，打开留声机播送歌曲吸引农民。来往的农民果然被留声机传出的歌声所吸引，围了过来。彭湃立即乘农民聚集的机会，一遍又一遍地向农民宣传。他历数地主的罪恶，并告诉农民必须团结起来自己解放自己。开始农民们不十分相信彭湃的宣传，但听着听着渐渐地觉得彭湃的话很有道理，听讲演的人逐渐多起来了。

彭湃为着向农民宣传革命真理，几乎忘却了疲劳，忘却了自己。过分的操劳与奔波，使他日渐消瘦了，风吹日晒，使他原来白皙的皮肤变成了棕红色，繁忙更使他完全忘记了个人的修饰，头发长了，衣服脏了，也无时间去理……过去那个风度翩翩的留日的大学生，变成了一位精干、瘦削、富有农民气质的青年了。

彭湃在与工农群众相结合的道路上迈出了可喜的第一步。但是海丰的地主豪绅们看见彭湃这些变化，却以为抓住了什么把柄，乘机造谣攻击说彭湃得了“神经病”“发疯了”。

社会上那些不明真相，持有旧眼光和旧习俗看问题的人，也跟着说：“是呀！一个海城的数一数二的富家子弟，既有钱又有才，为什么不去做官，却要整天去和满脚牛屎的农民称兄道弟，弄得这个样子，那准是发了疯！”

一天，彭湃同农友徐友植一同去作农运宣传，徐忧心忡忡地告诉彭湃：“地主豪绅们正四处造谣说你得了‘神经病’‘发疯了’。”

彭湃听了却哈哈大笑，寓意深长地对徐说：“我希望不久的时间内，有许多像我这样‘发疯’的‘神经病’人出现。”充分反映了彭湃从事农民运动，走与工农相结合的道路的坚强信念和广阔的革命胸怀。

彭湃组织农会，遇到很大阻力：豪绅谩骂，族人反对，连亲哥哥也扬言要杀死他

1922年7月，骄阳似火。这天，彭湃回到家里，精神振奋，喜形于色，吃了晚饭就忙着请妻子素屏烧水泡茶，准备迎接客人。果然，张妈安邀的农友林沛、林焕、李老四、李思贤一会就来了，彭湃立即将他们迎进屋内，请坐送茶，一片真情。农友们见彭湃住所简朴，对人又十分热情诚挚，完全没有那种地主家少爷的习气和架子，不由得更增加了对彭湃的了解和尊敬。在互相介绍了姓名之后，他们就毫无拘束地畅谈起农民运动的事情来了。

这一晚，他们谈得十分融洽，他们控诉了地主残酷压迫剥削农民的种种罪恶，又商讨了农民应如何团结起来、组织起来进行斗争，寻求解放的大事。共同的义愤和理想把六颗火热的心紧紧地凝结在一起，他们决定立即行动起来，当晚就成立一个革命的秘密组织贫人党，为贫苦农民的利益和解放而奋斗。还在彭湃的亲自主持下，进行了庄严的宣誓，誓词的主要内容如下：

一、服从指挥，叫你去抓老虎舌、去钻刺丛、去下海，也是要去，有什么任务一定要完成；

二、革命不要钱，不替有钱人做事；

三、要严守秘密，不论父母、妻子、兄弟都要保守秘密，如果被敌人抓去，不许出卖同志。

同时决定公开组织农会，团结教育农民，组织农民同地主豪绅阶级进行斗争。于是在海丰农民运动史上，一个新型的农民组织，著名的“六人农会”正式诞生了。

这一天是公元1922年7月29日。

六人农会虽然仅有彭湃、张妈安、林沛、林焕、李老四和李思贤六名会员，是一个很小很小的农会组织，然而，它却是农民由分散到组织起来的第一步，是一团不会熄灭的火种，是赤山约农会的前身，海丰总农会的萌芽。

六人农会成立后的第二天，彭湃得知赤山约的贫苦农民李毓的父亲病故，李苦于无钱为父亲办丧事，正十分发愁。因为海丰有个恶习，不论谁家死了人，诸亲好友，左邻右舍，以至全村的人，甚至无亲无故的人，都要到死者的家中去大吃大喝一餐。那些贪得无厌的地主绅士，乘贫苦农民无钱办丧事的机会，向死者家属放债，从中盘剥农民。不少农民的家庭常因此被弄得家破人亡，苦不堪言。

彭湃对这种恶习深恶痛绝，他决定由农会来筹办一个济丧会（又名父母会），农会会员带头参加，凡参加济丧会的农民，每人出两角钱帮助那位农民安葬父亲，并为死者举行追悼会。济丧会规定，参加者不去死者家中吃喝，只参加悼念；规定凡参加济丧会的会员，今后不论谁家有了丧事都照此办理。彭湃还带头拿出十元钱来帮助这位农民办丧事。结果，使丧事办得既隆重、又俭朴。为了破除借办丧事大吃大喝的恶习和揭露地主剥削农民的罪行，彭湃还特地写了一首歌谣在农民中进行宣传。歌谣是这样写的：

无道理，无道理，
死了一个人，
吃饱通乡里。
太不该，太不该，

地主来讨债，
孝子哭哀哀！
真可恼，真可恼，
生做个穷人，
死不当只狗。
莫烦恼，莫烦恼，
大家合起来，
打倒地主佬！
打倒地主分田地，
千家兴，
万家好。

歌谣深刻地唱出了农民的痛苦，揭示了尖锐的阶级矛盾，成为团结教育农民，向封建恶势力进行斗争的武器。

济丧会的活动，使彭湃办农会的消息也立刻传开，无形中为农会的建立与活动进行了宣传，扩大了农会的影响。农民李毓由于切身体会到农会是为贫苦农民谋利益的，当即报名参加了农会，成为六人农会发展的第一名新会员。这一切使彭湃受到鼓舞，也更加增强了信心，他决定继续扩大农会的宣传，到各村去深入发动农民。

由于有了农会这个团结奋斗的集体的协助，彭湃的宣传工作，从内容到形式都较前一段有了很大的改进。首先他去农村宣传，都请农友张妈安、林沛等做向导，与村里的农民取得联系并作介绍。农民见有自己熟悉的农民兄弟作介绍，思想上也就解除了种种顾虑，加之，他们见彭湃对农民亲切、热情，也都对彭湃表示亲近，不把他当外人看待了。彭湃在宣传会上除了讲演，还准备了放留声机、教唱歌、表演魔术等文娱节目。这样，一来农民晚上有空闲，二来听说有精彩节目表演，农民们都愿意来听宣传了。

彭湃还根据农友们的意见，在宣传的内容和方法上，作了许多改进，他注意通过农民的亲身感受，帮助农民弄懂深刻的革命道理和地主剥削农民的罪恶，例如他结合海丰农村的实际，帮助农民算了一笔账，他指出：

一位佃农向地主租耕了 1 石种的土地，每年收获 27 石，除一半还地租外，尚余 13 石 5 斗，按每石 6 元计，共值 81 元，外加可卖禾草 3 元，这位农民一年总收入是 84 元。

但这位农民经营 1 石种的土地一年的支出应是，肥料 30 元，种子费 5 元，农具消耗费 5 元，人口伙食钱即一个身强力壮的农民，每天最低的伙食费是 1 角 5 分钱计算，一年则需要 54 元，农民总共用去血本 94 元。

农民支出 94 元，与收入的 84 元相抵，每年亏损 10 元，如果再加上农民穿衣、住房、赡养父母和养育子女的费用，亏空就更厉害了。

农民们经过彭湃这样一算，才恍然大悟，明白了自己祖祖辈辈穷苦并不是什么天命，而是被地主老财剥削去了。

彭湃在开展农运的工作中，十分注意培养农民骨干，充分发挥他们的作用，增长他们的才干。如张妈安、林沛，开始只是作彭湃宣传工作的向导，后来，在彭湃热情的帮助下，很快学会了宣传、演讲，成为有才能的农会干部。在彭湃和农会的奋斗努力下，听宣传的农民越来越多了，每次由最初的六七十人，增加到两三百人。

可是，农会的发展并不是一帆风顺的，农民对于加入农会思想上还有许多顾虑。怎样才能使农民真正觉悟到、认识到团结起来组织起来的好处和必要呢？彭湃经过反复思考，认识到农民是最讲求实际的，要使农民真正认识和觉悟起来，不能单凭口头上的宣传，必须使他们在实际斗争中亲身体会到农会的作用和力量。

恰好，这时赤山约云路乡有位农会会员六岁的童养媳不慎跌在厕所里溺死了，女方的父母受人挑拨，找了三四十人，气势汹汹地要到男家来打人命官司。

彭湃听到报告后，立即找农会 30 个会员进行了研究，并亲自率领会员去云路乡和来人论理。

女方的人见了说：“我是对我的亲戚，关你们何事？”

彭湃和农会会员立即向前指出：“你还不知道我们有了农会，农会是贫苦人的组织，团结一起，亲如兄弟，他的事即我的事，我的事即他的事，今日我们农民兄弟有事，生死要来相帮。”

接着，彭湃又说：“我看你们也是耕田的，他日必加入农会，如果你加入了农会，也是一样地帮助你们，你们快回去吧！”

女方的人了解情况后，知道确是小媳妇自己不慎掉下厕所溺死的，又见农会的人既在理又很有势力，听说连约正乡长都不敢反对农会，只好回去了。就这样避免了一场人命关天的大纠纷。

这件事立即在农民中传开了，他们从活生生的事实中，感到农会确实是为农民办事的，农会会员是在患难中能互相帮助的弟兄。因而，相信农会，要求入会的人逐渐增多起来。

经过两个多月的发动，农会已由最初的六名会员发展到500多人，分布在赤山约范围内的28个乡。为了适应日益发展的形势，彭湃决定将“六人农会”扩建为赤山约农会。

1922年10月25日，赤山约农会正式成立了。这一天，彭湃在龙山天后庙主持成立大会。全体会员兴高采烈，像节日一样庆祝农会的成立。彭湃亲自为赤山约农会起草了章程和宣言。规定农民申请入会的手续，应先由本人提出申请，经农会干部与其谈话，然后由农会批准。规定会员每年交纳会费四角。每个会员都发有一张印有“不劳动，不得食，宜同心，宜协力”的会员证。彭湃亲自领导建立的赤山约农会，是一个开始运用马克思主义来团结、教育和组织农民的新型农民组织，它比“六人农会”更加健全和成熟了。

但是，赤山约农会的成立，不仅遭到地主豪绅的白眼和指责，同时也遭到彭湃家庭的坚决反对，彭湃曾经这样写道：“我家里的人听说我要做农民运动，除了三兄五弟外，其余都是恨我如刺骨，我的大哥差不多要杀我而甘心。”因此，彭湃每天做农运回来，家里人都板着面孔不理睬他。

彭湃昔日的朋友中，也有的人轻视农民，畏惧农村生活和农村工作的艰苦，前来劝阻彭湃。他们说：“农民散漫极了，不但毫无结合的可能，而且无知识，不易宣传，徒费精神罢了！”

但是，无论是家庭的极力反对，还是社会上的冷漠非议，以及朋友们的劝阻，都丝毫未能动摇彭湃到农村去组织发动农民的决心和意志。他确信农民是伟大的革命力量，确信农民一定能够觉醒并团结起来，确信自己所走的道路是正确的。

将家中田契当众烧毁，还地于民，农民感动万分，连呼彭湃“活菩萨”

由于农会代表了农民的利益，为农民办了大量好事，影响日益扩大，威望日益提高。广大农民在实际斗争中也迅速提高了阶级觉悟，有了组织起来的迫切要求。

1922年11月18日，彭湃给李春涛的信中，热情歌颂了农民的觉醒。他写道：“他们（农民）实在不乏聪明的人。他们对于农会的组织，都具有很热烈的情感。他们现已渐有了阶级的觉悟。”

此时，平均每天要求入农会的农民达20人之多，农会的组织迅速地由赤山约发展到平岗、银溪、青湖、河口、河西、公平、旧圩十余约，把海丰县城东西南北都包围了起来。这些乡村的政治权力，已经由地主绅士土豪之手而转至农会手中。

农会的迅速发展，农会势力的壮大，引起了地主豪绅们的惊恐和不安，他们为了破坏发展中的农民运动，想用高官厚禄来引诱彭湃。

一天，彭湃家的一位亲戚对彭湃说："竞公（陈炯明字竞存）很注意你，你为什么不去省城呢？"

彭湃听了，已知来意，故问道："难道叫我去做官吗？"

那位亲戚以为彭湃动了心，连忙说："虽然未声明叫你去做官，但是，你若肯去省城，竞公当然有事给你干的。"

彭湃说："我不想去，还要在家乡求学呢！"表示自己决心以社会为课堂，以工农为师，在实际斗争中学习。

见彭湃如此执拗，大哥又气又恨，闹着要和他分家。

最初，彭湃极力说服家人，认为家产都是剥削农民而来，应无偿地归还给农民，根本无家可分。但彭湃的思想、主张，除他贤淑的妻子和三兄五弟同情外，其余的人多数不能理解和接受，终于在1922年11月间分了家。彭湃的堂弟彭承训代彭湃分了一份田产。

为了彻底背叛自己出身的地主阶级，彭湃决心让革命首先从自己家里开始。

1922年11月的一天，农会通知各乡农民到海丰龙舌埔看戏，大家听说是农会演戏，都蜂拥而来，戏未开始，台下已挤满了观众。就在戏将开演的前一刻，彭湃拿着一大堆田契走上台来，发表了震动人们心弦的演说。

彭湃激动地向农民宣布：彭名合的田不是彭名合的，更不是彭湃的，这些田是农民兄弟起五更睡半夜终年辛勤劳动的成果。这一切过去被不劳而获的地主强占去了，使终年劳动的农民们吃不饱穿不暖，这是不合理的制度，必须彻底变革和废除。

说罢，彭湃便向农民群众一张一张地宣布田契的内容、地点、亩数和佃户姓名，然后当场烧毁，并庄严地向农民宣布，从今日起，他分家所得的那份田地全部归耕种的农民所有。

台下成百成千的农民沸腾了，他们都被彭湃与旧世界、与剥削阶级家庭彻底决裂，向封建势力宣战的英勇行为感动了。许多人流下了眼泪，称彭湃是"活菩萨"。

彭湃火烧田契的行动，迅速传遍了海丰、陆丰，它像号角、战鼓，鼓舞着多少革命者和被压迫被奴役的农民们起来向封建势力，向旧世界作更猛烈的冲击。在斗争中，彭湃用自己的行动获得了农民的了解与信任，农民们热爱他，敬仰他，把他看做自己亲密无间的战友，是自己完全信赖的领袖。

为了发展海丰的农民运动，把全县的农民都发动起来组织起来，彭湃在赤山约农会建立后，就积极为筹建海丰总农会而斗争。在这一段时间里，他经常不辞劳苦地奔走于海丰的赤山、平岗、银溪、河口、公平一带的农村，海丰农村的每一乡，处处都留下他辛勤的足迹。

在发展海丰的农民运动的实际斗争中，彭湃培育了一大批农民积极分子和革命知识分子，如杨其珊、郑志云、李劳工、陈修、彭汉垣、余创之、万清味、万维新等，都是开展农民运动的坚强骨干，是彭湃的得力助手和亲密战友。

在彭湃和其战友们的努力奋斗下，海丰农民运动有了迅猛的发展，1922 年底，全县先后已有 12 个约，共 98 乡建立了农会，加入农会的会员已达两万户。

建立全县总农会的条件已经成熟。彭湃决定在 1923 年元旦，召开全县农民代表大会，正式成立海丰总农会。

彭湃亲自草拟了海丰总农会临时简章和约农会简章。他根据当时的斗争实际提出海丰总农会的奋斗纲领是：“图农生活之改造”“图农业之发展”“图农民之自活”“图农民教育之普及”。总农会的任务是：“以联合各约农会，本合群之天职，互助之精神，唤醒农民之自觉，而实行本会所定之纲领宗旨。”

彭湃还为海丰总农会设计了一面乌红两色对角形缝合的农会会旗和农会印章。由于过去官府的印章都是方形的，盖有这种方形印章的布告多是官府来农村逼捐逼税，因此农民一见盖有方形印章的布告就憎恶。于是彭湃特别精心地将海丰总农会的印章设计为圆形的图案，以示与官府的区别，使农民一见，就知道是农会的布告和印章。

1923 年 1 月 1 日，海丰县总农会成立大会正式召开。

这一天全县 60 多位农民代表欢聚在海丰县城，听取了彭湃关于总农会筹办经过的说明，以及各约代表关于农会农运发展情况的报告，认真地讨论通过了总农会的章程，选出了以彭湃为总农会长、杨其珊为副会长、蓝镜清为财政委员、林

中国共产党领导的农民运动，最早开始于广东的海陆丰。此后，农民运动又有了发展。图为 1924 年成立的广东花县农民自卫军

沛为庶务委员、张妈安为调查委员的海丰总农会领导机构。

在彭湃的亲自帮助下，不久，陆丰、归善也相继成立了农会，彭湃兼任陆丰县总农会会长。据1923年5月统计，海丰、陆丰、归善三县已共有70余约、500余乡建立了农会，拥有20余万会员。

彭湃在海城召开抗租大会，县长、警察、地主、豪绅吓得心惊肉跳

1923年7月26日，海陆丰遭到一场罕见的自然灾害。

这天，一股强台风袭过之后，狂风暴雨持续了20多个小时，海浪冲决了堤围，山洪暴发，急流涌泻，房屋倒塌，即将收割的农作物毁于一旦。8月5日，又是大雨。

经过连续两次大风雨，海陆丰人民的生命财产遭到了空前未有的洗劫。据统计，这次大灾使全县农作物损失达90%，牛猪等家畜损失40%，房屋倒塌达40%，淹死、失踪的人数以千计。

面对这场奇灾大祸，彭湃忧心如焚，彻夜不眠，他放弃了赴省城的计划，决定留下来组织救灾。

第二天，风雨未停，他立即发动农会干部组织救灾队，分乘小舟去各乡协助农民救灾抢险，调查灾情，慰问灾民。在彭湃的亲自带领下，各乡农会干部都奋不顾身地帮助受灾农民，或排水、或筑堤、或帮助群众抢救财物，十分努力。

在危难之中农民更觉农会是他们的靠山，纷纷前来农会报告灾情，请示交租的办法。

按照海丰过去的习惯，遇着凶年，农民会请求地主到田里去看看稻谷受灾的程度，酌情决定减租的成数。面对这次大灾，不少农民仍按旧法请地主去看田，以请求减租。但凶恶而又狠心的地主们，全不顾农民的死活，仍要十足收租，对来要求减租的农民闭门不见、或口应“明日派人去看田”，实则故意推诿，田中为数寥寥的稻谷快要出芽了，也不见地主们来看田。对于地主们的刁难，农民异常激愤，情况异常危急。彭湃立即召开农会干部紧急会议，商讨对地主实行减租的办法。

7月30日，彭湃召开海丰县各约农会会员代表大会，广泛听取群众的意见。这一天到会代表100余人（其中陆丰代表20余人），旁听者1000余人。会员们听取了彭湃关于灾情的调查报告和执委会对减租问题的初步意见，经过热烈的讨论，最后表决，过半数通过了实行“至多三成交租”的决议。

为了实现这一决议，农会向全县发表了《为减租告农民书》，同时，派出大批宣传员到各乡开会宣传兼任纠察；通知各区警察，如农民和地主发生减租纠葛，统属民事，只可劝止，不得乱加判决逮捕农民。

农会又通电全国各团体声请援助，并将农民受灾情况函告陈炯明。农会还决定8月15日（农历七月初四）在海城召开全县农民大会，动员全县农民为实现“至多三成交租”的决议而斗争。在短时间内，全县连儿童都会叫“至多三成交租”的口号。

在这场激烈的阶级搏斗中，中小地主慑于农民的觉悟和农会的组织力量，又急于想把粮食拿到手中，大多被迫遵照农会的规定“至多三成交租”的办法收租了。但是那些大地主大豪绅们，却更加顽固和反动，其中以县长王作新、保卫团局长林斗文、劣绅丘景云等大地主为首，暗中联合各家地主，恢复“粮业维持会”，密谋策划，阴谋扑灭农会。

8月11日，县城保卫团局长林斗文的侄儿林某到北笏仔乡去收租。他依仗林斗文的势力，说“学租是官租，官租是无减的”，不遵守农会三成交纳的规定，硬要十成收租。被逼得走投无路的农民，忍无可忍，举起愤怒的铁拳教训他一顿，将他赶走。林乘机上告县长王作新，王借题发挥，即派武装去北笏仔乡围捕农民，除勒索脚皮钱30余元外，还捕去农友戴阿扶等三人。

王作新还四处张贴布告攻击彭湃和农会是密谋造反，宣布不准农民自由减租，不准农民来城参加大会，声言如有“违者严加拿办”，并集中县署警察队60多人分守城门，准备用武力把农民的减租运动镇压下去。

但是，彭湃和农会不为敌人的淫威所屈，仍然坚持8月15日在海城召开全县农民大会。

这一天，愤怒的农民在农会的号召下，如潮水般从四面八方涌来。二万余人浩浩荡荡涌进了海城。他们驱逐了警察，扯去了布告，召开了声势浩大的减租誓师大会。会上彭湃首先作了报告，李劳工、林苏、黄正当、杨其珊、彭汉垣等相继发表了演说，会场上群情激愤，斗志昂扬，“农民万岁”之声响彻云霄。

声势浩大的农民队伍，把地主豪绅们吓得心惊肉跳，警察逃跑一空，王作新更是惊慌失措，他一面电告驻汕尾的粤军师长钟景棠，要他速派兵来海城镇压，一面电告陈炯明，说彭湃统率“土匪”十万在海城暴动，乞求援助。

钟景棠接电后慑于农会势力，也不敢派兵，后经王作新和海城绅士一再央求，才从汕尾带了百余人来海城，途至竹围圩，风闻彭湃已率领农民攻入海城，又吓得不敢前进，等到黄昏，钟始知传闻失实，农民并无暴动，开完会已回去了，这才提心吊胆窜进海城。

王作新见农民开完会已分散回去了，并没有暴动的准备，便连夜召开绅士会议，决定乘虚攻击，武力扑灭农会。

8月16日凌晨（农历七月初五日），县署游击队长王益三（王作新之弟）率游击队协同钟景棠部，以及县警察、保卫团局的武装300余人，兵分两路，前后围攻总农会。由于总农会缺乏突然应变的准备，加上还没有自己的武装，故遭敌人包围。除彭湃、李劳工、林苏、林务农等住在“得趣书室”的同志得以逃出外，住在总农会的同志，仅有少数人从后门跳墙逃出，而杨其珊、洪廷惠、郑渭净、陈梦等25位农会干部皆当场被捕。

野蛮的敌人将农会的器物抢掠一空，对被捕同志拳打脚踢，但农会同志个个英勇不屈。审讯时，王作新企图挑拨杨其珊等农友与彭湃的关系，对杨其珊说：

“彭湃利用你们去造反，经我三令五申，你们还敢作怪，你知罪吗？”

杨其珊识破了敌人的阴谋，英勇机智地在法庭上与王作新展开了斗争，他慨然回答：“彭湃不是利用我们，是我们农民利用彭湃，因为彭湃所做的事，不是为他自己的利益，他是牺牲自己的利益为农民谋幸福的。至于说彭湃造反，我也承认，但是王县长的造反，要比彭湃更加厉害！彭湃帮穷人救穷人，如果是造反，那么你帮大地主资本家在这凶年来压制穷人，岂不是大造其反吗？”

杨其珊义正词严，驳得王作新无话可说，暴跳如雷，只有拍板叫打。这次风波就是海丰农民运动史上有名的“七五农潮”。

为了营救狱中农友，逃脱出来的彭湃、林廷、彭汉垣、蓝镜清、莫水夹、林沛、张妈安、洪垂、李劳工等40余人，先后到大嶂山山腰上的“凤髻巷”内聚集。经研究，决定彭湃、林廷、蓝陈润三人去老隆镇争取陈炯明的支持，还向陈炯明提出四项要求：

一、立即释放被捕农民；
二、减租，照农会决定收纳；
三、恢复农会；
四、惩办粮业维持会王作新等。

8月23日，彭湃一行三人，历尽艰辛，终于到达老隆镇。老奸巨猾的陈炯明答应先办第一条，电令王作新释放狱中农友。电文的大意是：

凶年农民要求减租，事属正当，至于捕杨其珊等20余人，查非聚众扰乱治安，应即省释，以免地方受害，并函知粮业维持会为要。炯明。

彭湃看后，将最后一句改为："并函知农会及粮业维持会知照办理。"

9月初，彭湃离开潮安，经汕头、陆丰秘密回到海丰。他从彭汉垣处了解到王作新收到陈炯明的电报后，不但未释放狱中农友，反而加紧对狱中农友的摧残及其家属的盘剥。彭湃对王作新等的暴行十分义愤，更感到陈炯明实际是王作新解散农会的支持者，不能把农友的获释寄托在他身上。于是，他立即找郑志云、李劳工、彭汉垣、陈修等共商对策，决定彭汉垣、郑志云、陈修等在海丰，暗中联络农友，团结革命群众，积蓄革命的力量；彭湃与李劳工则去汕头、香港一带活动，争取外界对海丰农民运动的援助。

彭湃虽然因为农运的受挫暂时离开了海丰和海丰的农民，但是他并没有因为斗争中出现的新的曲折而灰心、退却。他决心迎着革命的风浪，把农民革命运动的火种，撒向全省、全国。

毛泽东称赞彭湃写的《海丰农民运动》一书是《农民问题丛刊》"最精粹部分"

1924年春，彭湃由中国社会主义青年团员转为中国共产党党员，成为无产阶级先锋队中的一名坚强战士。

在我党的推动建议下，孙中山于1924年1月在广州召开有共产党人参加的国民党第一次全国代表大会，以国共合作为标志的革命统一战线正式建立起来。就是在这种革命形势下，彭湃来到广州。

作为无产阶级先锋队的成员，他在中共两广区委担任了区委委员和区委的农委负责人，常有机会和毛泽东、周恩来、邓中夏、陈延年等同志一起，商讨决定反帝反封建斗争、发展工农运动、组织扩大工农武装、巩固发展革命统一战线、加强党的建设等重大问题，为党的事业作出了应有的贡献。

这次大会选举了李大钊、毛泽东、林伯渠、瞿秋白等为国民党中央执委和候补执委。会后，对国民党中央组织机构进行了调整，任命共产党人林伯渠为国民党中央农民部部长，彭湃为秘书。

国共合作的建立，促进了工农革命运动的发展。随着广东各地农会的建立，迫切需要大量的干部到农村去开展农民运动。彭湃深感培养农运干部已是革命发展的当务之急，于是及时向国民党中央执委会提出了开办农民运动讲习所的建议。

在彭湃的倡议下，1924年6月30日，国民党中央执委会召开了第39次会议，通过了农民运动的实施方案，决定“组织农民运动讲习所，以一个月为讲习期间，讲习完毕后选派为农民运动特派员”，并任命彭湃为第一届农民运动讲习所主任。

在彭湃等的努力下，第一届农民运动讲习所于1924年7月3日在广州市越秀南路93号的惠州馆正式开学。这一届共招收学员38名（其中共产党员和社会主义青年团员20名）。

为了培育革命的人才，彭湃聘请了当时国共两党的领导人和其他进步人士来农讲所讲课，如廖仲恺、谭平山、阮啸仙、刘尔嵩、苏联顾问鲍罗廷等。

彭湃在百忙中仍亲自给学员讲课。他运用马克思列宁主义的理论，对农村的政治经济情况和阶级关系进行科学分析，揭示地主豪绅阶级对农民残酷压迫和剥削的罪恶，指出只有把广大农民发动组织起来与地主豪绅进行斗争，农民才能获得解放。由于彭湃有非常高的革命热情，又有丰富的实践经验，因而他讲起课来既生动活泼又有说服力，学员肖一平回忆说：“他讲的课程很实在很具体很生动，他把在海陆丰搞农民运动的经验总结教给我们，是我们以后在广东开展农民运动的最好知识。”

彭湃在主办农讲所的工作中，十分重视实践。在教学计划中特别安排时间到农村实习，引导学员把理论和实践结合起来。对学生除正式授课外，最注意所外活动，凡星期日须有农村运动实习，步行之训练，马术之训练，又有农民党员联欢大会之组织，市郊农民协会之成立，及东西南北四郊之实际调查与宣传组织，使学员真正了解农村的生活，懂得农民的语言，学会发动、组织农民和建立农会的实际本领。

第一届农讲所的学员们，经过40多天的紧张学习和锻炼，于1924年8月21日毕业。

这一天，彭湃亲自主持了毕业典礼。伟大的革命先行者孙中山先生，亲临大会祝贺，他赞扬农讲所成绩卓著，并作了“耕者有其田”的重要训词，他指出国民革命必须发动农民，解决农民的痛苦，革命才可以成功，指出学员们肩负着历史的重任，毕业后深入农村发动农民是农民运动所办的第一件

广州农讲所旧址

事，表达了他对农讲所学员的殷切期望。国民党左派领袖廖仲恺先生也曾在这届农讲所作了《农民运动应当注意之要点》的重要讲演。这说明了他对彭湃主办农讲所工作的大力支持。

在这届农讲所毕业的32名学员中，有24人被国民党中央农民部委派为农民运动特派员，分别到各县或回原籍开展农民运动，有力地推动了全省农民运动的发展。

1924年9月以后，国民党中央农民部继续在广州举办了第二、三、四届农民运动讲习所，彭湃虽未担任农讲所主任之职，但仍兼任农讲所的教员，讲授农民运动等课程。第二、三、四届农讲所的办理原则和教学内容，都参照了首届农讲所的做法：彭湃创办首届农讲所的经验，为各届农讲所采纳和沿用。

1925年9月14日，彭湃再次担任了第五届农民运动讲习所主任。为了适应全国农民运动发展的需要，这届学员的招收范围已扩大到全国8个省，招收的114名学员分别来自广东、湖南、湖北、广西、江西、安徽、山东、福建。外省学员编为甲班，本省学员编为乙班。彭湃除了坚持原有的教学计划和训练原则外，比以前更加注意学生的实际锻炼，亲自带领学员去番禺、曲江参加该地农民协会的成立大会，组织学员到农民中去进行调查研究、开展宣传活动，亲自带领学员到石井兵工厂参观，进行军事实弹射击训练。

1926年，全国农民运动有了更加迅猛的发展，为了适应革命形势发展的需要，毛泽东于1926年5月至9月，在广州主办了第六届农民运动讲习所。1927年3月至6月，他又在武汉主办了“中央农民运动讲习所”。

彭湃是毛泽东主办的农讲所的重要成员，他向学员讲授《东江农民生活状况及开展农民运动的经验》，特别是自己从事农民运动的切身体会，提出做农民运动应注意的“十二条”，即“要吃苦，忠诚勇敢，受党的指导”等等，对学员有很大的启发和教育，深受学员们的欢迎。

在创办农民运动讲习所的同时，彭湃还挤出时间撰写《海丰农民运动报告》一书。于1926年初脱稿，分别刊登在国民党中央农民部主办的《中国农民》第一、三、四、五期上；同年9月又被毛泽东同志编入《农民问题丛刊》；10月，周恩来亲自为该书题写书名，改为《海丰农民运动》，由广东省农民协会出版。

《海丰农民运动》全书共五万余字，分为三章。它以马克思主义的观点，深刻地剖析了半殖民地半封建的中国社会中，农民在政治上经济上文化上遭受残酷压迫剥削和陷于绝对贫困的根本原因，是地主阶级的反动统治和剥削制度的存在；它以海丰农民在党的领导和马克思主义的指导下，团结斗争的历史，阐明农民只有组织起来团结在农会的旗帜下，向地主阶级和一切反动势力进行政治的、经济的斗争，才能争得生存的权利，使斗争取得胜利；它以海丰农民运动发生、发展的历史，成功的经验和失败的教训，向人们介绍了宣传群众、组织群众、建立农会、领导农民进行经济斗争与政治斗争的理论、策略与方法。它是彭湃开创海丰农民运动生动而又真实的记述，又是海丰农民在马克思主义指导下，进行斗争的光辉记录，它充满着把马克思主义基本原理和中国革命实际相结合的精神，是我党关于领导农民运动的理论和方法的第一部重要专著。

毛泽东在《农民问题丛刊》的序言中指出：彭湃同志这篇著作及其他关于广东农民运动的材料，“乃本书最精粹部分”，“它给了我们做农民运动的方法”，“它又使我们懂得中国农民运动的性质”，因而规定为农讲所学员的必读教材。

广东成为全国农民运动的中心。彭湃不仅是广东农民运动的杰出领袖，也是当之无愧的中国农民运动的领袖

彭湃的人生道路上总是充满着斗争的风雨。

1925 年初，盘踞在惠阳、潮州、梅县一带的军阀陈炯明，在英帝国主义和北洋军阀段祺瑞的支持和援助下，妄图进攻广州，阴谋推翻广东革命政府。为了巩固广东革命根据地，在我党的建议和推动下，广东革命政府先后两次东征，讨伐陈炯明。彭湃参加了这两次东征，最终打垮了陈炯明的反动势力，促进了广东革命根据地的统一和巩固，为工农运动的进一步发展奠定了基础。

1924 年 11 月，彭湃去广宁县领导减租斗争，气急败坏的反动地主竟纠集武装进行抵抗。彭湃根据我党和广东革命政府的意图，以开到广宁的铁甲车队（属广东革命政府，实为我党领导的一支革命武装）为后盾，组成广宁绥缉善后委员会，支持农民打击地主的革命行动。

当时，县团保总局长谭侣松想借设宴商谈为名，迷惑群众，趁机消灭革命干部。彭湃将计就计，同铁甲车队数名官兵身藏短枪，深入虎穴，在席间先发制人，智擒恶贯满盈的谭侣松，为农民除一大害。另一股反动地主武装在潭土布固守炮楼，负隅顽抗，还将广东革命政府派来支援农民的卫士队队长拉拢过去。鉴于情况紧急，彭湃星夜赶到广州，促使广东革命政府撤销该卫士队长职务。

返广宁后，他冒着敌人的枪弹炮火，率领革命武装会同铁甲车队攻打炮楼，并亲自带领农民挖地道炸炮楼，吓得龟缩在炮楼里的地主武装被迫投降。

在彭湃的领导下，西江地区的农民运动也有了很大发展。

1925 年 1 月 29 日，彭湃代表省农民协会到普宁慰问农民。7000 多名普宁农会会员和 500 多名农民自卫军，步行到离城 20 余里的地方去迎接自己的领袖。

一路上人们敲锣打鼓，彩旗飞扬，异常热烈。为了表达农民胜利的喜悦心情，人们还编了一首歌谣：

农军智勇又精忠，战胜豪绅年又丰。
人民男女相亲爱，敲锣打鼓迎彭公。

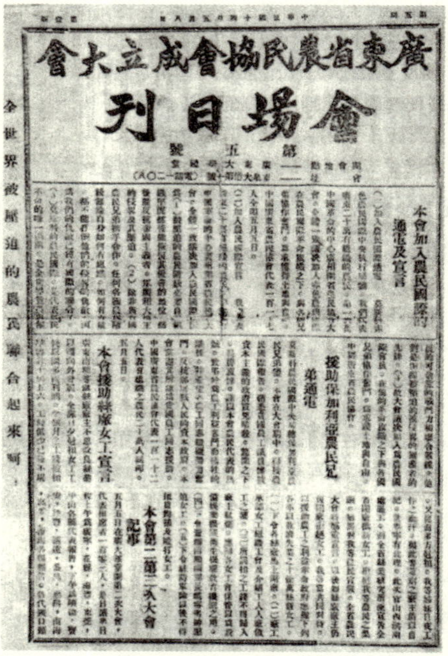
廣東省農民協會成立大會
會場日刊
第五號
本會加入農民國際的通電及宣言
援助保加利亞農民兄弟通電
本會援助絲廠女工宣言
本會第二第三次大會記事
全世界被壓迫的農民聯合起來呵

1925年5月1日至9日，广东第一次全省农民代表大会在广州召开，成立了广东省农民协会。彭湃、阮啸仙、罗绮园被选为省农协常委。图为《会场日刊》

1925年11月，彭湃因革命工作需要从海丰回到广州，继续担任国民党中央农民部的秘书，同时又兼任了国民党广东省党部农民部长和省农民协会的领导工作。几年来的革命实践，使彭湃更加深刻地认识到国民革命若要取得成功，必须进一步把占全国人口百分之八十的农民群众发动起来，组织起来，武装起来。为了促进全省农民运动的进一步发展，他经常到各地去指导农民运动。

1926年2月22日，广东省农民协会，召开了省农民协会执委扩大会议。国民党中央农民部长林伯渠亲自主持会议。彭湃在会上作了《农民部工作经过》的报告，阮啸仙作了《农民协会成立前后的情形》的报告。会议着重研究了国民党右派分子在各地镇压破坏农民运动的新情况，及时提醒各地农会提高革命警惕，严防敌人的阴谋与破坏。为进一步确定新形势下，全省农民运动的大政方针，会议还决定5月1日在广州召开广东省第二次农民代表大会。

彭湃十分重视农民运动与工人运动的结合。他认为一切革命者都“应该研究这个问题——工农联合问题”。在省港大罢工的斗争中，他广泛发动农民支持罢工工人的斗争，协助罢工工人封锁香港、截留粮食，以精神的物质的援助支持工人的罢工斗争。

1926年2月23日在广东省农民协会欢迎省港罢工工友大会上，彭湃着重指出“现在国际资本帝国主义最害怕的是什么呢？就是怕我们工农联合向他进攻。

倘我们工农联合起来，帝国主义总没有法子不死在我们的手里。这就是帝国主义者的致命伤”。他向广大工农发出号召说：“我们农工阶级，就要在革命的根据地联合起来，在一条战线上奋斗，打倒帝国主义，打倒军阀，使全中国革命化，全世界革命化。”

3月中旬，彭湃离开广州返回汕头，继续主持潮梅海陆丰办事处的工作。为了领导农民开展减租和废除苛捐杂税的斗争，他经常同办事处的林苏、吴焕珠等，到澄海县的蛇浦区一带农村去向农民做宣传发动工作。3月下旬，彭湃在蛇浦区蓬州，主持召开了汕头市郊农民协会会员代表大会，并站在一棵大榕树下向到会的1000多名农民代表作了演讲。他号召农民团结起来，为实现“二五减租”“取消厘税”“取消食盐专卖”而斗争！他还提出了“打倒土豪劣绅！”“打倒军阀！”“打倒帝国主义！”“实现工农商学大联合”的革命口号。在彭湃和潮梅海陆丰办事处的直接领导下，汕头市郊农村当年秋收前后就掀起了轰轰烈烈的减租运动。农会还发动农民逮捕了敢于反抗减租的恶霸地主，镇压了为首的反动分子；还通过算公账，向把持公堂的土豪劣绅作斗争，组织发动农民向汕头市政府请愿示威，要求撤销为地方官吏把持中饱的军饷，释放无力缴纳军饷而被拘禁的农民。

汕头市郊农民运动的发展，使地主豪绅们坐立不安。他们采取了种种卑劣的手段，如组织新农会与农民协会对抗，或派出爪牙潜入农会从中破坏，或散布谣言污蔑农会为土匪，公然勾结汕头警备司令何辑伍派兵镇压农民运动。

为了维护农民的生命财产与农民的正当要求，彭湃挺身而出，去汕头警备司令部找何辑伍论理。彭湃指出：农民日出做工，日落归来，哪有去当土匪的。农民没有匪，地主恶霸才有匪。义正词严地驳斥了地主豪绅们攻击农民运动的无耻谰言，何辑伍自知理屈，只好把军队撤了回来。

1926年5月1日，全省第二次农民代表大会在广州隆重开幕，到会正式代表214人，列席代表100多人。除广东本省的代表外，广西、福建、湖南、湖北、浙江、江苏、河南、山东、山西、江西等11省，均有代表参加，毛泽东率领第

大革命时期彭湃（左二）和许冰（左一）、阮啸仙（右二）、高恬波（右一）在一起

六届农讲所全体学员参加了大会。

会议充分肯定了广东农民运动一年多来所取得的伟大成绩，指出：广东省农民协会自去年成立后，已由21个县发展至61个县，会员人数由20万人增加到62万。在省农民协会的领导下，全省农民更加团结，在平定刘杨之乱、援助五卅惨案大示威、援助省港大罢工、镇压反革命派、参加两次东征战争、参加南路战争、巩固广东等革命斗争中，充分显示了自己的伟大作用，证明中国国民革命之完成非农民起来参与不可。大会还在认真总结经验教训的基础上，确立了今后的活动方针，通过了《广东省第二次农民代表大会宣言》及《农民运动在国民革命中地位决议案》。

大会选举了广东省第二届农民协会执行委员会，彭湃再次当选为执行委员会的常务委员。

省第二次农民代表大会后，彭湃与阮啸仙等领导广东农民协会，率领广大农民，向地主豪绅、封建军阀、国民党右派势力继续开展更为激烈的斗争，促使各地农民运动更加迅猛地向前发展，各地的农会组织在斗争中进一步发展壮大。在省第二次农民代表大会结束后不到三个月的时间里，农民协会就增加了537个，加入农民协会的农民增加了37000余人，总计70万，约占全国农会会员的三分之二。广东农民运动不仅成为广东革命政府和北伐的重要支柱与支持者，而且它的“奋斗的影响，已惊起全国农民运动”，成为全国农民运动的表率与中心。彭湃不仅是广东农民运动的杰出领袖，也是当之无愧的中国农民运动的领袖。1928年8月7日党中央紧急会议上，彭湃当选为新的临时中央政治局委员，在党的六大上，没有参加会议的彭湃仍被选为中央委员、中央政治局候补委员。11月，中央政治局会议决定，彭湃调任中央农委书记。

灭绝人性的敌人对彭湃施以酷刑，使彭湃晕过去九次之多，弄得手足俱折、体无完肤

1929年2月，中共中央决定改组江苏省委，调彭湃任江苏省委常委、省委军委书记。

在这段时间里，彭湃为克服江苏省委改组以前暴露出来的小资产阶级的思想意识和非组织行动，做了大量的工作，从而大大加强了江苏省委的战斗力。

1929年7月，中共中央为了加强对农民运动的领导，决定调彭湃回中央农委工作。

8月24日，彭湃和杨殷、颜昌颐、邢士贞、张际春五人正在上海沪西区新闸路经远里白鑫家召开中央军委会议。白鑫也参加了。

白鑫是中央军委秘书，在通知开会的一个月以前，他已经叛变，向捕房巡捕和警察局出卖开会的消息。

当会开至下午 4 时，捕房巡捕和警察局的中国包探乘着钢甲车而来，将会场团团围住，经过核对名单后，把彭湃等五名参加会议的人全部逮捕。

8 月 26 日，敌人即对彭湃、杨殷等进行了指名审讯，显然叛徒白鑫已经暗中指认了，但彭湃、杨殷等在法庭上拒绝承认，使敌人无可奈何。

这天晚上，彭湃等又被引渡到国民党上海市公安局水仙声看守所进行审讯。接着 8 月 27 日下午，又第二次提审彭湃，并由国民党反动分子、原汕头市长方乃斌出庭指认。

彭湃知道自己的身份已完全暴露，更无所虑，便公开利用敌人的审讯和敌人作针锋相对的斗争。

他大义凛然，无所畏惧地对敌人说："我是彭湃，你们要怎样就怎样！"

他慷慨陈词，追述了自己在海丰从事农民运动，直至创建海陆丰苏维埃的斗争。

彭湃在上海从事革命活动的住址——当年的公共租界新闸路经远里 12 号

当他谈到在海陆丰惩办反革命的时候，便指着法庭上的敌人厉声说："似你们这班反革命党，我们在海陆丰不知杀了多少个，你们不必再问了，将我枪毙好了。"

彭湃等被捕后，周恩来于当晚召开了中央特科各负责人的紧急会议，布置营救彭湃等同志并了解他们被捕的原因。

中央特科情报科负责人陈赓接受任务后，极力想办法营救，他选中了在国民党中央党部调查科驻沪办事处任职的鲍君甫。

鲍君甫，又名杨登瀛，早年接受过马克思主义的思想，认识一些共产党人，并对共产党人表示同情，他 1925 年就结识了中央特科成员陈养山，1928 年开始为我党工作。

在营救彭湃的过程中，鲍君甫向陈赓建议当彭湃由伪公安局解往伪司令部途中设法营救。

陈赓将鲍的想法向中央特科请示后，大家同意路劫。陈赓与顾顺章专门在虹口旅社开了一个房间，作为营救彭湃的联络点。

鲍君甫又到上海市公安局拘留所内去探望彭湃，了解有关情况。鲍先到侦缉队长卢英处约他一同去拘留所，但卢不在，鲍便独自到拘留所内看望了彭湃。鲍报以同情的目光，并移了移呢帽表示敬意，从中暗示彭湃做好准备。

鲍君甫在走出拘留所时，碰见了司法科科长王郁芬，王当即约鲍翌日下午参加陪审彭湃一案（鲍经常陪审重大共产党案件）。

鲍得此情况后及时向陈赓作了汇报，并提出陪审彭湃案件时我方要派一位同志参加，这样能及时让彭湃知道我们党正设法营救他。陈赓当即否决了这种做法，认为会引起彭湃的怀疑，以为是陪审人出卖他的。鲍便建议找一个彭湃平时最信任的同志参加陪审，陈赓对此表示同意，并得到组织上的支持，派了一位同志于1929年8月26日和鲍君甫一同到上海公安局三科审讯室。审讯时已是傍晚，庭审时间大约半小时。审讯中鲍君甫装的样子很凶，骂得很厉害，巧妙地把党的意图暗示给彭湃。

由于彭湃的名气很大，蒋介石早就恨之入骨，下令立即杀害。审讯结束后，市公安局长袁良便与鲍君甫约定后天带走。鲍又及时将情况向陈赓汇报，研究对策。

当周恩来得知敌人将于8月28日晨要将彭湃等同志从拘留所解往龙华警备司令部的消息时，当即下令中央特科所有人一起出动，埋伏在囚车经过的途中，准备劫车营救。

6月28日凌晨，中央特科“红队”，化装成拍电影的外景摄影队，中央特科负责人顾顺章也化装成拍电影的演员参加营救，当时约定武器由专人用箱子送到现场。

28日早晨6时，鲍君甫和我党派去的一位同志到公安局时，彭湃等人已被带走了，鲍又立刻驱车驰往龙华警备司令部，中途遇见了一辆大卡车（鲍事先可能不知道中央特科组织营救），另一位同志站在卡车上和他们谈了几句话就告诉鲍君甫押解彭湃的车未经过这里，并说这辆卡车是天没亮就预伏在这儿的，是准备营救彭湃等人的。鲍又和这位同志驱车到龙华警备司令部查询，得知彭湃已被送往龙华。鲍赶紧驱车回到红队预伏的地点，援救人员已经离开，营救未能成功。

彭湃等人被转押到国民党龙华警备司令部监狱后，虽然身陷囹圄，脚上锁着沉重的镣铐，但早已将个人的生死置之度外，革命斗志更加坚定和旺盛，一刻也未停止向敌人作斗争。

在那短短几天严酷的日子里，彭湃总是不顾一切地寻求一切机会向狱中的难友做宣传，向看押犯人的卫兵做争取教育工作。起初他对押他的一位上等兵和关在同一狱中的犯官（原国民党警备司令部参谋处的军官）做争取工作，对方不敢表态。但是，彭湃并不灰心，坚持对他们进行教育，向他们揭露国民党反动派屠杀镇压革命人民的种种罪行，宣传我党的宗旨和政策。这两个人终于为彭湃的革命精神所感动，由同情革命到帮助革命，成了彭湃与外面进行联系的“交通员”。

在狱中，彭湃为了鼓舞难友们的斗争意志，还常常与杨殷等齐声高唱国际歌和少年先锋歌，歌声震荡全所，其浩然正气和坚不可摧的革命精神，使敌人丧胆，使愁苦凄惨的监狱变成了激昂慷慨的战场。

监狱中的许多难友甚至看押犯人的士兵，在他们的革命精神和英勇行为的感召下，有的觉悟了，有的更加坚定了革命的信念，认识到“只有跟共产党走，才是我们穷人的正当出路”。难友们怀着十分敬佩的心情赞扬彭湃说，“到底是我们的中央领袖，能做我们的表率。”那些久闻彭湃大名的人，都来看望彭湃，以与他相识为最大的光荣。

8 月 30 日，绝灭人性的敌人对彭湃施以酷刑，使彭湃“晕去九次之多，弄得手足俱折、身无完肤”。当天下午，敌人秘密地将彭湃等人武装押送到特别法庭，进行所谓的最后审判与裁决。

彭湃被押回龙华后，自知敌人要下最后的毒手了，便给自己亲爱的战友和妻子许冰写了诀别信。他无限深情地写道：“冰妹：从此永别，望妹努力前进。兄谢你的爱！万望保重！余言不尽！”

在他生命的最后时刻里，他同杨殷怀着对党的无限忠诚、无限热爱的情感，给党写了第二封信，也是最后一封信。信中说：“我们在此精神很好，兄弟们不要因为弟等牺牲而伤心。望保重身体为要！”

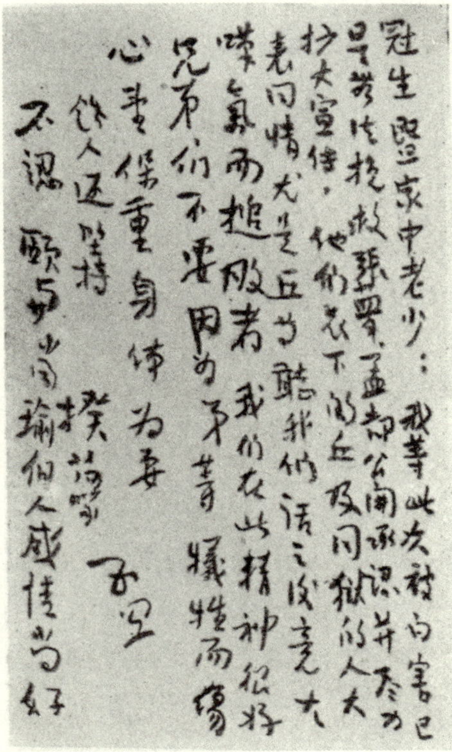
冠生暨家中老少：我等此次被白害已是无法挽救。张、孟都公开承认并参加[illegible]大宣传，他们[illegible]同狱的人大表同情，尤其是兵士当听我们话之后竟大[illegible]而想暴动者，我们在此精神很好，兄弟们不要因为弟等牺牲而伤心，望保重身体为要。你们还坚持 努力！[illegible] 不谓 [illegible] 尚瑜伯人咸佳为好

1929 年 8 月 30 日彭湃就义前写给党中央的报告

彭湃给党的最后一封信，是用自己的鲜血和生命谱写的，他说“我们在此精神很好”表现了一个共产主义战士，宁死不屈、视死如归的彻底革命精神；“兄弟们不要因为弟等牺牲而伤心。望保重身体为要！”倾注了他对党、对同志无比深厚的阶级情谊与最真挚的热爱。真是信短情深，字字千钧。

1929 年 8 月 30 日下午，彭湃英勇就义。时年 33 岁。

1929 年 9 月第 43 期《红旗》发表了当时党中央领导人之一、彭湃的亲密战友周恩来撰写的文章，其中写道：

彭湃是广东几千万农民的领袖。他曾领导海陆丰几万农民，开始中国农民反抗地主剥削的革命斗争，他曾指导着全广东几千万农民不断地反抗一切地主阶级残酷的压榨；他曾亲身领导东江海陆丰广大农民群众实行土地革命，创立苏维埃政权。他并参加南昌暴动。他早已深入全国广大劳苦群众的心中，成为广大群众最爱护的领袖。谁不知广东有彭湃；谁不知彭湃是中国农民运动的领袖？一切反革命派污蔑他是杀人放火的凶犯，但广大工农劳苦群众，尤其是几万万农民群众却深深知道他是他们最好的领袖，是土地革命的忠实领导者！

这是对彭湃光辉一生的最好总结，也是对彭湃伟大人格的最好评价。

“从坟墓里爬出来的铁人”

——中共第六届中央政治局常委项英

主题人物： 项英
籍　　贯： 湖北武昌县（今武汉市江夏区）
出生时间： 1898年5月
主要职务： 1922年加入中国共产党。先后担任中共中央长江局书记、中华全国总工会委员长、苏区中央局代理书记、中央革命军事委员会主席、中共中央新四军副军长，是中共第三至六届中央委员、第六届中央政治局常委
牺牲时间： 1941年1月
牺牲地点： 安徽泾县
当时年龄： 43岁

斯大林： 他是“中国革命中真正工人阶级出身的领导人”。
陈　毅： 他是一个坚定的革命家，一生都献给了党和无产阶级的解放事业。
迟浩田： 项英同志是杰出的无产阶级革命家，工人运动的著名活动家，党和红军早期的领导人之一，新四军的创建人和主要领导人之一，抗日战争的名将之一。

在中共六大上，工人出身的项英当选为中央政治局常委，进入了中共核心领导层

中共六大会址，位于莫斯科市南部郊外五一村公园街 18 号。这里属于莫斯科州纳罗法明斯克区，距莫斯科市中心 40 公里。该楼建于 1827 年，已有 180 年历史，期间进行过几次大的维修。主楼共分三层，二层有一间可容纳七八十人的客厅，是六大会场，其他房间是大会代表的住处。至今，中共六大会址庄园大门的两根柱子残迹仍在。在岁月长河的侵蚀中，这个曾经辉煌的俄罗斯旧式贵族庄园，日渐破败，大多数建筑都已经损毁，到处杂草丛生。然而就是这样一个地方，却在中共历史上有着特殊的纪念意义。

1928 年 6 月 18 日下午，中共唯一在国外召开的一次代表大会就是在这里召开的。

作为中央临时政治局委员兼江苏省委书记，项英参加了中共六大。按照党中央的安排，他是 1928 年 5 月初，由上海出发前往莫斯科的。

按照中央的安排，项英由上海乘日本轮船去当时被日军占领的大连，转乘火车去哈尔滨。哈尔滨是中国北方的大城市，六大代表大多从这里过境，党的领导机关在哈尔滨设立了接待站，接送过往代表。项英离开哈尔滨时，领到了一根作为接头用的折断的火柴棍。到满洲里下车后，由苏联人驾驶标有“67”和“69”号码的两辆马车负责接送。因此只要交上火柴棍，不必说话就可以上车。然后换乘火车，整整坐了七天车才到莫斯科。再用马套车送到开会的地方。

项英（1898—1941）

到达莫斯科，这是项英第一次出国，心情自然是很激动的。他虽在异国他乡，但并不感到寂寞。当他踏上由俄共（布）领导的世界上第一个社会主义国家后，长期在白色恐怖下从事党的工作和工会工作的那种不安全感消失了，早年就想到十月革命的摇篮、列宁的故乡去看一看的愿望实现了。

同年6月12日，苏共中央总书记斯大林在莫斯科市内的一个大楼里接见了出席中共六大的部分代表和中共第五届中央委员，项英自然参加了。作为工人阶级中涌现出来的代表，斯大林给予了他更多的关注，这对项英是极大的鼓舞。

党的六大产生了由23名中央委员和14名候补中央委员组成的新一届中央委员会。在六届一中全会上选举了中央政治局，苏兆征、项英、周恩来、向忠发、瞿秋白、蔡和森、张国焘七人为政治局委员。关向应、李立三、彭湃、杨殷、罗登贤、徐锡根、卢福坦七人为政治局候补委员。会议还推举苏兆征、向忠发、项英、周恩来、蔡和森五人进入政治局常委。在选举中央主席时，由于过分强调工人成分和对知识分子的偏见，加之共产国际定的基调与苏联党的干预，最终在周恩来、向忠发两人中，选择了工人出身的向忠发。这样，向忠发被推举为中央政治局主席和中央政治局常委主席，成了党的最高领导人。

项英文化程度不高，从一名基层的工会工作者，在较短的时间内，能成为中央政治局委员、常委，进入党中央核心领导层，当然有当时过分强调工人成分的客观原因，但与他一直战斗在第一线，积累了较多的实际工作的经验，在党内、在工人中有较高的威望有着更加密切的关系。

他到底是如何一步步成长的，让我们从头说起……

项英毛遂自荐，受中共武汉地方委员会书记包惠僧约见，两个半小时的谈话，改变了项英的人生轨迹

1898年5月出生的项英，是武昌县舒安乡项家村人。祖父因会种花、植盆景，就由乡下搬到武昌城涵三宫落户，以种植花卉为业，当地人称他家为“项家花园”。父亲项天卫是县里管钱粮簿册的职员，为人忠厚老实。母亲夏氏，善良能干。项英有二兄一妹，自己排行老三。

项英12岁那年，小学毕业，父亲不幸早亡，家境迅速恶化，仅靠母亲纺织、刺绣和帮人洗衣所得的微薄收入来糊口。为帮助家庭维持生活，项英不得不放弃读书，寻找职业，先是想进商店当学徒，后又想进工厂当学徒，但一直找不到工作。

家庭生活困难，恶人作威作福，善良劳苦大众一直受压，这些不合理的现象，给项英思想上以很大刺激，也促使他早熟。

1913年，已15岁的项英费尽周折才考入武昌城模范大工厂（纺织厂）当学徒。当时学徒收入很少，还经常挨打受虐待。为了生活项英忍受了这些苦难，三年满师后，他年已 18 岁，留在厂里当工人。

1917 年冬，项英从《汉口新闻报》上得知列宁领导俄国十月革命胜利的消息，联系到自己和工友们身受资本家盘剥和工头欺凌的情景，心想，中国工人阶级也应该向俄国学习，起来革命，打倒资产阶级。从此，他心里便开始向往革命了。

1919 年，董必武、陈潭秋等具有初步共产主义思想的知识分子，在武汉办起工人夜校，传播马克思主义，项英参加工人夜校的学习，提高了觉悟，逐渐明白了工人要提高自己的政治地位和改善生活待遇，就要靠自己团结起来去争取。从那时起，项英便在自己所在的模范大工厂中，自发地从事工人运动。开始他只在少数工人中秘密活动，后来逐步扩大到几十个人。

1920 年 4 月，项英利用本厂工人受工头虐待和工资低微的不满情绪，选择有利时机，成功发动了一次罢工。当时棉布在市场上畅销，工人罢工停产，资本家利益受损，罢工越久，损失越大。资本家怕事态扩大，影响生意，被迫很快答应工人的条件：给工人赔礼道歉，开除工人痛恨的工头，增加工人的工资，并答应改善工人的劳动条件。这是武汉纺织工人的第一次罢工斗争。罢工斗争的胜利，工人们得以扬眉吐气，看到了工人组织起来的巨大力量，也提升了项英开展工人运动的信心。

1921 年 7 月召开的中共一大把发展工人运动作为党成立后的中心任务，并成立中国劳动组合书记部，作为中国共产党公开领导工人运动的机关。同年 10 月，带着发展工人运动任务的包惠僧回到了武汉。

包惠僧是湖北黄冈县东乡包家畈一个农家子弟。1912 年，考入省立第一师范学校毕业后，先后当过教师、新闻记者，在采访中，他逐渐认识到军阀的腐败、社会的黑暗与不公，树立要改造社会的理想。包惠僧颇有文采，他的性格也令人称奇，待人处事全凭热情。话不投机，可能吵嘴打架，敢于直言，不怕伤人，不计后果，因而有人怕他，有人讨厌他，也有人愿意结交这样的朋友。

陈独秀两次到武汉讲学，包以记者身份采访他，并给陈独秀留下了较深的印象。1920 年，经刘伯垂介绍，包惠僧加入共产党。武汉党的组织成立时，包被推举为书记，负责党的日常工作。党的一大后，身为中共武汉地方委员会书记的包惠僧，奉中央指示回武汉组织中国劳动组合书记部长江分部（后改为武汉分部），并兼任分部主任。

同年 11 月，陇海铁路工人罢工取得胜利，影响到京汉铁路工人，他们纷纷要求组织起来，江岸铁路工人还要求劳动组合书记部武汉分部派人去领导他们。然而要选一名熟悉工人兄弟，有组织领导才能，政治上又过硬的人还真不容易。

就在包惠僧着急的时候，项英毛遂自荐，主动写信，说他从《劳动周刊》得到消息，希望参加工会工作，并要求当面谈。这可解决了包惠僧的苦恼，他立即复信，约项英在本星期天下午 1 点武昌黄土坡 16 号面谈。两个半小时的谈话，包惠僧对项英产生了浓厚的兴趣，认为他很不平凡，有理想，有抱负，特别对工人运动表现出很高的热情，非常高兴。心想，这个苗子不错，如果各厂的工人都和项英一样，那工作就好做了，临别前，包惠僧送给项英新出版的《两个工人的谈话》等小册子，并约他下星期天下午来谈关于模范大工厂的工人情况。

到了下一个星期天，包惠僧刚吃过午饭，项英就来了。一见面，他就颇为兴奋地对包惠僧说："您给我的书，我都看了。"接着，详细地介绍了模范大工厂的情形，简单说明了其他纺织厂的情况，他直爽地说："我一直被关在模范大工厂内，外面的情形知道得不多，不过因为自己是个工人，知道一些工人的心理和要求，《劳动周刊》号召我们'组织起来''增加工资，减少工作时间''提高工人的政治地位'，这都是工人迫切的要求。如何实现这个要求呢？我愿跟你们共同努力。"

第一次两个半小时的谈话，包惠僧就对项英留下了很好的印象，出于慎重考虑，再次通过多条途径进行考察，心里更有数了，决定吸收他参加劳动组合书记部，筹备京汉铁路江岸工人俱乐部。项英愉快地服从了组织的决定，从此，他转变了自己的人生轨迹，开始了作为职业革命家的生涯。

1921 年 12 月，项英前往龙王庙，担负起筹建京汉铁路江岸工人俱乐部的重任。

那时，铁路工人中帮口很多，如福建帮、广东帮、安徽帮、山东帮、湖北帮等。这些帮口是进行劳动组合工作的最大障碍。项英按照党组织的指示，把调整各帮口的关系，用阶级教育来消灭帮口成见当做工人中的重要环节，和各帮口的领袖杨德甫、林祥谦、曾玉良相处得也很好，工人俱乐部通过演唱、讲演、办夜校、打乒乓球、篮球等活动，成为广大工人常去聚会的场所。

1922 年 1 月 22 日，京汉铁路江岸工人俱乐部正式成立。经过项英和俱乐部骨干的努力，这里的工作红红火火，被誉为"工人的家"。许多工人提高了觉悟，原来一些工人沾染的赌博、酗酒、吸鸦片等不良习气得到纠正。一些工人家属高兴地说："俱乐部好，赌钱鬼没有了，吃酒的人少了！"

包惠僧曾在回忆《一个青年工人》一文中这样写道：

项德隆（即项英）与各帮的领袖人物处得很好，因为大家知道他是一个熟练的纺织工人，丢掉了自己的职业来搞江岸工人俱乐部，他们认为这样舍己为人的精神是很难得的。而且他能说会写，年纪又轻，又能吃苦耐劳，所以对各方面人事关系搞得很好。

小工在工人中是多数，通过工余夜校把他们团结起来，组织起来，在京汉铁路工人中成为最坚强的一个力量，项英在这方面起了很大的作用。

项英在繁忙的工作中抓紧读书，碰到新书报总是先睹为快。随着政治觉悟的提高，愈来愈想成为一名光荣的共产党员，并多次向党组织提出入党的申请。

由于项英政治上的进步、办俱乐部和工会所取得的成绩及在工人中的威信，党组织一直密切关注。1922 年 4 月，中共武汉党组织召开会议，正式批准项英加入中国共产党。项英的人生从此翻开了新的一页！

二七大罢工表现突出，25 岁的项英第一次进入中共中央执行委员会

工人运动、农民运动成为党成立后的工作重心，发展势头曾一度十分火爆。而在工人运动中，铁路工会发展最好，其中京汉铁路工会的发展又走在最前面。

京汉铁路是 1898 年开始修建的，1906 年建成通车，北起北京，南至武汉，全长一千余里，为中国腹地交通大动脉之一，政治、经济、军事地位极为重要。当时，北洋军阀吴佩孚很重视京汉铁路，他每月军饷 80 万元大都来自京汉铁路的收入。中共对京汉铁路也高度关注，许多重要干部如李大钊、邓中夏、陈潭秋、罗章龙等都直接或间接领导过京汉铁路的工人运动。

那时，京汉铁路工人生活悲惨。他们劳动强度大，干活时间长，每天至少十个小时，多的每天达到十六七个小时，成年累月也没有休息日，遇有事情请假要扣工资，对生病和工伤致残一律不管。一般工人每月工资只有六元，根本无法养家糊口。

1922 年 8 月 10 日，中共党组织召集京汉铁路各基层工会负责人开会，决定成立京汉铁路总工会筹备委员会，由武汉杨德甫任主任委员，项英任总干事，具体负责筹备事宜。

项英走马上任后，即深入京汉铁路南段的广水、信阳、驻马店等站进行宣传教育，消除各帮口的成见，引导工人走团结的道路，帮助组织基层工会。同时，重点培养工人骨干。著名的工人领袖林祥谦同军阀、资本家、工头斗争坚决、勇敢，对工会工作热心、认真，项英就向党组织建议吸收入党。

1922 年 12 月，汉冶萍总工会在湖北汉阳成立。图为总工会成立大会合影

对介绍施洋入党，项英也作了很大的努力。施洋毕业于湖北省立法政专门学校，是个有名的律师，他追求进步，信仰马克思主义，积极参加工人运动，是江岸京汉铁路工人俱乐部的法律顾问。项英认为施洋本质是好的，就和许白昊共同介绍他入党。但在中共武汉区委第一次讨论时，有人认为施洋的社会关系复杂，本人爱出风头，没能通过。项英并不放手，一方面从政治上帮助施洋，一方面积极做党组织的工作，认为应该看施洋的主流。再次讨论时，施洋终于顺利入党。后来的事实也证明，项英的眼光是准确的。

有项英和各地工会积极分子的共同努力，京汉铁路沿线的工会组织发展得很快，到 1922 年底，全线的工会组织就绪，确定于 2 月 1 日，举行京汉铁路总工会成立大会。

吴佩孚当时任北洋政府直鲁豫三省巡阅史，拥有十多万人马，老巢设在古都洛阳，对工人成立工会是持反对态度的。然而项英没有妥协，虽有敌人在会场外的层层包围，鸣枪威胁，百般阻挠，成立大会如期举行。

项英在那空气紧张、斗争激烈的会场里，密切关注会场内外反动军警的动静，心情既兴奋又紧张。然而，当出席会议的代表返回五洲大酒店等住处时，情况进一步恶化：旅店早就被军警占领，不许他们走动和交谈；在旅店所订饭菜不准食用。与此同时，郑州铁路工会也被军警占领，禁止工人出入，文件杂物被洗劫一空，向大会所赠的匾额、礼品全被砸毁。工人代表和来宾十分气愤。当天晚上，京汉铁路总工会由史文彬和项英分头通知，召开秘密紧急会议。决定宁为玉碎，不为瓦全，于 2 月 4 日举行全路总罢工，以反对吴佩孚的武力压迫。

2 月 3 日，京汉铁路总工会办事处在江岸正式办公，成为中共领导京汉铁路工人罢工的指挥中心。项英作为罢工委员会总干事，紧张地进行各项准备工作，同时根据需要组织纠察队和调查队。纠察队负责罢工期间的社会秩序；调查队负责探听消息及向四周放哨、夜间巡逻。他还将工人组织起来，每组十人，推举一个为组长，在短时间内可将数千名工人组织起来。这再次显示了项英的组织才能。

2 月 4 日，在京汉铁路工人提出的条件未得到满足后，先从郑州开始，接着是长辛店、江岸，到中午 12 时止，京汉路全线客车、货车一律停驶，工厂一律停工，连接中国南北的交通大动脉停止了跳动，震惊中外的京汉铁路工人大罢工开始了！

京汉铁路工人大罢工，断了吴佩孚的财路，挫了他的锐气，他当然不会善罢甘休，采取派兵捣乱、阻拦、威胁、关押工人等一系列手段，甚至逮捕了项英等工人头面人物。

反动军警知道项英是罢工的重要人物，就以枪毙、斩首来威胁，企图让项英下令复工。项英坚强不屈，毫不畏惧地说："头可断，上工命令不能下。"

项英等工人谈判代表被反动军警关押起来的消息传开后，罢工工人义愤填膺，数千名罢工工人包围了汉口军政府，要求释放谈判代表。迫于工人的声威，项英等人顺利获释。项英走出军营，回到了工人队伍中。为反抗强权，项英、林育南等人带领工人举行游行示威，队伍"由江岸经过租界以抵华界，历时两小时许，沿途加入3000人，所过商民多呼欢迎，巡捕岗警无敢阻拦者，此种情形实为仅见"。项英一直昂首走在游行队伍的前列。

2月7日，吴佩孚命令军警在江岸、郑州、长辛店等地同时行动，发动了对工人的大屠杀。项英和工人纠察队团员同仇敌忾，赤手空拳同敌人展开了生死搏斗。曾玉良等人在敌人枪林弹雨之下壮烈牺牲，受伤的有几百人，还有大批工人被捕。此时，军警发现林祥谦在被绑工人之列，就将他拉出来，要他下令复工。共产党员林祥谦英勇不屈，拒不答应。在斗争最严峻的时刻，项英率纠察团员试图营救林祥谦，由于寡不敌众，未能如愿。林祥谦死于敌人屠刀之下，共产党员施洋也在被捕几天后英勇就义。

1923年6月12日至20日，中国共产党在广州东山恤孤院后街31号（今恤孤院路3号）召开第三次全国代表大会。图为大会会址

在这场生死搏斗中，项英死里逃生。他在反动军警乱枪射击时，潜伏在长江边上，直到夜晚才搭船到汉口。

项英脱险后不顾个人的安危，仍留在武汉从事罢工后的善后处理工作，调查工人的死难情况，拟定善后救济工作，秘密恢复工会组织，整顿队伍。

"二七"惨案发生之

后，民国议会众议院在北京开会，议员胡鄂公等人提出弹劾吴佩孚、萧耀南的议案。许多议员故意为他们开脱。胡鄂公愤然说："有个年轻人是从这次屠杀的血尸中爬出来的，此人就在门外，不妨请他进来报告他的亲眼所见。"这个年轻人就是项英。他迈着坚定的步伐走进会场，向大家控诉军阀们镇压工人的血腥暴行，令无视事实真相的议员们哑口无言，使正义得以伸张。

"二七"大罢工虽然失败了，它却在中国工人运动史上写下了光辉的篇章。在这场严峻的斗争中，项英始终站在危险的第一线，经受了锻炼，增长了才干，更加赢得了工人的信赖。

1923年6月，项英和来自全国各地的30多位代表出席了在广州召开的中国共产党第三次代表大会。在选举中央委员前，共产国际代表强调，中央委员会组成应以工人运动领导者占多数，其中必须有产业工人。这一原则为大会接受，认为是进一步发展党组织的重要保证。

会议选举陈独秀、李大钊、毛泽东、蔡和森、罗章龙、谭平山、王荷波、朱少连、项英九人为中央委员，李汉俊、徐梅坤、邓中夏、邓培、张濂光五名中央候补委员，组成中央执行委员会。

年仅25岁的项英，第一次当选为中央执行委员会委员。这一光荣而艰巨的重任，标志着党组织对项英的信任和器重，实际上也是对他在革命斗争中，在京汉铁路的工人运动中，特别是在二七大罢工中的表现所作的充分肯定。

在中共四大、五大上项英又连续当选为中央委员。1928年2月，中共中央对江苏省委进行组织调整，项英又出任江苏省委书记。同年2月13日，党中央决定，项英参加中央常委会，也就是担任临时中央政治局委员，同时担任中共中华全国总工会党团书记。这表明，党中央对项英的工作是满意和肯定的。在随后召开的党的六大上，项英受到了斯大林的接见，被斯大林誉为"中国革命中真正工人阶级出身的领导人"，并被选为中央政治局常委。项英从一个普通工人成长为党的主要领导人，既有当时客观背景，但更与项英的品德、能力、业绩不可分离。

出任中共苏区中央局代理书记，主持一个地区全面工作，妥善处理富田事变功绩卓著

中央苏区（又称中央革命根据地）是由朱、毛井冈山会师后，以武装割据的形式，经过艰苦奋战，逐步发展起来的一块大的革命根据地。

根据地的红火、白区斗争的日益艰难，使党中央把更多关注目光转移到了

苏区，决定加强对苏区的领导，扩展苏维埃运动。1930年10月3日，中共中央政治局决定，由周恩来、项英、毛泽东、余飞、袁炳辉、朱德组成苏区中央局，负责指导全国各苏维埃区域与红军的工作，由于周恩来一时难以离开中央，遂派项英先去。

1931年11月，中央苏区中央局委员合影。右起：王稼祥、毛泽东、项英、邓发、朱德、任弼时、顾作霖

项英原来一直从事白区党的工作和工人运动，现在将去从事他不熟悉的苏维埃区域党的工作和军队工作了，他将不再是在中央领导机关负责一个方面的工作，而是去一个地方主持全面工作，特别是周恩来短期内难以到职工作，更加重了他到苏区工作的艰巨性。同年11月下旬，项英由中央机关交通护送，从上海动身去福建，转赴中央苏区。这时的苏区包括赣西南、赣南、闽西，是土地革命战争时期全国最大的一块根据地，有主力红军四万多人，占当时全国红军总数的三分之一以上。

对进入苏区的情况，项英在《自传》中是这样记述的：

> 三中全会后，中央派我到江西苏区。去开苏维埃代表大会，正式成立苏维埃中央，首先成立革命军事委员会，以我为主席，并代理党中央局书记。于是，于1930年11月入苏区，到12月底经福建苏区到江西，与朱、毛会合。这时正是红军取得冲破第一次“围剿”，获得大胜利，将十八师师长张辉瓒活捉。从此，我放弃了多年来的工会工作和白区秘密斗争，开始学习军事和苏维埃政府工作。

对立三路线项英开始是支持的，三中全会对立三路线没有从思想上认真纠正，他作为政治局委员和常务委员，自然是有一定责任的。后来，他也认识到了这一点。

1931年1月15日，中共苏区中央局在宁都小布成立，项英代理书记；中央革命军事委员会同时成立，项英任主席，朱德任副主席兼红一方面军总司令，毛泽东任副主席兼红一方面军总政委。根据中央规定，中共红一方面军总前委撤销，方面军党的领导归苏区中央局，项英就成为红一方面军主要领导人之一。

项英进入中央苏区之初，听说有搞肃反扩大化和发生富田事变的问题。他经过调查得知：1930 年 10 月红一方面军搞肃反、抓“AB 团”，11 月抓了中共江西省行动委员会书记李文林等一批干部；12 月 7 日又派人到吉安富田江西省苏维埃政府所在地抓了一批领导干部（至 11 日处决了 24 人）；12 月 9 日，再到东固红二十军军部驻地抓人。红二十军第一七四团政委刘敌被激怒，带着该团第一营包围军部，救出军政治部主任谢汉昌；刘、谢接着率第一营赶到富田，缴了警卫连的枪，释放了被捕的近百名人员，提出了分裂红一方面军领导的错误口号。随后，谢汉昌、刘敌带着红二十军队伍西渡赣江，脱离了红一方面军的领导。这就是富田事变的大致过程。实际上，富田事变是谢汉昌、刘敌率红二十军一部反抗乱捕乱杀肃反扩大化事件，是被逼出来的。

项英在深入调查研究中，对不到四万人的红一方面军，竟抓了 4400 多个“AB 团”分子，感到吃惊和痛心。他认为，肃反不能搞简单化，更不能搞扩大化，而严重的肃反扩大化如不制止，将会使许多经受革命战争考验的优秀干部遭到不幸，会把工农红军搞垮，将苏维埃事业断送。于是，他在苏区中央局成立的第二天，即 1 月 16 日发出通知，批评富田事变的发生是绝对不能允许的，同时强调要纠正“一咬便打”“随便乱打乱杀”的错误。这为当时江西地方和红军中打“AB 团”问题讲了公道话，使中央苏区红军和地方受到震动。肃反扩大化一度有所缓和。这是项英长期被埋没的历史功绩。

在这以后，项英围绕着处理富田事变问题，对谢汉昌、刘敌将红二十军一部的队伍西渡赣江，拉到湘赣苏区永背后一带的情况作了了解。他认为，谢汉昌、刘敌他们用兵变的方式解决内部问题的做法是错误的，拉到赣江以西也是不对的，但他们将误抓的中央特派员易尔士释放回总前委，派段良弼去党中央报告情况，还避免了红军互相残杀的可能；特别是他们继续坚持对敌斗争，打土豪分田地，扩大人民武装，准备攻打吉安，这些做法都是对头的。还应看到，他们西渡赣江后没有任何一部分投降敌人，也没有和敌人取得联系，而是向中共赣西特委书记王怀介绍了富田事变的由来和经过。王怀认为，红二十军的行动不是反革命暴动，而是路线分歧。从此，红二十军便在中共赣西特委的领导下，继续开展革命活动。这说明，红二十军仍是党领导下的一支忠于人民革命事业的队伍。项英认为这是正确解决富田事变问题的很好的政治基础。他从有利于团结对敌的大局出发，决定用党的会议方式来解决党内分歧，以苏区中央局名义，要求红二十军政委曾炳春把部队带回中央苏区来；要求赣西特委书记王怀和参加富田事变的领导人来宁都黄陂苏区中央局开会，分清是非，解决纠纷。谢汉昌、刘敌、王怀相信项英和苏区中央局指示的正确性，于4月初到苏区中央局参加会议。

然而风云突变。六届四中全会王明上台后的党中央，派出中央代表团于4月16日到达宁都青塘，"全权调查与解决"富田事变，不作实事求是的调查研究，便否定项英对富田事变的看法和处理意见，认定富田事变是"AB团"领导的反革命暴动，坚持按敌我矛盾处理。项英尽管思想不通，但党章规定的组织原则，使他在组织上不得不服从中央的决定。不久，项英被撤销苏区中央局代理书记职务，由军委主席改为副主席。

中央代表团到达后，中央苏区打"AB团"的错误重新蔓延，给革命造成严重损失。将回中央局接受教育的谢汉昌、刘敌作为"AB团"头子，将赣西特委书记王怀作为"AB团"暴动的"同伙"，先后予以杀害；红二十军不知情况变化，仍按项英和苏区中央局要求，于5月渡赣江东返中央苏区，7月到达于都县平头寨却被改编，战士分到各部队，连"AB团"是何物都不了解的副排级以上干部作为"AB团"骨干大部分被杀害。这在红军历史上是罕见的悲剧。

1982年，中共中央顾问委员会常委、当年肃反的亲历者萧克谈《中央苏区初期的肃反运动》一文中，讲到富田事变的处理，认为"项英同志为首的中央局的看法比较符合实际情况"。1991年7月，中共中央党史研究室编著的《中国共产党历史》(上卷)，对富田事变及"AB"团问题讲清了真相，澄清了是非，证明项英当时的看法和做法是符合实际的。

1933年5月8日，中华苏维埃临时中央政府人民委员会常委会决定，增加项英为中革军委委员，在中革军委主席朱德去前方指挥作战期间，由项英代理中革军委主席。在代理期间的几个月内，他主要办了四件有意义的大事：

一、调整部队编组，壮大红军部队。将红一方面军的小师小团改为大师大团，撤销军一级番号，精简了机关，减少了指挥层次。10月，组建了红七、红九军团，使中央苏区的红军主力和地方部队发展到八万多人。

二、确定"八一"为红军建军节，组织首次纪念活动。当年6月30日，项英发布命令，将1927年8月1日南昌起义作为红军成立纪念日。此后"八一"就成为红军和后来的八路军、新四军，以至当今中国人民解放军的建军节，成为人民军队进行传统教育、地方进行国防教育的重要日子。当年8月1日清晨，项英在江西瑞金组织了隆重的阅兵典礼，这在红军历史上是第一次。

三、参与指挥作战，抗击国民党军的进攻。项英根据党中央指示，组织东方军入闽作战，扩大了闽西苏区。参与组织第五次反“围剿”的准备工作，动员主力、地方武装和赤卫队共同抗击国民党军的进攻。

四、采取积极措施，加强部队建设。7月9日，发布颁发红星奖章的命令，在当年对革命战争有功的，按功绩等级授予一、二、三级红星奖章。这是人民军队建立奖励制度的开始。7月28日，发布训令，公布《中国工农红军誓词》，并使之作为部队教育的重要教材。8月1日，颁发《工农红军纪律暂行条例》，明确奖惩规定。10月17日，发布命令，将红军学校分别编为工农红军大学、红军第一步兵学校、红军第二步兵学校、红军特科学校，以加速红军干部和专门人才的培养。这对红军后来的发展壮大有重要意义。

临危受命，挑起掩护主力红军转移的重任。斯诺称他“是从坟墓里爬出来的铁人”

1934年10月，国民党军队对根据地第五次“围剿”，由于受到王明“左”倾教条主义的破坏，致使红军遭受了惨重的损失。红军主力只得撤离中央苏区，进行战略转移。

中央红军主力长征后，项英临危受命，担任中共中央苏区分局书记、中央军区司令员兼政委，率部策应红军主力突围转移。当时中央给项英及中央分局的任务是：牵制国民党军，掩护中央红军主力转移，并划定瑞金、宁都、会昌、于都之间的三角地区是项英率领部队必须最后死守的阵地。留给他的只有红军加上政府工作人员名义上的约三万人，而在这些人中有1万多人是需要别人来照顾和保护的伤病员。队伍中有一半多的人手中只有大刀和梭镖，他们将迎战50万国民党军队的进攻。

这就是说，当时落到中共中央政治局委员、中华苏维埃中央政府副主席项英肩上的任务是非常艰巨的。

当时，中央红军主力转移的筹划工作弄得特别神秘，只是在博古、李德、周恩来组成的“三人团”的极小范围内进行，项英对红军主力转移的真实意图都不清楚，至于自己被留下来坚持斗争，是由中央主要领导人博古确定的，项英并不知道。

对于怎样看待项英被留下来，在那58年以后的1992年11月13日，中共中央原顾问委员会常委陈丕显在一次谈话时讲道："项英那时初步留下来打游击就有被整的意思……项英当时要是被党中央主要负责人'喜欢'的话，也就不会被留下来打游击了。"的确，离开主力部队，带领一些伤残人员，武器装备落后，要留在后方坚持斗争，面临的困难是可想而知的。

然而项英临危受命，对党中央让他留下来坚持斗争，二话没说，以对党无限忠诚的高度责任感，和其他领导人一起，勇敢地担当起领导中央苏区军民坚持斗争的重任。

就在红军主力离开后的第三天，项英主持召开了中央分局会议。鉴于会议的重要，他派人将陈毅从医院抬进会场。陈潭秋、贺昌、瞿秋白等出席。

会上，项英传达了党中央、中央军委赋予中央分局的任务和各项要求，并指出：党中央和红军主力能否胜利进行战略转移，事关全党全国人民最根本的利益，每一个人都必须以积极的行动配合。作为共产党员、革命军人都必须无条件地服从命令，不许任何人在党中央和主力红军还没有离开苏区前搞疏散。换句话说，所有的人都必须坚持到敌人的刺刀顶到胸口的最后一刻。项英要求机关工作人员正常对外办公，处理公务，以迷惑敌人，隐蔽红军主力的转移。直到一个月之后，国民党才弄清了红军主力已经转移了。

这次会议经研究后，项英确定从五个方面来执行掩护、策应任务：

一、阻击骚扰敌人，迟滞敌人进攻。当红军主力集结和转移时，留在苏区的独立第七团、第一团、第十一团、红二十四师、地方红军和游击队先后出动，主动出击，阻滞和骚扰敌人，同时还注意从政治上揭露敌人的进攻阴谋。他同陈毅、梁柏台做了研究，用中央政府办事处的名义发出第一号通告："白军士兵兄弟，莫听军阀欺骗，切勿烧杀抢掠，你我本无仇冤，协同群众游击，大家打成一片，快把枪口掉转，实行暴动兵变，杀死反动官长，加入红军作战。"这张布告，具有很强的针对性，很快传遍苏区内外，鼓舞了群众，威慑了敌人。

二、对外暂不改变党政机关的办公形式，隐蔽红军主力出征的战略意图。项英认为，尽管党中央领导人和中央机关已经转移，苏维埃政府多数骨干也已经走了，红军主力正在集结着，但他们战略转移的行动还没有公开，国民党暂时还摸不清楚，因此，在他们没有离开中央苏区之前和离开之初，仍要保持他们没有动的样子，以迷惑敌人，切不可不顾大局，只顾跑反，使自己乱了自己，迷惑敌人时间越长对党中央和红军主力转移就越有利。项英要求党政机关在主力红军离开中央苏区之前，仍要保持原来的样子，坚持正常办公，接待来访群众，处理正常公务。《红色中华》报也正常出版。

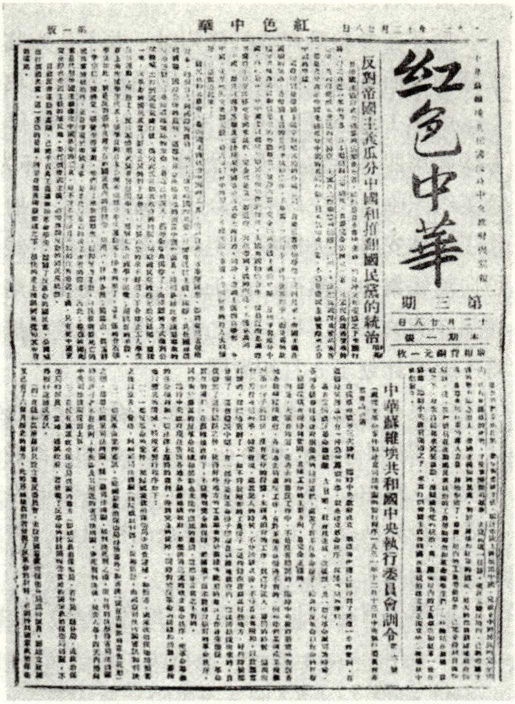
紅色中華
第三期
反對帝國主義瓜分中國和推翻國民黨的統治
中華蘇維埃共和國中央執行委員會訓令

项英经常在中华苏维埃中央政府机关报《红色中华》报上发表文章。这是1931年12月28日发表的反对帝国主义和推翻国民党反动统治的文章

三、开展游击战争，为长期坚持斗争做准备。1934年10月18日，项英在《红色中华》发表了《开展广泛的群众游击战争保卫中央苏区》的文章，指出：“发展游击战争，是我们中央苏区整个党与苏维埃目前最中心的任务！”敌人愈前进，敌人的后方就愈空虚，就愈便利我们开展游击战。他号召苏区军民“全体武装起来，组织游击队，加入游击小组，发动最广泛的群众性的游击战争”。据时任瑞西县委宣传部长钟良培回忆：

瑞西县委成立不久，项英同志到瑞西县指导工作，出席中央瑞西县委会议并在会上讲话。项英同志说：我们在后方工作的同志，要坚持一天，就要战斗一天；要搞好地下组织，组织通讯网；要做好坚壁清野工作……为加强瑞西县的武装力量，项英同志还叫瑞西县委派人到中央分局驻地领了十挺花机关枪、一挺马克沁机枪、六十支步枪，同时还领了六担做光洋的银饼和一些棉被、呢子大衣，使瑞西县独立营充实了力量，瑞西县各机关干部和独立营指战员的给养问题也得到解决。

红军游击队的存在和游击战争的开展，给中央红军主力的转移以有力的策应。

四、抗击进犯敌人，减轻党中央和中央红军主力战略转移的压力。中央红军主力长征后，原来进犯的国民党军绝大部分继续向中央苏区腹地进攻，先以集团兵力迅速占领苏区城镇和交通要道，继以堡垒政策将中央苏区分割为许多小块。面对严重的局势，项英领导中央苏区军民进行了顽强的抗击。11 月 22 日，红二十四师根据项英的命令，在谢坊消灭进犯之敌国民党军东路第三师半个旅，击溃敌半个旅，取得了主力红军长征后的第一次大胜利。

谢坊战斗后，国民党军发现中央苏区仍有正规红军，便加紧构筑封锁线，调整兵力，在宁都以北地区集中了四个师，寻找留下的红军主力决战。到当年年底，中央军区所属红军及地方游击队先后吸引、牵制敌人两个纵队、十五个师和两个旅。这是项英领导中央苏区部队积极执行牵制任务的重要体现，从而减轻了红军主力战略转移中的压力，策应了红军主力的转移。

五、接收伤病员和组织运输，保证主力红军的战略转移。中央军区先后收容了一万多名伤员。其中一些轻伤员医好后陆续参加了当地的游击战争，重伤员逐步分批分散安置。从而保障了中央红军主力的战略转移。

所有这些，都说明以项英为首的中央分局、中央苏区为掩护中央红军主力转移是做了大量工作的。在那 47 年之后，当时的中央苏区中央分局委员谭震林于 1981 年 8 月为陈丕显所著《赣粤边三年游击战争》一书所写的序言中曾经讲道:“南方的游击战，在红军长征之初，牵制了蒋介石的兵力，使我主力部队得以大踏步地前进。”这话说得是很有道理的。

当然，项英在开始时，对整个斗争形势的严重性估计不足，同时也为中央赋予的“保卫中央苏区”的任务和坚守“三角地区”、保密等规定所束缚，对独立自主坚持斗争考虑不够，斗争方式的转变不够及时，同国民党军死打硬拼的时间过长。项英后来对此也有所认识，他在向党中央的报告说，这是“一个很大失策”。

在国民党数十万大军的进攻下，中央苏区的形势急转直下，红军主力长征前剩下的宁都、长汀、瑞金、归化（今明溪）、于都、会昌等县城及重要集镇，到 1934 年 11 月底均落入国民党军之手，南下的红军和游击队受到了很大的损失，中央苏区军民陷入极度的困难中。

项英多次向中央报告情况，请求中央给予“详细指示”，明确行动方针。由于党中央忙于红军主力转移，致使三个月“无指示”“无回电”。直到遵义会议后，中央才于 1935 年 2 月 5 日给项英及中央分局发来电报。遵照党中央的指示，项英指挥部队分9路突围，分散开展游击战争。在突围战中，瞿秋白、贺昌、何叔衡等一批党和军队的领导人相继牺牲。游击队员不仅要面对难以忍受的寒冷和饥饿，还要面对国民党大军的天天“清剿”。

1935年4月上旬，项英组织召开了一次重要会议，史称“长岭会议”。会议决定在“依靠群众、坚持斗争、积蓄力量、创造条件迎接新的革命高潮”的战略方针下，实行“化整为零、分兵游击”的计划。5月，国民党大军约50倍于游击队的兵力对赣粤边游击区进行全面“清剿”，要求三个月内“打死、饿死、困死”游击队员。游击队员只能在山林里住，敌人就采取“移民并村”和赶老百姓出山的“封坑”手段，企图断绝游击队和群众的联系，使游击队得不到粮食、盐和基本生活用品。此时的项英和游击队员们过着像野人一样的生活，他们只能与山中的动物为伴，吃野菜、摘野果、挖竹笋，甚至于烧马蜂窝吃。当什么也找不到的时候就只能是忍耐。陈毅在《赣南游击词》中这样写道：“天将午，饥肠响如鼓，粮食封锁已三月，囊中存米清可数，野菜和水煮。叹缺粮，三月肉不尝，夏吃杨梅冬剥笋，猎取野猪遍山忙，捉蛇二更长。”这就是当时游击队真实生活的生动写照。就在这样每天都生死未卜的环境中，项英还经常对身边的人说：“我们只要剩下一个人，也要顽强地坚持下去，共产党的旗帜不能倒，游击队的旗帜不能倒。”

项英领导游击队运用游击战术原则，在崇山峻岭中与敌人周旋，英勇机智，九死一生，历经无数艰难险阻，进行了长达三年的艰苦卓绝的殊死斗争。正是他们的存在，使人们始终意识到共产党还在、红军还在。国民党原定的三个月结束“清剿”的任务，就这样由半年改为一年，最后改为无结束期的“长期清剿”。1937年11月，在党中央专门为项英到延安举行的欢迎会上，毛泽东对这段历史也给予充分肯定，他在致词中说：项英在坚持三年游击战争中进行了浴血奋战，粉碎了国民党军连续的“清剿”“围剿”，保存了革命力量，坚守了十多块游击区。这是我们同国民党十年血战成果的一部分，是抗日民族革命战争在南方各省的战略支点，是国民党在西安事变后还用“围剿”企图消灭的革命力量。这是中国人民一个极可宝贵的胜利，全党同志都应该学习项英同志及南方各游击区的同志们艰苦奋斗的精神和

坚持南方游击战争的部分领导人合影。前排有：张云逸（左一）、陈毅（左三）、项英（左四）

模范事迹。

中共中央政治局也特地作出了《对于南方游击区工作的决议》，充分肯定项英同志及南方各游击区同志："长期艰苦斗争精神与坚决为解放中国人民的意志是全党的模范。"这个决议，是党中央给予项英和他的战友们最高的奖赏。

美国记者埃德加·斯诺说过这样一句话："项英是从坟墓里爬出来的铁人。"

作为中共中央军委新四军分委会书记、新四军副军长，项英在领导新四军改编、抗日方面是有功的

1937年7月7日，爆发了震惊中外的卢沟桥事变。然而项英由于天天在深山老林里打游击，非常闭塞，对这一事变的情况知道得比较晚。就在这时，"围剿"赣粤边红军游击队的国民党军第四十六师突然于7月11日停止了军事"清剿"，局势突然平静下来了。凭着丰富的斗争经验，项英预感到一定发生了重大事变！

果然不出所料，全国性的抗日战争全面爆发了！

几天后，项英从报纸上得知发生了卢沟桥事变的消息，立即给陈毅写信，派交通员火速送去。陈毅接信后立即赶往项英的住地，他俩商量后，迅速召开中共赣粤边特委会议，分析形势，确定了同国民党当局谈判、共同抗日的方针。随后项英以中共赣粤边特委的名义，发表《告赣南民众书》，号召赣粤边人民和各界人士团结一致，共同抗日。同时指出，赣粤边的红军游击队已经停止游击战争，正在枕戈待命，待与国民党地方当局达成协议后，即开赴抗日前线，英勇杀敌。

面对红军的忠诚抗日之心，有些人并不领情，当时的国民党地方当局和反动军警，却借此宣传游击队要"投降"，归顺国民党军队，还给游击队发出信件，要游击队负责人出来"自新"，要游击队下山改编，不愿意改编的可以回家种田等等。

对国民党的伎俩项英最熟悉不过，为争取政治上的主动，他领导中共湘赣边特委以笔战的形式，严厉谴责国民党地方当局违反国共合作抗日的精神，破坏抗日民族统一战线的行径。同时指出，只有他们改变那种"剿匪"主义的偏见，从政治上承认合作抗日，承认共产党和抗日义勇军的合法地位，才能进行谈判，否则拒绝接洽。

经过针锋相对的斗争，加上日本侵略军"八一三"进犯上海，直接威胁到蒋介石在东南地区的统治地位，局势进一步紧张，国民党才被迫承认南方共产

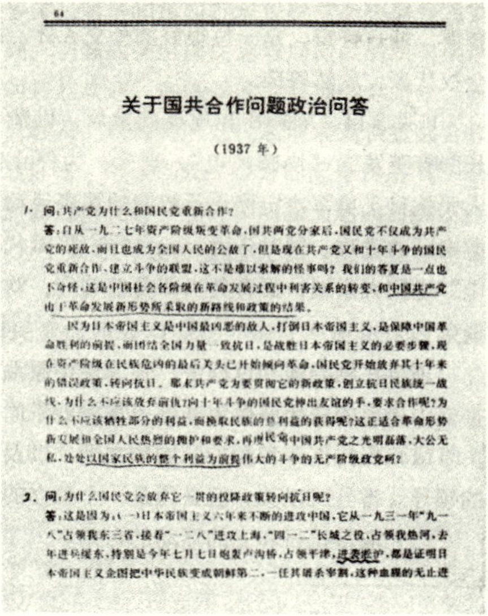

64

关于国共合作问题政治问答

（1937 年）

1. 问：共产党为什么和国民党重新合作？

答：自从一九二七年资产阶级叛变革命，国共两党分家后，国民党不仅成为共产党的死敌，而且也成为全国人民的公敌了，但是现在共产党又和十年斗争的国民党重新合作，建立斗争的联盟，这不是难以索解的怪事吗？我们的答复是一点也不奇怪，这是中国社会各阶级在革命发展过程中利害关系的转变，和中国共产党由于革命发展新形势所采取的新路线和政策的结果。

因为日本帝国主义是中国最凶恶的敌人，打倒日本帝国主义，是保障中国革命胜利的前提，而团结全国力量一致抗日，是战胜日本帝国主义的必要步骤，现在资产阶级在民族危亡的最后关头已开始倾向革命，国民党开始放弃其十年来的错误政策，转向抗日。那末共产党为要贯彻它的新政策，创立抗日民族统一战线，为什么不应该放弃前仇?向十年斗争的国民党伸出友谊的手，要求合作呢？为什么不应该牺牲部分的利益，而换取民族的总利益的获得呢？这正适合革命形势新发展和全国人民热烈的拥护和要求，再度表现中国共产党之光明磊落，大公无私，处处以国家民族的整个利益为前提伟大的斗争的无产阶级政党啊？

2. 问：为什么国民党会放弃它一贯的投降政策转向抗日呢？

答：这是因为，（一）日本帝国主义六年来不断的进攻中国，它从一九三一年"九一八"占领我东三省，接着"一二八"进攻上海，"四一二"长城之役，占领我热河，去年进兵绥东，特别是今年七月七日炮轰卢沟桥，占领平津，进袭华北，都是证明日本帝国主义企图把中华民族变成朝鲜第二，一任其屠杀宰割，这种血腥的无止境

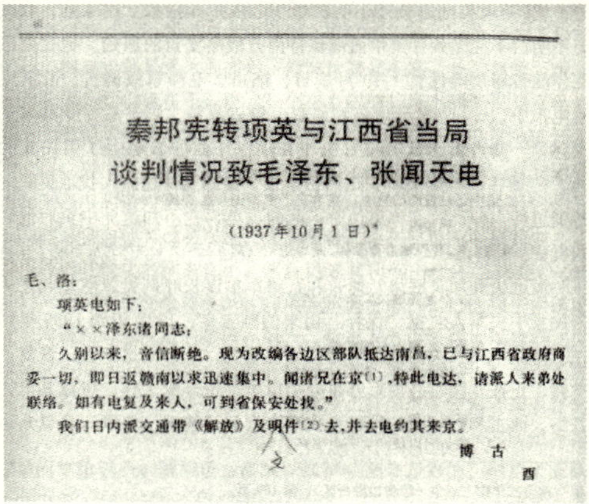

秦邦宪转项英与江西省当局谈判情况致毛泽东、张闻天电

（1937年10月1日）[*]

毛、洛：

项英电如下：

"××泽东诸同志：

久别以来，音信断绝。现为改编各边区部队抵达南昌，已与江西省政府商妥一切，即日返赣南以求迅速集中。闻诸兄在京[1]，特此电达，请派人来弟处联络。如有电复及来人，可到省保安处找。"

我们日内派交通带《解放》及明件[2]去，并去电约其来京。

博古

西

1937 年秋，项英在赣粤边为红军游击队起草的有关国共合作的政治教育材料

1937 年 9 月下旬，项英在南昌为红军游击队改编为抗日武装与国民党当局谈判时，得知中央代表博古正在南京，立即给他发去转毛泽东、张闻天的电报

党组织和红军游击队的合法地位。谈判改编的条件日趋成熟。

对于要不要和国民党地方当局谈判，项英也是经过反复考虑的。因为要和昨天还斗得你死我活的敌人谈判，是事关重大的问题，本应请示中央批准才好，但当时他们与党中央无法联系上，如果坐等中央指示又会丧失有利时机。他同时认为，对南方红军和游击队来说，经过三年浴血奋战，需要通过谈判停止武装冲突，借机恢复联系，联合起来，将会成为一支重要的政治力量；而要联合，就要利用谈判这个千载难逢的机会。于是，项英从大局考虑，在同陈毅商量，提交赣粤边特委反复研究后，决定同国民党地方当局谈判。

接着，项英起草了同国民党当局谈判的内容。主要是：

要国民党承认共产党的合法地位和言论行动的自由；
要释放政治犯；
要解散"铲共团"；
要重新组织抗日武装；
要将游击队组成独立的抗日部队；
要保证游击战的给养；
要保护游击区群众的利益。

这些，就成为赣粤边和附近游击区同国民党地方当局谈判的基本依据。

鉴于陈毅不仅政治、军事才能强，而且知识渊博、能言善辩，是一位很好的外交人才。中共赣粤边特委派陈毅为全权谈判代表。

在1937年9月，赣粤边游击区大的谈判就进行了四次。这时，项英在南昌也从报纸上得知中共中央正派代表同国民党政府谈判，并看到了中央社9月22日发表的《中国共产党为公布国共合作宣言》。项英对中央宣言看了又看，仔细领会党的政策有哪些变化，目前的谈判是否符合中央精神。在确定了大的方向后，他决定将谈判继续进行下去。不久，项英在同江西省代表熊滨谈判后，口头谈妥了下列三点：

一、红军游击队番号改为抗日义勇军；

二、游击区域的老债、新债均废除；

三、在游击队集中期间，一切费用由江西省政府负担。

双方商定，其余各项问题，待国共两党中央谈判决定。

与此同时，战斗在鄂豫皖、闽西、湘粤赣、浙南、闽东等地的红军和游击队也先后同国民党地方当局谈判，经过多方努力，各地区终于就停止冲突、共同抗日达成协议。项英和陈毅着手对散在各地的游击队实行整训。在那一段时间里，项英的工作特别忙，他要领导或亲自去谈判，要做游击队的内部工作，要做游击区的群众工作，甚至对外联络的信函也要亲自起草，经常通宵达旦地工作。然而项英的心情是十分愉快的。因为国民党通过三年的“围剿”不仅没能消灭红军游击队，还被迫坐下来谈判，合作抗日。他们三年的艰苦奋战，终于取得了最后的胜利。

对于项英领导南方红军和游击队谈判改编，历史证明是正确的。正是由于有南方红军和游击队的集中改编，才有新四军的诞生，才有一支战斗在大江南北的抗日劲旅。

1937年12月31日，日本侵略者攻陷南京，并节节进逼。日军所到之处，烧杀淫掠，无恶不作。国民党军仓皇撤退，汉奸应运而生。广大人民群众迫切希望真正的抗日武装早日到来。在这种背景下，新四军主动出击。

1938年5月，进至皖中巢县的新四军第四支队首先在蒋家河口设伏，毙伤日军20余名，缴枪10余支，伏击指战员无一伤亡。这是新四军开赴敌后打击日本侵略者的第一个胜仗，戳穿了“皇军不可战胜”的神话，鼓舞了在大江南北抗日军民的斗志。

6月，粟裕率领的抗日先遣支队又在韦岗设伏，共计打死日军土井少佐、梅村大尉等30多人，烧毁日军汽车四辆。先遣支队人员无一伤亡。

项英接到韦岗战斗胜利的消息，十分高兴。他在6月23日给陈毅的信中写道："先遣队的确起到了先锋的作用，奠定了我们在江南发展和胜利的基础，我们正在全军表扬，号召全军学习。"

随后，新四军第一、二、四支队在大江南北实施了战略进攻，初步打开了苏南、皖中的抗日局面，扩大了新四军的影响和声威。

1939年，项英又参与了新四军"向南巩固、向东作战、向北发展"方针的制定。在皖中，组建了江北指挥部，组建第五支队，负责开辟皖东抗日根据地；先后派军部特务营、第四团第一营和第五团第三营赴江北，增强了江北部队的骨干力量。在苏南，成立了江南指挥部，当"江抗"西撤后，立即派何克希等东返主持，后又派谭震林任"江抗"东路指挥部司令兼政治委员，命令六团和四团和管文蔚各一部，从扬中北渡长江，为陈毅、粟裕随后率江南主力北渡开辟苏北做了准备。在皖南，坚持在原地开展抗日斗争，取得了五次繁昌保卫战和1940年4月、10月两次反"扫荡"的胜利。在三年期间，新四军共歼敌九万余人，部队也发展到近十万人。

新四军军长叶挺、副军长项英到底关系如何？众说纷纭，他们的矛盾是导致新四军皖南惨败的原因吗？

关于叶挺与项英的关系，一些文章认为：项英大权独揽，排挤和不尊重叶挺，从而几次使叶挺想辞去新四军军长，并在后来直接导致了新四军在皖南的失败。那么历史事实到底如何？中国人民解放军军事科学院研究员王辅一，查阅了大量的资料，对项叶关系做了研究，他的说法是值得考虑的。他认为：

项英和叶挺两人在一起工作，是从1937年12月开始，到1941年1月止，共三年多一点时间，因开会、巡视离开，两人实际在一起只有一年多时间。

在新四军创建初期，由于叶挺曾长期离开党，并是以非党员身份出任军长，这在党处于绝对领导地位的新四军，当然会有种种不便。尽管如此，项英还是从大局出发，积极团结叶挺工作。

项英一是注意通报情况。对党中央、毛泽东的最新指示精神，项英注意及时通告叶挺，以便统一行动。二是注意多做实事。新四军组建之初，工作千头万绪，项英与叶挺相商，由叶挺利用与顾祝同、陈诚这两个老同学的关系，催

1938年1月4日，新四军部分领导人在武汉八路军办事处门前合影。左起：周子昆、张云逸、叶挺、项英、曾山

促早日公布领导干部任命，落实经费和被装，争取更多地解决实际问题，由项英和陈毅、张云逸、周子昆一起，先到南昌安排驻地，领导军部开展工作，然后赴各游击区动员集中部队，待各项工作就绪后，再请叶挺到南昌主持工作。

当时，叶挺招收了不少故旧，带来了一些亲属，项英对这些非党人士作了妥善的安排，有些担任了上层干部。如沈其震是叶挺的老朋友，曾获日本东京帝国大学医学博士学位，到新四军后参加军医处的筹建，项英同意让他担任首任军医处长，并在生活上给予照顾，津贴费每月达到150元，是当时皖南新四军津贴费最高的一个，是项英津贴费的30多倍。叶辅平是叶挺的胞弟，曾任过国民革命军的团军需主任、师会计科长，项英同意让他担任军部军需处长的要职，而让延安派来的参加过两万五千里长征的、任过陕甘宁边区粮食局局长的老红军宋裕和担任军需处副处长。对这些安排，叶挺是满意的。

1938年7月，项英接到中央通知他去参加中共六届六中全会的电报，他立即告诉了叶挺，说明这次会议的重要性，他应该去参加，叶挺也表示赞同。可是当项英参加9月29日开幕的六届六中全会才一两天，就收到了叶挺9月30日发出的“汉口转项”的电报，讲道：“我军在战局激变中与各军的关系更为复杂，且部队整训实属繁重，原非我独立所能处理”，“你离部之期已远逾去时之约，恳即从速南归”，“我拟于下月初赴顾（即顾祝同）处一行，如能请准假，则返湘赣视察各方情形，你何日回，盼即告之”。

项英从电报中觉察叶挺的情绪，立即向党中央请假，风尘仆仆赶回云岭。返回的第二天，就去叶挺住处看望，并介绍了六届六中全会的情况。叶挺告诉项英，时下华南战局紧张，日军于10月12日在他的家乡广东惠阳大亚湾登陆，占领了粤东大片地区。他想辞去新四军军长职务，回广东拉队伍，打游击，就近照顾惠阳乡下和澳门两地的亲人，希望项英及军部支持他的想法，并给予一些帮助。项英同叶挺进行了恳切的交谈，一再挽留，说明新四军离不开他。但叶挺坚持要去广东，很快就离开了云岭。

同年12月16日，项英得知叶挺难以在粤东开展抗日活动后立即电报党中央并告周恩来、叶剑英，称“希夷在广东既不能取得名义，最好劝他回新四军工作。因他受此刺激，若能加以解释，转变观念，仍有回四军继续工作可能，如何，盼复”。

后经中央书记处致电新四军，并复周恩来：“新四军问题以争取叶挺回四军工作为原则，共产党对新四军之政治领导不能改变，但应尊重叶挺之地位与职权。我们提议，项多注意四军总的领导与东南局工作，而将军事指挥与军事工作多交叶办。”

项英对中央书记处的指示表示完全拥护，并迅速召开会议，传达精神。后来当周恩来视察新四军期间，项英详细汇报了他与叶挺的关系。项英向周恩来反映：在召开党内会议或传达党中央的指示时，叶挺由于不能参加，肯定会有想法或猜测的；在党中央的来电中，很少提到叶挺的名字，按机要工作纪律，是不能交给叶挺看的，即使给叶挺看了，他也会有感觉的，容易引起误会，难以解释清楚。

对于项英所谈情况，周恩来表示理解，特别对党中央来电中很少提到叶挺名字的问题连连点头。在那以后，党中央给新四军的来电中，提到叶挺名字的次数多了起来。

1940 年 10 月 12 日，在新四军成立三周年之际，新四军军部在云岭举行大会。叶挺在会上发表了《纪念本军成立三周年》的演讲。他叙述了新四军成立的战斗历程，已取得的胜利，以及继续克服困难取得抗战新胜利的要求。他特别讲道：在主力红军改编为八路军之后，“在东南各省的红军游击队，也受命集合，改编为新四军。虽然，中间还不无许多折冲、周旋、别扭，但是依赖共产党中央诚恳的决定与提示，和八个省区的分散的游击部队的忠实于中共与中共的统一战线的政策，特别是项英同志，起着领导决定的作用”。叶挺这番话，应该来说基本反映了他本人的看法，不会有违心之言。

历史事实证明，项英与叶挺相处过程中，是从革命大局出发的，正派公道，尽管他们有某些误会，但他们还是坚持党性原则，并不像一些文章说的他们的关系到了水火不容的地步。特别是到 1940 年 11 月，中共中央令叶挺早日渡江，到江北就任华中

1939 年春周恩来（中）、叶挺（右）、项英（左）于皖南泾县云岭合影

新四军总指挥之职，如果叶挺和项英的关系真的十分紧张的话，那叶挺肯定会尽早离开，但他却偏偏留下与项英在一起，这一事实本身就能说明问题。

对于项英与叶挺的关系，原新四军军部秘书长、后任中共中央顾问委员会常委的李一氓，在1989年前后曾专门谈到：

> 叶挺军长在皖南停留的一年零几个月期间，一般来说，项英还是比较注意处理与叶军长的关系。军部的正式会议，由军长主持……叶军长介绍到军部工作的非党干部，人数不少，项英都表示欢迎接纳。项英考虑到叶军长的经历与身份，在生活上尽可能给予照顾，专门设立了小灶；项英自己却吃大灶，只是在开会时偶尔在一起吃。
>
> 是否叶挺不习惯政委制？我不这样认为。叶挺在北伐军中和南昌起义时，部队中有党代表。问题是他过去担任军长或师长时，部队是他带的，党代表是后来派的，而到新四军时，部队基本是政委带来的，他从外面派来的，而且又是非党员身份，自然会带来些不便，双方可能都会感到有些不习惯……我从来未听到项英议论过叶挺，甚至叶个人难以处理的事情，项也为之作了妥善处理，维护了叶挺的威信。

李一氓和叶挺、项英相处得很好，他对项、叶相处的情况应该基本反映了当时的状况。

“千古奇冤，江南一叶；同室操戈，相煎何急？！”蒋介石一手制造的皖南事变震惊国人。在皖南率部激战七昼夜的项英，突围后在蜜蜂洞被副官枪杀遇难

皖南事变是蒋介石一手策划并蓄谋已久的。

1940年10月上、中旬，当叶挺、项英和新四军皖南部队喜庆粉碎日伪军万人大“扫荡”和陈毅所部取得黄桥决战胜利时，国民党顽固派却对新四军十分痛恨，由仇视、限制到阴谋消灭新四军的嘴脸就显露出来。

10月19日，国民党政府以参谋总长何应钦、白崇禧的名义，向八路军正副司令朱德、彭德怀和新四军军长叶挺、副军长项英发出电报（即所谓“皓电”），称八路军、新四军不服从国民党中央政府命令、自由扩充军队等等，强令华中以及长江以南的八路军、新四军在一个月以内撤到黄河以北地区。同时，蒋介石密令韩德勤、顾祝同等部，准备进攻新四军。这是蒋介石利用其执政地位，挥舞政令、军令大棒，发动第二次反共高潮的信号。

项英、叶挺接到“皓电”后，立即同东南局、军分会的成员进行研究，一致认为，蒋介石这时玩弄这一手，不是空穴来风，而是有着深刻背景的：

从国际上看，德国、日本、意大利三国于当年9月订立了军事同盟，国际局势发生了重大变化。日本为配合德国在欧洲的侵略行径，急谋迅速结束对华战争。英国、美国从自身利益出发，则要利用中国牵制日本，加强了对国民党政府的军事和经济援助；苏联为防止日本北进，也积极支持国民党对日作战。这时的蒋介石是几方倚重，感觉良好。

从国内看，顽固派1939年冬在华北掀起第一次反共高潮失败后，国共两党的斗争焦点移到华中，必然会影响到皖南。

从近处看，顽固派韩德勤制造摩擦，指挥主力进攻黄桥，这是反共重点由华北转向华中的体现。

应该说，项英、叶挺对国民党可能的反共行动还是给予了充分的注意和高度警惕的。

同年11月9日，中共中央以上述受令者“朱彭叶项”四人名义给何、白复电（即“佳电”），驳斥了国民党政府的造谣诬蔑，揭露了他们为投降日寇扫清道路而策动的反共高潮，同时表示为了顾全大局、坚持团结抗日，可以把皖南的部队全部北调，“同意将安徽南部的新四军部队调到长江以北”，华中的部队则不能退让。但是新四军并未如“皓电”及共产党中央所言随即移防。另一方面，因迟迟未见移防，同年12月3日，蒋介石致电叶挺：“新四军应在繁昌、铜陵渡过长江，在江苏无为附近集中，然后按规定路线北上。”12月中旬之后，国民党通过第三战区司令长官顾祝同（也是新四军的顶头上司）再三下令催促新四军于12月底以前北渡过江，而按照国民党指定的北渡地点，则是日伪的强大力量所在，所以，新四军在如何北渡，何时北渡，走什么路线北渡方面与国民党展开了斗智斗勇的周旋。12月23日，中共中央军委命令皖南部队全部以战备姿态绕道茂林、三溪、宁国、朗溪到溧阳，然后待机北渡。26日，中共中央又电项英，对他们一再拖延、迟迟不愿北移提出了批评。12月28日项英召开会议，决定遵守中共中央指定的北移路线：向南绕道茂林、三溪、旌德、宁国，迂回天目山到溧阳。

1941年1月4日，皖南新四军军部直属部队等9000余人，在叶挺、项英率领下开始北移。1月6日，当部队到达皖南泾县茂林地区时，遭到国民党七个师约八万人的突然袭击。

各纵队按规定计划继续前进，英勇冲杀，因国民党蓄谋已久，四面合围，几路纵队突围受阻。1月7日近午，周子昆、叶挺先后来到二纵队前沿，观察地形，询问情况。根据周子昆的提议，在百户坑，叶挺、项英、袁国平、周子昆、李一氓和二纵队司令员周桂生、政委黄火青等召开紧急会议，研究下一步的对策，会议出现了几种不同意见。这时，形势已十分严重，敌增援部队赶到，情况不断传到百户坑军部会议室里。叶挺坚决主张从星潭打过去，甚至动用总预备队的兵力。项英犹豫不决，下不了决心。这次会议因争论较大，从下午一直开到晚上，时间长达数小时，丧失了时间，贻误了战机，最后下了回撤的错误决定，打乱了整个部署，挫伤了部队士气。

1月8日中午，叶、项率新四军军部向南开动，向已为第五团攻占的高岭前进。又由于向导带错了路，没有向右边的小路去，而误向濂岭走去，大约走了三小时，离濂岭还有一段距离时，得到了前面部队的情报，特务团已撤回濂岭，正与敌第七十九师对峙。可是当军部的队伍向后转，改向高岭进发时，手臂受伤的三纵队司令张正坤从高岭下来报告，敌第七十九师另一部向高岭攻击前进，双方对峙，第五团冲不出去。不得已，军部又折回潭仓宿营，准备休息一夜后，改向茂林方面突围。

大部队如此辗转反复，时而向东南方向行动，时而向西北方向转进，加之当时联系手段落后，部队在山里来回折腾，十分疲劳。

1月8日晚九十点钟的时候，新四军军部得到情报：上官云相下令紧缩包围圈，敌第一四四师已由茂林进至高坦，堵我后路，以收夹击之效，企图将我军消灭于山区。叶、项当即研究决定，马上集合部队出发，抢先于敌，经高坦向茂林方向突围。

到顽敌合围已成之时再下决心，就显得迟了！

由于时间紧急，决定仓促，部队在两边都是高山的狭谷里无法调整，就由后卫变前卫，前卫变后卫。周子昆鉴于前面没有战斗部队，急忙派参谋到后面将新三团队伍调上去。因山区道路狭窄，就叫沿途的机关部队靠一边让路，让战斗部队赶到前面，迅速击退了顽敌，进占了高坦。

当军部冒雨到达高坦时，已是1月9日凌晨。天时、地利对新四军皖南部队都不利。项英、袁国平、周子昆和大家站在路旁淋着雨。这时，茂林方向枪声密集，是新三团的部队与敌第一四四师在战斗。怎么办？此时，叶挺与其他军首长不在一起，参谋叶超建议军首长一起研究一下，周子昆要叶超去请叶挺。叶超到百米外的叶家祠堂，向叶挺汇报了情况，建议军首长研究一下，但未讲其他军首长等他去。叶挺本来就对百户坑会议决策不满意，发火说：还有什么好研究的，只有打出去了。叶超不敢说下去，过了好一阵，以察看情况为由走了，到项、袁、周原来站的地方却不见人了。叶挺获知情况后，马上向党中央和中原局发出电报：项英等“今晨率小部武装不辞而去，行向不明”。毛泽东、朱德及时来电，要求全军服从叶挺、饶漱石指挥，执行北移任务。

1月9日，按照上官云相的命令，顽军向新四军皖南部队发动了总攻。从拂晓到晚上，叶挺指挥部队与茂林来的顽军展开激烈战斗，给敌人以重大杀伤，迫敌退守茂林的东陵岗。高坦离茂林十多华里，这就造成突围的间隙。10日上午，新四军各部约5000人陆续突围到石井坑集中。军部设在大园村。叶挺决定休整部队，整顿组织，在石井坑构筑工事坚守。

1月10日中午，项英、袁国平、周子昆等回到军部。他们是1月9日凌晨在高坦离开大队的。当时，他们在路旁淋雨等叶挺未遇，去找叶挺和参谋叶超也迟迟不见回来，感觉形势严重，加之敌军第七十九师四三二团逼近，枪声密集，人员散乱，以为局面失控，而已进到三九天的寒冷也让他们难以忍受，于是便在黑夜里从外潭仓到里潭仓间的竹林里向北面的山坡爬去。那天夜色里黑得伸手不见五指，大雨下个不停，他们在山上转来转去，到天亮才发现里潭仓就在脚下。此时附近山头仍枪声不断，大雾弥漫，难以行动。于是他们走进一间烧炭的破茅草屋里，警卫员生了一堆火烤衣服。他们边烤火，边商量突围路线。不知不觉天黑了，疲劳不堪的他们就在火堆旁睡着了，一觉醒来已是次日早晨。这时，忽然听到山上有人吹号，懂得号谱的周子昆高兴地说：“是我们的号声，是调特务团一营一连的。”他们往山下一看，见特务团一营一连正从里潭仓经过。周子昆说：“我们还有这么多队伍，我们下去吧！”项英也高兴地说：“好！”就这样，他们一行十多个人的小队伍，离开大队虽不到一天半时间，没有吃上饭，没有喝上水，就跟着特务团的队伍到了石井坑。

当项英同叶挺见面时，后悔莫及，十分内疚，感到千万条理由也说不清离开大队出走的理由。当项英得知中央已知道情况后，便立即起草了电稿向党中央报告：

> 今日已归队。前天突围被阻，部队被围在大矗山中，有被消灭极大可能，临时动摇，企图带小队穿插绕小道而出，因时间快到天亮，曾派人请希夷来商计，他在前线未来，故临时只找国平□□及□□同志（□□同我走），至九日即感觉不对，未等希夷及其他同志开会并影响甚坏。今日闻五团在附近，及时赶到队里与军部会合。此次行动甚坏，以候中央处罚。我坚决与部队共存亡。

项英把进到高坦时的形势看得过于严重，仓忙带小队出走，时间虽不到一天半，但影响极坏。这是他在军部和皖南部队转移问题上犹豫不决、处置失当之后，又错上加错，实在是不应该的，其形象和声誉自然受到很大的影响。

对项英的离队出走到底怎么看？时任军部机要科机要员的邱静于1993年所写《为叶、项首长当机要员》一文中写道：

> 项英离队之举，“固然是一大错，从他一贯作风来看，还不能认为是偷生怕死，临阵脱逃。我觉得，究其近因，在于他过高估计8日夜间上官云相下达紧缩包围圈、发动总攻击的敌情，过早采取了分散突围的应急措施。记得那晚四周一片漆黑，童士杰（军部秘书处科长）给机要员发钱，我拿到三百元法币。他对我说：‘刚才获得一个敌即将发动进攻的情报，前面要通过敌人的封锁线，如被打散，就用这些钱依靠老百姓，自己设法突围出去，然后设法归队。’……以后的事实表明，根据敌我态势，虽然已陷重围，但我方尚未到非采取这种措施不可的境地。出发前，项英既未能排除‘干扰’，当机立断，延误了军部北移的有利时机，在顽军进攻时又处置失当，造成战局的被动。在高坦时，如果他能找到叶挺，一起来商量，也许未必铸成这一错再错的失误。所以李一氓说，‘项英又要来三年油山那一套’，指的就是项英在坚持三年游击战中曾采取过的那种‘打得赢就打，打不赢就走’的做法”。

这些看法，应该是有一定道理的。

在项英回石井坑的当天，叶挺仍以叶、项的名义致电毛泽东、朱德，称：“我全军被围于泾县、茂林以南，准备固守，可支持一星期。请以党中央及恩来名义，速向蒋、顾交涉，以不惜全面破裂威胁，要顾撤围，或可挽救。上下一致，决打到最后一人一枪，我等不足惜。一周后如无转机，则将全军团覆没。”

在这期间，党中央也曾多次电告周恩来在重庆进行严正交涉，提出严重抗议，要求撤围或停战，稍后又布置在政治上、军事上全面反攻，同时电告叶、饶：“如有可能，似以突围出去分批东进或北进为有利。”但此时的蒋介石集团对已被包围的新四军部和皖南部队看做是“囊中之物”。

1月11日，顽军向石井坑发动进攻被击退。当天，叶挺致电毛泽东、朱德、王稼祥：“此次失败，挺应负全责，实因处事失计，指挥失当所致。”表示“只好固守一拼，以赎其过”。

1月12日这一天，紧守石井坑的战斗甚为激烈。顽军按照上官云相的全面攻击的命令，在下午发起总攻。坚守东流山、长龙山一线的特务团、第五团等部打得英勇顽强，反复冲杀，进行白刃格斗，同敌争夺每一块阵地。五团三个营的六名营长、副营长（即教导员），有两名牺牲，三名负伤，用鲜血染红东流山、长龙山的岩石。东流山海拔836米，是石井坑的制高点。敌攻占东流山后，火力覆盖了石井坑。

在这万分危急的时刻，叶挺于12日晚向延安发出关于情况万分紧急、弹尽粮绝，再难坚守的电报后，决定分散突围，总的目标是：一是苏南，一是经铜。

按照叶挺分散突围的命令，在石井坑守备的部队和人员分两批于12日夜全线向外冲去。军首长分两批突围：叶挺、饶漱石为一批；项英、袁国平、周子昆为另一批。但他们很快就走散了，分别消失在夜幕中。当13日晨突围到西坑时，又被顽军包围，坚持到14日晚，当顽军再次发动总攻时，新四军皖南部队指战员又进行最后突围，大部分壮烈牺牲或被俘，一部分突围出去。

到这时止，蒋介石集团制造的皖南事变大规模战斗即告结束。

奉命北移的新四军军部和皖南部队与敌激战7昼夜，终因众寡悬殊，弹尽粮绝，出动时的9000多人除2000余人分散突围外，少数被俘，大部分壮烈牺牲。军长叶挺被扣，副军长项英、副参谋长周子昆突围后在蜜蜂洞被副官枪杀遇难。在中国革命史上写下了悲惨的一页。

项英于1941年1月12日晚，在叶挺宣布突围后，带着警卫连的排长李德和、副排长郑德胜、警卫员夏冬青，随着军机关突围的人群，从石井坑出发，翻越海拔810多公尺的火云山，于13日晨来到西坑的山谷中。

这里山高林密，杂草丛生，各个山头的制高点已被顽军控制，出口也被封锁。项英和警卫人员就隐蔽在密林草丛中。此时，四周山上小规模战斗仍未停止，零星的枪声更是不断，在那种混乱的情况下，顽军还不敢到西坑来搜剿，只是在远处山头上喊叫。

1月14日，叶挺下山谈判被扣后，顽军当晚向西坑发起了进攻。项英凭着丰富的游击战争的经验，认为顽军在北面的大康王等地必然封锁，难以突围出去，不如向南转到敌合围圈外暂隐蔽。于是他率随行人员由西坑向南顽军后面的螺丝坑方向转移。在转移途中，军部副官处负责管理马匹的副官刘厚总突然出现在项英面前，主动要求留在项英身边。刘厚总平时表现一般，但却在三年游击战争中打过游击，个头高，力气大，枪法准，是个打游击的好手，在这种突围的困难时刻，项英自然欣然同意。当晚，项英为安全起见，和大家换了一个地方隐蔽。

1月16日，搜山的顽军在山上喊："你们叶军长下山了，项副军长也下山了，你们还躲在这里干什么呢？你们赶快出来吧！"项英听后气愤地说："他妈的！顽军造谣啊！这是顽军欺骗我们突围的同志，我不是还在这里吆！"

当晚月光明亮。项英带着几位警卫员和刘厚总，在转移途中意外遇到了周子昆及其警卫员黄诚。

项英拉着周子昆的手，噙着眼泪说："我们部队遭受这么大的损失，主要责任在我，我回到中央，要作检查，请求处分。"

周子昆也流下了眼泪，立即表示说："我也有责任。"

在交谈中，项英坚定地说："只要不死，我们一定能够突围出去。"

他们继续赶路，这天夜里来到螺丝坑。那里只有三户人家，他们搞到了一些油菜和细糠充饥。又过了一两天，项英在观察时发现附近的一个山沟里冒烟，估计那里有自己的人，派人一打听，果然，在那里的一个炭硼子里找到了军部作战科长李志高、原侦察科长谢忠良、老一团第二营营长李元、侦察连的排长张益平等一批同志。他们会合后，找到了当地的老百姓。那里的群众基础很好，对新四军很同情，他们看到抗战有功的新四军竟被顽固派害成这个样子，淌着眼泪，忙着烧饭、做菜招待，直到下半夜。这是项英、周子昆他们几天来第一次吃上热饭热菜。

在这以后几天，他们跑了许多地方都买不到粮食，只搞到一二百斤红枣，他们便每天抓一把红枣充饥，上午喝点枣子汤，下午吃掉枣子后早点睡觉。他们没有东西吃，处于饥饿、半饥饿状态，只好通过少活动来减少能量消耗。

项英他们在那住了几天，得知顽军春节要搜山，便匆忙离开，向东北方向的濂坑转移。在这里又遇上教导总队的工兵连长、原军部参谋刘奎、军部政治协理员杨汉林、军需处副处长罗湘涛、五团第二营营长陈仁洪，副营长马长炎等。

2月下旬的一天，同项英一起隐蔽的人员由于提前做饭冒烟，顽军发现后准备第二天搜山。老乡闻讯后立即告诉地下党。项英得知后立即率队转移到了东南的赤坑山。这是石牛窝的地下党员姜其贵向刘奎推荐的。为慎重起见，项英又派人去侦察，他们回来后向项英作了详细的汇报。赤坑山地处泾县与旌德县的交界处，海拔1017尺，地理条件和群众基础都好。这里山势绵亘峻峭，森林茂密；敌人大部队不易攀登，小部队又起不了作用；十几里山沟没有几户人家，而且都是外乡人。特别是靠近山顶西侧有一个洞，叫蜜蜂洞，可住三四人，很隐蔽。蜜蜂洞下面六七十米处有一悬崖，能搭棚住人。对这一新选隐蔽地点，项英十分满意。

项英他们于2月底移到石坑山以后，为避免暴露目标，便于解决吃的问题，决定分几处隐蔽。项英和周子昆、黄诚、刘厚总四人住在上面的小洞，即蜜蜂洞；谢忠良、李德和、郑德胜等十多人住在下面的靠悬崖搭的棚子里；刘奎住在石牛窝村子里；李志高、罗湘涛、杨汉林等二三十人在铜山、水岭一带活动；陈长仁、马长炎等二十多人在纸棚村后面的金毛山隐蔽。

1955年6月，项英、袁国平、周子昆三烈士安葬在南京雨花台附近的望江矶（今功德园）

项英在蜜蜂洞隐蔽期间，时刻不忘突围到江北去，为此进行了一系列准备：一是统一了思想；二是研究和确定了向北突围的路线；三是为每人做了一套便服；四是安排准备了干粮。在这期间，项英又和党的临时党支部成员杨汉林等交谈，要他们也要注意做好思想工作，发挥党组织作用，要求大家隐蔽好，保重好身体，不暴露目标，争取突围江北的胜利成功。

3月13日，是项英活在世上的最后一天。当天，他布置刘奎带着郑德胜、张益平去水岭李志高那里挑粮，顺便再买点菜和油盐回来，当夜将其运到石牛窝地下党员姜其贵家里；又安排刘厚总、李德和在第二天一早去找秘密的中共泾县县委书记洪林，请他联系地下党组织配合突围，并通过洪林同皖南特委委员胡明、孙宗溶联系。

这天晚上，下起雨来，到夜里越下越大，雷电交加，而项英的心情却比较轻松，因为皖南秘密特委很快会取得联系，突围去江北指日可待。到了晚上十点多钟，项英和周子昆在微弱的灯光下，边下棋边交谈，刘厚总在旁边观看。黄诚见时候不早了，便提醒首长说："天很晚了，首长睡觉吧！"周子昆回答说："小黄先睡吧，我们等一会就睡。"黄诚躺在那里，断断续续听到他们下面的一些话：

"找到了地方组织，去江北就快了。"

"只要不死，总会突围出去的。"

"这次我们吃了很大的亏，总有一天要把这个账算回来。"

过了一会，项英和周子昆也睡了。当晚睡的位置，由里到外是：黄诚、周子昆、项英、刘厚总。由于头天外出走了一夜，大家很疲劳，倒下便睡着了。

可是，万万料想不到的是，在这寂静的山洞里，一个卑鄙的阴谋正在实施。

建在安徽泾县云岭新四军军部旧址纪念馆的项英铜像，于2001年5月26日揭幕

叛徒刘厚总以雨声、雷声、风声作掩护，向项英、周子昆下了黑手。

半夜三四点钟的时候，也就是3月14日凌晨三四点钟的时候，刘厚总悄悄爬起来，掏出驳壳枪，朝着项英的头部连放两枪，周子昆正想坐起来，胸口中了一枪，他们两人当场牺牲了；睡得正熟的黄诚被枪声惊醒，意识到出事了，便抬手去摸枪，刘厚总便朝他连开三枪，分别打中左臂、右臂和后脖子，他立即昏倒过去。刘厚总看到项英、周子昆死了，以为黄诚也死了，便将项英、周子昆身上携带的作为军费的黄金、钞票都搜出来，又摸走了项英和黄诚的手枪（周子昆没有带枪），便匆忙下山逃走了。

附近的警卫员听到枪声后赶来查看，发现项英和周子昆遇害。因为曾遇到慌张下山的刘厚总，警卫员立即追击，但没有追上。随后，在老乡的帮助下，项英与周子昆的遗体被掩埋在附近。

刘厚总离去后，经过一番周折投奔到国民党太平县党部，随后被送到皖南行署。虽然刘厚总多次表明卖身投敌的心迹，但国民党并不信任他。皖南行署将其递解重庆，关进监狱。直到1948年，刘厚总被军统局本部重庆看守所释放。

关于刘厚总的最终下场，目前看法趋于一致。1949年刘厚总去江西新余县的一家盐铺当管账先生，1952年警方识破其身份。

陈毅闻悉当年杀害项英、周子昆的凶手落网后，当天给中共江西省委书记陈正人打电话，指示公安政法部门尽快结案，处决这个罪大恶极的叛徒。同一天，华东军政委员会副主席谭震林也给江西省委拍发了及早严惩叛徒的电报。1952年8月初，刘厚总在江西南昌被处决。

“中国共产党最好的领导者之一”

——中共第六届中央政治局候补委员关向应

主题人物：关向应
籍　　贯：辽宁省金县
出生时间：1902 年 9 月 10 日
主要职务：1925 年加入中国共产党。先后担任共青团中央书记、中央局书记、中共湘鄂西中央分局委员、红三军政委、红军第二军团副政委、八路军第一二〇师政委，是中共第六届中央政治局候补委员、第七届中央委员
逝世时间：1946 年 7 月
逝世地点：陕西延安
当时年龄：44 岁

毛泽东：忠心耿耿，为党为国，向应同志不死。
朱　德：模范的共产党员，终身为革命奋斗，百折不屈，死而后已。
中共中央评价：中国共产党最好的领导者之一。

在中共六大上，代表共青团中央致贺词，26 岁的关向应进入中共领导层，当选为中央政治局候补委员

1927 年是中国革命大变化大震荡的一年，由于蒋介石、汪精卫相继背叛革命，使中国共产党和共产党人面临着一场严峻的考验。

1927 年 4 月 12 日，蒋介石下令捕杀共产党人和革命人士

在上海、北京、广州、武汉、长沙……一队队荷枪实弹的军警、一辆辆鸣着警笛的警车、“宁可错杀三千，不可放走一个”的叫嚣，让白色恐怖的严重氛围笼罩在人们心头，让革命者始终面临着生与死的抉择。中国革命向何处去？革命还有出路吗？在这样的危急关头，最能考验一个革命者、一个共产党员的意志和品质。

如此险恶的形势对当时年仅 25 岁的关向应来说，不能不说是严重的考验。毕竟刚刚显露生机的革命遭到了反动派的残酷镇压，继续革命意味着随时有丢掉性命的可能，在生死攸关的选择面前，能不慎重吗？

关向应内心为革命遭受如此巨大的失败而痛苦和惋惜，但他是一个有着坚定信念的共产党员，当汪精卫在武汉发动反革命政变时，关向应正身处革命旋涡中心，他经受住了血与火的考验，没有被反动派的屠刀所吓倒，继续留在武汉坚持斗争。

1927 年 8 月 7 日，根据共产国际的指示和党内同志的要求，中共中央在汉口召开紧急会议，会议总结了第一次大革命失败的经验教训，坚决纠正和结束了陈独秀的右倾投降主义在中共中央的统治，正式确定了土地革命和武装反抗国民党的总方针。会后，党中央决定派出一批得力的干部分赴各地，传达会议精神，整顿各地涣散的党组织，领导土地革命和武装斗争，关向应被派往河南，参加中共河南省委的工作。

关向应没到过河南，对当地的地理、人情都不熟悉，在当时险恶的形势下，工作的难度和危险是可想而知的。但组织原则一向很强的关向应，没有半点推辞和畏难，临危受命，毅然奔赴河南。在那里，他与当地同志一道，在艰难困苦中开展工作，恢复党的基层组织，发动和领导了河南南部地区的武装起义，恢复了河南革命的生机。

1927年年底，关向应从河南回到上海，出任共产主义青年团中央局组织部长。这时，团中央书记是任弼时，宣传部长是李求实，团中央设在上海的凤阳路。

由于大革命的失败，革命转入低潮，使得一些共青团员在思想上产生混乱，团的工作遇到了极大困难。当时，有一部分团员情绪低沉、思想消极，主张取消团的组织；另一部分团员认为党的总书记犯了机会主义错误，共产党就必然成为机会主义的组织，不能够再领导团的工作，主张共青团单独领导中国革命。为纠正这两种错误倾向，1927年11月，任弼时在上海主持召开了共青团中央扩大会议，对两种错误倾向进行了严肃批评。关向应调团中央工作后，便协助任弼时，从思想上、组织上整顿共青团。经过他们的努力工作，团的工作出现了新的面貌。

1928年6月，作为团中央的代表，关向应参加了在莫斯科举行的中国共产党第六次代表大会。关向应代表团中央向大会致贺词，在谈到大革命失败时，他说：

> 革命的深入，使一切的反革命如封建的、资产阶级的、帝国主义者都在反共反工农反革命的一致行动下，团结起来，向我们进攻。同时，中共中央又犯了机会主义的错误，不能遵照国际的指示，以促进中国的革命，这就成了中国革命失败的主要原因。为了这个缘故，中国少共（即中国共产主义青年团）曾在很短的时期内离开了党的领导。可幸伟大的党终于能够迅速的纠正自己的错误。

他表示，中国共产主义青年团一定要在伟大的中国共产党的指导下前进。

作为青年团的骨干，关向应参加了大会的领导和组织工作。他被选为大会主席团成员，并分别担

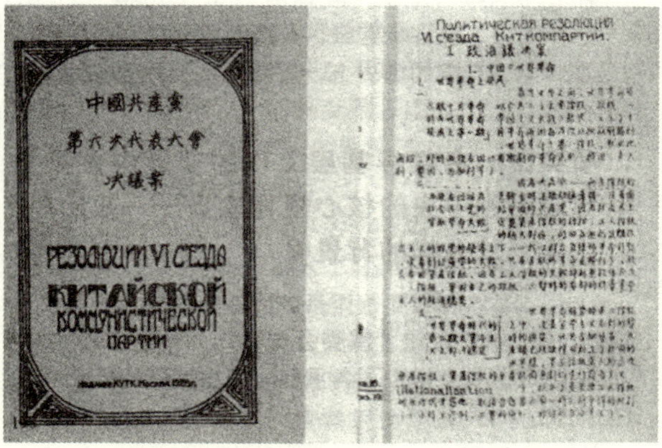

《中国共产党第六次代表大会决议案》

任政治委员会、组织委员会、职工运动委员会、军事委员会、湖北问题委员会的委员，还负责召集青年运动委员会的会议，参加讨论中国革命的重要问题。6 月 21 日，关向应代表共青团中央向大会作了青年运动的报告。可以说，在六大上，关向应是个大忙人，这体现了党中央和共产国际对他的重视，对他工作的满意，预示着中央将有更重要的岗位等待着他。

果然，在 7 月 11 日，中共六大选举中央委员时，26 岁的关向应首次进入中央委员会。随后召开的六届一中全会上，又当选为中央政治局候补委员，进入了中共领导层。

在全国“双百”评选活动中，关向应被评为“100 位为新中国成立作出突出贡献的英雄模范人物”。

在中国共产党的历史上，中共六大是唯一一次在国外召开的党的代表大会，这次会议因为在莫斯科召开，自然深受共产国际的影响。由于陈独秀右倾错误直接导致了轰轰烈烈的大革命失败，谁能领导中国革命的航船前行，共产国际对知识分子出身的革命家产生了一些怀疑，这就导致了六大一批新面孔进入中央领导层。关向应算不上工人成分，作为团中央组织部部长，位置也并不显眼，他为何能进入中央政治局，让我们来细细品味他的革命历史……

《六个月的李宁》的吸引，陈为人、李震瀛的影响，关向应实现了人生的转轨

1902 年出生于辽宁金县的关向应，是一个满族农家子弟，他的家就坐落在大关屯村东头路北，是一个简陋的农家小院，院内只有几间草房。连门楼也是用草搭成的。父亲背着一个破旧的织布机走街串户，给人家织布，风里来雨里去，从年头干到年尾，只赚得一点点微薄收入维持一家人的简单生活。后来因帝国主义掠夺中国廉价的原料，请他织布的人也越来越少了，就是最低的生活也难以维持。

关向应的父亲关成贵从小就过继给四叔为嗣。织布机不能用来谋生了，只得种他四叔几亩贫瘠的田地。关向应兄妹五人，他是老大，从六七岁起，就跟着父亲到田里干活，春种秋收，使他从小就懂得了生活的艰辛。他的母亲勤劳、善良，像千千万万的农村妇女一样，担负着生儿育女和全部家务劳动的担子。在这样的家庭熏陶下，关向应从小就懂得勤劳和节俭。

由于他的家乡“关东州”在日俄战争后就已沦为日本的殖民地，关向应从小就看到家乡父老饱受战祸滋扰和侵略者凌辱的情景，心中十分愤懑。日本侵略者强行实施的奴化教育尤其使他痛恨。他在《自传》中说："我十二岁时入日本办的专以教育中国人的普通学校（初级小学），四年毕业。后复入大连公学堂（高等小学），二年毕业。我在这六年中所受教育完全是侵略式的教育，书报都看不明白，国内的情形一点不晓得，思想完全是奴隶的。当我毕业后学堂就把我送一日本商店服务，才做了一个月，因与日本人冲突就辞了。"宁肯回家种地绝不受日本人的欺辱。他说："做一个中国人，就要有骨气！"

他在大连公学堂读书时，常在学校发的日文课本书眉上批写"中国""我是中国人""精忠报国"这样的字句，画一些丑化日本侵略者的漫画，抒发他对日本殖民者的仇恨心情；他还参加了反对日本教员殴打中国学生的罢课。1923 年，他在泰东日报社做工时，又率众"教训"了辱骂中国人的日本殖民者，迫使此人当众道歉。他愤怒地说："非把日本帝国主义打走不可！"

泰东日报社是关向应接触进步书报、参加革命活动的起点。因为在这里，每天工作之余，还可以读书、看报，有很好的学习条件。这个时期，马克思主义已经在中国广泛传播，马克思主义、社会主义、无政府主义各种思潮十分活跃。有一天，他在翻阅 1919 年《泰东日报》时，看到一篇署名鹃魂的文章《六个月的李宁》，深深地吸引了他。文章写道：

> 俄罗斯劳农共和国的首领臬赍·李宁，自从 1917 年 11 月推倒克林斯斯内阁（即克伦斯基——编者注）掌握俄罗斯的统治权……得到今日，亦足以得了俄民大多数的帮助，有两年了。他究竟是个什么样的人，有何本领，掌握这许多的年头呢？有的称赞他是个群众中的活佛、福星、救世主；又有的诅咒他是世界上的恶魔、暴君、破坏神……赞他的都是我们希望自由幸福的平民，骂他的不过是那些专制无艺的军阀、贪得无厌的政客和富而不仁的富户财东罢了。
>
> 李宁要叫普通社会行的事，必先从自己做起。如同大众吃的黑面色和粟粥，他自己和他夫人、他的妹妹吃的，亦是一样，革命党一天做十二点钟至十五点钟的事，他每天亦办理十八点钟至二十点钟的公事。他热心国务，往往废寝忘食，他的夫人端茶往往告诉他，你喝茶可不要又忘了。他固然是非常忙碌的，却常在各处演说。凡是新发生的一件事情，他必明了正确判断……他即为布尔什维克党的领袖，是如此热心为国。

李宁就是列宁，这是关向应第一次看到讲列宁和十月革命的事。通过对十月革命的了解，他朦胧地认识到，中国要想改变目前的现状，必须走俄国人的道路。也正是在这样一个时刻，共产党员陈为人、李震瀛来到了大连，他们此行是受北京地委的派遣，前来东北传播马克思主义、发展党团组织的。

出生于1899年的陈为人，是湖南江华人，那时在北方从事工人运动，后任过中共北京区委组织部长，党的八七会议后，担任过中共满洲省委书记；李震瀛也是1921年加入中国共产党的早期党员，后来在中共五大上当选为候补中央委员。可惜在1931年六届四中全会后脱党。

当时大连地区的工人运动比较活跃，在全国罢工高潮的推动下，大连的先进知识青年和工人组织了中华工学会，成为工人开展活动的组织核心。工学会为工人举办夜校，教工人学习政治和文化，邀请社会知名人士来校讲演。1923年底，陈为人和李震瀛来到大连，他们通过工学会和进步文化团体，联系和团结革命青年和工人群众，向他们宣传马克思主义，讲述国际、国内时事，并帮助中华工学会同中国劳动组合书记部建立了联系，为大连建立党的组织奠定了思想基础。

李震瀛是以记者身份在大连活动的。他常到泰东日报社来，在这里结识了关向应。他通过关向应，把一些进步的工人和文化界人士组织起来，进行学习，接受教育。在李震瀛那里，关向应第一次看到了《向导》《新青年》等革命书刊。关向应如饥似渴地阅读这些书刊，像旱天的禾苗，拼命吮吸着雨露。他开始懂得，要想拯救中国和苦难的中国人民，就必须像中国共产党主张的那样，打倒帝国主义，打倒封建军阀。几年来，他苦苦探索、追求，终于在他面前展开了一条光明道路。从此以后，他同一些革命青年，团结在李震瀛、陈为人周围，积极参加各项革命活动。

关向应曾和几个青年朋友来到铁岭，创办了一份《铁岭日报》，进行革命宣传。来铁岭之前，由父母做主，在家里为他定了亲。他反对这门包办的亲事，说服父母，退了婚约。已经接受革命思想的关向应，坚决反对封建的包办婚姻，他以此为内容，写成小说，在《铁岭日报》上连续登载。不久因经费不足，报纸无法办下去，只得停刊，他们又回到泰东日报社。

1924年2月，经李震瀛介绍，关向应加入中国社会主义青年团，成为大连地区第一批青年团员。1924年5月，李震瀛调往上海工作。经他介绍，关向应跟随他一起到上海工作和学习。

旧时上海，地处黄埔江口，交通方便，是世界闻名的畸形的国际大都市，号称“冒险家的乐园”，也是产业工人集中的地方，这里文化发达，思想活跃，也是进行革命活动的好地方。中国共产党成立后，非常注意在这里开展工作。

关向应到上海后，一面在闸北市民协会从事革命工作，一面在上海大学学习，攻读马克思主义。

上海大学是我党培养干部的一所学校。它原坐落在闸北青云里，校舍十分简陋，没有校门，也不挂校牌。直到 1924 年，上海大学搬到公共租界内的西摩路，才算有了正式校舍。上海大学学生大多是各地共产党的组织选派来的，也有少数是国民党介绍来的或招考来的。教员大多是共产党员，也有一部分知名人士。关向应在上海的时间只有短短几个月，但他的思想却发生了重要变化。他从关外来到这十里洋场的上海滩，目睹了帝国主义侵略下的黑暗。他看到黄浦江上横行无阻的是帝国主义的军舰和轮船，马路上耀武扬威的是帝国主义的军队和警察，大街上矗立着的许多高楼大厦都是帝国主义或军阀的商行，外滩公园门口挂着一块“中国人、狗和自行车不准入内”的牌子。此情此景，大大激发了他的爱国热情和报效祖国的决心；同时，在上海大学，他接受了马克思主义教育，提高了政治觉悟，确立了马克思主义的人生观。

1924 年秋，党中央从上海大学抽调一批人去苏联学习。关向应得到了这样一个机会。他和同行的五六个人从上海启程，乘船北上到大连，途经奉天（今沈阳）、哈尔滨，从满洲里进入苏联的西伯利亚。他们装扮成各种身份的人，躲过敌人的重重盘查，经历了艰难险阻，进入苏联境内后便乘火车前往莫斯科。在这里，关向应进入了专为东方各国培养革命干部的东方劳动者共产主义大学（简称东方大学）。刘少奇、任弼时、萧劲光作为第一批学员都曾在这里学习，瞿秋白也在这里担任过俄文翻译。关向应怀着寻求革命真理、增强学识的强烈愿望，刻苦地学习俄语的其他课程，政治觉悟和理论水平迅速提高。1925 年 1 月他在东方大学转为中国共产党党员。这是他人生征程的重要转折。此后，作为一个职业革命家，他全身心投入到革命的洪流中！

他当过厨师，卖过报纸，生活俭朴，工作勤奋，是青年的知心朋友

党的领导干部意味着掌握一定的权力，也要承担相应的责任和义务。然而，在革命战争年代，尤其是中共草创的大革命时期，作为党的干部，不但没有什么权力，却意味着更多的付出，意味着承担更大的风险，甚至要付出生命的代价。他们是革命的开拓者，承担着宣传、发动、组织革命的重任，他们也是旧秩序的反抗者，承担着被反动派追捕的风险。这时，作为一个“非法的”弱小的党组织，不但要求共产党的干部具有较高的素质，更要有坚定的信仰和坚强的意志。

1925 年，随着国内日益兴起的大革命高潮，宣传发动革命、扩张革命力量，

就急需大批干部。干部从哪里来？国内实际斗争的考验固然能培养一批，但毕竟人数少了点，适应不了急速发展的革命形势，于是党中央决定，从留苏学生中调回一批，原计划在苏联学习六年的关向应只学习了半年便赶回上海。在这里，他被分配到沪东区共产主义青年团部委工作。从此以后，他相当一段时间从事青年工作，为教育培养青年干部，开展青年运动，倾注了很大的精力。

这时，党的条件十分艰难，关向应也只得借居在闸北的一个楼上，基本是属于冬冷夏热状态，但这丝毫不影响关向应的革命热情。几十年后，身为中华人民共和国前主席杨尚昆夫人的李伯钊还能清晰地回忆出第一次见到关向应时的情景。

那是1925年冬初，作为中国共产主义青年团团员的李伯钊由重庆来到上海，打算进上海大学学习。一天，有位同志把她带到关向应那里，他亲切地接见了她。第一次见面，给她留下了深刻的印象。李伯钊回忆说：

> 仿佛记得当时他穿一件旧夹袍，罩着宽大的蓝布长衫，个子不顶高，满头黑发，一对精明的眼睛，炯炯闪光。进来出去的同志们，都亲切地称他为“小关”。他极自然地和每个同志交谈，讨论工作，不见一点儿焦躁，总是先听请示工作的同志说一席话，他才扼要而中肯的解决对方提出的问题。

对一心想到上海大学求学的李伯钊，他也是耐心劝导她到工人区域去走走，“到浦东去办工人夜校，教工人唱歌、识字，这份工作会很有意义。”

李伯钊接受了组织的分配。她住处距浦东区较远。关向应很关心她，经常询问她的工作和生活情况。但李伯钊仍想进上海大学学习，强调在工人夜校工作的困难，关向应耐心说服了她。为了培养革命青年，他就是这样，花费了很多的精力。

关向应懂得，身为青年的领导人，身教重于言教。当时，身居繁华的上海，但作为革命者，生活和工作条件仍十分艰苦。他当过厨师，上街卖过报纸。他生活俭朴，一年四季，他足足有八个月都是穿的那件旧夹袍和蓝布长衫。他忍饥受寒，把多余的一点钱积攒起来交给党组织作为活动经费。他勤勤恳恳，埋头苦干，工作尽管十分繁忙，但他还是常常自己刻蜡纸、印文件，从来没有怨言。在青年中他不以领导者自居，平易近人，善于接近群众，做青年们的知心朋友。同志们都亲切称呼他为“小关”。

1925年底，团中央派关向应以特派员的身份由上海到济南，任团济南地委书记。他和团地委其他委员经常分赴各地，联系群众，了解情况，检查指导工作，很快在津浦路大槐树机厂、鲁丰纱厂、齐鲁大学、济南一师、济南一中、济南女师、济南工专、济南农专、正谊中学、育英中学等大工厂和大中学校恢复和建立了团的组织。同时，使益都四师、曲阜二师、潍县广文中学、潍县乐道院也都成了团组织活动的中心，还广泛建立了“读书会”等党的外围组织，教育团结了广大青年群众。

同年 11 月，中共山东地执委遭敌破坏，邓恩铭等六人被捕（不久，邓恩铭“保外就医”出狱），山东地方执行委员会即改为山东临时地方执行委员会。不久，中央派张昆弟到山东，恢复了山东地委，张昆弟任书记，委员有李耘生、关向应、王兰英、延伯真和宋伯行等。

11 月 23 日，关向应由济南到青岛工作，化名郑勤，重新组建团青岛地委，关向应任书记。他住在青岛市北京路，以青岛育英小学等地为基点，联络群众，发展团员，开展党团工作，他亲自到工厂、学校进行革命宣传，和青年交朋友。他通过山东早期的共产党员鲁伯峻，结识了胶澳中学的学生鲁广益。在关向应的启发、帮助下，鲁广益思想进步很快，不久便加入了共青团，并成为团的干部。

经过关向应等人的积极工作，青岛团组织有了很大发展，团员由 21 人发展到 64 人，分设八个团支部。

为了开展党团工作，关向应奔波于青岛、济南之间。1926 年 1 月，关向应利用寒假的机会，找到了中共齐鲁大学支部书记张同俊，和他一同到潍县视察工作，住在潍县乐道院电机房工人、共产党员牟光仪处。次日，张同俊陪同关向应到庄家村会见早期共产党员、共青团员庄龙甲。两人一见如故，进行了长时间交谈。而后，庄龙甲带领关向应首先到潍县文华中学，听取团支部书记王仰曾的工作汇报，又在乐道院召集文华中学和文美女中等校的十几名青年学生开会，关向应向他们讲述革命道理和目前形势，鼓励他们阅读进步书刊，走革命道路。在这里，他曾多次召开活动分子会议，还到二十里堡等地考察农村党支部的情况，到茂子庄视察农民协会的工作，使党团组织和农民协会都有了迅速的发展。

1926 年 2 月 2 日，青岛党团组织遭到部分破坏，关向应临危不惧、沉着应变，在群众的掩护下，巧妙地同敌人周旋。3 月 7 日，关向应参加中共山东地委在济南召开的关于农民问题讨论会。他与济南、青州、广饶、齐河、潍县、禹城、淄川等 10 余处的代表交流农民运动的经验，学习马列主义关于农民问题的论述，检查和研究了同国民党的合作问题，决定训练教育各地农民运动的骨干。关向应返回青岛后，帮助国民党市党部召开了关于研究农民问题的会议。提交会议通过的工作方针及决议案，也是由他亲自审定的。

1926年6月，团中央调关向应回上海，担任沪西地委书记。7月，山东各地团的组织迅速发展，经团中央批准，成立了团山东区委，林礼周任书记。10月，关向应受团中央之命，又从上海调到济南，接任团山东区委书记的职务。数日后，在千佛山东边的大佛寺，由关向应主持召开了团山东区委临时会议，研究部署了团的工作。

关向应来济后，隐蔽在济南西关制锦市鲁佛民律师事务所内，夜以继日地工作。他经常化装到济南铁路大厂、鲁丰纱厂和大中学校去，进行革命工作，有时彻夜不眠，累得面容消瘦，眼睛布满血丝。

一天，关向应在四里山半山坡召开团的会议。会议开始前，他热情地握住进步青年刘君雅的手，温和地说："据我了解，你在青岛胶澳中学参加学生运动，表现很好，你拥护共产党，要求参加革命活动，愿意加入共青团。丁理育同志愿意做你的介绍人。今天正式吸收你为共青团员，以后我们是同志，让我们在党的领导下，为打倒土豪劣绅，解放全中国共同奋斗！"

会议开始，大家低声唱起《国际歌》。随后，关向应以坚定的语态从容地说："自从国共合作以来，已有两年多的时间，革命队伍壮大了。这是在共产党影响下，实行'三大政策'的结果。但是就山东来说，日本帝国主义勾结军阀张宗昌，把山东变成反革命营垒，阻碍革命力量的发展。"接着，又鼓励大家说，"济南是全国建党最早的地区之一，是山东党组织的发祥地，济南人民有着光荣的革命斗争传统，有着丰富的斗争经验。济南有许多工厂，工人力量比较雄厚，这是革命的基础。我们党、团员要认清形势，努力工作，为推动革命向前发展而英勇奋斗！"各校团的负责人在汇报情况之后，关向应一一交代任务。最后，他耐心地对刘君雅说："正谊中学里只有个别党团员，还没有形成组织，你回去要积极发展团员，建立组织，由你担任团支部书记。"

会后，关向应和刘君雅一齐下山，并向他介绍了地下交通站的情况和联络方法。

数日后，关向应又到正谊中学去找刘君雅，并给他带去了两瓶密写药水，还详细交代了使用方法。不久，刘君雅按照关向应的指示，在正谊中学建立了团支部，并任支部书记。他努力工作，主动团结进步同学，逐步吸收了张连城、杜汝廷、丁观海等十几名同学加入了共青团。

后来，关向应帮助正谊中学团支部创办了地下刊物——《传观报》，每月出一期，内容除介绍马列主义理论和党的方针政策外，还刊登对社会、学校重大事件的评论。《传观报》上的重要内容常常由关向应审定。复写的《传观报》由团员带在身上，趁机塞到其他同学的书包或书桌里，有的散发在宿舍、饭馆、商店里，先后发行了十多期。

同年冬的一个晚上，关向应在济南铁路机务段工人宿舍，向围在火炉旁的中青年工人报告形势：如今黑暗的旧中国，正处在大革命的浪潮中，工人、农民是这运动的主力。北伐军之所以摧枯拉朽，势如破竹，攻占长沙，击败北洋军阀，主要是工人、农民的支援。目前，分三路北伐的革命军，已经控制长江的中游，形势发展很快。这是中国人民值得欢欣鼓舞的大好事！但是，以蒋介石为代表的右派势力，代表大地主、大买办阶级的利益，害怕工农群众起来，害怕中国革命这样迅猛地发展，必定要破坏中国革命，窃夺革命成果。如果我们不提高警惕，工农就可能遭到突然袭击！说到这里，他语气变得特别深沉。他缓了一口气继续说：共产党领导下的工农群众运动，像目前这样蓬勃地发展下去，前景是乐观的。但是，我们要看到阶级关系的变化，不能把希望寄托在国民党身上。我们应该积极工作，发展和积蓄革命力量，时刻想到只有“自己救自己”才能团结战斗。对国民党右派所代表的反动势力，每个共产党员、共青团员都必须头脑清醒，有充分的认识。这番话，给人以鼓舞和启迪，提高了人们的认识，鼓舞了人们的斗志，教人们辨明方向，敢于斗争敢于胜利。散会时，不少工人特意走过去和关向应紧紧握手，表达对他的敬重。

关向应每周主持召开一次各校团支部负责人会议，主要内容是汇报各校的情况，分析革命形势，讨论组织发展，研究斗争策略。一次，他们开会重点讨论如何对付军阀张宗昌逮捕山东大学进步学生张裕民、镇压学生运动一事。出席会议的同志义愤填膺，一致要求发动抗议示威。可关向应的态度却始终很冷静，他耐心而又沉着地提醒大家，当前革命的重要问题，是迅速发展组织，积蓄革命力量。不要过早暴露自己，使组织受到损失，并掌握国民党的动态，配合北伐，迎接胜利，万万不能因小失大。最后他还特别指出：“这样就是对张宗昌逮捕学生最有力的反击。”

当北伐军攻克武汉以后，以关向应为首的团山东区委配合中共山东地委，动员全省数百名团员、青年先后去广州或武汉投考了军校，参加了北伐。

关向应在济南工作期间建树颇多，成为这一时期济南、山东团组织的中流砥柱。他以高尚的情操、卓越的才识、炽热的革命激情和平易近人的作风，给和他相处过的同志留下了极其深刻的印象。

1927 年 2 月，关向应离开了济南到上海，不久即奉命从上海去湖北、河南等地从事发展共产党和共青团的工作。1928 年 5 月，他代表团中央出席中共六大，由于他出色的工作，加上又是共青团方面的代表，得以进入中共领导层，入选政治局候补委员。随之，他又当选为团中央书记。

关押在龙华警备司令部的关向应，忍受着敌人的严刑拷打，始终没有暴露身份，被党组织营救出狱

1928年底至1929年初，一直留在共产国际工作的关向应，按照党中央的指示，迎着白色恐怖的逆流，从苏联回到了祖国。在上海，他担负着共青团的领导工作。这时，团中央机关已由凤阳路迁到泰兴路寿椿里，他就住在这里。

1930年，关向应先后参加了中国军事委员会和中共长江局的工作，团中央书记的职务由别人接任。

1930年六七月，关向应由上海来到武汉，参加中共中央长江局的工作。当时，武汉的白色恐怖非常严重，他同任弼时等人一起，在险恶的环境中坚持为党工作。在9月的中共六届三中全会上，关向应当选为中央政治局委员。11月，受党中央调遣，从武汉又回到上海，从事职工联合会的工作，参加领导上海的工人运动。

1931年4月，顾顺章在武汉被捕叛变。顾顺章是中共高层领导人，也是中央特科负责人，掌握着大量中共内部机密。他的叛变，使党中央和中央领导人面临十分危险的境地，幸亏中共红色特工钱壮飞及时掌握情报，才使党中央避免了一场大浩劫。但由于事发突然，已到基层工作的关向应未能及时得到通知，照常继续工作。有一天，他到一家作为党的秘密联络站的酱油店联系工作，被埋伏在那里的巡捕房密探当场逮捕，关押在公共租界的英国巡捕房。敌人对他审讯时，关向应看到敌人还不了解他的真实身份，便化名李世珍，说他刚从外地来沪谋生，有亲友住在酱油店附近，此来是向他们打听亲友住处的。敌人没有问出什么名堂，暂时在巡捕房把他关起来。

陈赓遵照周恩来的指示，先叫杨登瀛去巡捕房打探情况。

杨登瀛原名鲍君甫，原籍广东，自幼留学日本，毕业于日本著名的早稻田大学，算是个才子。在日本，杨登瀛就接触过马克思列宁主义书籍，思想上受到了一些触动。1924年，在大革命浪潮初起之时，杨登瀛加入了改组后的国民党，后来又同上海总工会有了联系，参加了国民党左派的一些活动。1927年蒋介石叛变革命后，究竟何去何从？杨登瀛处于极度的犹豫彷徨中。一方面，他的好友、国民党内的实力派人物杨剑虹多次邀请他参加国民党特务组织，但他看透了国民党一党独裁和腐败统治，不愿为其卖命，尤其是1927年曾参加过国民党左派活动的杨登瀛还曾被蒋介石逮捕过，这使他耿耿于怀；另一方面，他政治信仰又与共产党有距离。在他处于人生十字路口之际，中共特派时任中央特科二科科长的陈赓与他会面，做通了他的工作。作为一个非党员特工，杨登瀛成为中共打入敌人内部的一颗重要棋子，发挥了重要的作用。

此时的杨登瀛已获得蒋介石的信任，被正式任命为国民党中央驻沪特派员，是国民党特务机构中央党部调查科在上海的代表，他的职权是“在沪协助办理重要案件并处理之”，特务头子徐恩曾把上海的大案都交给他全权处理。

杨登瀛很快了解：经过审讯，巡捕房并未弄清被捕者是什么人；英国人对从关向应住处抄去的那一大箱文件很感兴趣。但是文件那么多，他们的华文水平又低，难以分辨哪些文件是重要的。

陈赓将这些情况向周恩来汇报后，周恩来说，营救就先从这批文件入手。一方面，需要设法把其中的重要文件抢出来，才能避免泄露党的重要机密，使党少受损害；另一方面，只要能把其中的重要文件搞走，使敌人无法判断关向应的身份，就更容易把他营救出来。陈赓找到杨登瀛，要他到英国巡捕房去想办法。杨登瀛回来说，关向应被捕后，国民党一直想把这一批文件弄走，英国巡捕房不同意，正在据理力争。英国人说，这个案子本是租界破的，不愿意把文件交给国民党。陈赓要杨登瀛去找英租界探长兰普逊，告诉他这一批文件很重要，同时表示愿意帮助巡捕房来鉴别这批文件。兰普逊正想从中挑出重要文件，据为己有，就对杨说，那就交给你来鉴别吧！杨又推说自己事忙，没有工夫，同时表示可以另想办法。陈赓根据周恩来的意见，派了刘鼎前去“鉴别”。周恩来交代说，要把所有手抄、复写的文件拿回来，其他的可以不管。

陈赓还特别嘱咐刘鼎：不要将被捕者的真实姓名和身份告诉杨登瀛，怕他知道了胆怯，不好营救。

> 出生于四川南溪的刘鼎，当时28岁。他于1924年入党，后去莫斯科学习。1929年回国后即在中央特科从事秘密地下工作，此时是中央特科情报科副科长。他以“中共文件专家”的身份与杨登瀛密切配合，演了一场好戏。这天刘鼎西装革履，头戴礼帽，手提公文包，由杨登瀛亲自陪同作为他的“政治专家”介绍给兰普逊，并且把他带到巡捕房存放文件的房间，把门带上。刘鼎迅速地检查了全部文件，把重要的复写文件抽出来藏在身上，临走时手里拿着几张油印文件，对巡捕房的探长说：“大部分是学术资料，这几份我带回去看看。”

后来，陈赓叫杨登瀛告诉兰普逊：被捕者是一位学者，从他家里抄出来的这些文件，都是学术研究资料。结果，就把英国人敷衍过去。兰普逊见关向应不是重要“犯人”，就把他转交给国民党龙华淞沪警备司令部关押。

关向应被捕不久，当时的中共中央总书记向忠发因被顾顺章出卖，于6月22日在上海被捕。向忠发被捕后马上自首叛变，他向敌人供出许多党中央的机关和中央领导的住址，还亲自领着特务抓人。万一向忠发和顾顺章得知关向应在狱中，就有生命危险。周恩来当即叫人用隐语写信将顾、向叛变的事告诉关向应，由李求实的夫人秦毅君以探监为名义传送给他。据杨尚昆说：向忠发带领敌人到各处抓人大都扑了空，又领着特务到各监狱去认人。所幸的是，向忠发过去一直高高在上，他并不认识关在监狱里的同志，所以还是毫无结果。

关向应被引渡给国民党政府，关押到国民党淞沪警备司令部龙华监狱。尽管受尽敌人的酷刑拷打，残酷迫害，但始终没有暴露自己的身份，没有泄露党的秘密。当他被送进这所监狱的时候，碰巧关向应在大连最早结识的两个共产党人李震瀛和陈为人也都拘押在这里。关向应进来时，已有陈为人和同时在狱中的刘晓、谢宣渠三人组成的中共龙华狱中支部委员会，领导狱中的共产党员及其他政治犯进行抗争，并对新来的难友进行帮助教育；同时在军警中开展分化瓦解工作，争取一些警察主动帮助政治犯传递消息、转送物件。支部对未暴露身份的关向应特别加以保护，有意地不布置他做任何工作，以防敌人识破。关向应在牢房里装得平庸无为，抓紧时间读了不少的古书和旧诗词。

根据这些情况，周恩来就让陈赓继续抓紧营救，以免“夜长梦多”。陈赓就将此事交给曾任党领导的特别营救部部长、已调中共中央特科的黄定慧去办。

黄定慧此刻正装扮成阔小姐，住在上海霞飞路的高等华人住宅区。接受营救关向应的任务后，经过孙晓村的介绍，认识了法租界的爱国律师陈志皋。

陈志皋毕业于震旦大学，是著名爱国大律师沈钧儒的弟子。陈志皋的父亲陈其寿在法租界会审公堂当了18年刑庭庭长，他的二位姑父也都是法官。他的家族在上海司法界拥有很大势力。

陈志皋还是中共领导下的外围组织《世界与中国》杂志社的成员。这个杂志的审稿人是孙晓村，陈志皋负责经济事务，杂志编辑部就设在陈志皋家的三楼书房里。他在租界捕房里收买了一些关系，先后多次为被捕的我党同志出庭辩护，在营救工作中起过相当大的作用。

孙晓村带领黄定慧初次和陈志皋见面是在麦琪路的一家咖啡馆。孙晓村介绍了黄定慧的身世后，就说她有一个在上海开酱园的表亲李世珍，被巡捕房误捉关押起来，已被转押到龙华监狱，请他帮忙保释。陈志皋在交谈中对黄定慧深有好感，对李世珍的遭遇表示同情，满口答应帮忙。以后，陈志皋又以此事带领黄定慧拜见他的父亲陈其寿。陈其寿字介卿，出身浙江海盐县名门，是老同盟会员。他见儿子非常喜欢这位才貌双全的小姐，也得乐于帮忙。陈其寿即让陈志皋出面联系，邀请龙华监狱法官赵韵逸到陈家来吃顿饭，让黄定慧作陪，当面说情叫监狱放人。赵当场哼哼哈哈，满口答应，事后却一再拖延不得解决。黄定慧和党组织焦急，多次催问。陈其寿再次找赵来质询，又叫他带份重礼给一个掌握实权的"李书记官"，在狱中蹲了半年的关向应方得无罪获释。出狱不久，中共中央即派关向应前往湘鄂西苏区工作。

派驻湘鄂西推行"左"的一套做法的关向应，接触实际后反戈一击，成为以贺龙为代表的正确路线的有力支持者

湘鄂西革命根据地位于湖南、湖北两省西部交界的地区，由几块大小不等的根据地组合而成，横跨 30 多个县。根据地在长江、汉水之间，具有重要的战略地位，成为第二次国内革命战争时期全国几块重要的革命根据地之一。

1932 年中央派关向应来湘鄂西，担任红三军政治委员，并参加中央分局的领导工作。

此时，坐镇湘鄂西的是以"两把菜刀闹革命"而闻名的贺龙。

1896 年 3 月 22 日出生的贺龙，是湖南桑植县洪家关一个贫苦农家的子弟。少年时代，贺龙因家境贫寒，只读了几年书。在家乡艰苦地度过了当佃户、赶骡马（跟随马帮，跑四川、入湖北，贩运盐、桐油和药材）的童年和少年时期。在辛亥革命的影响下，1916 年他刀劈盐局，夺取枪支，响应蔡锷讨袁护法；1923 年，他驻军四川涪陵，扣押了为北洋军阀运送军火的日轮"宜阳丸"，缴获全部军火；1924 年，加入孙中山领导的中华革命党，在湖南的沅陵、澧州等地开展了一系列有利于国计民生的工作；1926 年参加北伐战争，任国民革命军第九军一师师长、第二十军军长，是"战绩最大，声威最高"而"异常奋勇"的"钢军"，成为当时著名的左派名将。1927 年参加领导南昌起义，任起义军总指挥，同年加入中国共产党。土地革命战争时期，任中国工农红军第四军军长，中共湘鄂西前敌委员会书记，红二军团总指挥兼红二军军长，红三军军长，红二、六军团总指挥兼红二军军长，红三军军长，红二、六军团总指挥兼湘鄂川黔省革命委员会主席和湘鄂川黔军区司令员，红二方面军总指挥。

贺龙资历深厚，经验丰富，身经百战，奉行在实践中摸索的得到官兵拥护的方针政策。而在 1931 年六届四中全会后，"左"倾教条主义者王明在中央占据了领导地位。

这时，派关向应来湘鄂西，就是要承担贯彻“左”倾中央的方针政策的使命。如果照教条办事，关向应在湘鄂西必然与贺龙产生矛盾，以后他们之间亲如兄弟的关系也就不可能了。

所幸的是，关向应虽有很强的组织原则，但更加尊重客观实际。下车伊始，他没有指手画脚，而是深入实际，深入连队，调查了解。在实际工作中，支持了以贺龙为代表的一部分党政军领导的正确意见。从此，他与贺龙并肩战斗，相互尊重，同生死共患难，共同度过了最艰苦的岁月。他对根据地的建设提出了许多重要的意见，认为要想打破敌人的“围剿”，必须加强根据地建设，巩固并扩大洪湖根据地，为此，必须千方百计发展生产，使根据地的军民有足够的物质保证。他反对“地主不分田，富农分坏田”的“左”的土地政策，提出应当集中打击农民最痛恨的大地主和恶霸，然后把粮食分给农民。他亲自领导农民进行打土豪、分粮食的斗争。当时有一部分农民对于分地主的粮食思想上有顾虑，害怕日后地主报复，不敢前去领粮。关向应很理解他们的心情，凡遇有这种情况，他便亲自带领战士，在夜深人静的时候，将一袋袋粮食，悄悄送到那些农民家的门口。

关向应认真分析了根据地敌、友、我的形势，提出了正确的统一战线政策，恰当地对待地方武装和土匪，争取这一部分力量，使他们在红军对敌斗争中保持中立或倾向红军。这样就有力削弱了敌人阵营。

为发展和巩固洪湖根据地，关向应付出了很大的精力，1932 年 8 月，在洪湖地区成立中华苏维埃共和国临时中央政府湘鄂西办事处，关向应担任办事处主任。

1932 年 6 月，蒋介石出动 60 多万兵力向鄂豫皖、湘鄂西、湘鄂赣根据地发动进攻。这年 8 月仅投向洪湖地区的军队就达十万人以上，同时，还实行经济封锁。洪湖的形势十分危急，在这种严重的形势下，夏曦却还提出“寸土必争”“夺取平汉路”等错误口号，使得红三军接连失利。关向应心急如焚，为了保存现有的这支革命队伍，他同贺龙商量后提出了集中红军主力转移到外线作战，在运动中歼灭敌人的建议，但遭到夏曦的拒绝。红三军在转战中损失惨重。1932 年 10 月，湘鄂西中央分局在湖北枣阳县的王店开会，讨论红三军的转移问题。会议决定红三军全部向湖北西部的鹤峰县转移，因为鹤岗一带山高林密，又地处湖北、湖南两省交界处，有利于开展游击战争。于是，一支浩浩荡荡的大军在贺龙、关向应率领下，向北进发。11 月初，部队越过桐柏山，进入河南西南部，向西移动。这一带重峦叠嶂，道路崎岖，由于没有行军地道，部队经常在崇山密林中迷失方向。

后面敌军紧紧追赶，有时一天吃不到一顿饭，粮食供应困难，战士们经常以树皮、野菜充饥，有的人因饥饿或生病而死在途中。

就是在这样困难的行军中，夏曦还错误地进行了"肃反"。有时一边行军，还一边捕人，在红三军干部战士中造成很大的混乱。在这样的危难时刻，关向应身为政治委员，感到自己的担子很重。他和普通战士一样，风餐露宿，身上穿的是补丁加补丁的衣服，脚穿一双草鞋，肩上背着一条破毛毯，生活在战士中间。他同战士们谈心，耐心细致地做思想工作；冒着被牵连的危险，鼓励干部树立对革命的必胜信念。

就这样，在贺龙、关向应率领下，红三军一次又一次打败了追击的敌人，闯过了一个又一个难关，行程七千里，终于在 1932 年 12 月到达湖南、湖北交界的西部。第二年 1 月初，乘敌人城内力量空虚，一举攻占了鹤峰县城，不久攻占贺龙的家乡桑植县城，部队转战于湘鄂边一带。1933 年夏天，国民党蒋介石又调集了十几个团的兵力，从四面八方进攻湘鄂西。红军处境十分困难，到处是敌人的碉堡、工事、哨所，红军的给养不足，在一个多月时间里，只得靠树皮、野菜充饥。为了冲破敌人的"围剿"，红三军主力于这年的 8 月到 11 月在宣恩、咸丰、利川一带游击，但敌人又闻讯追来。12 月，中央分局在宣恩县大村召开会议，决定放弃湘鄂边根据地，向川东发展，创造湘鄂川黔新的根据地。1934 年 4 月，红三军离开湘鄂边，向川东进军，5 月攻占彭水县城，6 月初，攻占沿河县城。随后，在沿河县枫香溪召开会议，会上，关向应、贺龙等人发言，总结了前一年多的时间里，红三军转战湘鄂西，历尽艰辛，人员由一万减到三千，几乎濒临灭亡的教训，认为如今来到贵州，再也不能流荡了。会议决定在黔东建立根据地，并决定在红三军中重建党、团组织，恢复政治机关。

黔东一带，山岳连绵，乌江横贯其中。交通闭塞，人民十分贫困。这里没有党的工作基础，人民群众对共产党和红军都不了解，听说红军来了，人都跑了。看到这种情况，关向应说："我们要想在川黔边区站住脚，建立根据地，没有群众基础是不行的。现在我们一到，群众都跑光了，这说明群众对我们一点也不了解，也说明我们工作是要从头做起的。"贺龙说："野鸡有个山头，白鹤有个滩头，一支红军没有根据地怎么行呢？"于是，从红军抽调一百多名干部，从各师中抽调一部分人和枪支，组成若干个既是工作队，又是分散活动的游击队，到沿河、酉阳、印江、德江、秃山等地区发动群众，开展群众工作。

关向应在领导部队开展群众工作的同时，还为恢复红三军中党、团组织和政治机关，付出了很大的精力。他深入连队，了解干部、战士的思想情况，有针对性地进行思想政治工作。他还亲自主持党员登记，组织党支部，成立政治部，制定部队的政治工作条例。当他发现在一部分战士中有自由主义倾向的苗头时，便及时了解情况，在百忙的工作中，挤出时间，编写出一本《反对好好先生》的小册子。它通俗易懂、说服力强，对教育战士起了很好的作用。

在关向应的努力下，枫香溪会议后不久，红三军恢复了政治部，配备了团一级政治委员和连一级的指导员，还恢复了军党委委员会。由于政治工作的恢复和加强，使部队增添了新的活力。1934 年 1 月，中共中央在瑞金召开了六届五中全会，关向应继续当选为中央政治局候补委员。

1934 年 8 月，任弼时奉党中央的命令，率红六军团从湘赣根据地出发，作为中央红军长征先遣队，先行西征。10 月 24 日，红六军团和红三军在贵州印江县的木黄地区会师。红过两天的行军到达四川酉阳，并举行了会师大会，宣读了中央的贺电，宣布经中央军委批准，红三军恢复红二军团番号，贺龙任军团长、任弼时任政委、关向应任副政委。中央还决定：由贺龙、任弼时、关向应统一指挥红二、六军团的行动。

红二、六军团会师后，团结战斗，军威大振，新的根据地也在斗争中不断巩固和发展。红二、六军团由会师时的 8000 多人，一年后就发展到二万多人。在这个地区还开展了土地斗争，扩大红军运动，在斗争中建立了各级党的组织和工会、农会、妇女会、儿童会等群众组织。

在两军会师后的日子里，关向应针对变化了的情况，向战士们做了大量的思想教育工作。他深深知道，两个军团在一起，最重要的是团结。他严格要求二军团的战士，教育他们克己宽人，多向六军团干部战士学习。当兵团之间发生问题时，他总是先作自我批评。他没有“山头主义”和“本位主义”，在发展和巩固根据地的斗争中，协助任弼时和贺龙做了许多工作。1935 年春，经过半年多的艰苦奋斗，湘鄂川黔根据地基本上建立起来了。与此同时，蒋介石调动了 20 多万兵力对刚刚建立起来的根据地进行了大规模的“围剿”，妄图把红二、六军团一举消灭在永顺、大庸、桑植地区。为了摆脱强大敌人的进攻，红二、六军团在有效地打击敌人后，根据遵义会议后中央军委的重要指示，主动撤离湘鄂川黔革命根据地。1935 年 11 月，主力部队由桑植出发，开始了新的战略转移。

红军三大主力会师之日，毛泽东对红二方面军的领导同志说：“你们一万人，走过来还是一万人，没有蚀本，是个了不起的奇迹。”而关向应正是奇迹的主要创造者之一

在人们眼里，关向应常常穿着旧夹袍，个子不高，戴着眼镜，更像个书生，而不像在战场上横刀立马的人物；他为人谦和，平易近人，不像是领导，更像是朋友和兄长，在党内赢得了广泛赞誉，深得官兵的敬重。他以自己高尚的人格和对党的忠诚、勤奋的工作，践行了一个真正共产党人的誓言。

长征途中，关向应与朱德、任弼时、贺龙、刘伯承等一起，同张国焘分裂党、分裂红军的行为进行了坚决斗争。1934 年中央红军开始长征以后，红二、六军团先后接到毛泽东和张国焘发来的电报，前一份电报要求红二、六军团策应中央红军长征，后一份电报要求红二、六军团北上。关向应以自己的卓识远见，肯定了毛泽东的电报，并得到了贺龙和任弼时的赞成。于是他们率领红二、六军团发动湘西攻势，转战湘鄂川黔，有效地牵制了敌人主力 20 余万人，有力地配合了中央红军的长征。1936 年春天，红二、六军团进驻云贵边界时，又接到张国焘发来的电报，要求他们北渡金沙江，同红四方面军会师，北上抗日。大家认为北上抗日是大势所趋，于是在完成策应中央红军的情况下，挥师云南、四川。

在长征艰苦困难的日子里，关向应总是走到部队的后边。从长征出发，他就一直随五师或六师行动。五、六师是后卫，担任阻击敌人的任务。一路上他无微不至地关怀着每一个指战员。他有一匹战马，但却经常让给受伤或生病的战士骑，自己走在队伍的中间，边走边给战士讲革命故事，鼓励战士前进。有一天，两个战士搀扶着一个病号，行动十分吃力。关向应看到后，立即跳下马，关切地询问那个战士的病情，亲自扶病号骑到他的马上。身边的同志看到关政委那瘦削的身体，不忍心让他步行，纷纷要求把自己的马让给他骑，他坚决不同意。就这样，他一直步行了三天。

在登山的途中，关向应走在队伍的后面，关切地注视着每一个战士。走着走着，发现前面有 30 多个因饥饿、寒冷和过度疲劳而掉队的战士，他们蹲在雪窝里，冻得脸色发青，嘴唇发紫，浑身直打哆嗦。一问，原来是前卫部队和指挥部直属机关的同志。关向应立即命令跟随他的战士："扶他们上马！"一边说一边把八个战士扶上马，回头对其他人说："在这里等一下，我们护送这几个同志过山后，再回来接你们。"说罢护送八位同志过雪山。翻过雪山，天色将晚，看着他疲劳的神态，大家劝他在山下休息一下，由别人去接其他同志，他坚持要去。有的人由于身体过于虚弱，在马上坐不住，关向应就一直扶着他们。就这样，他和其他同志一道一共翻越了四次山，把掉队的人员全部接过了山。

由于关向应深入细致的思想工作和对干部战士的深切关怀，使全军指战员战胜各种艰难险阻，终于在 1936 年 7 月初到达甘孜，同红四方面军会师，受到朱德、刘伯承和红四方面军指战员的热烈欢迎。到达甘孜后，奉中央军委指示，红二、六军团与红三十二军组成红二方面军，关向应担任了政治委员。也就是这时，关向应和贺龙、任弼时才从朱德、刘伯承那里得知张国焘分裂党、分裂红军的阴谋。在甘孜期间，张国焘派出工作团到红二方面军驻地，以欢迎为名演出反党戏剧，散发诬蔑党中央和毛泽东、大肆吹捧张国焘的《西北讲座》和《干部必读》。关向应亲自通知各部队，张国焘派人送来的《干部必读》不准下发，全部封存。贺龙、任弼时、关向应专门召开红二方面军干部会议，揭露张国焘反对党中央的行为。为了消除阻力，达到控制红二方面军的目的，张国焘以红军总政委的名义，要把关向应调离红二方面军，关向应和红二方面军的领导坚决不服从张国焘的命令。张国焘又提出召开两军联席会议，企图从组织上压服红二方面军领导人同意他的反党路线。关向应和其他领导同志提出，会议不能由张国焘主持，使张国焘的阴谋再次破产。由于关向应和朱德、刘伯承、贺龙、任弼时等对张国焘进行了坚决的抵制和耐心地说服，加上红四方面军指战员强烈要求北上抗日的舆论压力，张国焘被迫同意与红二方面军一起北上。

红军三大主力完成长征、胜利会师之时，毛泽东会见了红二方面军的领导同志并高兴地说："你们一万人，走过来还是一万人，没有蚀本，是个了不起的奇迹，是一个大经验，要总结，要大家学习。"这是毛泽东对红二方面军的高度赞赏和充分肯定。对此，任弼时认为红二方面军的经验在于高度地保存了有生力量、坚持正确的军事方针、坚决执行党的各项政策、强有力的思想政治工作等四个方面。而关向应正是这四方面经验最主要的创造者和最模范的实践者。漫漫长征路上，关向应以自己非凡的业绩和巨大的贡献，在红军将士的心中树立起不朽的丰碑，在中国革命历史上写下了浓重的一笔。

第一二〇师师长贺龙和政委关向应在前线观察地形

抗日战争时期，关向应任一二〇师政治委员、中共中央晋绥分局书记，他和师长贺龙共创晋绥解放区，率部转战冀中平原和晋察冀边区根据地，战斗足迹遍及晋绥和华北广大地区。

擅长部队政治思想工作的关向应，从1932年到1946年的14年间担任贺龙任司令员的各个部队的政治委员。他坚强的党性、高尚的情操、实事求是的工作方法、艰苦朴素的作风和勇于自我批评的精神，深得贺龙的敬重。贺龙每谈到部队的战斗经历、指战员斗志昂扬的岁月时，从不忽视政治委员关向应的作用。20世纪60年代初编写《抗日战争时期一二〇师暨晋绥军区战史》时，贺龙还语重心长地对编写人员说："关向应的作用要好好写，他在晋西北党建、发动群众、做新军的工作，牺盟会的工作也要做，还要做一二〇师的工作。"由此可见，贺龙与战友关向应的深情厚谊，对战友的功绩永志不忘。

他工作认真负责、实事求是，师部的作战计划他都要亲自进行缜密的研究。行军作战时，每到驻地，他总是不辞劳苦，调查敌情，制定行军路线，亲自布置战斗任务。从1938年11月起，冀中根据地接连遭到敌人的两次围攻，全部县城被敌人占领，根据地日渐缩小，情况十分严重。中共中央和中央军委指示，一二〇师由贺龙、关向应率领，于12月28日从山西岚县出发，向冀中挺进。从晋西到冀中，要翻越同蒲铁路线，翻过太行山，再过平汉铁路线。为切断冀中同晋西的联系，敌人在铁路线的两侧挖了两丈宽一丈深在护路沟，同时每隔两里路设置一个岗楼，并有装甲车在沿铁路线巡逻。这时，又正是隆冬寒天。北方冬天的原野，光秃秃的一片，无法隐蔽。要越过敌人的封锁线，困难可想而知。部队出发后，关向应亲自带领一个连行动，身边只有两个干部。他们夜晚行军，冒着刺骨的寒风，在敌人密集的据点穿插。他机智谨慎地带领部队前进，每到一个宿营地，他总是把敌人的情况，下一步的行军路线搞清楚，亲自布置任务。身边的同志看到他疲惫不堪的样子，关切地劝他要注意身体，他总是淡淡地一笑，说："十年内战生活惯了，现在不觉得怎样苦。"就这样，经过一个多月的艰苦行军，通过敌人的两道封锁线，于1939年1月25日，同贺龙一起率领一二〇师主力来到冀中河间西北部的惠伯口，同冀中党政军的领导机关会师。初到冀中时，关向应就对一二〇师的干部说：晋察冀边区在聂荣臻、彭真的领导下，已建成为抗日模范根据地，我们要好好向他们学习。教育干部要和兄弟部队搞好团结，要谦虚谨慎。他和贺龙经常同聂荣臻一起研究工作，共同制订作战计划。有一次，一二〇师请彭真作报告，会后他亲自主持讨论会。还有一次，他参加冀中区党委干部会，默默地坐在一边，认真倾听每一个人的发言。关向应那平易近人的作风和谦虚谨慎的品德很受当地干部的敬佩。

关向应注意研究和总结敌后游击战争的战略、战役、战术问题。1939年6月28日，中共中央北方分局干部会议在晋察冀边区阜平县易家庄召开，关向应以《冀中战争形势和几个政策问题》为题讲话，对冀中形势发展趋势，巩固和发展统一战线，民主、民生等问题作了深刻论述。8月，他将发言稿整理成《论坚持冀中平原游击战争》一文，论述了冀中平原游击战争的规律、特点、困难和有利条件。后来，文章发表在冀中《新长城》、延安《八路军军政杂志》等刊物

八路军第一二〇师政委关向应

上。关向应撰写的《一二〇师在晋西北》《再谈晋西北的问题》等理论文章，对坚持敌后游击战、建立根据地有重大影响。

抗战初期率一二〇师抵晋西北的关向应受中共中央北方局委托组建中共晋西北区委。他发扬人民军队既是战斗队又是工作队的光荣传统，一面坚持同日本侵略军作战，一面领导创建根据地。他带领从部队抽调的700多名干部组成地方工作队，分赴晋西北各县和大青山地区开辟了抗日根据地。工作队正确执行党的抗日民族统一战线政策，团结各阶层群众合作抗日，建立群众组织，恢复抗日政权，发展游击队和地方武装，为晋西北抗日根据地的创建打下了基础。1938年9月，关向应出席党的六届六中全会扩大会，向大会作《晋西北工作报告》。

关向应十分重视部队和根据地的文化建设。1940年3月，他在晋西北第一次戏剧工作座谈会上的讲话，解决了晋西北根据地戏剧工作中存在的问题，引导晋西北戏剧运动健康发展。在同年5月4日晋西北文联成立大会上，关向应作题为《敌后新民主主义文化建设问题》的报告，阐明了根据地文化建设的方针和政策。始建于红军时代的一二〇师战斗剧社，从湘鄂西到晋绥抗日根据地，始终得到爱好文艺、有很高文学素养的关向应无微不至的关怀。剧社每上演新剧目，他都从剧本创作到表演排练提出很好的意见，耐心帮助剧作者和演员推敲修改。剧团在战火纷飞的战场上成长，受到根据地军民的关爱与支持，培养了如成荫、欧阳山尊等导演，以及莫耶等作家。

“我如果不是共产党员的话，早就会用自杀来结束这种痛苦，但是，我还要作最后的挣扎，熬过了这痛苦，我还要为党工作十年二十年”

关向应家境贫困，自幼忍受饥寒折磨。参加革命后长期繁重的秘密工作和异常险峻的战争生活，严重损害了他的健康。早年在上海就得了肺病，战争年代常犯，在晋西北和冀中多次复发，他以惊人的毅力坚持工作。1940年秋，关向应被重病击倒，党中央、毛泽东要他速回延安诊治，直到11月才回到延安。不久，敌人对晋西北发动空前规模的“扫荡”，思念前方军民的他坐卧不安。

1941年初，他不顾病痛和医生的劝阻，毅然返回前方——山西兴县，日夜操劳，战斗不息，累得吐了血，后被强送去军区医院疗养。躺在病床上的关向应不停地阅电报、批文件，向贺龙提建议。10月初，贺龙送他去延安。

在延安，关向应始终以坚强的意志和惊人的毅力忍受着病痛折磨，密切配合医生治疗。他的酒量很大，在一次宴会上，一次就能喝掉一瓶白酒。他又很爱抽烟，在长征时，没有烟叶可抽，就抽草叶，总得要抽。医生告诉他，烟和酒对他的身体危害很大，他听从医生的劝告，忍着极大的精神痛苦，在最初的半个月，有时周身疼痛，日夜不能入眠。他终于战胜了这种折磨，坚决地戒掉了烟和酒。在病榻上的关向应仍十分关心政治，不停地思索党和军队的大事。医生和同志们劝他安心静养，他说："20几年已经养成习惯了！"无可奈何，大家只好将有些事儿瞒着他。可是，他知道后对医生说："如果你们不告诉我，我会想得更多，更不利于我养病。"医生们听了，热泪盈眶。

养病期间，党中央和毛泽东非常关心他，在物质条件困难的情况下，尽量给他较好的生活待遇。他总觉得这样的用费太大，十分不安，常对身边的工作人员说："经济上要注意节省，革命是长期的。"凡是为了养病而准备的一切他总要亲自过问。哪怕是很少一点添置，都必须经过他的同意。他常叮嘱工作人员说，打饭时不要打得太多，说："我是病人，剩下了你们吃了不好，丢掉太可惜。"他的病情一好转，就向工作人员要账单，检查开支情况，发现油吃多了，就把工作人员叫到身边，批评说："我过去在部队上一天才吃几钱油，以后不能这样吃油。"他当时混合感染，发着高烧，医生经过会诊，决定用盘尼西林治疗。这种药在当时是比较贵重的药品，他担心用得太多了，会影响到别的病人的治疗。在注射过程中他问医生："有些重病人还有用吗？"当他知道还有时，才放下心来。化脓被制止以后，他笑着对医生说："以后努力工作，报答这些盘尼西林吧！"

党的七大在延安召开，病床上的关向应坚持要坐担架参加会议。无奈，病情在开幕式前夕骤然沉重。4月24日，大会开幕的第二天，他向大会提交了向全党的告别信。信中说："我在此临死弥留之际，谨向全党的领袖，谨向全党的七次代表大会，谨向全党同志紧握告别之手，切望全党同志无论在任何时候，都在毛泽东同志领导下奋斗前进！全党全军应该像一个人一样，紧密地团结在毛泽东同志所领导的中央周围，相信我们的党和中国革命是一定要得到最后胜利的。"表达了关向应对党的忠诚。

1946年1月，关向应病情一度转重，连续几天呕吐，不能进食。他知道病已危险，对医生说："告诉我，还能支持多久？我并不怕死，是你们要给我一个时间，把事情交代清楚。”第二天，刘少奇和彭德怀受党中央委托前来看望，关向应讲了许多话。医生很担心他的病况，可他坚持把话讲完。走出关向应的病房，彭德怀对医生说：“你们做医生的怕他太累了，可是他呢，总愿意在临终前尽量多贡献一些意见，使革命早一点成功，他才安心。”刘少奇说：“一个共产党员，始终挂在心上的是党的事业。所以他只要有一口气，总想为党多尽一些力量。”关向应又一次挺过来了，像一场激战终于取得胜利一样，异常兴奋地与医护人员说：“很好，没想弄得我措手不及，我还要做事呢。”

1946 年 5 月底，关向应病情再度恶化，滴水难咽，说话极难，虚汗淋漓。胸肋开刀未愈，痛得难以入眠。看着这种情况，看护人员都不忍心看下去，暗暗流泪。但关向应咬紧牙关忍受，没有发出一声呻吟，没有叫过一声苦。事后，他对人说：“我如果不是共产党员的话，早就会用自杀来结束这种痛苦，但是，我还要作最后的挣扎，熬过了这痛苦，我还要为党工作十年二十年呢。”

可是，他的身体违背了他的意志，病情一天天恶化，他的左肺全萎缩，右肺坏死了大半，当他感到不可能完全恢复健康时，仍然没有颓丧。他还是想：“即或是身体坏了，不能东奔西走做军事工作，我还能做些别的工作。”当萧三来看他时，他对萧三说：“我将来做你那一行吧！说实在的，我也很愿意写些东西。”后来他的左手也肿起来了。但他仍然没有失望，他说：“把左手割掉，有一只手照样可以做事的。”

“能够为人民劳动，便是最大的幸福”，这是关向应的崇高愿望。

遗憾的是，他的身体使他不能实现自己的愿望。在顽强地同病魔搏斗了五年后，他的病情日渐恶化，虽然经过医生的悉心治疗，终因长期生病，丧失了抵抗力，不幸于 1946 年 7 月 21 日晚上逝世，终年 44 岁。直到停止呼吸前五分钟他还说：“不要紧，我还要活下去，继续为党工作！”

7 月 23 日，关向应在延安东关外飞机场墓地隆重安葬。早上 6 时，朱德总司令同任弼时、彭德怀、林伯渠、徐向前、蔡畅等人和机关、学校四百多人护送灵车前往墓地，沿途各机关干部及群众伫立在路旁，悲痛地向敬爱的关向应同志告别。上午 8 时，在墓地举行隆重的安葬仪式，送葬代表和延安各界群众 5000 余人肃立墓旁。朱德在花圈挽联丛中致悼词，他说：“关向应同志一生为革命做了很多工作，在战场上，在监狱里，都表现了英勇坚决的布尔什维克品质。由于长期的与敌人搏斗，以至积劳成疾。今天他死了，全党全军要继承他的遗志，为完成中华民族独立和民主事业而奋斗到底。”致悼词后，鸣礼炮十一响，在哀乐声中，关向应灵柩隆重安葬。

毛泽东、朱德、任弼时、贺龙、聂荣臻等都写下了感人肺腑的挽联、挽词，寄托自己的哀思，高度评价关向应的一生。

毛泽东的挽词是：

忠心耿耿 为党为国向应同志不死

朱德的挽词是：

模范的共产党员
终身为革命奋斗 百折不挠死而后已
以志关向应同志千古

任弼时和关向应从湘鄂川黔到陕北，并肩战斗，共同经历过艰苦岁月，战斗情谊尤为深厚，他的挽词更为哀婉动人。他的挽词是：

你对人民事业的忠诚，你的优良作风与伟大功绩，给全党全国人民留下了永恒的追念。在你长久的艰苦奋斗中，你损害了健康，以致久病不治，壮年逝世，这是党的不幸，人民的不幸，也是作为老战友的我个人的不幸！你未竟的事业，将由全党同志来继承，你在九泉之下安息吧！

8月1日，晋绥分局隆重举行追悼大会。灵堂设在兴县城内。四面八方的群众一万余人，冒着炎天酷暑，扶老携幼，络绎不绝，结队来到庄严肃穆的灵堂，默默地向关向应政委告别。追悼大会的会场设在西关外。这一天，烈日当空，边区一级的所有机关干部，驻守兴县的部队将士们都来到会场，岚县、神府等地也派来代表。兴县完小300多名小学生，最小的才六岁，也和大人一样，满含悲痛，悼念关向应政委。贺龙在大会上致悼词，他声泪俱下，泣不成声。整个会场沉浸在极大的悲痛之中。

是夜，他以极其悲痛的心情，写下了《哭向应》的祭文。他写道：

一生中最真挚的战侣，你先我而逝了，辞去了你亲手抚养的部队，辞去了千百万人民，还辞去了你的难友——云卿。

整整15年，你我同生死，共患难。洪湖、湘鄂西、鄂豫川陕边，酷暑炎天；湘鄂边、湘鄂川黔、云贵川、甘陕、雪山草地、西安平原；

踏晋绥，出河北，几万里长途征战，出生入死。无论在战场上，工作中，也不管在茅庐草舍，大厦高堂，我记不得何时不在一起，何战有所分离。而今，你我是永别了，翘首苍天，你是音容宛在，而我则寝不成眠。

你的革命的一生——出身于纯正的无产阶级，参加团参加党，直到成为团、党最完备的一个领导人，你在牢狱中、战场上，艰苦备尝，顽强对敌，从没有计较过个人，你掌握着毛主席的思想与作风，高度的原则，诚挚的精神，严己宽人。

你死了，悲痛了千万人的心，我要把悲痛变成力量，我要永远以我的心血，实现你临床恳切深谈的遗言，革命完全胜利之日，就是你含笑九泉之时！

写罢，贺龙掷笔于案，放声大哭。此时，解放战争的序幕刚刚拉开，党失去了如此好的干部，一二〇师失去了人人爱戴的好政委，贺龙失去了生死相交的好战友，这无法补偿的巨大损失，怎能不引起他巨大的悲痛？

关向应生前对贺龙也十分敬爱。1936年，美国记者尼姆·韦尔斯在《续西行漫记》中，记述了会见关向应的情形："他留着整齐的小胡子，一边抽纸烟，一边告诉我关于贺龙的一切——虽然不愿意费时间来讲关于他自己的事。"他和同志们谈起贺老总，总是满含深情，赞扬他崇高的品德。他有一次谈到贺老总的性情豪爽，超乎常人的乐观，说："老贺在最困难的时候他总说有办法，而且每当最艰苦危险的时候，他最快乐，最守纪律，最关心别人。"他赞叹贺龙的记忆力，曾生动地对别人讲起："人们说，老贺的脑袋里有一张详细的地图，这是真的。"

贺龙和关向应的亲密友谊，被人称赞为团结的楷模。人们给他们写信或是他们自己签字，常常写作"贺关"。李井泉曾比喻说："'贺关'是我们一面旗帜上的两个名字，正如我们党旗上的镰刀斧头一样。"

壮烈殉难的“十八烈士之首”

——中共第三届中央执行委员、临时中央政治局委员王荷波

主题人物： 王荷波
籍　　贯： 福建省福州市
出生时间： 1882 年 5 月
主要职务： 1922 年加入中国共产党。先后担任全国铁路总工会委员长、中华全国总工会执行委员。是中共第三届中央执行委员、第四届候补中央执行委员、第五届中央监察委员会主席，八七会议后任临时中央政治局委员
逝世时间： 1927 年 11 月
逝世地点： 北京安定门外箭楼
当时年龄： 45 岁

周恩来： 他是十八烈士之首，应该受到人民的纪念。
中共中央： 中国工人运动的先驱，中国共产党早期领导人之一。

中共三大上，王荷波当选为中央执行委员，党中央迁回上海后，被吸收进中央局。他是第一个工人出身的中央局委员

1923年6月12日至20日，中国共产党第三次代表大会在广州召开。出席大会的代表有陈独秀、李大钊、毛泽东、蔡和森等30人，代表着当时的党员420人。大会通过了《大会宣言》《中国共产党党纲草案》等七个议案，确定了革命统一战线的方针政策。从这时起，成立刚刚两年的中国共产党，人数虽还不多，却在逐步走向规范。

会议通过的《中国共产党执行委员会组织法》第一次对中共中央的组织机构、职权分工、工作制度等作了明确规定。它规定："中央局以中央执行委员会的名义行使职权，由执行委员会选出委员长、秘书及会计三人。""秘书负责本党内外文书及通讯及记录之责任，并管理本党文件，本党一切函件须由委员长及秘书签字。""执行委员会之一切决议，须由委员长及秘书召集之。"这时的中央局人员只有五人，是中共的决策层，委员长及秘书负责日常事务。而30岁的毛泽东当时被推举为中央局的秘书。

也就是在这次会议上，工人出身的王荷波当选为中央执行委员会委员。9月，党中央迁往上海后，王荷波被吸收进中央局。他是第一个工人出身的中央局委员。

王荷波（1882—1927）

王荷波长期从事工人运动，党的二大提出反帝反封的民主革命纲领，党的三大进一步认识到民主革命的重要性，提出了"吸收真有阶级觉悟的革命分子，逐步扩大工人们的组织，谨严我们的纪律，以立强大的群众共产党之基础"。王荷波正是适应中国共产党从工人中吸收先进分子以强大共产党基础的需要而进入中央局的。

大会结束后，王荷波受党中央委托，由广州来到上海。

当时，王荷波肩负党中央赋予的两个使命：一是物色、租借中共中央局办公用房，为党中央机关迁回上海做准备；二是以党中央特派员的身份，参与中共上海地方兼区执行委员会的领导工作，着手改选中共上海地方兼区执行委员会。

王荷波来到上海后，立即为党中央迁回上海租借办公用房奔波。他到现场察看地形，了解周围环境，特别对安全保密方面作了翔实的调查。最后，他建议党中央将中央局机关设在上海闸北香山路（今象山路）、公兴路交叉处的三曾里三户楼。

当时，闸北属于华界，南与英租界江水毗连，东与日租界虹口连接。三曾里位于闸北宝山路地区，这里交通发达，工厂林立，商业繁荣，工人众多，居民五方杂居，党的群众基础较好，党员较多，地理和社会环境对隐蔽、掩护党的领导机关及其开展革命工作十分有利。党中央经过研究决定，采纳了王荷波的建议，并决定由王荷波以私人名义办理租借房屋手续。7月，中共中央局机关迁回上海，进驻闸北，操持革命大业。中央局机关迁来上海后不久，中共上海地方兼区执行委员会机关也由法租界迁来闸北。

为指导改组好上海党的领导机构。9月2日，王荷波在广泛听取党员意见、做好思想工作的基础上，指导上海党召开党员大会，选举产生了新一届中共上海地方兼区执行委员会。王荷波、徐白民、沈雁冰、徐梅坤、顾作之当选为正式委员，瞿秋白、向警予、林蒸被选为候补委员。9月4日，当选的新委员举行会议，讨论分工问题，王荷波任委员长，沈雁冰负责秘书兼会计，徐白民、顾作之负责国民运动，王荷波（兼）、徐梅坤负责劳动运动。后又决定向警予、沈雁冰为国民运动委员会妇女工作的委员。由此，王荷波顺利完成了党中央交给的两个使命。

1923年8月起，王荷波经常在中央局机关中路三曾里三户楼、宝山路宝山里李立三和邓中夏的住处，与陈独秀、蔡和森、恽代英、李立三、邓中夏、萧楚女等一起研究工作，决定一些革命重大问题。不久，党中央发表了《第二次对于时局之主张》，王荷波主持召开中共上海地方兼区执委会议，结合党的三大会议精神，研究了落实措施。会上，王荷波就发展上海工人运动、中国共产党同国民党建立革命统一战线问题发表了意见。会议决定成立上海地方兼区执委劳动委员会，王荷波为主任，并具体分管铁路、船厂工人运动。并决定成立"国民党改组委员会"，为建立国共合作的革命统一战线做准备。

1923年11月24日，王荷波出席了中共三届一次中央执行委员会会议。会议通过了《国民运动进行计划决议案》《劳动运动进行方针决议案》《教育宣传问题决议案》等。会后，王荷波向中共上海地方兼区执委领导成员传达了中央会议情况和会议通过的三个议决案，并组织大家学习讨论、研究制定了落实措施。之后，王荷波又在闸北召开了上海党员大会，就如何开展国民运动、劳动运动和教育宣传工作进行了具体部署。王荷波要求上海全体党员在国民运动中坚决执行党中央决议。他指出："党在现阶段应以国民革命运动为中心任务。"12 月中旬，在中共上海地方兼区执委的帮助下，国民党上海临时执行委员会成立，先于全国各地，具体实施国民党地方组织的改组工作。1924 年 2 月 25 日，王荷波以共产党员的身份参加国民党上海执行部工作，任调查干事。在推进国共合作和国民革命运动中，王荷波进行了大量有效的工作，作出了重要贡献。

中共尚未成立，他就着手筹办工会，显示出非凡的胆识和能力

1882 年出生于福建省福州城内府里东廊顶的王荷波，原名灼华，化名满玉纲、彼得洛夫、汪一喜。他父亲王犹允，原籍山西太原，后在福建布政司当书办，职微俸薄，难以养家糊口。所以王荷波小时候只读过两年私塾，就到闽江石船馆参加捡石子劳动，挣点钱补贴家用。

1901 年，母亲病故不满百天，他便背井离乡，去江苏江阴投靠在海军鱼雷营当营长的姨父，经姨父介绍到海军当水手。一年后，由于姨父去职，王荷波又到东北工厂做工，先后在大连青泥洼学机械，到旅顺枪炮局当机匠。后来，又进入关内，由华北辗转华东。

1916 年夏，王荷波到津浦铁路的浦镇机厂当钳工，直到 35 岁才结婚成家。

津浦铁路的浦镇机厂实际上是一个英资独办的工厂，英籍厂长和总监工在厂内为所欲为，培植爪牙，压榨职工。中国人在自己的土地上没有自由劳动和生活的权利。王荷波看到这些，对工头和洋人无比痛恨。

十月革命后，王荷波开始接触新思想，阅读《新青年》《劳动界》等进步刊物，逐步认识到只有斗争才能获得解放，唯有共产主义才能带来光明的中国。

王荷波所处的浦口在长江北岸，是津浦路和沪宁路的中转站，也是南北交通的枢纽。当时长江上没有大桥，只能靠单船轮渡，通行能力弱，旅客都要在这里逗留。因此，浦口附近的浦镇曾经是人口稠密的城镇。五四运动爆发后，北京学生南下到上海串联，给津浦工人以很大的影响，激发了他们的革命热情，就是从这时起，王荷波积极投身工人运动中。6 月 7 日北京大逮捕的消息传到南京，南京人民出于义愤，罢市一天。次日王荷波立即组织浦镇厂的工人，冲破帝国主义和封建军阀的重重阻挠，在浦镇游行示威，支援南京人民的斗争。

浦镇机车厂的洋人和工头狼狈为奸，挖空心思压榨工人。他们惩办、开除

工人的条款多如牛毛，极端苛刻，也十分荒唐，引起工人极大不满。1920年5月，英籍总监工布拉克竟下令拆除厕所，不许工人上班时间大小便，更激起工人的强烈反抗。王荷波团结工人和厂方进行说理斗争，带领全厂工人举行罢工，针锋相对地向厂方提出取消所有罚款条例、重建厕所、加薪一成和向工人赔礼道歉四个条件。在罢工的压力下，厂方被迫答应了工人的要求，使这次的罢工斗争取得了胜利。

当时，中国共产党尚未成立，厂里并没有真正的工人组织。但就是在实际斗争中，王荷波已认识到：工友们只有组织起来才有力量，才能反抗资本家和工头的压迫。从1920年底起，他开始忙于筹办工会，并在斗争中教育和组织群众。

刚好一个好的机会悄然而至。这一年，年关将近，厂里工头张裕把工人们的年终双薪悄悄扣下了，他妄图把工人们的这笔血汗钱全部私吞。王荷波抓住这个机会，在工人们中间进行了串联，鼓动把工人团结起来与工头作斗争，迫使工头不得不把钱退还给工人。在事实的教育下，工人们强烈要求组织起来。1921年3月14日，浦镇机车厂的工会在工人的欢呼声中诞生了，王荷波当选为工会会长。在工会成立的那一天，正赶上他妻子分娩，王荷波无法抽身，只好委托工友家属代为照顾。当他开完会回来，妻子已经平安生下了一个女儿。他就把女儿取名“职工”，这就是王荷波的大女儿王晓珍。

厂工会成立后，就把关心工人的生活、处处维护工人的利益作为中心工作。工会成了维护工人权益的坚强后盾。由于军阀混战、货币贬值、物价飞涨，工人的生活更加艰难。王荷波就和工会代表一起，向路局提出要求增加工资，发放冬季棉衣等条件，却遭到路局无理拒绝。这时，他毅然只身前往北京，找北洋政府的交通部讲理。在北京，面对交通总长及其他官僚们，王荷波据理力争，迫使北洋政府答应了工人的合理要求。斗争胜利了，工会在群众中的威信大增，资本家对工会也开始刮目相看。王荷波抓住这个大好时

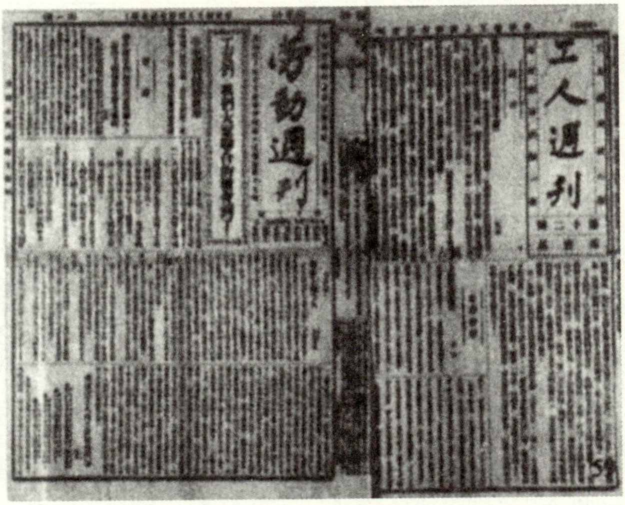
劳動週刊

工人週刊

中国劳动组合书记部出版的指导工人运动的机关刊物《劳动周刊》及北京分部的机关刊物《工人周刊》

机，发动工会督促资本家为工人修建浴室，为工人开办夜校、子弟学校和合作社等福利事业，使工会成了团结工人反抗压迫的坚强堡垒。

1921年底，罗章龙代表中国劳动组合书记部北方分部到浦镇开展工作时被抓捕。

罗章龙是湖南浏阳人，他出生于1896年，比毛泽东小三岁。当年，第一个响应毛泽东“二十八画生”《征友启事》的就是他。那时他是长沙第一联合中学的学生。后来参加新民学会。他是五四运动行动小组成员之一，是党早期组织北京大学的负责人。1921年，他担任中共北方区执行委员会书记兼中国劳动组合书记部北京分部主任，是党在北方工人运动中很有影响的人物，深得工人群众的信任。

罗章龙的被捕，在工人中自然是件大事。王荷波闻讯后，挺身而出，率众工友将罗章龙营救出来。从此，他和中共北京党组织取得了联系。1922年春，浦镇机车厂工会加入了中国劳动组合书记部北方分部。在斗争中，王荷波和罗章龙逐渐相识、相知，对于出身贫苦、追求进步、熟悉工人、擅长组织工人起来斗争的王荷波，正是刚刚成立的中国共产党需要物色的人物。同年6月，经罗章龙介绍，王荷波在北京加入中国共产党，成为津浦铁路上第一个工人党员。从此，他正式投身革命洪流，成为一个职业革命家。

王荷波是津浦铁路上的风云人物，只要在工人中一提起“王胡”，没有人不知道

在20年代初中期的津浦路上，只要在工人中一提起“王胡”，可谓是家喻户晓。这位满脸胡须、身材魁梧的汉子，就是敢为工人打抱不平的王荷波。

入党后的王荷波像上满了发条，浑身充满了干劲。此后不久，中国劳动组合书记部也及时派来中共党员王振翼（王仲一）到浦镇机厂，协助王荷波一起开展工人运动，并任浦镇机厂工会秘书。通过考察，他们先后发展了王恩荣、张振诚等多人入党，在浦镇建立了党组织，王荷波任组长。

在王荷波等的领导下，很快成立了浦口铁路工会，王荷波把自己的全部精力都投入到工会工作中。他白天干活，晚上自己组织工人活动，有时忙到深夜，回到家还坚持读书看报，提高自己的文化水平和理论水平。后来他曾到北京参加中国劳动组合书记部北方分部的工作。这为他学习马列主义提供了一个难得的机会，在此期间，他常去北大二院“元慕义斋”和工友们研讨工运问题，并阅读了《共产党宣言》等马列主义书籍。

王荷波待人诚恳、办事认真、任劳任怨，深受工人们的爱戴和尊敬。工人们把满脸胡须的王荷波亲昵地叫做“王胡”。当他40岁生日时，工人们送他一块大红匾，题上“品重柱石”四个鎏金大字，敲锣打鼓在浦口、浦镇南门环游一周，以表达自己对王荷波的崇敬和爱戴。

王荷波活动在津浦路上，先后组建了徐州、济南、天津等大站的铁路工会，他冒着被捕的危险南北奔波，使这些地区的工会工作得到很大的发展。有一次，他带着紧急任务，从南京北上济南，引起了敌人的注意。火车刚通过浦口，就从小报上看到了反动军阀通缉他的消息。他冷静地找工人商量应对办法。铁路工人像保护自己的亲人一样把化装后的王荷波藏进工作间的一个香烟柜里。当列车进入徐州站时，反动军警戒备森严，如临大敌，车上车下，整整地搜了四个小时，结果还是毫无所获。

1922年1月9日，在全国工人运动高潮中，王荷波带领浦镇机厂工人，联合浦口码头工人，举行了一次大规模的罢工。参加这次罢工的工人达2000多人，使津浦路南段火车停止通行。反动军阀惶惶不安，慑于工人的力量，被迫答应了工人的要求，“两浦”罢工斗争又取得了新的胜利。

1月31日，王荷波代表津浦铁路总工会筹备组赴郑州参加将于2月1日召开的京汉铁路总工会成立大会。会前，王荷波和各地代表一起顶着军阀吴佩孚的重重压力，为大会按时召开做了不懈的努力。但终因军阀政府破坏，成立大会被迫中止。随后，京汉铁路党团负责人决定举行全路总同盟罢工，号召全国工人声援。王荷波立即离开郑州，到津浦沿线的天津、沧州、德州、泰安等站，组织工人做总罢工的准备工作。

2月6日，王荷波赶回浦镇，连夜召开党的秘密会议，他沉痛诉说了吴佩孚破坏京汉铁路总工会成立大会的情况，传达了总同盟罢工的决定，大家表示坚决声援京汉铁路的兄弟们。在王荷波的统一部署与指挥下，水陆两路工人同时罢工。2月7日晚，王荷波发动工人首先瘫掉了252号车，堵住了机务段的总道岔，阻拦机车出库，造成罢工之势。8日上午，浦口站乱作一团，机务段长张殿气急败坏。不料，这时恰有一辆266号机车牵引着一列煤车从蚌埠方向开到浦口，张殿像捞到了一根救命稻草一样，急叫这台机车牵引着这台客车保证正点北上，并派十几名武装警察保卫。列车刚出浦口站，浦口工人就打电话通知浦镇机厂。事态紧急，王荷波也管不了那么多，他手执红旗，率领几百工人冲到浦镇车站南首，站在铁轨中间，挡住了列车去路。然而火车并没有停下来的迹象，而是快速逼近，在这生死关头，王荷波一声令下：“坚决不让火车过去！”老工人鲍三立即脱下大衣，扑向冰冷的铁轨。随后，上百名工人一拥而上，卧在轨中。

列车司机被工人这种气势震慑了，机车被迫停下，工人们很快包围了机车。与此同时，浦口港务所的工人也将南岸所有的船只开到北岸，并拆下船上重要零部件。顿时，浦口水陆交通全部瘫痪。南京军阀头子齐燮元十分恼怒，把驻扎在浦镇东门老营盘的一千多官兵调来弹压。王荷波从容不迫地向工人进行了动员，又作了周密部署。“两浦”2000多工人严阵以待。敌人见势不妙，派第四混成旅旅长吴洪赞带着车务处长前来找王荷波问话。工人纠察队长买雨田出来答话时，一伙荷枪实弹的军队趁机冲向工会，而早有准备的工人当即把他们围困起来。吴洪赞这些人平时耀武扬威，真正面对人多势众、抱成一团的工人还是有些畏惧，在英勇的工人面前，他们只得同意到工会办公室谈判。

王荷波在谈判中义正词严揭露了敌人的阴谋，提出撤换无故开除工人的南京港务处长吴梦兰的职务，恢复被开除工人的工作，增加工人工资一成，年终“花红”提前发放，保障工人言论、集会、游行自由等。敌人迫于形势，只得答应工人的要求。

正当浦口罢工继续进行时，军阀吴佩孚在帝国主义的支持下，血腥镇压了京汉铁路大罢工，制造了震惊中外的“二七”惨案。王荷波为了保存浦口工运实力，忍痛下了复工令。事后，反动当局尽管没有完全履行已答应的上述条件，但这次斗争却有力声援了京汉铁路工人的大罢工。王荷波也显露出对敌斗争和组织工人运动的非凡才干，成了津浦路上的传奇人物。

敌人十分害怕王荷波，密谋暗害他。党组织得知这个信息后，指示王荷波尽快转移。转移前，王荷波在浦镇后河上租了一只小船，召开党支部大会。会上，选举张振诚为浦镇党支部负责人兼工会会长。王荷波说：“我马上要离开这里了，今后的重担要靠同志们来挑。不过，根据这次斗争的经验，不论天大的困难，只要我们依靠工人兄弟们，都能得到解决。”

不久，王荷波通过老乡的关系，乔装海军士兵，乘军舰离开浦镇前往上海，转入地下活动。他的妻子也回到南京武定门东小心桥娘家。他们把唯一的男孩王夏林送回福州老家（长大后在江南造船厂做工，“八一三”抗日战争中上前线当救护队员被日机轰炸牺牲），又将女儿寄养在亲戚处（1939年在周恩来的关怀下，经其五弟王凯送到延安）。由于王荷波失去了工作，家庭生活愈加困难，工人们经常捐款资助他。他曾对妻子说，为了工人阶级革命的胜利，就得牺牲一切啊。

为筹备组织五路（京汉、粤汉、津浦、正太、道清）联合会，这是全国铁路总工会的前身，王荷波先到济南津浦机车厂，帮助他们在工人俱乐部的基础上，组织和发展工会。随后，又秘密去青岛与胶济铁路四方机厂的工人联系。

过去封建习俗，木匠、铁匠、油漆匠都有祖师，每逢祖师过生日，工人们就请戏班唱戏敬祖师。那时，四方机厂的钳工郭恒祥利用这个机会联络厂里的工人，取名为“圣诞会”。

王荷波到青岛正赶上这“圣诞会”。他对工人积极分子说：“‘圣诞会’扎神棚、供神像，这是迷信思想；但不管通过什么形式，能把工人组织起来也好。”

他在青岛的两三天中，找到了好几个“圣诞会”的头头谈心。他说：“现在你们组织了‘圣诞会’，这里有铁匠、木匠、油漆匠，行不同心相同，好比三兄四弟，应当抱成一团，拧成一股绳，这就叫团结。”他还说：“你们制会章、戴银牌、唱戏，可是千万别忘了为工人兄弟办事。现在别的城市工人成立了‘工人俱乐部’；你们搞起了‘圣诞会’，不论名目如何，都应当为工人谋利益，同统治者抗争。”在他的教育下，进步分子郭恒祥、傅书堂、丁子明等团结群众，把原来带有封建色彩的“圣诞会”改造过来，成立了工人俱乐部、图书室，为四方机厂建立工会打下了牢固的根基。

王荷波在山东活动后，刚回到南京，就被反动军警盯住，军阀齐燮元立即派人将他逮捕，并勒令押回原籍办罪。他途经上海时，机智脱险，很快地又和中国劳动组合总部上海分部取得联系，参加了上海工人运动的领导工作。

经过几年的革命锻炼，王荷波逐渐成熟起来，成为一个富有斗争经验的工人运动的领导者。

担任中华全国铁路总工会委员长，在组织工人运动方面成效卓著

组织工人运动是中国共产党人的拿手好戏，而铁路工人因为人数多、团结紧、基础好，成为工人运动的亮点。王荷波长期活跃在铁路工人当中，有着广泛的影响。党组织用其所长，在党的四大上，决定由他与罗章龙共同负责全国铁路总工会的工作。

在中华民族的母亲河黄河中下游的分界处，有一座古老而年轻的城市，这就是素有“绿城”美誉的河南省省会——郑州。郑州地处中华腹地，九州之中，十省通衢。悠久的历史、优越的区位和丰富的资源，使郑州成为中国重要的交通枢纽、著名商埠、中国八大古都之一。

郑州也是工人集中、工人运动组织得比较好的地方。1925 年 2 月，全国铁路总工会第二次代表大会就在这里召开。王荷波主持会议，并当选为全国铁路总工会委员长，他积极主张恢复各路原有工会，整顿工会组织，教育训练工会干部，保护工人切身利益。在 5 月召开的第二次全国劳动大会上，他又当选为

中华全国总工会执行委员。会后，王荷波继续在南京、上海一带领导工人运动。

1925年5月30日，上海各校学生近3000人于当天上午在南京路散发传单，发表演说，抗议帝国主义屠杀中国工人、逮捕中国学生、炮制“四提案”。英国巡捕大肆逮捕学生，仅在南京路老闸捕房一处就关押学生100多人，激起了学生的极大愤怒。当时下午3时，上海各界近万名群众聚集在老闸捕房门口，强烈要求立即释放所有被捕学生。3点45分，英国捕头爱活生下令开枪，印度巡捕立即向手无寸铁的人群发排枪。顿时血肉横飞，打死13人，重伤数十人，逮捕53人，造成震惊中外的五卅惨案。

在五卅运动中，南京学生在路上向群众宣传

惨案激起了上海各阶层人民的愤慨，上海数百万居民的反帝情绪更加激昂。王荷波站在斗争的前列，他参与筹备成立了上海总工会，发动了25万工人罢工，给帝国主义以沉重的打击。那时在英、日两国资本家工厂做工的工人几乎都加入了罢工行列，商店罢市、学生罢课的浪潮也接踵而至。整个上海到处都在游行、演讲，规模空前，马路上也贴满了反帝的标语、漫画。这期间，王荷波还到南京领导反帝爱国运动。他到宝塔桥英国人办的和记洋行，在工人中开展组织工会、发动斗争的工作。那里食品厂的英国厂长蓄意挑拨江苏、湖北、广东工人之间的关系，企图分裂工人队伍。王荷波深入工人家里，阐明工人阶级团结一家的道理，揭露英国人的罪恶勾当，解决了工人内部的意见分歧，促进了工人阶级的团结。在他的领导下，英国和记公司工人坚持长达40天的罢工，成为南京工人运动的中心。

王荷波的公开身份是全国铁路总工会负责人，做好铁路工人的工作是他的重点任务。1925年6月，他带着妻子、女儿来到郑州，与王若飞、张昆弟、李震瀛一起，领导河南省的工人运动。那一年，郑州有一家中日合办的五万纱锭的豫丰纱厂，由于经理穆藕初对女工进行搜身，又在月薪上制造新老工人的矛盾，激起了工人的反抗。工会召集5000余工人参加的大会，提出了

12 项条件，厂方置之不理。王荷波组织工人开展罢工，再增加两个条件，即罢工期间工资照发，不得开除热心办工会的工友，要求 14 个条件全部答应，才能复工。

罢工从 8 月 7 日开始，工人上街游行，散发传单。三天后，王荷波发动京汉、陇海两铁路全路工人参加罢工，郑州各商店也罢市声援。罢工持续了十几天。厂方去安阳、淇县雇来流氓 200 余人，又以重金收买厂丁 100 多人，企图以武力强迫工人复工。他们四处寻机闹事，捣毁纱厂工会，殴打赤手空拳的工人，韩玉山、王长保二名工人被活活打死。面对如此情况，王荷波同王若飞等一起领导京汉铁路工人通电全国及赤色职工国际，要求声援；并决定对豫丰纱厂实行煤、棉、纱、布“四不运”。由于工人态度坚决，毫不妥协，穆藕初看无法打开缺口，只得答应工人提出的十四项条件，并给被害工人每人抚恤金 3000 元，罢工斗争取得了胜利。

这时候，河南已成立了京汉、陇海、道清三个铁路工会，焦作煤矿、安阳六河沟煤矿、新安民生煤矿三个煤矿工会，郑州豫丰纱厂、安阳广益纱厂、卫辉华新纱厂三个纱厂工会，它们都有一定的群众基础。此外，还有开封兵工厂、铜元厂和全省各地一批小工厂，也都成立了工会。工会组织有了，群众基础也有了，很有必要成立省工会来统筹。王荷波顺势而为，积极筹备，1925 年 9 月 18 日，就在郑州召开了河南省总工会和京汉铁路工会代表大会成立大会。王荷波以全国铁路总工会来宾的身份发表讲话。他要求做工会的同志经常深入下去，和工人同吃同住，打成一片。他自己这段时间也多次到焦作、安阳、卫辉、信阳、洛阳等地了解工运情况，提出相应的建议。

王荷波具有超强的组织能力，在工人中有很高的声望，在他的运筹下，铁路工人逐渐团聚在一起，形成了一股很大的力量。1926 年 2 月，在王荷波的主持下，全国铁路总工会第三次代表大会在天津召开，全国 18 条铁路、14 万铁路工人代表聚集到了一起。信息的交流、任务的明确、凝聚力的增强，使铁路工人进一步有了坚持起来斗争的勇气，成为中国共产党早期工人运动中的一支重要力量。随后，王荷波又检查了南满铁路沿线各站的工作，了解了南满铁路工会的组织发展情况，并同意成立现满铁路总工会。在 5 月召开的第三次全国劳动大会上，王荷波参与制定了中国工人运动的总策略，会上连选为中华全国总工会的执行委员。

1926 年秋以后，王荷波受党的委派，多次到福州，指导福州党的工作，策应北伐军入闽。他十分重视发展福州地区的工运和农运，曾指导地委同志派人把东、西、南、北门外四乡的农民组织起来，开展农民运动，组织农民武装，又协同地委同志，深入基层，发展工会组织，建立电报工会、店员工会和人力车夫工会等，同国民党右派把持的黄色工会进行针锋相对的斗争。

王荷波这时还承担着一项特殊使命，做马尾海军的“策反”工作。他经常往来于福州、马尾之间，出入“海军联欢社”，通过海军政治部主任林培植做海军总司令杨树庄、第一舰队司令兼马江要塞司令陈季良的工作，以取得海军实力派的配合。他还利用其四弟、五弟在海军中工作的有利条件，联系下层水军和造船厂工人，做他们的工作，吸收其进步分子入党，建立党的地下组织。

1926年10月，何应钦率东路军入闽，盘踞在福建的军阀周荫人节节败退。11月下旬，周部张毅看到福州守军单薄，企图乘虚而入，凭借着万余兵力，从漳州向北推进到乌龙江边。在这关键时刻，王荷波代表我党出席了国、共、海军三方在马尾召开的一次重要会议。会上，王荷波宣传了国民革命军北伐的大好形势，开展政治攻心，对马尾海军当局进行了保卫桑梓、为民造福的思想工作，与会三方终于形成了一致的意见。于是杨树庄、陈季良调动海军主力，配合北伐军，将张毅部队堵截在闽江南岸瓜山一带，并乘胜将其消灭。然后造成掎角之势，迫使省防司令李生春就范，迎接国民革命军进入福州城。北伐军进城后，王荷波还协助福州地委组织领导了柴井医院罢工、控诉“万人坑”事件和教会学校进一步开展收回教育权运动的三次反帝斗争，提高了群众的革命觉悟。

1927年3月后，白色恐怖的气氛笼罩福州，王荷波不惧风险，仍战斗在第一线。3月9日，福州40多个团体万余人在南较场集会，公推王荷波为大会主席和请愿代表。大会提出惩办反动分子等七个条件，会后举行空前规模的游行示威。接着反动派进行疯狂反扑。3月18日，王荷波刮去长胡，化装瞒过敌人，离开福州，前往上海。

北伐时期，王荷波仍是上海总工会的负责人之一。他经常与周恩来、罗亦农、赵世炎等一起在辣斐德路辣斐坊中央军委所在地开会，和周恩来建立了深厚的革命情谊，周恩来常亲切称他为“大哥”。他参与组织领导了著名的上海工人三次武装起义，负责南市区的工作，特别是利用福建同乡的关系，通过“新海军社”这一士兵群众组织在海军中进行了卓有成效的工作，争取了海军对起义的支持，并为上海工人提供了大批武器。在上海工人举行的第二次武装起义中，他说服海军总司令杨树庄脱离北洋军阀，指挥参加起义的“建威”“列字”等军舰炮轰孙传芳的龙华司令部和南昌庙兵工厂。3月31日，上海工人举行第三次武装起义，这时，王荷波正好从福州来到上海，就同周恩来、罗亦农战斗在第一线，冒着枪林弹雨指挥工人武装队伍作战，赢得了重大胜利。为防备帝国主义军舰的武装干涉和北洋军阀渤海舰队的南下袭击，王荷波随即奉命前往吴淞，帮助已站到革命方面来的驻沪海军加强吴淞口的防务，以保障上海的安全。

就在人民欢庆胜利的时候，蒋介石却于1927年4月12日，在上海发动反革命政变，对共产党人和革命群众下起了毒手。12日凌晨，只听枪声大作，王荷波急忙从“新海军社”赶到了上海总工会，中途被国民党士兵扣住；幸好遇上他表弟、海军副营长黄桐藩，巧妙地把他释放。王荷波脱险后，立即来到设在半淞园的“三山会馆”的南市区工人纠察队总部，领导工人开展斗争。第二天，上海总工会在闸北召开工人群众大会，提出发还枪械、肃清流氓和反革命分子的要求，号召总同盟罢工和工人示威游行。几万工人奋勇夺回上海总工会会址，并向司令部请愿。游行队伍走到宝山路，蒋介石命令军队向手无寸铁的工人和革命群众扫射，顿时血流成河。

几天之内，上海已陷入一片白色恐怖之中。党中央的许多领导人，都相继离开上海。4月22日，王荷波扮成渔行商人，与罗亦农、李立三等同船去汉口。

八七会议上，当选为临时中央政治局委员，出任中共中央北方局书记

蒋介石、汪精卫相继叛变后，中国革命下一步到底怎么走？在反动派的疯狂屠杀和镇压面前，中国共产党人怎么办？1927年8月7日，党中央在汉口召开了紧急会议。会议总结了第一次大革命失败的经验教训，坚决纠正和结束了陈独秀的右倾投降主义在中共中央的统治，正式确立了实行土地革命和武装起义的总方针。

会议选出了新的临时中央政治局，由于王荷波在长期的斗争中，表现了革命的坚定性，善于组织协调，能够打开工作局面，在工人群众中拥有很高的声望，深受党内同志信任，当选为临时中央政治局委员。

就在这次会议上，中央为了加强对北方革命力量的领导，决定成立北方局，下辖顺直、山西、满洲、内蒙和山东等省区党部，王荷波出任中共中央北方局首任书记，蔡和森为秘书长。9月22日，在王、蔡的领导下，中共顺直省委召开了改组会议，传达八七会议精神，研究确定在北方开展农民武装暴动和土地革命，以配合南昌起义和秋收暴动。当时，玉田的农民运动基础较好，北方局及顺直省委前后作出以玉田为中心，组织京东地区农民武装暴动的决定。

9月23日，王荷波从天津来玉田。9月24日，玉田中心县委在虹桥召开扩

大会议。参加会议的有玉田的县委委员，玉田各区的党的负责同志，丰润、遵化的县委委员未参加此次会议。会上王荷波传达了八七会议精神，以及顺直省委“关于京东地区开展武装斗争的决定”，并针对玉田的情况，提出了“扩大革命力量，准备武装暴动”的斗争任务。同时又与县委负责同志一起分析了“京东四县”的形势。

随着玉田、丰润、遵化、蓟县农民运动的蓬勃发展，特别是玉田农民取得反抗“旗地变民”斗争胜利后，奉系军阀的控制日益削弱，革命力量发展日趋壮大，玉田境内农会的发展尤为迅速，全县建立农会的村庄已超过500个，农会会员达六万多人（户），全县的党员已发展到200多人，建立了20多个支部，有组织的群众占一半，还掌握了一定的武装力量。京东四县已有党员400多人，建立了60多个支部。王荷波认为，玉田已经具备暴动的条件。县委根据王荷波的意见作出决定，着手准备在玉田发动武装暴动，并拟定出准备工作计划：

一、在党员和农会干部中进行武装暴动的宣传鼓动；

二、加快党的组织发展，吸收农民运动中的积极分子，特别是贫苦出身的农会骨干入党；

三、积极巩固、扩大农会组织；

四、组织并整顿农民武装自卫队，以清会账、查黑地等方式，夺取土豪劣绅手中的武器；

五、“双十节”在县城召开农会会员大会，组织游行示威，以检阅武装力量，做好暴动准备；

六、做好争取遵化北山土匪的工作，必要时把他们收编为革命军。

会后，县委成员作了分工。杨春林去遵化，张明远、张洪、肖俊初等深入玉田农村，分头做组织发动工作。王荷波在县委负责同志的陪同下，到郭家屯、果各庄、珠树坞等村庄视察。宣传南方革命的好形势，号召农民拿起武器，为建立工农政权做好准备。

10月上旬，“晋奉战争”爆发，北方局在10月6日通过北方暴动计划，决定在顺直省区域“大暴动”。当听到张作霖失败的传闻后，便下令天津、唐山起来暴动，并准备在天津站守不住时，退往热河，与外蒙联络。当时北方局书记王荷波正在玉田，又恰逢玉田县更换县知事，对农民运动“睁一只眼、闭一只眼”的县知事王文凯被调走，奉系嫡系高克勋上任。在王荷波的提议下，中共玉田中心县委抓住这一有利时机，以欢送旧县知事与欢迎新县知事为名，在玉田东关搭起台子，于“双十节”召开了全县农会会员大会。到会群众超过了一万人，邻近玉田的遵化、丰润、商县的农会会员也参加了大会。中心县委负责人张明远、张洪在会上讲了话，号召农民团结起来，壮大武装自卫队，随时准备给破坏农会的反革命分子以沉重打击。当群众手持棍棒、刀枪列队，准备进城游行时，县公署下令关闭城门，官吏和豪绅躲进县城。群众的游行队伍便在农会干部的率领下环城示威游行，高呼“打倒贪官污吏”“打倒土豪劣绅”“取消苛捐杂税”“取消警察、民团”等口号。王荷波看到如此声势浩大的农民队伍，对县委负责同志说：“在北洋军阀政府统治下你们取得这样的成绩，很不容易。这里真有点海陆丰和湖南的景象。”

王荷波在玉田住了一个多星期，帮助中心县委研究制定了京东四县武装暴动计划，并要求加强对党员和农民的思想教育，进一步发展革命武装，壮大革命力量。

玉田农民武装暴动历时近两个月，涉及玉田、遵化两县，农民革命军有玉田、遵化、丰润、商县、迁安五县的农民参加。它是在中国共产党领导下的北方农民第一次武装暴动，与南方各地的武装起义遥相呼应，显示了在党的领导下组织起来的农民的伟大力量，对后来北方的农民运动与武装斗争产生了较大的影响，为玉田乃至京东人民的革命斗争播下了火种。当然，由于当时党中央在指导思想上要求各地党员武装暴动，攻打城市，存在“左”倾急躁情绪，玉田暴动失败在所难免，这不是王荷波个人的责任。

北平刚解放，周恩来就想起了“大哥”王荷波：他是十八烈士之首，应该受到人民的纪念。指示北京市副市长吴晗组织力量寻找王荷波的遗体

玉田暴动后，王荷波回到北京，继续主持北方局的工作。这时，适逢奉系军阀与晋系军阀阎锡山展开火并，利用这有利时机，王荷波着手拟定了工人武装起义的计划，秘密建立北京总工会，发展会员。不幸，工人在散发传单时被巡警查获。敌人追踪到工会机关肆意逮捕。由于叛徒的出卖，党的地下组织遭到严重破坏，王荷波于10月18日去北京法政大学参加活动分子会议时不幸被捕。北方局和北京市委18名领导同志相继陷入敌手。

王荷波有着丰富的斗争经验，多次遇到险恶环境，但他都能从容应对。在敌人第一次提审时，王荷波没有暴露真实身份，没讲真实姓名，也不承认自己是共产党员，只说自己名叫汪一喜，江西人，在上海开西服店，这次来京进货。由于叛徒李渤海的出卖，敌人知道了王荷波的真实姓名和职务。在狱中，他受尽酷刑，坚贞不屈，至死没有暴露党组织。

王荷波在就义前，委托一个有可能出狱的难友转告党组织，请党组织对他的子女加强教育，要子女们坚持走革命的道路。他的两个女儿后来实现了他的遗愿，于 1935 年到延安参加革命，1940 年加入了中国共产党。他的四个弟弟也先后入了党，参加到中国人民的解放事业之中。

1927 年 11 月 11 日深夜，北京，军阀政府陆军军法裁判处的几辆刑车，从南向北而去。刑车刚到安定门外箭楼西边就猛然刹住。王荷波等 18 人从车上下来，在反动军警刺刀下蹒跚行进。这时的王荷波已被敌人折磨得瘦骨嶙峋，但他依然目光炯炯，面对敌人的枪口，视死如归，屹立不跪，放声高呼：“打倒军阀反动统治！”“中国共产党万岁！”吓得刽子手手足无措，慌忙行刑。王荷波壮烈牺牲了，当时年仅 45 岁。

王荷波是工人阶级的优秀分子，是我党最早的工人出身的党中央领导人之一。在长期的革命斗争中，王荷波和周恩来结下了深厚的革命友谊。在 1927 年 3 月上海工人第三次武装起义中，周恩来任军事总指挥，王荷波作为上海市总工会负责人之一，积极参与组织和领导了这次起义。

由于王荷波比周恩来大十几岁，又长着大胡子，周恩来就尊敬地称他为“大哥”。王荷波牺牲后，周恩来无限悲痛。但当时在白色恐怖之下，不可能很好地收殓和安葬其遗体，这成为周恩来的一件憾事。北平解放不久，周恩来指示修建八宝山革命公墓的同时，指示北京市副市长吴晗组织力量寻找王荷波的遗体。

王荷波（中）在苏联与朋友合影

吴晗对此事抓得很紧，从中南海回到市政府后，他立即着手落实布置寻找烈士遗骨的事情，把这件事转交市政府薛子正秘书长负责。北京市公安局和民政局成立了一个由曹恩棠等人组成的专门小组，负责查找烈士遗骨掩埋的地点。

由于王荷波等烈士殉难已有 20 多年了，已找不到当事人，小组成员只好一边在收编的伪警当中了解情况，一边查阅京师警察厅的档案。收缴的伪警察厅档案五花八门，堆了满满两大屋子。已经发黄脆裂的档案上积蓄了很多灰尘和蛛网，稍一翻动就腾起一股呛人的尘土，要在浩如烟海的档案堆里，一张一张地查找到烈士遇难的时间地点，可真是难上加难。小组的几个人关在屋里分头查找，眼睛都熬红了。

这一天，屋里的人们正聚精会神地查找档案，突然，一个人高喊道："找到啦，找到啦！"大家围过来一看，档案中记载着王荷波等18位烈士在安定门外的箭楼东侧就义的情况。几个人高兴得一蹦老高，马上把情况报告给薛子正。

薛子正听了也很高兴，让大家先回去休息一天，第二天再组织力量挖掘烈士遗骨。几个人哪还顾得上休息，立即骑车赶到箭门外的乡农会，请农会明天派民工帮助挖掘烈士遗骨。小组同时又找到当地几个老人，了解了烈士遗骨掩埋的准确地点。老人们当然不知道烈士的名字，但埋葬这些人的事依稀还记得，他们答应第二天上午协助查找。

事情落实后，几个人才拖着疲惫的身体回了家。第二天上午，小组成员来到安定门箭楼，农会干部带来的十几个民工早已拄着锹镐等在那里，一旁有几个老人蹲在墙根吸着烟袋锅子。

见乡农会这么支持，派来的都是精壮的小伙子，小组的人十分高兴。曹恩棠先领着老人们到箭楼东侧大体看了一下位置，就把民工叫过来，按照档案记载和老人们提供的位置让民工们动手挖起来。一个上午，民工们挖了20多平方米的土地，但没有找到任何线索。大家有些泄气，并对曹恩棠指认的地点产生了怀疑。吃过午饭，曹恩棠让民工向原地点四周扩展挖掘，民工们又挖了一个下午，还是没有收获。

晚上，小组成员重新核对了档案，研究了第三天的挖掘计划，直至深夜才休息。这天夜里刮起了西北风，地也上冻了，发掘条件变得更加恶劣。天亮时，曹恩棠等人来到箭楼，继续指挥民工向原址四周挖，隔几步一个人，并再三强调就是在这附近，绝对没有搞错。

中午吃饭时，人们很沮丧，稍事休息后，民工们接着挖。正挖着，突然一个民工被吓得叫出了声——他挖出了一个颅骨。于是大家都集中到这里来挖，几具尸骨相继出土。到天黑前，已挖出15具遗骨，还有三具遗骨没有着落。天黑后，由公安局保护好了现场，人们准备明天再来清理。

第四天上午，现场已清理完毕。薛子正秘书长来了，能找到的烈士亲属也都来了，开始辨认烈士遗骨。王荷波烈士的亲属首先认出了王荷波的遗骨，因为王荷波生前长得十分高大，骨架粗大，遗骨中有一具明显大于其他的，人们认定必是王荷波无疑。找到了王荷波的遗骨就等于找到了基准点，按伪警察在档案中记载的行刑时间排列顺序，其他烈士的遗骨很快得以辨认。

可是，失踪的三具遗骨还是个谜。档案中明明记载殉难者是 18 人，可怎么只有 15 具遗骨呢？后来，小组经询问三位烈士的亲属，才得知了事情的真相。原来，在烈士们殉难后几天的一个夜里，三位烈士的亲属偷偷把遗体挖出来，掩埋在其他地方了。后来，因地貌改变太大，埋葬地点又未做标记，亲属们也不知道烈士遗骨到底埋在何处了。

市民政局买了 18 个上好的黑坛子，用来装殓烈士们的遗骨。民工们拾起烈士的遗骨，一一放入坛内（只有找不到遗骨的三位烈士的坛子是空的），并用红布把坛口蒙上扎好，每块红布上都注明烈士的姓名。这样，周恩来交代的寻找王荷波等烈士遗骨的任务完成了。

遗骨用卡车运往革命公墓。周恩来曾说过，找到王荷波烈士的遗骨，他要亲自来革命公墓主持移葬典礼。吴晗副市长将找到烈士遗骨的情况和周恩来何时来参加移葬典礼的事一并向总理办公室作了报告、请示。当确定周恩来参加的时间后，吴晗马上叫秘书通知有关部门让公墓做好准备——这是公墓移葬的第一批烈士，周恩来也是第一次到公墓来，典礼一定要搞得隆重，准备工作一定要周全细致。

当时，八宝山公墓刚刚定点，一期工程尚未展开，还处于建设准备时期。接到市里的指示后，公墓筹备处马上分工着手做准备工作。他们派人到市里请了最好的扎棚匠在选好的基地上扎了一个大幕棚，搭了一座高台。幕棚上面扎着白花黑纱，四周摆满了花圈，安全保卫和环境卫生等工作也已落实。

12 月 11 日，革命公墓显得格外庄严肃穆，数百名前来参加移葬典礼的党政军各界代表早已来到公墓。典礼的高台上，整齐地摆放着 18 个黑坛子，坛口的红布分外耀眼。

几辆汽车驶进公墓，从第一辆车上走下身着灰色大衣的周恩来，随后是彭真、李立三、刘仁、肖明等人。一行人走上大幕棚后，典礼正式开始，由周恩来主祭。他神情庄重，率数百群众向烈士遗骨深深地三鞠躬。李立三在仪式上介绍了各位烈士的生平和就义经过。由于墓区建设还未展开，尚待整体规划，烈士们的遗骨只是被临时安葬在墓区，墓碑也暂未制作。

1950 年 10 月，任弼时逝世后，灵柩暂厝在革命公墓。考虑到届时中央领导要到公墓，可能顺便为王荷波等烈士扫墓，薛子正秘书长指示公墓要连夜建一临时坟台，以备领导同志扫墓时用。公墓筹建小组接到指示后，立即通过民政局与市公安局联系，派车到天安门交通中队把用于阻隔行人的带铁链的石墩借来十几个，把墓地围起来，又连夜到西四高陛石厂买来现成的锥形石碑，加班布置好。

任弼时灵柩暂厝后，中央领导果然到王荷波等烈士墓地瞻仰。此后，随着革命公墓建设的开展，公墓管理机关为王荷波等烈士修建了一座100余平方米的集体墓。其碑文如下：

王荷波等同志，曾在中国共产党北方局领导下进行革命斗争，不幸于一九二七年十月间被军阀张作霖逮捕，于同年十一月初惨遭杀害，壮烈牺牲于北京。

“中国人民应该为之骄傲的典型”

——中共第六届中央政治局委员罗登贤

主题人物： 罗登贤
籍　　贯： 广东省南海县
出生时间： 1905 年
主要职务： 1925 年加入中国共产党。先后担任中共江苏省委书记、广东省委书记、中共中央南方局书记、中华全国总工会党团书记、中共满洲省委书记、中华全国总工会上海执行局书记，是中共第六届中央政治局委员
牺牲时间： 1933 年 8 月
牺牲地点： 江苏南京雨花台
当时年龄： 28 岁

宋庆龄： 被捕者理直气壮的论点和英勇不屈的态度，充分表现他们是中国的反帝战士，中国人民应该为之骄傲的典型，罗登贤是他们中间的一个典型。
中共中央： 中国革命史上永远光辉灿烂的名字。

24岁的罗登贤被选为中共中央政治局候补委员，是我党高级领导人中工人出身最年轻的干部之一

罗登贤（1905—1933）

24岁的罗登贤进中共中央政治局，成为党的核心领导成员，在现在是不可想象，就是在革命战争年代，也算是比较年轻的了。罗登贤可谓是一个典型的农家子弟，读书不多，在党内资历不老，凭什么能平步青云，从一名工人而逐渐成长为省委书记，并进而成为中共高层领导人的呢？这得从他的家庭说起。

1905年出生的罗登贤是广东南海县紫洞乡隔巷村一个贫苦农家的子弟。少年丧父是人生之一大不幸，罗登贤就经历了这种痛苦。他才三岁时父亲就过世，只得和姐姐、弟弟靠母亲耕种的几亩薄田为生。孤儿寡母受人欺侮，小时的罗登贤遍尝了生活的艰难，比他大不了多少的姐姐罗才很小就去香港当了小贩。罗登贤在家乡念了两年私塾后，因母亲去世，他和弟弟罗广被姐姐接到了香港。姐姐虽读书不多，但却颇有见识，深知读书识理的重要性，生活尽管艰难，但不肯亏待了弟弟，为了弟弟的前程，还是咬牙送他读书，后因生活实在困难，无力继续供学，在读了两年后，只得于1915年停了学，进入太古造船厂当了一名学徒工。四年学徒期满后，又在该厂当钳工六年。长期的工人生活，使他饱尝了帝国主义的欺凌和资本家的压迫剥削之苦，增强了他爱护阶级兄弟和勇于斗争的精神。他虽然年龄不大，但却明晰事理，敢于出头，敢打抱不平。有一次，一个新徒工做坏了活，遭到工头的毒打，并有被开除的危险，他挺身而出，向工头说："你不要开除他，活做坏了是我的过失，我告诉错了，该打该罚由我承担！"结果，他虽然也挨了工头的打骂，但保护了新徒工的饭碗，工友们深感他的正直和情义。

就是在这种环境和斗争中，罗登贤逐渐成长起来，成长为工人的活跃分子，成为工人兄弟信任的伙伴。

1920年4月，香港5000多名机械工人为了要求增加工资，举行大罢工。罗登贤和太古船厂工人一起积极参加罢工斗争，反抗英帝国主义的残酷剥削。罢工斗争的胜利使罗登贤深深认识到：工人只有组织起来才有力量，于是，他和厂里的积极分子共同筹划成立了华人机器工会。

1922年初爆发了著名的省港海员大罢工，3月香港各行业工人又举行了总同盟大罢工，人数达数十万。罢工期间，黄色工会到各大船厂和运输业游说，说什么要等待"调停"，妄图阻止工人参加总同盟大罢工。罗登贤等人当即在太古船厂召开工人大会，揭露黄色工会阴谋，指出"调停"的实质是妥协，号召工人将罢工进行到底。在罗登贤等的积极组织和领导下，太古船厂工人在罢工斗争中取得了增加工资15%的胜利。罢工胜利后，他和李连等人领导太古船厂的工人改组了本厂的华人机器工会，并成了新工会的中坚。

工人运动的发展，工人团结起来的巨大力量，引起了资本家的恐惧。他们与香港当局勾结，借口罗登贤煽动工人闹工潮，把罗登贤逮捕，判刑六个月。这时的罗登贤才17岁，但他显现了与年龄不相称的成熟，表现出不惧挫折不怕牺牲的精神。敌人的牢房不仅动摇不了他的革命信念，相反，更坚定了他斗争的决心，使他的革命思想更加牢固，罗登贤出狱后，他又马不停蹄投身工人运动，与工会的积极分子郭登、沈润生、袁超德等人，联合香港金属业工人，成立了金属业工会，并被推举为领导人之一。

1924年冬，中共广东区委派共产党员杨殷、陈日祥到香港开展工作，经常在醒艺群俱乐部与机器工人一起活动。罗登贤在那里结识了陈日祥。

1895年出生的陈日祥，是广东省宝安县（今深圳市宝安区）南头人。是中共早期党员，他1923年在广州石井兵工厂工作，是广东兵工厂"十人团"成员之一。第一次国共合作后，陈日祥与杨匏安等到香港发动工人、学生罢工罢课，并参与组建中共香港支部。在此期间，陈日祥曾任省港大罢工广州招待部负责人、罢工工人纠察队第十支队训练员、中共海员工会支部书记等职。1927年参加广州起义，后组织工人赤卫队坚持斗争，作有《民族解放歌曲》。1929年在广州西门口被警察局杀害。

他虽然只活了短短的34岁，但却有着丰富的革命经历，也成为罗登贤革命生活中的引路人，就是他于1925年3月与中共派往香港发展组织的罗珠一起，介绍罗登贤加入了中国共产党。

加入中共组织，这是罗登贤人生历程的重大事件，从此他从一个工人中的活跃分子、工人运动的骨干，变成了职业革命家。

他更加努力学习积极工作。当时生活条件差，工作环境艰苦，他只得住在姐姐家的一间又低又黑的小阁楼里，既是住宿地，也是办公点，每天晚上都点着小油灯阅读书报和党的文件，常常到深夜。有时边吃饭边看书，由于精神过于集中，不管桌上有几盘菜，他只吃眼前那盘菜，而且常常吃完饭竟不知吃的是什么菜。由于他勤奋的工作，出色的组织协调能力，对敌斗争的英勇无畏，1928年初，刚刚23岁的罗登贤就被任命为中共江苏省委书记，1928年党的第六次代表大会在莫斯科召开，罗登贤虽然在国内没有出席会议，但由于他的杰出才干，也由于他的工人身份，被选为中央委员和中央政治局候补委员，当时他才24岁，是我党高级领导人中工人出身的最年轻的干部之一。

不管是基层工会的负责人，还是在省委书记或中共高层领导人的岗位，他始终战斗在工人运动的第一线

罗登贤出身贫苦，早期从学徒工做起，因工人运动而投身革命。工人兄弟是他最熟悉的伙伴，组织工人运动是他的拿手好戏。中共组织自然要发挥他的专长，入党后的罗登贤把主要精力放到了工人运动上面。

1925年五卅惨案后，全国掀起了轰轰烈烈的反帝浪潮，1925年6月19日，为支援上海工人的斗争，爆发了举世闻名的省港大罢工。

这次大罢工是在共产党人邓中夏、陈延年、苏兆征等领导下香港工人为支援上海人民反帝大罢工而举行的，开始只有部分工人参与，后来罢工人数增至25万，并有十余万工人离开香港回到广州。与此同时，广州英、美、日商洋行和沙面租界的工人也参加了大罢工。这次罢工坚持到1926年10月，历时16个月，是世界工运史上时间最长的一次罢工。

罗登贤这时是香港机器工人联合会（简称机工联合会）的负责人。他作为香港金属业工会支部书记和香港机工联合会罢工工人代表团团长，参加了省港罢工委员会的领导工作。

由于黄色工会的控制，香港各船厂工人在罢工开始时没有参加。罗登贤深入各船厂发动工人，揭露黄色工会的欺骗宣传，工人群众提高了认识，很快参加了罢工斗争。6月下旬，罗登贤带领罢工海员和金属业工人离开香港去广州。23日，罗登贤带领他们参加了在广州举行的反帝示威大游行。游行队伍到达沙基时，英帝国主义以武装镇压，制造了血腥的沙基惨案。罗登贤目睹爱国同胞被枪杀的惨状，愤怒地说："帝国主义这样野蛮对待我们，我们必须起来反抗。"为了打击英帝国主义，省港罢工委员会决定组织工人纠察队武装封锁香港。

罗登贤根据决定，发动香港机工联合会和金属业工会工人参加纠察队，武装封锁香港。

1926年2月22日，英国税务司贝尔借口罢工工人扣留的八艘货船，未经港方检查，要封闭粤海关。其目的是破坏省港工人大罢工。罗登贤得知这一消息后，立即召开金属业工会和机工联合会工人声讨大会。他在会上讲话说："帝国主义不仅杀害我国人民，还要断绝粮食、工业品入口，这简直是要我们广东人民的命，我们必须迅速起来反抗！"2月26日，省港罢工委员会在广东大学广场上召开了10万多人的群众大会，抗议英帝国主义封闭粤海关。罗登贤发动金属业和机器业工人参加了这次大会，并和工人一起游行示威，高呼"废除不平等条约""收回海关自主权""打倒英帝国主义"等口号。在群众和国民政府抗议下，英当局在当天宣布重开粤海关。

在省港大罢工中，为了打破地区性、派系性及封建把头和黄色工会的把持，统一对罢工的指挥，中华全国总工会指示要按行业建立统一工会组织。罗登贤积极贯彻这一指示，于4月6日与罗珠、彭松福商定，以香港机工联合会的名义发表了《为统一组织告金属业工友书》，指出：要打倒帝国主义、军阀、资本家及其走狗，"必须我们的力量集中，组织坚固。我们欲改良我们的生活，增加工资，减少工作时间，改良待遇，改良卫生条件，也要我们的力量集中和组织坚固。如果不是这样，我们说，打倒我们的敌人，改良我们的生活都是废话。"经过几天筹备，4月10日在广州召开了香港金属业总工会成立大会，到会代表376人，全国总工会副委员长刘少奇、省港罢工委员会委员长苏兆征、省罢工委员会顾问邓中夏、黄平以及李森、冯菊坡等人到会作了报告。大会选举罗珠为香港金属业总工会委员长，中共广东区委、中共省港罢工委员会党团任命罗登贤为金属业总工会党团书记。罗登贤在会上讲话说："香港金属业总工会是在同帝国主义的斗争中成长起来的，它的目前任务是保障工人职业，改良工人的生活。而它的中心任务是要打倒帝国主义，打倒帝国主义的走狗封建军阀……争取将来完全解放。"新成立的金属业总工会包括机工联合会、华人机器工会、电车工会，巴士、的士司机工会，船主、司机工会等工会组织。6月19日，省港罢工委员会召开纪念省港罢工一周年大会，香港金属业总工会发表了《罢工周年纪念宣言》。宣言指出：帝国主义者屡次唆使其走狗、反革命派散布种种谣言，捣乱广东政局，以及破坏我们罢工……工友们要继续斗争，把帝国主义、军阀及一切反革命派打个落花流水。

北伐战争开始后，罗登贤又派出演讲团到罢工工人宿舍，宣传援助国民革命军北伐的意义，还动员了几百名罢工工人参加北伐运输队。这一行动，得到省港罢工委员会机关报《工人之路》的表扬。

为了集中力量进行北伐战争，1926年10月省港罢工委员会宣布停止大罢工，开放对香港的封锁。罗登贤根据罢工委员会的指示，积极为金属业工人找工作，对一时找不到工作的人仍继续为他们解决食宿问题。

同年10月，中共香港支部改为香港市委，罗登贤被选为市委常委，负责领导工运工作。1927年3月，苏兆征、邓中夏、罗珠等人离开广州去武汉出席党的五大会议时，罗登贤除领导中共香港市委工作外，还协助省港罢工委员会何耀全、李森等人继续领导省港罢工委员会的工作。

1927年4月12日，蒋介石发动反革命政变，4月15日广州国民党反动当局又制造“清党”惨案，大批共产党员和爱国志士被屠杀。为了保存革命力量，坚持斗争，中共党组织被迫转入秘密状态。在这危急时刻，党为了进一步加强广州地区的领导，于4月22日正式成立了中共广州市委，吴毅任书记，罗登贤当选为市委委员。6月23日，为纪念“沙基惨案”两周年，罗登贤和周文雍发动了三万多名工人开大会。国民党反动当局调动军警包围会场，罗登贤、周文雍指挥工人冲出包围，走上大街示威游行。当晚，国民党军警又包围省港罢工工人宿舍，逮捕工人积极分子200多人。

在这血雨腥风的险恶的形势下，罗登贤没有丝毫畏惧，他仍不断来往于广州和香港之间，进行秘密工作，继续领导工人进行英勇斗争。

党的八七紧急会议后，中央临时政治局为了加强对广东等地武装斗争和政治军事工作的领导，决定成立广东省委，调任张太雷任省委书记。8月20日，张太雷在香港召开成立广东省委的筹备会议，在会上传达了八七紧急会议精神和中央对广东工作的指示。会议讨论了准备武装起义，夺取广东，建立工农民主政权和制订暴动计划、组织广州暴动委员会等事项，决定正式成立广东省委，并决定派罗登贤、李源、陈郁等回广州做暴动的准备工作。

在对共产党人“宁可错杀三千，不可放走一个”的叫嚣中，白色恐怖已十分严重，罗登贤来往于广州、香港之间，随时有被捕的危险，但他始终坚定沉着，机智果敢，为了保护同志们的安全，他不顾自己的危险忘我地工作。每当发生危险情况，他都首先机警地把联络暗号撤掉，以免其他同志再误入虎口，然后将同志们一个个掩护走，他自己总是留在最后处理党的文件。他从不轻易毁掉党的重要文件，而是尽可能地保存下来。一次，他在香港家里和几个同志谈工作，他们住的是三层楼，忽然发现二楼的房间被搜查，那几个同志的手里有文件，都慌忙地烧了。而罗登贤却沉着地有说有笑，一面去掉警号，一面使劲地摆弄事先准备好的“麻将牌”。过了一阵，才弄清楚，原来是警察抓吸鸦片的，根本与他们无关。罗登贤叹息地说："这是个很大损失，以后在情况未弄清以前，最好不要先毁掉党的重要文件，因为它是我们方向的指针。"

10月15日，张太雷在香港主持召开了南方局和广东省委联席会议，在会上进一步讨论了武装暴动问题。罗登贤出席了这次会议，并当选为广东省委委员。会后，他又去广州与周文雍一起做暴动的准备工作。他和周文雍把广州的工人武装——省港罢工工人利益维持队、工人自救队、剑仔队、海员义勇团队，改编为统一的工人赤卫队。赤卫队又按行业编为七个联队，联队下设大队、中队、小队。罗登贤参加了赤卫队总指挥部的领导工作，是领导成员之一，并兼任第一联队队长。赤卫队还成立了秘密兵工厂赶制手榴弹、炸弹和梭镖。

1927年12月11日，由张太雷、叶挺、叶剑英、周文雍、聂荣臻等同志领导的广州起义开始了。这是国民党背叛革命后中共根据武装反抗国民党的总方针发动的三大起义之一。罗登贤身先士卒，他亲自带领的第一联队有600多人，战斗力较强，负责攻打公安局、保安队。起义的枪声打响后，第一联队的敢死队首先发起冲锋，其他队员在罗登贤的指挥下，奋不顾身地扑向敌人。叶剑英率部分教导团士兵赶来支援。罗登贤指挥赤卫队逼近公安局，敢死队爬上墙头，向公安局内投掷手榴弹，把敌人的机枪和装甲车炸坏。然后，赤卫队员和革命士兵一起攻克了这个顽固的反动堡垒。

起义胜利后，成立了广州苏维埃政府，罗登贤被分配在人民外交委员会工作。在讨论苏维埃政府公布的革命政纲时，罗登贤兴奋地说："革命政纲是维护我们工人阶级在政治上、经济上切身利益的政纲，我们一定要维护它，热爱这个政府。"

国民党反动派是绝对不允许这个政府存在下去的，他们以几十倍兵力反击起义军和新成立的苏维埃政府，最后终因敌强我弱，寡不敌众，广州起义失败了。国民党对共产党人士和革命群众进行了疯狂的大屠杀，几天之内就杀害了

广州起义的起义军炮火向敌军轰击

5700多人。在这种险恶的形势下，罗登贤被迫转移回香港，隐蔽在一位工友家里开展秘密工作。1927年底，罗登贤在香港与几个同志约好，在一天上午8点钟到党的机关开会，研究上级指示。按要求，如无意外，参加会议的同志都能准时到会。但这天已经过了半个小时，人还未到齐。罗登贤预感到情况有变，决定会议立即停止，把已到会的同志一一掩护走。待他自己准备藏起文件离开会议地点时，敌人已把会议地点包围起来，并冲进室内。罗登贤机警地把几张用薄纸写的文件揉成一团吞进肚里。

罗登贤被捕后，在狱中受尽各种严刑拷打，始终坚贞不屈，未暴露党的机密。敌人找不到证据，党组织通过他姐姐罗才多方设法，把他营救出狱。之后，他去广州工作。

1928年初，他又化装回香港参加由李立三主持召开的中共广东省委扩大会议，被选为省委常委。不久，罗登贤被调到上海任中共江苏省委书记，和罗迈（李维汉）一起领导工人运动。5月间，在纪念五卅惨案三周年时，罗登贤组织和发动了上海纱厂、邮务、电车工人反对开除和要求增加工资的罢工斗争。同时举行游行示威，抗议英帝国主义和国民党反动派对中国革命者和中国工人的大屠杀。在游行中他与群众一起高呼口号：“帝国主义滚出中国！”“打倒投降卖国的国民党反动政府！”

罗登贤不仅积极参加革命斗争实践，还不断总结斗争经验，从理论上指导工人运动。1928年他在党中央刊物《布尔什维克》上发表的《最近城市工人运动开展》《反革命统治下最近职工运动概况》等文章中，尖锐地揭露国民党散布的“阶级合作”“劳资调和”等谬论，强调中国工人阶级要获得解放，只有进行武装斗争，推翻反动政权，建立工农民主苏维埃，把帝国主义赶出中国，才能取得胜利。同时，在罗登贤的建议下，中华全国总工会机关刊物《中国工人》于12月1日正式复刊，这对指导全国工人运动、交流各地工运情况和经验有重要意义。

1929年初，中共江苏省委改组，罗登贤继续任省委书记。不久，因中华全国总工会委员长苏兆征病故，党中央又任命罗登贤为中华全国总工会委员长。

江苏省委改组后，召开了省委扩大会议，贯彻六大精神。在罗登贤领导下，这一时期江苏省工作是有成绩的。上海的党组织和群众组织都得到恢复和发展，工人运动逐渐复苏，英电、怡和纱厂等工厂的罢工都取得胜利，丝厂的罢工规模也很大。在此期间，罗登贤与中共六大选出的中央候补委员、江苏省妇委委员周秀珠（周冷波）结婚。

1929年6月，中共中央在上海召开了六届二中全会，罗登贤以中央委员和中央政治局候补委员的身份参加了这次会议。会议提出：继续深入土地革命，开展游击战争，扩大苏维埃区域，建立红军，纠正党内非无产阶级意识，加强党的公开工作与秘密工作等。会后，罗登贤代表党中央去香港，向广东省委传达了六届二中全会精神。

同年 11 月 9 日，在上海召开的全国第五次劳动大会上，罗登贤改任中华全国总工会执行委员会党团书记，继续领导全国工运工作。与此同时，罗登贤还兼任中共中央组织部副部长，协助周恩来工作。当时，从莫斯科回国大批干部，为了使这些干部尽快熟悉国内革命斗争形势，中组部举办了干部训练班，周恩来、罗登贤、李立三、恽代英任训练班教员。

是年冬，中共广东省委为避开香港当局和国民党反动派监视，去上海召开广东省第一次党代表大会，罗登贤代表中央参加了这次会议。会后，中央任命罗登贤为广东省委书记，他与省委宣传部长李富春、妇女部长蔡畅一起回到香港工作。1930 年春，按照中央指示，中共南方局成立，与广东省委是两块牌子，一套人马，对广东省内仍用省委名称，对本省以外则用南方局名称。南方局领导广东、广西、福建、云南、贵州五省及南洋群岛的新加坡特委（包括马来西亚）、暹罗特委、安南特委（在越南西贡）等党组织。罗登贤任南方局书记。

罗登贤任中共广东省委书记后，积极领导广东的工人运动。1930 年 4 月，粤汉铁路局无理开除工人 20 多名，并降低了工人工资。此事引起工人不满，于黄沙召开工人代表大会，通过决议，反对减薪。国民党派军警到会镇压。罗登贤得知这一消息后，立即以广东省委名义指示粤汉铁路沿线工人进行反击。接着，国民党在潮安县（今潮州市）庵埠征收船牌捐，激起广大船业工人不满。船业工人举行罢工，取得了胜利。罗登贤指示罢工领导者，总结斗争经验，借以推动铁路、轮渡、市政、瓷业工人的斗争。

罗登贤任广东省委书记期间，还创刊了《香港小日报》，亲自领导报刊编辑和发行工作。该报对交流工人运动情况、反映工人呼声、推动苏区工作起了重要作用。该报遭到香港当局禁止出版后，罗登贤又于 1930 年 6 月秘密组织出版了《南方红旗》，以指导南方局所属各地的工作。

在这段工作中，罗登贤认真负责，对同志热情帮助、教育，从不发脾气，不说怒言怨语，总是循循善诱，耐心指导。凡和他接触过的同志都有同感。一次外地来的同志向他汇报工作时提到干部少，要求省委多派干部到他们那里去。罗登贤回答说："现在工作开展起来，到处需要人，大家都来向省委要人，省委到哪里去找这么多人呢？所以主要还是要靠自己发现人才，培养干部。"有一段时间工作特别忙，省委秘书处油印科个别同志提出八小时工作制问题。罗登贤听完汇报后，严肃地指出："注意劳逸结合是对的，但在革命还未取得最后胜利的时候，万万不能在共产党的机关内来提倡八小时工作制，因为八小时工作是我们领导工人阶级向资本家作斗争的战斗口号，亦是斗争的目标和要求。共产党员向党提出实行'三八制'是一种最可耻的行为……"经过他的说明，提问题的同志才认识到，共产党员献身革命，为共产主义奋斗终生，哪还有什么八小时的工作制问题。从而使大家提高了觉悟，工作也更积极了。

1930年9月，中共中央在上海召开扩大的六届三中全会，罗登贤以中央委员、政治局候补委员身份参加了会议，并为主席团成员之一。1931年1月7日，扩大的六届四中全会在上海召开，罗登贤到上海参加了这次会议，是五人主席团成员之一。在改组中央委员会时，罗登贤仍为中央委员和政治局候补委员。会后他被留中央（上海），任中华全国总工会委员长。不久，国民党颁布了"工会法""工厂法"。罗登贤在"全总"会议上及时揭露了这两个法的反动实质是禁止工人罢工、不准工人反帝反封建。他号召工人阶级要坚决反对这两个法。在罗登贤和全总领导下，上海的纺织、电车、铁路、海员、邮务工人积极斗争，反抗蒋介石的法西斯统治。

国民党反动派为了反对工人运动，他们在上海建立了市总工会，利用一些工贼、走狗、特务、暗探充当工会的委员。这个反动黄色工会是专门反对我党领导的赤色工会，压制工人罢工和禁止工人在经济上、政治上向国民党政府及资本家提出合理要求的。罗登贤为了揭露黄色工会，向工人指明黄色工会是"老爷工会""国民党反动派工会""老板工会"，要工人们不要上当，从而使黄色工会在工人中陷于孤立。罗登贤不管是任中央委员或省委书记，一直抓工运工作，他对我国早期的工人运动作出了重大贡献。

临危受命，担任中共满洲省委书记，他是东北抗日联军创始人之一

一提起东北抗日联军，人们往往都很熟悉杨靖宇、赵尚志、赵一曼、周保中等著名抗日英雄的名字及其英勇事迹，但却很少有人知道罗登贤也是东北抗日联军创始人之一。因为，他牺牲早、宣传少，许多往事如烟散去，鲜为人知，其名字也几乎被人淡忘。

1931年夏，26岁的罗登贤被中共中央派往沈阳担任中央驻东北代表，负责组织领导东北地下党的斗争。他一到沈阳就积极指导满洲省委在各大城市广泛发动工人运动。不久，又赴黑龙江哈尔滨巡视，指导哈尔滨特委组织开展革命斗争。

初秋，罗登贤由满洲省委组织部长何成湘陪同，化名达平悄悄来到哈尔滨地下党联络点冯仲云、薛雯夫妇家。

薛雯曾回忆罗登贤说："他是瘦高个子，那天穿一件浅灰色的长衫，样子既庄严又和蔼。讲一口北方话，只是偶尔露出些广东口音来。""据北满特委书记和组织部长介绍，他是党中央派来的代表达平同志。后来才知道他是参与省港大罢工、广州起义组织领导工作的杰出人物之一罗登贤。"

"他和满洲省委组织部长、北满特委书记等，常在我家开会、商谈工作。""他还时常讲一些革命道理开导我，经常说做革命工作要经得起风吹雨打，阶级斗争的知识要从革命的实际斗争中去寻找，革命的理论要在实际工作中去不断提高……"

"有一次，他以自己为例说：我原来是一名学徒工，没有什么文化。后来在师兄帮助下，逐渐认识革命，参加了党。在革命队伍里，我慢慢地学会了读传单、读文件。后来，还参加了广州暴动和许多革命活动。在这些实际革命斗争中，我的文化、理论水平和工作能力也逐渐提高了。这样，我才能为党做一些工作。"

薛雯晚年多次深情地说："当时，我刚刚入党，对革命的认识很肤浅，他的开导给了我很大帮助。"

罗登贤精明强干，富有政治敏感，处事果断，深受大家尊敬。

九一八事变后，在尚未接到中共中央具体指示时，罗登贤立即在哈尔滨道外头关街牛甸子岛上的共产党员冯仲云家中紧急召集北满特委领导干部开会，分析政治局势新变化，研究斗争对策。在会议上，罗登贤庄严表示："蒋介石国民党以不抵抗政策出卖东北同胞，我们中国共产党人要与东北人民同患难共生死，争取东北人民的解放。""敌人在哪儿蹂躏我们的同胞，我们共产党人就在哪儿和人民一起抗争。""党内不允许任何人提出离开东北的要求。如果谁提出这样的要求，那就是恐惧动摇分子，谁就不是中国共产党党员。"

九一八事变后的第三天，中共中央发表了反对日本帝国主义侵略中国的宣言。22日，党中央又作出了《关于日本帝国主义强占满洲事变的决议》，指出："特别满洲更应该加紧地组织群众的反帝运动，发动群众斗争，来反对日本帝国主义的侵略，加紧在北满军队中的工作，组织它的兵变与游击战争，直接给日本帝国主义以严重的打击。"1931年9月，任中共中央驻东北代表的罗登贤和满洲省委的其他领导同志一起，分析了当时形势和这次事变的性质，于9月19日、9月21日连续发表了反对日本帝国主义武装占据满洲的宣言和决议。同时指示东北各地党组织，立即领导工人罢工、学生罢课，发动农民暴动，掀起了声势浩大的抗日救亡运动高潮。

当时形势十分险恶，11 月间，中共满洲省委宣传部秘书杨先泽被捕叛变，中共满洲省委机关遭到破坏，省委书记张应龙和军委书记廖如愿被捕。1931 年 12 月，罗登贤临危受命，任中共满洲省委书记兼组织部长，直接领导东北的抗日斗争，并将满洲省委从沈阳迁到当时尚未陷落的哈尔滨，当时李杜、冯占海的部队均在哈尔滨。

那时，东北党组织同中共中央失去了联系，情报信息和活动经费均已中断，满洲省委孤悬北疆，处境十分困难。面对日本帝国主义军队的疯狂入侵，东北各地政治、武装组织观点不一，罗登贤根据东北的形势，及时调整省委的工作重点，确定由城市转到农村，发展抗日根据地建立党领导的武装，并以此为核心，团结一切抗日力量。

为了加强对东北抗日斗争的领导，罗登贤还领导满洲省委积极整顿各地党组织，除设有东满特委、哈尔滨市委、奉天特委外，还直接领导磐石中心县委、海龙中心县委、伊通县委以及安达、巴彦、汤原、珠河、宁安中心县委等组织的抗日工作。在组织力量打击日本侵略者的斗争中，罗登贤和省委从两方面开展工作：一方面在城市中进行反日宣传和进行罢工斗争；另一方面以主要精力放在农村，组织发动东北人民开展反日游击斗争。他经常奔走于沈阳、哈尔滨、大连等地，了解情况，号召和组织工人、学生、市民罢工、罢课、罢市。在他的领导下，沈阳、抚顺、本溪、鞍山等地的工矿区数万名工人举行了反日大罢工，长春砖窑、中东路、呼海路、吉沈路、哈尔滨电业的工人及大中学校学生也进行了大规模的反日斗争，东北各地的农民进行了规模很大的农民武装暴动。

关于组织、发动东北人民开展反日游击战争，罗登贤和满洲省委也从两方面着手进行：一是积极支持和帮助东北各地义勇军的抗日斗争；二是大力组织创建我党直接领导的抗日武装。

为抗击日本侵略者，当时东北地区出现了许多抗日义勇军，人数最多时达 80 多万。这些义勇军大体分四种：第一是东北军的一些将领，广大人民在反对日本帝国主义的斗争高潮中，在一批中、下级军官和士兵强烈要求抗日的推动下，拉起队伍抗日。如黑龙江的马占山、苏炳文，吉林省的丁超、李杜等，这些队伍直接受国民党的影响，不发动民众抗日。第二是东北军与民众结合组织起来的抗日义勇军，如以吉林省王德林，辽宁省的唐聚伍、郭景珊、邓铁梅等为代表的抗日救国军或自卫军。这些义勇军大部分是农民、小资产阶级，也有部分工人。这部分抗日义勇军受国民党影响较小，在一定条件下拥护共产党的政策，甚至允许共产党派人到他们队伍中宣传抗日救国主张。第三是农村的农民群众自发组织起来的武装团体。如大刀会、红枪会、自卫团等。这些武装虽然也抗日，但封建迷信色彩很浓，并且在一定程度上还受农村地主阶级左右。第四是抗日“山林队”。“山林队”是以报山头、报号为名义的民众抗日武装。

罗登贤和满洲省委根据各种不同情况，采取不同的策略。或者派党员去加强领导，或者派有经验的党员打进去做兵运工作。目的在于组织这些队伍积极开展抗日游击战争。如对吉林抗日救国军的王德林及其所部吴义成、孔宪荣等队伍，满洲省委先后派遣共产党员李延禄、胡泽民、孟劲清、金大伦、周保中等进去开展抗日工作，并担任领导职务。李延禄担任了王德林抗日救国军司令部参谋长和游击司令，胡泽民担任了吴义成部前方司令部参谋长，周保中担任了救国军前方司令部参议、抗日救国军总司令等。

东北各地抗日义勇军的兴起，打击了日寇的气焰，延缓了日寇迅速占领东北的计划，鼓舞了东北人民抗日救国的信心。抗日义勇军的人数发展很快，但成分庞杂，组织混乱，有时出现分化瓦解的情况。

这些问题的出现，使罗登贤和省委认识到，要取得抗日战争的彻底胜利，光靠这些义勇军是不行的，必须迅速创建我党自己领导的抗日武装队伍。

当时，东北大好河山已被日军完全占领，残暴的关东军对抗日救亡组织加紧血腥镇压，到处逮捕、屠杀共产党人，城市地下斗争处境更加困难。

而在莫斯科的王明、康生等人指示满洲省委要在城市游行示威，组织飞行集会等活动，罗登贤深感以这种方式开展活动完全脱离实际，只能暴露目标，导致革命骨干不断被捕、被杀，因而，必须当机立断改变斗争方式。

有一天，罗登贤看到党内周刊《红旗》上发表了伍豪（周恩来化名）的文章《日本帝国主义占领满洲与我党当前的任务》，文章指出：“反帝的民族革命运动是要动员广泛的群众来参加，而且要长期坚持这一运动，才能取得最后的胜利。”“现在救国义勇军已成为工农劳苦群众普遍的要求，我们要领导工农及一切被压迫民众自己组织武装的救国义勇军，用民族革命战争反对日本帝国主义。”文章号召发动全国工人、农民以及一切被压迫民众自动武装起来，赶走日本帝国主义侵略者。

罗登贤马上将文章反复读给大家听，组织讨论，并同周保中、杨林等起草了《东北义勇军抗日救国游击运动提纲》和《义勇军组织法》，提出“我党必须发动群众，创建党直接领导的人民武装力量，将抗日救国斗争进行到底”，要求“在中国共产党的领导下联合一切抗日爱国力量，共同反抗日本侵略者”。

这个提纲，后来成了满洲省委指导创建东北抗日联军的行动纲领。

罗登贤重视统一战线，善于根据各种抗日义勇军的不同情况，采取不同的策略。1931 年 11 月，东北义勇军马占山将军领导部队在嫩江桥开始抗战。战斗刚刚打响，罗登贤就发动工人、农民和知识分子组成“抗日援马代表团”，赴战地慰问抗日将士，并动员一部分青年学生直接参加抗战。

罗登贤领导省委制定了抗日救国十条纲领：反对日本帝国主义对义勇军的进攻和屠杀群众；号召民众自动武装起来，驱逐日本帝国主义；要求组织民族革命战争的工农义勇军，创建红军，武装保卫中国，保卫东北劳苦群众；动员革命士兵与武装民众联合，与义勇军联合反对长官妥协、投降等。省委还严厉批评一些地方党组织放弃对义勇军领导的错误，要求加强对义勇军的统战工作。

为了实现这一纲领，1932 年 3 月，罗登贤首先派省委军委书记周保中去吉东地区发动组织农村武装队伍。

周保中在宁安县几经周折，找到了地下党组织，迅速召开县委扩大会，传达省委的指示，号召在农村组织抗日武装。他还多次在群众大会上讲话，动员工农民众起来武装抗日。

后来，周保中到东北救国军李杜部开展工作。经救国军后方司令部参谋长李延禄（中共党员）推荐，李杜先后任命周保中担任救国军总参议、联合军总参谋长、前方总指挥部参谋长。尔后，周保中又和李延禄成功组建了东北抗日联军第四军、第五军，分别担任军长和党委书记。

周保中赴吉东后，罗登贤接着又派张甲洲、赵尚志等到巴彦、珠河开展工作。张甲洲等到巴彦县迅速组织 200 多名青年成立抗日游击队，因其中大学生较多，群众称之为“大学生抗日队”。

为加强游击队的领导，罗登贤还派赵尚志到巴彦游击队担任政委。不久，这支游击队迅速发展到 700 多人，主要活动在巴彦、呼兰、绥化、庆安、铁力一带。游击队在群众支持下声东击西、神出鬼没、越战越强，逐步发展壮大为东北抗日联军第三军。

磐石县位于吉林市南，长白山西麓，地形复杂，多高山峻岭，森林茂密，远离大城市，利于开展革命斗争。九一八事变后，满洲省委及时在磐石建立中心县委，管辖磐石、伊通、海龙、辉南等七个县。

为壮大抗日武装力量，罗登贤先后派杨林、杨佐青和杨靖宇等去那里工作。

杨林和杨靖宇到磐石地区后，发动朝鲜族抗日英雄李红光等在原有群众性组织“打狗队”基础上组建工农游击队，很快发展到 800 多人，后来改编为中国工农红军三十二军南满游击队，并发展成为东北人民革命军第一军。

1932 年 10 月，罗登贤派省委秘书长冯仲云作为省委代表去汤原巡视工作。

冯仲云临行前，罗登贤和他彻夜长谈。当时，罗登贤正遭受王明“左”倾错误路线排斥、批判，但情绪并不消极。他激动地对冯仲云说：“我坚信，东北三省不会灭亡，劳苦大众的抗日斗争，正在各地风起云涌地开展起来。在这个时候，我们共产党的责任，就是把这些群众自发的斗争，变成有组织、有领导的斗争。同时，要建立党领导的工农义勇军。”罗登贤还详细布置任务，交代工作方式、方法。

在冯仲云动员组织领导下，汤原县游击队由小到大，由弱到强，后来发展成为令敌人闻风丧胆的东北抗日联军第六军。

从1931年初到1932年，在罗登贤担任满洲省委书记期间，把满洲省委工作重点从城市转向农村，除派出100多名党团员干部先后赴东北各地独立创建抗日游击队外，还从反帝大同盟、互济会、反日会等进步团体中，抽调大批骨干到义勇军部队开展统战工作，担任各种领导职务，宣传党的抗日主张，发展党团员，组建党小组和支部，大大推动了1931年到1932年东北义勇军抗日救国斗争高潮的形成。他是中国共产党在东北抗日武装的主要创建人。1935年，中国共产党在《八一宣言》中写上了罗登贤的名字，肯定了他为抗日救国做出的历史功绩。

在中共党内受到委屈的罗登贤，在国民党狱中受到了常人难以忍受的残酷折磨，但他坚贞不屈，英勇就义

正当东北抗日联军在极端困苦的条件和环境中艰难发展时，王明、康生等“左”倾错误路线者却不能正确分析九一八事变后的形势。他们过分夸大当时国民党统治的危机和革命力量的发展，忽视了日本侵占东北后民族矛盾上升的客观事实和中间阶级的抗日要求，也忽视了日本帝国主义和其他帝国主义在中国矛盾的增长。他们片面强调日本帝国主义侵占东北的目的，是为了联合其他帝国主义共同进攻苏联和镇压中国革命，一味教条地宣扬“阶级斗争不可调和”，要求“实行土地革命”，甚至提出“反对一切帝国主义”“武装保卫苏联”“建立东北苏维埃与红军”等不切实际的口号。

他们无端怀疑、排斥东北军爱国将领的抗日行动，指责他们“依靠地主资产阶级，服从国民党领导”，要求义勇军中的党团员组织哗变，拉出队伍创建红军。

这些错误指示，严重影响了中共和东北义勇军的统战合作关系，不仅不为各阶层群众接受，严重妨碍抗日斗争的发展，而且在满洲省委内部也引起思想混乱。

1932年6月，中共临时中央在上海秘密召开的“北方会议”，批判罗登贤贯彻中央指示不力，“搞满洲特殊化”，指责他犯了右倾机会主义错误，责成满洲省委深刻检讨。指示在农村不折不扣“打土豪、分土地、斗地主”，开展土地革命，建立苏维埃政权，“武装保卫苏联”。甚至荒唐地要求巴彦游击队等抗日武装攻打哈尔滨、沈阳、长春、齐齐哈尔等城市。

同时，他们强令罗登贤离开东北，委派李实担任满洲省委代理书记。他们打着反“立三左倾路线”的旗号，要求肃清罗登贤“右倾路线”影响，推行比“立三左倾路线”更“左”的路线。将巴彦抗日游击队改编为“中国工农红军第三十六军”，任命张甲洲为军长，赵尚志为参谋长，派从莫斯科来的吴福海为政委。

从此，东北抗日革命根据地不再提抗日统一战线，改为执行“打土豪、分土地”政策。抗日队伍分裂。抗日游击队遭受内外夹攻，伤亡惨重，武装队伍日益缩小，面临瓦解，斗争形势岌岌可危。

后来，莫斯科派来新省委书记，竟然以张甲洲、赵尚志忠实执行罗登贤“满洲特殊论”、推行“富农路线和军事投机军官路线”等罪名，宣布开除张甲洲、赵尚志的党籍。

罗登贤受到错误批判，并被调离东北，感到十分委屈。虽然他心里不服，但有着很强组织原则的他，最终还是顾全大局，到上海担任全国总工会上海执行局党团书记。到上海后，他马上投入紧张工作。他组织上海纱厂和铁路工人大罢工，主张全民族抗日，反对国民党打内战、“围剿”红军。

1933 年 3 月 28 日，罗登贤出席全国海员工人会议，由于叛徒、原全国总工会秘书长王其良的出卖，罗登贤和廖承志以及在上海治病的陈赓等五人被捕。

3 月 31 日，国民党江苏高等法院第二分院第一法庭，对罗登贤、廖承志等进行了所谓“公开”审判。在敌人的法庭上罗登贤昂首挺胸，怒视着法官，闭口不语，这时，敌人让另一个叛徒张汉卿出庭对证，这个无耻的败类，像条疯狗似的狂吠乱咬，指证罗登贤的身份和党内职务，并诬告罗登贤等的所谓“罪行”。法官按叛徒的指证，叫罗登贤供出他的“反动言行”。罗登贤愤怒地痛斥法官说：

> 你们强加给我的罪名是“反动分子”，我要告诉你们我的经历：我在 1925 年帮助与领导了省港大罢工；我现在刚从东北回来，在那里我同义勇军一道和日本强盗作战；我曾经在上海日本纱厂帮助组织罢工。那些活动全是反对日本帝国主义的斗争。难道这就是我被控告从事“反革命活动”的理由吗！

罗登贤义正词严，法官被他批驳得瞠目结舌，无言以对，赶快摇铃制止罗登贤的控诉。旁听观众议论纷纷，对反动法庭无理审判表示不满。最后法官强行宣判，于4月1日把罗登贤和廖承志解送到上海市公安局关押。

此事在上海社会各界引起了广泛关注和震动。4月1日，以宋庆龄为首的中国民权保障同盟，发表《告全国人民书》，揭露国民党政府的卑劣行径，指出："这个事件正是中国政府和帝国主义狼狈为奸，压迫中国人民反帝抗日战士的鲜明例证。"她高度赞扬"被捕者理直气壮的论点和英勇不屈的态度，充分表现他们是中国的反帝战士，中国人民应该为之骄傲，罗登贤是他们中间的一个典型"。她呼吁全国人民起来营救，"不使他们遭受酷刑与死亡，释放他们，就是释放中国民族革命精神不可征服的力量"。

国民党蒋介石在全国人民的抗议声中更加恐慌，于4月2日急忙将罗登贤解送到南京，囚禁在警备司令部监狱里。在狱中，罗登贤遭受惨无人道的酷刑毒打。打手们把他的双手吊起来，用沾水的皮鞭狠抽他的全身，又用铁杠压他的双腿，但他没有一句口供。灭绝人性的凶手们，往他的嘴里和鼻子里灌煤油，呛得他鼻口流血，昏死过去。凶手们用冷水将他泼醒，他还是咬定牙关不说一句话。敌人又用火针刺他的手指，最后竟对他施以残酷的电刑，但他始终坚贞不屈，没有泄露党的半点机密。

4月5日，中国民权保障同盟临时中央派赴南京营救罗登贤等人的代表宋庆龄、杨杏佛等到监狱探望罗登贤，只见他被打得遍体鳞伤，血肉糜烂，但却坚定地对朋友们表示："我是始终要为无产阶级利益奋斗的，什么也不能动摇我。我将永远忠于国家民族和无产阶级，他们能打我，决不能屈服我！"

敌人看到用酷刑不能使罗登贤屈服，就改用阴险的收买手段，并利用叛徒对他劝降。罗登贤大义凛然地痛斥叛徒，和同室的难友一起把来劝降的叛徒胡鹤来打得抱头鼠窜而去。罗登贤坚定地领导狱中的同志和难友，与敌人进行了不懈的斗争，并对看守做宣传教育工作。

6月，敌人把罗登贤从警备司令部又解送到另一处更加凶恶的魔窟，对他连续进行了极其残酷的秘密刑讯。8月初又解回警备司令部。在牢狱中，他不仅遭受严刑拷打，还经受非人的折磨。每天吃的都是发了霉、掺着沙子的糙米和无油无盐的苦菜汤，再加上盛夏酷暑，苍蝇叮蚊子咬，罗登贤的刑伤全部溃烂，身体枯干消瘦，但他的坚强意志却没有丝毫动摇，依然对革命充满着胜利的信心。

1933年8月29日凌晨，敌人在南京雨花台将罗登贤秘密杀害。临刑前，敌人问他有什么话说，他凛然表示：“我个人死不足惜，全国人民不解放，责任未了，才是千古遗憾！”然后，面对敌人的枪口，他昂然挺胸，高呼“打倒国民党”“共产党万岁”口号英勇就义。

罗登贤牺牲后，上海出版的《中国周报》发表文章，高度称赞：“在中国革命运动史中，罗登贤的名字将永远是光辉灿烂的！”

党内的“智多星”

——中共第六届中央政治局候补常委杨殷

主题人物： 杨殷
籍　　贯： 广东省香山县
出生时间： 1892 年 8 月 12 日
主要职务： 1922 加入中国共产党。先后担任广州苏维埃政府人民肃反委员、代主席、中共中央军事部长，是中共第六届中央政治局常委会候补委员
牺牲时间： 1929 年 8 月 30 日
牺牲地点： 上海警备司令部
当时年龄： 37 岁

周恩来： 彭、杨、颜、邢四烈士的牺牲是中国革命、中国党之很大的损失！革命的领袖是积了无数次的斗争与战绩，从广大的群众中涌现而锻炼出来的。

徐向前： 我离开上海不久，中央军委书记杨殷就被捕牺牲了。他是我党非常优秀的领导同志。

谭平山： 杨殷的思想是倾向进步的，他真是个不简单的人物啊！

杨殷和孙中山是邻居，两家世代相助，过从甚密

在广东省中山市的南朗镇，有一个林木葱茏、鸟语花香的村庄，名叫翠亨村。

翠亨村位于中山市区东南方 17.6 公里处，广（州）珠（海）公路主干道旁。北距广州约 100 公里，南距澳门约 30 公里，隔珠江口水域与深圳、香港相望，陆地与珠海市毗邻。

就在这个普通的村子里，曾诞生两位伟大人物：一位是中国民主革命的先行者孙中山，一位是中国著名的工人运动领袖杨殷。

孙中山的故居是一幢砖木结构、中西结合的两层楼房，楼房上层各有七个赭红色装饰性的拱门，屋檐正中饰有光环，环下雕绘一只口衔钱环的飞鹰。楼房内部设计用中国传统的建筑形式，中间是正厅，左右分两个耳房，四壁砖墙呈砖灰色勾出白色间线，窗户在正梁下对开。居屋内前后左右均有门通向街外，左旋右转，均可回到原来的起步点。正门上挂一副对联，曰："一椽得所，五桂安居。"据传是楼宇落成后孙中山亲笔撰写的。

从孙中山故居往西北，穿过几条青石巷，走过几户人家，就是杨殷的故居。

杨殷故居坐西向东，屋顶采用通顶设计，采光良好，系二层三开间砖木结构平房，前连天井与对称门房两座，南侧平房为杨殷卧室，房子正中是客厅，两旁各有一个房间，每个房间顶上各是一个阁楼，房间又因需要被有目的地间隔着，有舂米房、厨房、天井等，地板由传统的红砖铺砌而成，屋檐有精美的砖雕、木雕，属翠亨传统古典式建筑。

杨殷的家与孙中山的家相距很近，可说是邻居。

杨、孙两家都是翠亨村大户。杨殷的曾祖父杨启文早年在澳门被卖去美国做苦工，历时 20 载，后挖到金矿，荣归故里，在家乡兴家立业，修桥筑路，使贫穷的翠亨兴旺起来，而杨家也成为翠亨村的望族。

俗话说："远亲不如近邻。"杨、孙两家世代帮助，过从甚密。杨殷的堂叔杨鹤龄自儿时起，就是孙中山志同道合的挚友，成年后又一起参加反清革命。孙中山每次从海外回老家，杨鹤龄都会带着杨殷一块去看他，一起拍照欢聚。

杨家是孙中山革命的支持者和同盟者，孙中山的革命训言也成了杨氏家族的家训。杨殷儿时就把孙中山视为偶像，因此反清的信念自幼就根植于心中。1911 年 3 月，19 岁的杨殷便加入了同盟会，在澳门总支部做秘密联络工作，来往于澳门、香港、广州、香山等地以及南洋一带联络同志，收集情况，传送情报。他与三合会、洪门等绿林帮会广交朋友，使他们加入革命势力。

1911年的辛亥革命成功推翻了清王朝，结束了中国两千多年的封建帝制，建立了共和制。然而，辛亥革命的成果却被北洋军阀袁世凯窃取，孙中山很快被迫辞去临时大总统职务。这使杨殷感到耻辱，也感到革命任务远未完成。

中华民国成立后，第一届国会正式定于1913年4月8日在北京开幕。袁世凯以共商要政名义，急电邀宋教仁入京。并于3月20日晚11时，指使上海镇守使郑汝成在沪宁车站剪票闸口，暗杀了正准备登车的宋教仁。1914年深秋的一天，郑汝成在出巡途中被革命党人的炸弹炸成重伤，扔出炸弹的正是时年22岁的杨殷。

这件事不仅使杨殷名扬天下，也让孙中山对这个小自己整整26岁的小邻居更加器重。1917年，孙中山任海陆军大元帅，决定出兵讨伐北洋政权，恢复临时宪法，史称"护法运动"。在这个重要时刻，他特聘25岁的杨殷为自己的卫队副官，并在大元帅府参处军机要务，当时人称"参军处师爷"。杨殷在澳门学过少林拳，一般三五个人近不了身，他其实是孙中山和宋庆龄的贴身侍卫。

1918年5月，因滇、桂军阀排挤，孙中山离开广州赴上海，"护法运动"失败。杨殷把孙中山夫妇送到码头。看着偶像孙中山一次次功败垂成，壮志难酬，意气风发的杨殷也陷入迷茫。

五四运动后，各种社会思潮在广东广泛传播，杨殷在街头买到了《共产主义ABC》《共产党宣言》等书籍，这让他大开眼界。杨殷最早就是从这些书籍中，开始接触马克思主义先进思想，而且也知道了社会主义和俄国十月革命。辛亥革命的失败让他感到，中国革命靠国民党难以取得成功，似乎也得走十月革命的路子。从此，杨殷的人生旅途展现一片崭新的天地。后来，他接受了马克思主义，成为我党早期领导人和伟大的无产阶级革命家。

在全国"双百"评选活动中，杨殷被评为"100位为新中国成立作出突出贡献的英雄模范人物"。

变卖自己的房屋田产和黄金首饰，所得款项全部交给党组织；党内同志称他为"河北玉麒麟卢俊义"

杨殷，1892年8月12日诞生于当时广东香山县翠亨村，童年在村里私塾读书，后到县城石岐县立中学读初中，成绩优异，广受老师和同学们赞扬。杨殷祖父杨启文是一个归侨，在村里拥有十多亩田地，七间房子，一家子靠农业收入维持生活。父亲杨汉川，青年时，勤奋读书，考取了秀才，杨家是当地有名的书香之家。1909 年，杨殷父亲因病与世长辞。

身为长子，为了照顾年迈多病的母亲，在母亲坚决要求下，杨殷与一位年轻姑娘李青梅结婚，婚后，杨殷继续学业。

1910 年，杨殷以优异的成绩考取了广州市圣心书院。当时，圣心书院是一间天主教教会主办的学校，经常对学生灌输宗教教义和崇拜帝国主义的奴化思想，对此，杨殷十分不满。但为了学到文化科学知识，他读书非常勤奋，每次考试都名列前茅。

读中学时，帝国主义在政治、经济、文化上侵略我国，各地军阀的反动统治盘剥百姓，祖国沦为半殖民地半封建社会，陷入四分五裂状态，国弱民穷。对此，杨殷深恶痛绝、痛心疾首，常常思考着怎样才能使贫穷的国家富强起来。据记载，有一次，革命党人宣传反帝反封建的爱国思想，讲述民主革命家邹容、秋瑾的英勇斗争事迹，杨殷深受感动，动情处不禁热泪盈眶。

1919 年初，杨殷在广州西关盐务稽查处任师爷。他十分同情劳动人民，经常身穿短衫，到码头、盐船与“艇仔夫”在一起，了解他们的困苦境遇，他的思想感情逐渐发生变化。

五四运动爆发后，各种社会思潮在广东广泛传播，杨殷在街上买到了《共产主义 ABC》《共产党宣言》等书籍，便如饥似渴地读起来。他被共产主义吸引住了，又跑到书店买了《社会主义政治经济学》《资本论》等，开始认真研究起马列主义来。同年夏天的一个中午，天空忽然下起大雨，杨殷的两位朋友杨章甫和梁复然刚好走到杨殷住处的附近，便到杨家避雨。两人进入客厅，只见杨殷躺在卧椅上睡着了，一本书从他手中滑落地下，杨章甫捡起来一看，是《社会主义政治经济学》。两人不约相视而笑：“想不到‘帝国主义’的高级师爷也关心起马克思主义来了，真是怪事！”

笑声惊醒了杨殷，他睁开眼睛，看见两人眼睛盯着书，脸上略显纳闷的表情，便解释说：“这是本好书哇！你们也该看看，真是开卷有益。要救中国，非此不可。明天，我把书送给你们看。”

杨章甫和梁复然应答道：“好，好。”

不久，雨过天晴，两人辞别。热情好客的杨殷邀约二人明天一起到多如茶楼饮茶聊天。

第二天，三人如约。杨殷把书带到茶楼送给杨章甫和梁复然。席间，他还提到：“中国的革命问题，国民党是无法解决的，只有共产党领导，走十月革命的道路，才是中国的出路。我相信，广东一定有共产党组织，我想认识他们……”可是，杨殷哪里知道，与自己坐在一起的这两个人正是他苦苦寻找的中国共产党党员。

事后，杨章甫、梁复然向中共广东支部书记谭平山汇报了杨殷的政治表现和为人。谭平山说:“这样看来，杨殷的思想是倾向进步的，他真是个不简单的人物啊，请你们与他联系，负责对他进行帮助教育。”

1922年冬，杨殷由杨章甫、梁复然介绍，谭平山为监誓人，加入了中国共产党。因为杨殷在翠亨老家广有田产，富甲一方，在盐务处高级师爷任上也有着丰厚的薪水，所以党内同志开玩笑称他为“河北玉麒麟卢俊义”。

杨殷入党后，毅然辞去西关盐务稽查处师爷的差事，全力从事党的工作。为了帮助解决党组织活动经费的困难，他不仅拿出自己的积蓄，而且把自己的房屋、田地以及已故爱人留下的黄金首饰变卖，全部交给了党组织。为了专心做好党的工作，他把两个年幼的子女交给亲朋抚养，表现了对党、对无产阶级革命事业的无限忠诚。

1922年底，党组织派杨殷和冯菊坡、王寒烬三人到苏联参观学习，这使他受到深刻的教育和巨大的鼓舞，更坚定了为实现共产主义而奋斗的信念。

杨殷足智多谋，使工人运动开展得有声有色，同志们称他是党内“智多星”

杨殷从苏联回到广州，即接受党的委派，到广州石井兵工厂开展工人运动。

石井兵工厂地处广州郊区，创办于清末，后由国民党广东革命政府接办。石井兵工厂厂长马超俊，是国民党右派分子，为人尖酸刻薄，倚仗有后台，利用职权，贪污渎职，虐待工人，擅自克扣工资。

知道杨殷他们要到厂里来，马超俊便命令其爪牙、工头何仲莲等威吓工人道:“谁敢接近他们，我就给谁颜色看！”

杨殷与杨章甫、罗绮园、沈青等到兵工厂后，分头到车间和工人们一起劳动交朋友。习惯与群众打交道的杨殷很快就结识了见识较为广博的机器工人罗珠、陈日祥等。

一天，老工人庞伯扛着铁条进车间，一不小心碰倒了杂物，工头骂他故意损坏机器，举鞭就往庞伯身上抽。说时迟，那时快，杨殷伸出两个手指头，“嗖”地钳住了铁鞭，使庞伯免受皮肉之苦。工头见是孙中山先生派来的人出面制止，不敢太放肆，只能站在那里骂人。庞伯用感激的目光看着杨殷，老泪纵横，哽咽着说不出话来。杨殷充满怜悯地扶他坐下，厉声指责正在骂人的工头:“你再欺负工友，我决不饶你！”围观的工人个个怒目圆睁，吓得工头灰溜溜地走了。

庞伯的侄子庞子谦闻讯赶来，激动地握着杨殷的手，说:“殷叔，真不知该如何谢您。”

“不用谢，我们都是平等的人。”

此话暖到工人们的心窝里。自此，庞子谦铁心跟共产党走，团结了一批青年学徒在党的周围。

工作局面一下子打开了。通过歃血为盟的宣誓仪式，杨殷在兵工厂组织起第一个“工人十人团”。十人团的成立，培养了一批机器工人骨干，打开了广东机器工会不许机器工人参加赤色工会活动的第一个缺口，为兵工厂建立俱乐部及工会打下了基础。很快，通过十人团，一串十，十串百，工人们都发动起来了，成立了工人俱乐部。这就是赤色工会的前身。与此同时，杨殷又发展了罗珠、陈日祥、郑煜等加入中国共产党，在兵工厂建立了秘密的党团支部。

继而，杨殷动员工人把厂长马超俊克扣工资、贪污渎职、投机倒把、私卖军火等劣行列成十大罪状，印成传单，为开展斗争做好充分的准备。

第二天一早，轰轰烈烈的罢工开始了，只见厂内的电灯柱和树干上都挂满了沙锅，上面贴着“出粮无期，沙煲挂起”等控诉马超俊罪状的标语。

看见揭发自己丑行的传单，马超俊暴跳如雷。他歇斯底里地咆哮:“让工人罢工好了，我绝不退让！”还派出爪牙到处破坏，筹备另招新工人。

马超俊的行为引起全体工人的愤怒，越来越多的工人参加到罢工行列中。马超俊见自己压不下工人，便使出软的一套，叫其老婆沈惠莲（妇女联合会会长）出面请全体工人代表吃饭，说:“马厂长和大家都是机器工人，什么事都容易商量。现在大家等钱用，我可以先给大家的。”话毕，发给每人港币 50 元。除个别人外，代表们都不受她的收买。

于是，杨殷召开工人大会，公开揭露马超俊出钱收买代表的卑鄙行为。

总务科长马治和是马超俊的弟弟，他急不可待地跳出来，出动护厂队包围工人。工人们愤慨回答：如果护厂队敢拉人，大家就回厂取机关枪对抗。马超俊闻讯赶来，见众怒难犯，心想，“好汉不吃眼前亏”，马上叫护厂队撤离，并劝工人回去静候消息。但一转身，这个阴险的家伙就躲进办公室，捏造事实，诬蔑工人聚众要挟，并开列黑名单，呈政府缉拿工人代表。

杨殷得知消息，即带领兵工厂的工人代表晋见孙中山先生和工人部长廖仲恺，控诉马超俊的罪行，请求解决工人的吃饭问题和支持工人的斗争。孙中山了解到实情后，勃然大怒，下令撤掉马超俊的厂长职务，调来新厂长，把拖欠的工资全部发还给工人。

“倒马”胜利了。杨殷创造的“沙煲阵”成功了。在罢工斗争胜利的喜悦中，中国共产党领导的红色工会在石井兵工厂宣告成立。

为了广泛开展工人运动，党组织又派杨殷到佛山、顺德等地组织各行业工会，发展党员，培养骨干。

顺德地区缫丝厂很多，女工占大多数，但顺德工会对女工工作注意不够。杨殷大力帮助工会同志提高对于做好女工工作重要意义的认识，使顺德工人运动很快发展起来。在佛山，杨殷与梁复然等争取了当地进步人士梁敬熙的支持，使佛山各行业工会很快成立起来。杨殷与梁复然还发动有相当威信的钱维芳担任佛山建筑工会会长，后来这个工会的工作搞得很出色。

广州工人受行帮影响较深，工人运动很难统一。杨殷与刘尔崧等按区党委指示，与广州各工会领袖联络，晓以大义，劝其消除隔阂，加强工人的团结。同时，杨殷又深入各工会基层，在工人群众中进行宣传教育和组织工作，逐步使广州工人运动趋于统一。

1924 年 5 月 1 日，广州各行业工会联合召开了广州工人代表大会，决定设立广州工人代表会执行委员会，刘尔崧当选为主席，杨殷任顾问。大会通过了20个决议案。全市17万工人参加庆祝五一劳动节和广州工人代表会成立的游行，标志着广州工人运动在我党领导下开始走向统一。7 月，在广州工人代表会领导下，沙面租界工人取得了反对帝国主义新警律罢工的胜利。

1924 年 9 月，上海南洋兄弟烟草公司全体工人举行了大罢工。他们派代表到广州、香港、澳门等地请求各兄弟工会援助。在杨殷等人领导下，广州、香港的工会组织了罢工后援会，支持上海烟草工人的罢工斗争。他们号召工人、市民抵制该公司产品，禁止该公司产品运入广东，并把已运到的 400 多箱香烟没收拍卖，将所得款项救济上海罢工工人。接着，杨殷被推选为罢工后援会的代表之一，赴沪慰问和支援上海工人。该公司资本家阴谋以重金收买代表，遭到杨殷的拒绝和揭露。资本家恼羞成怒，雇佣流氓暗害杨殷。一天，杨殷在北四川路被几个流氓打伤，但他仍坚持同上海工人共同斗争。

杨殷，足智多谋，使工人运动开展得有声有色，同他共事的人都称他是党内“智多星”。

虽然没有担任省港大罢工的公开领导职务，但党中央称他“是中国历史上最有名的广东省港大罢工的领导者”

1924 年底，党派杨殷到铁路开展工人运动。

当时，广东铁路工人中行帮关系严重，他们按工种组织工会，彼此之间常闹纠纷。杨殷到铁路后，同工人打成一片，运用“十人团”的经验，逐渐把工人群众团结起来。为了方便工作，他把家搬到了铁路附近，还把他两个堂弟派进铁路做工，加强同工人的联系。

这样，他的家成了一个不挂牌的工人俱乐部，工人亲切地称他为“殷哥”，“殷叔”。经过培养教育，杨殷发展了铁路工人李连、李甫、陆枝等人入党。这些同志后来都成了广东铁路工人运动的领袖人物。

杨殷很注意从经济斗争着手来提高工人的政治觉悟。那时铁路工人工作条件恶劣，工资低，老工人长期不能加薪，徒工学习期限没有规定，工人有病请假要扣工资，路局还把政府公债摊派在工人身上。杨殷根据群众要求，领导工人争取改善经济待遇，反对摊派公债，并组织工人代表为此事到国民党中央的工人部交涉。工人部中大都是我党党员，同意工人的要求，帮助工人取得了斗争的胜利。

通过斗争，铁路工人提高了觉悟，加强了团结。1925 年 3 月，粤汉铁路工人首先打破原来的行会界限，成立了统一的产业工会——粤汉铁路总工会。广九铁路、广三铁路也相继成立了总工会。全国铁路总工会为加强对广东铁路工人运动的统一领导，建立了广东办事处，派邓培负责，杨殷任顾问。广东铁路工人成为一支坚强有力的队伍，在省港大罢工、平定叛乱、北伐战争和广州起义中都发挥了重要作用。

杨殷还很重视铁路沿线的农民运动，经常在工人中进行加强工农团结的教育。他说：工人的前身就是农民，农民是工人的后备军、同盟军。工人要帮助沿路农会组织，工农团结，互相支援，才更有力量。在杨殷等人的推动下，粤汉铁路的工会与英德、曲江等地农民协会经常联系，并与广三路和南海县九区农会密切配合。杨殷、梁复然培养、介绍了南海农运骨干周侠生、谢颂雅入党。他们后来成了南海县委和农民武装的领导人。

1923 年，宁阳铁路工人派代表到广州要求加入铁路办事处，要求办事处派人到江门帮助他们组织宁阳铁路总工会。但掌握该路的机器工会的工贼勾结土匪武装殴打来省代表，控制沿路车站和要冲，威胁办事处。铁路办事处得信后，派杨殷等人率领工人纠察队五六百人驰援宁阳。杨殷先向对方提出谈判解决；但对方自恃人多势众拒绝谈判，并串通驻在该路附近的国民党右派钱大钧所部十三师，企图对我工人武装进行夹击。杨殷派人动员沿路农民自卫军设岗放哨，加强警戒。工农武装互为依靠，迫使钱大钧部不敢轻举妄动。此时，杨殷等指挥工人纠察队，集中力量打击工贼、土匪武装，激战两日，全歼匪部，活捉匪首陈式容，缴获枪支弹药甚多。在杨殷直接帮助下，宁阳铁路总工会正式成立，参加了广东铁路办事处，使广东铁路工人运动完全统一在我党领导之下。

1924 年 10 月，广州发生商团叛乱，企图推翻革命政府。在中国共产党的支持下，孙中山召开了秘密会议，决定对商团叛乱实行镇压。杨殷与阮啸仙、刘尔崧、杨匏安等出席了会议。会后，他们分别组织工农兵革命武装，协同黄埔军校学生军迅速平定了这次叛乱。同年，杨殷担任广东区委监委委员、区委委员。1924 年 1 月，他出席了党的第四次全国代表大会。

1924 年秋，党派杨殷到香港，与苏兆征、林君蔚等共同工作。他的公开身份是国民党中央工人部的特派员。杨殷在九龙红勘街市侧靠近船坞和工厂的附近租了一间房子，派原在九龙船坞当过学徒的罗珠住在这里，负责联络工人，逐步把附近工人组织起来。工人称这个秘密的工人俱乐部为“小社”。杨殷常来“小社”，组织工人阅读《向导》等进步刊物，在工人中进行宣传演讲，使工人的思想觉悟日益提高。

杨殷也很重视教育、争取工会的领袖人物。他曾邀请九龙三合会的三个头头叙谈，指出他们当年“反清复明”的宗旨已经过时，现在应该反对帝国主义，争取民族独立，积极参加反帝大罢工。由于加强了党的领导，香港工人运动有了较快的发展，党掌握和影响的工会逐步增多，连英国人掌握的大东电报局等单位，也都有了秘密的工人组织。

杨殷领导的“小社”在斗争中表现很活跃。1925 年 3 月 24 日，香港党组织通过海员工会倡议，号召全港工人举行追悼孙中山逝世大会。“小社”动员广大工人参加，并于当天与香港当局派来破坏的武装警察进行了英勇搏斗。五一节前夕，杨殷等得知将在广州召开第二次全国劳动大会，遂决定扩大对这次大会的宣传。“小社”开了两次座谈会，并组织工人散发传单。五一节那天，杨殷亲自到工人俱乐部讲演。

五卅运动前夕，杨殷回到广州，适逢广东革命政府调东征军回师镇压杨、刘叛乱。区委调他与邓培、冯菊坡、杨章甫等人负责组织广三、广九、粤汉三铁路工人罢工，切断叛军运输，同时抢运东征军回广州。经过他们的努力工作，广大工人与革命武装密切配合，迅速平定了刘、杨叛乱。

刘、杨叛乱平定后，杨殷又受命赴港，参加省港大罢工的领导工作。

邓中夏和杨殷、苏兆征商定，组成领导香港大罢工的党团，统一领导香港各方面的工作。杨殷主要负责联络各工会。他立即召集在港从事工运的李连、李义保、梁桂华、罗珠等人举行紧急会议，决定由李义保等人负责发动华人排字工友赶印《中国共产党和共产主义青年团为五卅惨案告同胞书》和《全国总工会为五卅帝国主义大屠杀告工友书》，于正午 12 时散发。传单按时撒遍了整个港九地区，使工人和市民了解了五卅惨案的真相。

残酷的革命斗争既需要勇敢，也需要智慧。

1925 年 8 月，隐藏在革命内部的敌人，聚集在“中山舰”上开会，秘密商议杀害廖仲恺、谭平山等领导人。

此情报很快便由黄副官送到杨殷的手里。杨殷把情报转告廖仲恺先生。廖先生坦荡地说：“余为工人部长，但无负于国，无负于党（指国民党），个人更不营私，不牟利，要暗杀便暗杀，余复何惧！”

杨殷对这位国民党的左派领袖肃然起敬，但还是关心地提醒他要注意为好。

同月 20 日早上，廖仲恺和《广州民国日报》社长陈秋霖等驱车前往国民党中央党部，不幸在门前遭歹徒行刺。

面对敌人的疯狂反革命活动，中共广东区委书记陈延年嘱咐杨殷：“处在当前极其复杂的斗争形势下，我们必须加强特工工作。这个工作由你负责抓起来。”

“好，我一定完成任务！”

杨殷经过周密的思考，开展了具体而细致的工作：

一、利用任广州市公安局顾问之便，从海员中挑选一批中共党员，安插到市公安局和国民党政府机关，做搜集情报和保护左派人士工作；

二、从省港罢工工人中挑选了一批精干的工人，在省港澳各地建立了情报站；

三、把香港车衣女工李少棠培养为出色的情报、交通员；

四、在广州市文德路开设荣庐俱乐部，专门接待高级党政干部和知识界人士，派员从中搜集情报。

此外，杨殷还派了共产党员黎胜以知识分子身份进入国民党广州市公安局任特别侦缉员，并通过关系把其安排在国民党广州卫戍司令部谍报科工作。

后来黎胜发展了广州公安局长朱晖日的汽车司机陈添和公安局秘书长的司机梁暖加入中国共产党，获得了许多重要情报。

广州起义前，杨殷获悉中共广州市委委员周文雍被捕，便通过李源、沈青、陈铁军和一些司机把周从敌人的监狱医院营救出来。

6 月 19 日，省港大罢工爆发后，反动的机器工会在工贼韩文惠把持下阴谋破坏罢工。杨殷派人掌握韩文惠的动向，并与罗珠等人再度到机器工会动员骨干，做深入的发动工作。7 月初，机器、船坞工人也终于参加了大罢工。杨殷利用他叔叔等亲戚在海运、轮船上当买办的关系，让罢工工人持工会证明便可免费坐船回广州。他又派出铁路工人参加在广州的接待工作，动员铁路工人每月捐薪一天，支援罢工工人。

杨殷还负责大罢工的保卫工作。由于斗争策略的需要，杨殷虽然没有担任省港大罢工的公开领导职务，但他对这次罢工作出了重要贡献，在香港工人中享有很高的威望，因此，后来党中央称杨殷“是中国历史上最有名的广东省港大罢工的领导者”。

杨殷经常派年仅 12 岁的女儿杨爱兰往来港澳传递情报。同志们不忍心让小姑娘冒险，杨殷却说：“党的利益高于一切！”

1926 年 1 月，中国国民党在广州召开第二次全国代表大会。右派阴谋在大会期间暗杀共产党人和国民党左派，破坏国共合作。广东区委决定派杨殷负责大会的保卫工作。杨殷选调一批政治可靠，受过军事和武术训练的工农骨干，组成特别保卫大队，自任大队长，在大会秘书长吴玉章的领导安排下，日夜加强保卫工作，保证了大会的顺利进行。

1926 年上半年，蒋介石接连制造了“中山舰事件”和“整理党务案”。杨殷坚决主张反击蒋介石的反共阴谋活动，指出：“可合作则合作，不可合作可分开”，表示要坚持我党的独立性。

7 月，国民革命军出师北伐。杨殷发动铁路工人组成铁路交通队随军行动，及时修复被敌人破坏的铁路，有力地配合了北伐军的军事行动。

1927 年三四月间，蒋介石的反动面目逐渐公开暴露。杨殷对蒋介石的反革命本质也日益认识清楚。他再次提出：“应该坚决反对蒋贼的道路，不能再讲合作，应该同他分家。”这时，杨殷已参加了广东区委的领导工作。

“四一二”反革命事变后，广州形势十分危急。4 月 13 日晚，杨殷在十八甫路“粪寓”（党的机关）召开铁路党员干部紧急会议，贯彻区委指示，决定立即行动，破坏机车，拆除部分路轨，切断反动

香港罢工委员会及工人纠察队本部

军队运输。

4月15日，广州的国民党反动派也发动反革命政变。当日捕去共产党员和革命群众2000多人，封闭工会和团体200多个，优秀的共产党员萧楚女、熊雄、李启汉等被害。接着，杨殷的战友刘尔崧、邓培、李森等也惨遭杀害。当反动军警到万福路杨殷家搜捕时，杨殷临危不惧，妥善处理了有关材料之后，才从后窗跳出，安然脱险。他不顾个人安危，立即着手安排同志们特别是北方同志的紧急转移事宜。

这时，区委转移到香港，杨殷参加了区委紧急会议。会议决定，由穆青、赖玉润、杨殷负责区委的领导，坚持斗争。杨殷不畏艰险，奔走各地，重新整顿党的组织和工会，建立秘密的工人“十人小组”。

4月21日、23日，工会发动三路铁路工人和广州各业工人数千人，为抗议“四一五”事件而罢工。6月19日、23日，为纪念省港大罢工和“六二三”事件两周年，工会组织数万工人示威游行。10月底，汪精卫到达广州。11月1日，杨殷、周文雍组织被驱逐的2000多铁路工人和被裁撤的500多名火柴厂工人到东山汪精卫住所示威抗议，敌人逮捕了周文雍和工人30余人。

八七会议后，党中央决定由周恩来等领导南方局。在周恩来等来到之前，由张太雷、杨殷、黄平组织临时南方局，负责准备并指导暴动及一切政治军事事宜。10月15日，南方局和广东省委在香港召开联席会议，决定由张太雷负责全面工作并兼广东省委书记，杨殷负责临时南方局的军事和肃反两个委员会的领导工作，并兼任广东省委委员，负责工委工作。

会后，杨殷在澳门建立了领导机关，并派出同志到各地联络被打散的力量，建立秘密工作网点，整顿和恢复广东各地的党组织和工农群众组织；派梁复然回南海，整顿农会组织，派郑全、曾伟赞在广州恢复铁路工作，还派同志到叶剑英领导的第四军军官教导团中工作。他自己经常化装来往于港澳和省内各地指导工作，向各地同志宣传八七会议精神，强调要拿起武装来，曾亲自参加琼崖特委扩大会议，决定举行海南的秋收起义。他根据中央指示，布置在港澳的同志迅速返省工作，响应革命军回粤，组织被驱逐到乡下和流散街头的铁路工人集中广州，为武装起义做好准备。

广州起义前夕，杨殷很注意情报交通人员的培养和使用。他把参加过省港大罢工和广州起义的李少棠培养成了一个出色的情报交通员。木匠出身的郑全，也是杨殷培养的一个情报员。他在省港大罢工和广州起义中协助杨殷掌握斗争动态，后又打入广州卫戍司令部谍报科，为党收集情报，作出了不少贡献。

“四一五”后，香港地区工委书记梁桂华，因叛徒出卖被香港当局逮捕，杨殷通过各种关系，把梁营救出来，带到澳门，使梁安全脱险。有一次，他同梁复然由香港去海南岛，在船上被敌探发现。他果断地与梁分手，甩掉敌探，提前下船，脱离了险境。工人群众非常关心杨殷的安全，特地为他做了一个夹层箱，便于携带秘密文件和自卫武器。这个夹层箱子，现在陈列在中国革命博物馆。

值得一提的是：为了革命的利益和同志们的安全，杨殷经常派年仅 12 岁的女儿杨爱兰往来于港澳传递情报，小姑娘每次出去执行任务，杨殷的同事们总是捏着一把汗，担心出事。他们对杨殷说："你不能再让女儿冒险了。"杨殷的回答是："党的利益高于一切！"

化装成药材商人的杨殷乘火车赴苏联，出席党的第六次全国代表大会

广州是第一次大革命的策源地，工农运动曾有很大发展，中国共产党在这里有很好的工作基础。

在中共广东省委的领导下，全省工农运动日趋活跃。1927 年 10 月中旬广州市海员举行的罢工，得到各业工人的援助，两万多工人举着红旗，向反动政府示威，显示了广州工人阶级的觉悟和力量。11 月中旬，粤、桂军阀之间为争夺地盘爆发战争。中共中央认为两广军阀争夺广东地盘的冲突，实际上是工农群众革命潮流的高涨，要求广东省委"坚决地扩大工农群众在城市、在乡村的暴动，煽动士兵在战争中哗变和反抗，并急速使这些暴动会合而成为总暴动，以取得全省政权，建立工农兵士代表会议的统治"。

11 月 26 日，中共广东省委书记张太雷从香港返回广州，秘密召开了有部分省委常委参加的会议，具体研究了广州暴动的准备工作，决定乘张发奎的粤军主力调往肇庆、梧州一带，广州市内兵力薄弱的有利时机，组织共产党所掌握的第四军教导团和警卫团一部以及工农武装，举行武装起义，并成立了以张太雷为委员长，黄平、周文雍为委员的革命军事委员会，负责领导起义。随后又成立了起义军总指挥部和参谋部，叶挺任总指挥，叶剑英任副总指挥。杨殷参加了起义的领导，负责总指挥部的参谋团工作，收集情报，在叶挺未到广州之前，协助军事技术的指导和制订起义的行动计划。他还与周文雍等人把广州分散的手车、铁路、汽车等各行业的秘密工人武装统一组编为工人赤卫队。杨殷负责指挥西路起义军。起义原定于 12 月 12 日举行，起义前夕，张发奎对起义的计划有所察觉，准备解散教导团，在广州实行戒严，并调其主力部队赶回广州。在此紧急关头，中共广东省委决定提前于 11 日凌晨举行起义。

12月10日上午，杨殷赶到黄沙阶砖巷秘密联络处召开了西路起义军领导骨干紧急会议，传达了提前起义的决策。接着，又赶到禺山市场出席了叶挺召开的参谋团军事会议。杨殷在会上详细报告了参谋团掌握的情报。晚上8时，杨殷和周文雍又到谭新街联络点召开西路起义军会议，进行部署，抽调粤汉、广三铁路工人中的骨干王春、李连、黄寿等组成敢死队，配合教导团攻打市中心的公安局，要求西路工人赤卫队打下黄沙、石围塘车站后，接应农军进城，并控制广州外围。会上，杨殷强调起义队伍要勇敢机智，立即肃清反革命，防止敌人破坏。

12月11日凌晨3时，广州起义爆发。广州苏维埃政府在战斗中宣告成立，杨殷任人民肃反委员，在苏维埃首次会议上报告了肃反工作情况。会后，下令处决了一批反革命分子，并通知各路起义军加强肃反工作，维持革命秩序，控制交通。他又布置参加攻打公安局的铁路工人敢死队，迅速返回广三、粤汉、广九等路，占领和守住车站，切断敌人运输，阻滞敌军反扑广州，同时调机车接运郊区农军进城，援助起义军。杨殷这些布置，在起义中发挥了重要作用。

12日中午，张太雷不幸中弹牺牲。杨殷继任广州苏维埃代理主席。

13日，在敌我力量过于悬殊的情况下，为了保存力量，起义军决定撤出广州。杨殷一直坚持指挥赤卫队作战，直到敌军已逼近公安局，他才率十几名赤卫队员突围撤出广州，前往海陆丰，与彭湃等共同坚持和扩大海陆丰的武装斗争。

晨報

廣州城紅旗薇天

蘇維埃政府正式成立

工農留守兵士聯合大革命

張發奎與黃琪翔隻身逃亡

市中惟有手執鍬斧之農工

當時《晨报》有关广州起义的报道

广州起义失败后，杨殷和其他起义领导人一样，都错误地受到批判和党纪处分。杨殷不同意这种简单粗暴的处理，但他不为个人申辩，不计较个人委屈荣辱，仍然全力以赴地处置起义的善后工作，积极接待安置到港的同志。那时，许多同志流落港澳，生活无着，遇难家属急待抚恤。他到处设法，同时又耐心教育大家要坚定革命必胜的信心，指出：“起义是失败了，但血是不会白流的，现在已是腊月残冬，春天不是就要来了吗！”鼓励大家“更努力准备我们的力量，为死难的工友，农友，士兵报仇，为先烈遗留给我们的苏维埃而奋斗！”

不久，党中央纠正了“左”的惩办主义错误，4 月 13 日省委举行扩大会议，杨殷又当选为省委委员。

1928 年 6 月，杨殷为出席党的第六次全国代表大会，与黄平等人同船到达大连，然后化装成药材商人乘火车到满洲里赴苏联。杨殷在这次大会上当选为中央委员。六届一中全会又当选为政治局候补委员、中央政治局常委会候补委员，并任中央军事部长。会后他从苏联回国到上海。1929 年 1 月起任中共中央军事部部长、中共中央军委委员、中共中央军委主任兼中共江苏省委员会军事部长，曾到苏鲁皖等地领导过武装斗争，为我党的军事工作作出了重要贡献。

国民党反动派将杨殷秘密杀害。临刑时，杨殷笑道：“朝闻道，夕死可矣！”

1929 年 8 月 24 日，由于叛徒出卖，杨殷、彭湃等同志在上海租界召开一次秘密会议时被捕。

叛徒就是白鑫。

白鑫曾任过彭湃属下一个团的团长，海陆丰苏维埃政权落入敌手后，他偕妻到了上海，在中共中央军事部任秘书。不久，彭湃奉命到上海出任中央农委书记兼江苏省军委书记。时任中央军事部长的杨殷，经考虑再三，决定让白鑫当彭湃的秘书。因此，白鑫的住处因此成了党的一个重要的联络地点。

随着全国革命进入低潮，白鑫被白色恐怖吓破了胆，对革命前途丧失信心，被敌人拉了过去，因出卖革命同志而获敌人奖赏一辆小车和五万元，并被委任新职。

事情的大体过程是：8 月 24 日上午，白鑫接到彭湃的指示：下午 3 时在白鑫的家召开军委会议。白鑫估计周恩来、杨殷、彭湃定会出席会议，于是和其妻做好会前准备后，便借口胃病发作，外出向上海公安特派员范争波告密。

敌人一听是周、彭、杨，其兴奋程度难以形容，预先布置好密探在周围守候。

当天下午 4 时，杨殷、彭湃和上海总工会副总指挥张际春、中央军委委员兼江苏军委委员颜昌颐、江苏省士兵运动负责人邢士贞等聚集在沪西新闻路经远里 12 号白鑫家的二楼开会。白鑫夫妇假惺惺地装出极其负责的样子在把风。

一会儿，几辆红皮钢甲车载着法租界的洋武装巡捕与上海公安局的中国密探，直驶到白鑫夫妇的住家附近。他们在弄堂内外布置妥帖后才拍门，一进入屋就登楼捕人，而对白鑫夫妇却不闻不问。捕人后，装模作样地在白鑫的床下搜出一些革命刊物，如《布尔什维克》《红旗》及党中央的通告等。随即，国民党警察把彭、杨等五人押至新闸捕房。为免节外生枝，当局封锁消息，禁止各报登载，生怕民众起来造反。

杨殷、彭湃等被捕当晚即受审讯。问官一无所得。二审在27日的下午开始，历时近5个小时。杨殷、彭湃均公开承认了自己的经历。

审问官对杨殷说："你是老同盟会员，曾跟国父推翻清朝，是一个对国家有贡献的人。只要你现在回心转意，重归国民党队伍，蒋先生是不会亏待你的，可以安排一个高级官职给你，让你享尽荣华富贵。"

杨殷冷笑一声："你们这些败类，背叛了孙中山先生的三民主义，与孙先生背道而驰，只会给孙先生抹黑。你们是国民党中的反动派，只懂得祸国殃民。要我投降万万不能。"

反动派得知杨殷掌握着我党同志分布的情况，妄图从他口中掏出党组织的情况。但尽管敌人严刑拷打，杨殷绝不吐半字，绝不泄露党的机密。敌人连半根稻草也捞不到。

蒋介石深知杨殷、彭湃在中共和工农群众中的分量，为免夜长梦多，于8月30日，亲自下令秘密枪杀彭湃、杨殷、颜昌颐、邢士贞四位同志。临刑前，杨殷从容镇定，慷慨自若，笑着对狱中难友说："朝闻道，夕可死矣！"迈着坚毅的步伐，与战友们高唱国际歌，呼着口号奔赴刑场。引得一般士兵都失声痛哭，连看守员也为之掩面。杨殷牺牲时，年仅36岁。

杨殷等四烈士牺牲后，周恩来万分悲痛，教育大家要继承烈士遗志，坚持革命，并提出要用革命的手段镇压反革命，为烈士报仇，为党除奸，决定惩处叛徒白鑫。不久，他指挥特科同志终将白鑫和国民党特务数人击毙。

周恩来还为中央起草了《以群众的革命斗争回答反革命的屠杀》的通告，概述了四烈士的事迹，揭露了帝国主义和国民党反动派杀害四烈士的罪行，号召"全国工农劳苦群众！起来！纪念着彭杨诸领袖之血的教训！起来！与帝国主义国民党作坚决不断的斗争！"

彭湃、杨殷等烈士牺牲后，红军建立了彭杨军事政治学校。红军彭杨（彭湃、杨殷）军事政治学校是为纪念杨殷与彭湃由闽西红军学校改名而来的，校长萧劲光，政治委员由张鼎丞兼任。一年招生二期，共一千人。1931年冬，中革军委决定以彭杨军事政治学校与红一方面军教导总队及红三军团随营学校为基础，成立中国工农红军中央军事政治学校。翌年夏，改称中国工农红军学校。1933年10月，扩编为五所学校：红军大学、红军彭杨步兵学校、红军公略步兵学校、红军科技学校和地方游击队干部学校。

彭杨军事政治学校自创办以来，为红军部队培训了一大批各类军政干部人才，在红军部队的建设中起了酵母和种子作用。他们中有部分人为革命牺牲，大部分后来成为人民军队的高级将领和指挥人员。

烈士的共产主义精神培育着一代一代的革命者不断成长。

“党的安全保卫工作的开拓者”

——中共第六届中央政治局候补委员、国家政治保卫局局长邓发

主题人物：邓发

籍　　贯：广东云浮县

出生时间：1906年3月7日

主要职务：1925年加入中国共产党。曾先后担任中共香港市委书记、广州市委书记、闽粤赣边区特委书记和军事委员会主席、中华苏维埃共和国中央政府执行委员兼国家政治保卫局局长、中央红军军委纵队政委、中共驻新疆代表兼八路军驻新疆办事处主任、中央党校校长、中央职工运动委员会书记，是中共第六届中央政治局候补委员

牺牲时间：1946年4月8日

牺牲地点：山西兴县黑茶山

当时年龄：40岁

周恩来：工人队伍里培养出来的领袖。

杨尚昆：我记得他当年任国家保卫局局长，是一个对党非常忠诚，一个性格开朗，一个能团结同志的人。

血雨腥风中，邓发临危不乱，面对广州起义失败后反动军警的疯狂搜捕，他借助着印有公安局字样的“风灯”机智脱险

前苏联有着重视情报保卫工作的传统。1917 年十月革命胜利后，为捍卫新生的无产阶级革命政权，12 月 20 日苏俄政府就成立了肃清反革命和怠工委员会，简称“契卡”，捷尔任斯基担任主席。

1922 年全俄肃反委员会改组为国家政治保卫局，简称“格伯乌”，“格伯乌”是国家政治保卫总局三个俄文字第一个字母放在一起的音译。

1931 年 11 月，当中华苏维埃共和国临时中央政府成立之际，中央苏区仿效苏联也成立了自己的“格伯乌”——国家政治保卫局。邓发，这个名字对于现在的人们已经陌生而且遥远。在 2005 年 4 月 25 日新华社播发的“永远的丰碑”中，邓发这个名字再次被提及，称他是“我国工人运动的著名领袖之一”。读过斯诺《西行漫记》的人也不会对这个名字陌生，他被斯诺称作“中国红军特务队的首领”，大名鼎鼎的李克农、潘汉年等都曾是他的部下。

那么，邓发到底是个什么人呢？让我们从头说起……

1906 年出生的邓发是广东云浮人。云浮位于西江中游南岸。这里群峰竞秀，洞石争奇，美丽的岩溶风光独具特色，素有“石都”之称，又有“小桂林”之美誉。他家是多子女的贫苦农家，家庭贫寒，兄弟姐妹十人，他排行第八，乳名“八仔”。邓发的祖父靠弹棉花养家糊口，因劳累过度早逝。邓发的父亲邓应培靠给地主家干活维持生活。邓发童年聪明好学，富有同情心和正义感。邓发十岁才念私塾。12 岁进入县东明小学读书，翌年初小毕业时成绩名列第一。家里节衣缩食供他念了几年书，他初步领悟了穷人受苦和以斗争求出路的道理。

邓发故居

1920 年，孙中山重返广东主政，广州革命如火如荼。民国十年（1921），因家庭贫困，不能继续升学，年方 15 岁的邓发背井离乡，从云浮老家来到广州谋生，做过勤杂工和广州西湖路公益祥旅店的茶房。老板的责骂，洋人的白眼，在他的心灵深处留下了痛苦的印记。幸运的是，在公益祥旅店里，邓发结识了经常来店的香港海员工人领袖苏兆征，受到了政治启蒙教育，对黑暗的社会有了一些认识。长期萦绕在他头脑中的疑团——人世间的不平等现象，得到了正确的解答。从此，他就抱定志向，要为工人阶级的解放事业奋斗终生。不久，邓发随他哥哥邓芳到了香港海船上当海员。第一年，他参加了苏兆征领导的中华海员工业联合总会，从此，一步步走上革命之路。“省港大罢工”时，他参加罢工工人登记，被工作人员误记为“邓发”。这一改动，得到他十分崇敬的海员领袖苏兆征的肯定，邓八才成了后来大名鼎鼎的邓发。

他一边积极参加工会组织的各项宣传、斗争活动，一边刻苦学习文化科学知识。工余时，他学英语，常常用筷子夹着舌头训练发音；或者用铅笔、炭棒给工友画像。艰辛的努力，使他增长了知识，积累了经验。

1922 年，中国的工人运动开始出现了第一次高潮。这年 1 月，香港的海员工人首先爆发了大罢工。邓发怀着十分兴奋的心情投入到斗争的行列。他积极参加海员工会的工作，主动团结工人，成为这次大罢工的活跃分子，第一次经受了斗争的锻炼和考验。

1925 年 6 月 19 日，广州、香港两地工人举行省港大罢工，声援上海工人和各界人民的反帝斗争，坚持了 16 个月，是世界工运史上的奇迹。邓发是这次大罢工的骨干分子。他被推选为罢工工人代表大会代表，并参加了以苏兆征为首的罢工工人委员会工作，担任工人纠察队队长，开了他毕生以主要精力从事的政治保卫工作的先河。这年 10 月间，邓发经苏兆征介绍，加入了中国共产党。从此掀开了他人生新的一页。一条充满希望、艰难而漫长的革命征途在他面前铺开。

邓发加入共产党后不久改做宣传工作，经受了平生头一回生死考验。

1927 年 4 月 15 日，国民党反动派在广州发动反革命政变。一时间，大革命策源地的广州弥漫着血雨腥风。当天，住在省港罢工委员会宣传部的邓发，突然听到外面的嘈杂声。他顿时联想起三天前上海“四一二”反革命政变的情景，意识到敌人要对省港罢工领导机关和罢工工人下手了。邓发没有惊慌失措，一边布置同志们赶快转移，一边急速清理文件。同志们刚刚离去，文件还来不及烧毁，“嘭嘭”的敲门声便骤然响了起来。邓发毫不迟疑，顺手从桌上拿起常用的画夹，将文件往画夹中一放，打开窗子便跳了下去。敌人发现有人跳窗逃走，紧追而来。邓发思谋人快毕竟跑不过子弹，索性不跑了。他坐在一户关了门的人家门槛上，打开画夹，聚精会神画了起来。敌人放过“画师”追过去了，邓发却不敢松口气。他喊住开门出来的母子俩，说要给小孩画像。小孩欢欢喜喜地站下，让他画。这时，敌人杀回马枪，逼了过来。然而，邓发以其从容不迫的对答，惟妙惟肖的画技骗过了敌人，加上那母子帮着说话，敌人终于一无所获。

1927 年 12 月，邓发又参加了著名的广州起义，任第五区副指挥，指挥油业工人作战。起义军一度建立了广州苏维埃政权，但由于敌我力量悬殊，起义很快失败。这时，邓发主动要求率领工人赤卫队到广州长堤一带阻击敌人，掩护起义部队撤退，英勇顽强地同数十倍的敌人浴血奋战。12 月 13 日下午 3 时左右，在胜利完成阻击任务、赤卫队只剩下三个人后，邓发临危不乱的素质再次表露无遗：大家分头隐蔽，分散保存力量。随后，他跑到广州四牌楼牌坊巷 5 号，找到四叔公邓北水家里，敌人尾追很急。他一进屋就吩咐："现在敌人四处搜查，不要怕，敌人还未看到我进来，只要镇定就没事。"他叫堂姑邓莲彩给了他一碗冷水喝了，把心定下来，又叫四叔婆找出几张旧药方纸，又把痰盂里的脏水倒了些到邓莲彩床边，盖上一些炉灰，装成"病人"呕吐过的样子。接着，他自己就躺到邓莲彩的床上装起病来。

当一切事情处理后，不到半小时，反动军警就搜查到了。几个端着枪的敌人，一进门就凶神恶煞地追问：有没有共产党进来？如果收藏了共产党就要立即杀头。在这千钧一发的时刻，邓发十分镇定，装成病得很痛苦的样子。一个敌人想走近他的床前用手摸他，当发现床前一堆"病人""呕吐"的脏东西，加上看见这个"病人"不像装病，就立即用手捂住嘴赶快退出了房间。接着，他们说了几句"不准窝藏共产党"的话，就到别处搜查去了。到了傍晚，反动军队又挨家挨户地进行搜查，并到处杀人。为了安全起见，邓发的哥哥把他从牌坊巷 5 号转移到自己的家里。在这个时候要出门危险性很大。为了躲避敌人，邓发就叫哥哥赶紧回公安局"包膳食"的饭堂（当时他哥哥在省公安局包伙食）取来一盏印有公安局字样的大"风灯"，举着这盏大"风灯"，才顺利地转移。可是进屋不久，就听到隔壁敌人搜查的声音，邓发灵机一动：把那盏印有公安局字样的"风灯"挂到门头上，把大门打开，兄弟二人在门边站着，造成公安局的人正在屋里搜查的样子。就这样，敌人搜查到门前一看挂着"风灯"，以为已有公安局的人在屋里搜查，便跑到别的人家搜查去了。在危急关头，邓发临危不惧，镇定自若，在家人的配合下机智地脱了险。1928 年春，邓发赴香港任中共太古船坞支部书记，后任中共香港市委组织部长，并主持建立了香港特科。他临危不惧，胆略过人，善于应变，机智地与敌人周旋，出色地完成了为党收集情报、惩处叛徒、营救同志、组织秘密会议、保卫党组织安全等艰巨任务。

敌人对他恨之入骨，悬赏五万大洋买他的头。

这年秋天，邓发被选为中共广东省委委员，兼全国总工会南方代表，先任中共香港市委书记，又任中共广州市委书记，不久又改任香港市委书记、广东省委常委兼组织部长。在革命处于低潮、白色恐怖严重的环境下，他不顾个人安危，深入到基层工人群众中，进行艰苦细致的组织工作，教育他们走团结斗争的道路。

邓发的夫人陈慧清，14 岁从番禺来到香港，进了一间织造厂当童工。她的人正如她的名字，聪慧而清明。她身材娇小，但心胸里蕴藏着远大理想。她从自己和身边很多人的生活境遇中，悟出这个世界很不合理，有钱人仗势欺人，没钱人忍气吞声，太不合理了！一定要改变！不然，老百姓没活路了。所以她很快接受了革命思想，参加了香港织造工会，任宣传委员。她于 1923 年加入了中国共产党。她有着和邓发同样的经历：参加了香港海员大罢工，省港大罢工，广州起义等革命活动。在广州起义过程中，她任交通员，常常独自往来于血与火之中，秘密传递信件。

她和邓发在香港筹备海员大罢工时就见过面，但不认识。1925 年，他们分别与各自的组织回广州参加省港大罢工和广州起义，因为都从事宣传工作，罢工委员会经常组织委员们学习或开会，他们认识了并渐渐产生好感。后来，两颗年轻的心，以革命的名义，强烈地互相吸引，倾慕和爱恋之情也随之无法释怀。但在革命斗争汹涌澎湃的年代，他们不但矜持而冷静，没任何“表示”，且都自觉地把这份爱的激情融进革命斗争之中。

1929 年春，邓发应约去码头迎接到港工作的战友、也是女友陈慧清。久别重逢，两人有多少知心的话要说。然而，身处险恶环境中养成的革命警惕性，使邓发依然保持着高度的敌情观念。

就在安顿好陈慧清不久，邓发透过一家商店的橱窗玻璃，发现一个女叛徒正盯着自己。他马上离开，但叛徒也随即跟了上来，并且高声叫着：“邓发！邓发！”

邓发神情泰然地向她点点头。叛徒故作惊叹道：“哎呀，邓发，你让我找得好苦噢！我找不到党组织，党费无处交，党的会议也参加不上……”

这时，邓发瞥见两个港警正向自己走来，便轻声对叛徒说：“其实，我跟你一样，也不清楚组织在哪里。哦，我们找个地方好好叙叙吧。”不等叛徒多想，邓发已拉起她的手就走。

叛徒虽然心有不甘但置身于邓发的铁腕之下，她明白反抗意味着什么。

他们走到一家咖啡店门口，邓发“礼让”叛徒先进门，他则敏捷地从地上捡起早已瞄定的一截甘蔗尾，塞进裤袋里，尾随而入。喝过两杯咖啡，聊过一些闲话，邓发见外面行人已稀稀落落，便又要叛徒出去走走。出去以后，邓发越走越快，叛徒不由得心里一紧，生怕到手的鸭子飞了。她赶紧高喊一声“邓发”，企图引来港警或特务。然而迟了，邓发已把裤袋里的甘蔗尾顶住了叛徒的腰部。“枪！”叛徒顿时想到特科的“打狗队”，失声惊呼。

邓发圆瞪双眼，低沉而有力地说：“我代表人民处决你这个可耻的叛徒！”叛徒一听，吓得连声求饶，掉头就逃。邓发也趁机拐弯抹角地飞奔脱离了险境。

为了“一苏大”的顺利召开，在毛泽东的启发下，邓发决定唱一出“空城计”，果然在大会举行的当天，十多架国民党飞机如期而至

大革命失败后，面对血淋淋的事实，中国共产党懂得了掌握枪杆子的重要性。于是有了八一南昌起义的枪声，有了秋收起义、广州起义的号角，有了以中央革命根据地为代表的一系列红色政权的诞生。到1931年9月第三次反“围剿”胜利之时，仅中央根据地就扩大到28县境、15座县城，总面积五万多平方公里，人口达250万。

共产党力量的发展、壮大，自然为蒋介石所不容。

对共产党的搜捕、迫害在白区一刻也未停止。

对各革命根据地除了多次发动反革命“围剿”、企图扑灭革命的火焰外，还实行政治上的诬蔑、经济上的封锁、特务的渗透等各种举措。

在这样险恶的环境中，苏维埃政权必须以革命的双手来抗击国民党反革命的双手。中央苏区的政治保卫工作也就应运而生。

起初，这种特殊战线上的对敌斗争，主要是由各地的肃反委员会来承担。而随着形势的发展，仅由肃反委员会公开的、群众性的斗争方式，已不适应斗争需要。为此，1931年6月，中央指出：“必须立即在各苏区成立起‘政治保卫处’的专门组织。”闽西苏维埃政府根据中央训令的精神，于1931年7月15日正式取消了原来的肃反委员会，成立了闽西政治保卫处，明确该处的任务为巩固政权，镇压反动，保卫工作人员及群众生命的安全。同时，苏区所辖的各县也先后成立政治保卫处，并配备一支武装力量——政治保卫队。保卫队每人均发有证章，执行任务经过各要隘哨口，凭证章或保卫处介绍证明即可通行无阻。由此，中央苏区政治保卫工作的雏形已基本形成。

苏区的保卫工作，任务重大，压力大，必须要挑选取一位对党忠诚、机警敏捷、对敌斗争经验丰富的同志来担当此任。

到底用谁呢，经历丰富的邓发走马上任了……

邓发的确不是一个简单的人物。

斯诺在1937年10月出版的《西行漫记》(即《红星照耀中国》)的第一篇"汉代青铜"这节里，曾有这样的描述：

一个身着国民党军装，英气勃发的年轻军官，看起来力气不大，可他冷不防地、挑战似的抓住我的胳臂。他的手像铁爪子似的那么有力……我后来注意到，这个人的行动有一种黑豹的优美风度……他把脸凑近我，露出笑容，锐利的眼光紧紧地盯着我，把我的两条胳臂紧紧地握在他的那双铁爪子中，然后摇摇脑袋，滑稽地撅起了嘴，向我眨着眼，"瞧瞧我！"他低声说，好像一个有什么秘密的孩子一样高兴。我被感染得兴奋起来，啊，这不是国民党要花五万大洋悬赏的共产党秘密警察的头号领导人邓发吗？

邓发

邓发就是中央苏区"国家政治保卫局"的总头头。

邓发生前战友、原国家主席杨尚昆评价邓发说："我记得他当年任国家保卫局局长。是一个对党非常忠诚，一个性格开朗，一个能团结同志的人，和大家相处很好。"

原国家水利部副部长刘兆伦回忆邓发在延安时的情况说："他(邓发)名气很大，资格很老。但他没有一点老资格的味道。经常跟我们开开玩笑，说说广东话，非常亲切。他深入学生实际，当年盖礼堂，他也亲自参加劳动。"

邓发是在1930年6月初到苏区的。在上海中共六届三中全会的邓发，被补选为中央委员后，即奉派去闽粤赣苏区主持工作。

他从1930年6月进入东江苏区，到次年2月上旬调离闽西，在短短八九个月里先后担任中共闽粤赣苏区特委(省委)书记、军委主席、闽粤赣军区主席等重要领导职务。他认真贯彻六届三中全会精神，依照中央赋予他的使命，停止冒进政策，将闽西苏区向东江苏区发展，使闽粤赣苏区连成一片，成为中央苏区的重要组成部分，出色地实现了中共中央政治局的"苏区工作计划"。他领导闽粤赣苏区特委及所属各地党组织，积极配合中央交通局，成功地开辟了从上海经香港、汕头、潮安进入闽粤赣苏区和江西苏区瑞金的红色地下交通线，加强了设在上海的中共中央与苏区中央局和红一方面军的联系，以及华南各苏区党组织和红军的联系。他亲自布置闽西特委交通员卢伟良，完成了护送留居香港的叶剑英平安到达中央苏区的紧急任务。事后又委任卢伟良担任大埔交通站站长。卢伟良果然不辱使命，调动、配合各方力量，成功地将刘少奇、项英、任弼时、周恩来等多名党的高级干部、军政人员，从白区带到了中央苏区；又将黄金等贵重物资从中央苏区带到上海，给党做经费。

显然，丰富的经历，过人的机智，丰富的对敌斗争经验，以及对革命的无比忠诚，使邓发成了一个出色的国家政治保卫人才。挑选邓发执掌苏区的保卫工作可谓人尽其才。

1931 年 7 月，邓发奉命奔赴中央苏区并成为中共苏区中央局委员，担任红军总司令部政治保卫处处长，负责红军的政治保卫工作。

1931 年 11 月，经过两年多的筹备，全国苏维埃第一次代表大会就要在瑞金召开了。显然，在当时的险恶环境下，怎样保证会议的顺利召开，怎样保证来自全国各红色根据地、部队和团体的 600 多位代表的安全，就是特别重要的事情。也考验着负责保卫工作的邓发。

就在“一苏大”即将召开之际，毛泽东在曾山和邓小平陪同下，前来视察会场。

此时，树林中已开辟出一块能容纳万余人的红军广场。广场的四周，参天的樟树环绕着，便于隐蔽和疏散。

从广场向西南走两百米远，便是“一苏大”召开的会场。

这栋古老的建筑，原是谢氏宗祠，坐东北朝西南，三面砖墙，正面和厢房是木质结构，16 根粗壮红漆的圆木柱支撑其间。

在前厅和正厅之间，有一方天井，正厅后墙中央的花格屏风被改造成大会的主席台。前厅安装有三道木质双合大门，几个木匠正在把原门拆除，重新安上木栅栏大门，并把一颗金灿灿的大五角星悬挂于正门上方。

视察到这里，曾山向毛泽东解释道：

“厅内的木板正房也要拆除，还要在天井上方加盖玻璃瓦雨棚，下方铺上木板。这样改建一下，就可以容纳上千人了。”

毛泽东视察完会场，表示满意。

大会的安全、代表的安全检查更是毛泽东考虑的重点。

时任政治保卫处处长的邓发向毛泽东汇报了保卫工作的准备情况。毛泽东向他询问了警备力量的分布、警卫点的设置以及应急的措施。最后向邓发提出了一个问题：

“如果突然出现小股敌人或反动民团的破坏，你们能阻击多久？”

邓发表示：“如果敌人数量少，我们警卫部队可以就地消灭。如果敌人数量多，我们将坚持到最后！”

毛泽东深思了一下，带着严肃的表情说：

“召开‘一苏大’，是一件大事。敌人一定会千方百计进行各种破坏活动。你们警卫部队一定要注意六百多名代表的绝对安全，不能出任何问题。搞安全保卫工作，不能光有决心，还应有切实的措施和周到的安排。既要防备敌人在明处的骚扰，又要预防敌人在暗中搞破坏。既要防备地面来的敌人，还要预防敌人进行空袭。”

听了毛泽东的一席话，邓发感到“一苏大”的安全保卫工作还有许多漏洞，特别是如何防范敌人的飞机进行空袭的问题，没有考虑。不知不觉，脸上露出了惭愧的神色。

的确，对苏区情况，蒋介石一直高度关注。在获悉共产党将在江西或福建某地成立苏维埃共和国后，他如坐针毡。连续三次“围剿”的失利，已经让自认为军事力量强大的南京政府大失颜面。蒋介石怎么能眼睁睁地看着共产党建立新国家来与其抗衡？蒋介石命令特务头子陈立夫和军政长官何应钦派谍报人员前往赣南、闽西侦察共产党建立国都的时间和地点。

为了确保“一苏大”顺利召开，尤其是为防止敌人的空袭，邓发在毛泽东的启发下，决定唱一出“空城计”。在离叶坪村40公里的长汀县城设一处假会场，并在那里大张旗鼓地进行大会准备工作，以吸引敌人的注意，并亲赴长汀具体部署。

果然在大会召开当天上午，十多架国民党的飞机如期而至。正在开会的代表捏了一把汗。见瑞金没什么动静后，敌机盲目狂轰滥炸一阵之后，又朝闽西长汀县城方向飞去。飞行员一眼便看见南寨坝广场上飘扬的红旗，排得整齐有序的条凳，还有一个很大的戏台样的主席台。他们认定这是“一苏大”会场，毫不犹豫地将剩余的炸弹抖落。中午，长汀县快马来报，上午9时南寨坝广场假会场被七架飞机轮番轰炸了十几分钟，200多张条凳，无一完整。

邓发的“空城计”真正发挥了它的作用。

1931年12月1日，毛泽东、项英、张国焘签署《中华苏维埃共和国中央执行委员会第一号布告》，任命邓发为国家政治保卫局局长。从此，公安部的前身——国家政治保卫局——诞生了，人民公安机关诞生了！

以前，中共工作分为苏区、白区两大系统。白区的情报、保卫工作由特科主管，苏区的情报、保卫工作由肃反委员会主管。国家政治保卫工作局成立之后，统管各苏区、白区的情报、保卫工作。就在国家政治保卫局建立的前后，全国各苏区也将肃反委员会改制为政治保卫局、分局、处。中共的全部工作范围，都由国家政治保卫局覆盖。

国家政治保卫局以其出色的工作赢得了“苏维埃共和国卫士”的美誉

苏区时期，国家政治保卫局由于战争的原因，在瑞金频繁搬迁，从叶坪到沙洲坝，再到云石山，留下多处旧址。现在仅存的，是国家政治保卫局驻扎时间最长的叶坪庙背旧址。这里的群众都姓谢，旧址俗称谢氏祠厅，始建于1928年，颇具赣南建筑风格，坐西南朝东北，由祠厅和左右横屋组成，土木结构，两层一厅十八间，占地面积约500平方米。旧址虽然在60年代初就列为县级重点文物保护单位，但是由于经费的原因，已年久失修，墙体裂缝，粉刷层脱落，梁椽瓦桷老化，屋内当年书写的“消灭地主武装”“反对吃大烟的”“反对日本帝国主义进攻东三省”等标语口号仍然模糊可见。

谢氏宗祠内“一苏大”会场一如昨日，主席台正面墙上贴着马克思、列宁画像，像中间是一面镰刀斧头红旗；主席台两侧贴着一副对联，上联“学习过去苏维埃运动的经验”，下联“建立布尔什维克的群众工作”。主席台上方悬挂横幅标语，“全世界无产阶级联合起来！”大厅里，整整齐齐地摆放着数十排凳子。

刚刚挂起招牌的中华苏维埃共和国国家政治保卫局，是全国苏维埃政府肃反保卫的最高领导组织机关，它的职责是专门执行侦察、镇压政治上和经济上的反革命活动。

江西瑞金沙洲坝苏维埃临时中央政府礼堂

在反“围剿”的后方，它为稳定革命秩序、保障苏维埃国家的政权和经济文化建设，发挥了重要的作用。国家政治保卫局“苏维埃共和国卫士”的美誉，蜚声全苏区。

国家政治保卫局，是中央政府人民委员会下设的九部一局之一。要带好这个镇压反革命的特殊组织，邓发首先想到的是要建立专门的机构，配备优秀的干部。国家政治保卫局成立后，邓发从组建机构体系入手，很快打开了局面。国家政治保卫局下设侦察部、执行部、秘书处、政治保卫大队。侦察部部长是李克农，主要负责建立健全工作网络，开展跟踪侦察，检查过往邮件和白区的书报杂志。执行部由洪水任部长，负责管理拘留、审问及处理罪犯，同时还担负领导保卫队，签发护照、通行证、路条等任务。秘书处主要管理局内事务，由欧阳毅任秘书长。政治保卫大队由吴烈任大队长，海景州任政委。

1932年夏，根据革命战争形势的发展，又增设了红军工作部和白区工作部，由李克农兼任红军工作部部长，张国焘任白区工作部部长，秘书处改为总务处，欧阳毅任处长。先后在各部门负责的，如张然和、钱壮飞、欧阳毅、李克农、李一氓、胡底、吴烈，张克俭等，都是经过邓发挑选或认可的、具有丰富对敌斗争经验的红军干部或特科干部。到国家政治保卫局的干部，都经过严格的政治审查，不仅要详细审阅个人历史，而且要当面审查考核，从家庭情况、个人历史、社会关系、参加革命的动机、每个历史关键时刻的表现等等，都要查个一清二楚。他们大多从各部队精心挑选而来，并经过各种严格训练。保卫局成员的级别也高，首长警卫员即使是战士职务，也选调干部担任。

国家政治保卫局实行垂直领导，地方和红军中的各级政治保卫分局、特派员，都直接对上级政治保卫机关负责。吴德峰、汪金祥、吴兰圃、谭政文等分别担任了各苏区省政治保卫分局局长；罗瑞卿、许建国、张纯清等出任了红军各军团的政治保卫分局局长。他们中的许多人后来都长期从事公安保卫工作，直至新中国成立以后。众所周知，罗瑞卿就是新中国第一任公安部部长，李克农也曾任中共中央社会部副部长和公安部副部长。

保卫局人员佩带有特殊的标志，红军指战员都是清一色的红色领章，而国家政治保卫局人员佩带绿底红边的领章，同时佩带一枚有“GBU”字样的长方形金属徽章，所以又称“格伯乌”。保卫队的武器装备也最为先进，配有长短枪。在简陋的红军队伍中，保卫人员军容严整，装饰特殊，鹤立鸡群！保卫局内部流行一句话：“党是铁的纪律，保卫局是钢的纪律。”政治保卫局要求干部必须做到：

一、服从命令指挥，一切要服从组织决定，随时准备牺牲个人的一切；

二、严守秘密，严守党的纪律、保卫工作纪律，党组织交代的秘密，不能说的就不能说，允许一个人知道的就只能让一个人知道；

三、工作要积极、认真、负责，保证按时完成任务；

四、坚决与非无产阶级分子划清界限，与地富出身的亲友不能有任何来往；

五、不能违法乱纪，生活作风严肃，行为正规，经济上要分明。

保卫局权力之大，大到特殊情况下可以逮捕同级军政领导。红军五师特派员陈复生，就曾逮捕枪毙了一个逃跑的师参谋长。红军卫生学校的特派员主任肖赤，就制止了校长陈义厚组织的逃跑行动。

俗话说：外贼易备，家贼难防。因此，邓发要求政治保卫局干部和工作人员保持高度的政治警惕性，对党对革命要绝对忠诚，要有严格的组织纪律来约束和保证。由于党中央、军委及国家政治保卫局对机要保卫工作高度重视，又采取了一系列严密的组织保证措施，因而尽管蒋介石派飞机侦察，派暗探偷窃情报，破译我军的机要密码，都没有得逞。红一方面军撤离中央苏区进行长征，直到突破第一道封锁线后，蒋介石才如梦方醒，这与当时的保卫工作做得好有直接联系。

国家政治保卫局迅速在各级苏维埃政府和红军中建立了工作网络。各级国家政治保卫局都辖有一支精干的武装保卫队。如福建省国家政治保卫分局辖约有一个营兵力的保卫大队，各县的保卫队也有七八十人不等。保卫队的战士一般年龄都在 18 至 20 岁之间，年龄最大不得超过 23 岁，都统一着军黄色服装，戴八角帽，绣布的红五星帽徽，蓝色的领章，配备当时较好的武器，每人有一枚西瓜手榴弹。

邓发运用多年的白区秘密工作的经验，训练机要警察干部，制定和部署反特防奸保卫措施。他运用自己多年的工作经验，从政治思想和业务技术两个方面积极提高政治保卫队伍的素质，使之成为党和苏维埃忠实可靠的卫士。他克服各种困难，举办多期训练班，轮训各级机要、保卫干部和警卫人员。他还组织力量编印了诸如《工作网组织法》《间谍须知》《水陆交通检查须知》《对〈侦探应用篇〉的对策》等训练教材，而且亲自到训练班讲课。

保卫局当时设在叶坪庙北背村一幢私宅里。

这是一个不大的村落，但它依山傍水，风景秀丽。国家政治保卫局和少共中央局同驻在村内的一幢私宅里。房子虽然很简陋，但邓发和他的同事们在短时间内建立了健全的保卫体系。紧锣密鼓地把打击反革命活动和保卫党中央的工作开展起来。

国家政治保卫局作风严谨，法治严格，在处理各类人犯中严格按章办事，绝不乱来。政治保卫局成立伊始，中央执行委员会便于 1931 年 12 月 13 日召开非常会议，通过《处理反革命案件和建立司法机关的暂行程序》，赋予了国家政治保卫局对反革命分子及其嫌疑人的拘捕、审讯权。经侦察和预审后，依照法律对需经判决的案件移交给司法机关执行。

为建立革命秩序、纯洁革命队伍，各级政治保卫局开展了一场声势浩大的肃反运动，“以赤色恐怖镇压反革命分子的活动”。国家政治保卫局的同志，凭着严谨的作风和严格的法治，不仅在政治上打击了反革命活动，在经济上也为巩固苏区金融、保护人民的利益，与不法分子展开了针锋相对的斗争。

胡夏洲是瑞金河背街振昌恒店的老板。他以三元苏维埃纸币收买现洋（银圆）一元。将所收的银圆以三元五角卖出，“实行捣乱经济、操纵金融的反革命行为”。沙洲坝乡地主扬衍璜，更有过之，他竟公开以纸币收买银圆，“压低纸币价格，破坏国币信用”。

瑞金西郊的赖远金是个地主，“竟在苏维埃首都所在地向工农强行索收四年前的老债。威吓他们说，‘红军红得一世吗？如果你不还债，待以后白军回来叫你们不得好死！’企图继续剥削工农。”

1934 年 2 月 20 日的《红色中华》以“国家政治保卫局又逮捕了四个反革命”为题对上述案件作了详细的报道，“并于十一日下午二时由国家政治保卫局直接执行，将胡夏洲、赖远金二犯提出枪决了”。群众见了，莫不拍手叫好。

国家政治保卫局执行部有着一支骁勇善战的武装组织——保卫队。这支队伍训练有素，堪称国家政治保卫局的一张“王牌”。

1933 年 10 月的一天，保卫队第一大队举行了精彩的军事比赛。只见哨声一响，一排战士如离弦之箭，向前冲击。一声“卧倒”，战士们全身扑地，没有半点参差。“在实弹射击中，以刘文英、刘美山、余继生等同志为呱呱叫，在军事政治测验中，邱占春、刘文英、谢锦全等是拿摩温（第一）。”战士们精神抖擞，个个都练就了一手绝技。连续两天，从早晨到傍晚，比赛场上一片欢腾。“群众、观者，莫不鼓掌赞赏地说他们是‘真正英勇战士，铁血健儿，杀敌能手啊！’”

这次比赛是国家政治保卫局为检验和提高保卫队的实力举行的。保卫队既要拘捕犯人，而且还肩负了边区的剿匪任务。随着第五次反“围剿”战争的日益残酷，边区地主组织的“刀团”土匪也日益嚣张，频频骚扰苏区群众。队伍没有过硬的本领，怎能担当如此大任呢？

1934 年 4 月，国家政治保卫队第一大队转战数千里，在福建连南武北地区与“敌人血战肉搏数月”。在攻打苦竹山战斗中，为节省子弹，保卫队员集中了投石的高手，进行石战。刹那间，大块小块的石头从敌人土围子上铺天盖地而下，只听得敌人这边一声惨叫，那边又一声哭喊，保卫队把守土围子的敌人砸得头破血流，鬼哭狼嚎。保卫队还利用漆黑的夜晚，打草人战。他们用稻草和树枝扎成和真人大小的草人，安好套绳，用竹竿挑着，队员们小心地把草人放进围子。突然间，敌人发现眼皮底下就会冒出一个或几个“红军”，吓得他们目瞪口呆，慌乱地开枪乱打，消耗了很多弹药，疲惫不堪。几个回合后，保卫队趁敌人麻痹，悄悄靠近土围子，缴了大量步枪、土炮、鸟枪、梭镖等武器。“使得那些‘刀团’土匪以及自称顽强的粤军，都畏首畏尾。”恢复和巩固了边区苏维埃政权，激发了当地群众斗争的积极性，鼓舞了游击队的士气。

9 月间，国家政治保卫局队还在瑞金、会昌、西江交界的茫茫大山中，搜捕了谋反地主富农，活捉了嚣张一时的“小差团”匪首许先钦。

保卫局战斗力不仅在当地人民中传为佳话，而且还受到中央人民委员会的特别嘉奖。1934 年秋，中央人民委员会为他们送上一面锦旗，上书“戒骄戒躁，再立新功”。

是年 10 月，国家政治保卫局编入军委第二纵队参加长征。红军北上后，中华苏维埃共和国中央政府还保留了国家政治保卫局建制。到 1935 年，随着游击区的丧失，国家政治保卫局也随之解体。

盛世才断然要求中共立即从新疆撤回邓发。周恩来说：“盛世才对邓发既恨又怕，恰恰说明他在新疆干得不错。”

党中央率领红军主力到达陕北后，为了向共产国际汇报中国政局和中国共产党的情况，以取得其支持和帮助，并恢复党中央与共产国际的通讯联系，便决定派时任中央政治局候补委员兼中华苏维埃人民共和国临时中央政府西北办事处粮食部部长等职的邓发前往苏联。

邓发于 1936 年六七月间从延安来到西安，通过已与中国共产党达成了停止内战、联合苏联等项协定的东北军首领张学良的帮助，以甘肃省民政厅查灾专员的身份顺利到达兰州。最后，他乔装打扮成戏班里搬箱子、干杂活的伙计进入了新疆。同年 12 月 1 日，邓发飞抵莫斯科，成为党中央落脚陕北后被派到共产国际的第一个代表。

时隔仅半年多之后，已身为中共驻共产国际代表的邓发又奉命于 1937 年 9 月下旬来到迪化，接替陈云的工作。10 月初，经过从延安来迪化的中央军委联络员周小舟与盛世才进行磋商后，八路军驻新疆办事处即在迪化的南梁招待所成立了，对外称“第三招待所”。同年11月、12月，当陈云、滕代远相继被调回延安后，已于党的六届六中全会上当选为中央政治局委员的邓发（化名方林），于次年1月被正式任命做了中共驻新疆第二任代表，并兼管八路军驻新疆办事处和驻在迪化的由红西路军左支队余部整编而成的“新兵营”的工作。

当时，我党与盛世才之间的新疆抗日民族统一战线虽已建立，且已有一批联共党员自1935年以来就帮助盛当局开展了大量富有成效的工作。但我党在新疆的活动要受共产国际和中共中央的双重领导，事实上更多的是听命于共产国际，而且还要遵守共产国际、苏联制定的以不宣传共产主义、不公开党员身份和不发展党的组织为内容的“三不”组织原则等——在如此条条框框的局限下，邓发要负责完成党中央所赋予的扩大抗日民族统一战线和使新疆始终成为中国的领土以及保持一条与苏联之间物资和人员往来的通道等一系列重大任务，其艰难可想而知。

邓发充分利用盛世才请求派共产党员帮助其整顿和加强新闻工作的机会，将部分进疆干部派入新疆日报社工作，并对报社进行了改组，使其从社长、编辑到制版、校对、印刷工作，几乎都由共产党员担任，报纸的宣传内容等方面亦发生了根本性的变化。同时，他还派了一些共产党员去和田、喀什、阿克苏等地任地方报社社长和编辑。《新疆日报》除经常报道国内外形势、八路军的战绩、我抗日根据地的情况以及新疆各族人民支援抗战的事迹和经济文化建设事业的发展等之外，还连载了毛泽东的《论持久战》《新民主主义论》等著作，发行了马、恩、列、斯、毛泽东的著作以及国内外进步书刊等。上述宣传工作使新疆各族人民受到了无产阶级革命思想的教育，增强了其政治觉悟和抗日爱国热情。新疆所呈现出来的这种抗日进步的浓厚氛围，又引起了全国人民的高度关注和称赞，吸引了诸如杜重远、萨空了、茅盾和赵丹等一大批爱国民主人士、进步知识分子和文艺工作者，千里迢迢自内地奔赴新疆，从事讲学、办报和戏剧演艺等活动，促进并形成了声势浩大的新疆新文化运动。

经邓发向盛世才举荐，林基路（化名林为梁）、李云扬（化名李志梁）等一批优秀共产党员被选派入新疆学院、省立第一中学等学校担任领导职务或教学。这些人以延安的“抗大”精神办学，向学生传播马列主义和抗日爱国进步思想，使学校的面貌和师生的精神状态很快发生了深刻变化，为新疆培养了一代青年和专业人才，推动了边疆教育事业的深入发展。

为了进一步发挥“新疆民众反帝联合会”的作用，邓发于1938年将黄火青（化名黄民孚）等优秀党员派入该会，分别担任秘书长和内设部门的部长等职，实际上控制了该会。其分会又遍及全疆各地，从而使“反帝会”真正成为全疆各族人民反对帝国主义的群众性进步组织。“反帝会”以出版会刊《反帝战线》和举办干部训练班等活动，培养了一批各民族干部。

面对当时新疆由于连年战乱而造成的财政混乱、经济低迷、物价飞涨、民不聊生的严峻局势，束手无策的盛世才只得向邓发求援。于是，邓发经请示党中央同意后，即将从延安赴莫斯科治病路经迪化的毛泽民留下来担负起了这一艰巨任务。理财工作经验丰富的毛泽民（化名周彬）被盛世才任命为省财政厅副厅长、代厅长后，果然不负众望，经过他整顿财经干部作风、健全完善财经制度和改革币制等一系列努力，在不到两年的时间内，就实现了全疆收支基本平衡、物价趋于稳定、生产稳步发展和人民生活改善的良好局面。因此使新疆援助全国抗战的实力大大增强。

按照陈云的筹划，经党中央批准后，邓发又充分利用苏联的援助，于 1938 年 2 月在迪化精心组建了航空队，旨在为我党我军培养一批既能驾驶飞机又会维护修理的航空技术干部。当时，若按《新疆日报》所刊招考启事中限定的中学毕业生的学历条件，我党选派的这 43 名同志是难以过关的。为此，邓发就亲自去向盛世才和航空队的苏联总教官尤吉耶夫解释说：“我们选调来的学航空的这批干部，都是从小参加红军的干部、共产党员，没读过什么书，如按规定条件考试，都很难考上，因此，请对他们免于文化考试。至于身体条件，可照常进行，按条件录取。”在一番耐心说服下，苏联总教官首先表示同意，盛世才见状，也只好点头答应。最后邓发还着手组建了航空队党支部。这些人后来都成为我国现代化空军和民航事业建设中的骨干。

鉴于英帝国主义以设在蒲犁县的代办处为据点，在新疆大肆进行走私烟土、贩运军火和从事间谍等非法活动，以致严重影响我国人民生活和经济秩序的实际情况，邓发向盛世才提出取消英帝国主义在新疆的一切特权并守好边防的建议，得到采纳。于是，邓发从“新兵营”中选拔了十几名战士由盛世才派到南疆喀喇昆仑山一带驻守边卡，并任命胡鉴（化名胡东）到蒲犁县当边卡大队大队长。使英国代办处的活动时刻处在我方监视之下。为了更好地配合边卡大队开展对英帝国主义的斗争，邓发又保举熟悉英国代办处活动情况的共产党员许亮（化名鄢荣爵）调任蒲犁县县长。许亮到任后，不仅发动群众给当地牧民发放了贷款，减轻了人民的赋税，而且还在各族群众中广泛地开展抗日救国宣传。如此一来，当地群众便积极踊跃地向政府揭露英国代办和奸商的罪行。根据群众提供的线索以及侦察掌握的情报，边卡大队与蒲犁县公安局密切协作，一举破获了英国间谍网，逮捕了企图进行武装暴动的匪徒。当新疆省当局得到边卡大队从英帝国主义分子那里所缴获的电台、武器及其他走私物品和被捕犯人的口供后，便依法取缔了英国代办处，并将其人员全部驱逐出境，彻底拔除了英帝国主义侵略中国的这一据点。

根据对盛世才的深入观察和准确判断，邓发在与盛世才的工作交往中，始终采取既斗争又团结的方针。针对盛世才的处处设防和监视，邓发除了时常教导同志们“他不让我们宣传马列主义，我们就用马列主义精神宣传六大政策，也等于宣传马列主义。他不让我们发展组织，我们就用马列主义教育群众，为发展组织做好思想准备。”之外，他还积极进行了针锋相对、有理有节的斗争。

1938 年夏起，盛世才对苏联和中共的态度发生一定的转变，他从公开宣布实行“亲苏”政策，多次给中共中央和中共驻共产国际代表王明写信要求加入中国共产党，转而对中共采取限制和敌视的政策，特别是他和邓发之间的关系迅速恶化。于是，毛泽民向共产国际和党中央写信反映这些情况。由于抗战时期新疆成为中共和苏联及共产国际联系的最重要渠道，又处于中国人民进行民族抗日战争的大后方，其战略地位极其重要，盛世才对中共的态度具有不寻常的意义。所以，这种情况早已经引起了共产国际和中共中央的注意。1939 年 8 月底，赴苏治疗的周恩来抵达迪化（即乌鲁木齐），滞留大约一周。周恩来在新疆逗留期间，除了会见当地的党的工作人员外，主要是处理中共和盛世才的关系问题。他认真听取了陈潭秋和邓发的报告，了解了盛世才的态度和政治动向。然后，他又亲自同盛世才进行了四次会谈，其中两次是两人单独进行的。会谈中，盛世才向周恩来断然要求中共立即从新疆撤回邓发，甚至威胁说，以后邓发在乌鲁木齐最好不要让他看见。周恩来答应，中共在新疆的代表将不再是邓发，邓在新疆的任期还有四个月，这期间他将不会和盛世才见面，此后中共和盛世才的谈判将由其他人进行。关于中共在新疆的工作方针，周恩来认为，盛世才不允许共产党人在新疆宣传孙中山的三民主义，我们就应该按照他的要求进行我党的宣传工作。周恩来还同意致电中共中央立即召回邓发，因为邓发是政治局委员，其他的人遇到所有的问题都要请示他，盛世才也了解这一点。周恩来赴苏后，和共产国际总书记季米特洛夫共同签发了一封致中共中央的电报，指出“鉴于政治局势让邓发离开乌鲁木齐。指示他务必不要在乌鲁木齐滞留”。后来，周恩来说，盛世才对邓发既恨又怕，恰恰说明他在新疆干得不错。

1939 年夏，邓发在乘坐小车去机场接人时，因车祸撞断了肋骨，需要长期治疗调养。根据他的身体状况以及盛世才的态度，党中央决定将他调回延安。这时，他完全可向组织上申请将妻子陈慧清也一起带走，但他并未那样做。直至 1942 年底，陈慧清才被调离新疆，回到延安与邓发团聚。

1939 年 9 月，邓发告别新疆，临行前他还和继任中共驻新疆代表陈潭秋

（化名徐杰）一道研究了有关工作。末了，他怀着对党对工作认真负责的一片赤诚之心，一针见血地告诫陈潭秋说："盛世才就其出身来说是个野心军阀，就其思想来说是个土皇帝，就其行为来说是个狼种猪。"盛世才在 1942 年后大变脸，反苏反共，投靠蒋介石，证明了邓发的远见卓识。

两做"红娘"，成全了毛泽民、朱旦华与邓小平、卓琳的天作之合

在新疆期间，邓发一手撮合了毛泽东的弟弟毛泽民与朱旦华的婚事。

朱旦华，原名姚秀霞，1938 年从上海到延安，毕业于陕北公学的朱旦华与 27 位同学一起被党派到了新疆从事统战工作。先在迪化女子中学任教导主任，后被推选为新疆省妇女协会常务委员兼宣传部长、秘书长，新疆省政务委员会委员。1939 年的初春，在省政务委员会议室里，政务委员们正围坐在长方形桌子周围，听省财政厅代厅长周彬（毛泽民）宣读《在全疆实行财政预算和决算制度及实施办法》的计划。计划宣读后，有的人表示同意，有的人主张拿出去试试看再说，有的人表示反对。朱旦华在听了各种意见后，毅然站起来，坚决支持周厅长的主张，并讲了理由。

毛泽民问邓发："这位操浙江口音的女委员是谁？"邓发当时是新疆的党代表，当然知道朱旦华的情况。没几天，邓发找朱旦华谈话："你的年纪不小了，该成家了吧！"邓发开门见山。朱旦华被猛然一问，顿时满脸通红，无言以对。邓发又以一个长者的口气说道："女同志找对象，首要的是政治上可靠。周彬就是这种人，他是毛泽东的弟弟毛泽民。"

"毛泽东的弟弟，毛泽民！难怪和毛泽东有些像哩。"她恍然大悟之后，忍不住又问了一句，"毛泽民不是早就结了婚吗？"邓发说："由于性格上的差异，他们长期不在一起，感情破裂了，是经过组织批准分手的。"并告诉她，"周厅长身边的秘书、司机、公务员都是盛世才安插去的。从斗争形势和党的工作上说，周厅长需要一位贤内助。"不久，他俩开始了直接交往。毛泽民去苏联治病时，八路军驻新疆办事处炒了几个菜，为毛泽民饯行，也将朱旦华请来了。席间，邓发举起酒杯，高声说道："今天的宴请，既是为周彬饯行，也是为周彬与朱旦华办的订婚酒。"1940 年 4 月间，毛泽民与朱旦华举行了婚礼。1941 年 2 月 14 日，朱旦华生了个白白胖胖的儿子。毛泽民已 45 岁，中年得子真是喜不自胜，亲自为儿子取名"毛远新"。

1939 年秋，邓发回到延安后，担任中央党校校长，再次成人之美。又一次做"红娘"，撮合成邓小平、卓琳的婚事。1939 年 8 月，刘伯承、邓小平一起

从太行山赴延安参加中央政治局扩大会议。到延安后，邓小平与邓发住在一个窑洞里。邓小平的女儿毛毛在《我的父亲邓小平》中写道：邓发和邓小平“私交甚密”，“情同手足”。卓琳也承认邓发是邓小平的“好友”。邓发有副热心肠，见邓小平与金维映离婚后孑然一身，要替他找一个漂亮姑娘。一有空闲，邓发就拉着邓小平到处转，刘伯承戏说他们活像两个“夜游神”。皇天不负有心人，在战友的热心帮助下，邓小平还真的找到了漂亮的意中人——卓琳。邓小平与卓琳的婚礼在杨家岭毛泽东的窑洞前举行，同时举行婚礼的还有中央军委总政治部组织部长孔原和许明。出席婚礼的嘉宾，都是未来共和国的中流砥柱。这些叱咤一时的风云人物突然童心大发，捉弄起新郎来，拼命地灌酒。很快孔原就被灌醉了，丢下新婚的妻子，独自在洞房里酣然沉睡。而素来酒量小的邓小平有敬必喝，竟然不醉。当时，很多人都称邓小平“海量”。其实，这是邓发做的手脚。当酒阵刚摆开阵势时，邓发见来头不善，就对刘伯承说：“我们要想个法子帮小平一下，新婚之夜冷落了新娘子总是不好。”于是，他与李富春合谋，弄了一瓶白水充酒，才免出洋相，不然邓小平一样会醉倒金山。为了给邓小平夫妇提供洞房，邓发还把居住的窑洞腾了出来。

西班牙著名画家毕加索托邓发转赠毛泽东一幅油画，邓发精心保管，形影不离。不料飞机失事，名画也灰飞烟灭

邓发爱学肯钻，是党内不可多得的人才。据他的妻子陈慧清说：“邓发在读小学时，就参加了反对帝国主义侵占我国神圣领土的示威游行。少年时代，外出打工谋生，艰苦的生活，磨炼了他的顽强意志和刚毅性格，激发了他渴求知识的进取心。”邓发除了孜孜不倦地学习马列主义的革命理论，还自学英语和俄语。他常对人说：“一个革命战士，仅凭自己的光荣经历在革命队伍里混，而不善于学习，就会做时代的尾巴。只有多学一点东西，才能为革命多作贡献。”因此，无论工作多忙，每天也要抽出一定时间学习。如在新疆工作之时，他每天用两个小时学习，其中一个小时学外语。由于他走到哪里

邓发与出狱后的叶挺等合影

学到哪里，坚持不懈，孜孜求索，他积累的知识丰富了，自然就更胜任党交给的繁重任务。

邓发不仅勤奋好学，追求进步，还注重兼收并蓄，博学多才。如他在绘画、书法、摄影、艺术鉴赏等方面，也有一定造诣，是党内公认的自学成才的典范。他的儿子邓北生在纪念父亲百年诞辰大会上发言说："我父亲有许多不为人知的特长，他喜欢毕加索的画，在法国参加二十七届世界职工代表大会期间，他收集了一些绘画，其中有一幅是毕加索的油画《和平鸽》。父亲牺牲后，母亲将这些绘画和重要物件交给了党中央。"

当年的邓发，体魄强健，身手矫捷，在中央苏区首届体育运动会上还获得过田径 100 米赛跑的冠军，荣获了周恩来颁发的奖章。同时他的文采也很出众，1940 年 1 月，他和张浩创办《中国工人》《解放》等杂志，并先后发表了《中国工人阶级当前的任务》《论抗日根据地职工会的基本任务》《论抗战中的民生问题》等重要文章。他在论述"民生"问题时写道："要强调注重工人、农民日常生活待遇，绝不能漠视抗战人民生活的改善。""改善民生，是为了使人民获得最低生活的解决，以提高人民抗战的积极性，进而提高人民为中华民族的解放而奋斗的决心。"

邓发对革命事业无限忠诚，工作严于律己，马列主义理论水平大有长进，在党内赢得了广泛称赞，引起党中央的重视。他于 1939 年 10 月奉命返回延安。毛泽东找他谈话说："党校是马列主义研究主阵地，是培训中高级干部主渠道。常委决定，派你这位自学成才的政治局委员去当校长。"邓发表示：坚决服从分配，努力工作，不负党中央、毛主席的殷切期望。

虽然他参加革命时文化水平较低，但由于他刻苦钻研，又有实际斗争经验，因此，讲课很受学员欢迎，许多听过他演讲的人，包括一些中外有名的记者，都很钦佩他。1940 年年初，邓发还兼任中央职工运动委员会书记，并主持《中国工人》杂志的编辑工作，为发展解放区的工人运动作出了贡献。他工作深入细致，重视调查研究，详细钻研材料，并反复征求群众意见。他经常深入工厂，在群众中找各种类型的人谈话，听取各种不同的意见。邓发亲自认真总结了民主政权下职工运动的一些经验。同年 9 月，又起草了《抗日根据地劳动政策草案》，明确规定了公私两利、劳资兼顾的方针，批评了某些狭隘的行会主义和经济主义的错误思想。他还亲自抓典型树先进。1942 年后，他在陕甘宁边区发现和培养了劳动英雄赵占魁，开展了著名的赵占魁运动，对边区职工运动和解放区的大生产运动起了积极的推动作用。

1945 年，邓发筹备组织"解放区职工联合会"，代表解放区工会参加在重庆召开的中国劳动协会，使多年为国民党反动派分化的中国工人运动，开始走向团结、统一。同年9月，邓发代表解放区职工出席了在法国巴黎召开的世界职工大会。他代表中国劳动协会讲了话，提出了中国工人阶级的八项主张，得到各国代表的热烈支持。会上，他当选为世界职工联合会副理事及执行委员。会后，他参观和访问了英国、瑞士等国家，利用各种机会宣传中国共产党的政策、方针，揭露国民党反动派内战阴谋。1946年1月，邓发回国，在重庆与中国劳动协会负责人朱学范一起为中国工人组织的统一和工人运动的发展做了大量的工作，并和朱学范结下了深厚友谊。值得一提的是，邓发回国前，西班牙著名画家毕加索赠送给毛泽东一幅油画，托他带到延安面呈毛泽东。为不负所托，他将油画精心包裹，形影不离。1946年4月8日，邓发、王若飞、秦邦宪、叶挺等同志在重庆乘飞机返延安途中，因飞机失事在山西兴县黑茶山不幸遇难——那幅毕加索的名画，也灰飞烟灭。此时的邓发才40岁。

邓发是中国共产党的优秀党员，工人出身的中国工人运动的领袖。他和王若飞、叶挺等同志遇难后，中央批准在延安建造了“四八”烈士陵园，召开追悼大会，对邓发等同志的革命一生作了高度的评价。中共中央挽联上写着：“天下正多艰，赖斗争前线，坚持民主，驱除反动，不屈不挠，惊听凶音丧砥柱。党中留永痛念人民事业惟将悲苦化成力量一心一德誓争胜利慰英灵。”毛泽东为“四八”烈士题了“为人民而死，虽死犹荣”的挽词。刘少奇的挽词是：“把给予我们伟大死者的悲痛，变为积极的力量来巩固和平，争取民主。”朱德题的挽词是：“为全中国人民和平民主团结而牺牲。”周恩来在《“四八”烈士永垂不朽》的悼文中写道：“邓发，你是工人阶级培养出来的领袖。你为中国工人阶级联合战线，同时也是为世界工人联合战线，建立了光辉的成绩。”

“我国妇女运动的先驱”

——中共第二届候补中央执行委员、中央妇女运动委员会书记向警予

主题人物： 向警予
籍　　贯： 湖南省溆浦县
出生时间： 1895 年 9 月 4 日
主要职务： 1922 年加入中国共产党。先后担任中共中央妇女部长、中央妇女运动委员会书记、中央妇女工作委员会委员长，主编《妇女周报》，是中共第二届候补中央执行委员
牺牲时间： 1928 年 5 月 1 日
牺牲地点： 武汉余记里空坪刑场
当时年龄： 33 岁

毛泽东： 要学习大革命时代牺牲了的模范妇女领袖、女共产党员向警予。她为妇女解放、为劳动大众解放、为共产主义事业奋斗了一生。

蔡和森： 在革命转变的严重时期中，警予充分的表现了她的积极性和战斗性，证明她是中国无产阶级劳苦群众最好的战士之一。

“将来我如做不出大事业，我要把自己粉碎起来，烧成灰！”

向警予（1895—1928）

在湖南西部，沅水中游，雪峰山北麓，有一个美丽的县城溆浦。两千多年前，伟大的爱国诗人屈原被贬流放至此，写下了《涉江》《山鬼》等楚辞名篇，爱国主义激荡着这里的山山水水。100多年前，中国共产党创建时期主要领导人之一，中国妇女运动的先驱者向警予就诞生在这里。

向警予，女，原名向俊贤，笔名振宇。1895年9月4日出生于湖南省溆浦县城关镇西街。向警予的父亲向瑞龄幼时赤贫，小贩出身，后来积累而成富商。母亲邓玉贵，是一个勤劳俭朴的家庭妇女，一共生了十个孩子，向警予排行第九，故乳名“九九”。向警予七岁进县立溆浦小学读书，开当地女子入学之先声。她会体操，尤其会“翻杠子”，可谓文武双全！

1911年孙中山领导的辛亥革命爆发时，向警予在社会潮流的影响下，毅然离开家乡，考入湖南省立第三女子师范学校（在常德），后来转入省立第一女子师范学校。

1914年秋，为抗议政府无理免除第一女师校长朱剑凡的职务，向警予和十几个学生愤然退学，转读于长沙周南女校第四班读书，并将原名向俊贤改名为向警予。在这里，她结识了蔡和森之妹蔡畅，并通过蔡畅结识了蔡和森、毛泽东等有志青年。在毛、蔡的影响下，向警予思想日益进步。

1915年冬，向警予从周南女校毕业后，回到家乡溆浦县。她目睹当时社会之黑暗，文化之落后，特别是重男轻女之风极盛，女孩无受教育的权利，只能缠足穿耳，循“女儿经”做人等情景，极为忧愤。

1916春，她在县城创办了第一所男女合校的小学。她向学生宣传进步思想，反对封建恶俗，带领学生参加社会活动，想走教育救国之路。

可教育救国又谈何容易，腐败无能的反动官吏，哪能关心教育事业的发展。

对于学校经费的困难，向警予虽然一再申请，筹款募捐，办法想尽，然而仍然是困难日甚一日。“虽有巧妇，无米奚炊？”因此，她只得“惨怛戚痛”地表示：“明年定让贤能”“退而自修。”

她组织清街团，带领学生打扫街巷，可是人们依然无动于衷，仍然“果皮滔物，随扫随弃”。上午扫干净了，“下午往视又如故矣”。而且部分人还风言冷语，公开反对此事。

至于学校所进行的改革，更引起了顽固派的强烈反对。县教育部门派了视学潘封礼来校视察，提出了许多质问和责难。她虽然逐条驳答了，但也使她感到了阻力之大，改革之难，不得不愤然自认才学肤浅，“办理无方”。

尤其是社会风气不良，在校时的好学生，出校日久，难免不变坏。溆浦女校也有这个情况。向警予和教师们费了九牛二虎之力，好不容易教育出来的学生，进入社会后，“耳濡目染，旧习辄萌”。有的女校学生，毕业后竟嫁给官吏或地主、资本家做姨太太，与其丈夫做起压榨和迫害劳苦大众及其同窗的事情来。

几年来的实践使向警予沉痛地感到“学校教育十年而不足，社会破坏一朝而有余”。“教育救国”的幻梦开始破灭。

1919 年五四运动爆发后，她组织学生十人团，打着旗子到乡村做宣传。她的感情热烈得很，为着国家大事，常常大哭。她真实无比，异常勇敢，同时又很精细，哪怕是对于一件小小的事情，她也常常要彻夜地去思想、去准备。她不知道别的欲望，唯一的欲望只是能干出一番“惊天动地的事业”。她经常这样幻想：“将来我如做不出大事业，我要把自己粉碎起来，烧成灰！”

两个月后，又一件事意外地闯进她的生活里来了。驻扎在溆浦的湘西镇守使兼第五区司令军阀周则范竟派人来向家说媒，要娶向警予做第二夫人。

“宁为将军妾，不做凡人妻”，这对于那些追求虚荣享受的时髦女性来说，未尝不是一件好事。可是向警予却把它看成是对自己的侮辱。然而周则范当时的权势太大了，溆浦历来是个“天高皇帝远，有枪就是王”的地方，慑于周则范的权势，父亲同意了，向警予的后母逼她做“将军夫人”。家里不少人对这门婚事虽不赞同，但担心因此得罪周司令，就会大祸临头，一个个惶恐不安。

向警予倒镇静自若，不畏权势，不慕虚名，沉着坚定。为了断绝周则范的求婚念头，又不连累家庭，一天中午，她只身闯进周公馆，婉转而又坚定地当面拒绝了这桩婚事。

她斩钉截铁地表示：“以身许国，终身不婚。”

然而周则范难道会就此善罢甘休么？家里的人都为这件事悬心吊胆，向警予也是心中有数的。她知道自己再也无法长期地在溆浦待下去了，她不得不与自己的亲人，尤其是三年以来朝夕相处的溆浦女校师生分手！

恰好在这个难关上，向警予接到蔡畅从长沙的来信，要她速来省城筹备湖南女子赴法勤工俭学。这真使得她喜出望外。不久，向警予遂和蔡畅及蔡母葛健豪等离开长沙抵达上海。

向警予与蔡和森正式结婚的消息传回国内，向警予的继母非常气愤："现成的将军夫人不做，却去找个磨豆腐的。"

1919年12月25日，向警予与蔡和森同船踏上了赴法国勤工俭学的征途。旅途中，向警予和蔡和森在一起各自抒发豪情壮志，共同探讨救国救民的真理。

蔡和森雄辩的口才，渊博的知识，使得纯真热情的向警予仰慕不已。虽然，他们接触好几次了。1918年底，在永定河畔，燕山脚下，她与蔡和森相遇，有了初步的认识。随后，在朔风凛冽、冰封雪飘的时节，她与蔡和森一起由北京到蠡县布里村留法预备班，在那里住了几天之后，一起返回北京。后来在黄浦江畔法租界的一家旅店，她与蔡和森进行了直至深夜的详谈。每次接触都使她了解许多新东西，都使她思想上受到启迪，并且很乐意与他在一起。就这样，经过与蔡和森多次谈话，她开始放弃"教育救国"的幻想转而相信共产主义，同时两人的恋爱也就在这时发生了。

据蔡畅回忆说："就是那时候，警予还是发誓要过独身生活，把整个生命贡献给革命工作的，我的哥哥亦是一样。但是在海程中，他们两个竟倾爱了起来，虽然都曾拼命挣扎过，希图保留'独身'……这次最先动摇独身的决心的，倒是被称为'圣人'——因为他曾发誓终身不结婚的——我的哥哥和森。"

1920年1月30日，向警予、蔡和森、蔡畅、蔡母葛健豪等经过35天的航程，抵达法国马赛。他们一起在马赛住了两天随即前往巴黎。巴黎，这座美丽富饶而又富有革命传统的城市是多么牵动人心的"世界名都"！这里的巴士底狱广场，曾经震撼过法国大革命中群众的呼喊；圣安东尼区，曾经弥漫过1848年6月工人起义的滚滚硝烟；蒙马特尔高地，曾经流淌过巴黎公社英雄的鲜血；无产阶级革命导师马克思、恩格斯、列宁都曾在这里居住和战斗过。向警予、蔡和森等一来到巴黎，一下就被它吸引住了。

2月7日，他们抵达距巴黎约200里的一个县城——蒙达尼。第一次世界大战期间法军伤亡惨重，兵源缺乏，军事工业也缺劳工。法国政府从中国招募了十多万华工，其中一部就住在蒙达尼附近米湟兵营处。向警予、蔡畅、葛健豪等来到蒙达尼市后，即在蒙达尼女子中学补习法文，蔡和森则去蒙达尼男子中学念书。两校相距二三百步。向、蔡二人每天都可以相见，常常促膝谈心，一道讨论各种问题，也常一道到距蒙达尼不远的木兰公学去，向在那里的徐特立先生请教。共同的生活和理想，使他俩的爱情愈来愈诚笃。

5月的一个难得的晴天，蔚蓝色的天空高挂着初夏的太阳，轻柔的熏风吹得塞纳河水泛起了层层绿波。在蒙达尼公学附近的一间木板平房里，一对中国男女青年举行了简朴而又欢快的婚礼。新娘子向警予，穿着粗布衣，新郎蔡和森拿着一卷刻印的诗集。两人微笑地并肩坐在一张凳子上。对面坐着蔡老太太葛健豪与几十个勤工俭学的学生。

婚礼开始前，蔡老太太拿着花绸旗袍走过来要儿媳向警予穿。向警予不愿在这样喜庆的日子里过于违拗婆婆的心意，经过一番推让，终于穿上了，但她却细声地对婆婆说："我是不穿这样的衣服的。但是为了您，我今天就穿一个小时吧！"婚礼在热烈的气氛中进行，蔡和森在婚礼上朗诵了诗集中的一些诗章。

由于向、蔡二人在恋爱过程中经常交换诗作，互相勉励，共同向上，后来便把这些诗篇结成集子在法国出版，题为《向上同盟》，所以大家都把他俩的结合称为"向蔡同盟"。在向蔡二人的结婚照片上，向警予与蔡和森并肩坐在草地上，共同捧着一本打开的《资本论》。

不久，向警予在寄给父亲的一张印有一对小孩的明信片上写道："和森是九儿的真正所爱的人，志趣没有一点不同的。这画片上的两小也合他与我的意。我同他是一千九百廿年产生的新人，又可叫做廿世纪的小孩子。"这就说明，向警予和蔡和森是马克思主义孕育的新人。

向警予随蔡和森赴法勤工俭学并正式结婚。消息传回国内，向警予的继母非常气愤："现成的将军夫人不做，却去找个磨豆腐的。"此前，湘西镇守副使第五区司令周则范曾想娶向警予为妻。蔡和森家在双峰的酱园是非常有名的，而向警予与蔡和森结合时，蔡当时正在法国的豆腐公司打工。

"三户楼"由三户人家组成，向警予为户主，她与蔡和森住楼下后厢房；毛泽东与杨开慧住楼下前厢房；罗章龙住楼上。"三户楼"又是中共中央局的办公处，楼上堂屋是中央局开会的地方

1921年7月，中国共产党在上海诞生。同时，赴法勤工俭学的蔡和森与向警予等在法国参加了工学世界社召开的第二次全体大会，此次大会实质上是积极筹建共产党组织。

正如毛泽东1936年在接见斯诺谈到我党创建时说："陈独秀在上海召集了一

个会议，几乎与此同时一群中国学生在巴黎开会，建议在那里成立一个共产党的组织。”“那里的党的创始人之中有周恩来、李立三和向警予。向警予是蔡和森的妻子，唯一的一个女创始人。”向、蔡在蒙达尼为创建留法共产主义组织的努力，实为后来中共旅欧支部正式成立奠定了基础。

1921 年底，蔡和森被法国政府遣送归国。不久，向警予亦归国。从此，他们共同在党中央工作。

1922 年 4 月 1 日，向警予在上海生了第一个孩子，取名为妮妮。

7 月，向警予参加了在上海召开的中共二大，会上当选为候补中央委员。会后，党中央成立了妇女部，向警予任第一任部长，并担任中央妇女运动委员会书记，主编《妇女周报》。

中共三大后，向警予与蔡和森一道回到上海，居住在苏州河畔的“三户楼”。

“三户楼”是中共中央局的办公处，是当时中国革命的信息中心，中共中央发号施令的策源地。地址在闸北中兴路的中间地段，前门的弄堂叫三曾里。房子是新造的两上两下的楼房，水泥砖木结构。附近有手工业工厂、茶厂，还有理发店，是个三不管的地区。

“三户楼”，由三户人家组成，向警予为户主，她与蔡和森（时任中共中央局委员、《向导》周报主编）住楼下后厢房；毛泽东（时任中共中央局委员、秘书、组织部长）与杨开慧住楼下前厢房；罗章龙（时任中共中央局委员、中共中央宣传部长）住楼上。楼上楼下都有堂屋，楼下堂屋是休息的地方，来往的人很多，楼上堂屋是中央局开会的地方。

由于这三户人家都是当年楚国地区的人，取“楚虽三户，亡秦必楚”之意，故名“三户楼”。三户人家有五个大人，两个小孩，共七人。对外称一家，姓王。还有一个专管内外事务、负责这三个楼房保卫工作，并协助向警予从事女工运动的女共青团员，名叫王熙春，住在厨房楼上的亭子间里，一个娘姨（雇佣的）住在楼下厨房对面，负责煮饭和生活方面的事情。常在“三户楼”办公的是中共中央局五位委员——陈独秀、毛泽东、蔡和森、谭平山、罗章龙；往来人物主要有第三国际驻华代表、苏俄外交官及驻沪领事等。

“三户楼”的生活表面看起来相当平静，实际上是生龙活虎，日夜沸腾着。党的重要会议多在这里召开，党的领导人常在这里碰面磋商。这里的伙食自办，由向警予主持，王熙春助理。

一次，王熙春对向警予说：“你从巴黎回来，可否教我们做法国烹调？”向警予答道：“我们当时住的意大利街，是穷学生居留区域，当地人民好吃鹅肉与兔肉，这是平民西餐。我可以做几样，给大家品尝。”

她便做了一盘烤小牛肉，外面焦黄，中呈殷红色。

当下有人说："这不免是生吞活剥，好看不中吃！"

向警予道："'知音'难遇，'知味'亦难求。"

说罢，全座都笑了。

在"三户楼"，向警予继续领导党的妇女工作，并主编中共重要刊物《妇女周报》。

夜深了，"三户楼"仍亮着灯光。在这里，前厢房蔡和森与毛泽东正在研究《向导》周报上的稿子，后厢房向警予与杨开慧正在为女工夜校编写教材。

女工夜校是1923年以后向警予依靠党组织和社会力量，动员上海市的大、中学校里进步女学生创办起来的，当时有30多所。杨开慧从长沙来到上海后，向警予即邀请她到女工夜校当教师，教她学上海话，与她一道研究教课的内容。

一天傍晚，天下着毛毛雨。向警予与杨开慧撑着伞，并肩朝虹口方向走去。一路上她们边走边谈。向警予高兴地对杨开慧说："开慧，我用上海话教你唱支歌好么？"

说完便轻轻地唱了起来，杨开慧低声地一句一句地跟着哼：

我伲穷人真伤心，
住末住格滚地龙，
关末关格篱笆门，
门闼用格茅草绳，
门搭用格布条筋。

她们一遍又一遍地唱着，很快来到夜校。向警予与杨开慧赶忙收起伞，热情地与女工们打招呼，接着就开始上课。上课前，她照例要女工们先唱歌，向警予起了个头，歌名是《女工苦》。接着，女工们就唱了起来：

踏进工厂门，自由被剥尽。
老板心太狠，我伲像犯人。
黑心领班女工头，凶暴又残忍。
做工稍不慎，打骂重罚直至赶出门。

唱完歌，向警予开始讲课。她的讲课深受女工的欢迎，女工夜校也越办越好。事实说明。女工夜校对于提高女工的思想觉悟，培养妇女骨干，促进妇女运动的迅速发展，起了十分重要的作用。

1924年，向警予亲自组织领导上海丝厂、南洋烟厂举行了大规模的女工同盟罢工。为把广大女工、农妇、革命知识妇女组织起来，经党中央同意，她负责成立了“妇女解放协会”，该会成为当时反帝反封建的重要力量。尤其是1925年震惊中外的五卅运动爆发时，向警予与蔡和森协助党中央参与领导了这个运动，表现了她大无畏的勇敢奋斗精神。一天，她亲自组织几个妇女到南京路上去演讲。这是外国租界地方，演讲时听者众多，巡捕棍棒毒打群众，又用水龙头疯狂扫射。向警予身披雨衣，头戴雨帽，满身仍是水淋淋的，直到听众被水龙头全部冲散了，她才最后一个离开。但是换了一个地方，她又继续演讲起来。帽子上的水直往下淌，她也不顾一抹。那顽强勇敢、坚忍不拔的革命精神，深深地鼓舞了革命群众。

“要杀就杀，至于我是不是向警予，没有多大关系。横竖你们是屠杀人民的刽子手！革命者不会在你们屠刀下求生。”

1925年10月，向警予和蔡和森到了十月革命的故乡苏联。蔡和森作为中共代表驻共产国际，向警予则进入莫斯科东方大学学习。在莫斯科期间，向警予与蔡和森对于爱情，从最初的神秘观点，感受一种神秘的痛苦，遂至最后的分离。但他们离婚不离德，其革命友谊始终是牢不可破的。

向警予每到她个人最痛苦的时候，又回转心肠咬紧牙关控制着自己。她写道：“只有为革命死，决不为爱情死！一点泪一点血都应为我们的红旗而流，为什么为爱情而流呢？可耻！”她自己骂自己可耻，同时又禁不住自己愈加痛苦起来；但是同时她又愈加强调自己只有为革命而死的决心。这便是向警予最后奋斗的革命生活之真实写照。

1926年冬，随着北伐战争的胜利进军，工农运动也以空前的规模迅速高涨，中国大革命进入高潮。为适应国内革命斗争的需要，向警予于1927年春回国。在从广州到武汉的途中，向警予顺道去长沙看望了蔡母葛健豪和孩子们。因婆媳与母子已三年没见面了，蔡母想留她多住几天，但为了革命的需要，她在第二天与亲人上照相馆合影后，就要与蔡家告别。当时，她的孩子一个才五岁，一个不满三岁，平时很难得到母亲的爱抚，一见到向警予，都十分亲热地争喊着妈妈。蔡母带着孩子到车站去送行，向警予依依不舍地向家人挥手告别，挤上了一列去武汉的火车。

到了武汉后，向警予惦记着蔡家的亲人。她在一封信中给孩子们写了几首儿歌，其中一首是："小宝宝，小宝宝，妈妈忘不了……"有一次，她给女儿妮妮写了一首这样的诗：

> 希望像小鸟一样，
> 在自由的天空飞翔，
> 将来在没有剥削的社会中成长。

这些儿歌和诗句，对革命后代寄予了殷切的期望，对祖国的未来怀着美好的憧憬，展现了一个共产主义战士崇高的内心世界！

在武汉期间，向警予主持湖北省总工会女工工作和中共湖北省委妇女部的工作，将五六万女工组织于红色工会之下。

1927年7月，汪精卫叛变革命，宁汉合流，一时间白色恐怖笼罩着江城。这时，中共中央机关已迁上海，党指派向警予留在湖北省委工作。

1928年2月7日，湖北省委对外的宣传刊物《大江》报终于在向警予的努力下复刊了。在《大江》报复刊的第1期上，向警予用火一般的语言宣告了《大江》报的重生。她写道：

> "朋友！亲爱的朋友！《大江》现在来到你们的面前，《大江》敢向你们极诚恳的表示：
>
> 《大江》愿做你们的伴侣，和你们永久共甘苦，同死生！
>
> 《大江》愿做你们的明灯，在黑夜中照着你们走上光明的大路！
>
> 《大江》愿做你们的后台，替你们细诉冤苦，在湖北的鬼世界里发出工农阶级的正义之声！"

由于她主笔的《大江报》在武汉各界影响很大，同志们都关心她的生命安全，向她建议："你是敌人最注意的人物……你的处境太困难了，不如离开武汉。"向警予沉默了一下，回答说："确实我的处境有困难，可是惟其这样，我更不能离开。""我离开了，《大江》停刊，那会叫许多工人怎样失望呀，这是对敌人的示弱，我决心贡献自己的一切！"

不幸的事情终于发生了。1928年3月20日，因省委交通员宋若林叛变，向警予在汉口法租界被法国巡捕房逮捕。

向警予想念着自己的两个子女，在狱中，她拿出两个孩子的照片放到唇边亲吻，喃喃自语着："妮妮、博博，妈妈叫你们呢。"

在法庭审问中，向警予先用中文接着用流利的法语质问租界当局：

这里是中国的土地，你们有什么权利来审问中国革命者？

你们把法国大革命的历史都忘记了吗？你们法国人不是鼓吹自由、平等、博爱吗？

不是说信仰自由吗？

法国领事听说后，也对她产生了敬佩之情。认为作为政治犯不该引渡。然而，法国殖民当局与国民党政府在政治上毕竟串通一气，随着该领事被撤换，法国殖民当局于4月12日将向警予交给了国民党桂系军阀。

4月18日，向警予第三次遭到审讯，敌法官宣称已查明她是向警予，逼她招供。

向警予投下鄙夷的目光，昂然道："要杀就杀，至于我是不是向警予，没有多大关系。横竖你们是屠杀人民的刽子手！革命者不会在你们屠刀下求生。等着吧！你们的末日，就在明天！"

敌人无计可施，又利用叛徒宋若林当面质证。宋若林狂吠乱叫，指证向警予。

向警予骂道："你这个没有良心的东西，我根本不认识你。像你这样的败类，活着是条狗，死了要遗臭万年。人民不会饶恕你的。"

向警予知道自己难免牺牲，她挂念的仍是同志的安全、革命的成功。她对狱中的难友说："人都应该珍惜自己的生命，然而到了不能珍惜的时候只有勇敢地牺牲生命。人迟早是要死的，但要死得明明白白，慷慷慨慨！"

她与难友共勉道："革命，目前是遭到了一定的损失，但一个马克思主义政党是打不垮的，永远消灭不了的。总有那么一天，所有敌人都会倒在我们脚下。"充分表现了她对共产主义的坚定信念。

敌人多次对她审讯和毒打，但她坚贞不屈，对于党的秘密一字不提，表现了共产党人的崇高气节和优秀品质，看守们都对她肃然起敬！

武汉的许多工人因同她关系亲密，谋划劫狱营救。

桂系军阀在恨怕交加之中，选择五一当天公开将其杀害。

1928年5月1日清晨，反动派把她押赴刑场。

沿途上，她高呼口号，边走边演讲："我是中国共产党党员向警予，为解放工农劳动大众，革命奋斗，流血牺牲！无产阶级团结起来，打倒帝国主义！打倒蒋介石！中国独立解放万岁！中国共产党万岁！"

敌人对此极端恐惧，凶残的敌人殴打她，想使她不再说话，但她仍然坚持讲下去，残酷的刽子手往向警予的嘴里塞着石头，又用皮带缚住她的双颊，送行者看了都哭泣起来。在武汉余记里空坪刑场，为了中国人民的解放事业，向警予英勇就义。

这就是向警予，中国共产党的第一个女中央委员，第一任妇女部长，多么刚烈的一个女子，走完了慷慨激昂的短暂而又伟大的人生。

当天深夜，海员工人、共产党人陈春和，冒着生命危险，划着小船，由汉阳来到汉口，把向警予烈士的遗体运葬在龟山古琴台对面的六角亭边，即后来有名的“红色烈士公墓”。1978 年，向警予的遗骸移葬在龟山之顶，并在此修建了向警予烈士陵园。

唤起工农千百万

——中共临时中央政治局候补委员彭公达

主题人物： 彭公达
籍　　贯： 湖南省湘潭县（今韶山市）
出生时间： 1903 年 3 月 1 日
主要职务： 1923 年加入中国共产党。先后担任国民党湘潭县党部执行委员、中共湖南省委农民部长、中共湖南省委书记、湘西特委书记，是中共临时中央政治局候补委员
牺牲时间： 1928 年 8 月 7 日
牺牲地点： 长沙小吴门外
当时年龄： 25 岁

中共中央： 彭公达同志是能文能武、智勇双全的红军领导人，杰出的共产主义战士。他对党忠诚、待人诚恳、才思敏捷，浑身充满着革命者的战斗激情和力量。

在《中国农民》刊物上发表的《农民的敌人及敌人的基础》一文，引起了毛泽东的共鸣和关注。彭公达的名字，第一次进入了毛泽东的视野

从一代伟人毛泽东的故乡韶山冲往东约十公里，形成的是一大片广袤的冲积平原。这里自古就是各朝各代驿路的必经之地，茶亭比较发达，“永义亭”这个地名因此而来。永义亭历史悠久，风光迤逦。它的西北部是有名的狮子山，一条蜿蜒的小河从山麓流过。这条小河叫韶河，发源于韶山冲滴水洞。湖南革命史上重要的领导人彭公达就诞生在这里。

彭公达，字振尧，号镇远，1903 年 3 月 1 日（农历二月初三）出生在今永义乡长湖村一个普通农民家庭。与当时大多数以天为食的农民不同，彭公达的父亲彭绪章一直在湘潭、韶山等地的印刷厂和纸店做工，尽管收入不是特别高，但基本上还是能够保证家庭的温饱。他的母亲赵氏则继承了中国传统女性的美德，在家浆补缝洗，含辛茹苦地抚养着几个儿女。做父母的总希望自己的子女长大后能光耀门庭，出人头地。公达有过一个哥哥，但很小就夭折了。两个姐姐也早早地按照农村的习俗，送到别人家里做了童养媳。于是，彭公达事实成了家中独子，全家的希望都寄托在了他的身上。

公达一家辛勤劳动，省吃俭用，竭尽所能送公达读书。公达先是在本地私塾读了四年，熟读四书、五经等经籍。他天资聪颖，对很多经书上的文章都能背得滚瓜烂熟。与毛泽东相似的是，他更喜欢读《三国演义》《水浒传》等“杂书”，崇拜这些“杂书”中所描写的英雄人物。

彭公达（1903—1928）

彭公达比毛泽东小十岁。永义亭相距韶山冲不远，韶山冲里发生的每一件事情，都能通过人们的口耳相传，为大多数人所熟知。毛泽东是韶山冲走出去的一位少年才俊，他的奋斗故事对韶山冲周边许多农家子弟都产生了较大影响，其中当然也包括彭公达。

1918 年夏毛泽东从湖南第一师范毕业，从此，便投身革命洪流。五四运动爆发后，他在长沙成立新湖南学生联合会，领导开展反帝爱国运动。在此期间，还创

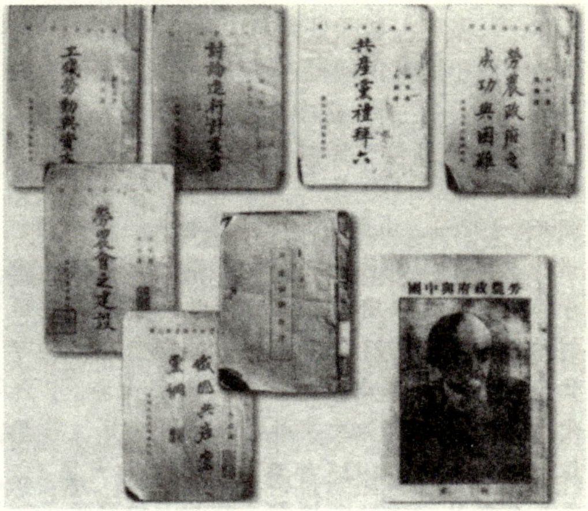

中国共产党初创时期出版的部分马克思列宁主义著作

办《湘江评论》，撰写了大量文章，在全国产生了很大反响。随后，又领导了驱张运动和湖南自治运动，成为长沙城里响当当的英雄人物。这些英雄壮举，对正在求学的彭公达产生了深刻影响。新中国成立后，彭公达烈士的堂弟彭阜南就曾回忆说："在毛泽东领导下，（他）参加反帝反军阀的工人运动（当时化名杨庆生），与地下省委林乔生烈士、林丙烈士等参加长沙工人驱张（敬尧）、驱赵（恒惕）。"这是彭公达在毛泽东的领导下第一次经受实践斗争的锻炼。

1922年秋，彭公达以优异的成绩考入湘潭县中学附设师范班。离开偏僻的山村，来到繁华的县城，彭公达的眼界更加开阔。县城的学校比乡村更加开放，思想更为活跃。在一批进步老师的影响下，彭公达在思想上日益进步。在这里，他与思想进步的同学杨昭植结成了好友。杨昭植比他大一岁，是湘潭县上马乡营龙村人。1923年，因为不满学校师资力量薄弱，杨昭植领导学生自治会进行请愿。彭公达是请愿活动的积极参加者。学生的斗争，迫使当局将湘潭县立中学并入长郡中学附设甲种师范。就这样，彭公达从湘潭县城来到了省会长沙。

长沙不仅比湘潭繁华，而且思想更为开放。彭公达到长沙时，毛泽东领导的中共湘区委员会正在积极领导开展工人运动，革命浪潮一浪高过一浪。彭公达不能不受到这种革命氛围的影响。他与杨昭植等组织了社会问题研究小组，还到毛泽东创办的湖南自修大学听课。就是在湖南自修大学，他结识了罗学瓒、郭亮、夏明翰等人，思想迅速朝着马克思主义转变。遗憾的是，他未能见到自己崇拜的老乡毛泽东。因为毛泽东在他到长沙后不久就受党中央召唤，到广州筹备召开党的三大去了。1924年，在郭亮、夏明翰等人介绍下，彭公达光荣加入了中国共产党。就在这年1月，孙中山先生在中国共产党的帮助下，在广州召开了中国国民党第一次全国代表大会。这次大会最重要的历史功绩便是确定了"联俄、联共、扶助农工"的三大政策，会议还决定共产党员以个人名义加入国民党，标志着第一次国共合作的局面正式形成。国民党一大召开后，国民党迅速在全国各地建立各级党部。同年夏天，国民党湘潭县党部正式成立。彭公达受党的派遣，加入国民党，随罗学瓒等人在湘潭从事国民革命运动，并当选湘潭县党部常委，主管党务工作。在这期间，彭公达在反动军阀的严密统治下，积极努力开展秘密活动，经常到深夜还主持召开会议，联系同志，在经费十分困难的情况下，仍以革命的乐观精神忘我工作，为国共合作作出了重大贡献。

在湘潭国民党党部工作期间，彭公达根据中共湘区委员会指示，以湖湘小学为据点，利用教师的身份，联络教育界进步人士，成立了“湖南平民教育会湘潭分会”。1925 年，他又在学校内创办了平民夜校，向工人、农民、妇女传授文化知识，启发他们的阶级觉悟。同年秋，罗学瓒领导建立中共湘潭城区支部，隶属中共湘区委员会领导，彭公达在支部中担任委员。

彭公达是农民的儿子，对农民的生存状况十分了解和同情。因此，参加革命后，他的眼光始终没有离开过“脸朝黄土背朝天”的农民。他深入农村调查研究，启发农民的阶级觉悟，积极组织开展农民运动。在对待农民革命问题上，他的许多思想与毛泽东不谋而合。

1925 年初，毛泽东回韶山开展农民运动，在家乡建立了 20 多所农民夜校，成立了雪耻会，创立了中共韶山特别支部，领导开展轰轰烈烈的农民运动。

1926 年 3 月，彭公达在《中国农民》上发表《农民的敌人及敌人的基础》一文。他在文章中运用马克思主义阶级分析方法，深刻地分析了哪些是中国农民的主要敌人，并对他们的特点和剥削方式进行了具体阐述。他在文章中指出：农民的主要敌人有帝国主义、军阀、官僚、买办阶级、地主、豪绅六种。“帝国主义实是万恶的根源”，军阀“其一仰承帝国主义的鼻息，为帝国主义做走狗；其一穷兵黩武，争踞地盘，鱼肉人民，剥削人民的脂膏，供彼少数人的私欲”，官僚“上则承仰军阀的鼻息，下则勾结地主劣绅、土豪恶霸等压迫农民”，买办阶级“是帝国主义的产物，没有帝国主义就没有买办阶级”，地主阶级“确是农民的死敌，帝国主义和军阀的基础”，劣绅“乡村中的政治权多为所操纵”。文章还认为：帮助这些敌人来压迫剥削农民的反动势力就是盘踞在各地的团总、保长、经管和传长及其办事机构。这些大大小小的统治者互为依存，互相勾结，采用苛捐杂税、地租田赋等等手段，无止境地吮吸农民的膏血。他们像大山一样压在农民的身上，使我们祖祖辈辈喘不过气来。在文章中，彭公达还号召农民团结起来，要“带动他们夺取乡间政权”，“组织农民协会农民自卫军与乡村中特殊阶级争斗”，“做国民革命军的基础”。

正是彭公达在《中国农民》刊物上发表的这篇文章，引起了毛泽东思想上的共鸣。彭公达这位小老乡第一次受到了毛泽东的关注。

在实践中成长为著名的农民运动专家，他所领导的湘潭是当时农民运动最为发达的地区之一

国共第一次合作时期也是中国农民运动蓬勃发展时期。中国共产党在领导农民运动中取得了丰富经验，涌现出像毛泽东、彭湃等著名的农民运动专家。1926年国民党二大后，毛泽东参加新成立的国民党中央农民运动委员会。为了充实国民党中央农民运动委员会的力量，毛泽东将彭公达从湖南调到广州。经毛泽东推荐，彭公达担任了农民运动委员会秘书。从此，彭公达全力协助毛泽东开展工作，成为毛泽东领导全国农民运动的得力助手。

彭公达到中央农民运动委员会后，随毛泽东一起出席了两次重要会议。他参加的第一个会议是3月16日农民运动委员会讨论举办第六届农民运动讲习所问题的会议，研究了主持人选和经费等问题，确定由毛泽东接办第六届农讲所。3月19日，毛泽东被正式任命为国民党中央农民运动讲习所所长。随后，毛泽东便要求彭公达到农讲所帮助工作。他参加的第二次会议是3月30日讨论有关省的农运问题。在这两次会上，彭公达均担任记录工作。会议结束后，他将会议记录进行了整理，先后发表在《中国农民》第四、五期上。

广州农讲所位于市中心，此前叫番禺学宫。彭公达随毛泽东来这里工作后，被聘为职员，并担任全所共产党支部专职书记。彭公达工作积极努力，把农讲所党的工作开展得有声有色。他遵照毛泽东的意见，把全所共产党员编为一个支部，下设若干党小组，坚持每周开会，讨论并贯彻落实支部的各项工作。同时，注重提高党员政治思想素质，加大培训学习力度，经常带领党员学习党的基本知识和党章。他还特别关心学员的学习、工作和生活情况，经常代表支部找学员谈心、探讨工作心得，交流学习心得和经验，把他们所想所思与社会的实际联系起来，探索中国革命的基本问题。农讲所支部的政治思想工作在彭公达领导下成效显著，得到了毛泽东的肯定。

在此期间，发生了这样一件事。一次，从北方来的一批学员刚到广东区委报到，彭公达就通知其中所有的党团员到海员工会开会。本来是准备由毛泽东到会讲话的，但因临时有事，便决定由彭公达代表参加。在会上，彭公达严肃批评了这批学员乘坐招商局轮船利通号进入珠江时，严重违反了纪律。原来，这批北方学员乘船进入珠江口，都被两岸异常绮丽的花木，一派南国风光所吸引。这批进步学员来自北方，途中听说了有关北京“三一八”惨案，一想到亲人、同胞们还生活在敌人的铁蹄之下，不免情绪激动。于是有人低声哼起“国际歌”来，不一会儿这种情绪感染了大家，越唱越高的国际歌声竟至压下机轮击水的响声。这些青年，虽互不相识，但这国际歌声便证实都是革命的同志。这便是彭公达所指的违反纪律一事。彭公达强调指出，这一失去理智的一时冲动，会暴露大家的身份于广大人群之中，会产生什么严重后果？当前形势，中山舰事件刚发生不几日，这是严重违反纪律，将会招致严重后果的大问题。最后指名道姓，是由一名河南省的学员首先引起的，当面给予警告之后，也批评了他们丧失警惕的随声附和的严重错误。彭公达还耐心地跟学员们说，在广州和全国最有影响的革命干部学校，就是黄埔军校和农民运动讲习所。黄埔军校远在几十里外的水程。可农讲所处在市中心，这就要求大家一言一动、任何时间地点首先想到纪律——铁的纪律。学员们后来也回忆说：“在海员工会这一番传达，给我们上了开宗明义第一课，多么必要与及时。”从这件事上，我们不仅看到毛泽东对彭公达工作能力的信任和肯定，也充分展现了彭公达作为一名坚定的无产阶级革命者所具备的优良素质。

广州农讲所为农民运动培养了大批干部。这些学员毕业后大都回到各省，加强了各省农民运动的领导力量，使各省农民运动更加蓬勃开展起来。1926 年 7 月，国民革命军北伐开始。为配合北伐战争，受党组织派遣，彭公达回到湖南。在家乡，他担任了中共湘潭地方执行委员会委员，发动群众，支援北伐。

北伐战争因为得到了沿途广大农民的支持，进展迅速而顺利。部队所到之处，当地人民热烈支持，工农运动也随之更加迅猛发展。湘潭地区的农民运动也因为北伐战争的胜利大受鼓舞。北伐军入湘后，彭公达参加了中共湘潭地方执行委员会，担任军事委员。他利用有利时机，广泛开展反帝反封建斗争。在这一时期，毛泽东曾在党内主张“革命要枪对枪、刀对刀，必须用革命的武装反对反革命的武装”。彭公达对毛泽东的这一观点深表赞同。在领导开展湘潭农民运动过程中，他十分注重抓地方武装的建设。在他的领导下，湘潭县总工会建立了 600 人的纠察队，县农民协会成立了 400 人的纠察队，各乡、区都组织了农民自卫队。全县仅梭镖就有七八万支。

农民运动的快速发展引起了反动派的恐慌。地主豪绅公开反对农民协会；国民党右派叫嚣农民运动“糟得很”，是“痞子运动”；共产党内以陈独秀为代表的右倾投降主义者担心农民运动“过火”，附和反动派的观点，给蓬勃发展的农民运动大泼冷水。面对一系列责难，作为基层工作者的彭公达悲愤的同时，又不知如何应对。而远在武汉的毛泽东也无法再在机关坐下去了，他决定到乡下看个究竟。

1926 年 12 月 17 日，毛泽东从武汉回到长沙。次年 1 月 4 日至 2 月 5 日，他考察了湘潭、湘乡、衡山、醴陵、长沙五县农民运动情况。在湘潭，彭公达派人陪同毛泽东考察，向毛泽东全面反映了家乡农民运动的真实情况。经过32天的考察，毛泽东掌握了丰富的第一手资料，用活生生的事实、深入浅出的道理写成著名的《湖南农民运动考察报告》。在这篇报告中，毛泽东旗帜鲜明地肯定了农民运动的作用，认为农民运动不是“糟得很”，而是“好得很”，提出了解决民主革命中心问题——农民问题的理论和策略。毛泽东的这篇报告对于迷茫中的彭公达是一个极大的鼓舞。在毛泽东的指引下，他更加满腔热忱地投入湘潭农民运动，深入乡村，大力组织农民协会和农民武装，使湘潭成为当时全省农民运动最为发达的地区之一。

在此期间，作为湘潭国民党和共产党的地方领导人，彭公达对毛泽东在家乡开展工作给予了大力支持。这年1月4日，彭公达陪同毛泽东在湘潭县城组织县农协、工会、妇联、商协、青年等的负责人召开座谈会。通过座谈会，毛泽东了解到湘潭各地农民已经组织起来，在农民及各界群众的强烈要求下还镇压了土豪劣绅晏容秋。

彭公达在领导湘潭农民运动中的突出成绩得到了党的肯定。就在毛泽东考察湖南农民运动后不久，彭公达调到省委工作，被委任为中共湖南区委农民部长，随后又聘为省农民协会顾问。1927年4月，湖南省总工会和省农协成立工农自卫军干部训练班，任命彭公达为考试委员会委员。在训练班里，他把在广州农讲所期间所学习到的知识和在湘潭领导农民运动的实践经验悉数传给了一批批年轻的学员。后来，这些学员分赴全省各地，成为湖南农民革命的领导和骨干，为毛泽东领导的秋收起义作了思想和组织准备。

即使到了省城工作后，彭公达对湘潭、湘乡的工作仍然倾注了极大的关心。4月9日韶山召开镇压团防局长汤峻岩的万人大会，他专程出席并讲话，号召农民朋友要壮大队伍，夺取政权，使“一切权力归农会”。

在革命的紧急关头，24岁的彭公达第一次进入中央政治局，并出任湖南省委书记

第一次国共合作因为国民党右派的叛变而宣告终结。1927年4月12日，蒋介石在上海发动“四一二”反革命政变，大肆逮捕和杀害共产党人和革命人士，公开背叛革命。

面对严峻形势，半个月后，中国共产党在武昌召开了第五次全国代表大会。彭公达作为湖南代表和毛泽东一起出席了这次大会，并分别当选为中央执行委员和候补中央执行委员。但中共五大是在蒋介石公开背叛革命的形势下召开的。因此，大会虽然批判了陈独秀放弃在国共合作中争取革命领导权的右倾投降错误，却对争夺革命领导权所迫切需要解决的重大问题，如改造武汉国民党、改造武汉国民政府、组织和扩大党对革命武装的领导等问题，均未作出切合实际的回答。当然，更谈不上对陈独秀右倾投降主义实质和危害的深刻认识。在这次大会上，陈独秀违心地作了检查，但没有真正改正错误。因此，中共五大实际上并未解决挽救时局的问题。然而，彭公达并不因为自己进入了中央领导集体而有丝毫欣喜之意。在五大上，他带着惆怅心情回到了风雨欲来的湖南。

此时的湖南正面临着一场血腥事变。盘踞长沙的反动军官何键、许克祥在预谋着对付共产党和革命的工人、农民。5 月 21 日，在何键一手策划下，许克祥制造了“马日事变”，大肆屠杀共产党人和革命群众。湖南党组织遭到严重破坏，被迫转入地下。面对严峻形势，彭公达挺身而出，和林蔚、王则明、刘子刚等人成立“临时省委”，继续开展工作。5 月 23 日，他和省农协秘书长柳直荀在湘潭主持召开军事会议，成立工农义勇军总司令部，决定攻打长沙，武装反抗国民党反动派。但是，由于以陈独秀为首的党中央对此次事变仍然采取忍让态度，准备通过和平调解进行解决，十万湖南工农义勇军进攻长沙的计划受阻。为此，彭公达深感壮志未酬，不禁抱头痛哭。他辗转来到武汉，向毛泽东反映农军进攻长沙夭折情况。毛泽东和蔡和森在武汉租界的一家旅社里接待了彭公达、郭亮等逃亡出来的湖南工作干部，详细了解了湖南事变情况。毛泽东对彭公达和湖南省委面对事变所做的工作进行了肯定，要求大家“回到原来的岗位，恢复工作，拿起武器，山区的上山，滨湖的上船，坚决与敌人作斗争，武装保卫革命”。6 月 13 日，毛泽东在出席国民政府军事委员会会议时，又以大量的事实说明了马日事变的真相。

面对越走越远的陈独秀右倾投降主义路线和瞬息万变的复杂形势，在党内只有发言权而没有了表决权的毛泽东深感形势严峻。国共两党的全面破裂已如箭在弦上，到了很快要摊牌的最后时刻。越来越多的共产党人意识到了这一点，正在努力寻找出路。在此期间，周恩来在中央常委会上提出湖南暴动计划，遭到共产国际代表罗易的拒绝，不轻易发火的周恩来气得和罗易大闹一场。也是在这次会议上，中央常委蔡和森提议改组湖南省委，由毛泽东担任书记，当时还遭到部分人非议。6 月 24 日，中共中央政治局常委会终于采纳蔡和森的建议，决定成立以毛泽东为书记的新的湖南省委。会后，毛泽东赶回长沙。

在毛泽东领导的新的湖南省委里，彭公达担任农民部长，积极协助毛泽东开展工作。新湖南省委决定打通长沙附近各县及衡阳、常德等地同省委的联系，号召各县工农武装迅速集中，用武力对付反动军队，以枪杆子对付枪杆子，不要再徘徊观望。

毛泽东刚到十天又被中央召回武汉，湖南的工作交给了彭公达等人负责。7月4日，毛泽东出席政治局扩大会议。会上，他鲜明地提出“上山”主张。他说:“上山可造成军事势力的基础。”“不保存武力，则将来一到事变，我们即无办法。”

7月15日，更坏的消息传来，由汪精卫等控制的武汉国民党中央召开会议，作出“分共”的决定，中国共产党从合法变成非法，由地上被迫转入地下。轰轰烈烈的大革命就这样以共产党人的鲜血和头颅收场了。在血的教训面前，共产党人终于清醒了过来。7月中旬，中共中央确定了实行土地革命和组织民众武装起义的新政策，着手制定湘、鄂、粤、赣四省边界的秋收起义。8月1日，南昌起义爆发，打响了武装反抗国民党反动派的第一枪。这是中国共产党独立领导武装斗争和创建革命军队的开始。

此时此刻，毛泽东隐蔽的武汉充满险恶。中央实行紧急疏散，要求他去四川。但毛泽东要求仍回湖南。此时，湖南省委也致信中央，要求毛泽东回湖南领导武装斗争。于是，中央把他留在武汉继续指导湖南省委的工作，筹划湖南秋收起义。不久，彭公达接中共长江局通知，到武汉参加紧急会议。8月7日，毛泽东、彭公达一起参加了中共中央汉口紧急会议（即八七会议）。彭公达作为新湖南省委的代表，在大会上发言。在发言中，他首先表示“完全同意国际代表的报告”，同时又深刻指出了党在成长过程中所犯下的严重右倾错误。他说:“过去中央完全是一个和平的、不革命的党，不是一个争斗的党。乡村农民已经起来夺取政权了，党反而阻挡，党对农民运动完全与顾孟余一样的见解。”“政治局完全带着国民党几个领袖的意识来成立党的决议。”“错的责任完全在政治局。”他同意毛泽东的武装保卫革命的主张，对毛泽东提出的“枪杆子里面出政权”深表赞同。会上，24岁的彭公达和34岁的毛泽东又一同进入中央政治局，当选为中共临时政治局候补委员。随后的8月9日，中共中央临时政治局召开了第一次会议，罗米那兹在会上发言，要求改组湖南省委，派一得力同志去，并提议毛泽东去湖南贯彻八七会议精神。会议最后决定，由毛泽东、彭公达回湖南传达八七会议精神，并全权负责改组湖南省委，指定彭公达为新省委的书记。

根据9日会议的精神，彭公达迅速回到湖南，于16日在长沙北门外的沈家大屋召开了省委会议，贯彻传达八七会议精神，讨论并改组湖南省委。新一届的省委班子由彭公达、毛泽东、易礼容、贺尔康、夏明翰、毛福轩等人组成。在这个新的班子里，彭公达是省委书记，毛泽东除了是省委成员外，还是中央特派员，代表中央指导湖南工作。从此，彭公达与毛泽东开始更加直接的合作。

毛泽东于8月12日秘密回到长沙。他没有先到省委报到，而是趁携妻子杨开慧回板仓老家的机会，进行了一次实际调查。调查有两个结果值得重视。第一个结果是，革命要没收一切土地。第二个结果是，革命不能再打国民党的旗子。

8月18日，毛泽东带着调查中取得的第一手材料参加了在长沙市郊沈家大屋举行的新成立的湖南省委第一次会议。作为中央特派员的毛泽东重新回湘，主持省委会议，使大家都像有了主心骨一样高兴。而此时作为新任省委书记的彭公达情绪也很高。毕竟8月16日改组省委的会议毛泽东不在，他一个人改组省委多少有些唱独角戏的味道，特别是不少省委委员对中央的批评存有抵触情绪。今天有毛泽东在场，他也有了一种依靠的感觉。会上，毛泽东对讨论的几个主要问题发表了自己的看法：

> 一是暴动打什么旗帜的问题。他反对中央提出的继续打“左派国民党旗帜”，主张秋收起义“我们应高高打出共产党的旗子”。
>
> 二是暴动依靠什么力量问题。他反对中央提出的主要依靠农工武装的指示，认为“要发动暴动，单靠农民的力量是不行的，必须有一个军事的帮助。有一两团兵力，这个就可起来，否则终归于失败”。他指出：“我们党从前的错误，就是忽略了军事，现在应以百分之六十的精力注意军事运动，实行在枪杆上夺取政权，建设政权。”
>
> 三是土地问题。他反对八七会议只没收大地主的土地的主张。认为中国大地主少，小地主多，要满足农民的土地要求，必须没收一切地主的土地交给农民。
>
> 四是暴动区域问题。他不同意中央“全省暴动”的意见，认为“以党的精力及经济力量计算，只能制造湘中四围各县的暴动”。

毛泽东的意见在省委内部引起重大争议。省委书记彭公达基本赞同毛泽东的意见，认为符合湖南实际。会上，彭公达鲜明地指出：暴动不能再打国民党的旗帜，要根本取消地租制度，在起义后要建立基层工农政权。他赞成毛泽东提出的缩小暴动区域计划，主张以长沙为中心发动湘中七县暴动。但是，部分同志坚持要按照中央精神行动。为了解决分歧，8月19日，由彭公达执笔，起草了一个向中央的汇报材料。汇报材料在谈到暴动区域问题时，说：“缩小范围的暴动计划，泽东持之最坚。”第二天，毛泽东也给中央写了一封亲笔信，报告了他对一些重大政策问题的不同意见。

中央在收到彭公达和毛泽东的信后于8月22日召开了常委会。会上，有人指名批评毛泽东与中央唱反调。23日，中央复信湖南省委，原则上同意以长沙为暴动起点计划，但暴动计划“偏重于军力，其结果只是一种军事冒险”，反对现在就抛弃国民党的旗帜，反对没收小地主土地。

8月30日，彭公达、毛泽东代表湖南省委再次致信中央，直截了当写道：中央复信“指出此间两点错误，事实及理论均非如兄所说”。毛泽东认为，对中央复信的态度要采取分析的态度，符合实际的部分要贯彻执行，不切实际的批评给予答复。他们始终坚持从实际出发，并最终制定了明确的暴动纲领。

秋收起义的钟声即将敲响。紧迫的局势，不再容许中央与毛泽东、彭公达等之间争执不休。8月30日，湖南省委会议决定，首先集中力量在条件较好的地区平江、浏阳、醴陵等县和安源发起暴动，进攻长沙，并成立以毛泽东为书记的前敌委员会作为领导机构。会议还决定，彭公达即去汉口向中央报告湖南暴动计划。

针对当时省委与中央的不同意见，毛泽东、彭公达觉得不能再继续争下去了，他们深知再这样争下去是不会有什么结果的。于是，毛泽东就把8月30日致中央的信交给彭公达说：“这回还是你这个省委书记亲自去同他们打嘴皮官司吧。暴动不能等待了，我这个前委书记马上到前线去组织军队。连两个团的兵力都不给，何以暴动？即使暴动又如何直扑长沙？看来，这个道理很难同他们争清，我只有到前线去军事冒险喽！”对于毛泽东交给的重任，彭公达丝毫不敢怠慢，他满怀希望地告诉毛泽东：“我等你的消息。”

第二天清晨，毛泽东坐火车从长沙前往安源。未曾想，毛、彭二人的此次分别竟成永别，两人再也无缘见面！

彭公达不顾个人利益，坚决抵制中央的错误决定，给予毛泽东领导的秋收起义部队强有力的支持

毛泽东到安源的目的是亲自组织和领导武装暴动。彭公达留守长沙的职责是负省委日常工作全责。毛泽东走后，彭公达迅速组织召开了“秋收起义”委员会会议。就在起义的前天晚上，他还以省委书记的名义发布命令：“令各地赶紧动员，限于阳历本月16日会师长沙，夺取省城，建设中国革命委员会湖南分会。”

9月9日，秋收起义正式爆发。按照9月6日湖南省委决定的分工：起义开始后破坏铁路，十一日各县暴动。彭公达克服敌人戒严带来的重重困难，领导省委动员发动铁路工人，将粤汉路上的羊楼司、捞刀河、汨罗、桃林等地的铁轨拆掉，使岳长路全线瘫痪。随后又破坏了电线、通信线路，使敌人的交通和通讯一时处于瘫痪之中。

起义爆发后，各路大军向长沙进军。毛泽东率领的第三团也从铜鼓出发，向浏阳进军。起义一度取得了胜利，所到之处，打土豪劣绅，攻厘金局，使敌人遭受了沉重的打击。但是因为部队各自分散作战，革命力量薄弱，不久便纷纷受挫。特别是在长沙，敌人挨户搜查，省委、省工委、农委再次遭到严重破坏。

面对严峻的形势，9月19日下午，幸存的1600余名工农革命军会合于浏阳文家市。当天晚上，毛泽东在里仁学校一间教室召开了前委会议，由中共湖南省委任命的五名前委委员第一次坐到了一起。作为前委书记的毛泽东，在这紧要关头显示了睿智有术的才干。他坚决反对反攻浏阳再打长沙，认为：工农革命军包括伤兵在内才有1600余人，而敌军有两个团在浏阳屯兵坚城，另有一个团驻在长寿等地，还不包括各乡的地主武装清乡团千余人。至于长沙城内，更有何键的军警力量三万余人，我方既缺少城内的工人暴动，又未能发动四郊的农民，再贸然前去攻城，一定有全军覆没之虞。

随后他又带头承担了制定8月暴动纲领的担子，说："湖南省委的命令，限于本月16日攻打长沙，而今天是什么日子了？省委的暴动大纲，是我与彭公达、王一飞几人在8月中旬制定的，现在看来，这个计划想过了头，应该放弃。至于省委方面，全部责任由我担负。"

于是，根据实际情况，大家决定改变原来直取浏阳，攻打长沙的计划，改向敌人统治力量薄弱的井冈山进军。

毛泽东的想法也得到在后方坚守的彭公达的理解和支持。他也认为条件还不成熟，无论从主观条件还是客观条件来说，进攻长沙都是冒险行动。于是，彭公达以省委书记名义，命令取消进攻长沙，停止长沙暴动。中央得知湖南省委的决定后十分恼怒，对彭公达进行了强烈指责。但彭公达坚持从实际出发，坚决抵制中央的错误决定。在此期间，共产国际代表马也尔秘密来到长沙。他指责彭公达这是临阵脱逃，要求省委下令继续按原定计划进攻长沙，并向中央报告，要求另派干部来湖南，立即改组湖南省委。

彭公达顶住中央的错误决定，对其个人来说后来受到了不公正待遇，但对于毛泽东领导的秋收起义部队来说，则起到了巨大的支持作用。后来的事实说明，正是以彭公达为首的湖南省委的正确决策，使毛泽东赢得了时间，争取了主动，实现了向农村进军的战略转移。

但是，当时的党中央在没有调查研究的情况下，采纳了马也尔的建议，要求湖南省委“一面组织萍、浏、平一带工农军进攻长沙，一面立即爆发长沙的暴动”，同时派任弼时到长沙，准备改组湖南省委。10月24日，中央又派罗亦农等人到长沙，主持召开了省委紧急会议，改组了省委班子。会上，彭公达的省委书记职务被免，受到降职处分，改任湘西特委书记。11月，中央召开临时政治局扩大会议。会上，“左”倾错误进一步蔓延、发展，并占据了中央统治地位。这次会议通过了一个《政治纪律决议案》。决议案指责湖南省委“完全违背中央策略”，决定撤销彭公达与毛泽东、易礼容、夏明翰省委委员职务。当然，彭公达和毛泽东的中央政治局候补委员职务亦同时被撤销。

彭公达得知中央处分决定后心中尽管不服，但仍然忠心耿耿为党工作。而毛泽东对中央的处分却一无所知。此时此刻，他正率领工农革命军活跃在苍茫群山之中。10月，毛泽东抵达井冈山，开始创建中国第一个农村根据地。一直到次年的3月间，毛泽东方才得知，早在半年前，他的中央政治局候补委员职务就已经被免除了。当然，对曾经坚定地支持自己的亲密战友彭公达的下落和命运，他更是不得而知。

彭公达在湘西特委书记新任上勤勤恳恳为党工作着。他坚持贯彻毛泽东的“武装割据”思想，深入常德、汉寿等地，召集各县代表会议，大力发展党的组织，积极吸收农协会员入党。不久，他主持召开了中共湘西代表会议，正式成立湘西特委。会议确定常桃、常澧、常汉三个特区为战斗中心，决定建立交通网。会议还通过了彭公达提出的与贺龙取得联系，向湘西北发展革命势力，建立游击队，实现湘西割据的计划。在湘西特委书记任上，彭公达重视武装斗争，先后组建了直属赤卫队、湘西工农革命军第四支队等，掌握工农武装2000多人，“使省垣为之震惊”。

1928年7月中旬，彭公达不幸在安源被捕，不久身份暴露。在狱中，他采取了灵活的斗争方式，与敌人展开生死较量。同年8月7日，在长沙小吴门外校场坪被害，时年25岁。

历史不会忘记那些为真理而努力奋斗的人。1952年，中央人民政府为彭公达亲属颁发了烈士证。而毛泽东对故友也从来未曾忘怀。1953年4月，他在给彭公达儿子彭树庄的信中，褒扬了彭公达为革命牺牲的献身精神，鼓励烈士后代努力学习，继承先烈遗志，好好建设祖国。

参考书目

1.《不屈的共产党人》 人民出版社 1982 年 2 月版

2.《永远的丰碑》 刘吉主编 光明日报出版社 2006 年 6 月版

3.《红军英雄传》 黄涛、史立成、戈文编 解放军出版社 2006 年 7 月版

4.《早期革命家的故事》 石仲泉、陈登才主编 中共党史出版社 2006 年 7 月版

5.《李大钊传》 "李大钊传"编写组编 人民出版社 1979 年 1 月版

6.《李大钊传》 朱志敏著 山东人民出版社 1998 年 4 月版

7.《李大钊史学论丛》 河北人民出版社 1984 年 8 月版

8.《李大钊与第一次国共合作》 北京人民出版社 1989 年 1 月版

9.《李大钊研究文集》 中共党史研究室编 中共党史出版社 1991 年 8 月版

10.《从书生到领袖》 陈铁健著 上海人民出版社 1995 年 3 月版

11.《瞿秋白传》 王士菁编写 四川人民出版社 1985 年 5 月版

12.《忆秋白》 "忆秋白编写小组"编 人民文学出版社 1981 年 8 月版

13.《回忆秋白》 杨之华著 人民出版社 1984 年 12 月版

14.《瞿秋白研究文选》 丁景堂、陈铁键等著 天津人民出版社 1994 年 9 月版

15.《蔡和森传》 罗绍志等著 湖南人民出版社 1980 年 9 月版

16.《高君宇传》 李立功著 山西古籍出版社 1996 年 9 月版

17.《邓中夏传》 魏巍、钱小惠著 人民出版社 1981 年 5 月版

18.《邓中夏的一生》 姜平著 南京大学出版社 1986 年 6 月版

19.《邓中夏文集》 人民出版社 1983 年 8 月版

20.《彭湃传》 曾文等著 北京人民出版社 1984 年 2 月版
21.《怒涛彭湃》 王曼、杨永著 花城、漓江出版社 1984 年 11 月版
22.《彭湃文集》 人民出版社 1981 年 10 月版
23.《农民运动大王彭湃》 潘利红著 广东人民出版社 2008 年 10 月版
24.《陈独秀父子仨》 朱洪著 东方出版社 2005 年 5 月版
25.《苏兆征研究史料》 广东人民出版社 1985 年 8 月版
26.《留法勤工俭学运动》（一） 上海人民出版社 1980 年 10 月版
27.《红色的起点》 叶永烈著 上海人民出版社 1991 年 1 月版
28.《上海英烈传》（第二卷） 上海党史研究室 1997 年 12 月版
29.《广州起义》 中共党史资料出版社 1988 年 5 月版
30.《关向应传》 王凌云著 河南人民出版社 1986 年出版
31.《项英传》 王辅一著 中共党史出版社 2008 年版
32.《中国革命传统教育读本》 落国杰等主编 中共中央党校出版社 1996 年 9 月版
33.《中共党史人物传》（第二卷） 胡华主编 陕西人民出版社 1981 年 6 月版
34.《中共党史人物传》（第三卷） 胡华主编 陕西人民出版社 1981 年 11 月版
35.《中共党史人物传》（第四卷） 胡华主编 陕西人民出版社 1982 年 7 月版
36.《中共党史人物传》（第六卷） 胡华主编 陕西人民出版社 1982 年 9 月版
37.《中共党史人物传》（第七卷） 胡华主编 陕西人民出版社 1983 年 2 月版
38.《中共党史人物传》（第九卷） 胡华主编 陕西人民出版社 1983 年 5 月版
39.《中共党史人物传》（第十一卷） 胡华主编 陕西人民出版社 1983 年 11 月版
40.《中共党史人物传》（第十九卷） 胡华主编 陕西人民出版社 1985 年 8 月版
41.《中共党史人物传》（第十二卷） 胡华主编 陕西人民出版社 1983 年 11 月版
42.《中共党史人物传》（第十九卷） 胡华主编 陕西人民出版社 1985 年

8月版
43.**《中共党史人物传》（第三十八卷）** 胡华主编 陕西人民出版社 1988年10月版
44.**《中共党史人物传》（第四十九卷）** 胡华主编 陕西人民出版社 1985年8月版

后 记

为了纪念在新中国成立前牺牲的中共高层领导人和高级将领，中共湖南省委党史研究室特组织有关领导和专家编纂了《共和国祭奠——新中国成立前牺牲的中共高层领导人》和《共和国祭奠——新中国成立前牺牲的中共高级将领》两书。

本套书在编书过程中，参考了大量近年出版的有关书籍、资料和历史图片，由于量比较大，在此仅列少量参考书目，还有大部分书刊资料没有列入，在此谨表衷心感谢。本套书由陈克鑫、叶健君主编。《共和国祭奠——新中国成立前牺牲的中共高层领导人》主要由叶健君、李万青撰写，《共和国祭奠——新中国成立前牺牲的中共高级将领》主要由刘华清、刘强伦撰写，王龙彪、程波、彭焕才、朱丽翔、张飞燕、肖巧平、文慧敏、赵荣华、郭钦、黄启昌、丁红、谢彤阳、丁世平、李新、肖芸林、文定红、夏昕、王小平、欧阳乐安、赵云、彭岗、丁力、徐新奇、谢双承、叶新文参加了资料搜集和部分文章的撰写。

由于作者水平有限，文中缺点和错误在所难免，恳请读者批评指正！

作者于 2014 年 11 月